타자의 철학과 심리학

타자他者의 철학과 심리학

이 종 주 지음

뿌북스

아버님 영전에 이 책을 바칩니다

서문

　본 저서[1]는 2012년 2월 본인의 서울대 박사논문『타자경험의 발생적 현상학』과 2011년부터 2012년까지 주요 학술지에 게재한 3편의 논문「후설 현상학에서 유아론의 다의성에 따른 상호주관성의 현상학의 다의성과 남는 문제들」(『철학』제107집, 2011.5)「후설의 타자이론에 대한 하이데거의 비판, 영향 그리고 대응전략」(『철학과 현상학 연구』제49집 2011년 여름),「발달심리학과의 대화를 통한 메를로-퐁티의 타자경험의 현상학의 변용과 발전」(『철학과 현상학 연구』제52집 2012, 봄)을 수정 보완한 것과 본서출간을 위해 지난 12월, 1월 겨울방학 기간에 추가로 쓴 두 편의 논문「데카르트의 타자이론 - 데카르트의『제일철학에 대한 성찰』에서 초월론적 타자이론」과「헤겔의 타자이론에 대한 메리 셸리의 비판 -『정신현상학』과『프랑켄슈타인』을 중심으로」을 기반으로 저술되었습니다.

　이 자리를 빌려 본서『타자의 철학과 심리학』을 출간하게 된 것과 관련해서 몇 분께 감사의 말씀을 드리고 싶습니다. 먼저 본 저서를 출간하는 데 필요한 경제적 지원을 해주신 서울대학교 인문대학 인문학 총서출간 지원사업 관계자분들께 감사를 드립니다. 또한, 지원사업에 저의 책을 추천해주시고, 무엇보다 저의 박사논문지도를 해주신 은사 서울대 이남인 교수님께 진심으로 감사의 말씀을 드립니다. 2011년 2학기 기간 동안

1　이 책의 출판은 2013년 서울대학교 인문대학 인문학 총서 출간 지원사업의 지원을 받았음.

박사논문 지도심사를 맡아주셨던 서울대 박찬국 교수님, 정호근 교수님, 경희대 박인철 교수님, 서경대 반성택 교수님께 감사의 말씀을 드립니다. 또한, 서울대 심리학과 대학원 고급발달심리학 강좌를 청강하면서 많은 도움을 주셨던 서울대 심리학과 곽 금주 교수님께도 감사의 말씀을 전하고 싶습니다. 그리고 제가 현상학의 공부를 시작할 수 있게 해주신 故 한전숙 교수님께도 감사의 말씀을 전해드리고 싶습니다.

1987년 대학입학 후 전공 경영학과 상반되게 철학에 흥미를 갖기 시작하면서 철학에 눈을 뜨는 데 도움을 주었던 선배 동덕여대 김윤상 교수님께 감사의 말씀을 전합니다. 94년 서울대 인문대 철학과 대학원 입학과 함께 본격적으로 철학 공부를 시작하면서 초창기 현상학 공부를 함께했었던 경희대 이진오 교수님과 후배 송인용, 충북대 김상록 교수에게도 감사의 말씀을 전합니다. 2000년 이후 거의 8~9년 가까이 철학 공부를 중단했다가 어렵게 다시 시작해서 박사논문을 쓰는 데 많은 도움을 주었던 건국대 김태희 교수, 가천대 김기복 교수에게도 고마움을 표하고 싶습니다. 대학원 수업에서 알게 되었고, 이 책의 출판을 맡아주신 부북스 신현부 사장님께 감사의 말씀을 전합니다. 철학공부와 가족의 가장으로서 책임을 다하는데 필요한 경제적 자립을 위한 생활전선에서 지난 7년 가까이 저를 지원해주신 로고스 학원 오수정 원장님께 감사의 말씀을 드리고 싶습니다

끝으로 지난 겨울방학 동안 가장으로서 책임을 회피하고 책 쓰는 데만 몰두하느라 생계를 떠맡았던 아내 희경에게 진심으로 미안하다는 말을 하고 싶습니다. 그리고 대학생이 되어 놀 기회도 많을 텐데 아르바이트 전선에 뛰어든 첫째 용설과 방학이 되어 읽을 책만 잔뜩 주고 돌봐주지 못한 둘째 부용에게도 미안하다는 말을 하고 싶습니다.

목차

세부 목차

서론—타자는 누구이며, 왜 나는 타자에 대해서 논論하는가?

1. 타자란 누구인가?

나는 '나'라는 말을 잘 쓰지 않는다. 특히나 글을 쓸 때 '나'라는 말보다는 '우리'라는 말을 선호한다. 왜냐하면 내가 전달하는 설명이나 논증하는 의견, 표현하는 정서 혹은 묘사하거나 기술하는 사태나 상황이 단지 나만의 감각기관으로 그리고 몸과 마음으로 체득한 나만의 생각과 느낌이 아니고 의식적으로든 무의식적으로든 내가 공감하고 동의하며 습득한 생각과 느낌이며 또한 함께 처해있는 상황이라고 믿기 때문이다. 물론 그렇다고 해서 내가 기술하고 있는 생각과 느낌과 상황의 진실성에 대해서 그 입증의 책임을 남에게 전가하려는 의도는 전혀 없다. 내가 기술하고 해명하고 있는 사태의 타당성에 대한 최종책임은 나에게 있기 때문이다.

이미 우리는 여기서 다루고자 하는 사태와 관련해서 중요한 용어를 명시적으로 사용하고 있으며 암묵적으로 전제하고 있다. '나'라고 하지 않고 '우리'라고 말할 때 우리는 암묵적으로 '나' 이외의 '타자'를 전제하고 있다. 왜냐하면 우리 안에는 우리가 사상적으로나 정서적으로 혹은 신체적으로 교류하고 교감을 나누는 '타자'가 포함되어 있기 때문이다. 또한 기술하는 사태의 타당성의 최종적 책임을 우리 각자 스스로 떠맡고자 할 때 우리는 그 책임을 전가해서는 안 될 '남'이라는 표현을 명시적으로 사용하고 있다.

그렇다면 '타자'他者란 '남'일까? 그러나 other, autrui, Andere(r)의 번역어로서 '타자'와 우리말 '남'의 어감은 다르다. '남'이라고 할 때 '나'

이외의 다른 사람 전부를 말하지 않는다. 왜냐하면 우리와 혈연적으로나 정서적으로 결속된 사람은 남이 아니기 때문이다. 따라서 '남'의 경계는 변경가능하다. 또한 '남'에는 동물이나 식물, 유령, 천사, 신처럼 나와 동등하지 않은 자는 애초에 포함되지 않는다. 그만큼 '남'이라는 말은 '타자'보다는 인간적 범위에서는 훨씬 포용적이고 변경 가능한 말이지만 비인간적 범위에서는 전적으로 배타적인 말이다. 또한 '남'이라고 할 때에 그것은 애초에 정신적으로나 신체적으로 우리가 배제하거나 우리를 배제하는 타인을 의미한다. 이런 점에서 '남'은 중립적이고 확정적인 범주로는 사용하기에는 부적합하다.

우리가 다루려고 하는 근본사태인 타자는 일단 '나' 이외의 나와 정서적으로나 사상적으로 더 나아가 신체적으로 교감하고 교류할 수 있는 사람, 동물, 식물, 유령, 천사, 신 모두를 말한다. 교류와 교감은 이미 상호성을 전제한다는 점에서 정확한 어휘는 아니다. 교류나 교감은 아니더라도 일방적으로 내가 그에게서 뭔가 그의 생각이나 의도를 읽어 내거나 혹은 반대로 나의 생각과 의도를 읽는 그 역시 타자이기 때문이다. 따라서 그들 역시 나와 마찬가지로 신체나 마음이나 무엇이든 하나 이상은 같은 부분을 가진 자들이면 전부 타자이며 타인보다 더 포괄적이다.

2. 왜 타자에 대해서 묻는가?

그렇다면 이제 가장 중요한 질문을 할 때가 되었다. 왜 우리는 타자에 대해서 논하려고 하는가? 타자를 물을 때 항상 거기에는 주체로서 나가 전제되어 있다. 그런데 흥미로운 것은 애초에 주체라는 말 속에서는 다시 타자가 전제되어 있다. '주체', '주어'로 번역되는 subject [Subjekt, sujet] 는 어원상 아리스토텔레스의 hypokeimenon의 라틴어 번역어 subjectum, substantia에서 비롯되었다. subjectum, substantia에는 대립적 의미가 있다. 중세 형이상학에서는 한편으로는 자신의 존재에 있어서 오직 자신을 통해 규정될 수 있는 존재자, 자신의 존재와 본질에서 어떤 다른 것에도 의존하지 않는 존재자를 substantia라고 부르며, 반면 자신의 존재와 본질에 있어서 어떤 다른 것에 의존하는 존재자를 subjectum이라고 불렀다. 그런데 현재 subject(영), sujet(불), Subjekt(독) 모두 '주체'라는 의미와 '백성', '종속된'이라는 대립적 의미를 모두 갖고 있다. 따라서 주체라는 단어는 일차적으로는 자율적이고 독립적이라고 스스로 믿는 자아, 자기, 자기의식을 지칭하는 말이지만, 동시에 나를 지배하는 그래서 내가 종속된 타자가 암묵적으로 전제되어 있다.

따라서 우리는 나, 자아 혹은 신체로서 주체가 무엇인가를 알기 위해서는 항상 타자를 함께 이해하지 않으면 안 된다. 앞서 첫 단락에서도 이야기했지만, 우리의 생각과 느낌 그리고 내가 처해있는 상황은 단순히 우리 각자만이 홀로 자폐적으로 생각하거나 느끼거나 처해있는 것은 아니기 때문이다. 심지어 죽음이나 고통도 반드시 나만의 죽음이요, 나만의 고통만은 아니다. 내 가족의 죽음은 내 죽음 못지않게 공포스럽고 슬프고 불안한 사건이며, 가족의 고통은 또한 내 고통 못지않게 견디기 힘든 느낌이며, 독서든 명상이든 대화 속에서 깨달은 생각도 나만의 생각이 아니며, 타자와 함께 동의한 생각이다.

그러나 아직 왜 꼭 타자이어야만 하는가라는 물음에 대한 필연적인 이유는 답해지지 않았다. 왜냐하면 나를 생각하는 데 있어서 나의 생각과 느낌과 상황 속에 분명히 타자의 그것이 포함되어 있고 서로 일방적으로든 상호적으로든 작용하고 있는 것은 알겠지만 그렇다면 나의 생각과 느낌과 상황에 영향을 줄 수 있는 것은 굳이 타자뿐만 아니라 내가 살고 있는 자연, 사회, 문화, 역사까지 포함해야 되지 않겠는가? 그러나 이제 본문에서 밝히겠지만 우리가 함께 속해있는 자연과 사회와 문화와 역사는 모두 타자와의 접촉과 교류를 매개로 해서 우리와 관계를 맺기 시작한다. 왜냐하면 우리가 만나는 최초의 자연은 바로 엄마의 몸이며, 우리가 교류하는 최초의 사회는 가족이며, 또한 우리가 습득하게 되는 문화와 역사라는 상징체계는 일차적으로 가족, 교사의 말과 글을 통해서 전승되기 때문이다.

사실 우리는 지금 계속 왜 타자인가에 대해서 답하지 않고 회피하고 있다. 일상 속에서 내가 누구인가를 의식적으로 자문하거나 질문을 받는 경우는 언제일까? 그리고 왜 물을까? 또한 그 과정에서 타자에 대해서 그, 그녀, 그들 나아가 너, 너희들은 누구인가를 묻게 되는 것은 불가피한 일인가? 그러나 이런 질문은 순서가 잘못되어 있다. 과연 내가 누구인가를 물을 때 그에 대한 답을 찾는 과정에서 내가 처한 혹은 살고 있는 환경을 고려해야 되고, 나와 그런 환경을 매개하는 타자 역시 고려해야 하는 순서가 맞을까? 그런데 일상 속에서 오히려 나는 누구인가를 묻기 전에 우리는 먼저 나와 관계하는 타인에 대해서 너가, 당신이, 그(녀)가, 그들이 지금 무엇을 바라보고, 느끼고 있는지, 무엇을 하고 있는지, 무엇을 원하는지, 무슨 생각을 하는지에 대해서 의문을 갖기 시작한다. 그런 의문 과정에서 처음에는 나의 시선, 몸짓, 욕구, 생각은 주제화되어 있지는 않았지만, 비로소 나에 대한 자각과 의문이 함께 의식되기 시작한다.

시원적으로나 근원적으로 우리의 최초의 근본경험인 불안과 놀라움부터 생각해보자. 시원적으로 외부대상과 관련된 우리의 최초 경험은 불안이다. 즉 태아의 탄생의 경험은 불안의 경험이다. 불안angoisse이라는 말은 '비좁은'이라는 뜻의 라틴어 angustiae에서 왔다. 숨을 쉬는 기도가 '비좁아져' 호흡곤란이 오는 것을 강조하고 있다. 흔히 임상가들은 공황경험panic을 해볼 수 있는 손쉬운 방법을 알려준다. 바로 코를 막고 빨대를 입에 물고 빨대로만 호흡을 해보는 것이다. 그러나 과연 태아가 탄생시 이런 생리적 상황의 위험을 간파하고 불안해하는 것일까? 아니다. 출생의 외상보다, 태아로서 생리적인 상황이 어머니를 대상으로 하는 심리적 관계로 바뀌는 무력상태가 불안의 원인이다. 출생외상이 순전히 생리학적이기 때문에 대상과 전혀 관계가 없는 데 반해, 무력상태는 엄마로 대표되는 절대적인 조력자가 절실히 요구되는 심리적 관계이다. 아이가 혼자 있을 때나 어둠 속에 있을 때 혹은 낯선 사람을 만날 때 불안해하거나 우는 것은 어떤 위험을 간파했거나 낯선 사람이 자신보다 강하며, 자신에게 어떤 위해를 가할 가능성이 있다고 판단했기 때문이 아니다. 오히려 엄마의 부재로 인해서 엄마로부터 얻을 수 있었던 익숙함, 안전함에 대한 갈망, 욕망이 억압되면서 느끼는 불쾌감과 고통이 바로 불안이다. 다시 말해 아이가 느끼는 불안은 일차적으로 외적으로 위험한, 낯선 대상, 타인 때문에 일어나는 것이 아니라, 친숙하고 안전한 엄마의 부재 자체가 불안의 근본 동기이다. 따라서 위험한 대상이 없어도 위험한 상황이 아니어도 아이는 엄마가 없을 때 불안해한다. 또한 위험하고 낯선 대상이나 사람, 상황에 닥쳐도, 어둠 속에 있어도 엄마가 함께 있다면, 엄마의 목소리를 듣고 체취를 느낄 수 있다면 그런 대상이나 사람이나 상황은 불안한 것이 아니라 흥미로운 것이 된다. 오히려 타자로서 엄마는 나에게 새로운, 흥미로운 상황을 탐구할 수 있게 해주는 전진기지가 된다.

이제 내가 탐구하며 바라보던, 몸을 향하던, 욕구하던 그리고 그에 대해 생각하던 대상이 돌연 움직이기 시작하면 더욱이 그 방향이 나를 향해 오거나 나로부터 멀어져 갈 때 두려움이나 즐거움을 동반한 놀라움을 느끼면서 그런 사물에게로 향해 있었던 나의 시선, 몸짓, 욕구, 생각이 의식되기 시작한다. 놀라움이라는 감정은 결코 단순한 것이 아니다. 먼저 놀라움에는 인지적 지각활동이 포함되어 있다. 새롭거나 낯선 것에 대한 인지활동과정에서 두려움이나 즐거움의 주관적 느낌이 수반할 때 내 신체의 행동이 준비된다. 특히 느낌의 수반은 자연스럽게 그런 지각 속에서 함께 작동하던 자신의 시선, 욕구, 몸짓, 생각이 의식되도록 하게 한다. 왜냐하면 최종적으로 신체적 동작을 시작하고, 목표에 맞춰 수정하기 위해서는 나의 기존의 시선, 몸짓, 욕구, 생각에 대한 의식이 필요하기 때문이다. 따라서 자기 느낌이 자기의식을 불러일으킨다. 즉 나를 향한 그 사물의 독자적인 움직임은 그 사물이 이제 내가 일방적으로 대할 수 있는 단순한 대상이 아닌 상호적 관계 속에서 타자로서 비로소 나와 만나게 하며, 그때 타자와 상호적 관계를 맺는 나, 이를테면 나의 시선, 몸짓, 욕구, 생각이 의식되는 것이다. 좀 더 정확하게 단순한 대상이 아닌 주체로서 타자를 의식하면서 나 자신을 느끼게 되고 그런 자신을 느끼면서 느끼는 자기를 의식하게 되고, 자신을 의식하게 되면서 비로소 대상으로서 타자에 대해 그리고 나아가서는 타자가 대상으로서 경험하는 대상, 궁극적으로는 나와 타자가 함께 경험하는 대상에 대한 나의 인식, 우리의 인식을 의식하게 된다. 즉 타자의식이 자기의식의 가능 조건이요, 자기의식이 대상의식의 가능 조건이다. 따라서 대상이 무엇인지 묻기 위해서는 그런 대상을 의식하고 있는 자기를 인식해야 하며, 자기가 누구인지를 묻기 위해서는 그런 나와 관계를 맺고 있는 타자를 인식해야 한다.

3. 근현대철학의 계보

서양근현대 철학에 관심을 두고 있는 사람이라면 다음 세 가지 계보 중 하나에 관심을 가질 것이다.

먼저 흔히 데카르트의 res cogitans에서 시작되어 칸트의 초월론적 통각을 거쳐 헤겔의 절대정신에서 완성되고, 재차 20세기 초 후설의 초월론적 자아에서 부활한 근·현대철학의 주된 관심의 대상이었다. 소위 주체철학은 데카르트식으로 표현하면 코기토로서 주체가 코기타툼의 가능 조건이라는 주장이며, 칸트식으로 표현하면 초월론적 통각으로서 '나는 생각한다'가 대상경험의 가능 조건이면서 또한 대상의 존재의 가능 조건이라는 주장이며, 헤겔식으로 표현하면 정신으로서 주체가 대상적 진리와 의식의 확실성의 일치 조건이라는 주장이며, 후설식으로 표현하면 대상, 타자, 세계구성의 궁극적 가능 조건이 초월론적 주체라는 주장이다. 이처럼 데카르트-칸트-헤겔-후설을 통해서 이루어진 주체철학은 근·현대철학의 주류 계보를 이루고 있다.

두 번째로 이런 서양근현대 철학의 주류를 비판하려는 사람들, 즉 탈근대를 추구하는 사람이라면 데카르트보다는 데카르트적 주체, 자아에게서 존재론적, 인식론적 우선성을 박탈하고, 단순히 사유적 양태로 상대화시킨 스피노자나, 자아를 인상, 관념의 다발로 해체시킨 흄, 20세기 이르러 자아를 그거es(소위 이드)의 무의식으로부터 분화한 파생물로 취급하는 프로이트나 혹은 무의식적 주체의 상상적, 상징적 동일시의 산물과 같은 사후적 파생물로 취급하는 라캉 혹은 20세기 후반 분열분석 속에서 주체를 자본주의적 통제의 도구로 파악하는 들뢰즈-과타리의 철학에서 근 · 현대철학의 반주류 계보를 찾을 수 있다.

세 번째로 주체철학에서 주체의 자율성, 능동성을 유지하면서도 그것을 직접적으로 무한자, 절대자에 종속시키거나 양립시키려는 사람들은 재차 res cogitans로서 자아의 인식의 진실성과 존재의 지속성을 절대적인 신의 성실성에서 보장받으려는 데카르트의 또 다른 모습에 관심을 두거나 모나드의 창조와 동시에 각각의 모나드 속에 다른 모나드에 대한 지각과 관계를 반영하고, 예정하고, 조화시킨 라이프니츠의 예정조화설에 주목하거나 주체의 지각과 능동성을 재차 신의 정신과 능동성 내에서 한계 지으려는 버클리의 철학에 주목하거나 이런 주체의 동일성, 전체성을 넘어서 타자가 갖는 절대적 외재성, 무한성을 강조하는 [후기] 레비나스의 타자철학에서 근 · 현대철학의 제3의 계보를 발견할 수 있다.

그러나 우리는 근현대철학을 이해할 때 이 세 가지 계보를 넘어 네 번째 계보를 발견하려고 한다. 그것은 이미 데카르트의 철학, 특히 그의 『제일철학에 대한 성찰』에서 예비되어 있었다. 주체의 현존과 본성에 대한 인식의 확실성을 기반으로 신의 본성과 현존, 외부 사물의 본성과 현존에 대한 증명을 수행하는 과정에서 우리가 간과한 사실은 최초의 주체의 현존과 본성에 대한 인식 이전에 또 다른 res cogitans로서 타자, 바로 전능한 악령으로서 기만적 신과 나의 속ㅗ 속이는 관계 속에서 방법적 회의의 가능 조건이 마련되고, 그 과정에서 주체로서 나의 현존과 본성이 증명된다는 점이었다. 전능한 악령으로서 타자는 한편으로는 내 밖에 존재하면서 나의 육체와 내가 처해 있는 이 세계의 현존과 본성에 대한 나의 믿음을 송두리째 무너뜨릴 수 있는 존재이면서도 다른 한편으로는 바로 그렇게 나를 기만할 수 있기 때문에 그렇게 기만당하는 나의 현존과 본성을 나로 하여금 자각하게 만드는 초월론적 타자이다.

그러나 이런 초월론적 타자에 대한 깨달음은 데카르트에게도 『제일철학에 대한 성찰』에서만 등장하는 희귀한 경험이었다. 초월론적 타자란 스피노자나 라이프니츠에게는 전혀 통찰되지 않는 개념이었으며, 나아가 아프리오리한apriori 필연적이고 보편타당한 의식일반으로서 칸트적인 주체에게는 용납될 수 없는 존재자였다. 그러나 헤겔은 『정신현상학』에서 대상의식의 가능 조건을 자기의식에서 찾으며, 재차 자기의식의 가능 조건을 인정투쟁을 통한 상호주관적 의식에서 찾는 과정에서 초월론적 타자개념을 통찰한다. 그러나 자기의식이 보편적 자기의식으로서 이성으로 나아가는 과정에서 타자성은 인정투쟁의 변증법에서 한 가지 계기 내지 단계일 뿐이며, 결국에는 이성, 정신 속에서 해소되어 버린다.

후설은 자신의 고유한 현상학적 방법으로서 에포케와 환원을 통해서 한편으로는 타당성의 정초과정에서 방법론적 차원에서 유아론적 자아인 초월론적 자아의 절대성을 주장하지만 이런 초월론적 자아는 타당성의 정초의 최종적 책임에서 유아론적 주체일 뿐, 타당성의 정초과정에서 초월론적 타자와의 소통을 필요로 한다는 것을 통찰한다. 다른 한편으로는 후설은 발생의 정초과정에서 판단중지와 환원 이후에도 주체 속에 여전히 남아있는 타자, 주체의 존재와 인식에서 불가결한 존재로서 초월론적 타자에 대한 경험을 다양한 층위에서 밝혀내고 이를 통해 상호주관성의 현상학을 구축해낸다.

후설의 현상학적 철학의 비판적 후예들인 하이데거, [초기] 레비나스, 사르트르, 메를로-퐁티에게서 우리는 20세기 철학의 핵심범주로 자리 잡게 된 타자철학의 주요논거와 증거를 발견할 수 있다. 특히 하이데거를 필두로 [초기] 레비나스, 사르트르, 메를로-퐁티는 한편으로는 후설의 현상학을 초월론적 유아론으로 비판하면서도, 다른 한편으로는 현상학적 방법을 근본화시키는 과정에서 각자 나름의 독특한 초월론적 타자의 철학들을 발전시켰다.

20세기 후반 하버마스의 의사소통적 합리성이나 호네트의 인정이론은 비록 당사자들은 자신들의 철학적 전통을 헤겔이나 마르크스, 20세기 사회학에서 찾고 있지만 20세기 전반기 타자에 대한 현상학적 통찰을 기반으로 할 때 더 잘 이해될 수 있을 것이다.

4. 발달심리학과의 대화의 필요성

현상학, 특히 후설의 현상학은 그 이전과 그 이후의 다른 어떤 철학적 전통과도 차별적으로 철학(현상학을 포함)과 개별과학의 대화의 길을 방법론적으로 이론화시키고 있다. 후설 현상학은 인간의 사유, 생각이 취할 수 태도Stellung를 크게 세 가지로 나눈다. 1 자연적 태도, 2 자연주의적 태도, 3 초월론적 태도. 재차 자연적 태도는 1.1 생활세계적 태도와 1.2 지향적 심리학적 태도(혹은 인격주의적 태도)로 나뉜다. 우리는 자연적 태도로서 생활세계적 태도와 지향적 심리학적 태도를 취한다. 사람들은 사물이든 일상 속에서 사람이든 그것을 지각하고 이해할 때 그런 사물, 사람이 속해있는 지평 및 지평들의 총체로서 생활세계에 대한 비주제적인 지각과 이해를 함께한다. 특히나 타인의 행동을 지각하며, 이해할 때에는 지향적 주체로서 타인의 마음에 대한 비주제적 지각과 이해가 함께 작동한다. 이때 자연적 태도 속에서 사물에 대한 이해, 타인에 대한 이해의 공통된 주요원리는 동기관계이다. 우리가 사물이나 동물, 사람에 대해서 인식의 타당성을 추구할 때, 그에 대한 분명한 경험(지각, 반성 등)이 동기가 되어 좀 더 불분명한 경험(기억, 기대, 추론 등)에로 나아간다. 재차 발생의 과정에서 본다면 시간적으로 선행하는 경험이 동기가 되어 후행하는 경험의 발생을 낳는다. 반면에 자연과학 및 자연과학적 방법론을 채택한 실험 심리학이나 사회학, 경제학 등은 동기관계가 아닌 인과관계에 주목한다. 이때 사물의 운동이나 변화이든, 그것을 인지하는 지각, 이해의 주체의 변화이든 모두 인과적 관계 내로 들어오며, 따라서 타인의 행동에 대한 이해에 국한해서 보더라도 타인은 심리물리적 인과연관의 한 고리, 계기의 역할밖에 하지 못한다. 사실 자연적 태도의 동기연관적 접근은 우리의 일상적 이해방식이라는 점에서 인위적인 사고의 노력이 필요하지 않다. 그러나 벌써 자연주의적 태도만 하더라도 인과관계의 파악을 위해서는 자연적 태도로부터 추상화가 요구된다. 역설적으로 근대 수리적 자연과학적 사고의 강력한 영향 속에서 일상 속의 우리의 자연적 태도마저 자연주의적 태도에 침식되는 경우가 많다. 따라서 일상적 태도의 회복을 위해서라도 자연주의적 태도에서 비롯된 모든 이론적 전제로부터 판단중지(에포케) 및 대상(노에마)으로서 사물과 사람과 그것들을 대상으로서 경험하는 체험의 주체(노에시스)의 관계, 즉 노에마와 노에시스의 지향적 관계로의 환원이 요구된다. 끝으로 초월론적 태도를 취하기 위해서는 생활세계적, 지향적 심리학적 태도 내에서 주체에 의한 대상, 세계구성의 타당성의 정초 혹은 대상, 세계구성의 발생적 정초연관의 해명을 수행해야 한다.

　재차 이 세 가지 태도는 서로 평행관계를 가진다. 그에 따라 일상적인 생활세계적, 지향적 심리학적 태도에서 이루어지는 대상, 타자, 세계경험은 자연주의적 태도 차원에서 인과적으로도 설명될 수 있으며, 초월론적 태도 차원에서 구성적으로 해명될 수 있다. 그에 따라 자연적 태도 속에서 수행되는 경험을 매개로 자연주의적 태도로서 개별과학적 연구성과는 초월론적 철학과의 대화를 모색할 수 있다. 그에 따라 일차적으로 반성적, 해석적 방법을 기반으로 하는 초월론적 철학은 자연주의적 태도 속에서 수행되는 경험과학의 기존 연구성과들을 통합적으로 설명할 수 있는 존재론적, 인식론적 틀을 제공해줄 수 있으며, 또한 새로운 연구가설, 작업가설을 세움으로써 새로운 발견을 동기부여할 수 있다. 반대로 통제된 실험과 관찰 및 정교화된 정량적 연구방법 속에서 수행되는 기존의 자연과학의 연구성과는 과도한 사변에 빠질 우려가 있는 초월론적 철학의 위험을 억제해줄 수 있으며, 기존의 반성적, 해석적 방법으로 해명하는 데 한계가 있는 근원적인, 시원적인 발생적 토대, 즉 망각과 억압을 통해 무의식으로 잠겨버린 혹은 집중력의 한계나 부주의로 놓쳐 버릴 수 있는 전의식적 체험영역에 대한 해석과 반성을 위한 단서를 경험과학의 통제된 실험과 관찰 및 정량적 연구방법을 통해서 제공받을 수 있을 것이다.

초월론적 타자에 대한 근원적인, 시원적인 경험의 다양한 층위를 반성하고 해석하는 우리의 작업과 관련해서 일차적으로 발달심리학의 연구성과는 현상학적으로 반성과 해석을 위한 풍부한 단서를 제공해준다. 특히나 타자와 관련된 시원적, 근원적 경험의 일차적 보고는 유아, 아동의 사회적 인지, 정서, 충동의 영역이다. 이런 점에서 명시적으로 발생적 현상학적 탐구를 수행하고 있는 후설, 메를로-퐁티의 현상학이나 심인성 정신질환의 통시적 구조를 탐구하는 프로이트의 정신분석이나 사랑, 권리, 유대 등의 성숙한 인정투쟁의 근원적, 시원적 인정경험을 탐구하는 호네트가 왜 모두 공통적으로 유아나 아동의 사회적 정서, 인지, 충동경험에 주목하고 발달심리학의 연구를 직접적으로 수행하거나 기존의 연구성과에 주목하는지는 쉽게 이해될 수 있다. 더욱이 그와 같은 연구시도는 방법론적으로 정당하다고 볼 수 있다. 특히 20세기 후반 발달심리학이 유아의 사회적 인지, 정서, 충동의 발달연구와 관련해서 기존의 행동주의적, 기능주의적, 생물학적 접근에서 빗어나 유아의 일상적 입장에서 그들 수준의 생활세계적, 지향적 심리학적 태도에 눈높이 맞춰서 연구를 수행하고 있다는 점은 특히나 타자경험의 발생적 현상학을 추구하는 우리의 관점에서는 양자 간의 대화를 모색하는 데 유리한 조건을 제공해준다.

5. 본 연구의 논의순서

본 연구는 크게 세 가지 부분으로 구성되어 있다.

1부에서는 근현대철학의 전통 내에서 기존의 데카르트-칸트-헤겔-[초기]후설의 주체철학의 계보, 스피노자-흄-프로이트-라캉-들뢰즈-과타리의 탈주체철학의 계보, 데카르트-라이프니츠-버클리-[후기]레비나스의 초주체철학의 계보를 넘어서, 초월론적 타자철학의 계보를 발견하고자 시도한다. 즉 데카르트-헤겔-[후기]후설-하이데거-[초기]레비나스-사르트르-메를로-퐁티로 이어지는 초월론적 타자의 철학의 계보, 전통을 모색해보려고 한다.

먼저 1장에서는 데카르트의『제일철학에 대한 성찰』의「제1성찰」과「제2성찰」속에서 전능한 악령으로서 기만적 신에 대한 데카르트의 논의를 텍스트 내재적으로 분석해봄으로써 res cogitans로서 자아의 현존과 본성의 증명 이후에 연역적으로 증명되는 절대적 신보다 자아의 현존과 본성의 가능조건으로서 전능한 악령, 기만적 신의 초월론적 타자성을 해명하고자 한다. 이 과정에서 우리는 17세기 철학사 전통을 뛰어넘어 현대적 차원에서 발달심리학의 연구성과를 고려하여 데카르트의 타자체험을 현상학적으로 재해석하고자 한다.

2장에서는 헤겔의『정신현상학』4장「자기의식」에서 인정투쟁이론의 분석에 주목하면서 그 속에서 발견되는 헤겔의 자연관과 타자관을 당대 최고의 과학적, 문학적 교양을 갖추고 있었던 메리 셸리의『프랑켄슈타인』속에 나타난 그녀의 자연관과 타자관을 근거로 비판적으로 재해석해보고자 한다. 우리는 또한 메리 셸리의 비판을 옹호하기 위해 현대 사회철학 차원에서 헤겔의 인정투쟁이론을 비판적으로 계승한 호네트의 선先인정 이론과 메리 셸리의 타자관의 공명점을 제시하고자 한다.

3장에서는 후설의 초월론적 자아론과 초월론적 상호주관성론의 관계를 다룰 것이다. 후설의 초기저작부터 후기 저작과 유고를 개괄하면서 첫째, 유아론은 그에게 다의적으로 이해되고 있다는 점, 둘째, 초기 후설에게 유아론이 자신의 현상학의 문제로 의식된다는 점, 그러나 셋째, 점차 유아론이 후설 자신의 현상학의 중요한 방법론으로 의식적으로 채택되고 있다는 점을 밝힐 것이다. 다만 유아론은 타당성 정초를 위한 출발점으로서 초월론적 자아론을 마련하기 위한 방법적 추상 차원에서 채택될 뿐, 발생적 정초에서는 초월론적 상호주관성론의 차원에서 그 시원에서부터 타자는 주체와 상호작용하고 있음을 밝힐 것이다.

4장에서는 현상학 진영 내에서 후설의 초월론적 현상학, 특히 그의 타자이론에 대한 하이데거의 비판 및 하이데거 자신의 타자이론을 먼저 검토하고, 그의 이론이 레비나스, 사르트르, 메를로-퐁티의 타자이론에 미친 영향에 대해서 논의할 것이다. 또한 후설의 타자이론에 대한 현상학 진영 내에서의 이런 비판에 대해서 후설 현상학이 취할 수 있는 대응전략을 모색할 것이다.

5장에서는 현상학 진영 내에서 후설의 후기 초월론적 현상학, 특히 그의 발생적 현상학과 가장 근접하게 현상학을 변용, 발전시킨 메를로-퐁티의 타자이론을 그의 『지각의 현상학』을 중심으로 살펴볼 것이다. 메를로-퐁티의 타자이론과 관련해서 우리가 주목하는 것은 그가 다른 어떤 현상학자들보다 더 적극적으로 당대의 경험 심리학, 특히 피아제의 유아의 인지발달이론과의 대화를 수행하면서 현상학적 재해석과 비판을 실천했다는 점이다. 피아제의 발달심리학의 연구성과를 비판적으로 재해석함으로써 메를로-퐁티는 타자경험의 현상학의 변용과 발전에 결정적 선례를 마련해준다. 다만 메를로-퐁티의 타자이론은 유아의 모방과 관련해서 지각적 타자경험의 시원적 유형을 밝히는데 중요한 공헌을 하지만 타자경험의 다양한 층위에 대한 좀더 분명하고 체계적인 발생적 현상학적 정초가 부족하다는 점, 또한 20세기 후반의 발달심리학의 연구성과를 고려할 때 메를로-퐁티의 현상학 자체가 재차 변용, 발전될 필요가 있다는 점을 밝힐 것이다.

2부에서는 후설의 공식출간 저서와 유고 속에서 이루어지고 있는 발생적 현상학적 논의를 검토하면서 타자경험에 대한 후설의 독자적인 발생적 현상학적 분석을 체계화시키고자 한다. 후설은 1900년대 후반 기술적 현상학으로부터 초월론적 현상학으로 태도전환을 수행한 이후에 생애 마지막까지 거의 30년 동안 다양한 주제에 대한 초월론적 현상학적 분석을 수행하지만 타자경험 및 이를 기반으로 하는 상호주관적 주체 및 상호주관적 세계구성에 대해 가장 풍부한 현상학적 분석을 수행하고 있다. 특히 타자경험의 다양한 층위 및 그것들 간의 발생적 정초연관에 대한 후설의 해명은 그 이전에도 그리고 그 이후에도 다른 어떤 철학자의 논의에서도 그 전례를 찾을 수 없을 정도로 포괄적이면서도 심층적이다. 우리는 후설의 타자경험논의를 크게 타자의 존재에 대한 경험으로서 원초적 타자경험과 타자의 주관에 대한 이해경험으로서 지각적 타자경험 그리고 타자와의 실천적 관계경험으로서 의사소통적 타자경험의 세 가지 층위로 나누고 재차 이것들 간의 발생적 정초연관을 해명할 것이다.

1장에서는 후설의 초월론적 현상학에서 타당성 정초를 위한 정적 현상학과 구별되는 발생적 정초를 위한 발생적 현상학의 단서와 정초를 특히 수동적 발생과 능동적 발생의 관계 속에서 해명할 것이다.

2장에서는 태아의 탄생과 관련된 후설의 분석을 검토함으로써 발생적 현상학의 근원시원의 내용과 그 의의를 밝힐 것이다. 동시에 근원시원에 대한 탐구에서 갖는 현상학적 방법으로서 반성과 해석이 갖는 한계를 고려할 때 태아의 탄생 및 초월론적 주체로서 태아의 대상, 세계구성, 특히 타자경험의 분석에서 드러나는 불충분성을 밝힐 것이다.

3장에서는 타자경험의 층위를 존재론적 타자경험으로서 원초적 타자경험, 인식론적 타자경험으로서 지각적 타자경험 그리고 실천적 타자경험으로서 소통적 타자경험으로 유형화시키고, 재차 각 유형 내에서 다양한 발생단계 및 유형들간의 발생적 정초관계를 밝힐 것이다.

4장에서는 타자경험의 세 가지 층위의 구분, 유형 내 단계들간의 발생연관, 유형 간 발생연관의 분석과정에서 드러나는 후설의 분석의 엄밀성 및 체계성의 부분적 한계들을 밝힘으로써 경험과학으로서 발달심리학의 사회적 충동, 정서, 인지발달의 연구성과와의 대화의 필요성을 역설할 것이다.

3부에서는 앞서 2부 4장에서 드러난 타자경험에 대한 후설의 분석의 한계점들 보완하고 나아가 타자경험의 발생적 현상학의 변용과 발전을 모색하기 위해서 사회적 정서, 인지, 충동에 대한 발달심리학의 연구성과에 대한 현상학적 재해석을 시도할 것이다.

1장에서는 발생적 현상학과 발달 심리학의 대화의 범위, 방법을 설명할 것이다. 대화의 방법론 차원에서 초월론적 태도에서 구성의 문제를 다루는 발생적 현상학과 유아, 아동의 사회적 정서, 인지, 충동의 발달요인들을 설명하는 발달심리학이 자연적 태도에서 특히 지향적 심리학적 태도를 매개로 대화가 가능할 수 있음을 보여줄 것이다. 또한 대화의 범위 차원에서 발달심리학의 연구성과 중에서 20세기 후반 등장하는 애착이론, 마음읽기이론, 의사소통이론에 주목할 것이다. 특히 이와 같은 연구들은 여전히 부분적으로는 행동주의나 기능주의 차원에서 수행되었지만, 대부분 지향적 자세로 표현되는 지향적 심리학적 태도 차원에서 수행되고 있거나 재해석될 수 있음을 밝힐 것이다.

2장에서는 후설이 밝힌 원초적 타자경험의 발생적 정초의 변용을 위해서 1960년대 이후 존 볼비의 애착이론의 연구성과에 주목할 것이다. 존 볼비의 애착이론은 인간의 갖는 기본적 사회적 관계 중에서도 가장 원초적 관계인 아이의 애착본능과 엄마의 양육본능의 관계에 주목하고 있다. 특히 존 볼비의 이론은 기존의 프로이트의 정신분석이나 행동주의 중심으로 이루어지던 파생적 욕구 내지 학습능력으로 평가받던 유아의 애착본능을 독자적이면서도 가장 시원적인 인간의 사회적 본능임을 풍부한 경험적 증거를 기반으로 밝혀내고 있다. 우리는 애착본능에 대한 존 볼비의 연구성과가 갖는 방법적 한계, 즉 행동주의 내지 기능주의적 접근의 문제를 밝히면서 지향적 자세 내지 지향적 심리학적 태도에서 접근할 때 애착본능이 더욱 분명하게 해명될 수 있음을 입증할 것이다. 또한 애착본능에 대한 현상학적 재해석의 결과 드러나는 애착본능의 구체적 경험적 실상에 기반을 두고서 재차 후설의 원초적 타자경험의 한계를 극복할 수 있는 지점들을 밝힐 것이다.

3장에서는 후설의 지각적 타자경험의 발생적 정초의 변용을 위해서 1980년대 중반 이후 등장한 마음읽기라는 유아의 사회적 인지능력의 발달의 연구성과에 주목할 것이다. 특히 기존의 피아제, 비고츠키 중심의 연구패러다임을 넘어서 새로운 연구 패러다임으로 등장하고 있는 마음이론, 시뮬레이션이론 및 모방이론이 취하는 새로운 방법론으로서 지향적 자세가 어떤 점에서 후설의 지향적 심리학적 태도와 본질적으로 동일한 것인지를 밝힐 것이다. 이를 기반으로 원초적 타자경험으로서 애착본능이 지각적 타자경험으로서 마음읽기(그중에서도 시원적 마음읽기 능력인 모방본능)와 발생적으로나 발달적으로 어떻게 상호 연관되는지를 밝힘으로써 발달심리학의 새로운 연구방향을 제공할 수 있을 것이다. 또한 마음읽기 능력으로 포괄되는 발달심리학의 사회적 인지능력이론과 후설의 지각적 타자경험론의 종합을 모색할 것이다. 이 과정에서 후자의 변용과 발전이 가능할 수 있음을 입증할 것이다.

4장에서는 소통적 타자경험으로서 의사소통의 발달과정에 대한 발달심리학의 연구성과에 주목할 것이다. 먼저 소통적 타자경험이 선행하는 사회적 충동, 인지, 정서능력인 애착이나 마음읽기와 어떻게 발생적으로 혹은 발달상으로 연관되는지를 밝힐 것이며, 나아가 소통의 시원적 형태로서 옹알이, 사회적 참조, 가리키기 동작 등과 같은 비언어적 소통능력의 발달과정에 대한 현상학적 재해석을 시도함으로써 기존의 후설의 발생적 현상학 내에서 불충분하게 이루어졌던 의사소통에 대한 현상학적 분석을 보완할 것이다.

결론에서는 타자경험의 발생적 현상학과 발달심리학의 대화를 통해서 밝혀낸 중요한 진실, 즉 주체의 독자적 구성에 대한 주체와 타자의 공동구성의 우선성, 나아가 초기 상호주관적 구성의 과정에서 주체로서 타자의 구성이 주체의 구성에 대해서 갖는 우선성의 의의를 부각시킬 것이

다. 또한 현재의 연구에 대해서 제기되는 두 가지 과제, 첫째, 타자철학의
계보를 밝히는 데 있어서 당장에 현대철학의 레비나스, 라캉, 부버처럼 타
자의 철학적 개념과 관련해서 중요한 통찰을 제공하는 철학자들의 타자
개념과 우리가 밝히는 발생적 현상학적 타자개념의 관계가 해명되어야
하는 과제와 둘째, 현상학 내에서 타자경험에 대한 발생적 현상학적 분석
을 바탕으로 개인 대 개인의 타자관계를 넘어 개인 대 집단, 집단 대 집단,
집단 대 개인의 타자관계에 대한 해명으로서 상호주관성의 발생적 현상
학의 수립이라는 과제를 제기할 것이다.

Ⅰ부

주체철학에서 타자 철학으로 이행
: 초월론적 타자의 철학의 계보

1장

데카르트의 타자이론 : 데카르트의『제일철학에 대한 성찰』에서 초월론적 타자이론

「데카르트의 타자이론」이라는 본 장의 제목은 한편으로는 낯설기도 하지만 다른 한편으로는 낯설지 않을 수도 있다.『정념론』제2, 3부에서 다양한 정념들에 대한 데카르트의 논의는 타자에 대한 이해를 전제로 하므로 정념론 혹은 윤리학 차원에서 데카르트의 타자이론은 가능하다. 장-뤽 마리옹Jean-Luc Marion은 1991년 논문「에고는 타인을 변질시키는 가? 코기토의 고독과 다른 에고의 부재」(이하「코기토의 고독」으로 약칭함)에 서 데카르트의 타자이론의 가능성을『정념론』에서 나타나는 사랑에 대한 논의에서 찾는다.[2] 그러나『제일철학에 대한 성찰. 여기서 신의 현존 및 인 간 영혼의 불멸성이 증명됨』[3](이하『제일철학에 대한 성찰』이라고 약칭함)에서 타자이론, 그것도 초월론적 타자이론을 논한다면 그것은 아주 낯선 연구

---

2   Jean-Luc Marion, "L'ego altére-t-il autrui? La solitude du cogito et l'absence d'alter ego", in *Questions cartésiennes*, PUF, 1991. Jean-Luc Marion, Does the Ego Alter the Other? The Solitude of the Cogito and the Absence of Alter Ego, *Cartesian Questions. Method and Metaphysics,* The University of Chicago Press. 1999, p.p.118~134.

3   1641년 출판된 라틴어 초판의 제목이다. 반면 1642년에 출간된 라틴어 재판의 제목은『제일철 학에 관한 성찰. 여기서 신의 현존 및 인간 영혼과 신체의 상이성이 증명됨』으로 바뀌었고, 재 차 1647년에 출간된 불역 판 제목은『제일철학에 관한 데카르트의 형이상학적 성찰. 여기서 신 의 현존 및 인간 영혼과 신체의 실재적 상이성이 증명됨』으로 바뀌었다. 르네 데카르트, 이현복 옮김,『성찰』(문예출판사, 2004), p.14 참조. 본 논문에서 데카르트의『제일철학에 대한 성찰』 은 주로 이현복 선생의 번역본을 참조할 것이다. 이하 인용 시 (M, 쪽수)로 표시함.

가 될 것이다. 왜냐하면, 코기토의 초월론적 타자성은 칸트,[4] 헤겔[5]을 거쳐 후설[6]에 이르기까지, 심지어 스피노자와 니체, 하이데거[7]와 같은 반데카르트주의자에 이르기까지, 데카르트의 코기토야말로 자아, 자기의식으로서 주체철학의 출발점이라는 주된 해석에 반하는 개념이기 때문이다.

그러나 우리는 이런 낯섦을 무릅쓰고 『제일철학에 대한 성찰』 속에서 데카르트의 타자이론을 보여줄 것이다. 더욱이 여기서 말하는 타자

---

4 칸트는 "'내가 생각한다'[자기의식]고 함은 나의 모든 표상[대상의식]에 수반될 수 있어야 한다. …… 직관의 모든 다양은 그것이 발견되는바 동일한 주관 안에 있어서 내가 생각하는 일과 반드시 상관한다."(B.132, 강조는 인용자에 의함)라고 주장하면서 자기의식이 대상의식의 가능 조건이라는 초월론적 철학의 기원을 데카르트의 코기토에서 찾는다. I. Kant, 최재희 역, 『순수이성비판』, 박영사, 1986, p.145

5 cogito ergo sum의 명제를 철학의 제1원리로 선언한 헤겔은 반성적 내면성으로서 자기의식에서 "우리[철학자들]는 고향에 돌아온 것이며, 마치 사나운 바다 위에서 오래도록 표류하던 뱃사람처럼 '저기가 육지다'라고 외칠 수 있다"라고 말한다. G. W. Hegel, *Vorlesung über die Geschichte der Philosophi III*, 전집20권, Frankfurt am Main: Surkamp. 1971. p. 123. 김상환, 「라깡과 데카르트 – 에고 코기토에서 무의식적 주체로」, 『라깡의 재탄생』, 창작과 비평사, 2002, p.p.145~146 재인용(강조는 인용자에 의함)

6 후설은 『데카르트적 성찰들』 서론에서 다음과 같이 말한다. "최종적으로 사유 가능한 선입견 결여로 목표가 설정된 철학, 현실적인 자율성 속에서 최종적으로 자체 산출된 명증으로부터 형성된 그리고 그로부터 절대적으로 자신에 대해 책임을 지는 철학이라는 소위 과도한 요청은 오히려 참된 철학의 근본 의미에 속한다. 생동감으로 가득 찬 철학에 대한 갈망은 새로운 시대에 많은 종류의 르네상스를 유도했다. 유일하게 성과가 있는 르네상스는 바로 데카르트적 성찰을 다시금 일깨우는 르네상스이어야 한다. 즉 데카르트적 성찰을 떠맡는 것이 아니고 데카르트적 성찰의 근본주의가 지닌 가장 심오한 의미를 **에고 코기토**로 회귀 속에서 비로소 드러내야 하고, 더 나아가 그로부터 싹트는 영원성의 가치를 드러내야 하는 르네상스이어야 한다."(Hua I, 47~48, 강조는 인용자에 의함)

7 하이데거는 데카르트의 **코기토 숨**이야말로 세계(인간, 자연, 역사)를 더 이상은 신의 피조물(ens creatum)로 이해하는 것이 아니라, 주체의 지배권 안에 놓이게 하여, '확실하고 의심 없이, 참되게 움켜잡힌 것'(ens certum, indubitum, vere cogitatum)으로서 이해함으로써 주체성의 형이상학 효시가 되었고 이것은 동시에 자연을 지배하고 관리하는 근대 과학기술의 형이상학적 기초가 되었다고 주장한다. M. Heidegger, *Nietzsche : Der europäische Nihilismus*, GA 48. s.s.204~205 참조.

는『정념론』에서 보여주는 단순히 경험적 자아로서 심신결합체인 타자가 아니라 학문에서 확고부동한 원리로서 cogito ergo sum을 발생적으로 정초 하는 토대로서 타자이다. 발생적으로 정초한다는 것은 단순히 시간상으로 선행하는 사건, 행위의 주체를 밝히는 것을 의미하는 게 아니다. 2부에서 상세하게 논하겠지만, 현상학에서 발생적으로 정초한다는 것은 단순히 경험적 차원에서(사실의 문제) 시간상으로 선행하는 사건이나 행위를 보여주는 것이 아니라, 초월론적 차원에서(권리의 문제) 시간상으로 선행하는 초월론적 발생조건을 제시하는 것을 의미한다.[8] 다시 말해 초월론적 타자란 그의 현존과 사유의 발생이, 나의 사유와 현존 발생의 가능 조건이 된다는 뜻이다. 따라서 본 장에서 밝히고자 하는 데카르트의 타자이론은『제일철학에 대한 성찰』이 단순히 나의 존재와 본성의 증명으로부터 신의 본성과 현존의 증명 그리고 물체[신체]와 영혼의 상이성 및 물체 현존의 증명을 수행하기 이전에, 타자의 현존과 본성에 대한 증명 및 타자와 나의 상이성에 대한 암묵적 증명이 선행하고 있다는 테제를 논하고자 한다.

이 테제를 정당화하기 위해서 우리는 주로『제일철학에 대한 성찰』중「제일성찰」과「제이성찰」의 분석에 집중할 것이며, 이 과정에서 마리옹의 1991년 논문「코기토의 고독」과 1996년 논문「에고의 근원적 타자성」[9]

---

8 초월론적 현상학의 두 얼굴로서 정적 현상학과 발생적 현상학에서 각각 수행하는 타당성 정초와 발생적 정초에 대한 구분은 이남인,『현상학과 해석학』, 서울대출판부, 2004, p.p.311~327 참조할 것.

9 Jean Luc-Marion, "L'altérité orginaire de l'ego", *Questions cartésiennes II*, PUF, 1996. 이하 논의에서 마리옹에 대한 해석에는 마리옹의 논의에 대한 훌륭한 비판논문인 진태원 교수의 「불가능한 타자 - 장-뤽 마리옹의 에고의 타자성론에 대한 비판적 고찰」(『철학사상』29권, 서울대 철학사상 연구소, 2008, p.p.43~73)의 통찰에서 많은 도움을 얻었다. 그러나 본 논의가 진행되는 과정에서 마리옹에 대한 진태원 교수의 반론이 갖는 문제 및 마리옹이 갖는 문제에 대해 비판을 수행할 것이다.

을 데카르트의 코키토의 초월론적 타자성의 암묵적 증명을 위한 중요한 단서로 활용할 것이다. 그러나 이와 함께 데카르트의 코기토론의 초월론적 타자성을 명시적으로 논의하고 해명하는 데 있어서 마리옹의 논변이 갖는 한계를 밝힐 것이고, 데카르트의 코기토론 속에서 초월론적 타자성을 좀 더 명석 판명하게 해명해내기 위해서 현대 사회적 인지발달이론의 논의성과를 현상학적으로 재해석함으로써 데카르트의 타자성 논의를 해명할 것이다. 데카르트는 신과 물체의 현존과 본성에서는 분명히 논리적인 증명을 수행하고 있지만, 코기토로서 나의 현존과 본성의 경우에는 연역적 증명 이전에 현상학적 해명을 수행하고 있다.

우리는 데카르트에 대한 고증적, 담론적 이해의 의의를 충분히 인정하면서도 현대철학의 차원에서 데카르트 철학의 의의를 재조명하는 데 우리의 테제의 의의를 두고자 한다. 따라서 데카르트적 코기토의 진리의 불완전성과 취약성을 사후적 차원에서 극복하기 위해 데카르트가 [제삼성찰]과 [제오성찰]에서 수행한 절대적으로 선한 신의 현존 증명을 강조하기보다는 코기토에 선행하는 초월론적 타자로서 전능한 악령의 타자성을 해명하는 것이 필요하다고 본다. 이를 통해 데카르트의 코기토론이 진리의 불완전성을 인정하면서도 그것이 유아론의 아포리아에 빠지지 않고 학문적 탐구의 원리로서 그 원동력을 계속 발휘할 수 있다고 본다. 이런 취지에서 경험과학의 연구성과를 활용해서 제일철학에 대한 형이상학적 논의를 옹호하거나 반박하는 것에 대한 반감에도 불구하고, 우리는 경험과학의 자연주의적 태도와 제일철학의 초월론적 태도 서로 간에 대화가 가능하며 또한, 대화가 필요하다고 본다. 대화는 주로 제일철학의 원리를 경험과학의 발견적 원리로 혹은 경험과학적 연구성과에 대한 설명적 원리로 활용하거나, 재차 경험과학의 발견이나 연구성과를 철학적으로 재해석함으로써 제일철학 원리의 변용, 발전을 도모하는 방식이 되어야 한다.

1절 데카르트적 코키토론은 유아론인가?

『제일철학에 대한 성찰』 중 [제이성찰] 「정신은 신체[물체]보다 인식되기가 더 쉽다는 것」 후반부에서 논의되고 있는 저 유명한 밀랍분석에서 논의를 시작해보자. 이 부분은 물체 또는 신체에 대한 판단과 타자에 대한 판단, 나의 정신 자체에 대한 판단, 간단하게 말해 사물인식과 타자인식, 자기인식의 명시적 대비가 이루어지는 맥락이기 때문이다. 데카르트는 밀랍에 대한 판단에서 지각이나 상상에 의존한 판단보다, 지성에 따른 판단이 더 명석 판명할 수 있음을 주장한다. 동일한 논리는 타인에 대한 판단에도 그대로 적용되어 타인에 대한 지각이나 상상에 의존한 판단보다, 지성에 따른 판단이 더 명석 판명할 수 있다고 본다. 나아가 이처럼 사물이나 타자에 대해 지성에 입각한 명석 판명한 판단보다, 그렇게 지각하고 상상하고 판단하는 자로서, 즉 사유하는 자로서 나 자신의 실존과 본질에 대한 반성적 판단이 의심할 수 없는 명증한 판단이라고 주장한다.

여기서 우리의 관심을 끄는 것은 밀랍에 대한 지성적 판단과 지각, 상상, 판단하는 자로서 자기 자신에 대한 반성적 판단에서 명석 판명하게 인식하는 것과 달리, 타자에 대한 지성적 판단에서 명석 판명하게 인식하는 것은 무엇인가이다. 밀랍에 대한 지성적 판단에서 인식하는 것은 색깔이나 맛, 향기, 모양, 크기가 아니라 연장성, 운동성, 가변성이라는 물체로서 밀랍의 속성, 본성이다. 반면에 지각, 상상, 판단하는 자로서 나 자신에 대한 반성적 판단에서 명석 판명하게 인식하는 것은 정신으로서 사유라는 속성, 본성이다. 그렇다면 타인에 대한 지성적 판단을 통해서 인식되는 타인의 본성은 무엇인가?

"이때 밀랍의 경우의 마찬가지로 습관적으로 나는 사람들을 보고 있다고 말한다. 그렇지만 내가 지금 보고 있는 것은 단지 모자와 옷이며, 이 속에 어쩌면 자동기계가 숨겨져 있을 수도 있다. **그러나 그것은 사람이라고 나는 판단을 내린다.**[10] 이렇게 해서 나는 어떤 것을 실제로는 눈으로만 보고 있을 뿐임에도, 이것을 내 정신 속에 내재되어 있는 판단 능력을 통해 파악한다고 잘못 생각하게 된다." (M, 53)[강조는 인용자에 의함]

타인에 대한 지각적 판단에서 우리가 인식하는 것은 사람의 신체, 외모, 복장일 것이며, 상상적 판단에서 우리가 추측하는 것은 자동기계이다. 그렇다면 타인에 대한 지성적 판단에서 인식하는 것은 무엇인가? 다시 말해 지각이나 상상을 통해서는 사람이 아닌 인형이나 자동기계로 볼 수 있을 텐데, 지성을 통해서는 진짜 사람이라고 판단했을 때 그 인식적 근거와 파악내용은 무엇인가? 인용된 부분에서 데카르트가 말하고자 하는 바는 사람들이 습관적으로 지각이나 상상에 의존한 판단을 내리면서도 마치 그것이 **정신 속에 내재되어 있는 판단 능력, 즉 지성적 판단**인양 혼동을 한다는 것이다. 지각이나 상상을 통해서는 res cogitans로서 타자를 파악하는 것은 데카르트적 의미에서 불가능하다. 사유하는 자로서 현존에 대한 파악은 사유, 언표행위에 대한 사유로서 나의 반성적 자기인식을 통해서 가능하다. 그러나 그렇게 반성을 통해서 인식된 것은 사유하는 자로서 나의 본성이지, 타자의 그것이 아니다. 따라서 반성적 인식도 타자의 사유에 대해서 근본적으로 차단되어 있다. 여기서 데카르트는 타자인식의 가능 조건을 더는 해명하지 않는다.

로고진스키는 사실 res cogitans로서 '나' 혹은 '자아'는 타자에 대한 인식에서만 차단된 것이 아니고, 내 바깥에 존재하는 세계, 나의 과거와

---

10 인용된 부분 전체는 라틴어본을 원본으로 번역하신 이현복 교수의 번역이다. 특히 강조된 문장의 경우 불어본을 원본으로 번역하신 최명관 교수와 김형효 교수의 번역은 다음과 같다. "그러나 나는 그들이 진짜 사람들이라고 판단하며"(최명관 옮김, 『방법서설, 성찰, 데카르트 연구』, 창, 2011, p.154) "그러나 나는 그것들이 정말 사람들이라고 판단하며"(김형효, 『방법서설, 성찰 외』, 삼성출판사, 1992, p.154)

미래로부터 삼중적으로 제한되어 있다고 주장한다.[11] 그러나 엄격히 말해 먼저 시간에 대한 제한은 본질적인 문제가 되지 못한다. 왜냐하면, "나 자신을 어떤 무엇이라고 생각하고 있는 동안", "내가 이것[나는 있다, 나는 현존한다]을 말할 때마다 혹은 정신에 의해서 파악할 때마다"(M, 43~44)라는 데카르트의 표현에서 알 수 있듯이 사유행위, 언표행위의 지속성과 반복성이 가능하다는 점에서 시간의 확장은 비록 유한하지만 가능하다. 또한, 외부세계에 대한 제한 역시 타자에 대한 나의 인식과 타자에 의한 나의 인식, 나아가 양자 간의 소통 가능 조건만 분명해진다면 문제가 되지 않는다. 왜냐하면, 우리가 인간의 유한성을 부인하지 않는다는 점에서 인간에게 초시간성을 요구하지 않는 것처럼, 인간들 간의 인식과 소통을 넘어서 절대적인 바깥의 세계를 기대하지 않기 때문이다. 데카르트가 염려하는 광인은 "알거지이면서도 왕이라고, 벌거벗고 있으면서도 붉은 비단옷을 입고 있다고, 머리가 진흙으로 만들어졌다고, 몸이 호박이나 유리로 되어 있다고 우겨대는"(M, 35) 자, 즉 소통할 수 없는 자라는 점에서 만일 모든 인간이 함께 집단으로 광인이 되더라도 우리 내부적으로 소통이 이루어질 수 있다면 우리 세계 내부에서 환영은 더는 환영이 아니게 된다.

요컨대 데카르트 스스로 타자의 인식과 소통의 가능 조건에 대한 명시적 해명을 이루어낼 수 있었다면, 외부세계에 대한 인식의 명석 판명성의 결여 그리고 순간으로서 시간의 불연속성을 극복하기 위해서 신의 현존 증명이 필요하지 않았을 것이다. 사실 말브랑슈의 기회원인론이나 라이프니츠의 예정 조화론이 모두 인간들 간의 상호인식과 소통의 가능 조건을 해명하지 못했기 때문에 일종의 기계장치로서 신(machina ex deus)에 의

---

11 Jacob Rogozinski, "Wer bin ich, der ich gewiss bin, dass ich bin?", in : *Tod des Subjekt?*, Herausgegeben von Herta Nagl-Docekal und Helmuth Vetter. Wien; München : 1987, 92쪽 참조. 강영안, 『주체는 죽었는가?』(문예출판사, 2001) p.p.95~96 참조.

존한 논의에 그쳤다고 생각한다.[12] 반면에 칸트는, 데카르트가 신에 의존해서 자신의 존재와 외부세계의 현존과 지속성을 보장하는 것보다 자기의식이 갖는 대상구성의 초월론적 조건에 주목함으로써 그 제한을 극복하고자 했고, 헤겔은 정신 속에서 자기의식의 확신과 대상의 진리 일치를 추구함으로써 데카르트의 코기토의 제한성을 극복하고자 했다.

그러나 우리의 판단으로는 데카르트의 핵심문제는 바로 에고의 타자 인식과 소통의 가능성의 문제라고 본다. 이것은 결코 탁월한 타자로서 신의 현존을 증명한다고 해서 해결되는 것이 아니다. 마리옹 역시 「코기토의 고독」에서 신적인 무한한 타자성이 에고에 의한 타자 그 자체의 인정을 의미하는 것으로 간주할 수 없다고 주장한다. 그것은 첫째, 신적인 무한한 타자성과 유한한 타자성에는 근본적인 분할, 대립이 존재하기 때문이다.

"데카르트는 적어도 한 번은 전자를 후자에 대립시킨다. 즉 에고가 부모의 타자성을 인정하는가(출생), 아니면 그가 신의 타자성을 인정하든가(창조)이다. 타자성은 유한하고 경험적으로 획득될 수 있는 타자이거나 아니면 무한하고 초월론적으로 격리된 (전적인) 타자 중에서 결정되어야 한다." (Marion, 206)

---

12 라캉이 분열되지 않은 최초의 주체가 대타자의 기호형식으로부터 생기면서, 그 기호형식이 다른 기호형식을 지향함에 따라 분열된 주체가 되고, 이렇게 분열된 주체가 큰 타자에게 진실보증을 요구하지만, 결국에는 분열된 주체가 큰 타자에게는 자신의 진실을 보증해줄 기호형식이 없다는 것을 깨닫는 영원회귀, 시지포스의 운명을 논의하는 부분은 데카르트의 코기토적 주체에게도 적용된다. 왜냐하면 데카르트의 코기토적 주체가 자신과 물체의 현존과 본성의 진리의 절대적 보증자이길 요구하는 큰타자인 절대적으로 선한 신 역시 재차 코기토에게 인식의 질서에서 의존하기 때문이다. 따라서 신이 죽었다고 믿는 니체의 후예로서 현대철학자라면 영겁회귀의 시지포스적 운명을 받아들이거나 아니면 우리처럼 우리에게 죄의식을 심어주는 것이 아니라 경각심을 심어주는 타자와 대립적 공존을 도모하는 선택을 해야 할 것이다. 라캉의 논의 부분은 임진수, 『정신분석의 임상구조 - 1. 신경증』, 프로이트 라캉학교, 2014, p.p.63~64 참조.

둘째, 신적인 타자성이 초월론적 지평을 개방한다고 해서, 타자에 대한 가능성이 허락되는 것은 아니기 때문이다.

"에고의 탁월한 타자로서 신에 대한 인정이 이미 타인과의 마주침을 성취한다는 것은 논증되어야 할 사실로 남아 있다. …… 무한한 관념으로서 신은 유한자의 관념 중 하나를 이룰 수 없으며, 나 자신의 관념 중 일부도 아니다. …… 그[무한자]는 더는 진정한 하나의 타자, '나와 유사한 인간'(『성찰』, AT, VII, 43, 7)으로 개방되지 않는다. 자아에 대한 또 하나의 타자이자 다른 에고로서 유한하고 사유하는 것인 어떤 타자, 자아와 다른 어떤 타자의 타자성은 항상 결핍되어 있다. 따라서 타자는 잠정적으로 결핍된 것이 아니며, 처음부터 에고가 그 자신에 의해서만 정의되기 때문에 결핍된 채로 남아있다."(Marion, 206~207)

그런데 우리의 판단으로는 마리옹이 제시하는 두 가지 논거에서 말하는 타자의 의미가 일관되어 있지 않다고 본다. 마리옹이 제시하는 첫 번째 논거에서 유한한 타자는 말 그대로 res congitans로서 나를 낳는 또 다른 res cogintans가 아니고, 단순히 심신 결합체로서 나를 낳는 경험적 타자이다.[13] 그러나 두 번째 논거에서 타자는 사유하는 자로서 나와 유사한 또 다른 유한하고 사유하는 에고로서 타자, 즉 자신의 본성과 현존을 명석 판명하게 판단하는 확실성의 토대로서 초월론적 타자이다. 데카르트의 코기토론이 유아론의 아포리아에 빠져있다고 주장할 때 결핍된 타자는 바로 초월론적 타자이며, 따라서 마리옹이 찾아야 하는 타자 역시 초

---

13 "마지막으로 부모에 대해 말하자면, 내가 지금까지 부모에 대해 생각했던 모든 것이 여전히 참이라고 하더라도, 그들은 사실 나를 보존하고 있는 것이 아니며, 또 내가 사유하는 것인 한 결코 나를 만들어 낸 것도 아니다. 오히려 그들은 생각건대 나, 다시 말해 지금은 정신만을 나라고 인정하기 때문에, 정신이 내재하고 있는 물질 속에 어떤 성향만을 넣어 주었을 뿐이다."(M, 77, 강조는 인용자에 의함)

월론적 타자이다.[14]

문제핵심으로 돌아와서 엄격히 말해 탁월한 타자로서 신은 초월론적 자아의 가능 조건으로서 초월론적 타자의 현존과 그와의 소통을 위해서가 아니라, 초월론적 자아만으로는 자신 존재의 유한성과 인식의 불완전성을 극복할 수 없다고 판단해서 끌어들인 사후적인 보완적 존재자일 뿐이다. 더욱이 인식의 질서에서만 본다면 탁월한 타자로서 신이 초월론적 자아의 가능 조건이 아니라 반대로 초월론적 자아가 탁월한 타자로서 신의 가능 조건일 뿐이다. 따라서 초월론적 자아에는 자기 존재의 유한성과 인식의 불완전성을 보완하는 사후적인 타자 이전에 인식과 존재에 있어서 상호일 수 있는 대등한 초월론적 타자가 필요하다.

마리옹은 1991년에 발표한 「코기토의 고독」에서만 하더라도 데카르트의 코기토론에서는 '또 다른 초월론적 에고', 즉 '초월론적 타자'의 가능성이 없다고 결론을 내린다. "따라서 결론은 근본적일 것이다. 『제일철학에 대한 성찰』은 에고의 기능을 수행하는 다른 사람–적어도 다른 정신

---

14 그에 따라 마리옹의 두 가지 논거에 대해서 의문을 제기하는 진태원 교수의 타자 이해도 혼동이 있다고 본다. 에고의 타자성을 찾고자 하는 마리옹의 의도에 대해서 반론을 펼치는 진태원 교수는 한편으로는 "그(마리옹)에게 상호주관성을 가능하게 해주는 타자는 하나의 유한한 자아로서 **에고의 인식대상으로 환원되지 않지만, 그렇다고 해서 자아로부터 절대적으로 독립해 있는 무한자도 아닌, 사유하는 유한자로서의 또 하나의 다른 에고다**"라고 지적하면서 다른 한편으로는 "마리옹이 제시하는 다른 에고가 하나의 다른 에고, 즉 **이미 수적이고 양적인 규정에 따라 구별된 에고**이고 따라서 '제일철학'보다는 **경험적이고 응용의 영역에 속하는 것**이라면, 어떤 근거에서 그는 『성찰』의 제목 속에 '분리된 지성들', 또는 다른 지성들이 빠져 있다는 사실에 의문을 제기하고 심지어 이를 '역설'(194)이라고 부르면서 데카르트 제일철학의 권리 설정 타당성 여부를 문제로 삼을 수 있을까?"(진태원, 같은 글, p.p.50~51, 강조는 인용자에 의함)라는 의문을 제기한다. 그런데 앞선 인용에서 논의하는 타자는 유한한 자아로서 에고의 인식대상으로 환원되지 않는다는 점에서 경험적 타자가 아닌 초월론적 타자임에도 불구하고, 재차 뒤따르는 인용 부분에서는 그런 타자를 경험적 타자로서 단정함으로써 마리옹의 문제의식에 대해서 의문을 제기한다. 물론 진태원 교수의 이런 혼동은 일차적으로 마리옹의 혼동 때문이다. 그러나 데카르트의 코기토론의 유아론 여부를 판단하는 데 있어서 관건은 경험적 자아로서 타자가 아닌 초월론적 자아로서 타자의 결핍 여부이다.

이라는 의미에서[즉 초월론적 타자라는 의미에서]-에 대한 인식을 개념적으로 금지한다. 분명 적어도 암시적으로는『제일철학에 대한 성찰』은 다른 사람들 및 다른 영혼들이 사유에 표상된 대상들로 제시된다는 점을 인정한다. 하지만 이 경우『제일철학에 대한 성찰』은 사유를 실행하는 유일한 에고의 독특한 특권을 승인한다.”(Marion, 205) 마리옹의 “암시적으로는 …… 인정한다”는 지적을 입증하는 대표적인 구절이 바로 본 절 앞부분에서 인용했던 제이성찰의 구절이다. 즉 밀랍에 대한 지각적, 상상적 판단과 지성적 판단의 인식성과가 다르듯이 타인에 대한 지각적, 상상적 판단과 지성적 판단의 인식성과가 다르다는 데카르트의 주장은 결국 타인에 대한 지성적 판단은 타인을 단순히 신체적, 복장적, 외모적 겉모습이나 그 속에 숨어있는 자동기계장치가 아닌 사유하는 주체로서 판단해야 한다는 것을 암묵적으로 전제하고 있기 때문이다. 다만 1991년「코기토의 고독」이라는 논문에서 마리옹은 이런 또 다른 사유의 주체로서 초월론적 타자에 대한 인식이 어떻게 가능한지에 대한 명시적인 논의가 데카르트의『제일철학에 대한 성찰』에는 없다고 판단한다.

2절. 데카르트적 코기토론의 타자성 논의

이제 우리는 비록 데카르트가『제일철학에 대한 성찰』에서 명시적으로는 초월론적 타자에 대한 인식의 가능 조건에 대해 논의하고 있지 않아서, 초월론적 타자에 대한 인식의 가능 조건을 의식하고 있지는 않았지만, 실제로는 초월론적 타자에 대한 인식을 수행하고 있음을 보여줄 것이다. 이것은 데카르트도 인정하듯이 “[자연적] 충동은 내 안에 있기는 해도 내 의지와는 다른 것이라고 여겨지듯이, 나에게 아직 알려지지 않았지만 이런 관념을 산출하는 능력이 내 안에 있을 수도 있기 때문이다.”(M, 62)

이처럼 초월론적 타자에 대한 인식이 실제로 수행되는 부분을 찾기 위해 우선 마리옹의 해석을 뒤쫓아 가보자. 여기서 우리가 참조하는 마리옹의 논문은 앞선 1991년의 논문 「코기토의 고독」에서 자신의 테제, 즉 데카르트의 코기토론은 유아론의 아포리아에 처해 있다는 논변을 스스로 반박하는 1996년 논문 「에고의 타자성」이다. 이 논문에서 마리옹은 다시 한 번 동일한 문제, 즉 '데카르트에 의해 확립된 에고는 유아론의 불모적인 압박 속에 머물러 있는가?'라는 질문을 제기한다. 그리고 이번에는 「제이성찰」의 전반부에 대해 세밀한 독서를 통해 "cogito ergo sum"이 아닌 "ego sum, ego existo"에서 에고의 근본적인 타자성이 함축되어 있음을 주장한다.

사실 「제이성찰」은 크게 세 부분으로 나눌 수 있다. 라틴어 원본을 기준으로 삼는다면 ⅰ) 전반부 세 단락(25쪽 첫 번째 단락까지)에서는 **나의 현존의 확실성**을 인식한다. ⅱ) 네 번째 단락부터(25쪽 두 번째 단락) 아홉 번째 단락까지(29쪽 첫 번째 단락까지)는 확실하게 현존하는 **나의 본성이 사유하는 것**임을 증명한다. ⅲ)열 번째 단락부터(29쪽 두 번째 단락) 마지막까지(34쪽 첫 번째 단락까지)는 **정신으로서 나의 현존과 본성이 물체에 대한 인식보다 더 쉽게, 더 명증적으로 인식됨**을 증명한다.

「제이성찰」을 뒤에서부터 거꾸로 분석해보자. 세 번째 부분은 첫 번째 부분의 나의 현존에 대한 증명과 두 번째 부분의 나의 본성에 대한 증명을 보완하는 단락이다. 데카르트는 세 번째 부분의 첫 단락에서 "이로써 나는 내가 무엇인지를 좀 더 잘 알기 시작한다."(M, 49)라고 말하면서도 재차 "그러나 아직도 여전히 내 생각에 의해 그 상이 형성되는 물질적 사물이나 감각을 통해 탐지될 수 있는 물질적 사물이 상상력에 의해 포착되지 않는 것, 또 나에게 속해 있지만 아직 알려지지 않은 것보다 훨씬 더 판명하게 인식되는 것처럼 생각되며, 또 이런 생각을 떨쳐 버리지 못하고 있다."(M, 50)라고 염려한다. 그러나 데카르트는 감각이나 상상에 의존하는 비반성적 사고의 습관을 벗어나서 늦추어진 "정신을 조이고 있는 고삐를 …… 다시 당겨 더 쉽게 정신을 이끄는"(M, 50) **반성적 사유의 노력을 통해** 나에게 속해 있지만, 아직 알려지지 않은 정신으로서 나의 현존과 본성을 재차 증명하고자 한다. 그 결과 마지막 단락 첫 문장에서 "이렇게 해서 나는 결국 내가 가고자 했던 곳으로 다시 돌아온 셈이다."(M, 55)라고 말하는 것처럼 정신으로서 나의 본성과 현존에 대한 명석 판명한 인식을 완전하게 자신의 것으로 만든다.

「제이성찰」의 두 번째 부분은 첫 부분에서 획득된바, "필연적으로 존재하는 내가 무엇인지"(M, 44)를 묻는다. 이 부분에서도 **반성적 사유를 통해** 데카르트가 새롭게 인식한 것은 감각된 것, 상상이 된 것으로서 사유 된 것(res cogitatum) 그 자체는 참된 것이 아니라고 하더라도, 감각하는, "상상하는 힘"(vis imaginandi)(M, 49) 그 자체로서 사유하는 것(res cogitans)이야말로 필연적으로 현존하는 나 자신임을 증명해낸다.

바로 이 두 부분에서 데카르트가 얻어내는 원리가 다름 아닌 "cogito ergo sum"이다. 더 중요한 것은 이 두 부분에서 이런 근본원리를 인식하는 데 있어서 핵심방법이 칸트 이후 독일 관념철학의 주된 전통이 된 **자기의식의 유아론적 반성**이라는 점이다.

반면 「제이성찰」의 첫 부분에서 데카르트가 "cogito ergo sum"(이하 **'사유–존재원리'**)보다 먼저 확실하게 인식하는 원리는 "ego sum, ego existo"(이하 **'존재–현존원리'**)이다. 마리옹이 특히 「제이성찰」의 첫 부분에 주목하는 까닭도 다름 아닌 '사유–존재원리'와 '존재–현존원리'에 도달하는 각각의 증명과정과 그 원리가 갖는 함의의 차별성 때문이다. 마리옹은 '사유–존재원리' 및 그 증명과정이 데카르트적 에고에 대한 고전적 해석으로서 반성적, 초월론적 주관성의 철학을 낳았다고 본다. (Marion 1996, 16) 반면 '존재–현존원리' 및 그 증명과정에서 바로 초월론적 유아론에 빠지지 않고, 오히려 초월론적 타자성을 드러내는 탈근대적 데카르트의 모습을 읽어낼 수 있다고 본다. (Marion 1996, 19)

데카르트의 '존재–현존원리'의 증명과정과 그것이 갖는 초월론적 타

자성의 함의에 대한 마리옹의 논의는 크게 네 단계로 나누어져 있다.[15]

(1) 초월론적 타자의 시사 : 라틴어 번역본의 세 번째 단락 첫 문장

"그렇다면 불확실한 것으로 방금 알려진 것들과는 다른 [어떤 것으로서], 조금도 의심할 수 없는 것은 하나도 존재하지 않는다는 사실을 나는 도대체 어떻게 알고 있는 것일까?"(M, 43)

에서 마리옹은 조금도 의심할 수 없는 "다른 어떤 것"(diviersum)에서는 분명히 앞 단락에서 환영에 불과하다고 말한 물체, 형태, 연장, 운동 및 장소가 아니며, 따라서 참된 것으로서 "단지 어떤 타자autre가 문제일 뿐만 아니라, 좀 더 근원적으로는 어떤 타인autrui이 문제가 된다"(Marion 1996, 21)고 주장한다. 이 다른 어떤 것을 타자, 타인으로 여기는 이유는 두 번째 단계로서 그다음 문장 때문이다.

(2) 초월론적 타자로서 속이는 신 : 라틴어 번역본 세 번째 단락 두 번째 문장

"혹시 어떤 신이 있어서, 혹은 어떻게 부르든 간에 이와 비슷한 것이 있어서 내 안에 이런 생각이 일어나도록 하고 있는 것은 아닐까?"부터 "만약 내가 설득된다면, 나는 존재하는 것임이 틀림없다"(M, 43)

까지를 분석해볼 때, 마리옹에 따르면 "이로부터 다음과 같은 첫 번째 결과가 도출된다. 즉 회의를 극복하기 위한 첫 번째 시도에서부터 타인이

---

15 마리옹의 논의를 네 단계로 나누는 과정에서 우리는 진태원 교수의 논문에 힘입은 바가 크다. 진태원, 같은 글, p.p.57~63 참조.

가설의 자격으로, 에고 **이전에** avant 생성되는 것이다."(Marion 1996, 21, 강조는 마리옹에 의함) 다시 말해 「제일성찰」에서 방법적 회의를 진행하는 마지막 과정에서 가설의 자격으로 등장했던 전능한 악령으로서 속이는 신이 바로 최초의 **초월론적** 타자의 흔적이라는 것이다. 먼저 전능한 악령이 경험적 타자가 아닌 초월론적 타자인 까닭은 그가 단순히 나의 지각적, 상상적 경험과정에서 인식되는 대상이 아니라, 내 정신 속에 물체, 형태, 연장, 운동, 장소 등의 환영 생각이 일어나도록 하는, 마리옹의 표현으로는 그런 생각을 발송하는 envoie 자이기 때문이다. 다시 말해 속이는 신이 나의 사유의 현존 가능 조건이기 때문이다. 또한, 속이는 신이 **최초의** 초월론적 타자인 까닭은 그는 내가 정신으로서 나, 에고를 자각하기 **이전에** avant 생성되는 존재자이기 때문이다. 요컨대 "신은 …… 곧바로 에고의 대화자로 인정된다. …… 회의는 추상적이고 한층 심해지는 …… 어떤 사유의 유아론 속에서 전개되기는커녕, 에고와 미규정된 타인 사이의 대화 공간 속에서 전개된다."(Marion 1996, 22)

그러나 데카르트는 곧바로 나를 속이는 전능한 악령이 내가 스스로 만들어낸 가정, 환영일 수도 있다는 의문을 제기한다. 그러나 마리옹은 신과의 대화에서 나 자신과의 대화로의 대체[어떤 신에서 나 자신으로의]가 나와 타자의 대화라는 공간을 본질적으로 바꾸지는 못한다고 말한다. "왜냐하면, 에고는 그에게 도달하는 관념들의 우발적인 원인이 됨으로써만, 자신의 고유한 역할 외에 타인의 역할을 떠맡는다고 주장하기 때문이다."(Marion 1996, 22~23) 더욱이 나는 "아무런 감각이나 신체도 갖고 있지 않기"(Marion 1996, 25~26) 때문에, 타인의 자리에 나의 관념들을 위치시킬 수 없다. 나는 어떤 신의 관념의 원인이 될 수 없는 것이다. 따라서 마리옹에게 중요한 것은 데카르트가 어떤 신의 가정, 즉 "나와 다른 것의 관념의 원인이 내 안에 있지만, 하지만 나에게 알려지지 않은 채 존재한다는"(Marion 1996, 23) 가정을 사용하고 있는 것이다.

그러나 데카르트가 분명히 "그러나 아마도 나 자신이 이것의 작자일 수도 있는데, 왜 내가 이렇게 생각해야 하는가?"(M, 43)라고 의문을 제기하는 것을 보면 마리옹의 답변이 적절한 것인지 의문이다. 왜냐하면, 전능한 악령으로서 기만적인 신을 끌어들이는 것은 데카르트에게 단순한 가설적 추정이라고 여겨지기 때문이다. 그러나 전능한 악령으로서 기만적인 신을 도입하는 것은 자의적인 가설적 추정이라고 보기 어렵다. 왜냐하면, 전능한 악령으로서 기만적인 신에 대한 가정은 「제일성찰」에 따르면 내 정신 속에 오래전에 새겨진 의견이며, 그것은 단순히 자의적 가설이 아니라, 명백히 내가 저지르고 있는 잘못과 범하고 있는 오류로부터 확인되는 나의 불완전성의 기원에 대한 확실한 설명이기 때문이다. (M, 39) 마리옹은 이처럼 잘못을 저지르고, 오류를 범하는 나의 불완전성의 기원을 비기원적인, 비규정적인 **현사실성(facticité)**의 문제로 받아들인다. "이러한 의견은 정신에 …… 강제**되**며, 정신은 이를 자신 안에 오래전부터 고정된 것으로 발견한다. 따라서 이것은 현사실성 덕분에 에고를 규정한다."(Marion 1996, 25, 강조는 인용자에 의함)[16] 이처럼 전능한 악령, 기만적인 신으로서 초월론적 타자가 단순한 가정으로 버려질 수 없으므로 3단계에서 기만적인 신을 다시 받아들인다.

---

16 마리옹이 여기서 강조하는 현사실성은 하이데거가 『존재와 시간』에서 말하는 현존재의 피투성의 현사실성을 염두에 둔 것처럼 보인다. "현존재가 어디서 오고, 어디로 가는지는 은폐되어 있으나, 그 자신으로는 그만큼 더 은폐되지 않고 개시되어 있다는 현존재의 존재 성격, 즉 〉현존재가 있다는 사실〈을 우리는 이 존재자가 자기의 현에 던져져 있음[피투성]이라 부른다. 이것은 현존재가 세계-내-존재로서 현이라는 것이다. 피투성이란 표현은 [현존재가] 떠맡겨져 있다는 **현사실성(Faktizität)**을 시사한다."(Heidegger, *Sein und Zeit*, Max Niemeyer Verlag, Vittorio Klostermann Frankfurt am Main, 1976, 180, 강조는 인용자에 의함) 진태원 교수에 따르면 마리옹의 관심은 단지 데카르트의 철학에 대한 문헌학적, 고증적 주석에 국한되지 않고, 궁극적으로는 **데카르트-하이데거-레비나스**로 이어지는 노선 위에서, 근대성의 원천이자 또한, 근대성 자체에 의해 왜곡되고 망각된 근대성의 이면으로서의 데카르트, 즉 탈근대성의 또 다른 가능성을 개시하는 데카르트의 면모를 부각시키는 것에 있다고 본다. 진태원, 같은 글, p.45 참조.

(3) 초월론적 타자로부터 나의 현존의 증명 :

"그러나 누군지는 모르지만 아주 유능하고 교활한 기만자가 집요하게 나를 항상 속이고 있다고 치자. 자 이제 그가 나를 속인다면, 내가 있다는 것은 의심할 수 없다. 그가 온 힘을 다해 나를 속인다고 치자. 그러나 나는 내가 어떤 것(aliquid)으로 생각하는 동안, 그는 결코 내가 아무것도(nihil) 아니게끔 할 수 없을 것이다." (M, 43)

마리옹은 세 번째 단계에 대한 해석에서 "자 이제 그가 나를 속인다면, 내가 있다는 것은 의심할 수 없다"는 문장을 두 번째 단계에서 나오는 "만약 내가 설득된다면, 나는 존재하는 것임이 틀림없다"는 문장과 연결해, 이것 모두가 에고에 질문하고 따라서 그에 선행하는 어떤 대화적 타자를 성찰하는 에고로서 데카르트 스스로 수용하고 있음을 보여주는 것이라고 주장한다.

(4) 호명하는 에고의 현존으로부터 호명되는 에고의 현존의 증명 :

"이렇게 이 모든 것을 세심히 고찰해 본 결과, 나는 있다, 나는 현존한다(ego sum, ego existo)는 명제는 내가 이것을 발언할 때마다 마음속에 품을 때마다 필연적으로 참이라는 결론에 이르게 된다." (M, 43~44)

마지막 단계에서 재차 신과의 대화로부터 자기 자신과의 대화로 이행하면서 단순히 반성적 사유로 이행하는 것은 아니다. 왜냐하면, 「제이성찰」의 전반부에서는 아직 내가 무엇인지에 대한 인식내용이 없다는 점에서 자기에 대한 표상을 지닌 자기인식 단계가 아니기 때문이다. 더욱이 "내가 이것을 발언할 때마다 혹은 마음속에 품을 때마다"라는 표현에서 알 수 있듯이 여기서는 반성적인 표상적 사유의 수행 이전에 언표적 행위 혹은 상상적 언표적 행위의 수행만이 이루어지기 때문이다.

이처럼 「제이성찰」의 전반부 에고의 존재-현존증명 과정을 네 단계로 나누어 중반부와 후반부에서 에고의 '사유-존재원리'의 증명과정과 차별적으로 해석한 마리옹의 해석은 데카르트에 대한 다른 어떤 해석보다 흥미롭다. 그러나 마리옹의 논변은 문헌적, 고증적 분석의 정확성의 문제 이전에 초월론적 타자의 해명과정에서 한계를 가진다. **첫째, 전능한 악령으로서 기만적인 신이 과연 단순히 가설적 추정이나 환영이 아니고 초월론적 타자로서 자격을 갖고 있다고 말할 수 있는가?** 단순히 그것의 사실성만을 강조하는 것만으로는 우리의 의문이 해명되지 않는다. 전능한 악령으로서 나에게 환영이든 착각이든 생각, 사유를 심어 넣어 주었다는 것도 주장일 뿐 해명된 바 없다. **둘째, 전능한 악령으로서 타자와의 대화가 왜 자기 자신과의 대화로 이행해야 하는가? 에고 자신이 타자의 역할을 떠맡아야 하는 필연적인 이유는 무엇인가?** 만일 전능한 악령으로서 기만적 타자가 있고 그가 환영만을 심어 넣어 주었다면 엄격히 말해 내 정신 바깥이란 존재하지 않는 것이고, 따라서 타자는 내가 의식하지 못하는 내 정신 안의 관념일 뿐이다. 앞에서도 지적했듯이 마리옹은 "나와 다른 것의 관념의 원인이 내 안에, 하지만 나에게는 알려지지 않은 채 존재한다"(Marion 1996, 23)는 가정을 사용하고 있는 셈이다.[17] 그렇다면 전능한 악령으로서 신은 참된 의미의 초월론적 타자라고 보기 어렵다. 우리가 찾는 타자는 단순히 내 안에 있는 또 다른 나, 일종의 프로이트적 의미의 이드(id), 그거(es)가 아니다.

진태원 교수는 전능한 악령으로서 기만적인 신이 데카르트의 『제일철학에 대한 성찰』에서 도입되는 담론적 이유를 마리옹이 묻지도 않았다는

---

17 진태원, 같은 글, p.59 참조.

점을 문제 삼는다. 우리 역시 이런 지적에 충분히 동의한다. 사실 데카르트의 악령을 이해하기 위해서는 역사가 칼 프리드리히가 잘 서술하고 있듯이 데카르트 당대의 바로크 시대의 특징인 회의와 확신의 대립과 극단이 팽배한 시대정신을 읽어야 할 것이다.[18] 셰익스피어의 『햄릿』에서 유령의 등장으로 촉발되는 햄릿의 광적인 회의에서 진리와 정의 그리고 삶과 죽음에 대한 확신으로의 이행, 밀턴의 『실낙원』에서 신에 대한 사탄의 위대한 투쟁과 장렬한 파탄의 극적 변화, 토머스 홉스의 『리바이어던』에서 자연상태의 비참한 인간으로부터 무소불위의 권력체로서 리바이어던인 국가로의 변모, 스피노자의 『에티카』에서 놀라움과 슬픔, 증오, 명예욕, 야망에 사로잡힌 수동적 예속상태의 인간에서 신에 대한 지적 사랑의 능동적 정서를 향유하는 자유로운 인간으로의 변용 등에서, 바로크 시대의 작가들이 대립으로의 이행, 전환의 필연성, 정당성을 확보하기 위해 대립을 극단화하려는 의지를 읽어낼 수 있다. 진태원 교수는 베이사드의 주장을 논거로 삼아 데카르트가 광기나 꿈과 같이 바로크 시대의 회의주의자들에게 고유한 논거들을 사용하는 데 만족하지 않고, 악령이라는 초자연적 가설을 도입한 까닭은 절대적인 기만과 비진리의 위협을 극적으로 드러내어 에고의 코기토적 명증성이 갖는 취약성과 불안정성을 부각함으로써 진실한 신의 전능함이라는 진리의 표본으로의 이행을 정당화시키고자 했기 때문이라고 주장한다.[19]

그러나 앞서 강조했던 것처럼 우리의 판단으로는 에고의 '사유-존재 원리' 증명의 진리의 불완전성과 취약성을 보장하기 위해서 진리의 절대적인 보증자로서 신의 현존을 사후적으로 증명하기보다는 에고의 '존재-

---

18 칼 프리드리히, 「대립과 극단의 시대, 바로크」 윌리엄 레너드 랭어 엮음, 박상익 옮김, 『호메로스로부터 돈키호테까지』(푸른역사, 2001), p.p.437~468 참조.

19 Beyssade, Michelle. "The Cogito: Priviledged Truth or Exemplary Truth?" *Bulletin de la société francaise de philophie*, tome LXXXVI, 1992. p.38 참조. 진태원, 같은 글, p.p.64~65 참조.

현존원리'의 증명을 위해 초월론적인 타자의 존재와 인식의 가능 조건을 해명하는 것이 에고의 불완전성과 취약성을 인정하면서도 유아론의 철학적 아포리아에 빠지지 않는 전략이라고 생각한다. 물론 유아론에 빠지지 않기 위해서 에고의 존재-현존의 증명과정에서 그 존재와 인식의 가능 조건을 밝혀야 하는 타자가 역설적으로 전능한 악령으로서 기만적인 신이라면, 유아론 못지않은 또 다른 위험이 아니냐는 반론을 제기할 수 있을 것이다. 더욱이 전능한 악령으로서 기만적인 신은 데카르트가 『제일철학에 대한 성찰』을 저술하는 최우선적 목적인 학문의 확고부동한 토대를 마련하는데 오히려 가장 큰 위협이 아니냐는 의문을 제기할 수 있을 것이다. 그러나 우리의 판단으로는 전능한 악령으로서 기만적인 신은 크게 두 가지 필수불가결한 기능을 담당한다고 본다. 첫째, 주지하다시피 이와 같은 타자의 존재와 인식의 가능 조건을 해명하는 과정에서 바로 학문의 일차적 토대인 자아의 현존과 본성에 대한 증명이 이루어질 수 있는 것이며, 두 번째로 이처럼 전능한 악령으로서 기만적인 신이 있기 때문에 역설적으로 기하학이나 대수학을 불변의 진리로 받아들이지 않고, 라캉의 지적처럼 "우리가 기하학을 해석학적으로 변형시키는 대수학의 소문자들을 가지고 놀이를 할 수 있게 되었다는 것, …… 이제 우리에게 집합론으로의 문이 열린 것이며, 모든 것이 진리의 가설로서 허용된다는 것"[20]의 성과를 얻게 되었다. 다시 말해 기만적인 타자의 존재는 기존의 진리를 절대적으로 수용하는 것이 아니라 항상 의심하면서 가설적 진리로 대하는 태도가 필요하게 한다.

---

20 자크 라캉 저, 자크-알렝 밀레 편, 맹정현, 이수련 옮김, 『세미나 11 : 정신분석의 네 가지 근본개념』(새물결, 2008), p.63. 물론 라캉은 전능한 신의 증명이 이것을 가능하게 했다고 주장한다. 그러나 우리의 판단으로는 오히려 전능한 악령으로서 기만적인 신의 존재와 인식의 가능 조건이 기존의 학문에 대해서 의문을 제기하고 새로운 탐구를 개척할 수 있는 기반이 된다고 생각한다.

3절 초월론적 타자로서 전능한 기만적인 악령

이제 우리는 서론의 약속대로 그리고 바로 앞 절에서 마리옹의 논변에 대해서 제기했던 두 가지 의문 중 첫 번째 의문, 즉 **"전능한 악령으로서 기만적인 신이 과연 단순히 가설적 추정이나 환영이 아니고 초월론적 타자로서 자격을 갖고 있다고 말할 수 있는가?"**를 해명하기 위해서 우리의 일상적 경험 속에서 유아나 아동이 최초로 타자의 마음을 어떻게 인식하게 되는지에 주목해보고자 한다. 물론『제일철학에 대한 성찰』「제일성찰」첫문장에서 데카르트도 쓰고 있듯이 성찰적 주체는 "유년기에 내가 얼마나 많이 거짓된 것을 참된 것으로 간주했는지, 또 이것 위에 세워진 것이 모두 얼마나 의심스러운 것인지" 충분히 깨닫고 있으며, 모든 회의를 통해서 최초의 토대에서 다시 새로 시작해야 하는 일을 "실행할 수 있는 성숙한 나이가 되기를 기다렸다."(M,34) 따라서 우리가 일상적 경험 속에서 유아나 아동의 타자경험에로 되돌아가는 것은 데카르트의 의도와 정반대로 가고 있는 것처럼 보인다. 그러나 우리가 곧 확인하게 될 것처럼 비록 유아나 아동에게 학문적 지식 – 개념적, 논리적 지식-에서는 전혀 기대할 바가 없지만, 그들이 타자의 마음과 자신의 마음의 현존과 내용에 대해 수행하는 인식에는 명백한 진실이 담겨있다. 분명 우리는 성인이나 혹은 성숙한 인간이 되어서야 비로소 도덕적인 의미의 자기중심성이나 인식론적, 존재론적 의미의 유아론적 환영에서 개념적으로 벗어날 수 있지만, 유아나 아동은 이미 전前반성적 차원에서 타자와 자신에 대한 초월론적 경험을 수행하고 있다. 따라서 우리가 현재 행하려는 고찰은 유아나 아동의 행위와 발언 속에서 직접적으로 어떤 가르침을 얻자는 종교적, 도덕적 의미가 아니라 그들의 행위와 발언 속에서 그들의 경험에 대한 현상학적 해명을 해보려는 것이다.

과연 아이는 자신만의 유아론적 정신세계에 빠져 있지 않고 자신과 독립적이면서도 상이한 타자의 정신세계, 마음이 있다는 것을 언제 어떻게 알게 될까? 이것은 20세기 이후 프로이트의 정신분석이나 피아제의 인지심리학과 같은 초기 발달심리학의 등장과 함께 논의된 가장 중요한 사회적 인지능력의 발달에 대한 물음이다. 프로이트의 정신분석이나 정신분석의 한 분파로서 대상관계이론에서는 정상적인 자폐증 단계를 설정한다.[21] 그러나 프로이트나 말러는 각각 남근기 혹은 분리개별화시기에는 유아가 타자의 주관을 알고 있음을 말하지만 어떻게 해서 타자의 주관에 대한 이해에 이르게 되었는가를 설명하지 않고 전제할 뿐이다. 반면 피아제는 1969년 바바라 인헬더와 함께 3개의 산 과제를 개발하여 어린 아동의 자기 중심성에 대해 최초로 실험적 연구를 수행한다. 아동은 산 모형 주위를 돌아다니면서 각각 다른 위치에서 그 산들이 어떻게 보이는가를 알게 되고, 3개의 산 위에는 각각 다른 물체가 놓여 있다는 것도 보게 된다. 그런 다음 이 아동을 산 모형이 놓인 탁자의 한쪽에 앉힌다. 이후 실험자는 인형을 탁자의 이쪽저쪽에 놓으면서 그때마다 아동에게 몇 개의 사진을 보여주고, 어떤 사진이 인형이 보고 있는 풍경을 가장 정확하게 반영하고 있는지 물어본다. 전조작기 아동은 대개 인형이 놓인 지점에서 보이는 풍경보다는 자기가 앉은 위치에서 보이는 풍경이 담긴 사진을 고른다. 학령 전 아동의 조망능력은 일관성 있게 발달하지 않기 때문에 특정

---

21 프로이트는 『성에 관한 세 편의 에세이』(1905년)에서 전성기기의 최초 단계로서 부분충동인 구강 충동은 일종의 최초의 성 충동으로서 대상의 신체적 병합(대상과의 신체적으로 하나가 되는 것)을 목표로 삼는다고 보았다. 프로이트를 따르면 이때 음식물과 타자 나아가 자신의 신체는 구강 충동에게는 구별되지 않는 동등한 성 충동의 대상일 뿐이다. 충동의 만족은 빨기라는 행위를 통해서 이루어지는 것이지, 대상은 중요하지 않다. 지그문트 프로이트 지음, 오현숙 옮김, 『성에 관한 세 편의 해석』(을유문화사, 2007년), p.121 참조. 말러는 프로이트의 이런 주장을 실증적 관찰을 통해 입증하려고 했다. 그녀가 말한 바로는 "신생아에게 있어서 공생단계 이전의 몇 주 동안은 잠자는 것 같은 각성상태가 훨씬 더 중요하다. 이 기간에 신생아들은 자궁 내 삶에서 지배적이던 리비도 분포 상태, 즉 환각적으로 소원을 충족하던 상태에 있으며, 그의 정신세계는 자기 만족적이고 폐쇄된 단일체제임을 보여준다." 마거릿 S. 말러 외 지음, 이재훈 옮김, 『유아의 심리적 탄생』, (한국심리치료연구소, 1997년), p.65.

과제에서는 조망능력을 보여주기도 하지만 또 어떤 과제에서는 실패하기도 한다.[22] 이 실험에서 피아제는 아동이 전조작기의 시기에 동일 사물을 자신의 위치에서 볼 때와 타자의 위치에서 볼 때 상이한 모습으로 보이는 것을 실제로 경험하면서 그것을 기억과 상상 속에서 현전화시키는 능력을 점차 발달시킴으로서 자신의 주관에서 벗어날 수 있다고 본다. 그러나 피아제의 실험은 학령기 아동들의 경우에도 실패한다는 점에서 타자의 주관에 대한 이해능력보다는 일반적인 공간지각능력의 발달과정을 시사하는 면이 더 크다.

타인의 주관에 대한 이해능력을 실질적으로 보여주는 실험과제는 1980년 중반 다니엘 데넷의 제안[23]과 퍼너와 위머의 실험[24]으로 기획된 거짓 믿음 실험이다. 이 실험에서 3세와 4세 아동들에게 다음과 같은 장면을 보여준다. A라는 아이가 거실 서랍에 초콜릿을 두고 놀러 나간다. 아이가 밖에 나간 사이 엄마가 거실에 들어와 초콜릿을 찬장에 옮겨 놓는다. 이제 아이 A가 거실로 돌아온다. 아이는 배가 고파 초콜릿을 먹고 싶어 한다. 아이는 아직 초콜릿을 어디에 두었는지 기억하고 있다. 여기까지 지켜보던 아동들에게 실험자가 이제 질문을 한다. "과연 아이A는 어디에서 초콜릿을 찾으려고 할까?" 대부분 3세 아동들은 A가 찬장에서 초콜릿을 찾으려고 할 것이라고 답했지만, 4세 아동들은 대부분 A가 서랍에서 초콜릿을 찾으려고 할 것이라고 답을 한다. 이 실험은 앞서 피아제의 경우처럼 다분히 공간적 지각능력, 조망능력의 측정에 치우친 실험과 달리 일상 속에서 아이들이 가장 흔하게 겪는 타자의 마음과의 불일치의 체험에서 타자의 주관에 대한 이해능력을 측정하는 실험이다. 더욱 일상적으로

22 John W. Sandtrock, 지음, 곽금주 외 옮김, 『아동발달심리학』(학지사, 2007), p.204 참조.

23 D. Dennett, Beliefs about belief. *Behavior and Brain Science 4;* 1978, 568~570.

24 J. Perner, S. Leeksam & H. Wimmer, "Tree-years-old Difficulty with False Belief: The Case for a Conceptual Deficit," *British Journal of Developmental Psychology*5(1987);125~137.

는 백설공주 이야기를 아동들에게 읽어줄 때 마녀가 사과장수로 변신해서 백설공주에게 독이 묻은 사과를 주어서 백설공주가 그 사과를 먹을 때 3세 아동들은 대부분 백설공주가 바보라고 반응하지만, 4세 아이들은 백설공주의 선택을 안타까워한다. 바로 3세 아동들과 4세 아동들의 반응의 차이는 무엇을 의미할까? 바로 대부분의 3세 아동들은 동일한 사물, 사건에 대해서 나는 참된 믿음을 갖고 있지만, 타인은 거짓된 믿음을 가질 수 있다는 사실을 알지 못하지만, 대부분의 4세 아동들은 타인의 거짓 믿음에 따라서 타인의 행동을 이해한다는 점이다. 결국, 3세 아동들은 타인이 나와 다른 마음을 가질 수 있다는 사실을 깨닫지 못하지만, 4세 아동들은 타인이 나와 다른 마음을 가질 수 있다는 사실을 깨닫고 있다는 것이다. 그리고 바로 타자의 거짓 믿음에 대한 이해능력은 인간의 정신발달과 관련해서 가장 의미 있는 사건 중 하나, 즉 아이들이 엄마에게 최초로 의도적인 거짓말을 할 수 있느냐 없느냐를 결정짓는 조건이 된다는 점이다.

　그러나 이런 타자의 거짓 믿음에 대한 이해능력은 의도적인 거짓말, 속임수와 연결되어 있을 뿐만 아니라 자기 자신의 이전 거짓 믿음에 대한 판별능력, 즉 자신의 오류판별능력과도 밀접히 관련되어 있다는 점을 주목해야 한다. 아동인지 발달심리학자 고프닉과 아스팅턴은 타자의 거짓 믿음에 대한 이해능력은 자기 자신의 과거 믿음이 잘못되었음을 기억하는 능력과 연결되어 있다고 주장한다.[25] 예를 들어 실험자가 스마티 상자(미국의 아이들이 좋아하는 초콜릿 M & Ms과 유사한 영국의 초콜릿 상자)에 몰래 연필을 넣어 놓고 3세 아동들에게 보여주면서 나누는 다음 대화[26]를 들어보자.

---

25 A. Gopnik and J. W. Astington, "Children's Understanding of Representational Change and its Relation to Their Understanding of False Belief and the Appearance-reality Distinction," *Child Development* 58 (1988) 26~37 참조.

26 J. W. Astington, *The Child's Discovery of the Mind*, Harvard University Press. Cambridge, Massachusetts, 1993, p.116.

실험자 : 봐. 여기 상자가 하나 있거든.

아동 : 스마티다!

실험자 : 우리 안을 들여다볼까?

아동 : 좋아요.

실험자 : 그것을 열고 안을 들여다보렴.

아동 : 오 …… 대단한 마법이야……. 연필이네.

실험자 : 이제 내가 연필들을 다시 상자 안에 넣고 뚜껑을 닫을 거야. (그렇게
한다) 이제 …… 우리가 상자를 열어보기 전에, 넌 처음에 이 상자를 보았을
때, 넌 그 안에 무엇이 있다고 생각했지?

아동 : 연필요.

실험자 : 니키(아동의 친구)는 아직 이 상자 안을 들여다보지 못했거든. 니키가 들
어서 상자 안을 들여다볼 때, 니키는 그 안에 무엇이 있을 거로 생각할까?

아동 : 연필요.

이 실험에서 아동이 스마티 상자 안을 들여다보고 놀라며, 대단한 마
법이야라고 감탄한다는 것은 그가 스마티 상자 안에 초콜릿이 있을 것이라
고 믿었음을 의미한다. 따라서 실험자가 그 상자 안을 들여다 보기 전에
무엇이 들어 있을 거라고 생각할까라는 질문에 대해서 연필이라고 대답
할 때 우리는 그가 자신의 이전의 잘못된 믿음을 인지하고 있지 못함을
알 수 있다. 또한 다른 친구 니키의 예상믿음에 대해서 물었을 때에도 재
차 연필이라고 답하는 것은 이미 상자 안을 들여다 본 자신의 참된 믿음
과 아직 상자 안을 들여다 보지 못한 니키의 거짓 믿음을 구별하지 못한
다는 것을 의미한다. 요컨대 이 실험에서 아동은 타인의 거짓 믿음에 대
한 이해능력과 자신의 이전 거짓 믿음에 대한 이해능력을 함께 갖추지 못
했다. 동일사건, 사물에 대한 타자의 믿음과 자신의 믿음의 변별력과 동
일사건, 사물에 대한 이전의 자신의 믿음과 현재의 자신의 믿음의 변별력

은 본질적으로 동일한 인지 구조로 되어 있다는 점에서 인지발달에서도 병존적인 것처럼 보인다. 그러나 엄밀히 말해 자신의 이전 믿음과 현재의 믿음 사이에는 상호작용이 작동하지 않지만, 타자의 믿음과 자신의 믿음 사이에는 속임과 속음의 상호작용이 작동한다는 점에서 발생적으로 후자의 인지능력 발달이 전자의 인지능력에 선행하면서 발달을 동기 부여한다고 볼 수 있다. 2부에서 상론하겠지만, 인간의 인지, 정서발달 능력에서 타자와의 상호작용이 내면적 반성, 대화능력의 발달에 대해 갖는 결정적 영향력을 우리는 주목해야 한다.

이제 타자의 거짓 믿음에 대한 이해력과 의도적인 속임, 거짓말 능력 그리고 자신의 이전의 거짓 믿음에 대한 기억능력의 발생적 동기연관의 관계를 데카르트의 『제일철학에 대한 성찰』 중 「제일성찰」에서 방법적 회의와 「제이성찰」에서 나의 존재-현존원리의 증명과 나의 사유-존재의 원리증명, 나아가 나의 사유로서 본성의 증명에서 어김없이 등장하는 전능한 악령으로서 기만적인 신과 자신의 지각적, 상상적, 지성적 판단에 대한 회의 가능성의 경우와 연결해보자. 먼저 타자와의 대화란 일종의 속임과 속음의 상호작용을 의미한다. 내가 오랫동안 나의 지각적, 지성적 판단이 참일 것이라고 믿는 습관의 지배를 받았다는 것은 바로 그만큼 오랫동안 전능한 악령이 나를 기만했다는 것이다. 이때는 타자는 참된 믿음을 갖고 있으면서 동시에 나의 잘못된 믿음을 알고 있었다. 그러나 이제 타자가 나를 속일 수 있다는 것을 깨닫는 동안에는 분명 나는 "비록 참된 것을 인식할 수는 없지만, 거짓된 것에 동의하지 않는 것"(M, 41)은 가능하게 된다. 결국, 이제 상황이 역전되어 타자는 내가 계속해서 기만당하고 있다고 잘못 믿고 있기에 계속 속이려 하겠지만, 나는 타자가 그렇게 잘못 믿고 있음을 깨닫는다. 즉 타자는 잘못 믿고 있지만 나는 그런 타자의 잘못된 믿음을 알고 있다는 점에서 최소한 이 부분에 한에서는 참된 믿음을 갖고 있다.

요컨대 나는 결정적으로 내가 속고 있는 것이 아닐까라는 의문을 갖기 시작하면서 그렇게 속고 있는 내가 현존하지 않고서는 누군가가 나를 속인다는 것은 있을 수 없다는 것을 자각한다. 물론 여기서 이렇게 속는다는 것을 자각하기 때문에 나의 현존을 입증할 수 있으므로 결국 나의 현존은 나의 반성적 능력을 통해서 증명되는 것이 아니냐고 반론을 제기할 수도 있겠지만 내가 반성을 통해서 밝힌 것은 내가 속고 있는 내용이었지, 속고 있다는 사실, 속고 있는 나의 현존을 입증한 것은 아니다. 명증성, 타당성의 순서에서 나의 반성적 자기의식이 근본적이지만, 발생적 차원에서 이미 그런 반성 이전에 누군가가 나를 속이고 있었기 때문에 나는 그런 속이는 자로서 전능한 악령을 깨닫게 된 것이고, 재차 이렇게 기만자의 현존을 깨닫게 되면서 비주제적으로 기만당하는 나의 현존을 깨닫게 되는 것이며, 끝으로 무엇을 내가 속고 있었는지에 대해서 의식적인 반성을 수행하면서 주제적으로 나의 현존을 자각하게 된 것이다.

재차 굳이 전능한 악령을 통해서 내가 전적으로 속고 있다는 회의를 하기 이전에 내가 지각차원에서 착각하고 있다는 사실만으로도 나의 현존이 증명되는 것은 아닐까? 앞서 고프닉과 아스팅턴의 연구에서 밝힌 것처럼 타자의 거짓 믿음에 대한 이해능력이 자신의 이전의 거짓 믿음에 대한 자각능력과 연결되어 있을 뿐만 아니라 동기 부여한다는 점에서 내가 지각차원에서 오래전이든 조금 전이든 잘못 지각하고 있는 것을 깨닫는 것은 바로 타자의 믿음과 나의 믿음의 차이를 알게 되면서부터이다. 이런 까닭에 데카르트의 방법적 회의의 순서가 갖는 의미를 다시 생각해보아야 한다. 데카르트의 방법적 회의의 순서는 분명히 자신의 이전의 지각적 판단의 오류경험에 근거한 현재의 지각적 판단의 회의 가능성이 선행하고, 지성적 판단에 대한 전능한 악령의 기만 가능성의 인식에 근거해서 지성적 판단에 대한 회의 가능성이 뒤따르지만, 그것은 발생적 동기연관의 관계를 고려한 순서가 아니다. 방법적 회의의 순서는 지각적 판단과 지성적 판단의 명증성의 정도에 따라 회의 가능성의 조건의 강도의 순서를 고려한 일종의 타당성 동기연관의 관계이자, 순서이다. 그런데 전능한 악령의 기만이 방법적 회의에서 결정적인 조건이다. 왜냐하면, 데카르트는 「제일성찰」의 방법적 회의의 마지막 단계에서 "진리의 원천인 전능한 신이 아니라, 유능하고 교활한 악령"(M, 40)이 대수학이나 기하학처럼 "단순하고 일반적인 것"(M, 38)에 대한 지성적 판단을 기만하는 데 그치지 않고, "하늘, 공기, 땅, 빛깔, 소리 및 모든 외적인 것", "손, 눈, 살, 피, 모든 감관" 역시 "내 마음을 농락하기 위해 악마가 사용하는 꿈의 환상"(M, 40~41)일 수 있음을 파악함으로써 방법적 회의의 가능 조건이 바로 타자인 전능한 악령으로서 타자의 기만임을 **두려움을 느끼면서 자각하고 있기** 때문이다.[27] 요컨대 의심하고 회의하는 나의 사유행위가 가능한 것은 바로 기만, 속임이라는 전능한 악령의 사유행위 때문이라는 점에서 타자는 단순히 나의 경험적 인식대상인 경험적 자아가 아니라 나의 경험 및 나의 현존의 가능 조건으로서 초월론적 타자이다.

4절 타자와의 대화로부터 자기 자신과의 대화로의 발달

마리옹의 논변에 대한 두 번째 의문, 즉 "**전능한 악령으로서 타자와의 대화가 왜 자기 자신과의 대화로 이행해야 하는가? 에고 자신이 타자의 역할을 떠맡아야 하는 필연적인 이유는 무엇인가?**"에 대한 답변은

---

27 데카르트는 「제일성찰」의 마지막에서 방법적 회의를 극단화시킨 이후에 다음과 같이 말한다. "그러나 이런 일[기만적 악령의 도입을 통한 회의의 극단화]은 아주 힘이 드는 것이므로 조금만 나태해도 나는 일상적인 생활태도로 다시 돌아가게 된다. 이는 마치 꿈속에서 공상적인 자유를 만끽하고 있던 죄수가 이것이 꿈이 아닐까 하고 의심하게 되었을 때 잠에서 깨어나는 것을 **두려워하며** 그 달콤한 환상 속으로 더 빠져들려고 하는 것처럼, 나도 저절로 과거의 의견 속으로 다시 잠겨 들고, 또 이 안락한 휴식 다음에 오는 저 고통스러운 각성이 나를 빛으로 인도하는 것이 아니라, 오히려 이때 나는 앞에서 언급한 풀리지 않는 난국의 암흑 속에 지내는 것은 아닐까 하고 **두려워하면서 말이다.**"(M, 41) 여기서 전능한 악령에게 속고 있다는 사실을 모를 때에는 안락감이 동반하지만, 바로 전능한 악령에게 속고 있음에 대한 자각에는 두려움이 동반한다.

첫 번째 의문에 대한 답변과 연결되어 있다. 기만적 신과의 속고 속임의 결과 기만적 신으로서 타자는 나를 속이고 있다고 잘못 믿고 있지만, 나는 속고 있지 않다는 점에서 참된 믿음을 갖고 있다. 그러나 과거 습관의 지배를 잠시 벗어날 수 있지만, 지속해서 벗어나기는 어렵다. 데카르트는 이것을 분명히 알고 있었다. 「제일성찰」과 「제이성찰」의 결정적 대목에서 데카르트는 지속해서 타성화된 과거의 습관의 힘, 지배력을 경계한다.

"이런 사실[전능한 악령이 나를 기만할 수 있다는 사실]을 **그저 한 번 깨닫는 것**만으로는 충분하지 않고, **항상 그것을 염두에 두어야** 한다. 왜냐하면, 타성화된 의견은 집요하게 나에게 되돌아오고, 또 이런 의견은 경솔하게 믿어버리는 내 마음에 이를테면 오랫동안 친숙한 습관처럼 붙어 있어서 내 의지와는 상관없이 내 마음을 점령해 버리기 때문이다. 그래서 내가 이런 의견을 사실 있는 그대로, 즉 앞에서 말했듯이 조금은 의심스럽지만 그래도 아주 그럴듯한 것으로 간주해서, 그것을 부정하기보다는 믿어버리는 편이 보다 합당하다고 생각하는 동안은, 이런 의견에 동의하고 신뢰하는 습관에서 벗어나지 못할 것이다." (M, 40, 강조는 인용자에 의함)

"내 정신은 이리저리 방황하기를 좋아하며, 진리의 울타리 안에 머물러 있지를 못하기 때문이다." (M, 50)

"그렇더라도 내가 또 깜짝 놀라는 것은, 내 정신이 아주 쉽게 오류에 빠지곤 한다는 사실이다. 왜냐하면, 내가 위에서 말한 것[사유-존재원리]을 묵묵히 내 속에 고찰한다고 하더라도, 나는 여전히 언어에 사로잡혀 있기에 일상적인 언어 사용에 속아 넘어가곤 하기 때문이다." (M, 52~53)

이처럼 습관의 힘, 그 배후에 있는 전능한 악령의 기만성의 전능성을 알기 때문에 타자의 속임과 나의 속음, 그리고 이제 나의 속임과 타자 속음의 상호작용으로서 대화만으로는 부족하다. 나 스스로 기만자로서 타자의 역할을 떠맡아 나 자신을 속인다고 생각하는 것, 즉 나 자신과의 대화가 필요하다. 왜냐하면, 내 안에서 나로 하여금 습관의 힘으로서 악령의 힘에 맞설 수 있도록 지속해서 자기촉발, 자기 각성을 하는 자가 필요하기 때문이다. 따라서 데카르트는 이제 타자를 내 정신 안으로 초대하여 내가 기만자로서 타자의 역할을 떠맡는다. 그런 까닭에 앞서 확인했듯이 데카르트는 「제이성찰」의 전반부 자아의 '존재-현존원리'의 증명과정 중 두 번째 단계에서 "나 자신이 이런 생각[환영]의 작자일 수도 있지 않을까?" 라고 생각하게 되고, 네 번째 단계에서도 재차 "그가 온 힘을 다해 나를 속인다고 치자"(M, 43)라고 가정하게 되는 것이다.

5절 데카르트의 코기토의 초월론적 타자성의 함의

셰익스피어의 『햄릿』에서 햄릿은 아버지 혼령과의 만남 이후 호레이쇼와 다음과 같은 대화를 나눈다.[28]

내가 본 혼령은 악마일지도 모른다.
그리고 악마는 그럴싸한 모습을 지니는 능력을 갖고 있다.
그래서 아마도 내가 허약하고 우울한 틈을 타서-
악마는 그와 같은 정신상태의 사람들에게 매우 큰 위력을 발휘하는데-
나를 속여 지옥으로 떨어지게 만들지도 모른다.
나는 이보다는 더 적절한 근거를 얻겠다. 연극이야말로
내가 왕의 양심을 붙잡을 수 있는 유일한 방법이다.

---

28 셰익스피어, 이경식 옮김, 「햄릿」,『셰익스피어 4대 비극』, 서울대출판부, 1996, p.210

바로크 시대정신을 최고로 구현한 작가인 셰익스피어의『햄릿』과 최고의 철학자인 데카르트의『제일철학에 대한 성찰』은 놀라울 정도로 서술 구조상 유사점을 갖고 있다. 그중에서도 특히 타자로서 유령 혹은 악령이 기만자로서 여겨지면서 두 저작 속에서 갖는 역할은 결정적이다. 타자가 기만자로서 여기지는 순간, 회의와 의심은 데카르트의 경우 기하학과 대수학까지, 햄릿의 경우 삶과 죽음의 의미와 복수의 정의에 대한 회의와 의심까지 들불처럼 번져 급기야는 광인의 지경이나 경지에 다다른다. 데카르트의 경우「제일성찰」초반에서 방법적 회의를 전개해 가는 과정에서 전능한 악령의 도입 이전에 자신의 신체망상을 갖는 광인은 아직 광기의 초기 단계다. 본래적 의미의 광기는 바로 자신의 정신 속에 전능한 악령을 끌어들여 자신을 전적으로 기만한다고 여기는 피해망상 수준에 이르렀을 때의 광기가 가장 극단적이면서도 새로운 깨달음으로 나아가는 광기이다.[29] 그러나 이처럼 처음에는 자아의 바깥에 있는 타자가 나중에는 자아 내부의 타자로서 악령과 유령이 되어 자기만의 악령과 유령의 망상을 갖게 됨으로써[30] 남들이 보기에 그들의 광기적인 의심과 회의는 데카르트의 경우 신, 물체, 영혼이라는 제일철학의 근본 주제의 증명과 관련해서 그리고 셰익스피어의 경우 정의와 삶, 죽음이라는 실천철학의 근본 주제에 대한 확신으로 나아가는 데 있어서 필수불가결하게 된다.

진태원 교수는 데리다가 지적하듯이 "코기토의 행위는, 비록 내가 미쳤을지라도, 비록 나의 사유가 전적으로 미쳤을지라도 타당하기 때문"

---

29 프로이트는 정신신경증, 즉 정신분열증에서 나타나는 망상은 광기의 증상이면서도 동시에 광기의 자기치료라고 보고 있다. "우리는 망상의 형성을 병적이라고 하지만, 실상은 회복하려는 노력인 것이다. 즉 **재건축**인 것이다." 프로이트, 심녕희 옮김,「편집증 환자 슈레버」(1911)『늑대인간』, 열린책들, 2013, p.180 (강조는 인용자에 의함)

30 햄릿이 1막에서 만난 유령은 햄릿뿐만 아니라 호레이쇼도 볼 수 있었던 타자다. 반면 3막에서 숙부 클로디어스에 대한 복수를 미루고 어머니 거트루드에게 분노를 폭발할 때 햄릿에게 나타난 혼령은 거트루드는 보지 못하고, 햄릿만이 볼 수 있는 망상, 환각이 되었다.

에 "코기토의 행위와 실존은 처음으로 광기에서 벗어"[31]나는 반면에 마리옹처럼 코기토의 행위를 타자적인 것 또는 대화적인 것으로 해석하는 것은 에고에 이미 이성적인 능력을 갖춘 말하는 주체의 지위를 부여하는 것이며, 따라서 이는 미리 광인이라는 타자를 배제하는 게 된다고 주장한다. 그러나 우리의 판단으로는 지금까지 해석한 것처럼 전능한 악령으로서 기만적인 타자를 자신 안으로 끌어들여 자신으로 하여금 습관의 지배에 빠지지 않도록 경계하게 만드는 바로 자아야말로 극단적인 피해망상 수준의 정신분열증을 겪는 광인이면서도 진리를 찾는 탐구자가 되도록 한다.

우리가 흔히 근대 주체철학의 출발점이라고 여겼던, 그리하여 탈근대를 주장하던 철학자들이 그들의 첫 번째 타도의 대상으로 삼았던 철학사에서 데카르트의 모습은 칸트 이후 독일 관념철학이 주조해낸 데카르트의 일면이다. 그러나 마리옹의 새로운 텍스트 해석을 실마리로 삼아서 현대의 사회적 인지발달 심리학의 연구성과에 기반을 둬서 재해석한 데카르트의 『제일철학에 대한 성찰』에서 전능한 악령으로서 기만적인 신인 초월론적 타자의 역할은 우리로 하여금 셰익스피어의 분신인 햄릿의 다음과 같은 말의 의미를 다시금 곱씹게 한다.

호레이쇼 : 정말이지. 이 일은 지극히 낯선(wondrous strange) 일인데요!
햄릿 : 그러니까 낯선 이를(as a stranger) 맞이하듯 그를 반기세.
　　호레이쇼. 천지간에는 우리의 철학으로는
　　생각조차 할 수 없는 것들이 수없이 많다네.[32]

31 J. Derrida, *L'écriture et la différence*, Seuil, 1967, p.85. 진태원, 같은 글, p.67 재인용.

32 셰익스피어, 같은 책, p. 181.

2장

헤겔의 타자이론에 대한 메리 셸리의 비판 : 『정신현상학』(1807년)과 『프랑켄슈타인』(1818년)을 중심으로

  우리는 앞서 1장에서 근대철학, 그중에서도 주체철학의 출발점이라고 할 수 있는 데카르트의 『제일철학에 대한 성찰』 중 「제일성찰」과 「제이성찰」의 분석과 재해석을 중심으로 근대철학의 또 다른 시작으로서 초월론적 타자이론의 출발점을 확인할 수 있었다. 비록 데카르트의 타자이론을 그의 『제일철학에 대한 성찰』에서 찾아보려는 우리의 시도, 그것도 사회적 정서, 인지발달에 대한 현대 발달심리학의 연구성과를 활용해서 접근하려는 시도에는 낯섦과 저항이 있음을 인정했다. 그러나 자아를 속이고 또 속는 초월론적 타자로서 전능한 악령인 기만적인 신이 자아의 현존과 본성의 증명과정에서 갖는 보편적 타당성은 인간이 유아로서 최초로 타자의 주관과 자신의 주관을 함께 이해하는 시점의 원초적 인간 만남의 사태 속에서 현상학적으로 입증될 수 있었다.

  이제 우리는 데카르트적인 초월론적 타자이론의 숨겨진 전승 차원에서 헤겔의 초월론적 타자이론을 밝히고자 한다. 즉 자기의식으로부터 대상의식을 연역해내는 칸트-초기 후설적인 초월론적 관념론을 넘어 타자의식 내지 상호주관적 의식으로부터 자기의식을 해명하고, 재차 자기의식으로부터 대상의식의 진리를 보장하려는 데카르트-헤겔-후기 후설의 전통을 찾아나가는 과정에서 우리는 헤겔에 주목하고자 한다. 데카르트의 타자이론과 달리 헤겔의 경우에는 그의 타자이론을 해명하는 데 있어서 『정신현상학』 중 「자기의식-IV 자기확신의 진리」 부분에 주목하기에 어떤 낯섦이나 저항도 존재하지 않을 것이다.[33] 그러나 헤겔에 접근하는 우리의 방법 때문에 재차 낯섦과 저항이 생길 수 있을 것이다. 왜냐하면, 데카르트의 타자이론을 해명하는 과정에서 마리옹의 독창적인 해석을 단서로 삼아 후자의 해석을 넘어서는 시도를 했던 것처럼, 이제 우리는 헤겔의 타자이론을 단순히 해명하는 데 그치지 않고 비판적으로 접근하기 위해 메리 셸리의 관점을 논의의 중요한 단서로 삼으려고 하기 때문이다. 메리 셸리Mary Shelly는 누구인가? 그녀는 19살이라는 나이에 최초의 고딕 SF소설[34] 『프랑켄슈타인』을 썼다.[35] 철학에 국한해서 국내외 연구문헌을 검색해보더라도 메리 셸리의 관점을 전면에 내세워 헤겔의 타자이론을 비판하려는 혹은 옹호하려는 논의는 찾기 쉽지 않다.[36] 여기에는 독일 관념철학의 완성자로서 헤겔의 사변의 폭과 깊이에 비교할 때, 흥미롭지만 너무나 통속적인 것처럼 보이는 고딕 SF소설의 작가, 게다가 방년 19

---

33 헤겔의 『정신현상학』에서 나타나는 상호인정 개념의 유래, 역할, 그리고 실현과정 일반에 대해서는 L.Siep, "Die Bewegung des Anerkennung in der Phänomenologie des Geistes," in D. Köhler & O. Pöggeler (ed.), G.W.F. Hegel, *Phänomenologie des Geistes* (Berlin: Akademie Verlag, 1998참조. 이후 논의에서 헤겔 『정신현상학』은 G.W.F. Hegel, *Phänomenologie des Geistes, nach dem Texte der Originalausgab,* Herausgegeben von Johannes Hoffmeister, Verlag von Felix Meiner in Hamburg, 1952[인용시 본문에 (P, s.원문쪽수)로 약칭함] 와 국내 번역서 임석적 역, 『정신현상학, 한길사, 2011 참조.

34 엘디스(Brian Aldiss)에 따르면, 과학소설은 "우주 내에서 인간과 인간의 상태에 대한 정의를 찾기 위한 탐색이며, 특징적으로 고딕이나 후기고딕 양식으로 쓰인다. 그것은 발전되기 했으나 혼란을 주는 지식(과학)을 막으려고 할 것이다." 또한, 과학소설은 "확실한 과학적 연구에 기반을 두며, 예견할 수 있는 미래에 과학이 달성할 수 있는 것을 설득력 있게 예언하며, 특정한 기술 발명이나 과학적 사고의 성격에 대한 인본주의적 비판을 가한다." Brian Aldiss, *Billon Years Space - The History of Science Fiction.* London, Weidenfeld and Nicholson, 1973, p.8

35 메리 셸리는 『프랑켄슈타인』을 1816년 19세 때 집필을 시작해서 1817년 5월에 집필을 마쳤다. 그녀의 생년월일이 1797년 8월 30일이니 분명히 19세에 집필을 완료한 셈이다.

36 Shishido, David Christopher. A Hegelian Dialectical Analysis of Mary Shelley's Frankenstein, *Berkeley Undergraduate Journal*, 24(3), 2011 이 논문에서는 헤겔의 인정투쟁의 변증법을 활용해서 프랑켄슈타인을 재해석하고 있다.

살의 소녀의 감성으로 헤겔의 사변을 논하기에는 격에 맞지 않는다는 생각이 지배적일 것이다. 그렇다면 혹시 메리 셸리의 또 다른 이력을 알게 된다면 이런 반감이 조금 낮아질까?

그녀는 혈통부터 낡음이라든가 인습과는 거리가 멀었다. 아버지는 유명한 급진 정치평론가이자 유토피아 소설가인 윌리엄 고드윈이었다. 그리고 어머니는 최초의 여성주의 이론서인 『여성 권리의 옹호 A Vindication of the Rights of Woman』를 쓴 메리 울스턴크래프트였다. 메리는 아버지의 서재에서 수천 권에 달하는 책을 읽으며, 아버지와 수많은 당대 학자들의 대화를 들으면서 자랐다. 17세의 나이에 당시 최고의 영국 낭만주의 시인인 퍼시 비시 셸리를 자연과학과 문학에 대한 풍부한 교양과 상상력으로 매혹하고, 부부가 된 이후에도 계속해서 자연과학과 문학의 훌륭한 동반자가 되었다. 또한, 퍼시 비시 셸리의 친구인 시인 바이런과도 학문적, 문학적 교류를 나누었다.[37] 또한, 그녀는 라드너가 편집한 백과사전 연작서인 『캐비닛 싸이클로피디어 Cabinet Cyclopedia, (1829~1849)』중 『가장 저명한 문학, 과학인』(프랑스, 스페인, 포르투갈 편)에 관한 부분들을 집필했다.[38]

그러나 여전히 과학과 문학에서 메리 셸리의 당시 교양과 지식수준이 수준급이었다고 하더라도 그녀의 교양과 지식이 18, 19세기 독일 관념철학의 완성자로서 헤겔의 철학적 사변의 폭과 깊이에 비할 바는 못 될 것이다. 그러나 우리가 집중적으로 살펴보게 될 『정신현상학』에서 헤겔의

---

[37] 『프랑켄슈타인』 초판 「서문」에 따르면 메리 셸리가 『프랑켄슈타인』 소설을 쓰게 된 동기도 바이런과 연관되어 있다. 그녀는 1816년 여름에 남편 퍼시와 친구인 바이런과 함께 알프스 여행을 떠났지만, 비가 많이 오는 마탐에 세네마의 이느 오두막에서 여러 날을 지내야 했고, 그 당시 누군가의 제안으로 매일 밤마다 초자연적 현상에 근거한 이야기를 각각 한 편씩 지어내 서로 이야기해주기로 약속을 했다고 한다. 그리고 그때 유일하게 메리만이 고딕공포소설을 구상해냈고, 그것이 현재 우리가 알고 있는 『프랑켄슈타인』의 초안이었던 셈이다.

[38] 윤효녕, 최문규, 고갑희 저 『19세기 자연과학과 자연관』, 서울대출판부, 1996, p.144 참조.

타자이론에 대해서만 국한해서 본다면, 비록 19살이지만 이미 "참담한 상실감[계모의 관심, 애정 부족], 지독한 지적갈등[계모의 무관심으로 학교에 다니지 못했음], 당대 최고의 지성을 자연스럽게 호흡하는 환경, 모성애의 결핍, 격렬하고 낭만적인 사랑, 지적인 야심, 심지어 출산과 사산의 경험"[39]까지 가족과 사회 속에서 다른 사람이라면 평생에 한두 번 겪을까 말까 하는 수많은 외상적 상처를 간직하고 있었던 메리 셸리가 『프랑켄슈타인』에서 던지고 있는 당대 자연 및 자연과학 그리고 인간관계에 대한 형이상학적 은유와 묵시론적 예언은 헤겔의 자연관 그리고 타자관에 대해 철학적으로 중요한 비판적 함의를 가진다고 생각한다. 그러나 우리는 마치 메리 셸리가 헤겔의 철학을 연구하고 그의 자연관 그리고 타자관에 대해 직접 비판을 한다는 취지로 글을 쓰고 있는 것은 아니다. 다만 메리 셸리는 당대 헤겔과 같은 자연관과 주체-타자의 관계에 대한 관점을 문제 삼고 있다. 이런 비판적 목소리가 단말마(斷末魔)의 비명에 그치지 않고 공명하는 외침을 우리는 20세기 후반 악셀 호네트의 인정투쟁이론에서 찾을 수 있다. 흥미로운 것은 악셀 호네트는 헤겔이 『정신현상학』을 완성하기 이전에 마지막으로 쓰인, 그러니까 1805/06년에 완성된 『실재 철학』(Realphilosophie)의 기획 속에서 이루어진 인정투쟁의 이론이 『정신현상학』의 그것과 구별되는 차별점에 주목한다. 나아가 이를 비판하기 위해서 20세기 발달심리학과 사회심리학의 이론들을 끌어들인다는 점이다.[40]

우리는 헤겔의 타자이론에 대한 메리 셸리의 비판을 논의하기에 앞서, 1, 2절에서 19세기 초 자연관에 대한 헤겔과 메리 셸리의 관점을 비교해 볼 것이다. 왜냐하면 19세기 초 헤겔과 메리 셸리의 타자이론의 연관성에 대해 낯섦과 반발을 극복하기 위해서는 19세기 초 자연관에 대한 그들

---

39 김선영, 「프랑켄슈타인, 그 괴물의 무수한 얼굴」, 메리 셸리 저, 김선영 옮김, 『프랑켄슈타인』, 문학동네, 2013년, p.307. (이하 『프랑켄슈타인』 인용은 (F. 쪽수)로 약칭함).

40 Axel Honneth, 문성훈, 이현재 옮김, 『인정투쟁』, 사월의 책, 2014, p.p.33~133 참조.

의 이해의 비교가 필수적이라고 생각하기 때문이다. 여기서 우리는 자연에 대한 인간의 이해에 대한 헤겔식 낙관주의에 대한 메리 셸리의 비판을 읽어낼 수 있을 것이다. 이와 같은 비판은 재차 헤겔의 주체-타자 관계에 대한 분석에까지 적용할 수 있다. 이를 위해서 3절에서 헤겔의 주체-타자 관계에 대한 이론, 소위 인정투쟁이론을 분석할 것이다. 재차 4절에서 헤겔의 인정투쟁이론에 대한 반대의 예로서 메리 셸리의『프랑켄슈타인』에서 나타나는 주체-타자 간의 인정투쟁을 분석할 것이다. 5절에서 메리 셸리의 비판과 공명하는 관점으로서 호네트의 2006년 저술『물화 – 인정 이론적 탐구』[41]에서 자신의 기존 인정이론에서 모자란다고 판단한 '선행하는 인정'으로서 '준거인들과의 정서적 감응능력'의 발달이나 결여의 문제를 검토하면서 이것이 어떤 점에서 메리 셸리의 타자관에 연결될 수 있는지를 밝힐 것이다.

1절 헤겔의 자연관 : 자연과 인간의 노동의 순환과 통일

헤겔의『정신현상학』에서 감각적 확신 단계의 의식은 단순한 감각적 성질이 자연의 진리라고 여긴다. 그러나 지각적 의식은 감각적 확신의 진리를 지양하고 포함하고 있는 사물을 자연의 진리로 여긴다. 지성적 의식은 사물을 다시 지양하는 법칙이 자연의 진리로 여겨진다. 그러나 법칙은 재차 그것을 지양하는 바, "최초의 초감각적 세계[즉 법칙]를 전도시켜 놓은 세계(die verkehrte Welt)"(P. 121)로서 현상 세계의 한 계기가 된다. 헤겔은 이 현상세계가 법칙의 뒤집어진 세계라고 하는데, 이때 뒤집어졌다는 것은 법칙의 부정을 의미한다. 법칙은 불변하나, 추상적이고 고정된, 생명이 없는 세계이다. 반면 뒤집어진 세계는 스스로 움직이면서 법칙을 만

---

41 Axel Honneth, 강병호 역『물화. 인정이론적 탐구』나남출판, 2006, p.5.

들어내는 살아있는 세계이다.[42] 그렇다면 자연의 진리를 생명으로서 여기는 의식의 단계는 무엇인가? 헤겔이 말한 바로는 **자연의 진리를 생명으로 여기는 의식은 바로 자기의식의 첫 번째 형태로서 욕구이다. 헤겔의 중요한 테제로서 자기의식 단계의 첫 번째 대립 계기인 욕구와 생명의 대립을 이해하는 과정에서 우리는 칸트, 피히테, 셸링의 주장이 헤겔 철학 속에서 어떻게 종합되는지를 이해할 수 있다.**

의식의 단계에 있는 감각적 확신이나 지각, 지성에 각각 자신이 획득하는 직접적 존재로서 감각적 성질이나 구체적 사물, 힘으로서 법칙이 대상 그 자체인 것으로 받아들여진다. 그러나 "그 자체로서 대상이라는 개념이 현실의 대상에는 무의미한 것이 되고, 대상이 경험 속에 본래대로 나타나서 의식이 그것을 확신한다는 그런 파악 양식은 더는 의식이 경험하는 진리를 담아낼 수 없게 된다." (P. 133) **헤겔이 이런 통찰에 이르게 된 데에는 당연히 칸트의 기여가 있다.** 철학사에 대한 통상적인 해석에 따르면 데카르트는 외부대상의 진리와 의식의 확신 간에 틈이 존재한다고 여기며, 그런 틈을 신의 성실성을 통해서 메우고자 했다면, 칸트는 "내가 그렇게 생각한다(Ich denke)"는 초월론적 통각, 즉 반성적 자기의식을 통해 대상의 진리가 주관의 확신양식에 따라 구성된다는 파악, 즉 진리와 확신의 일치를 밝혀냈다. 따라서 본래적인 의미의 초월론적 철학, 즉 경험대상의 가능 조건을 경험하는 주체에서 연역 해내는 철학은 칸트에서 시작한다고 볼 수 있다. 그러나 칸트에게 "지성 자신은 자연에 대한 입법자이다. 다시 말해 지성이 없고서는 어디서든지 자연은 없다. 즉 현상들의 다양을 규칙들에 의해서 종합적으로 통일함이 없다. 현상들 자신은 우리의 바깥에 있는 것이 아니라, 우리의 감성 중에만 있기 때문이다." (A.127)[43]

---

42 강순전, 『헤겔의 정신현상학』, 명지대출판부, 2007, p.p.42~59 참조.

43 I. Kant, 같은 책, p.142

이때 지성적 자연은 뉴턴적 의미의 수리물리적으로 규정되는 기계론적, 결정론적 인과법칙이 작동하는 세계이다. 칸트에겐 인간도 신체적 존재이기에 인간주관도 자연적인 경향성이나 욕구 그리고 필요의 충동 등에 굴복한다. 따라서 욕구라는 것은 신체를 가진 존재로서 인간이 결정론적인 자연법칙에 종속하고 있다는 증거이지, 자율성의 증거로서 자기 의식적 주체의 양상일 수가 없다.

반면 헤겔은 욕구를 자기 의식적 주체로서 자아의 첫 번째 형태로 규정한다. 헤겔이 칸트를 넘어서기 위해서는 피히테의 영향을 고려해야 한다. 헤겔이 말한 바로는 "그의 진리를 자기의 본질로서 확신하고자 할 때 자기의식은 '욕구'(Begierde)라는 모습을 띤다." (P. 135) "단일한 자아, 즉 자기의식은 자립적인 생명으로 나타나는 타자를 무화함으로써 비로소 자기의 존재를 확신하는데, 이것은 욕구[의 활동]이다." (P.139) 요컨대 자기의식이란 자신의 확신과 대상의 진리 일치를 추구하며, 따라서 대상에서 타자성, 자립성을 지속적으로 배제해야 한다. 이처럼 대상을 무화시킨다는 것은 대상의 타자성을 배제한다는 것이요, 대상을 동화, 자기화시킨다는 것이다. 바로 이런 의미에서 욕구는 『전체 지식론의 기초Grundlage der gesammte Wissenschaftslehre, als Handschaft für Zuhörer』 (1794년)에서 무한한 절대 자아와 제한된 경험 자아의 모순을 해결할 매개로서 제시한 자아의 무한한 욕구, 즉 비아에 의해 규정되는 자아의 이론적 활동과 달리 비아를 규정하는 자아의 실천적 활동으로서, 비아를 자아와 같게 하고자 하는 경향으로서 피히테의 욕구[44]개념의 수용으로 보인다.

욕구가 무한과 유한의 모순 극복 차원에서 무한과 유한의 변증법적 논리를 따른다면 이제 동일한 논리가 생명으로서 자연에서도 작동한다. **헤겔은 기계론적 자연을 넘어 유기체론적 자연으로서 능동성, 활동성,**

---

44 J.G. 피히테 지음, 한자경 옮김, 『전체 지식론의 기초』(서광사, 1996) p.p.201~202 참조.

생산성을 자체 내부적으로 갖는 생명을 파악하는 데 있어서 셸링의 자연철학의 영향을 받았다. 물론 기계론적 자연관과 달리 자연을 능동적이고, 자율적인 활동성 또는 생산성으로서 이해하는 셸링의 자연관은 그 실마리를 스피노자의 자연관에서 찾는다고 볼 수 있다. 스피노자의 '능산적 자연'과 '소산적 자연'의 개념 짝이 셸링에게 있어서 '주체적 자연', '생산성으로서 자연'과 '객체적 자연', '생산물로서 자연'의 개념으로 되살아나기 때문이다. 생산물로서 자연은 아직 의식단계에서 의식의 대상이 되겠지만, 생산성으로서 자연은 이념적 활동성의 의미에서 정신적 존재이다. 앞서 욕구와 마찬가지로 생명으로서 자연도 유한과 무한의 변증법의 논리 속에서 이해되어야 한다. 생산물은 생산적 활동성의 결과인데, 이때의 결과란 가능성의 현실화라는 긍정적 측면만을 갖는 것이 아니다. 실현된 결과의 생산물은 곧 생산성의 저지라는 한계설정 속에서 비로소 가능하기 때문이다. 무한한 생산성에 대한 유한한 생산물의 저지력은 재차 무한한 생산성에서 비롯된다는 점에서 여기에는 생명으로서 자연의 원환 운동이 존재한다.[45]

정리해보면 칸트에게 욕구나 생명은 지성의 대상일 뿐 자기의식의 대상이 아니다. 피히테에게 욕구란 실천적 활동차원에서 자아의 활동일 뿐, 이론적 활동차원의 자아 활동은 아니다. 셸링에게 생명으로서 자연은 정신과 동일할 뿐 의식이나 자기의식과 동일한 것이 아니다. 그러나 헤겔은 일단 칸트와 달리 욕구를 자기의식의 첫 번째 단계로 이해한다. 재차 피히테와 달리 욕구적 자기의식의 인식대상으로서 자기는 생명이다. 끝으로 셸링과 달리 생명은 정신과 동일한 것이 아니라 자기의식의 일종이다.

헤겔을 따르면 생명으로서 자연은 무한의 순수한 "원환[운동]"(Kreis) (P.136)을 수행한다. 그것은 유한한 형태적 분열로서 개별적 생명체와 형

---

45 한자경, 「셸링의 자연철학의 이념 해제」, F. W. J. 셸링 지음, 한자경 옮김, 『자연철학의 이념』 (서광사, 1999) p.p.208~210 참조.

태를 해소하고 유동화시키는 무한한 생명의 힘의 무한한 원환 운동을 말한다. 원환 운동을 헤겔은 다음과 같이 설명한다.

"폭넓게 펼쳐져 있는 생명계에서 영양소를 섭취해 자기를 보존하며, **자기와의 일체감(das Gefühl ihrer Einheit mit sich)을 만끽하는 개체**는 이 행위로 자기의 독자적인 존립근거가 되는 타자와의 대립을 지양한다. 그야말로 **개체가 자신에게 주는 자신과의 통일성** 자체가 오히려 타자와의 구별을 유동화하거나 형태의 전면적 해체를 가져오는 것이다. 또한, 반대로 개체의 존립을 지양하는 것이 그의 자존적 상태를 재산출하는 것이기도 하다. 왜냐하면, 개체적 형태의 본질인 보편적인 생명계와 자립적 생명체는 본래 단일한 실체이므로 자립적 생명체가 자기와는 별개의 것을 자체 내로 받아들일 경우에는 이 단일체는 와해하여 스스로 분열을 일으키게 마련이지만, 이렇듯 무차별적인 유동 상태로의 분열이야말로 개체를 형성하는 것이기 때문이다." (P.137, 강조는 인용자에 의함)

흥미로운 것은 개체적 생명체의 자기통일에서 개체적 존립의 해체로 그리고 다시 개체적 자존적 상태의 재산출이라는 원환 과정에서 개체의 자기와의 일체감의 감정, 자기자신과의 통일이라는 자기의식의 예비적 형태의 탄생이 이루어지고 있음을 알 수 있다.

"유 그 자체이며[혹은 유 그 자체의 존재를 자각하면서] 스스로 유로서의 모습을 드러내는 **또 하나의 생명인 자기의식**은 일단은 전적으로 단일한 본질을 지닌 순수한 자아로서 자기를 대상으로 한다."(P.138, 강조는 인용자에 의함)

이제 생명계의 보편적 힘으로 형태화한 개별 생명체를 해소하듯이, 자기의식으로서 욕구는 자기와 구별되는 어떤 형태의 생명체도 인정하려 하지 않는다.

"그리하여 자기의식은 자립적 생명으로 그에게 자신을 나타내는 타자를 지양함을 통해서만 자기의 존재를 확신하는데, 이런 자기의식이 '욕구'이다." (P.139)

그러나 생명의 원환 운동처럼 자기 의식적 욕구에 의한 개별 생명체의 무화 과정에서 재차 대상으로서 타자를 재산출한다.

"이와 같은 욕구의 충족 속에서 자기의식은 자기의 대상이 자립성을 띠고 있다는 경험을 하게 된다. 물론 욕구와 그의 충족을 통해서 얻어지는 자기확신은 어디까지나 대상을 통해서 제약된다. 왜냐하면 욕구나 확신은 타자의 지양을 통해서만 존재하기 때문이다. 이런 지양이 존재하기 위해서는 이런 타자가 있어야 한다. 따라서 자기의식은 대상에 대한 부정적인 관계 속에서도 대상을 소멸시킬 수 없고, 오히려 그보다는 욕구를 재생산하는 것처럼 대상도 재생산하기에 이른다." (P.139)

따라서 보편적 생명과 개별적 생명형태의 원환 운동처럼, 자기 의식적 욕구의 재생산과 대상적 생명체의 재생산이라는 원환 운동이 발생한다. 그러나 과연 생명의 원환 운동처럼 자기 의식적 욕구와 생명적 자연 사이의 원환 운동이 무한하게 이루어질 수 있을까? 여기서 우리는 자기의식의 두 가지 형태인 주인의 욕구와 노예의 노동으로 나누어서 생각해 보아야 한다.

"주인의 의식에서 욕구에 상응하는 계기[즉 노동] 속에서 사물의 자립성이 유지되는 이상 노예는 사물에 대한 비본질적 관련의 한 가지 측면에 떨어져 있는 것처럼 보인다. 욕구라는 것은 대상을 전적으로 부정하며, 그럼으로써 '티 없는 자기감정'(unvermischte Selbstgefühl)을 확보하는 것이다. 하지만 그러니만큼 또 거기에서 얻어지는 만족감은 그대로 소멸될 수밖에 없다. 왜냐하면, 이때 욕구에는 대상적 측면 혹은 [대상의] 존립이라는 측면이 결여되어 있기 때문이다. 이에

반하여 '노동의 경우는 욕구를 억제함으로써 사물이 탕진되고 소멸하는 데까지 밀어붙이지 않거나'(Die Arbeit hingegen ist gehemmte Begierde, aufgehaltenes Verschwinden) 사물의 형성으로 나아간다. 여기서 대상에 대한 부정적인 관계란 대상의 형식을 다듬어가며 그의 대상을 보존하는 쪽으로 나아간다. 왜냐하면 노동하는 자에게 대상은 자립성을 갖기 때문이다. …… 이렇게 해서 **노동하는 의식은 사물의 자립성을 곧 자기 자신의 자립성으로 직관하기에 이른다.**"

(P.148~149, 강조는 인용자에 의함)

일단 주인의 욕구적 자기의식의 행위, 즉 소비는 욕구를 재생산할 수 있다고 하더라도 대상을 재생산할 수는 없다. 반면 노동은 욕구의 충족을 억제하지만, 부정하지는 않고 지연시킬 뿐이다. 더욱이 욕구든 노동이든 자기의식은 '자기감정', '자기 자신의 자립성'이라는 지적에서 알 수 있듯이 대상의 자기동화를 추구한다.

이를 구체적으로 자연과 인간의 관계라는 일상적 어법으로 생각해본다면, 인간의 지속적인 경제적 생산과 소비가 과연 자연의 지속적 재생산과 무한한 순환을 이루어낼 수 있는가? 더욱이 자연과학과 기술이라는 노동과 욕구적 요소를 모두 지니고 있는 근대 인간의 고도의 합리적인 인식적, 실천적 활동이 과연 생명으로서 자연의 재창조활동과 순환적인지에 대해서 의문을 제기할 수 있다. 19세기 초 근대사회에서 헤겔은 욕구적, 노동적 자기의식과 생명적 자연의 무한한 순환과 통일의 논리를 제시한다는 점에서 인간의 무한한 과학적 탐구 욕구와 과학적 노동생산기술의 끝없는 발전과 생명으로서 자연의 공존에 대한 낙관주의를 철학적으로 옹호하고 있는 셈이다.

2절 메리 셸리의 자연관 : 자연에 대한 자연과학 기술의 파괴 및 공멸의 위험

그러나 자연과 자연과학 및 기술의 공존이라는 낙관주의에 대해 메리 셸리는 이의를 제기한다. 과학소설의 효시라고 할 수 있는 그녀의 『프랑켄슈타인』은 당시의 자연관과 자연과학 사상에 토대를 두고 있다. 그녀는 데이비의 화학과 해부학(의학), 열역학, 광학, 전기학에 영향을 받았다. 이 작품의 직접적 배경이 된 과학지식은 18세기 후반과 19세기 초기의 가장 유명한 과학자들-데이비, 에라스무스 다윈, 갈바니, 그리고 그들의 열렬한 사도들인 애덤 워커와 퍼시 셸리-이다.[46]『프랑켄슈타인』에서 화학과 전기학은 직접 언급되고 논의의 대상이 된다. 전기는 하늘로부터라는 통념이 결국 인간이 마찰을 통해 전기를 만들어 낼 수 있다는 사실에 의해 와해되었는데, 전기의 개발은 곧장 생리학에 영향을 미쳤다. 인간이 인류역사를 만들어 갈 수 있다는 사고와 인간이 생명 원천의 힘인 전기를 만들 수 있다는 점은 밀접하게 관련이 있음을 『프랑켄슈타인』은 보여준다.

그러나 당시 인간생리가 화학적 작용 때문에 이루어진다는 생각이나 조셉 프리스틀리의 산소발견과 관련해서 메리 셸리는 부정적이라고 할 수 있다. 왜냐하면, 메리 셸리는 자기의 소설에서 선한 과학과 악한 과학을 구분하고, 물리적 우주의 기능들을 정확하게 묘사하려는 과학적 연구는 좋으나 인간의 간섭을 통해 우주를 통제하거나 변화시키려 하는 것은 나쁘다고 생각했기 때문이다.[47] 다시 말해 선한 과학이 자연을 관찰하고 그 섭리를 이해하려는 노력이라면 악한 과학은 자연의 섭리에 간섭하여 인간의 욕구 대상으로 변형시킨다. "자연을 겁탈"하는 것이다.[48]

그래서 은연중에 선한 과학을 에라스무스 다윈의 작업과 연결하고, 악

46 윤효녕, 최문규, 고갑희, 같은 책, p.p.144~145 참조.

47 Ann K. Mellor, *Mary Shelly, Her Life, Her Fiction, Her Monsters*, New York, Routledge, 1989, p90. 윤효녕, 최문규, 고갑희, 같은 책, p.p.145~146 재인용.

48 Margaret Homans, "Bearing Demons: Frankenstein's Circumvention of the Material", in *Frankenstein*: New Casebooks / Macmillan 1995. 142

한 과학을 데이비[49]나 갈바니의 연구와 연결하고 있다. 데이비는 전기화학 분야의 창시자이기도 하다. 주인공 빅터 프랑켄슈타인은 새로 개발된 분야인 화학 생리학의 연구를 선택한다. 메리 셸리는 자연의 점진적인 진화과정을 수용하며 수천만 년에 걸쳐 자연스러운 성적인 결합을 통하여 유기체적 생명 형태를 얻고자 하는 태도와 화학적 수단(화학 공학)을 통하여 한 번에 새로운 생명의 형태를 만들어 내고자 하는 태도를 대비시킨다. 이 작품에서 메리 셸리는 자연의 물리적 과정과 급격한 화학적 과정을 대조시킴으로써, 비유적으로 점진적 진보와 혁명적 진보를 대조시키고 있는 듯하다.

전기학의 영향은 빅터가 생명체를 만드는 모습에서 나타난다. 갈바니는 자신의 동력인 전기의 형태가 번개처럼 자연적인 형태의 전기도 아니고, 마찰에 의한 '인공적인' 전기도 아니라고 믿었다. 갈바니의 영향을 받은 알디니(Ludig Alidini) 교수는 갈바니의 전기를 보여주는 가장 악명높은 실험을 1803년 1월 17일에 가졌다. 살인자 포스터의 시체를 놓고 실험한 것이다. 이처럼 죽은 생명체를 살려낼 수 있다는 믿음은 퍼시 셸리가 쓴 『프랑켄슈타인』의 서문에서 볼 수 있다.

"이 허구적 이야기의 토대가 되는 사건은, [에라스무스] 다윈 박사를 비롯한 독일의 몇몇 생리학 저자들의 추정을 따르면 불가능하지는 않다고 한다. 하지만 내가 그런 공상에 일말이라도 진지한 믿음을 부여한다고 생각한다면 오산이다. 그러나 그것이 상상력의 소산인 소설의 토대라고 전제할 때에는, 그저 초자연적인 괴

---

49 자연관과 화학의 유용성에 대한 빅터의 개념은 그 당시 세워진 '왕립학회'에서 1802년 1월 21일에 데이비가 행한 화학에 대한 강연에 기초를 두고 있다. 1802년 『화학 입문 강연』(A Discourse, Introduction to a Course of Lectures on Chemistry)이라는 소책자로 출판된 데이비의 강연내용을 메리 셸리는 프랑켄슈타인의 이야기를 쓰기 바로 직전인 1816년 10월 28일에 읽었으리라 추정된다. Mellor, 같은 책, p.91, p.104 참조. 윤효녕, 최문규, 고갑희, 같은 책, p.147 재참조.

담들을 이리저리 짜 맞춘 것일 뿐이라고 생각하지도 않았다."[50]

메리 셸리는『프랑켄슈타인』에서 당대의 자연관과 자연과학관을 보이지 않는 자연인 생명의 기원을 탐구하는 빅터 프랑켄슈타인과 본적 없는 자연인 북극을 탐험하는 월턴의 태도와 행동을 통해 잘 보여주고 있다. 흥미로운 것은 두 사람 남성의 태도는 당대 자연 과학자의 태도를 대표하며, 그들이 탐구하는 자연은 빅터의 여자친구인 엘리자베스와 월턴의 누이인 새빌 부인처럼 남자들을 끝없이 기다리기만 해야 하고, 아무 잘못도 없이 남자의 잘못으로 인해 살해를 당하고, 끝없이 동생의 모험담을 들어주는 수동적인 여성을 대표한다.[51] 발트만 교수가 빅터 프랑켄슈타인에게 가르친 과학자들의 일-"자연의 배후를 파고 들어가 그곳에서 자연이 어떻게 은밀한 활동을 벌이는지를 밝혀내는 일"-을 음미해보면, 자연은 남성의 욕망을 만족하게 하려고 침투를 할 수 있는 수동적인 여성으로 비유된다.

월턴은 새빌 부인에게 자신의 흥분을 다음과 같이 묘사한다.

"눈앞으로 다가온 원정에 대한 제 느낌은 뭐라 형용할 수가 없네요. 반쯤은 **쾌감**으로, 반쯤은 **두려움**으로 출발을 준비하는 **떨리는 느낌**을 관념으로는 도저히 전달할 수가 없습니다. 저는 **미답의 지역**으로, '안개와 눈의 땅'[52]으로 떠납니다." (F.27)

---

50 메리 셸리 저, 김선영, 같은 글, p.9. 이하 본문에서 인용 시 (F. 쪽수)로 약칭함.

51 물론 그렇다고 해서『프랑켄슈타인』을 남성 대 여성의 대립이라는 페미니즘적 관점에서 읽고자 하는 것은 아니다. 이 작품을 이런 시각에서 접근하는 것에 반대하고 인간관계의 윤리차원에서 접근한 논문으로는 김종갑, 「배려의 윤리와 정의의 윤리 : 메리 셸리의『프랑켄슈타인』」, 『영미문화』제10권 3호, 한국 영미문화학회, 2010 참조.

52 낭만주의 시인 새뮤엘 테일러 콜리지의 시 「늙은 수부의 노래」에서 인용

빅터는 생명창조 활동을 다음과 같이 술회한다.

"휘영청 밝은 달이 한밤의 작업을 물끄러미 내려다보이는 사이, 긴장도 못 풀고
숨 가쁘게 흥분한 채로 나는 **구중의 은신처까지 자연의 꽁무니를 추적하곤 했
다.** …… 그때는 **저항할 길 없는 광기에 가까운 충동에 내몰려** 오로지 전진했
다." (F.62)

탐험가와 과학자의 태도는 마치 사랑하는 여자와 첫 성관계를 맺는 남
자처럼, 매력적인 여자를 뒤쫓는 스토커처럼 쾌감과 광기에 사로잡힌 욕
망, 충동에 내몰려 보이지 않는 자연의 비밀을 파헤치고, 본 적 없는 자연
을 발가벗김으로써 자연을 지배하려는 태도를 보여주고 있다. 특히 과학
자로서 빅터의 남성주의적 사고는 월턴을 능가한다. 북극탐험을 강행하
던 월턴은 선원들을 사지로 몰아갔고, 이에 대해 선원들은 월턴에게 북
극탐험의 포기와 귀항을 요구했다. 이때 빅터는 그들에게 다음과 같이 일
갈한다.

"오 남자답게 행동하십시오. 아니, 남자 이상의 존재가 되십시오. 확고하게 목표
를 다지고 반석처럼 든든히 버티십시오. 얼음은 여러분의 심장과는 재질이 다릅
니다. 얼음은 변하기 쉬우나, 의지만 품는다면 결코 여러분을 이겨낼 수 없습니
다. 이마에 굴욕의 낙인을 찍고 가족에게 돌아가지는 마십시오. 싸워 이긴 영웅
이 되어 돌아가십시오. 적에게 등을 돌리는 게 무엇인지 모르는 영웅으로 돌아가
십시오." (F.292)

이처럼 과학자는 남성 중심적, 영웅주의적 관점에서 자연 앞에서든 가
족 앞에서든 회피와 굴욕의 자세를 보여서는 안 된다. 그러나 과연 과학자
로서, 탐험가로서 자연에 대한 정복자, 승리자가 되고자 했던 태도는 자

신들의 욕구적, 노동적 자기의식과 개체로서 형태화된 생명적 자연의 무한한 원환 운동, 순환운동을 유도하는가? 메리 셸리는『프랑켄슈타인』에서 자연 과학자의 남성 중심적, 자연 지배적 욕구와 노동은 그를 통해 창조해낸 자연적 생명체를 파멸로 내몰고, 보복의 부메랑을 맞고 끝내는 과학적 탐구활동의 포기를 낳을 수 있음을 보여준다. 월턴이 프랑켄슈타인이 피조물을 어떻게 만들게 되었는지 그 구체적 내용을 알아내려 보려고 할 때 프랑켄슈타인은 과학적 탐구의 억제를 주장한다.

"미쳤습니까, 친구? …… 그런 무분별한 호기심이 당신을 어떤 결과로 이끌겠습니까? 당신 자신과 세계를 위해 악마 같은 숙적을 창조하려는 겁니까? 그렇지 않다면 어떤 의도로 묻는 거죠? 진정해요! 내 불행에서 배우고, 당신의 불행을 자초하지 마십시오." (F.285)

월턴 역시 자신의 북극탐험을 포기하면서 다음과 같이 말한다.

"아! 안타깝지만 그렇습니다. 선원들의 요구에 더 버틸 수가 없어요. 그들의 뜻을 어기고 사지로 내몰 수는 없으니 돌아가야 합니다." (F.294)

이를 통해 메리 셸리는 생명체의 창조라는 과학적 탐구, 북극 탐험이라는 과학적 탐험의 무분별한 지속과 강행이 생명체의 파괴와 그로 인해 과학자, 탐험가 자신의 파괴라는 공멸을 초래할 수 있음을 보이는 것이다. 결국, 메리 셸리는 욕구적, 노동적 자기의식과 자연적 생명체의 순환적 관계에 대한 헤겔식 낙관주의에 대해서 묵시론적 경고를 하는 셈이다.

3절 헤겔의 타자이론 : 주인과 노예의 인정투쟁

그러나 우리는 메리 셸리의『프랑켄슈타인』속에서 19세기 자연 과학적 탐구의 낙관주의의 철학적 원리로서 헤겔이 밝힌 욕구적, 노동적 자기 의식과 자연적 생명체의 완벽한 순환논리를 비판하는 더 결정적인 논거를 발견할 수 있다. 메리 셸리에 따르면 자기의식의 최초 형태로서 욕구 혹은 노동이 생명적 자연에 대해서 취하는 태도는 자기의식의 두 번째 형태인 이중의 반성, 즉 두 개의 자기의식의 관계, 다시 말해 인간과 자연의 관계를 넘어 인간과 인간의 관계에서 또 다른 문제를 제기할 수 있기 때문이다. 빅터의 부친이 빅터에게 보낸 편지를 읽어보자.

> "너 자신이 아무리 [과학적 연구 및 그 결과에] 만족스럽더라도, **애정을 가지고 우리를 생각할 거라** 믿는다. 그리고 때맞춰 소식을 전해라. 어떤 이유에서든 편지가 끊기면 네가 다른 의무들도 게을리하고 있다고 생각할 테니 그런 줄 알아라."
> (F.68, 강조는 인용자에 의함)

또한, 자신의 무분별한 과학적 탐구활동을 자책하는 빅터의 고백을 들어보자.

> "완벽한 인간은 언제나 차분하고 평온한 마음을 유지해야 하고, **정념이나 찰나의 욕망**에 휘둘려 마음의 평정을 깨뜨려서는 안 된다. **지식의 추구**가 이 법칙의 예외가 된다고는 생각하지 않는다. 지금 매진하고 있는 공부가 **사랑하는 마음**을 약하게 하고 어떤 연금술로도 합성할 수 없는 소박한 즐거움을 아끼는 취향을 망가뜨리려 한다면, 그 공부는 분명 불법적이며 인간의 정신에 맞지 않을 것이다."
> (p.69, 강조는 인용자에 의함)

두 인용문에서 공통으로 메리 셸리는 현재적 **욕구**와 **지연된 욕구**, 즉 **노동형태의 자기의식**이 자연적 생명체의 파멸뿐만 아니라 또 다른 자기 의식, 즉 타자에 대한 사랑과 의무에 대한 배반, 위반을 초래할 수 있음을 경고하고 있다. 메리 셸리의 이런 경고는 헤겔식 **욕구, 노동과 생명,**

자연의 대립과 순환이론뿐만 아니라 헤겔식 주체-타자이론을 직접 겨냥
하고 있다고 볼 수 있다.[53]

이를 입증하기 위해서는 먼저 헤겔의 전자 이론과 후자 이론의 연관
성을 알아야 한다. 『정신현상학』의 「자기의식」 장의 서론에서 개요적으
로 보여주고 있는 자기의식의 운동 과정의 네 가지 단계를 분석해보면 헤
겔의 두 이론의 연관성을 확인할 수 있다.

**1단계 생명계와 생명체의 변증법적 대립을 통한 자연의 생명의 원환
운동** : 이로부터 의식과 자기의식이 탄생한다는 점에서 엄밀하게 말해 이
단계는 아직 의식이나 자기의식 단계라고 말하기 어렵고 **예비적 단계**라
고 볼 수 있다. 헤겔은 그래서 자기의식의 개념 속에서 세 가지 요소, 더 정
확히 말해 세 가지 단계[54](P.140)를 나누고 있는데 그중 첫 번째 요소 단계
로서 "자기의식의 최초의 직접적 대상은 전혀 구별되지 않는ununterschie-
denes 순수한 자아이다." (P.140) 즉 여기서 순수한 자아는 생명계의 유동
화와 생명체의 형태화의 운동의 무한한 순환 단계 속에 있기 때문에 아직
자기의식과 그 대상으로서 자아가 구별이 없는 단계이다.

**2단계 개별적 생명체와 욕구의 변증법적 대립과 욕구와 생명체의 재
생산 운동** : 앞서 최초의 직접적 존재이기에 전혀 구별이 없었던 순수한
자아는 이제 "절대적 매개를 거친 것으로서 자립적 대상을 지양함으로
써만 성립된다는 점에서 이 직접적 존재는 욕구"(P.140)가 된다. 아직 욕
구의 대상으로서 "단지 살아 있는 데 지나지 않는 온갖 생명체는 생명의

---

53 굳이 헤겔식 욕구, 노동이론 혹은 헤겔식 타자이론이라고 표현한 데는 짐작하겠지만, 서론에서
도 잠시 밝혔듯이 메리 셸리가 헤겔 철학을 연구하고 직접 그를 반박하는 것이 아니라 당대 헤
겔과 같은 사상, 철학의 흐름에 대해서 메리 셸리가 비판적 태도를 보인다는 의도에서 이런 식
의 표현을 사용하는 것임을 알아두기 바란다.

54 이 세 가지 요소는 현재 우리가 구분하는 단계 중에서 네 번째 단계를 제외한 세 단계와 일치한다.

전개과정 속에서 스스로 자립성을 상실하고 형태상의 구별이 스러져버리는 것과 함께 생물로서 존재성을 잃게 된다."(P.140) 따라서 아직 욕구와 생명체의 대립도 본래적인 의미에서 주체-타자 관계라고 볼 수 없다.

3단계 이중의 자기의식 간의 대립단계 : 2단계에서 "이 욕구의 충족을 통하여 자기의식은 자체 내로 복귀하는 가운데 Reflexion des Selbstbewusstsein in sich selbst 자기확신은 진리로 고양된다. 그러나 이 확신이 다다른 진리란 다름 아닌 이중의 반성, 즉 두 개의 자기의식이 각기 저마다 반성한다는 데 있다."(P.140) 여기서 우리는 본래적인 의미에서 주체-타자의 관계를 확인할 수 있다. 이때 타자는 단순히 욕구의 대상으로서 "단지 살아 있는 데 지나지 않은 온갖 생명체"와는 달리 "자기를 부정하면서도 여전히 자립성을 지키는 그러한 존재", "스스로 [생명을 초탈한] 유임을 자각하여[혹은 유이면서] '자기의 고유한 특성을 확보하는 가운데 생명체 전체의 유동성을 몸소 떠안게 되는바'(allemeine Flussigkeit in der Eigenheit seiner Absonerung), 살아있는 자기의식"(P.140)이라는 점에서 대상이면서도 동시에 자아이기도 하다.

4단계 이중의 자기의식 간의 대립 해소와 화해의 형성 : 자기의식 단계로부터 정신 단계로의 이행, 즉 코기토에서 코키타무스로 이행을 보여주는 단계이다.[55] 4단계는 '나'가 '우리'이면서 '우리'가 '나'인 단계로서 자기의식의 대립이 해소되고 화해가 이루어지는 단계이다.

이 4가지 단계 중에서 헤겔의 욕구와 생명의 대립순환이론과 주체-타자의 관계, 소위 인정투쟁이론은 2, 3단계에서 나타난다. 특히 3단계는 이

---

[55] "정신이란 곧 '우리'이다. 즉 우리는 cogito에서가 아니라 cogitamus에서 시작해야 한다." 장 이폴리트, 이종철, 김상환 역, 같은 책, p.7. 장 이폴리트는 헤겔적 의미의 정신을 코기토와 코기타무스의 상호관계로서 풀이하고 있다. 이 두 계기를 설명한 또 다른 논문으로 김상환, 「헤겔의 불행한 의식과 인문적 주체의 역설」, 서울대 철학사상연구소, 『철학사상』36, 2010. p.p.38~42 참조.

중의 자기의식이 각기 자신을 타자화시키고, 재차 타자로부터 자기로 복귀하는 대립과 통일의 운동으로서 상호인정의 운동이다. 왜냐하면, 욕구적 자기의식 단계에서는 **대상으로서 타자를 부정하고 소멸시키는** 데에서 자신으로 존재하지만, 이중적 자기의식 단계에서는 **대상으로서 타자로부터 인정**(Anerkennung)을 통해서만 자기 자신으로 존재하기 때문이다.

그러나 중요한 것은 **타자의 부정으로부터 자신으로 존재하는 것과 타자의 인정으로부터 자신으로 존재하는 것의 차이가 아니라, 왜 전자로부터 후자로의 이행이 필요한가**이다. 다시 말해 왜 우리는 욕구적 자기의식 차원에서 생명적 개체로서 타자의 부정에 그치지 않고 이중의 자기의식적 관계 속에서 타자로부터 인정을 **욕망**(Wunsch, désir)하는 일종의 신경증적 주체가 되어야만 하는가? 앞서 **욕구**(Begierde, bosoin)나 노동이 일차적으로 생명적 자연에 대해서 그것의 부정, 동화를 통해서 자신의 충족을 추구하는 것이라면, 이제 여기서 인정 욕망은 자기의식적 주체들 간에, 말 그대로 상호주관적으로 인정을 추구한다.[56] 이처럼 상호주관적 인정욕망을 통한 자기 존재로의 복귀의 이유에 대해서 헤겔은 자기의식의 확신과 진리의 일치 추구라고 답한다.

> "[의식이 생명이라는 존재 속에 묻혀 있는] 각자 저마다 자기 존재를 확신하고는 있으면서도 타자의 존재를 확신하고 있지는 않으므로, 아직 스스로에 대한 자기확신이 진리가 되어 있다고 할 수는 없다. 진리일 수 있으려면 자기만의 '독자 존재'(Fürsichsein)가 자신에게 자립적인 대상으로서, 다시 말하면 대상이 순

---

56 여기서 Begierde를 문맥에 따라 욕구와 욕망으로 나누는 것은 코제브의 헤겔 해석에 영향을 받은 라캉의 욕구(besoin), 요구(demande), 욕망(désir)의 구분의 타당성을 수용하기 때문이다. "욕망은 「본능」 충족을 위한 식욕도, 사랑의 요구도 아니다. 그것은 다만 후자에서 전자를 빼고 남은 차이이자 양자 사이의 균열 현상 자체이다." J. Lacan, Ecrits, Paris: Seuil, 1966, p.691. 김상환, 「헤겔의 '불행한 의식'과 인문적 주체의 역설」, p.p.47~48에서 재인용

수한 자기확신으로서 나타나야만 하기 때문이다. 그러나 이러한 사태가 인정개 념을 뒷받침할 수 있게 되기 위해서는 타자가 자기에 대해서 있는 것과 마찬가지로 자기도 타자에 대해서 있고, 또 각기 서로가 자기 자신의 행위와 마찬가지로 타자의 행위를 통해서도 저마다 독자 존재일 수 있는 추상화 운동[57]을 펼쳐나가야만 한다." (P.143~144)

주관의 확신과 대상의 진리 일치는 결국 대상으로서 타자의 주관과 주체로서 나의 주관의 일치 문제이며, 이는 궁극적으로는 모든 주체 간의 상호주관적 합의, 보편적 동의의 문제로 보인다. 그러나 이후에 확인하겠지만, 인정의 운동단계인 3단계도 재차 세분화되며, 자율적이면서도 동등한 의식 주체들 간의 대칭적(쌍방적) 인정이 이루어졌을 때 모든 주체 간의 보편적 동의가 이루어졌다고 볼 수 있고[58] 그때에서 비로소 4단계, 보편적 자기의식으로서 이성의 단계로 진입하는 것이다. 그렇다면 인정투쟁에 처음 돌입한 주체 중 누군가는 자신을 대자적 자기의식으로 파악하고자 하되, 누군가는 여전히 생명적 개체의 욕구적 수준에 머물러 있게 되는 비대칭적 상황이 전개되기 마련이다. 이렇게 자립적 자기의식의 주체와 욕구적 주체의 구별이 이루어지는 계기는 무엇 때문인가? 헤겔이 말한 바로는 전자와 후자 구별의 결정적 계기는 바로 2단계의 욕구적 자기의식을 넘어서기 위한 노력이며, 이를 위해서는 욕구적 자기의식의 본질인 생명에 대한 집착을 초월할 수 있어야 한다. 그것은 단순히 자신의 생명에만 국한된 것은 아니다.

"각자는 자기의 생명을 내걸 뿐만 아니라 타인을 죽음으로 내몰아야만 한다. 타

---

57 여기서 추상화 운동이란 "두 개의 의식은 서로가 직접적인 자기 존재를 송두리째 말소해 자기 동일적 의식을 지닌 순수한 부정적 존재로서 감당해야"(P.141)하는 운동이다.

58 김상환, 같은 글, p.43 참조.

인은 추호도 자기 이상으로 가치 있는 것이 아니며, 그의 본질을 자기 안에 지니고 있지 않고 자기 밖으로 벗어나 있으니, 밖으로 벗어나 있는 존재는 지양되어야만 하는 것이다. 타자는 '다양한 일상사에 매여 있는 그런 의식'(mannigfaltiges befangenes und seiendes Bewusstsein)이지만, 자기의식이 스스로 타자로서 맞서려고 하는 자는 순수한 독자 존재 또는 절대적 부정성을 지닌 존재로서의 타자인 것이다." (P.144)

그러나 헤겔의 생명을 건 인정투쟁의 논리에 대해서는 당연히 다양한 의문이 제기될 것이다. 먼저 우리가 일상 속에서 매일 매 순간 생명을 건 선택과 행위를 한다는 것은 있을 수 없는 일이다. 또한, 타자를 죽음으로 내몬다는 것은 극단적인 생명의 위협상황에서 자기방어나 전쟁상태 이외에는 존재하지 않는다. 또한, 생명을 걸지 않고서도 서로에게 인정을 받고 인격체로서 살아갈 수 있지 않을까?[59] 먼저 헤겔 역시 자신의 인정투쟁이 홉스적인 의미의 만인의 만인에 대한 투쟁상태를 의미하는 것이 아님을 말하고 있다.

"죽음을 통하여 두 개의 자기의식이 서로 목숨을 걸고 상대방의 생명을 업신여기는 것은 …… 교호적인 관계 속에 양극으로 대립해 있다는 본질적 계기는 상실한 채 다만 '죽은 통일체'(tote Einheit)라고나 할 중간지점에 자리 잡고 있을 뿐이니, …… 두 개의 물체가 아무런 관계도 맺지 않은 채 거기에 내던져져 있을 뿐이다. 생사를 건 투쟁은 추상적인 부정으로서, 이는 상대를 타파하면서도 또한, 그것을 보존하고 유지함으로써 '파국을 견뎌내고 살아남는'(sein Aufgehobenwerden überlebt) 의식의 부정과는 다른 것이다." (P.145)

---

59 이에 대한 비판은 Axel Honneth, 같은 책, p.108 참조.

이는 마치 자신의 생명을 초개처럼 버리는 것이 아니라, 생명에 대한 집착만을 버리는 태도와 같으며, 타인을 실제로 죽음으로 내모는 것이 아니라, 타인에게 생명의 위협을 가함으로써 죽음의 공포와 전율을 느끼게 하는 것을 의미한다. 또한, 헤겔을 따르면 이처럼 타자 앞에서 생명에 대한 집착을 버리면서도 타자에게 죽음의 공포와 전율을 느끼게 해줄 수 있는 자만이 참다운 인정을 받는 것이다.

> "물론 생명을 걸고 나서야 할 처지에 있어보지 않은 개인도 인격으로서 인정받을 수 없는 것은 아니지만, 그러한 개인은 자립적인 자기의식으로 인정받는 참다운 인정상태에 이르지 못하고 있다."[60] (P.144)

그런데 생명과 죽음에 대해 이런 태도의 차이는 인정투쟁 과정에서 이중적 자기의식 간의 불평등성, 즉 자립적 자기의식과 비자립적 자기의식 간의 지배와 예속을 낳는다. 이런 부등성의 근거를 헤겔은 자기의식들은 오직 대상을 소멸시킬 수밖에 없고, 이런 바탕 위에서 참다운 충족이 안겨지지 않으면 안 되기 때문에, 어느 한쪽의 자기의식은 "결국 자립적인

---

60 죽음에 대해 이런 헤겔의 태도는 서양철학과 비극에서 가장 보편적인 특징 중 하나이다. 다시 말해 자신의 정체성, 주체성의 확보와 죽음을 무릅쓰는 태도의 관련성은 서양의 고대철학과 비극에서부터 현대의 철학과 비극에서 지속해서 나타난다. 자신의 파멸, 파국이 예상됨에도 불구하고, 자신의 정체성에 대한 탐구를 멈추지 못하는 소포클레스의 오이디푸스, 충분히 삶을 연장할 기회가 있음에도 불구하고 철학적 신념과 영혼의 자유를 위해 독배를 마시는 소크라테스, 타자와 자기 죽음 앞에서 비로소 삶과 죽음의 의미를 깨우치는 햄릿과 목숨을 건 투쟁에서 생명을 초탈하는 헤겔적 주인과 죽음의 공포 속에서 비로소 노동의 참된 의미를 깨우치는 헤겔적 노예, 죽음의 불안 앞에서 회피하지 않고 죽음으로 앞서 달려가는 하이데거의 본래적 존재와 사형판결에 직면해서 회개를 거부하고, 사형당하는 자신을 관객늘이 승오해주기를 간절히 바라는 카뮈의 뫼르소. 이 점에서는 죽음의 위협 앞에서도 생명을 초개처럼 버릴 수 있는 용기를 요구하는 프랑켄슈타인의 태도 역시 예외는 아니다. 이처럼 서양철학과 문학 속에 면면히 내려오는 주체이론에는 자신의 주체성을 확보하기 위해 죽음을 무릅써야 하는 자기파괴성, 모종의 죄의식이 존재한다.

대상과 겨루면서 충족을 얻으려고 한다면 **대상 스스로 부정을 자청하는 그런 관계를 형성**할 수밖에 없는"(P.139) 반면에 다른 한쪽의 자기의식은 "보편적이며 자립적인 자연에서 절대적 부정의 힘을 행사하는 것이라면 **[생명을 초탈한] 유 그 자체**"(P.139)로서 자기의식이 되지 않으면 안 된다는 전제에서 찾는다. 헤겔은 전자의 자기의식이 결국 생명에 집착하는 노예의 자기의식이지만, 후자의 자기의식이 생명을 초탈한다는 점에서 주인의 자기의식이라고 본다. 요컨대 생명을 건 투쟁에서 생명을 초탈하느냐, 생명에 집착하느냐가 주인적 자기의식과 노예적 자기의식을 가르는 관건이 된다.

홉스의 자연상태에 대해서 그것의 역사적 실증성을 의문시하기 전에 그로부터 홉스의 사회계약론의 논리적 필연성이 타당하게 증명될 수 있을까를 물어야 하는 것처럼, 헤겔의 노예와 주인의 불평등성 역시 그것의 역사적 실증성에 대해서 의문을 제기하기 전에 다음과 같은 질문을 던져야 한다. 과연 주인과 노예의 불평등한 관계가 대립을 극복하고 화해를 통해 보편적 자기의식으로서 이성적 진리와 확신에 이를 수 있는가? 이를 입증하기 위해서 헤겔이 1절 〈자기의식의 자립성과 비자립성 : 지배와 예속〉의 서두 부분에서 제시한 인정투쟁의 3단계를 더욱 세분해보자. 인정투쟁이나 인정운동은 이중의 자기 지양과 타자 지양이면서 또한, 이중의 자기복귀와 타자복귀의 운동이다.

(1) **일차적 자기 지양** : "자기의식이 자기를 상실하여, 타자를 두고 자기라고 생각하는"(P.141) 단계로서 이는 일종의 자기소외의 단계이다.

(2) **타자 지양, 자기복귀 단계** : "타자를 참다운 자기로 보는 것이 아니라 타자 속에서 자기 자신을 본다는 식"(P.141)의 단계이다. 다시 말해 "자기의식이 자기 이외의 다른 자립적 존재를 지양하고 이로써 자기야말로 본질적인 존재라는 것을 확신하도록 노력한다."(P.141)

(3) **이차적 자기 지양, 타자복귀의 단계** : 그런데 "이 타자는 자기 자

신이므로 이제는 자기 자신을 지양하도록 노력하지 않으면 안 된다." 다시 말해 "자기의식은 타자 속에 있던 자기의 존재를 지양하는 방식으로 타자를 완전히 방임함으로써 여기에 다시금 또 하나의 자기의식이 이쪽 편에 대치하는 것이 되는"(P.142) 단계이다.

먼저 주인의 인정투쟁을 단계적으로 검토해보자.

(1) **일차적 자기 지양의 단계** : 엄밀하게 보면 주인의 경우 인정투쟁의 경우에는 1단계의 자기 지양의 단계가 빠져 있다. 일단 주인이란 최초의 생명을 건 투쟁에서 승리함으로써 사물을 지배하는 자, 마르크스식으로 표현하면 주요 생산수단을 독점하는 자이다. 그에 따라 주인은 물질적으로 풍족한 삶 속에서 그만큼 하루하루 먹고사는 일에서 벗어날 수가 있으니 "독자성을 본질로 하는 자립적 의식"(P.146)이다. 반면 노예는 주요 생산수단이 없는 자이기에 그만큼 하루하루 먹고사는 일에 얽매일 수밖에 없다. 반면 노예는 "물성을 본질적으로 여기는 의식이다."(P.145) 따라서 주인은 사물을 지배하고, 노예는 사물에 의존해 있으므로 주인은 노예를 지배할 수 있다. 그 결과 주인은 우선 자기를 상실하고 타자를 두고서 자기라고 생각해야 할 이유가 없게 된다. 즉 자기 지양의 필요성, 절박성이 없다. 그러나 이런 자기 지양의 단계가 없다는 것은 그만큼 죽을 것 같은 굶주림의 고통, 타자의 죽음의 위협의 공포를 겪을 일이 없는 것이다. 헤겔을 따르면 이런 죽음의 불안, 공포를 겪지 않으면 그들의 일이라는 것도 허영과 사치일 뿐 진정한 의미의 자기부정을 통한 자기실현이 아니다. 헤겔은 이를 다음과 같이 설명한다.

"최초의 절대적인 공포를 느끼지 않은 채 의식이 사물을 형성하게 된다면 의식은 '다만 자기의 허영심을 채우는 데 그치고 말 것이다.' (nur ein eitler eigner Sinn) 왜냐하면, 형식에 나타난 의식의 부정성이 역시 자기마저도 부정하는 힘이었다고 느껴지지 않으며, 따라서 사물을 형성하더라도 이것이 본질적인 자기실현이

라고 의식되지 않을 것이기 때문이다." (P.150)

(2) 타자 지양, 자기복귀의 단계 : 반면 주인은 사물소유를 통해서 노예를 지배하고, 노예지배를 통해서 사물을 향유할 수 있는 까닭에 자기 지양이 아닌 타자 지양을 통해서 주인으로서 삶을 유지할 수 있다. 즉 타자 지양을 통해서 자기복귀가 이루어지는 자이다. 먼저 주인에게 타자로서 노예는 "추호도 자기이상으로 가치가 있는 것이 아니며 그의 본질을 자기 안에 지니지 않고 자기 밖으로 벗어나 있으니, 밖으로 벗어나 있는 존재는 지양되어야만 하는 것이다." (P.144) 또한, 주인이 욕망으로서 의식의 단계에서는 사물의 자립성, 저항을 겪지만, 노예를 매개로 해서, 그 이전에는 하지 못했던 것, 즉 사물을 마음 내키는 대로 처리하고 소비하는 가운데 만족을 누리는 일을 할 수 있게 된다. 즉 사물에 대한 전적인 지양이 가능해지는 것이다. 이런 이중의 타자에 대한 이중의 지양을 통해서 주인은 독자적이고 자립적인 존재로 존재할 수 있다.

(3) 이차적 자기 지양, 타자복귀의 단계 : 주인에겐 엄밀한 의미의 이차적 자기 지양이라는 것도 존재하지 않는다. 왜냐하면, 타자에게 대등한 권한을 전적으로 줄 리 만무하고 다만 타자에게 주인을 인정할 수 있는 자격을 준다는 점에서 불완전한 의미의 타자복귀가 이루어지도록 한다. 주인이 이중의 타자 지양을 하고 있다면, 노예도 이중의 자기 지양을 통해서 주인을 인정하는 주체이다. 첫째, 자신의 신체나 노동의 소유 권한을 주인에게 인정하는 자로서, 둘째, 자신의 노동 결과물에 대한 소유의 권한을 인정하는 자로서 비자립적 주체로서 타자인 주인과 대치해 있는 주체이다. 이와 같은 인정의 상호성을 헤겔은 다음과 같이 표현한다. "주인이 상대에 대해서 행하는 것을 주인 그 자신에 대해서 행하고, 노예가 그 자신에 대해서 행하는 것을 역시 그 상대인 주인에 대해서도 행해야만 한다." (P.147) 즉 주인은 노예에 대해서 지배권을 행사하는 것처럼,

주인 그 자신의 생명에 대해서도 그것에 얽매이지 않고 지배권을 행사한다. 노예는 그 자신의 생명에 대해 종속되는 것처럼, 그 상대인 주인에 대해서도 자신과 자신의 노동 산물의 종속, 예속을 인정한다. 결국, 이런 상호인정은 "일방적이고, 부등한 인정의 관계"(ein einseitiges und ungleiches Anerkennen)(P.147)가 되고 만다.

그러나 주인의 인정투쟁이 이미 1단계 자기 지양의 단계가 결여되어 있고, 3단계 역시 자립적 의식이 아닌 비자립적 의식으로부터 인정을 받는다는 점에서 본질적인 의미의 자기의식이라고 보기 어렵다. 오히려 "주인의 자기실현으로 여겨지는 이 상태에서 생겨나는 것은 자립적인 의식과는 별개의 비자립적 의식이다." (P.147) 주인은 노예를 통해서만 대상에 관계하고, 노예를 통해서만 자신의 욕구와 욕망을 충족하기 때문에 주인의 욕구, 욕망 충족은 노예의 의존하고 있다. 결국, 주인의 진실은 노예의 노예이다.

반대로 노예의 인정투쟁을 살펴보자.

(1) 일차적 자기 지양의 단계 : 노예는 심정적으로나 현실적으로 자기 붕괴로서 자기 지양에 직면한다. 먼저 심정적으로 "주인에게서 닥쳐오는 죽음의 공포…… 이러한 공포 속에서 내면으로부터 파멸에(erzittert) 직면한 노예는 걷잡을 수 없는 전율을 느끼면서 그를 지탱해 왔던 것이 동요를 일으킨다." (P.148) 또한, 현실적으로도 "[노동의] 매 순간 자신의 자연적 현존[즉 생존]에 대한 집착을 지양하고 노동하면서 그것을 떨쳐버린다." (P.148) 이 과정에서 주인의 삶을 부러워할 수밖에 없을 것이고, 따라서 타자의 욕망을 자신의 욕망으로 삼는 자기소외의 길을 걷게 된다.

(2) 타자 지양, 자기복귀의 단계 : 그러나 매 순간 주인으로부터 죽음의 공포를 느끼면서 어디에서도 자신의 삶을 의존할 수 있는 지반을 찾지

못하게 될 때, 마지막으로 믿을 수 있는 것은 자기 자신뿐이라는 사실을 자각하며, 또한, 결정적으로 죽음의 공포 속에서 수행되는 노동의 과정에서 사물 속에서 자신을 본질적으로 실현하기에 이른다. 다시 말해 일상적인 주인의 죽음 위협 속에서 살아남을 길은 노동을 통하여 완전히 자기를 실현하는 길이다. 따라서 노예는 주인의 삶이 아닌 자신의 노동 결과물 속에서 자기를 발견하기에 이른다.

(3) 이차적 자기 지양, 타자복귀의 단계 : 주인은 주인인 자기만이 자유로워야 하고 노예는 당연히 예속되어야 한다는 편협한 사유를 한다. 반면 노예는 주인도 인간이기 때문에 자유로워야 하고, 노예인 자신도 인간이기 때문에 자유로워야 한다는 보편적 자유의 이념을 깨닫는다. 일차적으로 노예는 주인을 통해 독자성에 대한 경험을 획득한다. 하지만 노예가 주인에게서 느끼는 독자성은 자신의 고유한 독자성이 아니므로 현실적이 아닌 독자성, 즉 잠재적, 가능적 독자성이다. 반면 노예는 노동을 통해 자연에 대한 의존성을 지양하면서 자신이 독자적인 존재라는 것을 인지한다. 이로써 주인에게서 느꼈던 잠재적, 가능적 독자성은 현실적 독자성으로 된다.[61]

노예가 이루어낼 3단계란 결국 3절 초반 부분에서 밝혔던 자기의식 운동의 4단계, 즉 이중의 자기의식 간의 대립 해소와 화해의 형성 단계를 말한다. 그러나 실질적으로 대립 해소와 화해에 대한 논의는 이제 「자기의식」 2절 〈자기의식의 자유 : 스토아주의, 회의주의, 불행한 의식〉 장에서 스토아주의, 회의주의 그리고 불행한 의식을 통해서 수행된다. 그러나 엄밀하게 말하면 앞서 주인과 노예의 자기의식 대립관계와 스토아주의

---

61 강순전, 같은 책, p.67 참조.

와 회의주의는 일대일 대응하는 것처럼 보이지 않는다. 이미 스토아주의의 의식은 새로운 자기의식의 단계인데, 왜냐하면, "이 의식은 지배와 예속에 구애받지도 않고 주인의 위치에서 노예에게 실질적으로 행위의 부담을 떠맡도록 하지도 않으며, 또한, 노예의 입장에서 주인의 의지야말로 진리라고 하며 여기에 복종하지도 않기" 때문이다. "그보다는 오히려 왕좌에 올라서 있거나 사슬에 묶여 있거나 간에, 그 어떤 자질구레한 일상적 조건에도 구속되지 않고 세상사에 휘말려서 음양으로 닥쳐오는 '여하한 작용에도 꿈쩍하지 않은 채'(Leblosigkeit sich zu erhalten) '단순한 사상의 세계 속에 칩거해 있는 것이'(in die einfache Wesenheit des Gedenkens zurückzieht) 스토아주의이다." (P.153) 그에 따라 우리의 주체-타자의 변증법적 관계 논의에 대한 논의는 3단계에서 노예의 역할에 대한 헤겔의 약속, 기대 정도에서 그쳐야 한다.

4절 메리 셸리의 『프랑켄슈타인』의 해석을 통해 헤겔비판

3절 서두에서 밝혔듯이, 욕구적, 노동적 자기의식 단계에서 자연에 대한 탐구와 활동이 만일 타인과의 관계를 소홀히 하고 그것을 파괴한다면 그것이야말로 더 결정적인 근거에서 욕구적, 노동적 자기의식과 자연의 관계에 대한 비판적 논거가 될 수 있을 것이다. 사실 헤겔의 주체-타자의 이중적 자기의식 단계에서도 욕구의 또 다른 형태로서 주인과 노예에게 인정에 대한 욕망이 작동하고 있고, 결정적으로 노예의 노동을 매개로 노예와 주인의 지배, 종속관계의 형성 및 해체가 이루어질 수 있다고 본다는 점에서 욕구적, 노동적 자기의식은 자연과의 관계뿐만 아니라 이중적 자기의식 관계에 영향을 주고 있는 셈이다.

먼저 『프랑켄슈타인』에서 자연과 자연과학의 관계에 대한 논의를 넘어서 주체-타자의 관계에 대한 메리 셸리의 관점을 정확히 알아내기 위해서는 프랑켄슈타인과 피조물의 관계를 헤겔의 주인과 노예의 인정투쟁

관계와 연결해서 접근해볼 필요가 있다. 다시 말해 프랑켄슈타인과 피조물의 관계를 인정투쟁의 3단계에 적용해 보자. 피조물의 관점에서 세 단계를 분석해보면 다음과 같다.

1) "자기의식이 자기를 상실하여, 타자를 두고 자기라고 생각하는" (P.141) **자기 지양적 단계** : 창조된 피조물은 프랑켄슈타인이 자신을 버린 후 홀로 내버려졌을 때 드 라세 가족의 오두막에 숨어들어 가서 가족의 일을 몰래 도와주며 드 라세 가족의 구성원인 것처럼 상상하거나 갈망하는 경우 혹은 프랑켄슈타인을 뒤쫓으며 그의 버려진 아담으로서 자신의 정체성을 생각하는 경우에 피조물은 마치 라캉의 거울 단계처럼[62] 유아가 어머니의 반응 속에서 자신의 반영으로서 상상적 이미지와 자신을 동일시하듯이 자기를 타자화시킴으로써 자기소외, 자기 지양을 수행한다. 이런 관계는 이폴리트, 사르트르식 표현을 활용하면 대상-자아(피조물)와 주체-타자(프랑켄슈타인, 드라세 가족)의 관계이다.

(2) "타자를 참다운 자기로 보는 것이 아니라 타자 속에서 자기 자신을 본다는 식"(P.141)의 **타자 지양, 자기복귀적 단계** : 피조물은 자신을 버리고, 자신의 요구를 거절한 프랑켄슈타인의 사랑하는 가족과 친구를 죽임으로써 "나 역시 절망을 창출할 수 있다. 내 숙적은 난공불락의 요새가 아니야. 이 죽음이 그에게 절망을 가져다줄 테고, 천여 개의 다른 불행들이 그를 괴롭히고 파멸시킬 것이다"(F.191)라고 말하면서 타자 프랑켄

---

62 로렌초 키에자는 라캉의 "나르시시즘과 상상적 사랑의 개념은 '욕망은 타자의 욕망이다'라는 헤겔-코제브적 언명에 대한 라캉의 첫 번째 되찾음을 위한 배경으로 복무한다" 지적한다. 로렌초 키에자 지음, 이성민 옮김, 『주체성과 타자성 - 철학적으로 읽은 자크 라캉』, 난장, 2012, p.61 『세미나권』에서 '욕망은 타자의 욕망이다'라는 구절과 관련해서 라캉의 학생과 라캉의 대화를 들어보면 현재 인정투쟁의 세 가지 단계가 정확히 반영되어 있다. J. Lacan, *The Seminar of Jaques Lacan*, Book I : *Freud's papers on Techniquem* 1953~1954, ed J-A. Miller, trans. J. Forrester, Cambridge University Press, 1988, p.p.176~177 참조.

슈타인에게 피조물 자기 자신을 각인시킨다. 이것은 타자를 자신의 이상적 자아로 보는 것이 아니라 타자 속에 자신의 참모습을 각인하는 방식으로 타자 속에서 자기 자신을 보는 것이다. 이제 피조물은 주체-자아가 되고, 프랑켄슈타인은 대상-타자의 관계로 바뀐다. 이를 헤겔은 "자기의식이 자기 이외의 다른 자립적 존재를 지양하고 이로써 자기야말로 본질적인 존재라는 것을 확신하도록 노력해야 한다는 의미"(P.141)라고 설명하고 있다.

(3) "자기의식은 타자 속에 있던 자기의 존재를 지양하는 방식으로 타자를 완전히 방임함으로써 여기에 다시금 또 하나의 자기의식이 이쪽 편에 대치하는 것이 되는"(P.141) **자기 지양, 타자복귀의 단계** : 피조물은 프랑켄슈타인에게 좌절을 일으킴으로써 재차 그로 하여금 복수심에 불타오르게 하며, 북극으로 도망침으로써 처음에 자신이 그를 뒤쫓았듯이 이젠 그로 하여금 자신을 뒤쫓게 한다. 피조물은 프랑켄슈타인의 가족과 친구를 죽이지만 그를 살려둠으로써 자신이 원하는 짝으로서 또 다른 생명체를 다시 만들도록 부추긴다는 점에서 타자를 단순히 자신의 복수의 피해자가 아닌 또 다른 복수의 주체로서, 최초에 자신을 창조했던 과학자로서 주체성을 회복하도록 하게 하여, 즉 주체-타자로 위치시키고, 자신 역시 상대방으로 하여금 선택권을 주는 선택, 결단을 취했다는 점에서 즉 주체-자아로 위치시킨다.[63]

우선 피조물과 프랑켄슈타인의 인정투쟁을 헤겔의 주인-노예의 변증법에 적용했을 때 양자 간의 "주체-타자 대 대상-자아"로부터 "대상-타자 대 주체-자아"로 그리고 끝으로 "주체-타자 대 주체-자아"라는 변증법적 운동의 구조는 유사하다. 물론 이런 식의 비교에 대해서 헤겔의 주

---

63 여기서 헤겔의 주인처럼 프랑켄슈타인 입장에서 3단계를 검토할 필요가 없다. 왜냐하면 전자의 경우 노예와 비대칭적 인정투쟁을 수행하는 반면, 후자의 경우 프랑켄슈타인은 피조물과 대칭적인 인정투쟁을 벌이고 있기 때문이다.

인-노예의 변증법과 달리 노동, 사물의 매개 항이 프랑켄슈타인-피조물의 관계에서는 작동하지 않는다고 반론을 제기할 수 있다. 그러나 주인이 사물을 지배함으로써 노예를 소유하는 것처럼, 프랑켄슈타인은 자신의 생명창조 기술을 갖고 있음으로써 피조물의 주인이 될 수 있었다. "나는 당신의 피조물이니, 당신이 내게 빚진 의무를 다하기만 한다면, 나 역시 본연의 영주이자 왕인 당신의 뜻을 고분고분하게 따를 생각이다."(F.132) 노예가 사물을 소유하고 있지 못하기 때문에 사물을 소유하는 주인에게 종속되듯이, 피조물은 처음에는 자신을 양육할 수 있는 능력도 지식도 없었기 때문에 프랑켄슈타인에게 종속될 수밖에 없다. 다만 과학소설의 과장과 허구를 고려할 때, 인간의 육체적 힘을 월등히 능가하는 신체적 조건을 갖추고 있었기 때문에 생존과정에서 상대적으로 죽음의 공포를 덜 느꼈겠지만, 피조물 역시 극심한 굶주림과 추위를 지속해서 느꼈다.

> "나는 불쌍하고, 힘없고, 가련한 흉물이었다. 아무것도 모르고, 아무것도 분간할 수 없었다. 하지만 온몸에서 느껴지는 고통 때문에 주저앉아 흐느꼈다. …… 뇌리를 스치는 생각들은 무엇하나 뚜렷하고 분명한 게 없었다. 하나같이 뒤죽박죽 혼란스럽기만 했다. 빛과 굶주림과 갈증과 어둠을 느꼈다." (F.137)

그러나 우리가 두 관계유형의 비교를 통해서 얻고자 하는 것은 단순한 유사성이 아니다. 오히려 근본적으로 변증법적 대립과 화해의 관계라는 운동의 구조상의 유사점에도 불구하고, 근본적으로 후자가 전자보다 인간관계의 진실성을 더 잘 드러낸다는 것을 보여주기 위해서이다.

1단계에서 노예는 생산수단의 결핍에 따라 자신의 생명과 노동과 노동의 생산물을 주인에게 지배당한다. 그러나 피조물이 프랑켄슈타인에게 그리고 드 레이시 가족에게 종속당한 것은 자신의 생명도 노동도 노동의 결과물도 아니다. 오히려 생명의 위협을 무릅쓰고 타인을 구해줄 수도 있고, 얼마든지 노동과 노동의 생산물을 제공할 수도 있다. 그 피조물이 프랑켄슈타인과 드 레이시 가족에게 종속당한 것은, 프랑켄슈타인과 드 레이시 가족만이 베풀 수 있는 피조물에 대한 관심과 인정 때문이었다. 다시 말해 피조물이 프랑켄슈타인과 드 레이시 가족에게 종속되었던 것은 마치 다른 누구도 아닌 부모만이 아이에게 혹은 양부모만이 고아에게 베풀 수 있는 인정과 관심의 특권의 인정 때문이었다. 따라서 노예가 주인을 부러워하는 것은 말 그대로 자신의 처지를 망각한 자기소외이다. 그러나 피조물이 자신을 드 레이시 가족의 구성원으로 수용되길 욕망하는 것이나 창조주인 프랑켄슈타인의 아담이 되길 욕망하는 것이나, 새로운 피조물의 남편으로 살고 싶은 것은 분명 자기소외가 맞다. 그러나 그것은 이를테면 라캉적 의미의 소외이다. 이런 소외는 참된 자기를 상실하는 소외가 아니라 비로소 자아를 형성하고, 주체성을 획득하기 위한 필수적인 조건이다.[64]

2단계에서 노예는 주인의 삶이 아닌 자신의 노동 결과물 속에서 그것의 소유주를 지워버리고 그것의 창조자, 생산자로서 자기를 발견함으로써 자기에게로 복귀한다. 반면에 피조물은 자신을 버리고, 자신을 경멸하고, 자신에게 한순간도 동정을 베풀지 않은 자들에게 보복한다.

> "인간이 나를 동정하지 않는데, 내가 왜 인간을 동정해야 하는지 말해달라. ……
> 인간이 나를 경멸로 대하는데 내가 인간을 존중해야 하는가? …… 인간의 감각은
> 우리의 공존을 가로막는 넘을 수 없는 장벽이다. 그렇다고 비굴한 노예의 굴종을
> 택하지는 않을 것이다. 내가 받은 상처를 복수로 돌려줄 테다." (F.194)

우리는 피조물의 이 절규가 프랑켄슈타인과 자신을 경멸한 인간들에

---

64 숀 호머 지음, 김서영 옮김, 『라캉 읽기』, 은행나무, 2013, p.p.56~57, p.p.134~136 참조.

게 향하고 있지만, 또한, 헤겔의 노예가 보여주는 너무나도 수동적인 자기복귀를 겨냥하고 있다고 생각하지 않을 수 없다. 자신의 노동에 충실함으로써 노동의 생산물 속에서 자신을 발견한다는 것은 피조물에게는 바로 비굴한 노예의 굴종인 것이다. 그러나 헤겔의 인정투쟁의 2단계에서 더 문제인 것은 노예가 자신으로 복귀하는 과정에서 타인으로부터의 인정이 아닌 자신의 노동 결과물에 대한 스스로 인식과 판단이라는 점에서 그것의 과연 본래적인 의미의 인격적인 인정인지가 문제이다.

3단계에서 헤겔의 노예는 주인도 인간으로서 자유를 누리고 있다면 자신 역시 자유를 누려야 한다는 보편적 자유의 이념을 자각한다. 피조물 역시 프랑켄슈타인을 단순히 대상화, 사물화시키지 않는다. 이미 2단계에서 그에게 좌절을 심어줌으로써 피조물의 존재를 인식하게 하고 피조물에 대한 공포와 분노를 느끼게 한다. 다시 말해 이미 2단계에 피조물은 프랑켄슈타인이 인식과 느낌의 주체임을 알고 있다. 더 나아가 3단계에서 피조물은 자신의 배우자를 만들어주면 다시는 프랑켄슈타인의 가족과 친구에 대한 살상을 그만두고 신대륙으로 건너가 자신들만의 삶을 독자적으로 살겠다는 상호 동등한 계약을 맺는다. 그것이 동등한 주체 간의 계약인 까닭은 프랑켄슈타인으로 하여금 포기했던 생명창조의 연구를 계속하게 한다는 점, 또한, 프랑켄슈타인이 그 계약을 깨트릴 수도 있었다는 점 때문이다.

흥미로운 것은 헤겔의 '주인과 노예의 변증법'에서 주인의 진리가 노예의 노예이고, 노예의 진리가 주인의 주인이었던 것처럼, 다시 말해 주인과 노예의 관계가 전도되는 것처럼 메리 셸리 역시 피조물을 주인으로 그리고 프랑켄슈타인을 노예로 역전시킨다.

"노예여. …… 내게 힘이 있다는 것을 기억하라. 지금 자신이 불행하다고 생각하겠지만, 나는 네놈이 불행한 나머지 햇살마저 증오스러울 지경으로 만들어줄 수 있다. 네놈은 내 창조주이지만, 나는 네 주인이다. 순종하라." (F.227)

사실 3절에서도 제기한 질문이지만 헤겔의 주인과 노예의 변증법에 대해서 우리는 그것의 역사적 실증성보다 그것이 가져올 보편적 자기의 식으로서 이성으로의 운동이나 발전의 필연성에 관해서 물어야 한다. 우리가 원하는 진실성은 역사적 실증성이 아니라 전제의 진실성과 귀결의 필연성이다. 우리는 헤겔의 인정투쟁 운동의 단계별 상황이 그것을 메리 셸리의『프랑켄슈타인』의 피조물의 상황과의 대비를 통해서 볼 때, 결코 우리의 일상 속 사태에서 진실한 상황이 아님을 알 수 있다. 그러나 더욱 문제가 되는 것은 1, 2단계에서 3단계로의 이행의 필연성 여부이다. 헤겔의 인정투쟁의 변증법적 운동의 필연성은 받아들이기 어렵다. 헤겔의 노예와 주인은 스토아주의자가 되어 주인이든, 노예든 자신의 현실의 부당함을 사유 속에서 무의미함, 무가치함으로 여겨버리고 회의주의자가 되어 현실의 부당함을 해결하기보다는 무조건 부정해버리고, "자기 결정을 포기하고, 그다음 재산과 향유를 포기하고 나서 마지막에는 '까닭도 알 수 없는 임무'(unverstandenen Geschäftes)를 수행하는"(P.170) 불행한 의식이 되어야 하기 때문이다. 더욱이 "이제야 오히려 [스토아주의자처럼] 내면이나 [회의주의자처럼] 외면 모두에서 자유롭게 벗어났다는 의식"(P.170)을 갖게 되며, "타인의 의지를 받아들임으로써 의지를 개별적이 아닌 보편적인 의지로서 받아들인다는 긍정적인 면"(P.170~171)을 깨닫는 말 그대로 이상적인 금욕주의자가 되어야 하기 때문이다.

5절 악셀 호네트의 헤겔의 타자이론 비판과 메리 셸리의 공명점

이제 우리는 헤겔의 인정투쟁에 대한 메리 셸리의 비판을 좀 더 분명하게 정당화할 수 있는 현대철학적, 심리학적 논거와 증거를 찾을 수 있다. 바로 현대 사회철학에서 헤겔의 인정투쟁 의미를 새롭게 부활시킨 악셀 호네트의 관점이다.[65] 호네트가 2006년에 출간한 『물화 Verdinglichung. Eine anerkennungstheoretische Studie』, 「한국어판에 붙여」에서 스스로 시인하고 있는 것처럼 자신의 초기 인정투쟁 개념은 헤겔 인정투쟁의 이념을 기반으로 하고 있다. 특히 그는 이전에 상호인정의 세 가지 방식, 즉 사랑과 권리 그리고 연대라는 여러 인정형식에 대한 연구에 중심을 두는 과정에서 빠뜨렸던 "하나의 근본층", "모든 인정관계의 전제"[66]가 있음을 시인하며, 이를 발달심리학의 새로운 연구성과를 통해서 보강하고자 한다. 그리고 바로 이 부분이 메리 셸리가 헤겔의 인정투쟁에 대해 갖는 비판적 함의와 연결될 수 있다는 점이 우리의 관심을 끈다.

> "규범적으로 내용이 풍부한 인정형식들을 발전시키기 전에 우리는 사회적 생활세계 속으로 들어가 성장하는 과정에서 이미, 다른 사람들이-우리가 중립적으로 그에 대해 반응할 수 없는-인격적 속성을 소유하고 있다는 것을 경험하게 된다. …… 타자를 통해 항상 이미 감응(Ansprechbarkeit)되어 있다는 이러한 사실을 나는 여기서 '선행하는 인정'이라고 이름한다."[67]

호네트가 말하는 '선행하는 인정'이란 우리가 상징을 통해서 타인과 상호 의사소통이나 객관적인 인지 활동을 수행하기 전에 이미 타자를 통

---

65 호네트는 『인정투쟁』(Kampf um Anerkennung)(1992년)에서 헤겔의 인정투쟁 이념을 『정신현상학』이 아닌 그 이전의 예나 시절의 초기 헤겔 저작물 「자연법에 대한 학문적 접근방식들」(1802년), 『인륜성의 체계』(1802년), 『정신철학』(1803/04년), 『실재철학』(1805/06년) 등에 대한 연구에서 찾고 있다. 초기 헤겔 인정투쟁의 개념과 『정신현상학』에서의 그것의 유사점과 차이점이 우리의 관심사는 아니다. 더욱이 『정신현상학』 이전의 헤겔의 상호인정투쟁 이론은 피히테적인 초월론적 의식철학의 관점을 끌어들이기 이전의 다분히 홉스나 로크의 경험론적인 관점에 묶여있다.

66 Axel Honneth, 같은 책, p.5.

67 Axel Honneth, 같은 책, p.6

해 항상 이미 감응되어 있다는 사실이다. 먼저 호네트는 피아제, 프로이트, 조지 H. 미드와 도널드 데이비슨과 더불어 상징적 사고가 발생하기 전에 '상대 관점 취하기'가 필수적이라고 강조함으로써 헤겔이 말하는 인지적 차원의 인정이론, 다시 말해 자기의식의 주관적 확신과 타자의 주관적 확신과의 일치를 통한 확신과 진리의 일치 이론이 이루어지기 전에 2인칭적 차원에서 상대의 관점을 취하는 능력이 선행함을 강조했다.

> "갓난아이가 2인칭 관점을 취하고 또한, 그 관점으로부터 환경 세계를 지각하는데 성공하는 정도에 따라 유아는 교정하는 권위를 획득하게 되는데, 이를 통해 유아는 처음으로 대상들에 대한 탈인격화된 객관적 표상을 얻게 된다."[68]

그러나 헤겔 관점에서 보더라도 탈인격화된 객관적 표상을 얻는 능력은 보편화된 자기의식으로서 이성 단계에서 획득되는 것이며, 따라서 2인칭적 관점 취하기 능력이 바로 보편적 자기의식으로 이행하기 전에 이루어지는 상호 인정투쟁의 단계라고 반론을 제기할 수 있다. 그러나 호네트는 이제 이와 같은 인지적 사회화 이론이나 사회적 인지발달 이론을 넘어서서 이런 이론들이 아이가 준거인들, 헤겔에게 주인 같은 그리고 피조물이 프랑켄슈타인이나 드 레이시 가족 같은 특별한 타자와 맺는 정서적 측면을 무시하고 있음을 강조한다. 물론 헤겔의 경우 노예에게 주인은 자신의 생살여탈권을 가진 자로 항상 불안과 공포의 대상으로 각인되어 있을 수 있다. 그러나 여기서 **호네트가 말하는 발생적으로 선행적인 정서적 감응이란 정서적 결속감이지 정서적 종속감이 아니다.** 흔히 9개월 전후에 발달하는 유아의 상징적 놀이행위, 즉 미드의 '놀이'는 일종의 원초적인 의사소통의 상호작용을 의미하는데, 중요한 것은 피터 홉슨이나 마이

---

68 Axel Honneth, 같은 책, p.50

클 토마셀로와 같은 발달심리학자들[69]의 주장으로는

"만약 아이가 자신의 준거인들과의 결속감을 발전시키지 않았다면, 이러한 모든 상호작용적 학습 과정을 수행할 수 없었을 것이라고 강조한다. 왜냐하면, 이러한 선행하는 동일시를 통해 아이들은 구체적인 타자의 현존 때문에 움직여지고 감동 받고 동기를 부여받아, 그 타자의 태도변화에 관심을 두고 그를 따라 하게 되기 때문이다."[70]

여기서 말하는 준거인과의 정서적 결속감은 아이가 보여주는 원초적인 탈중심화적 성향, 태도를 보여준다. 우리는 이 책의 2부와 3부에서 각각 후설의 타자경험에 대한 발생적 현상학적 분석과 발달심리학적 연구성과를 통해서 이런 타자와의 관계의 세 가지 유형의 발생적 정초 연관관계를 밝힐 것이다. 다만 현재로는 메리 셸리의 피조물이 프랑켄슈타인과 드 레이시 가족에게 갖고 있던 유대감이 바로 호네트가 '선행하는 인정'으로서 말하는 준거인들에 대한 정서적 감응임을 강조하지 않을 수 없다.

그러나 더 중요한 것은 이런 '선행하는 인정'이 결여되었을 때 나타나는 문제이다. 호네트는 이런 선행하는 인정으로서 준거인들인 타자들[71]과의 정서적 감응능력이나 습득기회가 결여되어 있을 때 어떤 발달상의 문제가 있는지를 자폐아의 발병원인과 연결지어 설명하면서 자신의 이론의 경험적 증거를 제시한다. 물론 현재에 이르러 자폐증의 일차적 원

---

69 그 밖에도 호네트는 이미 테오도르 아도르노 역시 상호 의사소통 이전에 모방과 같은 사랑의 원형식에서 이미 아이는 탈중심화되어 있음을 발견하고 있다고 주장한다. Axel Honneth, 같은 책, p.p.53~54 참조.

70 Axel Hoenneth, 같은 책, p.53.

71 이들은 엄밀한 의미에서 우리말로 보면 '남'이 아니다. 그러나 우리가 현재 사용하고 있는 '타자'란 나의 의식과 독립적인 또 다른 자기의식의 모든 주체를 지칭하는 단어이다.

인이 뇌 생리학적으로 또는 유전적으로 조건 지어진 것임을 호네트 역시 알고 있다. 그러나 이런 생물학적 결함도 결국에는 유아의 정서적, 인지적 발달과정에 대한 연구를 통해서 사후적으로 밝힌 것이다. 즉 중요한 것은 자폐증의 원인은 단순히 인지적 차원에서 사고 및 언어기능의 장애와 결부된 인지적 결함에 돌릴 수 없으며, 오히려 준거인들의 정서적 현존에 대한 아이의 부족한 감응 능력에서 결정된다는 점이다. 그러나 우리의 판단으로는 자폐증은 순수 심인성 질병이라고 보기 어렵고 앞서도 지적했듯이 생물학적 요인이 압도한다. 따라서 이미 생물학적으로 결함이 있다면, 정서적 감응을 발달시킬 수 있도록 준거인들이 그보다 선행해서 얼마나 헌신적으로 노력하는가 그렇지 않은가는 별로 중요하지 않은 문제가 되어 버린다.

오히려 호네트 스스로 시인하듯이 이런 선행하는 인정이 "자의적이지 않은 열림, 헌신 그리고 사랑을 포함"[72]하고 있다면 준거인들이 적절한 시기 혹은 결정적인 시기에 아이에게 먼저 얼마나 자신을 개방하고 헌신과 사랑을 베푸느냐가 얼마나 중요한지를 강조해야 한다. 흥미로운 것은 메리 셸리의 피조물은 비록 프랑켄슈타인과 드 레이시 가족의 환대와 헌신과 사랑을 받지 않았음에도 불구하고 인지적으로 큰 결함을 보이지 않았으며, 타자의 마음에 대한 읽기능력이나 상징적인 의사소통 능력에서 큰 결함을 보여주지 않았다. 이 부분은 엄격히 말하면 정신 병리나 유아 발달 병리에 대한 메리 셸리의 경험과 지식의 부족함을 보여주는 증거이다. 그러나 애초에 발달심리학에서 말하는 선행단계의 정서, 인지능력의 지체나 미발달이 후행하는 정서, 인지능력의 전적인 부재나 결여를 초래히지 않으며 다만 발달상에 분명한 결함이나 지체가 발생할 수 있음을 주장한다. 바로 중요한 타자들로부터 선행하는 인정의 부족은 피조물보 하

---

72 Axel Honneth, 같은 책, p.54.

여금 준거인들에 대한 정서적인 결속력을 불완전하게 갖게 하였고, 그에 따라 드 레이시 가족이나 프랑켄슈타인에 대해서 양가적인 애증의 감정과 행동을 보이는 것이다. 따라서 피조물의 살인과 파괴행위는 프랑켄슈타인처럼[73] 단순히 도덕적, 법률적 차원에서 단죄해야 할 범죄와 극악무도로 볼 것이 아니라 발달장애에 따른 부적응 행위라 보아야 할 것이다.

또 하나, 반드시 검토해야 할 사항이 있다. 헤겔의 관점에서 볼 때 이런 발달상의 경험과학적 연구성과가 과연 헤겔의《정신현상학》의 변증법적 운동이론에 대한 반론이 될 수 있는지에 대해서 여전히 의문을 품고 있을 것이다. 다시 말해 시간상으로 선행하는 능력의 발달문제에 대한 지적이 헤겔이 추구하는 주관적 확신과 객관적 진리의 일치라는 정신의 운동 필연성과 타당성에 대해서 과연 반론이 될 수 있는가이다. 호네트 역시 자신이 애초에 추구하는 바는 "공감 혹은 인정이라는 특정한 자세가 모든 중립적인 세계관계 형식들에 대해서 갖는 일반적인 우선성이었다면", 발달심리학의 성과를 통해서 밝힌 것은 "단지 시간적인 의미에서, 객체에 대한 상호주관적 의식으로 나아가기 전에 있어야 하는 정서적 감응의 우선성"[74]일 뿐이라고 말한다. 그럼에도 불구하고 호네트는

"저 개체발생적 증거가 인정의 우선성이라는 일반적 테제를 위한 첫 번째 지지대를 제공해줄 수 있다고 생각한다. …… 발생과 타당성, 혹은 마르크스주의적으로 말해서 역사와 논리는 유아의 사고 발생조건이 우리의 세계인식에 아무 관련성이 없을 만큼 그렇게 서로 멀리 찢어져서는 안 된다"[75]

---

73 그는 끝까지 피조물에 대해서 최소한의 동정심도 갖지 않으며, 그에 대해서 악마, 괴물이라는 표현을 포기하지 않는다.

74 Axel Honneth, 같은 책, p.54

75 Axel Honneth, 같은 책, p.54

고 주장한다.[76] 그러나 우리의 판단으로는 호네트의 논변은 설득력이 부족하다. 이제 2부에서 상론하겠지만, 공감, 선인정의 시간적 우선성을 발생적 현상학적으로 해명할 때, 공감, 선인정이 인정투쟁에 대해서 갖는 발생적 토대, 정초 역할이 분명하게 밝혀질 것이다.

---

76 호네트는 같은 책 3장의 2절에서 이를 개념적으로 증명하는 시도를 한다. Axel Honneth, 같은 책, p.p.56~62 참조.

3장

후설 현상학은 유아론인가? : 초월론적 자아론과 초월론적 상호주관성론의 관계

1절 논의주제와 방향

후설의 현상학이 갖는 특징을 보여주는 단적인 문구를 우리는 『유럽 학문의 위기와 초월론적 현상학』[77](1935)에서 찾을 수 있다.

> "내가 나 자신에 대해서 갖고 있는 모든 견해들은, 내가 반성적으로 내 자신을 향해서 획득해온 경험과 판단들로부터, 그리고 내가 다른 주체들과의 결합 속에서 이 타자들로부터 받아들인, 나의 존재에 대한 타자의 통각들과 종합적으로 결합한 경험들과 판단들로부터 비롯된 자기통각에서 나온다."(Hua VI, 209)

첫 문장의 '내가 나 자신에 대해서 갖고 있는 모든 견해들'을 '후설이 후설 자신의 현상학에 대해 갖고 있는 모든 견해들'이라는 영역으로 구체화해보자.[78] 그럴 경우 자신의 현상학에 대한 후설의 견해들은 첫째, 자기반성, 즉 자기반론을 통해서 획득한 경험과 판단들 그리고 둘째, 자신의 현상학에 대한 다른 사람들의 경험들과 판단들, 즉 다른 현상학자들의

---

77 이하『위기』로 약칭함.

78 물론 이것은 단순히 유비적인 표현의 대치가 아니다. 현상학은 가장 기본적으로 각자 자신의 자아에 대한 현상학적 성찰로부터 출발하기 때문이다.

해석과 비판을 종합적으로 결합함으로써 획득된 경험과 판단들로부터 발전시켜온 것이다. 실제로 **후설 현상학은 초기부터 후기까지 지속적이면서도 다각적으로 자기반성과 타자비판으로부터 종합을 통해 심화와 체계화의 길을 걸어왔다.**

우선 후설은 초기『산수의 철학』(1890~1901)에 담긴 심리학주의에 대한 자기반성과 프레게의 논리주의로부터의 비판을 종합함으로써,『논리연구』(1900~1901)에서 기술적 심리학(혹은 지향적 심리학)으로의 발전을 이루게 된다. 또한, 중기『이념들 I』(1913)에서 원리 중의 원리인 충전적이고 필증적인 명증성의 원리에 입각한 타당성 정초에 대한 자기비판과 자연주의적 심리학의 성과들에 대한 종합을 통해서,[79] 이미『이념들 II』(1914)[80]에서 그리고 20년대 이후의 저작들에서 필증적 명증성의 원천으로부터 정적 분석(혹은 정적 현상학)과 발생적 동기 부여의 원천으로부터의 발생적 분석(혹은 발생적 현상학)으로 발전된다. 나아가 후기『데카르트적 성찰들』(1929)에서 그 절정을 보여주던 초월론적 관념론에 대한 자기반성과 하이데거의 실존론적 분석론 및 딜타이의 생철학[81]의 비판을 종합함으로써,『위기』에서 생활세계에 대한 초월론적 현상학으로 발전을 거듭하게 된다.

---

79 후설이 자신의 현상학을 정적 차원과 발생적 차원으로 체계화시키고자 하는 기획은 다음 유고들에서 찾을 수 있다.「현상학적 근원문제, 현상학적 구성의 의미, 방법의 해명」(1916/17)(Hua XIII), 「정적, 발생적 현상학적 방법」(1921년)(Hua XI), 「모나드적 개별성의 현상학 그리고 정적, 발생적 현상학」(1921년)(Hua XIV), 「지향성의 보편적 이론으로부터」(1928/29년)(Hua XVII), 「정적 그리고 발생적 현상학. 고향세계 그리고 이방세계의 이해. 동물의 이해」(1933년)(Hua VX).

80 1914년은 추정되는 집필년도이다. 실제로 이 책은 후설 사후 1952년에 출간되었다.

81 30년대 이후 후설 현상학의 심화와 체계화에서 하이데거와 딜타이에 대한 후설의 연구가 갖는 의미를 Iso Kern은 자신이 편집한『상호주관성의 현상학 III』서문에서 비교적 상세하게 밝히고 있다. Hua XV, xxi~xxvii, xlii~xlvii 참조.

그런데 우리는 현상학 변화의 또 다른 국면, 더욱이 초기부터 후기까지 가장 지속해서 이루어졌고 또한, 가장 다면적인 변화를 보여주는 또 다른 국면을 검토하고자 한다. 후설 현상학에서 가장 결정적인 발전의 국면은 기술적 현상학의 단계에서 초월론적 현상학으로의 발전국면이다. 그러나 이 변화 국면은 그렇게 단순하지가 않다. **그 변화의 첫 번째 국면은** 1907년『현상학의 근본이념』에서 최초로 표명된 현상학적 에포케와 환원을 통해 시작되었다.『논리연구』의 기술적 심리학 단계에 대한 자기반성과 관련해서 후설은 칸트의 초월론적 이성비판의 철학의 이념을 받아들여 초월론적 현상학으로 발전하게 된다. 그러나 칸트의 초월론적 이성비판은 보편적 의식일반으로서 이성의 비판이다. 반면 후설이 현상학적 에포케와 환원을 통해서 도달한 초월론적 자아는 개별적인 자아이다. 그에 따라 칸트의 이성비판철학에서는 타자경험이 문제가 되지 않지만,[82] 후설의 개별적인 초월론적 자아에는 타자경험은 중요한 철학적 문제가 된다. 왜냐하면, 현상학적 에포케와 환원을 통해 도달한 초월론적 자아에 입각한 존재의미의 구성은 또 다른 초월론적 자아와는 심연으로 분리되어 있어, 일종의 **유아론적 섬**에 갇혀 있는 철학이 아닌가에 대해 다른 현상학자들 그리고 다른 누구보다 후설 자신의 반론이 제기되었기 때문이다. 그에 따라 **기술적 현상학에서 초월론적 현상학으로의 발전의 두 번째 국면은** 재차 초월론적 현상학 내에서 초월론적 자아론적 현상학에서 초월론적인 상호주관성의 현상학으로의 확장으로 나타난다. 그러나 재차 반론으로서 제기되는 유아론의 의미가 **경험적 유아론** 그리고 **병리학적 유아론, 방법론적 유아론, 초월론적 유아론** 등 다의적으로 해석되기 때문에

---

82 이와 같은 타자 문제의 결여가 칸트 철학의 장점이라기보다는 단점으로 보는 것이 더 타당하다. 이런 측면에서 칸트철학에 대한 비판은 특히 사르트르의『존재와 무』3부, 1장 2절〈유아론의 암초〉에 잘 서술되어 있다. J.P. Sartre, *L'Être et le Néant*, Paris: Gallimard, 1943, 279~286 참조.

그에 따라 초월론적 상호주관성의 현상학 역시 그 역할과 성격에서 있어서 다면성을 갖게 된다. 그런데 앞서 지적한 후설의 현상학의 다른 반성과 종합에서도 후설의 일관성을 찾기가 쉽지 않은 것처럼, 유아론과 상호주관성의 현상학과 관련해서 후설의 태도 역시 앞으로 보게 되겠지만 다중적이다. 이런 다중적 태도는 후설의 현상학, 특히 초월론적인 상호주관성의 현상학에 대한 후설 이후 현상학자들의 비판에서 다중적 논쟁 양상을 띠게 된다. 우리는 후설의 초월론적 현상학, 특히 그의 상호주관성의 현상학에 대해서 제기하는 당대 현상학 진영 내에서의 반론-하이데거, 사르트르, 레비나스 그리고 메를로-퐁티-에 대한 논의를 다음 4장으로 미루고 본 3장에서는 후설의 초월론적 현상학을 둘러싼 후설 자신의 반론과 해명과정에 초점을 맞출 것이다.

우리는 2절에서 최초로 유아론의 반론과 대응의 노력을 보여주는 후설의 1910/11년 겨울학기 강의『현상학의 근본문제들』을 통해 **경험론적 유아론의 반론** 및 그에 대한 대응으로서 **초월론적 상호주관성의 현상학적 해명의 불가피성**을 살펴볼 것이다. 3절에서는 한편으로는 1913년 저작인『이념들 I』에서 **유아론이 반론으로서 제기되지 않게 되는 이유**를 검토할 것이며, 그에 따라 **상호주관성의 현상학의 역할 축소**를 지켜볼 것이다. 다른 한편으로는『이념들 II』에서 제기되는 **방법론적 유아론 및 병리학적 유아론의 문제**와 관련해서 **상호주관성의 현상학의 역할의 필요성이 다시 부각되는 것**을 살펴볼 것이다. 4절에서는 1920년대 이후의 저작, 특히『제일철학 II』(1923),『형식적 논리학과 초월론적 논리학』(1929),『데카르트적 성찰들』에서 제기되는 **초월론적 유아론의 가상** 및 **그것의 극복으로서 상호주관성의 현상학의 성격**에 대해서 논할 것이다. 5절에서는『데카르트적 성찰들』및 후기 저작에서 **재차 발견되는 유아론**과 관련해서 후설이 취하는 **두 가지 대응전략**을 밝혀볼 것이다. 끝으로 6절에서는 초월론적 상호주관성의 현상학의 성격과 관련해서 **타당성 정초차원의 상호주관성의 현상학과 발생적 정초차원의 상호주관성의 현상**

학 분화의 필요성에 대해서 논할 것이다.

2절 경험적 유아론의 반론 및 그 극복으로서 상호주관성의 현상학의 불가피성

2.1『현상학의 근본문제들』(1910/11)에서 경험적 유아론의 반론

자신의 현상학적 탐구에 대해서 공식적으로 후설 스스로 유아론의 반론을 최초로 제기한 대표적인 문헌은 1910/11년 겨울학기 강의와 관련해서 준비한 원고들과 강의 원고들이다.[83] 후설의『상호주관성의 현상학』(Hua XIII, XVI, XV)을 편집한 케른에 따르면 이 강 텍스트는 상호주관성의 문제 및 후설의 현상학적 철학 일반의 형성에서 가장 중요한 의미가 있는 텍스트이다.[84] 케른이 밝힌 공식적인 의의는 이 텍스트들이 자연 과학적 탐구와 구별되는 순수 심리학의 이념의 지도 아래 후설의 현상학적 탐구주제가 나의 의식연관에서 출발해서 타자와 우리 공동체의 의식연관 및 정신 삶의 역사로 확장됨으로써 현상학이 사회학, 역사학과 같은 정신 과학들의 정초로 나아가는 결정적 전환점의 증거가 된다는 점이다. 이런 주장이 말한 바로는 상호주관성의 현상학은 유아론 반론의 해명을 위한 것이라기보다는 **개별적 자아**에서 인간 공동체로의 주제 확장일 뿐이다.

그러나 우리의 해석으로는 상호주관성의 현상학은 또한, 유아론의 반론에 대한 불가피한 대응책이어야 한다. 왜냐하면, 유아론은 후설의 주장처럼 나의 의식연관에 대한 탐구가 채택한 방법으로서 현상학적 환원에 대한 오해에서 비롯된 것이 아니라, 바로 현상학적 환원이 초래하는 문제

---

83 Hua XIII권(『상호주관성의 현상학 I』)의 Nr. 5, Nr. 6.

84 Hua XIII권, xxxiii~xxxv 참조.

이기 때문이다. 후설에 따르면 자연 과학적 탐구와 구분해서 순수 심리학적 탐구는 나의 의식연관에 대한 탐구이다. 이때 "내가 판단하고 있는 자아란 신체가 아니요, 신체와 결부된 자아 자체도 아니요, 자연과 심리 물리적 연관 속에 놓인 의식 자체가 아니라, 이런 절대적으로 주어진 지각들, 모든 종류의 표상들, 감정들, 욕망들, 의지들의 연관이다. ……**그러나 한갓 이런 연관이 아니라 연관 속에 주어져, 자신을 자신 안에서 전개하는 자로서 자아, 인격이다.**"(Hua XIII, 82)[강조는 인용자에 의함] 그에 따라 후설은 이와 같은 현상학적 탐구는 일종의 유아론적 탐구로서, "탐구를 개별적 자아 그리고 더 자세히는 **그 자아의 개별적 심리적 현상들의 영역으로 제한**"(Hua XIII, 154)[고딕체는 인용자에 의함] 하고 있다는 반론에 직면할 수 있다고 생각했다. 왜냐하면, 현상학적 탐구를 통해 도달하는 "유아(solus ipse)란 나만이 존재하거나 혹은 나 자신과 나의 심적 상태들과 작용들만 제외하고, 모든 나머지 세계를 배제한다는 것을 의미한다"(Hua XIII, 154)고 볼 수 있기 때문이다.

사실 로크나 버클리 그리고 흄과 같은 영국 경험론자들이 모두 인식의 원천을 내적, 외적 감관을 통해 획득된 심리적인 인상이나 관념으로 환원시키고 있음에도 불구하고 그런 인상과 관념의 1인칭적 주체를 특별히 문제 삼지 않기 때문에,[85] 우리가 그들을 유아론자라고 단적으로 비판

---

85 "우리의 모든 지식은 경험에 기초해 있다. 그리고 인간 지식은 궁극적으로는 경험으로부터 파생된다. **외부적이고 감각적 대상에 대한 우리의 관찰, 혹은 우리 스스로에 의해 지각되고 반성**된 우리 마음의 내적인 수행들에 대한 우리의 관찰이 우리의 지성에 사유의 모든 재료들을 제공하는 것이다. 이런 두 가지가 지식의 원천이며, 이로부터 우리가 갖는 관념들 혹은 우리가 자연스럽게 가질 수 있는 관념들이 진정으로 발생한다." J. Locke, *An Essay concerning Human Understanding*, P.H.Nidditch(eds.), Oxford: Clarendon Press, 1991, 43.

"인간 지식의 대상들을 개관하는 어떤 사람에게든 그 대상들은 실제로 감관에 찍힌 관념들이거나 아니면 마음의 정서들과 작용들에 주의함으로써 지각된 것이거나 아니면 끝으로 기억과 상상력의 도움을 받아, 원래는 앞서 말한 방법으로 **지각된 관념들을 결합하거나 분해하거나** 단순히 재현함으로써 형성된 관념들이거나 하는 것이 명백할 것이다."(G. Berkley, *A Treatise concerning the Princliples of Human Knowldge*, in : A. C. Fraser(eds.), The Works of George

하기는 어렵다. 더욱이 외적인 실체뿐만 아니라 자아마저 감각의 다발로 환원시켜버리는 흄의 경우, 그 감각의 다발이 누구의 것인가는 전혀 문제가 되지 않는다. 따라서 심리적 체험으로 환원하면서도 유아론의 비난을 면하는 길은 심적 작용의 주체로서 개별적 자아나 인격을 배제하는 것이다. 후설 역시 그와 같은 전략을 취한다.

> "현상학자로서 나는 모든 세계와 마찬가지로 나 자신도 배제한다. 그에 못지않게 나의 것으로서 바로 자연인 바, 나의 심적 상태들과 작용들도 배제한다." (Hua XIII, 154)

이제 단순히 외적 세계만이 배제되는 것이 아니라 나의 심적 상태들과 작용들마저 배제된다. 결국, 후설이 판단하기에는 현상학적 탐구에 대한 유아론의 오해는 현상학적 환원의 근본원리에 정통하지 못하기 때문에 발생한다. 즉 현상학적 환원을 단순히 외적 사물에 대한 자연적인, 소박한 정립을 차단하고, 나의 체험에 대한 로크식의 내재적 지각만을 수행하는 것으로 이해하게 되면 결과적으로 현상학적 내재가 아닌 심리학적 내재에 이르게 됨으로써 현상학적 탐구를 유아론에 빠뜨리게 된다는 것이다. 여기서 후설이 염두에 두고 있는 것은 **경험론적 유아론**이다. 반면 후설은

> "경험적 작용이 존재함으로써 우리에게 제공하는 것(was er uns als Sein bietet)을 어떤 방식에서도 받아들이지 않는다. 그와 같은 수행 속에 사는 대신에, 그 수행에 따라 자신의 정립을 그 의미와 함께 소박하게 확정하는 대신에, **우리**

Berkely, vol. 1, Oxford : Clarendon Press, 2005, 257)

"인간 정신의 모든 지각은 서로 다른 두 종류로 환원될 수 있는데, 나는 그것을 **인상과 관념**이라고 부를 것이다."(**D. Hume,** A Treatise of Human Nature, D.F.Norton and M. J. Norton(eds.) Oxford/New Yokr:Oxford University Press, 2000, 4)[강조는 인용자에 의함]

는 작용 자체만을 바라보며, 작용 자체를 그리고 작용이 우리에게 자신 안에서 대상으로 제시할 수 있는 것(Was er uns in sich bieten mag zum Objekt)만을 대상으로 한다." (Hua XIII. 148)[강조는 인용자에 의함]

여기서 "경험적 작용이 **존재함으로써** 우리에게 제공하는 것"을 받아들인다는 것은 경험된 대상이 실제로 존재하고 있음이라는 단정적 판단을 전제한다는 것이다. 물론 반대로 그와 같이 제공하는 것이 존재하지 않는다는 단정적 판단도 존재정립의 전제에서 벗어나 있지 않다.[86] 따라서 존재함으로써 제공하는 것을 어떤 방식에서도 받아들이지 않는다는 것은 존재하지 않는 것으로 정립하는 것이 아니라, 긍정도 부정도 하지 않는 바로 '판단중지'를 한다는 것이다. 이제 자연적 태도 속에서 내재적 지각 역시 체험을 '경험하는 자아의 상태', '체험으로서, 객관적 시간 속에 **존재하는 것**'으로 정립한다. 이때 경험하는 자아는 신체와 결합한 심리 물리적 존재자이다. 따라서 내재적으로 지각되는 심리적 상태나 작용들 역시 심리 물리적 인과 작용에서 벗어나지 못한다. 즉 자연적 태도 속에서 수행되는 경험적 내재적 지각은 특정한 시공간에, 특정한 신체-심리적 자아에 결속되어 있다. 이처럼 특정한 시공간과 특정 신체에 결속된 심리적 상태란 결국 개별화, 고유화하여 있다는 것, 즉 사적인 상태라는 것이다.[87] 만일 현상학적 탐구가 이처럼 경험적인 내재적 지각을 통해 사

---

86 한전숙, 『현상학』(민음사, 1996) p.p. 133~134 참조.

87 흔히 유아론-존재론적 혹은 인식론적-이라고 하면 개인의 사적 세계만의 존재 내지 인식 가능성만을 주장하고, 타자와 공적 세계의 부재와 인식 불가능성을 주장하는 이론이다. 코플스톤에 따르면 근대철학에서 대표적으로 우리 각자가 지각하는 것이 존재하는 것의 전부임을 주장하는 버클리는 지각된 관념들이 개개인의 사적 지각작용에 의존하며, 따라서 공적 관념들의 결합으로서 공적 세계와 사물의 존재 및 인식의 가능성을 해명하지 못하지 않느냐는 유아론의 도전을 받을 수 있었다. 버클리는 이런 문제를 극복하기 위해 **감각적 실재의 영역**과 이미지들의 영역을 구분하고, 후자는 지각하는 개개인의 자의적 선택에 의존하는 사적 관념들이지만, 전자는 비록 관념들이지만 지각하는 개개인의 자의적 선택에 의존하지 않으며, **자연의 질서**

적인 심리적 상태나 작용으로 환원한다면 그리고 그것만이 유일하게 확실하게 인식할 수 있고, 존재한다고 주장한다면 그것은 분명 유아론, 즉 경험적 유아론이다.

그렇다면 "**작용 자체를 그리고 작용이 우리에게 자신 안에서 대상으로 제시할 수 있는 것**(Was er uns in sich bieten mag zum Objekt)만을 대상으로 한다"는 것은 무엇인가? 현상학적 탐구란 외적 지각, 기억, 기대, 추측, 상상, 의심 등의 모든 심적 작용 속에서 그와 같은 작용의 주체로서 경험적 자아와 작용내용에 상응하는 존재자에 대한 존재정립 없이 그 작용 자체(노에시스)와 작용이 드러내는 내용 자체(노에마)만을 받아들인다.[88]

그러나 과연 이처럼 드러난 작용과 내용은 누구의 작용이며 누구의 작용내용인가? 다시 말해 작용이나 작용내용 자체가 존재정립에 대해 긍정도 부정도 되지 않고, 중립화된다고 해서 그런 작용의 주체가 누구라도 상관없다는 것인가? 경험적인 개별적 자아로서 인격은 배제되었다고 해서 작용 자체가 절대적으로 중립화되는가? 유아론의 반론이 현상학적 환원에 대한 오해일 뿐이라고 해명한 후에, 『현상학의 근본문제들』19절에서 후설은 동일한 의문을 다음과 같이 제기하고 답한다. "현상학적 환원은 고유한 자아를 배제하려고 하는데 그것은 생각할 수가 없다. 단순히 사유작용(cogitatio) 자체로 환원되어야 한다는 것, 순순 의식으로 환원해야 한다는 것, 그러나 누구의 사유작용이며, 누구의 순수의식인가? **자아와의 관련은 코기토에 있어서 본질적인 것이다.** 사실, 데카르트도 그렇게 한

(a order of Nature)에 따른다고 주장한다. F. Copleston, *A History of Philosophy V. Hobbes to Hume*(Bantam, 1993), 227. 강조는 인용자에 의함.

88 후설은 작용과 작용내용을 구분하고 그 각각에 대해서 현상학적 환원이 수행되어야 한다고 보았다. 따라서 하나의 경험에 대해서 이중적인 현상학적 환원이 수행되어야 한다. 한번은 경험작용 자체를 순수한 바라봄으로 가져오는 환원과 그다음엔 그 경험의 지향적 내용에 즉 해서 수행되는 환원. (Hua.XIII. 178~179 참조)

것처럼, 코기토는 절대적으로 주어진 것이다. 분명 현상학적 환원을 통해 모든 경험적 초월의 차단, 모든 자연의 현존 배제, 그와 함께 **고유한 경험적 자아** 실존의 괄호 치기는 논의의 여지가 없다. 그러나 경험적 자아보다 **순수자아**는 사유작용(코기타시오)과 분리될 수 없는 어떤 것으로서 남아 있는 것 아닐까?"(Hua XIII. 155)

그러나 **경험적 자아와 순수자아**는 두 개의 자아가 아니라 상이한 태도에서 바라본 하나의 동일한 자아이다. 경험적 자아가 특정한 시공간에 존재하고 정립된 신체와 결부된 자아라면, 순수자아란 그와 같은 존재정립에서 배제되고 순수하게 작용 및 작용내용의 의식연관의 주체일 뿐이다. (Hua XIII. 82) 따라서 경험적인 내적 지각을 통해 경험적 자아의 심리적 작용과 체험으로 환원되는 것은 유아론이지만 현상학적 환원을 통해 순수자아의 의식연관으로 환원되는 것은 유아론이 아니라는 후설의 주장은 이해가 되지 않는다. 더욱이 신체와 결부된 경험적 자아의 심리적 체험에서 외부세계, 특히 또 다른 신체와 결부된 타자의 심리적 체험으로 나아갈 수 있는 존재론적, 인식론적 연결통로가 차단되어 있다면, 마찬가지로 신체와의 인과적 연관이 차단된 순수자아의 의식연관 역시 칸트적 의미의 의식 일반이 아닌 여전히 개별적 자아의 의식연관이라면, 외부세계, 특히 타자의 의식연관으로 옮겨갈 수 있는 존재론적, 인식론적 경로는 차단된 것 아닌가?

그렇다면 단순히 경험론적 유아론이 아니라고 해서 유아론에서 벗어난다고 말하기는 어렵다. 이것은 마치 "순수논리학의 법칙을 경험주의적 방식에 따라 경험-심리학적 법칙으로 파악하는" 경험적 심리주의를 극복하기 위해서 칸트처럼 "생득적인 (즉 보편적으로 인간적인) 소질로서 사실적인 사유작용이나 모든 경험에 선행하는 지성 자체 등으로 신화적으로 소급하려는 모든 이론"(Hua XVIII. 130~131) 역시 선험적(a priori) 심리주의에 빠지는 것과 유사하다. 마찬가지로 경험론적 유아론을 극복하기 위해 현상학적 환원을 통해 선험적인 초월론적 자아로 환원한다고 하더라도 여전히 유아론인 것이다. 물론 후설은 이 시기에는 이점까지 깨닫지는 못하고 있었다.

2.2 『현상학의 근본문제들』(1910/11)에서 유아론의 극복으로서 상호주관성의 현상학적 해명의 한계

이 시기 후설이 타자경험의 현상학적 해명을 통한 초월론적 상호주관성의 형성을 해명하려고 하는 명시적인 의도는 앞서 1절의 초반부에서 지적했듯이 **정신과학의 정초**를 위해서였다. 그러나 방금 확인한 것처럼 또 하나의 이유는—후설이 그것을 깨달았든 깨닫지 않았든—이처럼 **현상학적 환원을 통해 초월론적 주관성으로의 이행에서 제기되는 유아론의 반론 극복**에 있다고 본다. 이미 후설 이전에 딜타이에서도 우리는 정신과학의 정초를 위한 역사 이성비판의 작업이 수행되고 있음에도 불구하고 상호주관성의 문제가 부각되지 않은 까닭은 딜타이의 경우 현상학적 환원의 방법을 수행하지 않았고 그에 따라 초월론적 자아내지 유아의 문제에 직면하지 않았기 때문이다.[89]

후설은 『현상학의 근본문제들』의 후반부에서 현상학적 환원을 통해 순수자아의 의식연관으로부터 또 다른 현상학적인 순수자아를 경험할 수 있는, 그리하여 그것의 인식 가능성과 존재 가능성을 보여줄 수 있다고 믿는 방법을 제안한다. 타자지각이나 타자경험 혹은 타자 이해로도 불리는 Einfühlung이 그것이다.[90] 물론 현상학적 반성이 자연적 반성의 수행을

---

89 그러나 바로 딜타이의 경우 정신과학의 정초에서 방법론적으로 현상학적 환원의 수행이 이루어져 있지 않고 그에 따라 상호주관성의 문제가 해명되지 않았기 때문에 참된 의미의 정신과학의 정초라고 보기 어렵다고 말할 수 있다.

90 Einfühlung을 후설은 타자의 느낌, 체험의 유비물, 모사로서 자기 느낌, 체험을 단순히 타자에게 이입, 투사하는 방식을 반대한다. 따라서 기존 번역어인 '감정이입'이나 혹은 '자기 투사'는 오해의 여지가 있다. 후설은 Einfühlung을 타자의 경험연관에 대한 내재적 봄, 파악, 이해로 해

전제로 수행된다면(Hua XIII. 178), 현상학적 타자경험 역시 경험적, 자연적 타자경험 자체 및 그것을 통해 드러난 것, 즉 타자가 경험한 내용에 대한 현상학적 환원을 통해 이루어진다. (Hua XIII. 188~189)[91]

그러나 후설 자신도 인정한 것처럼 나의 타자경험 자체와 그렇게 경험된 타자 자신의 경험 사이에는 여전히 어떤 단절이 있다. 비유컨대 "타자의 것으로 경험된 흐름으로부터 타자 경험작용 자체가 속해 있는 흐름으로 흘러들어오는 어떠한 운하(Kanal)도 없다." (Hua. XIII. 189) 나의 타자경험작용과 그런 타자경험을 통해서 경험된 타자 자신의 경험은 이를테면 현재의 나의 기억작용과 그렇게 기억된 기억내용이 나의 시간 의식 속에서 통일되는 것처럼 하나의 통일체로 결합할 수 없다.

이런 단절 혹은 심연이 있음에도 불구하고, 타자의 존재 및 인식에 대해 유의미한 논의를 할 수 있는 근거는 무엇인가? 분명 타자경험을 수행하는 자아의 입장에서 타자는 초월적인 것(Transzendz)[92]이다. 그러나 "현상학은 모든 의미에서 초월을 배제하고자 하지는 않는다." (XIII. s.171) 그렇다면 현상적으로 유의미한 초월과 현상학적으로 무의미한, 더 정확하게 말해서 배제해야 하는 초월은 무엇인가? 후설은 초월의 세 가지 의미를 구분한다.

첫째, "인식대상이 인식작용 속에서 (그리고 그것의 대상인바 의식 속

석한다. (Hua XIII. 187-188) 또한, 그는 Einfühlung을 드물지만 '타자지각' 혹은 '타자경험'으로 바꿔 표현하기도 한다. (Hua XIII. 115) 따라서 이 표현을 '타자경험' 혹은 '타자 이해' 정도의 일반적인 표현으로 번역하는 것이 적절할 것이다. 물론 이렇게 번역할 경우 'eingefühlt'와 같은 과거분사적 형용사의 번역이 어려워진다. 이럴 경우 '경험된' 혹은 '타자의 것으로 경험된' 등의 표현으로 융통성 있게 번역해야 할 것이다.

91 여기에서도 앞서 주86)에서 지적했다시피 타자경험에 대해서도 이중적 환원이 수행된다. 타자경험작용 자체에 대한 환원과 타자경험을 통해 드러나 타자 자신의 경험내용에 대한 환원.

92 이후 transzendenz는 '초월' 혹은 '초월적인 것'으로 번역하며, transzendental은 '초월론적'으로 번역한다.

에서) 자체 현전적[더정확하게 내실적reell]이지 않다는 전적으로 일반적인 의미에서"(Hua XIII, 170) 초월이 있다. "지향적 관련의 본질에 속하는 것으로서, 의식 즉 그때마다 코기타치오(cogitatio)는 자기 자신이 아닌 어떤 것에 대한 의식이다."(Hua XIII, 170) 후설식 전문용어를 사용하면 노에시스는 노에마에 대한 노에시시로서, 노에마는 노에시스 속에 속해 있는 것이 아니라는 점에서 초월적이다. 이때의 초월은 배제될 수 없다. "왜냐하면, 그렇게 되면[즉 노에마를 초월적이라고 해서 배제한다면] 그 반대인 내재가 어떤 의미도 갖지 못하기 때문이다."(Hua XIII, 170) 그러나 이 용어를 Einfühlung으로서 타자경험에 적용한다면 타자경험은 타자 경험작용과 경험된 타자라는 지향적 구조를 가지며, 이때 경험된 타자는 노에마로서 초월, 엄밀하게 말해 내재적 초월이다.

둘째, "만일 한편으로 (항상 특정한 작용으로서 이해된) 의식작용에 생생하게 '현전적'(gegenwärtig)으로 존재함과 [다른 한편으로] 그것의 부정, [즉] 그런 자기 현적적으로 존재함이 없이 사념 되어 있음을 설정할 때" 이것은 내재와 초월의 대립이다. 예를 들어 "비록 현상학적으로 환원된 재기억 혹은 자체 파지가 하나의 바라보여졌었던 것을 재생할지라도, 이렇게 기억된 것은 기억이라는 의식작용에 초월적으로 존재할 것이다." 이와 마찬가지로 타자경험을 통해서 경험된 타아 역시 타자경험이라는 나의 의식작용에 현전하지 않고 다만 '현전화'(vergenwärtig)된다는 점에서 초월적이다.

셋째, "바라볼 수 있고, 절대적 자기 현전 속에서 주어질 수 있는 개별적 대상들 자체와 다만 자기 현전적인 것으로서 나타날 수 있는, 다만 나타남, 표시함(Darstellung)을 통해서 주어져 있을 수 있는 개별적 대상들"(Hua XIII, 171)을 나눌 때 또 다른 내재와 초재의 구분이 있다. 앞서 두 번째 의미의 초월이 현전적이지 않고 현전화되어 주어지는 것 자체라면, 세 번째 의미의 초월은 현전적이든 현전화적이든 주어지는 것 자체가 아니라, 주어짐 속에서 자신을 보이는 것이다. 바로 이런 세 번째 의미의 초월이 현상학적 환원을 통해서 배제되는 것이다.[93] 그러나 나타남, 표시함 자체는 내재적 초월로서 주어지는 것이라는 점에서 배제될 수 없다.[94]

그러므로 타자경험 속에서 경험된 타자는 비록 현전적으로 주어지지 않고, 현전화적으로 주어지며, 따라서 현상학적 환원을 통해 현전적 소여처럼 절대적인 의미의 의심 불가능성을 갖는 것은 아니지만, 여전히 현상의 장 내에 있는 것이다.

더욱이 비록 원칙적으로 나의 타자 경험작용과 그 속에서 경험된 타자의 경험작용 자체가 하나의 동일한 시간 의식으로서 의식 흐름, 따라서 하나의 현상학적 자아에 속할 수는 없지만, 양자가 동일한 시간에 속한다고 말할 수는 있다. 물론 현전화작용으로서 타자경험작용의 지금과 그 속에서 경험된 타자 자신의 경험작용의 지금의 동시성은 자체 직관된 **동시성**

---

93 하이데거는 바로『존재와 시간』(이후 인용시 SZ로 약칭) 7절에서 방법으로서 현상학개념을 설명하면서 현상과 나타남(Erscheinung)을 구분한다. 먼저 현상이란 "자기 자신에 즉 해서 자기를 드러냄"(das Sich-an-ihm-selbst -zeigende)(SZ, 38)이며, 이때 '나타남'은 "자신에 즉 해서 자신을 드러내는 것[즉 현상]을 통해서 '자신을 드러내지 않는 것'을 알리는 것"(das Sichmelden von etwa, das sich nicht zeigt, durch etwas, was sich zeigt)(SZ, 39)이다. 예를 들어 모든 지시(Indikation), 표시(Darstellung), 증상(Symptome), 상징(Symbole) 등이 나타남의 방식들이다. 하이데거는 바로 이런 나타남들은 모두 자신을 드러내는바 현상을 전제해야 한다고 주장한다. **바로 하이데거가 말하는 현상이 후설이 현상학적 환원을 통해서 밝혀내고자 했던바 사태 그 자체이며, 현상학적 환원이란 바로 자신을 드러내는 것을 그것이 주어진바 그대로 주어진 것으로서 밝히는 것으로서 하이데거가 말하는 현상학의 본뜻이다.** 여기서 현상학적 환원을 통해 드러낸 체험된 것 그 자체는 어떤 심리적 상태나 심리주의적 내재성이나 표상의 영역이 전혀 아니다. 그것은 존재하는 그대로 존재자 그 자체이거나 존재자의 존재이다. 물론 후설의 현상학적 환원에서는 존재와 존재자의 존재론적 차이에 대한 명확한 구분이 없다. 그러나 후설에게도 구성된 개별적 대상과 그런 대상의 구성이 가능하기 위한 시간적, 공간적 지평의 구분이 있고 후자는 다양한 의미연관체계를 갖추고 있다는 점에서 하이데거의 존재자와 존재에 상응한다. 그러나 후설의 의미연관체계는 재차 타당성의 소급지시연관과 발생의 소급지시연관 따라, 재차 발생적 소급지시연관이라고 하더라도 작동(Auswirkung)의 차원과 형성(Ausbildung)의 차원으로 세분되어야 한다. 반면 하이데거의 존재는 해석학적 순환을 통해서 드러나는 의미지시연관체계라는 점에서 후설의 그것과 방법론과 목적이 다르다.

94 이에 대한 상세한 구분은 한전숙, 같은 책, p.172 참조.

(Gleichzeitigkeit)은 아니다. 만일 경험적 타자경험의 수준이라면 나의 타자경험 속에서 정립된 지금과 타자 자신의 경험의 지금의 "동일시는 신체와 사물세계의 객관적 시간과의 관련을 통해서 매개된다."(Hua XIII. 189) 재차 타자경험을 통해서 드러난 타자와 자아의 세계 동일시는 공간적 차원에서도 이루어질 수 있다. 그렇다면 타자경험에 대한 현상학적 환원은 다른 현상학적 환원과 달리 세 차원에서 이루어져야 할 것이다. 이미 언급했던 것처럼 나의 타자경험작용 자체 그리고 그런 타자경험 속에서 경험된 타자 자신의 경험에 대한 현상학적 환원이 수행될 뿐만 아니라 경험적 자연과 자연 사물들은 "그것의 실존 차단을 통해서 일정한 현실적인 의식연관들과 그에 속한 동기 부여된 의식 가능성을 위한 지표(Index)로 환원된다."(HuaXIII. s.191)[95] 요컨대 후설은 지표로 환원된 시공간적 자연의 동일성을 매개로 나의 타자경험과 그 속에서 경험된 타자 자신의 경험 동일성을 주장하고자 한다.

그러나 『현상학의 근본문제들』에서 보여주는 상호주관성의 현상학은 유아론의 극복으로서는 두 가지 한계를 가진다. 첫째, 나의 타자경험을 통한 타자 자신의 경험의 현전화를 내재적 초월의 개념으로 설명하는 것은 한계가 있다. 타자경험을 통해 드러나는 타자의 경험은 단순한 외적 지각을 통해 드러나는 외적 사물의 노에마나 기억을 통해 드러나는 나의 과거의 노에마가 갖는 내재적 초월들과는 본질적으로 다른 내재적 초월의 성격을 갖기 때문이다. 물론 외적 지각을 통해 드러나는 외적 사물의 노에마는 필연적으로 음영을 지니고 있으며 완전한 의미에서 외적 사물의 드러남은 하나의 이념일 뿐이다. 나아가 기억을 통해 드러나는 과거는 현재의 기억작용을 통해 드러나는 과거의 나라는 점에서 파지의 연속을 통해 붙들고 있을 뿐이지 충전성을 지니고 있지 못하다. 그럼에도 불구하고 외적

---

95 여기서 말하는 지표(Index)는 그 자체로는 일종의 주어짐, 현상 자체이지만 그것을 통해서 다른 무엇인가가 표시되고 알려진다는 점에서 일종의 표시(Darstellung)이다.

지각을 통해 드러난 외적 사물은 불완전하지만, 사물의 본질적 일면을 분명 드러낸다. 또한, 기억을 통해 드러나는 과거의 나는 현재의 나와 통일적으로 구성될 수 있다. 그러나 타자경험과 그것을 통해 드러나는 타자의 경험 사이에는 처음부터 뛰어넘을 수 없는 심연이 가로놓여 있다. 따라서 타자경험을 통한 타자의 경험의 현전화에 대한 좀 더 상세하고도 분명한 현상학적 해명이 필요하다.

둘째, 시공간적 자연의 동일성은 타자경험을 확증할 수 있는 필요조건에 불과할 뿐 충분조건이라고 보기는 어렵다. 더욱이 여기서 말하는 시공간적 동일성은 일종의 지표, 표시라는 점에서 현상학적으로는 그것이 표시하는바, 이미 현상학적 환원을 통해서 배제된 초월적인 것에 의존한다는 점에서 불완전하다. 따라서 『현상학의 근본문제들』 단계에서 내재적 초월 내지 현전화만을 통해서는 타자경험에 대한 현상학적 해명이 불충분하므로 유아론이 완벽하게 극복되었다고 보기는 어렵다.

3절 유아론의 반론의 결여 및 상호주관성의 현상학의 역할의 애매성

3.1 『이념들 I』에서 유아론의 반론의 결여 및 상호주관성의 현상학의 역할 축소

후설의 현상학이 『논리연구』 시기의 기술적 현상학의 단계를 넘어 초월론적 현상학의 단계로 발전하는 첫 번째 증거는 대개 1907년 5개 강의로 편집된 『현상학의 이념』에서다. 『현상학의 이념』의 편집자인 발터 비멜은 서문에서 "후설이 이 시기 칸트의 [이성비판]에 몰두하면서, 그런 몰두로부터 그에게 초월론적 철학으로서, 초월론적 관념론으로서 현상학의 사상과 현상학적 환원의 사상이 일깨워진다"(Hua II, viii)고 말한다. 그런데 사실 『현상학의 이념』에는 초월론적 관념론이라는 표현이 사용되지는 않는다. 대부분의 사상가들이 동의하고 있듯이 현상학적 환원의 체계화와 함께 후설의 초월론적 관념론은 『이념들 I 』에서 완성된 한 가지 모습을 보인다.[96] 특히 『이념들 I 』 제3장 「순수의식의 영역」, 49절 〈세계를 무화시키고 난 잔여로서 절대적 의식〉을 보면 현상학적 환원을 통해 도달한 순수 내재성의 세계는 초월적 세계에 대해서 '절대적'이면서 '초월론적'이고 '이론적'인 영역으로 표현된다.[97]

> "내재적인 존재는 따라서 그것이 원리상 존재하기 위해 '어떠한 것'도 요구되지 않는다(nulla 're' indiget ad existendum)라는 **절대적** 존재라는 의미에서 의심 불가능하다. 다른 한편으로 초월적인 것의 세계는 철저히 **의식에 의존**하고 있다. 그것도 논리적으로 생각되는 의식이 아니라 현실태의 의식에 의존하고 있다." (Hua III.1, 104)

> "더 나아가 거기에 속한 의식의 흐름의 측면에서 볼 때 통일적 세계를 나타내기 위해 그리고 세계에 대한 **이성적 이론적 인식**을 위해 요구되는 것이 아무것도 없다는 것을 받아들이자." (Hua III.1 105)[강조는 인용자에 의함]

---

96 그러나 『이념들 I 』에서도 정확하게 '초월론적 관념론'이라고 표현은 사용되고 있지는 않다. 이 저작이 『후설 전집』에 수록될 때 그 색인을 만든 **란트그레베**가 지적하듯이 이 책의 서술은 전체적으로 보아 분명히 관념론적이지만 그러자 후설은 현상학적 관념론이라는 표현은 한 번도 사용하고 있지 않다. 지금까지 출판된 유고로 볼 때 1923/24년의 강의(『제일철학』)에 와서야 겨우 '초월론적 관념론'이라는 말이 자주 사용되며, 후설 생전에 출간된 『형식적 논리학과 초월론적 논리학』(1926년), 「후기」(1930년), 『데카르트적 성찰들』에 와서야 이 표현이 자주 사용되기에 이른다. 여기서 현상학은 곧 초월론적 관념론이라고 말한다. (한전숙, 같은 책, p.p.178~179 참조)

97 하이데거가 후설의 지향성은 "내재적 존재", "절대적 존재", "구성적 존재", "이념적 존재"라는 존재규정을 지닌다고 주장할 때 『이념들 I 』의 방금 인용한 구절에서 그 명확한 전거를 찾았음이 분명하다. 구성적이라는 것은 초월론적이라는 의미와 일치하며, 이념적이라는 것은 사실적 존재에 대비해서 이성적이고 이론적인 존재규정을 의미한다. (M. Heidegger, *Prolegomena zur Geschichte des Zeitbegriffs*, , Sommersemester 1925. P. Jaeger, 1979, zweite Auflage. 1988, dritte Auflage. 1994, 149~155 참조)

여기서 우리는 명백하게 후설이 현상학적 환원을 통해 도달한 세계, 그러니까 현상학 일반과 현상학적 철학의 토대로서 세계의 존재규정을 내리고 있음을 알 수 있다. 현상학적 환원을 통해 도달한 세계는 첫째, 소박한 초월적인, 실재적인 영역에 반해서 내재적인 존재영역이다. 두 번째로 초월적인 "사물세계가 무화되더라도 의식의 존재는 비록 변양은 되지만, 그 고유한 실존에서는 전혀 영향받지 않는다"(Hua III.1 104)는 절대적 존재영역이다. 세 번째로 모든 초월적 존재의 가능근거, 구성근거라는 의미에서 초월론적 존재영역이다. 네 번째로 소박한 사실적 영역에 반해서 이론적, 이념적 존재영역이다.

후설은 이를 바탕으로 내재적, 절대적, 초월론적, 이념적인 "의식과 [초월적인] 실재 사이에는 진정한 의미의 심연이 놓여 있다"(Hua III.1 105)고 표현한다. 그러나 이런 심연은 마치 독립적인 두 존재 영역이 있어서 서로 건널 수 없는 심연의 의미라기보다는 음영진, 상대적인 우연적인 실재의 영역과 명증적이고 절대적이고 필연적인 의식의 영역을 대비하려는 의도일 것이다. 그보다는 오히려 "순수성 그 자체에서 고찰된 의식은 스스로 '닫혀 있는'(geschlossener) 존재연관으로서 간주해야 하며, 아무것도 그 안으로 '꿰뚫고 들어갈'(hineindringen) 수 없고 아무것도 그로부터 '벗어날 수'(entschlüpfen) 없는 절대적 존재연관"(Hua III.1 105, 강조는 인용자에 의함)이라는 주장이 의미심장하다. 꿰뚫고 들어갈 수 없다는 것은 초월적인 실재가 내재적 의식에 아무런 영향을 줄 수 없다는 의미이며, 벗어날 수 없다는 것은 절대적인 의식 밖에 마치 칸트의 물 자체와 같은 것이 존재하지 않으며 모든 실재는 초월론적 의식으로부터 구성된 것이라는 의미일 것이다. 이와 같은 논의를 토대로 후설은 해당 장의 결론 절에서 자신의 현상학을 초월론적 관념론이라고 명시적으로 표현하지는 않지만,[98]

---

98 후설은 자신의 현상학을 관념론적으로 해석하는 가운데 지속해서 자신의 관념론이 그 이전의

그런 의미로 다음과 같이 말한다.

> "모든 실재하는 통일체들은 '의미의 통일체들이다'. 의미의 통일체들은 의미 부
> 여적인 의식을 전제하고 있으며, …… 이 의미 부여적인 의식이란 절대적이며 그
> 자체 다시 의미 부여를 통해 주어지는 것이 아니다." (Hua III.1 120)

이쯤 해서 이와 같은 초월론적 관념론으로서 현상학에 대해 우리의 논
의와 관련지어 다음과 같은 물음을 던질 수 있을 것이다. 만일 현상학적
환원을 통해 도달한 내재적, 절대적, 초월론적 그리고 이념적 의식의 영
역은 칸트와 같은 의식일반의 영역인가 아니면 개별적 의식영역인가? 만
일 내재적 의식영역이 후자라면 그리고 앞선 규정대로 다른 어떤 것도 그
영역 속으로 꿰뚫고 들어올 수 없다고 한다면, 후설의 초월론적 관념론은
유아론적 관념론이 아닌가? 그런데 우리가 앞서 살펴본 『현상학의 근본
문제들』에서는 유아론의 반론을 고려하지만 여기서는 유아론의 문제가
주제화되지 않는 까닭은 무엇인가?

메를로-퐁티는 이 문제와 관련해서 그 이유를 현상학적 환원에서 찾
고 있다. 메를로-퐁티가 보기에는 **의식 내재적, 절대적, 구성적, 이념적
영역으로의 회귀로서 현상학적 환원, 즉 반성적 분석**은 초월적 세계를 문
제로 삼지 않는 것처럼 타자 문제 역시 무시한다고 본다. 왜냐하면, "현상

어떤 형이상학적 가정에서 비롯된 관념론들과 다름을 여러 번 강조한다. "다시 한 번 강조하거
니와 우리가 어떤 형이상학적인 가정으로부터 연역했기 때문에서가 아니라 우리의 직관적이
고 완전히 의심할 여지 없는 절차 속에서 입증할 수 있기 때문이다." (Hua III.1. 120), "학적인
독자라면 설명이 지닌 개념적인 규정성으로부터 우리가 철학적인 상상을 감행했던 것이 아니
라 이 의미 부여의 장에 있어서 체계적인 기초 작업의 토대 위에서 일반적으로 기술하는 속에
서 주의 깊게 획득한 인식에 관심을 집중했던 것을 알아챌 수 있을 것이다." (Hua III.1. 120) 이
로 미루어볼 때 후설이 선뜻 '초월론적 관념론'이라는 표현을 사용하지 못한 까닭은 전통적인
독일관념론을 연상시킬 것이라는 사람들의 오해에 대한 우려 때문이었을 것이다.

학적 환원은 세계를, 폴과 피에르에게로 분할되지 않는 그리고 그들의 조망이 그 안에서 다시 나누어지게 되는, 또한, '폴의 의식'과 '피에르의 의식'이 서로 소통하게 되는 가치의 통일성으로서 다루는 초월론적 관념론의 의미에서 관념론적"[99]이기 때문이다. 메를로-퐁티의 말이 맞는다면, 『이념들Ⅰ』시기에 현상학적 환원을 통해 드러나는 자아는 칸트적인 의식 일반과 다를 바가 없게 된다.

실제로 후설은 『이념들Ⅰ』에서 한편으로는 "타자의 자아와 체험류와의 상호이해를 통해 주어지는 도움을 고려해야 한다"(Hua Ⅲ.1 105)고 말하고 있지만 다른 한편으로는 "우리가 하나의 자아가 아니라 다수의 자아를 고찰할 때도 원리상 본질적인 것은 어느 하나도 변하지 않는다. 다만 가능한 한 상호 이해의 관계를 통해서 나의 경험세계는 타자의 경험세계와 동일시될 수 있으며, 동시에 나의 경험세계를 타자의 경험세계로 확장(Überschüsse)을 통해 풍부하게 할 수 있다"(Hua Ⅲ.1 96)고 주장한다. 즉 현상학적 환원을 통해 도달한 내재적, 절대적, 초월론적, 이념적 의식의 영역을 기반으로 하는 구성은 그것이 누구에 의해서 이루어지든 본질적으로 변하는 것은 없다는 것이다. 게다가 이것은 단순히 경험적으로 확인할 수 있는 사실적 주장이 아니라 원리적인 주장이다.

> "우리는 어느 한 자아에 대해 인식 가능한 것은 원리상으로 모든 자아에 대해서도 인식 가능해야 한다는 것을 통찰할 수 있다. …… **적어도 원리상으로는 (prinzipiell)** …… 사실상 분리된 경험세계들이 현실태적인 경험의 연관을 통해 통일적인 정신세계의 상관자로서의(혹은 인간 공동체의 보편적인 확장의 상관자로서) 하나의 유일한 상호주관적 세계로 연결될 수 있을 가능성이 성립하는 것이다." (Hua Ⅲ.1, 102~103)

---

99 M. Merleau-Ponty : *Phénoménologie de la perception* (Pari: Gallimard, 1945), vi.

따라서『이념들Ⅰ』단계에서 초월론적 상호주관성의 현상학은 필요한 것도 불가피한 것도 아니다. 즉 1910/11년의『현상학의 근본문제들』의 시기만 해도 후설은 상호주관성의 현상학에 대한 논의의 필요성을 느끼고 있음에도 불구하고, 오히려 1913년『이념들Ⅰ』의 현상학적 환원을 통한 초월론적 관념론의 완성시기에 이르러서는 다시는 상호주관성의 현상학의 필요성을 느끼지 못하게 되었다.

3.2『이념들Ⅱ』에서 방법론적, 병리학적 유아론의 문제 및 상호주관성의 역할의 필요성 부각

『이념들Ⅱ』는 주지하다시피『이념들Ⅰ』을 통해 제시된 순수현상학을 위한 근본원리를 토대로,『이념들Ⅱ』의 부제〈구성을 위한 현상학적 탐구들〉이 시사하듯이, 구성의 문제-물질적 자연의 구성, 영혼적 자연의 구성 그리고 정신세계의 구성-를 현상학적으로 해명하고 있다. 여기서 유아론(Solipismus)에 대한 후설의 대응-전략이 바뀐다. 유아론은 이제 일종의 **"유아론적 사고실험"(das solipsistische Gedankenexperiment)**(Hua Ⅳ, 81)으로 활용된다.[100] 유아론은 현상학에 대한 반론차원에서 소극적으로 고찰되는 것이 아니라 구성의 문제를 해명하는 데 적극적으로 활용하는 일종의 **방법론**이다.[101]

---

[100] 후설은 이미 우리가 앞서 살펴본『현상학의 근본문제들』의 강의들을 준비하는 원고들 중에서 유사한 표현을 사용하고 있다. "어떤 점에서 우리는 우리의 '고립된'(isoliert) 자신의 의식 속에 서 있다. 물론 여기서 '고립된'이라는 말은 '술책, 간계'(Tücken)[적 의미]를 갖는다. 왜냐하면, 의식이란 그 속에서 다수의 고립된 의식들이 존재하고 다만 의식이 아닌 물리적 사물성을 통해서만 결합하여 있는 세계의 부분들로서 고찰되지 않기 때문이다." (Hua ⅩⅢ, 83)

[101] 후설의 방법론적 유아론의 사고실험은 홉스나 로크 그리고 루소와 같은 사회계약론자들의 자연상태 개념과 기능상 유사하다. 방법론적 유아나 자연 상태 모두 현실 속 인물이거나 역사적 실존상태가 아니다. 방법론적 유아(solus ipse)가 마치 실제로 최초의 유아(乳兒 혹은 幼兒)처

132 타자의 철학과 심리학

유아론적 사고실험이 필요한 까닭은 구성의 문제와 관련되어 있다.『이념들Ⅱ』의 목표가『이념들Ⅰ』을 통해 구축한 순수현상학의 사태와 방법의 일반적 원리를 바탕으로 물질적 자연과 영혼적 자연 그리고 정신세계의 구성을 현상학적으로 해명하는 데 있다면 유아론적 주체에서 구성과 상호주관적 주체에서 구성의 비교가 필요하다. 왜냐하면, 앞서『이념들Ⅰ』에서 주장하듯이 하나의 자아의 측면에서 구성을 고려하든 다수의 자아의 측면에서 구성을 고려하든, 본질적인 것에 있어서 변화가 없다고 한다면 정말 그런 것인지, 그리고 그 본질적인 것은 무엇인지, 나아가 다수의 자아와의 상호적 이해를 통해서 구성에서 풍부하게 되는 것은 무엇인지를 입증해야 하기 때문이다.

이런 방법적 이유에서 추상화한 유아론적 주체는 인식론적, 존재론적 유아론의 의미에서 정말로 절대적으로 고립된 유아가 아니다.

> "유아론적 주체는 비록 자신의 신체 현상과 이에 속한 경험 다양체들의 체계를 가졌다고 하더라도 그리고 **사회적 인간과 똑같이 완전하게(genau so voll-kommen) 그것들을 가졌다고 하더라도**, 완전하고 본래적인 의미에서(im vollen und eigentlichen Sinn) 어떠한 객관적 신체도 알지 못한다." (Hua Ⅳ. 81, 강조는 인용자에 의함)

럼 자신 이외의 타자에 대해 전혀 아는 바가 없는 존재가 아닌 것처럼, 자연상태가 국가나 사회 성립 이전의 원시적 상태는 아니다. 즉 방법론적 유아나 자연상태는 발생론적 시원 상태가 아닌 객관적 인식의 타당성의 토대 혹은 국가의 정당성의 토대와 같은 역할을 한다. 그러나 타당성, 정당성의 토대라고 해서 가설적, 가상적 상태라고 보기는 어렵다. 왜냐하면, 자연상태의 사람들은 근대자본주의의 인간처럼 합리성을 가진 것처럼, 방법론적 유아는 감각적 차원이든 지성적 차원이든 정상적인 인식능력을 갖추고 있기 때문이다. 따라서 이런 타당성, 정당성은 그런 방법론적 유아의 특성이나 자연상태의 특성이 보편적인 특성인지 입증됨으로써 획득된다. 이 점에서 후설은 현상학적 환원을 통해 그것을 입증할 수 있다고 보았지만, 내 아는 한도 내에서는 근대사회계약론들의 경우에는 자연상태의 정당성에 대한 방법론적 성찰이 없다.

도대체 사회적 인간과 똑같이 경험체계를 완전하게 갖추고 있으면서도, 완전하고 본래적인 의미에서 어떠한 객관적 신체도 알지 못한다는 말의 의미는 무엇인가? 이것은, "이런 유아론적 세계와 더불어 구성된 시간 내부의 어떤 시점에서 나의 경험 영역 안에 인간신체로 이해할 수 있고 이해된 사물들로서 [타자의] 신체들이 갑자기 나타난다고 해보자. 이제 한번 처음으로 내 앞에 사람들이 있고, 나는 그들과 의사소통을 할 수 있다"(Hua IV. 79)는 구절을 보면, 단순히 타인을 만나지 못했을 뿐 타인을 인식하고 타인과 의사소통할 능력을 이미 갖추고 있다는 의미이다.

그러나 이런 경우라면 타자와의 상호이해는 구성에서 어떤 의미가 있는가? 유아론적 주체단계에서 구성된 물질적 자연, 영혼적 자연 그리고 정신세계의 구성에 비해서, 상호주관적 주체단계에서 그것들의 구성이 갖는 의의는 무엇인가? 후설은 "이미 유아론적 주체-고립 속에 있는 주체-에게는 …… 하나의 '현출하는' 사물과 ……. 하나의 '객관적인' 사물을 구분하려는 동기가 있으며"(Hua IV. 77) "상호 의사소통하는 도중에 우리는 이미 유아론적 단계에서 가능한 것으로서 입증한 **동일한** 구별에 이른다"(Hua IV. 82)[강조는 인용자에 의함]고 주장한다. 그러나 재차 "어쨌든 유아론적 경험에서 드러나는 주관적으로 조건 지워진 사물과 객관적 사물을 필연적으로 구별하려는 동기가 충분한지, 현존해야만 하는지는 의문이다"(Hua IV. 78)고 말한다. 이는 곧 원리적 가능성만으로는 불충분하다는 뜻이다.

이런 의문을 해명하기 위해 후설은 유아론적 구성단계에서 비정상적 구성의 흥미로운 사례를 분석한다. 이와 같은 사례분석의 의도는 명백하다. 후설은 유아론적 구성단계에서 부분적으로 혹은 전면적으로 비정상적 구성의 유형이 있을 수 있으나 애초에 비정상적 구성을 말할 수 있으려면 정상적 구성을 전제해야 한다는 점에서 정상적 구성에서는 유아론적 구성과 상호주관적 구성의 본질적 차이가 없다는 것을 보이고자 한다.

먼저 만일 누군가 유아론적 주체가 비정상적인 지각기관을 갖고 있어

외부세계를 비정상적으로 경험할 경우가 있을 것이다. (Hua IV. 78) 이 경우 유아론적 단계의 주관적 가상과 객관적 실재의 구별이 문제가 될 수 있을 것이다. 그러나 이 경우에는 특정 감각기관이 비정상적이기 때문에 다른 정상적인 기관들의 도움을 통해 세계 변화의 착각을 수정할 수 있을 것이고 따라서 유아론적 구성과 상호 주관적 구성은 본질적으로 차이가 없을 것이다.

그런데 만일 특정한 유아론적 주체에게 예를 들어 "촉각의 장 전체의 상실, 지각유형 전체를 변화시키는 심리적 질병들"(Hua IV. 78)이 있다면 그래서 그 주체가 "이전의 경험들에 근거해 이전의 시간 구간 속에서 수행했던 사물들에 대한 진술들의 광범위한 복합체들, 뛰어나게 일치하는 명료한 경험들"(Hua IV. 80)이 동료들의 경험체계와 시종일관 모순된다면, 분명 유아론적 구성은 상호주관적 구성과 본질적으로 다를 것이다. 이런 사례는 예외적인 일종의 **병리학적 유아론**의 전형을 보여준다. 그러나 후설의 입장에서 이런 유아론도 완전한 형태의 인식론적, 존재론적 유아론은 아니다. 왜냐하면, 후설은 "이러한 모순은 완전한 것이어서는 안 된다. 왜냐하면, 도대체 상호의사소통이 일어날 수 있으려면 공통적인 경험의 근본요소(ein Grundbestand gemeiner Erfahrungen)가 전제되어야 하기 때문이다"(Hua IV. 80)고 주장하고 있기 때문이다.[102] 즉 비록 어떤 특정 경험체계에서는 서로 간 완벽한 불일치나 소통의 불가능을 보여주더라도, 이미

---

102 이 병리학적 유아론은 데카르트가 『제일철학에 대한 성찰』의 「제일성찰」에서 방법적 회의를 진행하는 과정에서 끌어들이는 광인과 유사하다. "알거지이면서도 왕이라고, 발가벗고 있으면서도 붉은 비단옷을 입고 있다고, 머리가 진흙으로 만들어졌다고, 몸이 호박이나 유리로 되어 있다고 우겨댄다. 그렇지만 이들은 한갓 미치광이일 뿐이다." (M, 35) 그러나 데카르트가 이런 미치광이 역시 우리와 전혀 다른 세계 속에 사는 게 아닌 까닭은 바로 그들 역시 우리와 마찬가지로 일반적이고 단순한 것으로서 보편자의 개념을 사용한다는 점에서 어떤 의미에서 타자와 정상적인 소통을 하고 있기 때문에, 결국 이런 광인 역시 전적인 유아론자는 아니라고 보는 것이다.

서로 불일치를 확인하고 소통할 수 없다는 것을 확인하는 것 자체가 전체 경험체계에서 경험의 근본요소는 동일하다는 전제를 깔고 있다.[103]

이런 병리학적 유아론적 주체의 세계와 "일치하는 경험교환에 따라 상호주관적으로 구성되고 끊임없이 입증된 동료들의 세계"가 일관되게 모순된다는 것을 깨닫는 즉시 전자는 후자들에게 흥미로운 병리학적 객체가 되며, "환각"(Halluzination)(Hua IV. 80)을 가진 자로 불린다.

그러나 이런 비정상적 구성의 유형을 넘어서 과연 유아론적 구성과 상호주관적 구성의 본질적 차이가 없다고 한다면 후설 논의에서 논리적 순환의 문제가 여전히 남는다. 애초에 상호주관적 구성을 해명하고자 하는 이유는 객관적 구성의 초월론적 가능 조건을 밝히고자 함이다. 이것을 밝히기 위해서는 우선 "서로 함께 교류하는(verkehrender) 다수 사람과의 관련이 어떻게 사물파악으로 들어가서, 사물을 '객관적으로 파악함'에서 어떤 구성적 역할을 하는가?"(Hua IV. 80)라는 문제가 해명되어야 한다. 그런데 유아론적 구성과 상호주관적 구성이 본질적인 차이가 없다면 앞서 지적한 것처럼 유아론 단계에서 이미 객관적 구성이 이루어지지 않았을까? 더욱이 교류하는 다수의 사람과 관련이 객관적 사물파악의 가능 조건인데, 재차 다수의 사람과 관련을 맺기 위해서는 타자로서 인간에 대한 파악이 선행되어야 하고, 재차 타자로서 인간에 대한 파악이 이루어지기 위해서는 타자신체를 사물로서 파악해야 한다. 그런데 유아론적 구성과 상호

---

103 메를로-퐁티 역시 유아론을 극복하는 데 있어서 동일한 전략을 취하고 있다. "반성의 대상은 반성을 전적으로 벗어날 수는 없다. 왜냐하면, 우리는 '저 체험'을 통해서만 그 대상에 대한 개념을 갖기 때문이다. [그러나] 반성은 어떤 방식에서는 비반성적인 것을 제시해야 한다. 그렇지 않으면 우리는 반성이 대립할 수 있는 그 어떤 것도 갖지 못하게 되며, 반성은 우리에게 전혀 문제가 되지 않게 돼 버리기 때문이다. 유사하게 나의 체험은 어떤 방식에서 나에게 타인들을 제시해 주어야 한다, 왜냐하면, 그렇지 않으면 나는 고독에 관해서 이야기할 경우가 없어지며, 타인에 대해서 접근 불가능하다고 선언할 수조차 없기 때문이다." M. Merleau-Ponty, 같은 책, 412~413.

주관적 구성이 본질적으로 차이가 없다면 최종적으로 입증해야 하는 객관적 사물파악이 최초의 사물파악과 다를 바 없다는 말이 되고 이것은 위의 질문 자체가 순환에 빠질 수 있게 된다. 요컨대 "어쨌든 인간파악이 신체파악을 전제하고 따라서 사물파악을 전제하기 때문에 우리 스스로 순환 속에 빠지지는 않는가?"(Hua Ⅳ. 80) 결국 이것이 순환이 아니기 위해서는 최초 유아론적 단계에서 타자물체에 대한 파악과 최종적인 상호주관적 단계에서 객관적 사물파악은 분명 구별되어야 한다.

물론 후설은 유아론적 단계의 사물파악과 상호주관적 단계의 사물파악은 본질적 차이가 아니라 풍부함의 차이라고 말할 수도 있겠지만, 결국 그도 비록 『이념들 Ⅰ』단계에서는 본질적 차이가 없다고 말하면서도 『이념들 Ⅱ』에서는 상호주관적 구성과 비교하면 유아론적 구성은 입증이 필요한 불완전함을 지니고 있다는 생각을 하게 된 것 같다. 유아론적 구성 단계에서 경험에는 아직 "충족되지 않는 지향"(unerfüllte Intention)(Hua Ⅳ. 80)을 함축하고 있으며, 따라서 그것의 충족과 관련된 증명이 필요하며 이것이 바로 타자경험(Einfühlung)을 통한 상호주관적 구성단계에서 이루어져야 한다. 따라서 후설은 앞서 인용한 『이념들Ⅰ』(Hua Ⅲ.1, 102~103)에서 원리적으로 차이가 없다는 주장과 달리 " '객관적 자연'을 구축하는 두 가지 가능한 길들 사이에 원리적 차이가 존재한다"(Hua Ⅳ. 90, 강조는 인용자에 의함)는 것을 인정한다. 바로 "유아론적 주체는 자신에 대립하여 어떤 객관적 자연을 가질 수 있지만, 자기 자신을 자연의 한 구성원으로서 파악할 수 없으며, 상호주관적 경험단계에서 그것이 일어나듯이 심리 물리적 주체로서 영혼적 주체로서 자신을 통각할 수 없다."(Hua Ⅳ. 90) 특히 유아론적 주체에서는 발생하지 않지만, 상호주관적 주체에서는 발생하는 것은 바로 운동감각에 의한 방향정위의 중심으로서 신체의 사유변경과 그에 따른 공통의 자연 구성이다.

이처럼 유아론적 구성이 불완전한 구성이 명백하다면, 그것은 그런 불완전한 사태를 드러내는 현상학적 반성, 현상학적 환원 역시 불완전할 수

밖에 없다는 것을 의미한다. 그렇다면 유아론적 구성을 넘어 상호주관적 구성이 이루어지는 것을 현상학적으로 해명하기 위해서는 현상학적 환원 역시 유아론적 환원뿐만 아니라 상호주관적 환원이 필요하다는 의견을 펼칠 수 있을 것이다. 사태의 발전에 따라 방법도 확장되어야 함은 명백하다. 드러난 사태가 불완전함을 깨닫고 그 문제원인을 재차 방법의 불완전함에서 찾고, 방법의 심화를 통해 좀 더 완전한 사태를 드러내야 할 것이다. 그러나 후설 사상의 발전에서 유아론적 구성의 의의와 한계를 정확히 알아내고 상호주관적 환원을 통해 초월론적 현상학의 완성된 체계로서 초월론적 상호주관성의 현상학이 체계적으로 이루어지기 위해서는 1920년대를 기다려야 한다.

4절 초월론적 유아론의 가상 극복으로서 초월론적 상호주관성의 현상학의 체계화

4.1 『제일철학Ⅱ』(1923), 『형식적 논리학과 초월론적 논리학』(1929), 『데카르트적 성찰들』(1929)에서 제기되는 초월론적 유아론의 가상

『현상학의 근본문제들』(1910/11년)이나 『이념들Ⅰ』(1913년)의 시기만 하더라도 후설은 초월론적 현상학을 인식론적으로나 존재론적으로나 경험적 유아론과 구분 지었다. 그러나 1920년대 이후 『제일철학Ⅱ』(1923/24년)에서 공식적으로 초월론적 현상학은 "우선 하나의 **체계적인 자아론**으로서, 말하자면 하나의 유아론적 현상학으로서 기획된다." (Hua VIII. 176) '우선'(zunächst)이라는 표현이 시사하듯이 유아론적 현상학이 초월론적 현상학의 전부가 아닌 시작점이다. 유아론적 현상학으로서 초월론적 자아론적 현상학은 유아론적 환원에서 상호주관적 환원을 통해 초월론적 상호주관성의 현상학으로 발전해야 한다.

『형식적 논리학과 초월론적 논리학』(1929년)에서도 유사한 주장을 펼친다. 후설에 따르면 초월철학은 초월론적 유아론에 빠짐으로써 "나에 대해 그때그때 존재 타당성을 가질 수 있는 모든 것은 나의 자아 속에서 구성된다면, 정말 '실제로 모든 존재하는 것'은 **나의 고유한 초월론적 존재의 한갓 계기처럼 보일 것이다**"(Hua XVII. 248)[강조체는 인용자에 의함]라는 주장은 일종의 초월론적 가상이다. 결국, **이 말은 초월론적 유아론 자체가 가상이라는 말이 아니라 초월론적 유아론이 초월론적 철학의 전부라는 의견이 가상이라고 주장한다.** 따라서 "나 자신 속에 있는 그리고 나 자신으로부터 비롯되는 **타자와 타자에 대한 세계의 의미소유가 사실로서 앞서 놓여 있기 때문에**"(Hua XVII. 249, 강조는 인용자에 의함), 이에 대한 현상학적 해명이 이루어질 수 있고 그리하여 타자가 단순히 나의 고유한 초월론적 존재의 한갓 계기가 아니라 나와 상호적으로 지향적 관련을 맺는 또 다른 초월론적 주체로서 드러난다면 가상은 사라질 것이다.

『형식적 논리학과 초월론적 논리학』(1929)과 같은 시기에 작성된 『데카르트적 성찰들』(1929)에서는 이제 좀 더 완성된 형태의 초월론적 자아론과 초월론적 상호주관성의 현상학이 등장한다. 초월론적 자아론이 초월론적 유아론이라는 사실을 부정하는 것이 아니라 초월론적 유아론적 환원에서 획득된 "우리의 초월론적 자아를 기반으로 타아가 고지되고, 입증되는바 명시적, 암묵적 지향성들로의 통찰을 제공해야 한다. 이를테면 타아라는 의미는 내 안에서 어떤 지향성들 속에서, 어떤 종합 속에서, 어떤 동기 부여들 속에서 형태 지워지고, 그리고 일치하는 타자경험의 명칭 아래에 존재하는 것으로서 그리고 자신의 방식으로 자기 자신으로서 거기서 [현존하는지를] 입증되는지[에 대한 통찰을 제공해야 한다]."(Hua I. 122)

4.2 『제일철학Ⅱ』(1923), 『형식적 논리학과 초월론적 논리학』(1929), 『데카르트적 성찰들』(1929)에서 초월론적 상호주관성의 현상학을 통한 초월론적 가상의 극복 노력

후설에게 타자경험의 이론의 출발점은 "초월론적 환원을 통해 초월론적 자아인 나 자신을 반성"(Hua I, 132)함으로써 타자경험의 **타당성의 토대**104로서 **나의 고유한 원초적인 영역을 확보**하는 것이다.105 이런 "나의 원초적 세계의 근본토대 위에서 …… 그 최초의 단계로서 나의 구체적인 고유한 존재로부터(원초적 자아로서 나로부터) **배제된 자아인 타자 혹은 타자 일반을 구성하는 단계가** 부각되어야 한다. 이와 하나가 되어, 더욱이 이를 통해서 동기 부여되어, 나의 원초적인 세계 위에서 하나의 일반적인 의미의 '**층의 구축**'(Aufstufung)이 수행되고, 이를 통해서 나 자신을 포함해서 모든 사람에게 **하나의 동일한 세계인 하나의 규정된 객관적 세계가 현출**된다."(Hua I, 137) 요컨대 **후설의 구성 순서는 자기구성으로부터 타자구성에 이르고 이와 같은 타자구성을 토대로 객관적 세계구성이 이루어진다.** 비록 초월론적 자아가 자기구성의 출발단계에서부터 원초적인 자신의 고유한 세계와의 지향적 관계 속에서 타자구성과 객관적 세계구성으로 나아간다는 점에서 단적으로 탈 세계적 주관이라고 말할 수는 없지만, 원초적 세계에 국한해서만 본다고 하더라도 그것은 일단 유아론적 세계이며, 더욱이 초월론적 자아가 그 속에 의존하는 것이 아니라

---

104 후설은 『성찰들』에서 반복적으로 현재 자신의 논의가 시간적 발생의 논의가 아닌 정적 분석, 즉 타당성 정초를 위한 분석임을 밝힌다. "중요한 것은 시간상으로 경과하는 발생의 드러냄이 아니고, 정적 분석이다."(Hua I, 136), "여기서 시간상으로 선행하는 자기경험의 근거 위에서 이런 종류의 경험[타자경험] 시간적 발생이 문제가 되는 것이 아니므로, 명백히 다만 타자경험 속에서 실제로 증명 가능한(aufweisbaren) 지향성에 대한 정확한 해석과 그 지향성 속에서 본질적으로 함축된 동기 부여들의 증명(Nachweisung)은 우리에게 해명을 제공해줄 수 있다."(Hua I, 150)

105 나의 고유한 원초적 영역 속에는 우선 ①필증적 명증성 속에서 주어지는 구성하는 자기의식의 양상들 및 ②자기의식의 양상들은 아니지만, 그것과 불가분하게 결합하여 있는 구성된 것들로서 "나 자신의 테두리 속에 내재적 시간성들로서 나 자신에게 고유한 것으로 구성되는 감각적 자료들"과 "나 자신의 고유한 모든 습득성(Habitualität)들을[그뿐만 아니라] …… 초월적 대상들, 예를 들어 외적 감각의 대상들, 다양한 감각적 현출의 방식들의 통일체들"(Hua I, 134)도 속한다.

그것을 구성한다.

그러나 여전히 의문은 남을 수 있다. 앞서 『형식적 논리학과 초월론적 논리학』에서 지적했듯이 초월론적 가상으로서 "초월론적 현상학이 초월론적 유아론에서 벗어날 수 없다"는 주장은 기본적으로 "나에 대해 그때 그때 존재 타당성을 가질 수 있는 모든 것은 나의 자아 속에서 구성된다면, 정말 '실제로 모든 존재하는 것'은 나의 고유한 초월론적 존재의 한갓 계기처럼 보일 것"(Hua XVII. 248)이라는 의문이다. 그런데 여전히 후설은 내 안에서 획득된 의식 삶과 체험의 현실성들과 잠재성들을 타자구성의 토대로 삼는다. 따라서 나의 의식 삶과 체험의 현실성들과 잠재성들에서 구성된 타자는 여전히 나의 고유한 초월론적 존재의 한갓 계기가 아니냐는 의문을 제기할 수 있다.

그러나 애초에 후설에게 구성이란 대상에 대한 경험을 의미하기 때문에, 구성작용을 통해 대상의 실재성이 말살되는 것은 아니다. 즉 "대상구성은 대상과의 교섭을 통해 대상의 존재구조에 합당하게 객관적 질서에 따라 이루어지는 것이지, 객관적 질서를 무시하고 주관의 임의에 따라 이루어질 수 있는 것이 아니다. 구성은 주체의 내부에서 이루어지는 단순한 '내적 유희'도 아니요, '관념론적 창조'를 의미하는 것도 아니며, 따라서 구성작용을 통해 주체의 내부와 외부가 소멸하는 것도 아니다."[106] 따라서 외적 지각의 대상 구성과 타자신체에 대한 구성, 나아가 타자의 심리상태에 대한 구성의 차이를 밝힌다면, 유아론의 혐의는 벗어날 수도 있지 않을까?

그럼에도 불구하고 후설의 현상학적 에포케와 환원의 결과가 유아론에 빠진다고 주장하는 사람들은 유아론을 "세계와 타자가 단순히 자아와 자아의 관념적 상상물의 존재일 뿐이다"는 주장으로 보는 것이 아니라, "

---

106 이남인, 「후설의 초월론적 현상학과 레비나스의 타자의 현상학」(『후설의 현상학과 현대철학』, 서울 풀빛미디어, 2006) 352.

세계와 타자의 구성에서 나 자신의 자아만이 참여할 수 있다"[107]는 주장으로 보고 있다. 위에서 인용한 "'실제로 모든 존재하는 것'은 나의 고유한 초월론적 존재의 한갓 계기"일 뿐이라는 주장의 본뜻이 여기에 있다. 따라서 후설에 대한 오해의 가장 일차적인 책임은 후설 자신에게 있다. 더욱이 위에서 살펴본 『데카르트적 성찰들』의 「제오성찰」의 마지막 절에서 후설은 다음과 같이 주장한다.

> "이러한 해명들[제오성찰]에서의 해명들]을 통해 우리는 비로소 현상학적 초월론적 관념론의 완전하고도 본래적인 의미를 이해할 수 있게 되었다. '유아론'이라는 가상은, 비록 나에 대해 존재하는 모든 것은 그 존재의미를 오직 나 자신으로부터만, 즉 나의 의식영역에서부터만 길어낼 수 있다는 명제가 근본적 타당성을 지닌다고 하더라도 해소된다." (Hua I, 177)

분명 후설은 모든 존재의미가 초월론적 자아인 나 자신으로부터 길어내어 진다는 초월론적 관념론의 입장을 포기하지 않으면서도 유아론의 가상이 해소될 수 있다고 말하기 위해서는 비록 타자나 세계의 존재의미가 나의 자아 속에서 그리고 나의 자아로부터 길어내어 진다고 하더라도 그것들이 나의 초월론적 존재의 한갓 계기가 아니라는 것을 보여주어야 한다. 이를 위해서는 자기구성이나 사물구성, 세계구성과 타자구성의 사

---

107 사르트르 역시 유사한 취지에서 유아론의 반론 의미 및 그 대응전략에 관해서 주장한다. "후설은 유아론자에게 대답하기를, 타자의 존재는 세계의 존재─ 이 경우에 세계 속에 나의 심리-물리적 존재를 포함하고 있다 ─와 똑같이 확실하다고 한다. 그러나 유아론자도 다른 이야기를 하는 것이 아니다. 유아론자는 이렇게 말할 것이다. '타자의 존재는 세계의 존재와 마찬가지로 확실하지만, 세계의 존재 이상으로 확실한 것은 아니다.' 그리고 이렇게 덧붙일 것이다. '세계의 존재는 내가 거기서 얻는 인식 때문에 측정되며, 타자의 존재에 대해서도 마찬가지일 것이다.' …… 따라서 유아론을 극복하는 유일한 길은 …… 나의 초월론적 의식이 자신의 존재 자체에 있어서 마찬가지로 초월론적인 다른 수많은 의식의 세계 외적인 존재에 의해 영향받고 있다는 것을 입증하는 것이다." J. P. Sartre, 같은 책, p.p.290~291.

태적, 방법적 차이를 해명하는 데 머물지 말고, 자기구성이나 사물구성 그리고 세계구성에서 타자가 또 다른 초월론적 주체로서 역할을 하고 있음을 현상학적으로 해명해야 한다.

후설은 분명 『형식적 논리학과 초월적 논리학』에서 이와 같은 과제를 제기한다. 후설은 여기서 심리 물리적 존재로서 자기구성이 "하나의 매우 어두운 사태"라면, 타자 영혼의 구성은 "훨씬 더 어둡고 바로 고통스러운 수수께끼 같은 질문"이라고 말하며 이제 "더 나아가(In weiterer Folge) 내가 나에 의해서 타자의 것으로 삽입하는(eingelegten) 타자의 체험들 및 타자의 경험들 속에서 타자에게 하나의 유비적인 경험세계를 필연적으로 귀속시킬(zuschreibe) 뿐만 아니라 또한, 나 자신이 경험한 세계와 동일한 세계를 귀속시킨다는 것 그리고 **타자가 나를 거기서 경험하며 자신의 편에서 내가 그의 경험세계에 관련시킨 것과 동일한 경험세계에 나를 관련시킨다는 것이 이해되어야 한다**"고 주장한다. (Hua XVII. 246, 강조는 인용자에 의함)

우선 나의 영혼이 나의 신체와 심리 물리적 통일체로서 결합하여 있다면, 타자 역시 일차적으로 심리 물리적 통일체로서 구성되어야 할 것이고 그에 따라 무엇보다 먼저 타자의 신체에 대한 구성에서부터 타자가 자신의 신체를 방향정위의 중심으로 두고 있음이 해명되어야 한다. 왜냐하면, "나는 타자를 단순히 나 자신의 복사물로서 통각 하지 않기 때문이다." (Hua I. 146) 후설에 따르면 나 자신을 여기가 아닌 저기로 방향정위를 자유롭게 옮길 수 있는 운동감각을 갖고 있기 때문에 이것이 가능하다고 본다.[108]

---

108 그러나 모든 인간이 이런 능력을 갖추고 있는 것은 아니다. 1부 1장에서 데카르트의 초월론적 타자를 논하는 과정에서 끌어들인 발달 심리학자 J. Piaget와 B. Inhelder의 '3개의 산 과제' 실험을 재차 후설의 타자구성이론에 활용한다면, 후설이 말하는 신체적 운동감각에 의한 방향정위의 자유변경능력은 전조작기 단계의 아동들에게는 부족하거나 없다는 의미이며, 따라서 전조작기 단계의 아동들 역시 타자구성을 할 수 있다면 그들의 타자구성은 후설이 말하는 타자구

나아가 내가 나의 영혼이 나의 초월론적 자아의 자기객관화라는 사실을 깨닫고 해명하기 위해서는 현상학적 환원을 스스로 수행해야 하는 것처럼, 타자의 영혼이 타자의 초월론적 자아의 자기객관화라는 사실이 타자에게 밝혀지기 위해선 궁극적으로는 타자 스스로 현상학적 환원의 수행이 요구되며 이에 대한 현상학적 해명이 필요하다. "바로 **타자가 그에게 자신의 경험 속에서 선소여 된 세계로부터 최종적인 구성적 삶으로 되물어가면서, 타자 자신의 현상학적 환원 속에서 파악해야만 될 그런 자아로서 소급 지시된다.**"(Hua XVII. 246) 앞서 2.2에서 확인했듯이 후설은 1910/11년의 『현상학의 문제들』에서만 하더라도 타자와 타자의 경험이 나에 의해서 현상학적으로 환원되어야 할 대상으로만 여겼다면, 이제 1929년 시점에서 타자 자신이 현상학적 환원의 주체가 되어야 하며, 따라서 초월론적 상호주관성의 현상학은 나와 타자의 공동의 초월론적 환원이라는 공동작업을 통해서 수행되는 작업임을 주장하는 것이다.

이처럼 신체적 구성에서부터 초월론적 자아의 구성에 이르기까지 타아를 구성의 공동주체로 밝힘으로써 후설은 다음과 같은 주장을 하게 된다. "나는 타자들을 한갓 단순히 나에게 신체적으로 마주하고 있는 것으로서, 연합적 짝짓기에 의해 나의 심리 물리적 현존재로 돌이켜 관련된 것으로서 획득하지 않는다. …… 오히려 공동체 일원이라는 의미 속에는 그리고 이미 개별자로서 공동체의 일원이라는 의미를 수반하는 (이 점은 동물의 사회성에도 전이된다) 인간이라는 의미 속에는 **하나의 서로 서로에 대해 있음**(ein Wechselseitig-für-einander-sein)이 놓여 있다. 이런 서로에 대해 서로 놓여있음은 나의 현존재와 모든 타자의 현존재를 동등한 지위에 설정한다."(Hua I, 157~158)[강조는 인용자에 의함]

성과 달라야 할 것이다.

5절 『데카르트적 성찰들』 및 그 이후 후기 저작들에서 원초성의 영역의 이중성에 따른 상호주관성의 현상학의 성격의 이중성

일견 후설이 직면한 과제는 역설적으로 보인다. 한편으로는 타자와 세계의 의미의 궁극적 원천이 초월론적인 자아에 있다고 보면서도 다른 한편으로는 자기, 사물, 세계구성에서 타자의 역할을 주장해야 하기 때문이다. 그러나 분명 나와 사물과 타자와 세계에 대한 나의 경험은 타자의 경험과의 교류 속에서 수정을 겪을 것이다. 그러나 궁극적으로는 타자의 경험을 수용하면서도 그것의 타당성을 최종적으로 받아들이는 것은 나의 초월론적 자아이다. 즉 타당성 정초의 최종적 책임은 초월론적 자아로서 나에게 있는 것이다. 따라서 타당성의 정초에서 타자의 역할을 인정하면서도 궁극적 원천으로서 자아의 책임을 주장하는 것은 논리적으로 아무런 모순도 없으며 오히려 정당한 것이다. 분명 『데카르트적 성찰들』에서 형성된 초월론적 유아론과 초월론적 상호주관성의 현상학의 이런 입장은 30년대 이후 후설의 최후저작인 『위기』에 이르기까지 일관되게 지속한다. 『위기』에서도 후설은 명백히 다음과 같이 주장한다.

"곧장 초월론적 상호주관성으로 뛰어들고(Hineinspringen) 자신의 독특성과 인격적 불변성을 결코 상실할 수 없는 판단중지의 자아, 근원 자아를 건너뛰는 (Überspringen) 것은 방법상 전도된 것이었다." (Hua VI. 188)

왜냐하면, 판단중지 속에서 철학적 자기 숙고는

"어떻게 항상 유일한 자아가 자신 안에서 경과하는 원본적으로 구성하는 자신의 삶 속에서 하나의 최초의 대상영역, 원초적인 대상영역을 구성하는지를, 어떻게 자아가 자신으로부터 동기 부여된 방식 속에서 구성적 작업-이를 통해 자기 자신과 자신의 원초성의 하나의 지양적 변양을 '타자지각', '타자-나 자신에 대해

서 내가 자아인 것처럼 하나의 다른 자아-의 지각'이라는 표제 아래에 존재 타당
성으로 가져오는지를 제시할 수 있기" (Hua VI. 189)

때문이다. 즉 타당성 정초의 근원인 원초적인 자아, 즉 근원-자아에로
의 환원으로부터 출발해야만 타자구성과 세계구성의 타당성의 올바른 정
초를 해나갈 수 있다. 그것은 단순히 방법적인 이유에서만 아니라 초월론
적 철학의 체계상 정당한 것이다.

"방법상 다만 자아 및 자아의 초월론적 기능과 수행의 체계학으로부터 출발에
의해서만 초월론적 상호주관성과 그것의 초월론적 공동체화를 제시할 수 있다.
…… 어떤 경우라도 우리는 단순히 방법적 근거들 때문만은 아닌, 우리가 더 파
고들어 갈 수 없는 가장 심오한 철학적 근거들로부터 자아의 절대적 유일성과 모
든 구성에서 그것이 갖는 핵심적 지위는 보상되어야 한다." (Hua VI. 189~190)

그러나 위의 역설적 과제와 관련해서 이미 『데카르트적 성찰들』 단계
에서 현상학적 환원을 통해서 도달한 원초적 자아의 영역은 여전히 애매
함을 가진다.[109] 한편으로는 후설은 44절에서는

"우리는 **타자의 주체성과** 직접적으로든 간접적으로든 관련된 지향성의 모든
구성적 수행성과들(Leistungen)을 추상하고, 그 속에서 자아가 자신의 고유성

---

109 이남인 교수는 『성찰들』에서 원초성(primodiality)이 갖는 애매성을 네 가지로 나누었다. 첫
째, 타자경험을 배제한 원초성과 타자경험이 포함된 원초성, 둘째, 나의 원초성과 우리의 원초
성, 셋째, 초월론적 태도에서 원초성과 자연적 태도에서 원초성, 넷째, 정적 현상학의 토대로
서 원초성과 발생적 현상학의 토대로서 원초성. 특히 우리는 첫 번째 애매성과 네 번째 애매
성을 연결하고자 한다. Nam-In Lee, "Static-Phenomenological and Genetic-Phenomeno-
logical Concept of Primordiality in Husserl's fifth Cartesian Meditation", *Husserl Studies*
18(2002), 167~168 참조.

속에서 구성하며, 그 속에서 자아가 자신의 지향성으로부터 분리될 수 없는, 따라서 그 자체 지향성의 고유성에 귀속되는 종합적 통일체들을 구성하는바, 그와 같은 현실적, 잠재적 지향성의 전체연관으로 우선 한계설정을 해야(umgrenzen) 한다." (Hua I, 124~125)

라고 주장하면서도 다른 한편으로는 45절에서는

"만약 '궁극적인 초월론적 자아'와 '이 속에서 구성된 것의 총체'(Universum)를 견지한다면, 이 자아에 그것의 초월론적 경험영역 전체의 '그 자아에 고유한 영역'-여기에는 자아에 생소한 모든 것이 배제된 자아의 세계경험에 상관관계를 갖는 층[원초적 세계층]이 포함되어 있다-과 '타자에 속한 영역'[객관적 세계와 타아 등]으로의 구분이 직접 포함되어 있다. 그러나 이러한 구분에도 불구하고 **타자에 속한 것에 관한 모든 의식, 타자에 관한 모든 현출방식은 첫 번째 영역(자아에 고유한 영역) 속에 함께 속해 있다.**" (Hua I, 131)

라고 주장한다. 요컨대 원초적 영역은 유아론적 자아의 영역이면서도 동시에 상호주관적 자아의 영역이라는 말이 된다. 1930년경에 쓰인 「데카르트적 성찰들에 상호주관성의 문제에 대해」라는 제목의 한 비판적 유고에서 후설은 『데카르트적 성찰들』에서 초월론적 환원이 드러내는 초월론적 영역으로서 원초성의 영역이 애매함(Zweideutikeit)[110]을 인정한다. 이 애매성이란 "a) 초월론적으로 경험하는, 그 밖의 모든 작용의 주체극 및 그것의 극이 이 자아인 전체 구체적 삶과 b) 초월론적인 것의 영역, 또한, 이런 구체성 내부에서-구체적 자아 내부에서-경험되고, 인식되고, 혹은 인식될 수 있는 타아의 초월론적 영역 사이"(Hua XV, 70)의 애매성이다.

---

110 후설은 『위기』에서 이것을 자아의 "본질적 애매성(Äquivokation)"(Hua VI, 188)이라고 표현한다.

요컨대 현상학적 환원을 통해 도달한 초월론적 자아의 영역 내에는 a) 자아의 작용들 자체 및 작용의 주체, 작용의 극으로서 자아와 b) 그런 자아의 작용들을 통해 개시되는 타아 및 타아의 경험을 포함하는 초월론적 영역이라는 계기가 여전히 함께 있는 것이다.

이제 원초성의 영역이 이렇게 이중적으로 구분됨에 따라 초월론적 상호주관성의 현상학의 성격도 두 가지로 나뉘게 된다. 케른에 따르면[111] 만일 원초성의 영역을 첫 번째 의미의 유아론적 영역에 국한한다면, 상호주관성의 현상학은 최초에 취해진 유아론적 영역의 '극복'(Überschreiten)으로서 규정될 수 있다. 그러나 만일 원초성의 영역을 두 번째 의미의 상호주관적 영역까지 포괄하는 것으로 이해하게 되면, 상호주관성의 현상학은 이미 획득된 초월론적 영역의 '해명'(Explikation), '해석'(Auslegung)이 될 뿐이다. 그러나 우리의 판단으로는 좀 더 분명하게 상호주관성의 현상학이 다음과 같은 두 가지 성격으로 나뉘어야 한다. 첫째, 만일 원초성의 영역을 첫 번째 의미의 유아론적 영역에 국한한다면, 상호주관성의 현상학은 최초에 취해진 유아론적 영역으로부터 그 타당성이 정초 된 층에 대한 현상학, 즉 **타당성 정초차원의 상호주관적 현상학**이라고 규정되어야 한다. 그러나 만일 원초성의 영역을 두 번째 의미에서 상호주관적 영역까지 포괄하는 것으로 이해하게 된다면, 애초에 최초의 자아 발생에서부터 자아와 타자의 상호작용이 고려되어야 한다는 점에서 **발생적 정초차원의 상호주관성의 현상학**이 논의되어야 한다.

6절 초월론적 자아론과 초월론적 상호주관성의 현상학의 남은 문제들

우리는 초기 『현상학의 근본문제들』부터 후기 『위기』까지 검토해본

---

111 Hua XV, xxxiii 참조.

결과 과연 후설이 유아론에 대해 이중적인 태도를 보이고 있음을 알 수 있다. 한편으로 먼저『현상학의 근본문제들』에서 후설은 유아론의 반론을 경험적 유아로서 자아와 초월론적 유아로서 자아의 혼동, 즉 자신의 현상학적 환원에 대한 오해로부터 비롯된 것으로 파악했다. 따라서『이념들 I』에서는 현상학적 환원을 통해 도달한 절대적, 초월론적, 이념적 내재로서 주관성에서 경험적 유아론의 반론을 제기될 여지가 없게 되었다. 또한,『데카르트적 성찰들』에서 현상학적 환원을 통해 도달한 원초성 초월론적 자아는 타당성 정초를 위한 방법론적 차원의 초월론적 자아, 유아임을 알 수 있다. 다른 한편 원초적 환원, 방법적 추상 이전에 초월론적 자아에는 여전히 타자의 현존과 타자로부터의 대상 및 세계구성이 개입해 있으며 이는 발생적 차원에서 초월론적 상호주관성의 현상학을 통해서 해명되어야 하는 문제가 된다.

그런데 후설의 현상학에 대해 비판적 해석과 새로운 현상학적 사유의 길을 개척해나간 20세기 전반의 현상학자들-하이데거, 사르트르, 레비나스 그리고 메를로-퐁티-이 공통적으로 비판의 표적으로 삼는 후설의 현상학은 바로 후설이 자신의 현상학에 대해 제기했던 반론으로서 초월론적 유아론이었다. 그러나 앞서 우리가 확인했듯이 후설은 첫째, 초월론적 상호주관성에 대한 타당성 정초의 측면에서 타자들의 비판을 통한 수정과 타당성의 최종적 원천, 즉 타당성 정초의 책임의 최종적 주체로서 초월론적 자아의 역할은 양립될 수 있다고 보았다는 점에서 저들이 후설의 의도를 충분히 파악하지 못했다고 볼 수 있다. 둘째로, 초월론적 자아가 처음부터 이미 상호주관적일 수 있음을 후설이 주장하는 측면을 고려하면 애초에 유아론은 반론으로서 제기될 수 없다.

우리는 이제 다음 4장에서 현상학 진영 내부에서 후설의 초월론적 현상학, 특히 그의 초월론적 상호주관성의 현상학에 대해서 제기하는 비판을 주로 하이데거를 중심으로 논의하고, 사르트르, 레비나스, 메를로-퐁티의 비판에 대한 영향사를 밝힐 것이다. 또한, 그에 대한 후설의 입장에서 대응전략을 모색할 것이다. 또한, 2부에서 우리는 후설의 초기부터 후기까지의 출간 저서와 유고들의 분석을 통해 초월론적 자아가 수행하는 다양한 층위의 타자경험을 통해서, 즉 타자경험의 발생적 현상학이 수립될 수 있으며 이를 통해서 상호주관성의 발생적 현상학이 수행되고 있음을 입증할 것이다.

4장

후설의 타자이론에 대한 현상학 진영 내에서 비판과 후설의대응 전략 : 후설, 하이데거, 레비나스, 사르트르, 메를로-퐁티의 타자이론을 중심으로

1절 논의주제와 방향

3장에서 우리는 후설이 자신의 초월론적 현상학에 대해 스스로 제기하는 유아론의 반론 및 그 해명과정에 대해서 논의했다. 이런 논의과정에서 후설의 타자이론에 대해 20세기 전반기 현상학 진영 내에서 제기되었던 비판들과 후설의 반비판의 전선은 현상학이 하나의 교의 체계가 아니라 방법 혹은 운동으로서 보여줄 수 있는 다양성의 가장 전형적인 사례이다. 더욱이 후설의 현상학을 극복하려고 하거나 혹은 새롭게 해석하려는 후설 이후의 사상가들에게 하이데거의 후설 비판은 선구적이면서도 가장 결정적인 안내서이기도 하다. 대표적으로 사르트르, 레비나스 그리고 메를로-퐁티처럼 현상학의 세례를 받으면서 각자 자신의 독자적인 사상을 개척해나간 20세기 전반의 현상학 운동을 이해하는 데에 하이데거의 후설 비판은 큰 의미가 있다. 특히 후설 자신도 자신의 현상학과 관련해서 가장 염려했던 문제인 유아론의 오해나 가상이 사실 후설 이후 후설 현상학에 대한 가장 대표적인 비판이라는 사실을 고려할 때, 후설의 타자이론에 대한 하이데거의 비판은 이후 사르트르, 레비나스 그리고 메를로-퐁티의 타자이론[112]에 결정적 영향을 미친다.

---

112 사르트르의 타자이론은 그의 『존재와 무』의 3부의 [대타존재], 1장. [타자의 존재], 특히 4절의 〈시선(regard)〉에서 가장 잘 드러나 있다.(J.P.Sartre, *L'Être et le Néant* (Gallimard, 1943년)[이하 EN으로 약칭함]. 레비나스의 타자이론은 사실 레비나스 전체 저작에 모두 드러나 있

그러나 역설적인 것은 비록 연구기간이나 저작분량만으로 그 사상의 깊이와 폭을 측정하는 데는 한계가 있지만, 타자경험에 대한 후설의 연구는 기술적 현상학에서 초월론적 현상학으로 변화가 나타나던 1900년대 중반부터 시작해서 1930년대 중반 후설 생애 마지막까지 '초월론적 상호주관성의 현상학'이라는 이름으로 지속해서 발전되고 심화하였던[113] 반면, 타자 문제에 대한 하이데거의 연구는 우리가 아는 바로는 그의 주저인 『존재와 시간』(1927년)의 1편 제4장 「공동존재와 자기 존재로서 세계-내-존재 : 세인」에서 이루어지고 있고, 더욱이 후설의 타자경험에 대한 하이데거의 평가는 4장의 26절〈타인의 공동현존재와 일상적 공동존재〉 후반부에서 아주 제한적으로 이루어지고 있을 뿐이다. 물론 후설의 타자이론에 대한 하이데거의 평가 및 하이데거의 타자이론은 어느 정도 확장될 수 있다. 우리는 『존재와 시간』에 앞서 후설에 대한 하이데거의 최초의 공식적인 비판적 해석이 이루어지는 1926년 마부르크 대학 여름학기 강의인 『시간개념의 역사를 위한 서론』에서 지향성에 대한 하이데거의 비판을 단서로 삼아 『존재와 시간』 26절에서 아주 제한적으로 논의되고 있는 후설의 타자경험에 대한 하이데거의 비판적 평가를 확장해볼 수 있다. 나아가 『존재와 시간』의 가장 핵심 부분이라고 할 수 있는 제5장 내-존재의 개시성의 세 가지 계기인 기분, 이해, 말에 대한 분석을

다고 해도 과언이 아닐 정도로 레비나스의 철학의 핵심주제이기도 하다. 특히 후설, 하이데거와의 관계 속에서 레비나스의 타자이론의 발전을 보여주는 초기 작품으로 『존재에서 존재자로』가 주목할만하다. (E.Levinas, *De l'existence a l'existant* (Fontaine Paris, 1947년))[이하 EE로 약칭함] 끝으로 메를로-퐁티의 타자이론은 『지각의 현상학』의 2부 [지각된 세계] 5장 〈타인과 인간적 세계〉에서 잘 드러나 있다. (M.Merleau-Ponty, *Phénoménologie de la perception* (Gallimard, 1945년))[이하 PP로 약칭함]

113 후설의 타자이론에 대한 연구는 각주 1)에서 언급한 공식적인 출판물이나 강의 외에도 1905년부터 1930년대 중반까지 수많은 유고들(Iso Kern이 편집한 『상호주관성의 현상학』 1, 2, 3권에 수록)들에서 이루어져 있다.

공동-존재의 개시성 차원에서 체계화할 수 있다.

그렇지만 여전히 논의의 분량과 기간만 고려한다면, 그리고 만일 후설의 타자이론에 대한 하이데거의 평가가 정확하다면, 후설은 하이데거의 몇 가지 논의만으로 단박에 논박돼버릴 타자이론을 30년 가까운 초월론적 현상학의 연구기간 동안 붙들고 있었을 정도로 고집스러운 사상가가 되고 말 것이다. 이런 역설을 해명하기 위해서는 무엇보다 후설의 상호주관성의 현상학을 그 변화양상과 체계 속에서 전체적으로 해명하고 하이데거의 연구가 과연 이런 후설의 상호주관성의 현상학 전체에 대한 이해를 전제로 이루어진 것인지 따져보아야 할 것이다. 그러나 마치 플라톤의 사상을 비판하는 현대철학자가 있을 때 그 비판의 타당성을 따지기 위해서 먼저 플라톤의 사상 전체를 이해해야 한다는 식의 의견은 분명 올바른 의견임에도 불구하고 실천적으로는 무리가 따른다. 따라서 우리는 후설의 타자이론에 대한 체계적인 논의는 2부로 미루고, 현재의 논문에서는 후설의 타자이론에 대한 하이데거의 비판(2절과 3절)과 하이데거 자신의 타자이론(4절)을 체계화시켜보고 나아가 하이데거의 후설 비판이 사르트르, 레비나스, 메를로-퐁티의 타자이론에 끼친 영향(5절)을 밝힘으로써 후설의 타자이론에 대한 현상학 진영 내부에서 지배적 해석과 비판을 정리해볼 것이다. 끝으로 이런 해석과 비판에 대해 과연 후설의 상호주관성의 현상학 입장에서 대응할 수 있는 반비판의 전략은 무엇인지를 검토할 것이다(6절).

2절 후설의 지향성에 대한 하이데거의 비판

후설에 대한 하이데거의 공식적인 비판은 하이데거가 1925년 마부르크 대학 여름학기에 강의했던 『시간개념의 역사를 위한 서론』에서 이루어졌다. 이 강의가 의미 있는 것은 한편으로는 하이데거가 판단하기에 후설 현상학이 발견한 세 가지 근본적 사실로서 '지향성', '범주적 직관' 그리고 '아프리오리의 근원적 의미'(GA20, 34)를 체계적으로 해명하면서도 가장 철저한 비판을 했기 때문이며, 다른 한편으로는 이와 같은 현상학의 근본 사실에 대한 비판을 통해 하이데거는 자신의 실존론적 분석론의 발단, 전개, 심화를 이룰 수 있었기 때문이다.

먼저 비판에 앞서 현상학의 근본 사실로서 세 가지 발견이 하이데거의 실존론적 분석론에서 갖는 의의를 잠깐 짚어보자. 의식의 본질로서 후설의 지향성은 하이데거의 실존론적 분석론의 **출발점**으로서 현존재의 본질인 세계-내-존재 분석의 기본 틀을 제공한다. 현존재가 세계 내부적 존재자인 도구나 타자와 맺는 교섭방식, 이를테면 현존재의 고려적 이해 속에서 도구적 존재자에 대한 교섭방식, 현존재의 고려적, 배려 차원 이해 속에서 타자와의 교섭방식은 각각 후설의 외적 사물에 대한 지향성과 타자에 대한 지향성의 하이데거적 재해석이다. 나아가 현존재가 내-존재의 개시성 속에서 세계 자체와 맺는 관계 역시 후설의 세계의식과 세계 지평의 지향적 관계의 하이데거적 재해석이라고 할 수 있다. 두 번째로 범주적 직관은 실존적, 존재적 이해 속에 담긴 선존재론적 이해를 실존범주로 파악해냄으로써 실존론적 분석론을 **전개**해나가는 데 있어서 방법론적 이바지를 하고 있다. 세 번째로 아프리오리의 근원적 의미를 통해 세계의 존재의미인 유의의성과 현존재의 존재의미인 시간성의 발견에 이바지함으로써 실존론적 분석론을 **심화**할 수 있게 했다고 볼 수 있다.

세 가지 발견은 사실 지향성으로 수렴된다. 왜냐하면, 범주적 직관은 감각적 직관에 정초 된 일종의 지향체험이며, 아프리오리란 다름 아닌 그러한 체험 속에서 자신의 모습을 드러내는 지향적 대상이기 때문이다.[114] 하이데거는 후설 현상학의 근본 주제인 지향성 개념에 대해 그것이 지닌

---

114 이하 후설의 지향성에 대한 하이데거의 비판은 주로 이남인 교수의 「하이데거의 후설 비판과 해석학적 현상학」(한국현상학회 편, 『현상학의 근원과 유역』, 서울:철학과 현실, 1996)을 참고 했다.

"**인식론적 도그마**…… **해명되지 않은 선입견**"(GA20, 46, 강조는 인용자에 의함)을 세 가지 차원에서 체계적이고 깊이 있게 비판을 하면서 자신의 실존론적 분석론의 근본 실존범주들을 새롭게 발견해나간다.

첫째, 하이데거가 말한 바로는 후설 지향성의 가장 큰 문제점은 바로 지향성이 전통적인 인식론의 기본전제를 극복하지 못했다는 점이다. 이러한 근본적인 인식론적 전제에 의하면 아직 세계와 관계를 맺지 않은 의식과 의식으로부터 독립적인 세계라는 두 개의 항이 앞서 주어져 있으며, 인식론이 해결해야 할 과제는 어떻게 '내재적인 의식'이 '초월적인 세계'를 인식할 수 있는가를 해명하는 데 있다. 이 과제는 바로 이 둘을 매개시켜 주는 그 무엇, 예를 들면 '표상'을 통하여 가능하다. 후설이 감각내용이 "(지향)작용을 구축하면서, 그의 필연적인 토대로서 지향성을 가능하게 해준다"(XIX/1. 387)고 지적할 때, 그는 분명히 내재적 의식이 감각내용을 매개로 초월적 대상으로 나아가는 방식으로 인식작용을 이해하고 있다. 그러나 이런 감각내용이 비지향적 체험이라는 점에서 후설에게도 『논리연구』의 단계, 즉 기술적 심리학의 단계에서는 지향적 체험과 비지향적 체험 간의 "유적 통일성"(Hua XIX/1, s.410)을 확보하는 어려움을 낳지만, 초월론적 현상학의 단계에서는 의미 부여적 지향체험을 통한 의식으로부터 세계에로의 초월에 걸림돌이 된다.

> "'의미 부여적인(sinngebend)'[지향적 체험]과 '감각적인'(sinnlich)[비지향적 체험] 사이의 대립 속에서 나타나는 때때로 당황케 하며 더는 피할 수도 없는 이중적 의미는 그만두고라도, 다음의 고찰, 즉 좁은 의미에서 감성[즉 감각적 질료, 소재]은 정상적인 외적 지각 속에서 '의미'를 통해 매개되는 것의 현상학적 잔여(Residuum)를 지칭하고 있다는 사실에 주목해야 한다." (Hua III.1, 192)

여기서 후설은 분명 비지향적 체험으로서 감각적 질료, 소재가 노에마적 의미에로의 온전한 초월에 방해되고 있음을 '잔여'라는 표현 속에서 은연중 고백하고 있다.

둘째, 후설의 지향성은 객관화 작용의 우위 하에서 이해되고 있다. 인식론적 선입견에 의하면 의식이 세계 내부적 존재자를 향해 초월하면서 그들과 최초로 지향적인 관계를 맺을 수 있는 것은 대상을 부여하는 이론 이성, 혹은 객관화적 작용을 통해서며, 바로 이런 이유에서 다양한 영혼 활동 중에서 이론 이성, 혹 객관화적 작용은 다른 영혼의 능력에 비해 절대적 우위를 가진다.

셋째, 후설의 지향성은 지향성의 존재 물음을 소홀히 할 뿐 아니라 지향성이 함축하는 존재규정은 자의적이다. 후설의 지향적 분석도 그것이 일종의 탐구인 한, 비록 그에 대한 명료한 문제의식이 빠져 있긴 하지만 나름대로 탐구의 전제로서 지향성의 존재에 대한 일반적인 규정을 가지고 들어가고 있다. 지향성으로서 의식은 '그것이 파악작용 속에 있다는 점에서 **내재적** 존재', '절대적 소여성이라는 의미에서 **절대적** 존재', '대상을 구성한다는 의미에서 **구성적** 존재', '사실적 존재가 아니라, **이념적** 존재라는 의미에서 순수 존재' 등의 존재 규정을 지닌다. 실제로 후설은 『이념들1』 제3장 「순수의식의 영역」, 49절 〈세계를 무화시키고 난 잔여로서 절대적 의식〉에서 다음과 같이 말하고 있다.

> "**내재적인** 존재는 따라서 그것이 원리상 존재하기 위해 '어떠한 것'도 요구되지 않는다(nulla 're' indiget ad existendum)라는 **절대적** 존재라는 의미에서 의심 불가능하다. 다른 한편으로 초월적인 것의 세계는 철저히 **의식에 의존**하고 있다. 그것도 논리적으로 생각되는 의식이 아니라 현실태의 의식에 의존하고 있다. ……
> 더 나아가 거기에 속한 의식의 흐름의 측면에서 볼 때 통일적 세계를 나타내기 위해 그리고 세계에 대한 **이성적 이론적 인식**을 위해 요구되는 것이 아무것도 없다는 것을 받아들이자." (Hua III.1 105)[강조는 인용자에 의함]

여기서 우리는 명백하게 후설이 현상학적 환원을 통해 도달한 세계,

그러니까 현상학 일반과 현상학적 철학의 토대로서 세계의 존재규정을 내리고 있음을 알 수 있다. 현상학적 환원을 통해 도달한 세계는 우선 소박한 초월적인, 실재적인 영역에 반해서 **내재적인** 존재영역이다. 두 번째로 초월적인 "사물세계가 무화되더라도 의식의 존재는 비록 변양은 되지만, 그 고유한 실존에서는 전혀 영향받지 않는다"(Hua III.1 104)는 **절대적** 존재영역이다. 세 번째로 모든 초월적 존재의 가능근거, 구성근거라는 의미에서 **초월론적, 즉 구성적** 존재영역이다. 네 번째로 소박한 사실적 영역에 반해서 **이론적, 이념적** 존재영역이다.

그러나 하이데거가 말한 바로는 이와 같은 존재규정은 지향체험이라는 "존재 자체를 토대로"(GA20, 149) 획득한 근원적 존재규정이 아니라, 후설이 인식론으로서 초월론적 현상학을 수립하기 위해 가장 효과적인 수단이라고 생각하면서 선택한 현상학적 반성, 즉 "특정한 이론적 태도"(GA, 155)에서 비롯된 존재규정이다. 이처럼 특정한 이론적 태도로서 현상학적 반성을 지향체험에 대한 분석의 수단으로서 선택하면서 후설은 바로 "현상학적 반성의 도식 안에서 필연적으로 지향체험은 어떻게 파악될 수 있는가?", "지향체험은 어떻게 주어질 수 있는가?, 지향체험은 구성된 것인가? 혹은 구성하는 것인가?", "지향체험은 사실적 존재인가, 이념적 존재인가?" 등의 일반적인 네 가지 물음을 선행적으로 가지고 들어갈 수밖에 없었는데, 바로 지향적 체험을 고찰하기 위한 이러한 물음 속에서 주도적인 역할을 담당하는 일반적인 존재규정이 다름 아닌 위에서 살펴본 지향적 체험의 네 가지 존재규정이다.

3절 후설의 타자경험(Einfühlung)에 대한 하이데거의 비판

우리의 주제인 후설의 타자경험(Einfühlung)의 개념은 앞장에서 지적했듯이 하이데거 저작과 강의 중에서 『존재와 시간』 26절. 〈타자의 공동현존재와 일상적 공동존재〉의 후반부에서 잠깐 그것도 제한적으로 다뤄지고 있다.[115] 그러나 지향성 개념에 대한 하이데거의 비판은 그대로 후설의 타자경험에 대한 비판에 적용될 수 있다. 왜냐하면, 타자경험은 지향적 체험의 일종이며, 하이데거가 밝히는 지향성의 인식론적 도그마나 해명되지 않은 선입견을 가장 명확하게 품고 있기 때문이다. 이제『시간개념의 역사를 위한 서론』에서 지향성에 대한 비판과『존재와 시간』에서 타자경험(Einfühlung)에 대한 평가를 결합시킬 때 우리는 후설의 타자경험이 갖는 다음 세 가지 선입견을 추론해낼 수 있을 것이다.

첫째, 후설의 지향성이 지향성의 첫 번째 특징인 해명되지 않은 인식론적 선입견을 품고 있다면, 후설이 말하는 타자경험 역시 또 하나의 지향적 체험으로서 동일한 선입견을 극복하지 못하고 있다고 볼 수 있다. 하이데거가 말한 바로는

"그다지 달갑지 않게 'Einfühlung'이라고 불리는 이 현상은, 우선 단독적으로 주어진 나의 주관에서 우선 일반적으로 은폐된 다른 주관을 향해 존재론적으로 말하자면 처음으로 다리를 놓게 된다." (SZ, 166)

이때 나의 주관으로부터 타자의 주관으로 초월해 가는 데 있어서 매개되는 것은 무엇인가? "현존재가 자기 자신에 대한 존재이해를 가지고 있고 그래서 현존재에 대해 태도를 보이고 있으므로 …… 그렇게 되면 타자들을 대하는 존재관계는 자기 자신을 대하는 자기의 존재를 '타자들에게' 투사하는 것이 된다. 타자는 자신의 복사인 셈이다." (GA, 166)

요컨대 전통적인 인식론에서 '표상'이 하던 매개의 역할, 즉 후설의 감각내용과 파악작용의 도식에서 비지향적 체험으로서 감각내용이 하던 매개의 역할을 후설의 타자경험에서는 자기지각 내용이 일차적으로 담

---

115 하이데거는 후설의 타자경험이론을 언급하면서 "그다지 달갑지 않게(nicht glücklich), Einfühlung이라고 불리는 이 현상"이라고 표현한다.

당하게 된다.

이제 하이데거의 비판을 더욱 강화해 본다면 후설의 타자경험은 자기 지각뿐만 아니라 나의 여기에 대비되는 저기의 물체로서 타자의 통각, 물체로부터 타자의 신체의 통각, 타자의 신체 지각으로부터 타자의 영혼의 통각, 타자의 영혼으로부터 타자의 초월론적 자아의 통각까지 포함해야 하므로 결국 다중적인 매개가 필요하다. 마치 플라톤에게 예술이 이데아의 모방의 모방인 까닭에 진리로부터 더 멀어진 것처럼, 하이데거의 비판대로라면 타자체험은 자기지각과 같은 필증적인 직접적 체험도, 사물지각과 같은 비필증적인 직접적 체험도, 기억인 기대와 같은 간접적 체험도 아닌 거의 가상적 체험의 일종이다.

그러나 하이데거가 말한 바로는

"무엇으로 향함과 인식에서 현존재는 일차적으로 자기 자신으로부터, 즉 자신의 내적 영역으로부터 나가는 것이 아니라, …… 그 자신의 의미에 따라 볼 때 …… 어떤 방식으로건 이미 발견된 세계 속에 머무는 존재로서 이미 언제나 밖에, 세계 속에 있다." (GA20, 221)

이때 세계 속에 우리가 그 곁에 머무는 존재자는 이론적-객관적 대상으로서 '전재적인 사물'(vorhandenes Ding)이 아닌 '용재적인 도구'(zuhandenes Zeug)이다. 이제 타자는 "우선 전재적으로 있는 사물에 덧붙여서 생각된 것이 아니다. 도리어 이 '사물'은, 사물이 타자에게 용재적인 것으로 되는 그런 세계에 따라서 만나는 것이다." (SZ, 157) 우리는 타자를, 일차적으로 나 자신에 대한 내재적 지각으로부터 출발해서, 외부의 사물 및 타자의 신체 사물을 지각하고 그것을 매개로 해서 타자의 내재적 수관 활동을 지각하는 방식으로 만나지 않는다. 오히려 하이데거가 보기에 타자는 "그들로부터 '자아'가 두드러지는, 나 이외의 나머지 사람 전부라는 뜻이 아니다. 타자들은, 사람들이 대개 그들로부터 자신을 구별하지 않고 그들 속에 섞여 있는 그런 사람들이다. 이 그들과 '함께 또한, 현 존재한다'."(SZ, 158) 즉 이미 그때그때 현존재는 타자로서 삶을 살아가고 있다. 다시 말해 현존재는 동시에 공동-현존재(Mit-dasein)이다.

둘째, 후설의 타자경험은 지향성의 두 번째 선입견처럼 ">타자의 심리생활(영혼삶)⟨[116]의 이해"(SZ, 166)로서 일종의 "타자에 대한 …… 이론적-심리학적 개시"(SZ, 166)이다. 하이데거가 말한 바로는 이런 타자경험은 "우선 눈에 띄는 현상이 되기 쉽다. 이처럼 이해하는 상호 존재의 한 방식을 현상적으로 ⟩우선⟨ 제시하는 것에 불과한 것이, 그러나 동시에 일반적으로 타자에 대한 존재를 ⟩원초적으로⟨ 그리고 근원적으로 가능하게 하고 구성하는 것으로 여겨진다."(SZ, 166) 물론 하이데거가 이런 이론적-심리학적 접근의 의의를 전적으로 부정하지는 않는다. 우선 내재적 반성을 통한 자아로의 접근이 제공하는 "견해는 ⟩**의식의 형식적 현상학**⟨으로서 그 원칙적이고 윤곽 제시적인 의의가 있는 독립적인 현상학적 문제성에 이르는 통로를 열어 주고 있다"(SZ, 154, 강조는 인용자에 의함)고 본다. 나아가 하이데거는 타자경험에서 자기지각의 의의도 인정한다. 이를테면 "과연 공동 존재를 근거로 해서 생생하게 서로 안다[상호면식]는 것은, 자기의 현존재가 그때그때 자기 자신을 얼마만큼 이해했느냐 하는 데에 종종 의존한다는 것은 논쟁의 여지가 없다."(SZ, 166~167) 또한, "인식 작용 일반이 근원적 실존론적 현상이 아니듯이, ⟩타자경험(Einfühlung)⟨도 근원적 실존론적 현상이 아니지만, 그렇다고 해서 그것에 관해서는 아무런 문제도 성립하지 않는다는 말은 아니다"(SZ, 167)고 말하면서 "**타자경험(Einfühlung)의 특수한 해석학**"(SZ, 167, 강조는 인용자에 의함)이라는 고유의 학문적 영역을 인정한다.

그러나 자기지각 내지 자기 이해가 필요한 것은 "현존재가 타자와의

---

116 '⟩' '⟨' 표시는 하이데거 자신의 독특한 강조표현이다.

본질적 공동 존재를 얼마만큼 꿰뚫어 보고 위장하지 않았느냐 하는 것을 의미할 뿐이고, 그것은 현존재가 세계-내-존재로서 그때마다 이미 타자들과 함께 있을 때만 가능하다." (SZ, 167) 또한, "타자경험의 특수한 해석학이 제시해야 할 것은, 현존재 자신의 여러 존재 가능성이 상호 존재와 그 상호존재가 서로 아는 것(Sichkennen)을 어떻게 잘못 인도하고 잘못 세우기에 진정한 〉이해〈가 억제되고 현존재가 대용품으로 도피하는가, 그리고 남을 올바로 이해하는 일은 그것이 가능하기 위해 어떤 실존론적 조건을 전제하는가 하는 것이다." (SZ, 167) 결국 하이데거의 이런 주장은 자신의 실존론적 분석론이 후설의 타자이론의 가능 조건이 된다는 주장인 셈이다.

셋째, 타자에 대한 지향체험으로서 후설의 타자경험은 현상학적 반성을 통해서 도달한 나의 **내재적** 의식으로부터 그 의식 속에 주어진 타자의 신체현상으로부터 타자의 주관을 현전화시키는 지향체험이다. 이와 같은 타자경험에는 앞서 지향체험에 함축된 네 가지 존재규정이 고스란히 함축되어 있다. 첫째, 타자체험 역시 나의 파악작용이라는 내재적 체험 속에서 이루어진다. 둘째, 타자체험 속에서 주어지는 타자는 나에게 **절대적**으로 소여된 나의 원초적 영역으로부터 현전화된 것이다. 셋째, 타자는 "자기 자신을 대하는 자기의 존재를⋯ 투사한 것"으로서 "타자는 자신의 복사(eine Dublette des Selbst)"[117](S.Z.166)이므로 타자는 철저하게 나에 의해 **구성된** 존재자이다. 넷째, 이론적-심리학적 타자경험(Einfühlung)을 통해서 드러난 타자는 구체적인 일상 속에서 마주치는 사실적 존재자로서 타

---

117 후설은 『데카르트적 성찰들』의 「제오성찰」에서 상호 모순된 표현을 사용한다. 44절에서는 "타인은 나 자신의 반영(Spiegeilung meiner Selbst)이다. 하지만 그것은 본래의 반영이 아니라, 나 자신의 유사물(Analogon)이다."(Hua I, 125)이라고 말하면서도 53절에서는 "나는 타자를 단순히 나 자신의 복제물(Duplikat meiner selbst)로 통각지는 않는다"(Hua I, 146)고 말한다.

자가 아니라, **이념적** 대상일 뿐이다.

그렇다면 후설의 타자경험이 갖는 세 가지 선입견의 귀결은 무엇일까? 사실 하이데거는 후설의 타자이론에 대해서 강의나 출간물에서 공식적으로 비판하지는 않는다. 더욱이 후설의 타자이론은 유아론의 한계를 극복하지 못했다는 비판은 하지 않는다. 그러나 우리는 지향체험으로서 후설의 타자경험이론에 대한 하이데거의 비판으로부터 하이데거는 후설의 타자경험이론이 유아론을 극복하고 있지 못하다는 결론을 내리고 있음을 알 수 있다.

먼저 지향성의 첫 번째 선입견인 바 전통적 인식론의 전제로서 내재적 의식으로부터 외부의 세계로의 초월은 감각내용이라는 비지향적 체험을 토대로 혹은 매개로 이루어져야 하므로 결국에는 초월은 불완전하게 이루어진다. 더욱이 세 번째 선입견인 바 자의적 존재규정으로서 내재적으로 절대적으로 주어진 의식으로부터의 구성은 여전히 의식 내재적이며 그렇게 구성된 존재자도 구체적 사실적 존재자가 아닌 이념적 존재자이다. 마찬가지로 타자경험을 통해서 구성된 타자는 타자의 의식 자체가 아닌, 타자의 신체에 대한 지각을 매개로 나의 절대적으로 소여된 내재적 의식으로부터 구성된 이념적 존재자라는 점에서 참된 의미의 타자라고 보기 어렵다.

『데카르트적 성찰들』의 「제오성찰」의 마지막 절인 62절에서 [타자경험을 지향적으로 해명하는 개괄적 특성]을 밝히는 자리에서도 다시 한 번 현상학이 초월론적 유아론에 빠져 있지 않음을 밝히면서 그 근거로 다음과 같이 밝히고 있다.

"내가 타자로서 일차적으로 입증하고, 따라서 자의가 아닌 필연성 속에서 인식될 수 있는 현실성으로서 부여한 것은 초월론적 태도 자체 속에서 존재하는 타자이며, 바로 나의 자아가 경험하는 지향성 내부에서 입증된 타아이다. …… 물론 초월론적 타아는 더 이상 원본성과 확실한 필증적 명증성 속에서가 아닌, 외적 경험의 명증 속에서 주어진다. 내 안에서 타자를 인식하고, 내 안에서 타자는 구성된다. 즉 원본적으로가 아니라 현전화적으로 반영되어 구성된다." (Hua I, s.175)

앞서 하이데거의 비판을 고려할 때 유아론의 극복 여부는 내 안에서 구성된 타자가 자의적인가 아닌가의 여부는 아니다. 아마도 하이데거라면 타자가 내 안에서 그것도 명증성과 필증성을 결여한 채 반영되어 구성된다는 점을 문제 삼아 후설의 타자이론은 유아론의 참된 극복이 아니라고 비판할 것이다.

좀 더 명확하게 설명해보자. 설령 사물적 존재자에 대한 초월론적 구성의 경우에는 내재적인 의식으로부터 감각내용을 매개로 외부 사물로 초월할 때, 외부 사물의 존재란 나에 의해 타자의 특성들로 가능적으로 그리고 현실적으로 구성된바 이상도 그 이하도 아니라고 할 수도 있다. 또한, 감각내용으로서 감각적 특성들이 실제로도 사물 자체의 객관적 특성이라기보다는 사물과 나의 감각기관의 결합을 통해 형성되는 주관적 특성이라고 본다면 위의 의견은 납득이 된다. 그런데 타자의 경우에는 명백히 타자의 의식은 내가 타자의 신체에 대한 지각을 매개로 구성한 특성들의 총합을 넘어선다. 왜냐하면, 타자는 나와 같은 초월론적 구성의 주체로서 의식이기 때문이다.

4절 공동존재의 개시성 속에서 이루어지는 근본적 타자경험의 이론

4.1 내-존재와 공동존재

그렇다면 타자의 참된 존재규정은 무엇인가? 우선 지향성의 존재규정이 결국에는 지향성에 대한 현상학적 반성, 의식 내재적 반성에서 비롯된 것이라면 지향성에 대한 참된 존재규정은 바로 현상학적 반성 이전의 태도에서 비롯될 것이다. 후설의 현상학적 반성은 항상 자연적 태도의 일반정립에 대한 반성적 태도이다. 따라서 하이데거가 타자체험과 관련해서 주장하는 "가장 비근한 일상성에서 현상적으로 밝히고, 존재론적으로 적합하게 해석하는"(SZ, 156) 태도란 후설이 말하는 반성 이전의 태도 즉 자연적 태도이다.

자연적 태도를 후설은 '대상에 빠져 있다'고 표현하는데, 베르너 마르크스(W.Marx)는 이와 같은 대상에 빠져있음으로서의 자연적 태도를 "직선적으로, 우회함 없이, 반성 없이 우리들의 욕구와 원망의 대상을 향하고 있음"으로 해석한다.[118] 하이데거가 말하는 '>세계<곁에 있음'(Sein bei >der Welt<), '타인과 더불어 함께 있음'(Mitsein mit Anderen) 등의 내-존재의 일상적 존재양상들 역시 이와 같은 자연적 세계 내에서 비반성적으로 빠져 있는 자연적 태도를 지칭한다.[119]

실존적 범주로서의 "내-존재"에서의 '내'는 공간적 개념이 아니라 친숙한 세계 속에서 거주하면서 현존재가 거기서 만나는 다양한 존재자들과의 실천적이며 실존적으로 교섭하는 방식을 지칭하는 개념이며, 더욱더 근원적으로는 이러한 존재자들의 발견을 가능하게 해주는 토대로서의 세계 자체의 근원적 개시성 및 그와 등근원적인 현존재의 존재인 실존에 대한 근원적 개시성을 지칭하는 개념이다. 내세계적 존재자에 대한 발견을 위한 토대인 현존재의 실존 및 그의 세계에 대한 근원적 개시성은 하

---

118 W.Marx 『현상학』(이길우 역, 서광사, 1987), p.37

119 이종주, 『감정과 기분의 현상학』(서울대학교 문학석사논문, 1998) p.113 참조. 그러나 세계 속에 비반성적으로 빠져있음으로써 실존적, 존재자적 태도와 하이데거의 실존론적, 존재론적 분석론은 구분되어야 한다. 왜냐하면, "실존성의 분석론은 실존적(existenziellen) 이해가 아니라 실존론적(existenzialen) 이해라는 성격을 가지고 있기" 때문이다. 그러나 결국 "현존재의 실존론적 분석론의 과제는 그 과제의 가능성과 필연성에 관해서는 현존재의 존재자적(ontisch) 틀 속에 밑그림 그려져 있다." (SZ, 17) "실존론적 분석론은 그것대로 궁극적으로는 실존적으로 즉 존재자적으로 뿌리박고 있다." (SZ,18) 결국 하이데거는 실존론적 분석론의 토대는 실존적 태도이다. 그리고 이런 실존적 태도는 일종의 선-존재론적 이해를 하고 있다. 즉 비반성적인 실존적 태도라고 하더라도 이미 그 속에는 어떤 모종의 앎, 개시성이 있는 것이다.

이데거에 의하면 서로 분리될 수 없는 등근원적인 세 가지 계기들, 즉 기분, 이해, 말로 구성되어 있는데, 여기서 기분은 이미 앞서서 주어진 세계 및 현존재의 실존을 개시해주는 계기이며, 이해는 장차 기투되어야 할 세계 및 현존재의 실존을 근원적으로 개시해 주는 계기이고, 말은 기분성과 이해를 의미로 분절시키는 계기이다.

이제 내-존재의 개시성의 세 가지 등근원적 계기인 기분과 이해와 말은 모두 후설의 현상학적 반성 혹은 내재적 지각에 선행한다. 먼저 기분은 이미 앞서서 주어진 세계 및 현존재의 실존을 개시해주는 계기로서 "전재성에 속하는 사실성을 존재론적-범주적으로 표현하는…… 관조적 확인,……직관"(SZ, 180)에 선행한다. 더욱이 기분은 "조금도 **반성 되지 않을뿐더러**, 도리어 현존재를 고려되는 〉세계〈에 **반성 없이** 내맡겨지도록 덮친다."(SZ, 182) 오히려 "모든 **내재적 반성**이 〉체험〈을 목전에서 볼 수 있도록 하는 것도, 오직 현Da이 기분에 있어서 이미 개시되어 있기 때문이다."(SZ, 182)[120]

두 번째로 이해는 장차 기투되어야 할 세계 및 현존재의 실존을 근원적으로 개시해 주는 계기이다. "그런 이해인 현존재는 자기 자신 즉 자기의 존재 가능이 무엇에 연관되는지[어떤 처지에 있는지]를 〉안다〈. 이 〉앎〈은 **내재적 자기지각[즉 반성]**에서 비로소 자라나는 것이 아니라 본질상 이해인 현의 존재에 속한다."(SZ, 192) **내재적 지각과 같은** "직관은 ……이해의 먼 파생태이다. 현상학적 본질직관도 실존론적 이해에 근거한다."(SZ, 216)

---

120 물론 하이데거는 이처럼 기분을 반성에 선행하는 개시성이다라는 해명은 기분의 개시성격을 소극적으로 구별하는 것에 불과하다고 주장한다. "기분은 〉밖〈이나 〉안〈에서 오는 것이 아니라, 세계-내-존재방식으로서 세계-내-존재 자체로부터 치솟아 오른다. 그리하여 우리는 〉내면〈을 반성적으로 포착하는 방식에 대해 기분을 소극적으로 구별하는 것을 넘어, 기분의 개시성격을 적극적으로 통찰하게 된다."(SZ, 182)

세 번째로 말은 기분과 이해를 의미로 분절시키는 계기이다. 말함으로써 "전달(Mitteilung)은 예컨대 의견이나 소망의 체험을 **한 주관의 내면에서 다른 주관의 내면으로 옮기는 그런 것이** 결코 아니다."(SZ,215) 마찬가지로 "언어의 음성화가 말에 근거하듯이, 음향의 지각은 들음에 근거한다."(SZ,217)[이상 위 세 단락의 고딕체는 인용자에 의함]

이처럼 내-존재의 개시성의 세 가지 등근원적 계기인 기분과 이해, 말을 해명하면서 하이데거는 지속해서 그것들이 후설적인 내재적 지각 내지 반성적 직관에 선행하며 그것을 존재론적으로 정초함을 강조한다.

우리의 판단으로는 분석의 편의상 하이데거의 내-존재는 개별적 현존재 입장에서 분석한 개시성이다. 따라서 개별적 현존재를 넘어 또 다른 현존재와의 관계 속에서 본다면 내-존재의 개시성은 **공동-존재의 개시성**으로 바뀌어야 한다. 그에 따라 내-존재의 개시성을 등근원적으로 구성하는 세 가지 계기인 기분, 이해, 말은 재차 공동존재 속에서 타자의 개시성의 세 가지 계기이어야 한다.[121]

4.2 기분 속에서 타자의 개시성

먼저 "'기분에 젖어 있음'은 우선 심리적인 것과 관계하지 않으니, 그 자신 수수께끼 같은 방식으로 밖으로 나와서 사물과 인물을 [기분에 따라] 물들이는 내적 상태가 아니다."(SZ,182)[122] 기분에 대해 이런 식의 심

---

121 하이데거는 설명을 단순화하기 위해서만이 아니라 세계 내부적으로 만나는 타자의 존재방식과 용재자나 전재자의 존재방식을 구별하기 위해 세계의 세계성을 논할 때 비현존재적 존재자에 논의를 국한시켰다(SZ,158참조)고 말한다. 그러나 내-존재 자체를 분석할 때에도 타자논의는 배제되어 있다. 또한, 용어사용에서도 일반적으로 현존재와 내-존재를 사용하며, 타자논의와 관련해서만 공동 현존재와 공동존재를 사용한다.

122 하이데거는 기분을 심리학적으로 이해하는 것을 거부할 때 아마도 후설의 유고를 참고한 것 같다. 후설은 기분을 M유고에서 다음과 같이 정의한다. 기분이란 "현출하는 모든 것에 색조, 하나의 통일적인 색조를, 예를 들면 하나의 희미한 즐거움의 빛, 하나의 통일적인 슬픔의 어두운

리학적 이해는 벌써 타자의 존재를 전제한다. 오히려 기분은 공동존재 속에서 세계, 타자 및 실존을 등근원적으로 개시하는 실존론적 근본양식 중 하나이다. 즉 "기분은 세계, **공동현존재** 및 실존의 등근원적 개시성의 한 실존론적 근본양식이다."(SZ, 182)

『존재와 시간』에서는 사실 구체적으로 어떤 기분 속에서 특히 타자의 존재의 개시성이 두드러지는지에 대한 실존론적 분석은 없다. 오히려『존재와 시간』에서 분석되는 주된 기분은 주지하다시피 근본 기분으로서 불안과 그것의 파생적 양태로서 두려움이다. 역설적으로

> "불안은 현존재를 〉solus ipse〈로서 단독화하고(vereinzelt), 개시한다. 그러나 이
> **실존론적 〉유아론〈**은 고립된 주관이라는 것을 무세계적 사건의 아무렇지도 않
> 은 한 공허함 속에 옮겨놓는 것이 아니고, 도리어 현존재를 극단적 의미에서 곧바
> 로 세계로서의 자기 세계에 직면시키고 이와 함께 현존재 자신을 세계-내-존재
> 로서의 자기 자신에게 직면하게 하는 것이다." (SZ, 250, 강조는 인용자에 의함)

불안이 드러내는 단독화된 실존은 탈세계적 실존이 아닌 세계를 그 전체로서 직면하는 실존으로서, 타자가 다만 선행하는 모범을 보임으로써 영향을 끼칠 수 있는 단독화된 실존이다. 그러나 하이데거를 따르면 "공동 존재는 타자가 현실적으로 전재하지 않고 지각되지 않을 때에도 현존재를 실손본적으로 규성한다. 따라서 현존새의 단독존재[홀로 있음](Alleinsein des Daseins)도 세계 안에서의 공동존재이다. 타자가 없다는 것

색조를 부여하는 감정의 통일체" 혹은 "개별적인 의식내용을 넘어서 내상 진체에 두루두루 피
져 있는 감정으로서, 자신의 빛을 통해 모든 대상들에 색조를 부여하며 동시에 모든 즐거운 자
극들에 대해서는 우리의 마음을 열어 놓도록(그리고 반대로 불쾌한 자극들에 대해서는 우리의
마음을 닫아버리도록)"하는 현상인 것이다. Husserl. M, 30, M, 94~95 참조. 이남인, 「후설의
기분의 현상학」,『후설의 현상학과 현대철학』(풀빛미디어, 2006), p.p.48~49에서 재인용.

도 공동 존재 안에서(in)만 또 공동존재에 대해서(für)만 가능하다."[123] (SZ, 161) 그러나 불안 속에서 타자가 전제될 뿐 타자 자체가 개시되는 것은 아니다.

그런데 하이데거는 『형이상학이란 무엇인가?』에서 구체적 분석 없이 선언적으로 근본 기분으로서 기쁨(Freude)이 바로 타자를 그 존재 자체에서 개시한다고 주장한다. "이러한 드러내 보임[즉 존재자를 그 전체에서 드러내 보임]의 다른 가능성을-그저 단순히 어떤 한 사람이 아니라-**사랑하는 사람의 현존재의 그 자리에 있음**이 주는 기쁨(die Freude)이 함축하고 있다." (GA9. 110)[고딕체는 인용자에 의함] 이처럼 하이데거는 비록 제한적이지만 타자체험이 단순히 후설의 타자경험(Einfühlung)과 같은 타자의 〉영혼 삶〈에 대한 반성적 앎 이전에 기쁨과 같은 기분 속에서 근본적으로 이루어지고 있으며 더욱이 타자체험을 통해 타자가 대상으로서 구성되는 것이 아니라 존재차원에서 개시되고 있음을 주장하고 있다.

4.3 이해의 기투 속에서 타자의 개시성

두 번째로 기분을 통해 드러난 세계와 공동존재와 실존으로서 현존재는 "사실적으로(tatsächlich) 있는 것보다 …… 항상 그 이상이다. 그러나 현존재는 현존재가 현사실적으로(faktisch) 존재하는 것보다 그 이상은 결코 아니니, 왜냐하면, 현존재의 현사실성에는 본질적으로 존재 가능이 속하기 때문이다." (SZ, 193) 이처럼 세계와 실존[혹은 내-존재]을 존재 가능으로서 개시하는 것이 이해이다. 즉 이해는 우선 앎이라는 인식의 양식이

---

123 메를로 퐁티 역시 "고독은 의사소통과 딜레마 관계가 아니라 하나의 동일한 현상의 두 가지 계기"라고 주장한다. "나의 체험은 어떤 방식에서 나에게 타인들을 제시해 주어야 한다, 왜냐하면, 그렇지 않으면 나는 고독에 관해 이야기할 경우가 없어지며, 타인에 대해서 접근 불가능하다고 선언할 수조차 없기 때문이다." (PP.413)

아니라 '할 수 있음', '실존할 수 있음'으로서 존재 기능의 개시방식이다. 이제 이해는 기투라는 "실존론적 구조" 좀 더 자세하게 표현하면 "현실적 존재 가능의 활동범위(Spielraum)의 실존론적 존재틀(Seinverfassung)"(SZ, 193)을 갖고 있다. 따라서 이해는 세계의 세계성인 유의의성을 향해서 근원적으로 기투하거나 현존재의 궁극목적을 향해 기투함으로써 세계-내-존재로서 현존재 자신을 구성한다. 물론 "두 가지 이해는 두 근본 가능성 중 어느 하나에 자기를 기투한다고 해서 다른 한쪽을 거부하는 것은 아니다. 도리어 …… 세계를 이해할 때는 언제나 내-존재가 함께 이해되고, 실존 자체의 이해는 언제나 세계에 대한 이해이다."(SZ, 194)

이제 세계 내부적 존재자가 우선은 세계의 선이해를 기반으로 용재자, 즉 도구로서 "그 유용가능성(Dienlichkeit), 사용가능성(Verwandbarkeit), 유해가능성(Abträglichkeit)"(SZ,192)에 있어서 개시되는 것처럼, 타자 역시 우선은 세계 내부적 용재자를 통해서 **고려적 이해** 속에서 만날 수 있다. 타자는 단순히 도구와 같은 용재자가 아니고 현존재와 더불어 세계와 현존재 자신을 개시하는 존재, 즉 공동존재에 속하는 공동현존재이다. 따라서 하이데거는 공동현존재에 특유한 마음씀(Sorge)의 방식으로서 배려(Fürsorge)라는 표현을 사용한다. 그러나 여전히 "고려되는 것으로부터 그리고 그것을 이해함으로써 배려적 고려(das fürsorgend Besorgen)도 이해된다. 이처럼 타자는 우선 고려적 배려(besorgender Fürsorge)에서 개시되어 있다."(SZ, 165) 이와 같은 고려적 배려의 극단이 "말하자면 타자로부터 〉 고려〈를 빼앗아서 그의 고려를 자기가 대신하고 그를 대리함(einspringen für)"으로써 타자를 "의존자나 피지배자"로 만드는 것이며, "이런 배려는 용재자에 대한 고려와 진배없다."(SZ, 163)

그렇다면 정반대로 현존재의 궁극목적을 향해 기부함으로써 실존에 대한 선이해를 기반으로 타자를 만날 수도 있지 않을까? 그것을 우리는 "타자의 실존에 관계하지 타자가 고려하는 것에 관계하지 않는 배려"(SZ,163) 속에서 찾을 수 있다고 본다. 하이데거를 따르면 "이런 배려는 타자를 도와서 그가 배려 속에 있음을 꿰뚫어 보게 하고, 이 고려에 대해 자유로워지게 한다." (SZ,163) 실제로 이런 해방적 배려는 현존재 자신이 타자에게 모범을 보임으로써 상대방으로 하여금 감동하게 하고, 자진해서 참여하게 하는 방식으로 실천된다.[124]

4.4 전달과 들음으로서 말함 속에서 타자의 개시성

공동존재로서 내-존재를 특히 타자와의 상호적 관계 속에서 이해할 때 하이데거는 '**상호존재**'(Miteinandersein)라는 표현을 사용한다. "말한다는 것은 세계-내-존재의 이해가능성을 〉의의부여하면서〈(bedeutende) 분절하는 것이지만, 세계-내-존재는 공동존재가 속하므로, 말한다는 것은 그때마다 고려하는 상호존재의 일정한 방식 속에서 유지된다." (SZ, 214~215)

말함 속에서 타자와의 만남은 **전달과 들음** 속에서 각각 해명될 수 있다. 먼저 전달은 앞서도 강조했듯이 "의견이나 소망의 체험을 한 주관의 내면에서 다른 주관의 내면으로 옮기는 그런 것이 결코 아니다." 오히려 **"전달이 공동의 기분과 공동존재의 이해내용을 나누는 것이다……** 다시 말하면 공동존재는 이미 존재하지만, 단지 [주제적으로]포착되지 않고 자기 것으로 되지 않은 것으로 나뉘어져 있지 않을 뿐이다." (SZ, 215) [강

---

124 배려의 두 가지 극단적 양상에 대한 하이데거의 분석은 헤겔의 주인과 노예의 인정투쟁을 상기시킨다. 먼저 "타자로부터 〉고려〈를 빼앗아서 그의 고려를 자기가 대신하고 그를 위해 진력하는" 관계, 즉 지배자와 피지배자의 관계는 노예가 주인의 노동을 대신함으로써 주인은 오히려 사물의 소비, 궁극적으로는 자신의 존재의 인정을 노예에게 의존하게 되는 관계와 상응한다. 재차 배려가 본래적 마음씀, ─ 즉 타자의 실존에 관계하지 타자가 고려하는 어떤 것에 관계하지 않는 배려로서 타자를 도와서 그가 고려 속에 있음을 꿰뚫어 보게 하고 이 고려에 대해 자유로워지게 하는 관계는 바로 주인과 노예가 보편적 자유의 이념 속에서 대등하면서도 자율적인 자기의식적 주체로서 상호인정을 수행하는 관계와 상응한다. 그러나 양자 모두 고려거리로서 일, 사물 이전에 원초적 만남 과정에서 서로의 존재에 의존하는 관계를 고려하지 못하고 있다.

조는 인용자에 의함] 물론 여기에는 상대방과 이미 공유한 이해라면 굳이 전달이 왜 필요하냐는 의문을 제기할 수 있을 것이다. 우리 판단에는 여기에서도 일종의 해석학적 순환이 발생하고 있다고 볼 수 있다. 먼저 기분과 이해를 통해 개시된 그때그때의 공동세계의 세계성인 유의의성과 공동현존재의 실존으로서 궁극목적이 말함으로서 전달을 통해 분절화되고, 분절화된 이해를 완성하는 것이 해석이다.

예를 들어보자. 내가 회사의 임원으로서 종업원을 만날 때 이미 우리는 그때그때의 기분, 이를테면 엄숙함, 딱딱함 혹은 활기참 혹은 지루함의 분위기 속에서 각자의 이해관계와 공동의 이해관계를 도모하는 앞으로 업무와 관련해서 만난다. 양자에게는 각자의 직책과 직위와 연관된 업무체계가 일종의 유의의성 혹은 적재성의 지시연관 전체로서 개시되어 있을 것이다. 이제 지시, 권고, 경고, 설득 혹은 회의와 동의, 거절 등의 방식으로 전달이 상호존재로서 서로에게 이루어질 것이다. 이때 여러 가지 양상의 전달 속에서 공동세계로서 업무체계가 분절화됨으로써 각자가 업무체계를 "~로서" 해석할 수는 조건이 마련되는 것이다. 여기에 참여하는 사람 중 누군가 이를테면 업무체계를 아직 인수 · 인계받지 못한 신입사원이 있다면 그는 공동세계에 참여하지 못하는 공동현존재의 결여태가 될 것이다. 반대로 이미 업무체계를 잘 알고 있는 기존 종업원이라면 임원이 어떤 전달을 하기 전에 이미 업무에 대한 선이해, 혹은 수행능력을 갖추고 있다는 뜻이다. 이처럼 세계 내부석 존재사 곁에서 고려하면서 타자를 배려하는 방식과 반대로 순수하게 타자의 실존 자체에 대해 기쁨에 사로잡힌 배려 속에서 이루어진 만남, 이를테면 사랑하는 연인에게 은밀하게 사랑을 고백하는 일에서도 유사한 분석을 할 수 있을 것이다. 여하튼 핵심은 그것이 고려적 배려든 순수한 배려는 선날은 공유된 이해 가능성 없이는 불가능해진다는 것이며, 전달을 통해 공유된 의미가 분절되고 명확해진다는 것이다.

들음은 전달과 마찬가지로 말함을 구성한다. 언어의 음성화가 말에 근거하듯이, 음향의 지각은 들음에 근거한다. 재차 현존재가 듣는 것은 이해하기 때문이다. 누군가의 말을 듣는다는 것은 공동존재로서 현존재가 타자에 대해 실존론적으로 개방되어 있다는 것이다. 이 개방되어 있음은 이제 "타인과 함께 화젯거리가 되고 있는 존재자 곁에 있는 것이다." (SZ, 218)

5절 후설의 타자경험이론에 대한 하이데거의 비판 영향 : 사르트르, 레비나스 그리고 메를로-퐁티의 타자이론을 중심으로

서론에서도 밝혔다시피 후설에 대한 하이데거의 비판은 후설 이후 현상학자들의 사상에 지배적인 영향을 미쳤다. 특히 타자경험이론에 대한 하이데거의 비판은 사르트르, 레비나스 그리고 메를로-퐁티의 타자이론에 결정적 영향을 미친다.

5.1 타자는 반성적 방법을 통해서 구성되기 이전에 선반성적 경험을 통해 만난다.

우리는 앞서 하이데거가 타자에 접근할 때 지속적으로 현상학적 반성 이전의 타자경험이나 타자의 개시성이 가능하며 더욱이 반성적 타자경험을 가능하게 하는 근거임을 강조하고 있음을 알게 되었다. 현상학적 반성 이전의 타자경험에 대한 하이데거의 강조는 사르트르, 레비나스 그리고 메를로-퐁티에게 공통으로 영향을 미친다.

5.1.1 사르트르

사르트르는 『존재와 무』(1943)에서 인식론적 차원에서 '자기인식' 이전에 존재론적 체험 차원에서 '자기의식'을 분석하면서 자기의식으로서 대자 존재를 논의의 중심에 둔다. 이때 존재론적 차원의 자기의식을 사

르트르는 "비정립적(non-thétique) 의식"(EN. 19)이라고 표현한다. 바로 이 비정립적 의식이 한편으로는 나의 지각적 의식의 조건이며, 다른 한편으로는 반성 이전의 코기토로서 그것이 데카르트적인 코기토의 조건을 이룬다.

> "반성이 반성 되는 의식을 그 자신에 대해 드러내 보이는 것이 아니다. 그것과는 반대로 비반성적 의식이 반성을 가능하게 하는 것이다." (EN. 20)

나아가 사르트르는 타자의 시선을 통해 나의 존재를 느끼는 전형적 경험으로서 이를테면 내가 질투심에 불타서, 호기심이 일어나 못된 버릇이 고개를 쳐들어, 문에 귀를 바짝 붙이고 열쇠 구멍으로 안을 들여다보고 있는데, 갑자기 그런 내 모습을 누군가가 보고 있다는 것을 알게 되는 상황, 즉 부끄러운 상황을 깊이 있게 분석한다.[125] 분명히 누군가 타자는 여기서 대상-타자가 아니라 나를 지켜보는 **주체-타자**이다. 이제 문제는 그런 주체-타자에 의해서 보이는 나는 대상-자아가 아닐까? 그러나 사르트르는 이 경우 "내가 그것으로 있으면서 **그것을 인식하지 않는 나로서** 나에게 현전한다"(EN. 319)고 주장한다. 바로 "의식의 존재론적 근거로서 대자의 존재법칙은 자기에의 현전(présence à soi)이라는 형태 아래에서 대자가 대자 자신으로 있는 것이다." (EN. 119) 이처럼 타자의 시선이 나를 대상-자아가 아닌 주체-자아로 현전하게 하는 까닭은 **부끄러움**이 "나로 하여금 '시선을 받고 있는 자'의 상황을 인식하게(connaître) 하는 것이 아니라 살게 하는(vivre) 것"(EN. 319, 강조는 인용자에 의함)이기 때문이다. 반면 나의 부끄러움을 내가 인식하자마자 나는 더는 부끄럽지 않게 된다. 그래서 사르트르는 염탐하고 있던 비반성적 의식으로서 '나'와 부끄러움이 나에게

---

125 EP. 310~364 참조.

나타내 보여주는 이 '시선을 받고 있는 자아'의 관계는 인식의 유대가 아니라 존재의 유대임을 주장한다.

5.1.2 레비나스

레비나스 역시 현상학적 반성의 방법론적 한계에서 하이데거나 사르트르의 견해와 크게 다르지 않다. 먼저 레비나스는 『존재에서 존재자로』(1947)에서 주체가 존재에 연루되어 있음을 권태나 무기력과 같은 반성이전의 기분차원에서 분석한다.

> "권태 속의 존재는 존재함에 연루되어 있음(engagement à exister)을 상기시켜 준다."(EE. 31)

존재함에 대한 불가능한 거부의 두 번째 단계는 무기력이다.

> "이 두 번째 단계의 부정 속에서도 역시 무기력은 존재의 성취이다. …… 무기력의 본질은 [존재와] 계약되어 있음을 증명하는 배신"(EE. 39)

이다. 분명히 권태나 무기력은 사유나 느낌이나 의지처럼 '의식내용'이라는 점은 분명하다. 그런데 바로 반성을 통해서 그것을 깨닫는 순간 권태나 무기력의 기분이 갖고 있는 존재론적 개시성의 특성은 사라져 버린다.

> "반성만이 우리 역사의 모든 사건에 대해 '순수형식의 자격'을 부여하며 또 그것들을 '내용물'로서 배열하고 '사건으로서의 극적인 성격'을 은폐해 버린다. 내용으로 고려되는 한에서 피로와 무기력은 그것들이 실현해 내는 바를 드러내 주지 못하거나, 그[실현하는 바를 고려할] 경우 피로와 무기력은 '무력한 거절'이라는 점을 드러내 주지 못한다."(EE. 30~31)

나아가 레비나스는 후설의 지향성 개념이 타자의 타자성을 동일성으로 해소해버리는 결정적인 이유를 바로 현상학적 반성으로서 판단중지와 현상학적 환원에서 찾는다. 레비나스에 따르면 그가 『존재에서 존재자로』에서 후설의 지향성 개념으로 표현하는 "육체적 의미가 들어 있지 않은 중성화된 의미"(EE.56) 혹은 그의 후기 저작인 『전체성과 무한성』(1961) 혹은 『존재와 다른 것, 또는 존재 저편에』(1974)에서 표상적 지향성의 담지자인 자아는 "타자에 의해 아무런 규정도 받지 않은 채 [일방적으로] 타자를 규정해버린다."[126] 레비나스는 타자의 타자성을 해소하는 동일화의 기능이 표상적 지향성의 주체가 갖는 "자신에게 나타난 것과의 모든 연관에서 벗어나 자유롭게 머무는"(EE. 80), "오로지 자기로 머물 수 있음의 힘"(EE. 81) 때문이라고 본다. 주체가 가진 이런 힘을 레비나스는 바로 후설이 말하는 현상학적 환원, 판단중지에서 찾는다. 후설의 "현상학적 환원은 세계 안에서 인간의 운명과 이런 '자연적 태도의 테제'를 중지할 가능성, 곧 엄밀한 의미에서 철학적 반성(이 반성 속에서 '자연적 태도' 자체의 의미, 즉 세계의 의미는 다시 발견될 수 있다)을 시작할 가능성 사이를 표시한다."(EE. 64) 레비나스는 특히 현상학적 반성을 통해서 현상으로서 대상을 파악하고 소유하는 과정을 빛의 조명에 비유한다.

"빛은 내재적인 것을 통해 외재적인 것을 포장하는 일(enveloppement)을 가능하게 해주는데, 여기서 이 내재적인 것은 코기토와 의무의 구조 자체이다. …… 밖으로부터 도래하는 대상은 빛을 통해서 그 대상에 선행하는 지평 위에서 이미 우리에 대해서 존재한다. 밖으로부터 온 대상은 이미 파악되어 있고, **우리에게서 나온 것처럼** 되며 우리 자유가 명령한 것처럼 된다." (EE. 76, 강조는 인용자에 의함)

---

126 레비나스, 『전체성과 무한성』130(이남인, 「후설의 초월론적 현상학과 레비나스의 타자의 현상학」 p.330에서 재인용)

표상적 지향성이 갖는 동일화의 기능은 바로 여기에 있다. 현상학적 반성의 명성석으로서 빛을 통해서 외부로부터 온 대상이 "이미 우리에 대해서 존재"하고, "우리에게서 나온 것처럼" 된다는 것은 바로 타자의 타자성의 해소 및 동일화에 불과하다.

5.1.3 메를로-퐁티

메를로-퐁티는 『지각의 현상학』(1945)에서 타자의 세계를 다루면서 한편으로는 타자에 대한 지각차원에서는 유아론을 반대하면서도, 타자에 관한 판단 차원에서는 타자에 대한 현전화의 체험을 근거로 유아론을 인정한다. 그러나 재차 유아론을 의사소통의 한 가지 계기로 통합시킨다. 특히 유아론을 극복하는 과정에서 메를로-퐁티는 반성과 선반성의 관계를 활용한다.

> "반성의 대상은 반성을 전적으로 벗어날 수는 없다. 왜냐하면, 우리는 '저 체험'을 통해서만 그 대상에 대한 개념을 갖기 때문이다. [그러나] 반성은 어떤 방식에서는 비반성적인 것을 제시해야 한다. 그렇지 않으면 우리는 반성이 대립할 수 있는 그 어떤 것도 갖지 못하게 되며, 반성은 우리에게 전혀 문제가 되지 않게 돼버리기 때문이다. 유사하게 나의 체험은 어떤 방식에서 나에게 타인들을 제시해 주어야 한다, 왜냐하면, 그렇지 않으면 나는 고독에 관해서 이야기할 경우가 없어지며, 타인에 대해서 접근 불가능하다고 선언할 수조차 없기 때문이다." (PP. 412~413)

반성이 어떤 방식에서는 비반성적인 것을 제시해야 한다는 것과 나의 체험은 어떤 방식에서는 나에게 타인들을 제시해주어야 한다는 것은 단순한 유비가 아니다. 타인은 반성 이전에 비반성적인 것으로서 나에게 이미 제시되어 있다. 비반성적인 것에 대해 앎이나 접근 불가능한 타자에 대한 앎이란 모두 불완전하고 애매한 앎이다. 그러나 이런 불완전성과 애매성은 이를테면 반성적인 자기인식이 갖는 필증적 명증성과는 또 다른 차원의 명증성을 갖는다. 하이데거가 불안이나 권태의 기분의 명증성을 말할 때에도, 사르트르가 타자 시선으로 인한 부끄러움의 명증성을 말할 때에도, 그리고 레비나스가 권태나 무기력의 기분 속에서 존재자가 존재에 연루되어 있음의 명증성을 논의할 때에도 모두 한편으로는 그것이 드러내는 존재자의 내용에서는 불명료함을 넘어 가상과 착각의 가능성을 갖고 있으나 모두 뭔가 단순히 임의의 사물이나 사건이 아니라 내가 외면하는 뭔가 나를 당혹하게 만드는 세계의 무의미성이나 타자의 현존을 깨닫게 해주는 존재사건의 필연적 명증성을 가진다. 메를로-퐁티 역시 선반성적인 것이 반성적 체험이나 타자에 대한 현전화의 체험에 대해 모두 "어떻게 내가 나 자신 밖으로 전진할 수 있는가(peux faire une pointe hors de moi-même)와 비반성적인 것 그 자체를 살아낼(vivre l'irréfléchi comme tel) 수 있는가를 알아낸다"(PP. 413)고 주장한다.

5.2 자기구성을 토대로 타자구성 그리고 세계구성이 이루어지는 것이 아니라 세계 속에 던져짐 속에서 이미 나는 타자와 함께 있다.

후설에게 타자경험의 이론의 출발점은 "초월론적 환원을 통해 초월론적 자아인 나 자신을 반성"(Hua I, 132)함으로써 타자경험의 타당성의 토대[127]로서 **나의 고유한 원초적인 영역을 확보**하는 것이다.[128]

---

127 후설은 『성찰들』에서 반복적으로 현재 자신의 논의가 시간적 발생의 논의가 아닌 정적 분석, 즉 타당성 정초를 위한 분석임을 밝힌다. "중요한 것은 시간상으로 경과하는 발생의 드러냄이 아니고, 정적 분석이다."(Hua I, 136), "여기서 시간상으로 선행하는 자기경험의 근거 위에서 이런 종류의 경험[타자경험]의 시간적 발생이 문제거리 되는 것이 아니므로, 명백히 다만 타자경험 속에서 실제로 증명 가능한(aufweisbaren) 지향성에 대한 정확한 해석과 그 지향성 속에서 본질적으로 함축된 동기 부여들의 증명(Nachweisung)은 우리에게 해명을 제공해줄 수 있다." (Hua I, 150)

128 나의 고유한 영역 속에는 우선 필증적 명증성 속에서 주어지는 구성하는 자기의식의 양상들 및 자기의식의 양상들은 아니지만, 그것과 불가분하게 결합하여 있는 구성된 것들로서 "나 자

"[이런] 나의 원초적 세계의 근본토대 위에서 …… 그 최초의 단계로서 나의 구체적인 고유한 존재로부터(원초적 자아로서 나로부터) **배제된 자아인 타자 혹은 타자 일반을 구성하는 단계**가 부각돼야 한다. 이와 하나가 되어, 더욱이 이를 통해서 동기 부여되어, 나의 원초적인 세계 위에서 하나의 일반적인 의미의 '층의 구축'(Aufstufung)이 수행되고, 이를 통해서 나 자신을 포함해서 모든 사람에게 **하나의 동일한 세계인 하나의 규정된 객관적 세계가 현출**된다." (Hua I, 137)

요컨대 후설의 구성 순서는 자기구성으로부터 타자구성에 이르고 이와 같은 타자구성을 토대로 객관적 세계구성이 이루어진다. 비록 초월론적 자아가 자기구성의 출발단계에서부터 원초적인 자신의 고유한 세계와의 지향적 관계 속에서 타자구성과 객관적 세계 구성으로 나아간다는 점에서 단적으로 탈 세계적 주관이라고 말할 수는 없지만, 원초적 세계에 국한해서만 본다고 하더라도 그것은 일단 유아론적 세계이며, 더욱이 초월론적 자아가 그 속에 의존하는 것이 아니라 그것을 구성한다.

반면 우리가 이미 확인한 것처럼 하이데거에게 세계는 초월론적 주관을 토대로 타자가 구성되고 이제 나와 타자가 함께 구성하는 대상의 총합이 아니라, 현존재가 이미 그때그때 세계 속에서 세계 내부적인 존재자들 곁에서 타자와 함께 현-존재한다. 이런 점에서 세계와 타자는 현존재의 존재에 있어서 불가결한 계기들이다. 그에 따라 하이데거가 보기에 세계와 타자가 판단중지와 현상학적 환원을 통해서 배제된다면 초월론적 자아의 원초적 영역만이 남는 것이 아니라 아무것도 남지 않게 된다. 결국, 현상학적 환원 자체가 불가능하거나 무의미하다는 말이 된다.

신의 테두리 속에 내재적 시간성들로서 나 자신에게 고유한 것으로 구성되는 감각적 자료들"과 "나 자신의 고유한 모든 습득성(Habitualität)을[그뿐만 아니라] …… 초월적 대상들, 예를 들어 외적 감각의 대상들, 다양한 감각적 현출의 방식들의 통일체들"(Hua I, 134)도 속한다.

5.2.1 사르트르, 레비나스, 그리고 메를로-퐁티

후설과 하이데거의 현상학의 영향을 받으면서 자신의 현상학적 사유를 전개해나간 사르트르와 레비나스는 상대적으로 세계에 대한 논의가 부족하다. 이 부분은 별도로 다뤄볼 수 있는 중요한 주제로서 사르트르와 레비나스의 결함이기도 하다. 반면 메를로-퐁티는 다른 누구보다도 하이데거의 세계-내-존재로서 현존재의 성격을 자신의 사유 속에 적극적으로 받아들인다. 특히 의식에 대한 메를로-퐁티의 규정은 철저하게 하이데거에게 영향을 받고 있다. 이를 통해 메를로-퐁티는 의식이 타자와 공존할 수 있는 결정적 근거를 찾아낸다.

> "의식과 관련해서, 의식은 더 이상 구성하는 의식으로서, 말하자면 순수한 대자
> 존재로서 생각되어서는 안 되며, 오히려 지각적 의식으로서, 행동의 한 가지 패
> 턴의 주체로서, 세계 혹은 존재-속에-존재함으로서 생각되어야 한다." (PP. 404)

메를로-퐁티에게 일상 속에서 이루어지는 의식의 사유작용이란 단순히 주의가 향하는 특정한 대상이나 사태에 대한 지각, 판단, 추론 작용이 아니다. 일상에서 이루어지는 개개의 동작과 지각은 그 동작과 지각이 속해 있는 상황 혹은 세계의 "수많은 잠재적인 공존관계에 의해 즉각적으로 처해 있다(se situe)." (PP. 151) 또한, 지인과의 대화 속에서 우리는 이전에 했던 대화들을 의도적으로 환기할 필요가 없다.

> "나의 경험에 그 이차적인 의미를 부여하는 이러한 획득된 세계들(ces mondes
> acquis)[즉 이전에 했던 대화상황과 내용들]은 나의 경험의 일차적인 의미에 기
> 초가 되는 일차적인 세계 속에서 그 자체로 윤곽이 드러난다(découpés)." (PP.
> 151)

메를로-퐁티는 이처럼 공간적 지평과 시간적 과거 지평 속에 있었던 침전된 잠재적 세계들이 현실적인 의식의 사유활동에 지속해서 작동하고 있다고 본다. 즉 "세계의 구조는 침전성(sédimentation)과 자발성(spon-tanéité)이라는 자신의 이중적 계기와 함께 의식의 중심에 존재한다." (PP. 152) 다시 말해 의식은 철저하게 세계 혹은 존재-속에-존재함이다. 바로 이처럼 세계가 침전성과 자발성을 통해 나의 의식 중심에 존재한다는 말은 결국 나의 의식이 단순히 나만의 일인칭적 의식이 아니라는 것이며, 나에게 침전된 세계에는 바로 타자도 함께 공존한다는 점에서 나의 의식이, 의식이 되기 위해서는 타자와 세계가 이미 존재해야 한다는 주장이 된다.

5.3 자기구성을 토대로 타자가 구성되기 이전에 타자구성이 자기구성에 우위를 가진다.

하이데거가 보기에 후설의 초월론적 자아는 사물과 타자와 세계를 구성하는 존재이지, 사물과 타자와 세계에 의해서 구성되는 존재자가 아니다. 이미 우리가 확인한 것처럼 후설은 『이념1』에서 초월론적 자아의 절대성을 강조하면서 "사물세계가 무화되더라도 의식의 존재는 비록 변양은 되지만, 그 고유한 실존에서 전혀 영향을 받지 않는다"(Hua III.1 104)고 주장하며, 나아가 "순수성 그 자체에서 고찰된 의식은 스스로 닫혀 있는(geschlossener) 존재연관으로서 간주해야 하며, 아무것도 그 안으로 꿰뚫고 들어갈(hineindringen) 수 없고 아무것도 그에게서 벗어날 수 없는 (entschlüpfen) 절대적 존재연관"(Hua III.1 105)이라고 주장한다. 이런 관점에서 이제 초월론적 자아의 자기구성에서 타자의 영향력을 주장한다는 것은 후설 자신의 초월론적 관념론의 입장의 일관성을 포기하는 일이다.

반면 하이데거는 현존재는 "어떤 방식으로건 이미 발견된 세계 속에 머무는 존재로서 이미 언제나 밖에, 세계 속에 있다."(GA20, 221) 이때 세계는 본래적인 존재차원이든 비본래적 존재차원이든 공동존재 속에서 개시되는 세계이다. 또한, 현존재가 세계 속에서 만나는 사물도 "사물이 타자에게 용재적인 것으로 되는 그런 세계에 따라서 만나는 것이다." (SZ, 157) 결국 현존재는 이미 어떤 방식으로든 타자와의 공동존재 속에서 개시되는 세계 속에서 존재하기에 후설적으로 표현한다면 타자와 세계는 현존재의 존재의 구성에서 결정적인 계기이다. 그리하여 하이데거는 "타자들이란, 사람들이 대개 그들로부터 자신을 구별하지 않고 그들 속에 섞여 있는 그런 사람들이다. 이 그들과 '함께 또한, 현 존재한다'." (SZ, 158)

사실 하이데거는 현존재의 존재에 있어서 타자와 세계의 불가피성을 주장한다는 점에서 자아의 자기구성에서 타자의 소극적 역할만을 강조하는 데 그친다. 그러나 이제 메를로-퐁티와 사르트르 그리고 레비나스는 자아의 자기구성에서 타자의 소극적 규정을 넘어 타자의 영향력을 좀 더 적극적으로 주장한다.

5.3.1 메를로-퐁티

메를로-퐁티는 나의 자유가 내가 세계 속에 던져져 타자에 의존해 있음과 상충하는 것이 아니라 오히려 전자가 어떻게 후자에 의해서 결정되는지를 『지각의 현상학』의 후반부 「조건 지워진 자유」[129]에서 잘 보여준다.

"역할과 상황의 일반성은 결정의 구원자가 된다. 상황과 상황을 인수한 자 간의 이러한 교환에서 '상황 부분'과 '자유 부분'을 경계 짓는 것은 불가능하다. 한 사람을 실토하게 하려고 고문을 한다고 치자. 고문하는 자가 원하는 이름과 주소를 고문받는 자가 제공하기를 거부할 때, 고문받는 자의 결정은 아무런 버팀대도 없이 단독으로 이루어지는 것이 아니다. 그는 아직 그의 동지들과 함께한다고 느끼고, 공동투쟁에 아직 가담하고 있다고 느낀다. 그래서 말할 수 없었다. …… 이러

---

129 『지각의 현상학』 제3부 「대자존재와 세계-에로-존재」, 3장 [자유], 13절 조건 지워진 자유.

한 동기들은 자유를 폐기하지 않는다. 적어도 이 동기들은 자유가 존재에 근거한 버팀목도 없이 성립하는 것이 아님을 보여준다. 결국, 고통에 저항하도록 한 것은 발가벗은 의식이 아니라, 그가 살아가는 관점 아래에서 그의 동지들 혹은 그가 사랑하는 사람들과 함께 갇힌 자아이다. …… 요컨대 그가 그렇게 고통에 저항하여 버티도록 한 것은 어떤 공존재(Mit-sein)의 양식이다." (PP. 517~518)

일반적으로 세계로 투입되어 있다는 것, 좀 더 구체적으로 어떤 상황 속에 처해 있다는 것은 자유를 제약하기도 하지만 자유를 박탈한다는 의미의 제약이 아니라 바로 자유를 가능하게 한다는 의미의 제약인 것이다. 세계와 상황 속에 던져져 있음, 더욱이 타자와 더불어 공존재의 양식 속에 처해 있음이 바로 결단과 저항의 자유를 가능하게 하는 근원적인 힘이 된다. 메를로-퐁티에게 세계로의 투입성은 함께 동고동락하는 사회의 일원 예를 들어 가족, 계급의 일원 그리고 역사의 일원 예를 들어 민족 속의 일원으로 사는 것이다. 그에 따라 투입성은 각자에게 살아나 가는 힘이요, 때에 따라서는 자신의 희생도 무릅쓸 수 있는 가능 조건이 된다.

5.3.2 레비나스

그러나 여전히 메를로-퐁티는 하이데거와 마찬가지로 타자가 자아의 자기구성에서 필요조건일 뿐 결정적인 충분조건은 아니다. 그러나 이제 사르트르와 레비나스는 자아의 실존 자체가 타자에 의해 결정적으로 영향을 받고 있음을 강조한다. 앞서 5장 1절에서도 지적했듯이 사르트르는 나의 행위에 대한 타자의 시선 속에서 내가 단순히 자아-대상이라는 인식대상에 머물지 않고 자아-주체로서 현존할 수 있음을 부끄러움의 상황에 대한 분석을 통해서 보여준다.[130]

---

130 그러나 비록 사르트르가 분석하지는 않았지만 사실 부끄러움이 아니라 정반대로 자부심에서도 우리는 타자의 시선 혹은 태도가 나의 현존에서 결정적일 수 있다고 본다. 는 『윤리학』에서 행복의 궁극성과 자족성을 부각시키기 위해 명예심의 상대성과 의존성을 분석하고 있다. 그러

레비나스는 지성주의, 인식중심의 철학을 비판하면서 특히 후설에서 명백하게 드러나는 것처럼 자기로 물러섬으로써 판단중지와 현상학적 반성으로 나타나는 현상학적 환원은 유아론적 고독을 낳는다고 주장한다.

> "세계와 빛은 고독이다. 주어진 대상들, 옷을 입은 존재들은 나 자신과 다른 것이다. 그러나 그것들은 나의 소유이다. 빛에 의해 조명된 이 대상들은 어떤 의미를 지니며, 따라서 마치 그것들은 나에게서 나온 것들 같다. 이해된 우주 속에서 자아는 혼자이다. 즉 자아는 결정적으로 하나인 그런 존재 속에 갇혀 있다." (EE. 144)

그러나 존재론적 고독에서 용서받고 자기 자신에 갇혀 있는 자아가 해방되는 길은 타자성을 간직한 타자로의 운동을 통해서 이루어진다. 타자와의 참된 관계는 결코 후설처럼 공감과 소통을 통해 이루어지지 않는다. 오히려 역설적으로 레비나스는 "사랑 속에서 우리가 소통의 실패라고 일컫는 것은 분명 [타인과의] 관계의 긍정성을 구성한다"(EE. 163)고 주장한다. 또한, 레비나스의 처지에서 보면 하이데거처럼 배려거리를 뺏고 뺏기는 지배, 피지배의 관계라는 비본래적 관계 맺음을 통해서 이루어지지 않을 뿐만 아니라 타자가 또 다른 본래적 실존으로 존재할 수 있도록 본래적 실존의 모범을 보이는 관계를 통해서도 이루어지지 않는다. 왜냐하면, "진력하고 지배하는 배려와 모범을 보이는 해방하는 배려"(SZ, s.164)라는 상호 존재의 방식은 상호성, 대칭성을 전제하는데, 레비나스에 따르면 "문명사회의 특성인 관계의 상호성 속에서 상호주관적 관계의 비대칭성은 잊히기"(EE. 162) 때문이다. 반면 사르트르의 대타 존재를 통한 대자 존재의 지시에 대해서는 이중적이다. 한편으로는 대상화된 자아가 아닌 순수

나 아리스토텔레스가 말하는 행복은 다른 모든 것이 자신을 위해 존재하지만, 자신은 다른 것을 위해 존재하지 않는 신적인 존재자에게나 가능한 것이라는 점에서 비현실적이지만, 명예심과 같은 감정은 인간의 사회성을 보여줄 수 있는 결정적인 증거임을 주장할 수 있다.

한 자발성으로서 참된 자아는 반성적 인식이 아닌 대타존재의 현전을 통해 자기로 현전한다는 사르트르의 주장에 대해, 분명 타자를 통해 자아를 자기라는 유아론적 감옥에서 탈출시켜 준다는 점에서, 레비나스는 동의하겠지만, 다른 한편으로는 구체적으로 하나의 대자존재로서 타자는 결국에는 또 다른 대자존재인 자아의 가능성을 불가능하게 함으로써 대상화시킬 수 있는 여지가 있다. 비록 사르트르가 헤겔의 주인과 노예의 변증법을 비판하면서 주체의 성립에서 타자의 역할을 찾아내었지만, 주체로서 나는 항상 타자를 대상화시킬 수 있고, 또 다른 주체로서 타자는 나를 대상화시킬 수 있다. 이것이 사르트르의 역전가능성 의미이다. 반면 레비나스는 타자에 대한 관계는 역전시킬 수 없는 관계이다.

6절 후설의 초월론적 상호주관성의 현상학 입장에서 대응전략

후설의 초월론적 상호주관성의 현상학의 전체모습을 그려내기 위해서는 앞서 언급한 공식적인 출판물과 강의뿐 아니라 후설의 유고가 수록된 『상호주관성의 현상학』 1, 2, 3권 전체에 대한 분석이 필요하다. 우리는 이것을 2부에서 타자경험에 대한 후설의 분석을 중심으로 시도할 것이다. 그러나 서론에서도 밝혔다시피 현재 논문에서는 후설의 상호주관성의 현상학 입장에서 후설의 타자이론에 대해 5절에 검토한 하이데거, 사르트르, 레비나스, 메를로-퐁티의 공통된 해석과 비판에 과연 효과적으로 대응할 수 있는지 그리고 있다면 그 대응전략은 무엇인지를 밝혀보는 데 만족하려고 한다. 이 대목에서 우리는 메를로-퐁티의 다음과 같은 지적이 좋은 방법론적 지침이 될 수 있을 것이다.

"정말로 나의 대화 상대방이 내가 말한 것에 대해 제기하는 반대는 나로부터 내가 소유한 줄 몰랐던 생각들을 끌어낸다."(PP, 407)

다시 말해 하이데거로 대표되는 20세기 전반 후설 현상학 후예들의 후설에 대한 비판, 특히 후설의 타자이론에 대한 비판은 후설로부터 후설 자신도 소유한 줄 몰랐던 타자이론과 관련된 새로운 생각들을 끌어낼 수 있을 것이다.

6.1 반성의 반성을 통해 타자에 대한 선반성적 경험을 드러낼 수 있다.

분명 하이데거가 밝힌 내-존재의 개시성의 세 가지 계기로서 기분과 이해 그리고 말함은 후설이 밝힌 현상학적 반성으로서 판단중지와 현상학적 환원에 대비해서 명백한 존재론적, 방법론적 의의를 가진다. 먼저 존재론적 차원에서 존재와 존재자의 차이에 대한 해명에서 기분과 이해와 말함은 결정적인 역할을 한다. 또한, 방법론적 차원에서 기분과 이해와 말함은 반성적 인식 이전에 비반성적, 선반성적 체험, 삶 자체가 갖는 개시성을 구체적이고 체계적으로 입증해준다. 물론 기분이나 선술어적 앎과 언어에 대한 후설의 유고연구에서도 하이데거와 유사한 주장들을 찾아낼 수 있기는 하다. 그러나 이에 대한 후설의 산발적인 연구들은 하이데거만큼 체계적이면서도 목적 의식적으로 기분과 이해와 말함을 종합적으로 결합하지는 못했다. 그런 까닭에 분명 사르트르, 레비나스 그리고 메를로-퐁티는 하이데거의 개시성의 세 가지 계기를 적극적으로 수용하고 있다.

따라서 선반성적 경험들이 갖는 개시성과 관련해서 후설 역시 유사한 주장을 하고 있다고 주장하기보다는 오히려 현상학적인 반성적 방법이 과연 이런 선반성적 경험들과 양립할 수 없는가 나아가 후자들이 전자의 방법을 필요로 하지 않는가 하고 물음을 던지는 것이 더 효과적이나.[131] 이

---

131 후설이 1929년 하이데거의 당시 저작들-『존재와 시간』(1926), 『칸트와 형이상학의 문제들』(1929), 『근거의 본질에 대해서』(1929)- 을 연구하고 특히 강의 -『형이상학이란 무엇인가』(1929)-를 들은 후에 하이데거 철학에 대해서 가장 문제로 삼은 것이 바로 하이데거 철학이 초

와 관련해서 하이데거나 사르트르, 레비나스, 메를로-퐁티 모두가 공동의 비판하는 후설의 초월론적 관념론의 한 가지 완성된 형태를 보여주는 『이념들1』에서 우리는 다음과 같은 구절에 주목할 필요가 있다.

"반성의 시선 안으로 새로 들어오면서 그때그때의 살아있는 체험은 실제로 살아있는 체험으로서 '지금' 존재하고 있는 체험으로서 제시된다. 그러나 이러한 체험으로서 제시될 뿐 아니라 그것은 '방금' 존재하고 있었던 것으로서 제시되며, 그것이 아직 시선 안으로 들어오지 않는 한에서 바로 그러한 비반성적인 것으로서 존재하고 있는 것으로서 제시된다." (Hua III.1, 162~163)

우선 첫 문장을 읽어보면 반성은 그때그때의 살아있는 체험에 대해 사후적 인식이 아닌 체험 자체와 동시적으로 수반되는 시선일 수 있다. 나아가 두 번째 문장의 전반부를 읽어보면 원래의 체험 자체가 시간 속에서 흐르기 때문에 그런 체험에 대한 반성 역시 그 체험을 지금 존재하는 체험으로뿐만 아니라 방금 존재하고 있었던 체험으로 제시한다. 그리고 두 번째 문장의 후반부를 읽어보면 사후적 인식이라고 하더라도 체험 자체를 초시간적 대상으로 인식하는 것이 아니라 바로 반성 되기 이전의 비반성적인 것으로서 존재하는 것으로서, 즉 체험, 삶 자체로서 드러낸다.

이처럼 반성은 자연 과학적 방법으로서 귀납적 일반화와 법칙적 추상화와는 분명 다르다. 물론 반성의 목표가 반성된 체험이 갖는 특정한 유형이나 법칙의 사례로서 갖는 본질성에 주목할 수도 있다. 그러나 반성은 반성된 체험이 갖는 비반성적 체험으로서 현사실성을 계속 붙들고

월론적 현상학적 환원의 무시 때문에 심리학적인 것, 인간학적인 것에 붙들려 있다는 점이다. 이런 판단 때문에 후설은 "하이데거의 심오함", "천재적인 비학문성"을 자신이 함께할 수 없다는 것을 밝히고, 하이데거의 철학을 방법적으로도 사태적으로도 자신의 현상학의 테두리 안에 편입할 수 없음을 분명히 밝힌다. (Hua XV, xxii~xxvii 참조)

있을 수 있다. 이때 반성된 체험이 본래 비반성적 체험이었고 그런 비반성적 체험 자체로서 그것이 갖는 개시성을 밝히기 위해서는 반성만으로는 부족하다. 바로 반성의 반성이 필요하다. 그리하여 후설은 다음과 같이 주장한다.

> "이 반성적인 작용 자체는 또다시 체험류에 속하며, 대응하는 더 높은 단계의 반성 속에서 현상학적인 분석의 대상으로 될 수 있으며 또 되어야 한다. 왜냐하면, 일반적인 현상학에 대해 그리고 현상학에서의 필수불가결한 방법론적 통찰에 대해 이러한 현상학적 분석이 그 기초를 이루기 때문이다." (Hua. III.1, s.165)

즉 반성적인 작용이 현상학에서 필수불가결한 방법론적 통찰이 되기 위해서는 **반성에 대한 반성**이 필요하다. 분명 반성은 선반성적인 비반성적 체험을 통해 동기 부여된다. 분명 모든 그때그때의 체험들이 인간에게 지속해서 반성을 동기 부여하는 것은 아니다. 반면 이를테면 세계전체의 유의미성의 상실되는 불안의 기분, 내가 사랑하는 사람이 곁에 있다는 사실에 대한 기쁨, 누군가의 시선 속에서 느끼는 자신의 존재에 대한 부끄러움 혹은 삶에 대한 권태나 무기력 혹은 이성에 대한 사랑, 자식에게 느끼는 동질감과 이질감, 불행한 운명과 고통 속에 빠진 인간에 대한 측은함 혹은 내 가족과 이웃 혹은 민족에 대해 느끼는 책임감이 나에게 그런 기분들 속에서 개시하는 바가 무엇인가(Was-sein) 그리고 어떻게 개시되는가(Wie-sein)에 대해 반성을 하도록 일깨운다. 재차 반성이 자칫 초시간적인 절대적이고, 구성적이고, 이념적인 내재의 세계로 물러나 일종의 이와 같은 기분들이 개시하는 바를 이념화, 법칙화시킴으로써, 그런 기분들이 제공하는 사태의 현사실성을 외면하도록 하지 않게 하려면 재차 반성에 대한 반성을 통해서 반성된 체험으로부터 비반성적 체험이 갖는 현사실성에 직면하도록 해야 한다. 이때 반성의 반성 역시 최초의 반성이 갖는 외면, 도피를 통해 동기 부여된다. 하이데거, 사르트르, 레비나스가 특히 기분의 개시성과 관련해서 강조하는 바가 바로 기분이 개시하는 바에 대한 외면, 도피야말로 더욱더 그 개시하는 바에 의해 지배되고 있음을 방증하는 것이라고 주장하기 위해서라도, 그런 반성적 도피에 대한 반성이 필요한 것이다.

바로 메를로-퐁티는 분명 현상학적 반성이 갖는 한계를 문제로 삼으면서도 반성을 포기하기보다는 반성의 반성을 통해 반성을 근본화하고 이를 통해 현상학을 근본화한다.

"만약 반성이 반성으로 정당화되려면 즉 반성이 진리를 향한 과정으로 정당화되려면 세계에 대한 시각을 다른 시각으로 대체하는 것에 만족해서는 안 된다. 반성은 세계에 대한 소박한 시각이 반성된 시각에서 어떻게 이해되고 또 간과되는가를 우리에게 드러내 보여야만 한다. 반성은 자신의 출발점인 비반성적인 것을 밝혀야 하고, 비반성적인 것 자체가 출발점으로서 이해될 가능성을 드러내야 한다." (PP. 247)

"반성은 의식의 결과들에 대해서뿐만 아니라 반성 자체에 대한 의식을 갖지 않고서는 완전할 수 없다. 반성이 반성적인 태도 혹은 공격 불가능한 코기토 속에 우리를 끼워 넣어서는 안 된다. 반성은 반성에 대한 반성이어야 한다. ……. 우리는 그저 철학을 수행해서는 안 된다. 우리는 철학이 세계의 모습과 우리의 실존에 끌어들인 변형이 어떤가를 설명해야 한다." (PP. 75)(강조는 인용자에 의함)

이처럼 현상학적 반성은 일회적인 반성이 아니라 반성의 반성, 반성의 반성의 반성을 거듭함으로써 비반성적인 것으로서 세계와 타자에게서 더 멀어지는 것이 아니라 비반성적인 것에 더욱 가까워지는 것이다. 그러나 한 가지 분명한 것은 현상학적 반성의 순서가 사태 그 자체의 순서일 수는 없다는 점이다. 또한, 현상학적 반성 역시 인식의 질서와 존재의 질서를 혼동하지 않는다. 현상학적 반성은 명백히 반성하는 나 자신에게 명료한 것, 분명한 것으로부터 명료하지 못한 것, 불분명한 것으로 나아간다. 인간인식의 한계상 명백히 우리는 분명한 것으로부터 불분명한 것을 이해하지 불분명한 것으로부터 분명한 것을 이해하지 못한다. 비록 막연한 불분명한 것이 분명한 것을 일깨우는 동기는 될 수 있지만, 발생의 과정을 거꾸로 거슬러 올라가서 사태의 질서를 밝히기 위해서라도 우선은 나 자신에게 명백한 것에서부터 출발하는 것은 반성적 방법의 기본원리이다.[132] 다만 현상학적 반성이 미치지 못하는 영역에 대해서는 일종의 정신분석적 해석이나 발달심리학적 연구성과에 대한 현상학적 재해석을 통해서 보완이 이루어질 수 있다.

6.2 타자, 세계구성의 정적, 발생적 정초연관을 구별함으로써 자기구성과 타자, 세계구성의 긴밀성을 밝힐 수 있다.

앞서도 지적했지만, 후설이 『데카르트적 성찰들』에서 특히 제오성찰에서 일차적으로 해명하려고 했던 과제는 상호주관적 세계의 시간적 발생적 과정이 아니라 나의 원초적 세계로부터 타자구성 그리고 타자구성으로부터 객관적 세계의 구성의 초시간적인 타당성 정초 관계이다. "중요한 것은 시간상으로 경과하는 발생의 드러냄이 아니고, 정적 분석이다." (Hua I, 136), "여기서 시간상으로 선행하는 자기경험의 근거 위에서 이런 종류의 경험[타자경험] 시간적 발생이 문제가 되는 것이 아니므로, 명백히 다만 타자경험 속에서 실제로 증명 가능한(aufweisbaren) 지향성에 대한 정확한 해석과 그 지향성 속에서 본질적으로 함축된 동기 부여들의 증명 (Nachweisung)은 우리에게 해명을 제공해줄 수 있다." (Hua I, 150) 특히 44

---

132 이 점에서 반성철학과 해석학은 해명의 순서가 정반대이다. 반성이 좀 더 분명한 이해로부터 불분명한 것을 해명하려고 한다면, 해석학은 막연하고 불분명한 것으로부터 해석학적 순환을 통해 좀 더 분명하고 명료한 해석으로 나아간다.

절에서부터 47절까지 논의된 초월론적 상호주관성의 현상학은 상호주관성에 대한 정적 현상학이다. "상호주관성이라는 표제 아래에 떠맡은 것, 무엇보다 제오성찰의 44절~47절에서 원초성이라는 표제 아래에 떠맡은 것은 다름 아닌 상호주관적 세계의 구성을 위한 가능 조건으로서 타자경험(empathy;Einfühlung)의 증거에 대한 비판이다."[133]

하이데거나 메를로-퐁티는 바로 후설이 초시간적인 타당성 정초의 차원에서 분석한 타자구성과 세계구성의 과정을 후설 자신이 현실적인 발생적 구성으로 주장한다고 오해한 것이다. 물론 하이데거의 경우에도 4장 2절에서 지적했듯이 "의식의 형식적 현상학"(SZ.154), "타자경험(Einfühlung)의 특수한 해석학"(SZ. 167)처럼 내재적 반성을 통한 자아에로의 접근이 갖는 의의를 인정한다. 또한, 메를로-퐁티의 경우에도 분명 타자에 대한 경험의 문제와 그런 경험의 검증 문제를 구별한다. "내가 문화적 대상 속에서 익명성의 베일 아래 타자들이 가까이 현존하고 있음을 느끼는 것(éprouver)"과 "이런 문화적 세계에 대한 지각이 검증되는 것(se vérifier)"을 구별한다. (PP. 400) 나아가 타자에 대한 지각과 타인에 대한 판단을 구별하여 후자의 경우 타인이 "사실로서 타당해지기 위해서는 나에 의해 이해되거나 어떤 방식으로는 체험되어야 한다"(PP. 411)고 주장한다. 그러나 하이데거나 메를로-퐁티는 항상 이런 인식론적 접근이 현존재의 실존론적 분석론과 같은 기초존재론이나 신체적 지향성에 입각한 타자와 세계구성을 토대로 가능하다고 본다.

그러나 인식론이 단순히 존재론에 의존하는 파생적인 영역이 아닌 것처럼 타자와 세계경험의 타당성 정초는 타자와 세계에 대한 존재론적 정초에 의존하는 파생적인 영역이라고 보기는 어렵다. 후설은 타자경험, 세

---

133 Nam-In Lee, 「Static-Phenomenological and Genetic-Phenomenological Concept of Primordiality in Husserl's fifth Cartesian Meditation」 (Husserl Studies 18, Kluwer Academic Publishers, in Netherlands, 2002년) p.p.169~170

계경험의 타당성을 정초하기 위한 토대로서, 현상학적 반성을 통해서 도달하는 원초적인 영역을 이상적이고 규범적인 영역이라고 부른다.

"구성적으로 말해서, 나 자신이 모든 다른 인간들을 위한 원본적 규범인 것처럼, 인간존재는 동물과 비교해서 규범적인 사례이다." (Hua I, 154)[134]

여기서 우리는 후설이 하이데거 저작들에 대한 연구 이후[135]에 하이데거에 대한 대결적 의도에서 쓴 유고[136]에서 우리는 외견상 상충하는 구절들을 읽을 수 있다.

"만일 나의 존재는 내가 존재하는 것으로서 경험하는 세계에서 분리되어 생각될 수 없다고 말한다면, 그렇다면 따라서 나는 다음과 같이 말해야 하지 않을까? : 타자의 존재와 타자는 세계에서 분리되어서 생각될 수 없다. 모든 생각 가능한 세계는 여하간 타자를 포함해야 한다." (Hua XV, 42), "나는 세계를 희생하지 않고서는 어떤 타자도 분리해서 생각할 수 없다." (Hua XV, 46)

여기서는 분명 세계나 타자는 나와 분리해서 생각될 수 없다는 것을 강조한다. 반면

"나의 원초적 영역들 속에서 어떠한 타자도 구성되어 있지 않은 한, 이것이 실제로 사유 가능하다고 가정한다면, 나의 원초적 세계는 나의 원초적 자아의 한갓 형성물일 것이다." (Hua XV, 43)

---

134 Nam-In Lee, 같은 글, p.183에서 재인용.

135 Iso Kern에 따르면 후설의 하이데거의 저작에 대한 본격적인 연구는 1929년 7, 8월경에 이루어졌다고 한다. (Hua XV, xxii).

136 1929년 10월 말 혹은 11월 초에 쓴 유고로 추정.

주지하다시피 여기서 후설은 초월론적 유아론적 자아로 환원을 하고 있다.[137] 첫 번째 인용 구절들에서 후설은 발생적 차원에서 나와 타자와 세계의 불가분리성을 말하고 있지만, 두 번째 인용 구절에서 후설은 타당성 차원에서 나의 원초적 세계로부터 타자의 분리의 사유 가능성을 말하고 있다.

즉 타당성 차원에서는 객관적 세계의 단계적인 구성에서 필증적인 원초적 영역에로의 환원을 시도할 수 있지만, 반면, 발생적 차원에서는 나와 타자의 상호주관적 자연 세계, 문화 세계의 형성과정을 해명할 수 있다. 특히 후자와 관련해서 "나의 초월론적 삶이 타자와 관련되어 있음"(Hua XV, 48)을 우리는 항상 발견하며, 또한, "나를 촉발하며, 내가 그 속에서 살며, 나의 자유로운 작용 삶을 통해 [그것의] 내용성을 [타자와] 함께 규정하는 것이 바로 세계이다."(Hua XV, 49) 한편으로는 세계는 나에 의해 온전하게 구성되는 것이 아니라 타자와 함께 구성되는 것이며, 또한, 세계는 동시대 우리에 의해서 온전히 구성되는 것만이 아니라 과거 세대를 통해 구성된 세계가 현재의 우리를 촉발한다.

따라서 발생적 정초의 측면에서 세계는 다양한 측면에서 연구될 수 있다. 첫째 나와 타자의 심리 물리적 구성에서 공통된 세계인 자연 세계의 형성과 작동 측면에서 해명될 수 있으며, 이때의 자연 세계는 동료 인간뿐만 아니라 동물, 식물들까지 초월론적 주체로서 함께 관여하는 세계이다. 둘째, 공동체의 일원으로서 공동체적 활동을 통해 형성되는 단체, 민족, 국가 등과 같은 문화 세계 및 그 세계 속 문화 사물들-유형, 무형의 문화사물-의 형성 및 작동과정을 해명할 수 있을 것이다. 셋째, 현재 세대가

---

137 문법적으로 따져보면 세계와 타자를 나와 분리할 수 없다는 첫 번째 인용문장들은 사실적 진술인 반면, 타자를 나로부터 분리해서 생각할 수 있다는 두 번째 인용문장들은 접속법을 활용한 가정적 진술이다. 즉 현실적으로 세계와 타자는 나로부터 분리될 수 없지만, 가정 상 분리해서 생각해볼 수는 있다는 뜻이다.

과거 세대에 물음을 던지면서 역사적 세계를 형성할 수 있으며, 이런 역사적 세계의 형성과 작동과정 역시 해명될 수 있을 것이다.

이처럼 후설의 현상학의 틀 내에서 발생적 측면과 타당성 측면에서 세계에 대해 다각적 측면에서 그것의 형성과 작동 그리고 타당성을 해명할 수 있다.[138] 그리고 바로 이런 명확한 구분과 체계적 해명 속에서 우리는 후설의 타자이론에서 특히 세계성의 측면에 대한 하이데거 및 레비나스, 사르트르, 메를로-퐁티의 오해를 재비판할 수 있는 전략을 구상할 수 있을 것이다.

6.3 자기구성과 타자 구성의 상호성 해명을 통해 자기구성에 대한 타자구성의 우위 해명의 어려움과 해결의 실마리.

지금까지 후설의 상호주관성의 현상학에 대한 하이데거, 사르트르, 레비나스 그리고 메를로-퐁티의 해석과 비판을 검토하고 재평가하는 과정에서 분명 후설의 상호주관성의 현상학의 틀 내에서 이제 극복하기 어려운 비판에 도달했다. 앞서 2절에서 인용한 후설의 29년의 유고의 제목「구성적 주관의 존재우위. 세계적 자기객관화 속에서 구성된 세계로부터 주관성의 분리 불가능성. 자아의 필증성과 타자의 가정적 필증성」은 후설의 상호주관성의 현상학의 근본적 특징을 잘 보여준다.

자기지각을 통해 이루어지는 필증적으로 현전적인 자아와 타자경험(Einfühlung)을 통해 가정적으로 필증적인, 즉 현전화된 타아에 의한 세계의 수동적, 능동적 구성에서 항상 자아와 타아와 같은 초월론적 상호주관성이 우위에 있다. 비록 세계가 나와 타자를 촉발하고 나와 타자에게 침전한다고 하더라도 그런 촉발을 촉발로서, 침전을 침전으로서 경험하는,

---

138 특히 30년대 이후 후설의 많은 유고들 속에서 우리는 특히 상호주관적 세계에 대한 발생적 분석의 연구물들을 집중적으로 발견할 수 있고 연구할 수 있을 것이다. Hua XV 참조.

즉 구성하는 것은 자아와 타아와 같은 상호주관적 자아이다. 나아가 자아와 타자의 경우에도 자아는 필증적이지만 타아는 가정적으로 필증적이며 따라서 타아를 초월론적 상호주관성으로서 경험하는, 즉 구성하는 것은 자아이다.

그에 따라 후설의 현상학의 초월론적 구성의 논리 속에서 자아가 자신의 현존을 타자로부터 획득하거나 타자에 의해서 자신의 세계에서 해방되어 더 큰 세계로 나가는 비대칭적 구조는 해명될 수 없다. 물론 후설은 자아와 타자 간의 관계를 "상호적으로 서로에 대해 있음(ein Wechselseitig-für-einander-sein)"(Hua I, 158)으로 규정하면서 타자가 자아에 미치는 영향에 관해서도 주장한다. "내가 나에 대해서 가진 모든 견해는 자기 통각들로부터 비롯되며, 내가 반성적으로 나 자신으로 향해서 획득해서, 나의 존재에 대한 타자의 통각들(다른 주체들과의 결합 속에서 그들로부터 받아들였던 통각들)과 종합적으로 결합했던 경험들과 판단들로부터 비롯된다."(Hua VI, 209) 그러나 나의 실존 자체를 혹은 전체적인 세계로부터 무한한 세계로, 동질적 세계로부터 이질적인 세계로의 해방의 권리를 타자에게 허용하는 논리는 설명할 수 없다.

그러나 분명 우리는 사르트르나 레비나스를 언급하지 않고서도 우리의 일상에서 타자가 나에게 끼치는 막대한 영향력을 분명히 경험한다. 특히 발달심리학을 통해 밝혀지는 유아의 애착 경험들을 보면 부모나 양육자의 수용과 해석이 유아의 자각적인 의도적 행위와 표현을 가능하게 한다고 한다. 이것은 발생적으로 타자의 경험이 자아의 자기구성에 결정적일 수 있음을 시사한다. 우리는 3부에서 20세기 후반 사회적 정서, 인지발달심리학과 후설의 타자경험의 발생적 현상학의 대화를 통해서 주체구성보다 상호주관적 공동구성의 우위와 나아가 타자구성의 우위의 가능성을 모색해볼 것이다.

5장

메를로-퐁티의『지각의 현상학』에서 타자경험의 현상학 변용과 발전 : 피아제 및 현대 사회적 인지, 정서발달 이론과의 대화를 중심으로

　주지하다시피 메를로-퐁티는 다른 어떤 현상학자보다도 실증과학, 특히 정신병리학적, 신경병리학적 장애나 영유아의 발달심리학에 대한 경험적 연구와 대화를 수행했다. 자하비의 지적처럼 그는 이와 같은 대화를 통해서 단순히 현상학을 통해 실증과학에 어떤 제약을 가하려고 하기보다는 오히려 실증과학과의 대화를 통해서 현상학의 변용과 발전을 모색했다.[139] 이때 메를로-퐁티가 단순히 현상학을 실증과학으로 환원시켜버리거나 초월론적 현상학의 본질을 포기하지 않으면서 대화를 수행할 수 있었던 것은 바로 그가 현상학적 태도, 좀 더 정확하게는 지향적 심리학적 태도와 초월론적 태도 아래에서 실증과학의 경험적 발견과 이론을 재해석함으로써 현상학의 변용과 발전을 모색했기 때문이다.

　현재 우리의 관심사인 타자경험에 대한 현상학적 분석과 관련해서 메를로-퐁티는 피아제의 아동발달 심리학의 경험적 연구성과를 한편으로는 재해석하면서도 다른 한편으로는 비판한다. 놀라운 것은 영아의 신체모방행위에 대한 메를로-퐁티의 해석 그리고 영유아, 아동으로부터 청소년으로의 발달과정에 대한 피아제의 입장에 대한 메를로-퐁티의 비판은 피아제에 대한 20세기 후반 발달 심리학의 비판 및 새로운 경험적 발견과 해석을 예견하게 한다는 점이다. 더욱 흥미로운 것은 20세기 후반의 발

---

139 Dan Zahavi, Phenomenology and cognitive science : Prospects and perils, 이득재 옮김, 「현상학과 인지과학」, 문화/과학, 2010, 문화과학사, 266~267 참조.

달 심리학의 새로운 경험적 연구들, 특히 영유아의 사회적 인지발달과 관련하여 발견된 것들이 기존의 행동주의나 기능주의적 관점이 아닌 현상학적 관점을 부분적으로 채택하면서 이루어졌다는 사실에서도 당대 발달심리학의 연구성과에 대한 메를로-퐁티의 현상학적 비판과 재해석은 큰 의의를 가진다.

반면 20세기 후반의 현대 발달심리학의 새로운 연구성과들, 특히 사회적 정서나 인지발달 심리학의 발견과 해석 중 일부는 메를로-퐁티의 타자경험의 현상학의 관점, 특히 타자지각의 선인칭적 익명성 및 타자지각의 존재론적 측면과 인식론적 측면의 미구분에 대한 메를로-퐁티의 관점과 양립하기 어려운 점이 있다. 물론 현상학적, 초월론적 태도 속에서 수행되는 메를로-퐁티 타자경험의 발생적 현상학은 대개는 자연주의적 태도 내에서 수행되는 실증과학의 가설이나 이론체계와는 차원이 달라서, 메를로-퐁티의 이론이 새로운 경험적 발견을 통해서 단순히 반증 되거나 수정되어야만 하는 것은 아니다. 그러나 메를로-퐁티의 현상학적 관점에서 당대의 발달심리학의 이론들에 대한 비판적 재해석을 통해 현상학 내부의 변용과 발전이 모색되었던 것처럼 반대로 발달 심리학의 새로운 발견과 이론들에 대한 현상학적 재해석을 통해서 메를로-퐁티 현상학의 또 다른 변용과 발전을 모색할 가능성도 열려 있을 것이다.

이제 우리는 본 논문을 통해서 이와 관련된 세 가지 사항을 규명해보고자 한다. 첫째, 후설의 초월론적 현상학과 대비해서 지각의 현상학으로서 메를로-퐁티의 현상학의 이념, 근본사태, 방법 및 이에 입각한 타자경험의 현상학의 성격에 대한 명확한 규정과 이해가 필요하다.[140] 둘째, 후설을 포함해서 당대의 발달심리학의 경험적 연구성과, 특히 피아제의 인지

---

140 본인은 「후설의 타자이론의 근본화로서 메를로-퐁티의 타자이론 : 메를로-퐁티의 『지각의 현상학』을 중심으로」(『인문논총』 제65집, 2011년 6월, 서울대학교 인문학 연구원)에서 메를로-퐁티의 타자이론을 후설과의 비교 속에서 해명했다.

발달 심리학을 메를로-퐁티가 어떻게 비판하며 재해석했는지를 검토하면서 이와 같은 비판과 재해석의 타당성을 재차 20세기 후반의 발달심리학의 새로운 발견과 해석들로 평가해볼 것이다. 셋째, 나아가 20세기 후반의 발달심리학의 새로운 발견과 이론 중 메를로-퐁티의 타자경험의 현상학의 관점을 넘어서는 부분들이 무엇이 있으며, 이와 같은 발견들과 해석들이 어떤 점에서 메를로-퐁티의 현상학적 관점에서 수용되기 어려운지 나아가 이런 새로운 발견과 이론들을 현상학적으로 재해석하기 위한 새로운 타자경험의 현상학적 관점은 어떤 체계를 갖추어야 하는지 그 대략적 윤곽을 그려볼 것이다.

1절. 발생적 현상학으로서 메를로-퐁티의 타자경험 현상학

메를로-퐁티의 현상학은 일차적으로 지각의 현상학이다.[141] 지각은 우선 인상과 대조된다. 경험론자들이 말하는 인상은 지성작용과 같은 상부구조로부터도 단절되어 있지만, 무의식, 낮은 단계의 맹목적인 의지의 층 및 정서의 층을 포괄하는 하부구조로부터도 단절되어 있다. 반면 지각이란 이런 상부구조와 하부구조를 모두 포괄하는 두께를 갖는 지향적 경험작용이다.[142] 재차 이 지각은 칸트적인 의미에서 경험의 가능 조건이면서

---

141 이남인 교수는 「후설의 초월론적 현상학과 메를로-퐁티의 지각 현상학」(철학연구회 엮음, 『철학연구』 83, 2008, p.135)에서 좁은 의미의 지각 현상학과 넓은 의미의 지각 현상학을 구분한다. "좁은 의미의 지각 현상학은 수동적 지향성의 구조를 분석하는 발생적 현상학을 의미하며, 넓은 의미의 지각 현상학은 수동적 지향성과 더불어 능동적 지향성의 구조까지도 분석하는 발생적 현상학을 뜻한다. 두말할 것도 없이 『지각의 현상학』의 일차적 관심사는 수동적 지향성의 구조를 해명하면서 좁은 의미의 현상학을 전개하는 일이었다."

142 M. Meleau-Ponty, M. Phénoménologie de la perception. Gallimard, 1945. 65참조. 이하에서 『지각의 현상학』의 인용시 본문에 직접 (PP, 쪽수) 표시를 할 것이다. 또한, 후설 저작, 하이데거의 『존재와 시간』 그리고 사르트르의 『존재와 무』 역시 각각 (권수, 쪽수), (SZ, 쪽수), (EN, 쪽수) 표시를 할 것이다.

동시에 경험대상의 가능 조건으로서 초월론적 종합작용이 아니다. 왜냐하면, 후자는 시간과 공간의 직관형식을 기반으로 직관된 경험적 잡다를 지성적 범주를 통해 종합함으로써 대상을 구성하는 **추상적, 능동적, 객관화적 작용**인 반면, 전자는 "세계를 포용도 소유도 하지 못하지만, 향하기를 멈추지 못하는 세계에 운명지워진"(PP, xii) **수동적 지향작용**이며, "객관적 인식에서보다 우리의 욕망, 평가, 풍경에서 더욱 분명히 나타나는"(PP, xiii) **비객관화적 지향작용**이며, 신체적 실천성을 본질적 계기로 갖는 **신체적 지향작용**이다. 그에 따라 "이런 확장된 지향성 개념에 의해 현상학적 이해는 진실하고 변함없는 자연들에 국한되어 있는 지성작용과 구별된다."(PP, xiii) 그에 따라 메를로-퐁티는 이렇게 확장된 지향성 개념에 입각한 지각의 현상학이 **"발생의 현상학"**(PP, xiii)임을 주장한다. 확장된 지향성의 개념에 입각한 발생의 현상학은 따라서 수동적, 비객관화적, 신체적 지향작용이 능동적, 객관화적, 코기토적 지향작용의 발생적 원천이며, 재차 후자를 통해서 드러나는 대상이 전자를 통해 드러나는 현상을 통해, "통합되는(intégrer), …… 구성되는(constitue)"(PP, 73) 즉 발생적으로 정초되는 연관구조를 해명한다. (PP, 73)

　메를로-퐁티의 지각의 현상학을 발생적 현상학으로 규정하기 위해서는 무엇보다 객관적 세계와 현상적 세계와 초월론적 세계라는 사태상의 구분과 그런 구분을 가능하게 하는 방법에 대한 해명이 필요하다. 지각의 현상학은 일차적으로 지각을 통해 체험되는 사물과 타자신체 그리고 세계에 대한 순수기술에서 출발한다. 따라서 **메를로-퐁티의 순수기술은 『위기』에서 후설의 생활 세계적 환원과 동일한 목표를 가진다.**

　"후설이 초기의 현상학에 하달했던 최초의 지령은 기술심리학이어야 한다는 또는 사물 그 자체로 복귀해야 한다는 것이었다." (PP, ii) "사물 그 자체로 복귀한다는 것은 인식이 언제나 말하고 있는 인식 이전의 세계로 복귀한다는 뜻이다. 그리고 그것은 우리가 숲, 초원, 강에서 무엇인가를 처음 배우게 되었던 시골 풍경으로부터 지리학이 시작된 것처럼, 모든 학문적 규정이 그것의 추상적이고 파생적인 기호 언어로 되고 마는 그 세계로 복귀하는 것이다."(PP, iii)

이때 학문적 객관적 세계로부터 생활세계로의 환원으로서 순수기술은 생활세계로부터 그것을 구성하는 선개인적인 초월론적 자아로 되돌아가는 반성이 아니라, 생활세계 속에 나의 신체적 의식이 타자의 신체적 의식과 마찬가지로 내속해 있음, 즉 "의식의 선학문적 삶을 명시함, 밝혀냄 …… [즉] 지향적 분석"(PP, 71)으로서 반성이 필요하다. 왜냐하면, 단순히 생활세계 속에서 사는 것과 그렇게 살고 있음을 의식하는 것은 다르기 때문이다. 이처럼 사물과 신체와 의식이 그 속에 내속해 있음이 의식되는 세계가 바로 현상적 장이다. **따라서 여기서 반성은 후설이 『위기』에서 말하는 현상학적 심리학적 환원에 상응한다.**

주지하다시피 후설은 현상학적 심리학적 환원을 통해 드러낸 생활세계를 재차 초월론적 환원을 통해 초월론적 자아에 의해 구성된 세계로서 드러내고자 했다.[143] 그러나 메를로-퐁티는 한편으로는 '반성'과 '반성의 반성' (혹은 2차적 반성), '제일의 환원'과 '제이의 환원'을 방법상 구분하고 그에 상응해서 '현상적 장'과 '초월론적 장'을 사태상 구분한다. 나아가 일차적 반성, 환원을 통해 드러나는 현상적 장을 2차적 반성, 환원을 통해 드러나는 초월론적 장에 의해 구성하는 과정을 해명하는 것을 참된 구성의 문제를 본다. 그러나 다른 한편으로는 지각의 현상학을 명시적으로 초월론적 현상학이라고 명명하지 않는 데는 까닭이 있다. 혹은 다른 각도에서 이 문제를 조명한다면, "심리학자의 기술이 충실한 것인 한에서 초월론적 태도는 저 기술 속에 이미 함축되어 있으며"(PP, 72), "심리학적 반성

---

143 후설은 『위기』에서 초월론적 현상학에로의 단계를 크게 네 단계로 나누고 있다. 1) 객관적 학문에 대한 판단중지와 함께 생활 세계적 일상으로 되돌아오기, 2) 생활세계 속에서 반성을 통한 현상학적-심리학적 환원 3) 현상학적-초월론적 환원

은 한번 시작되면 자신의 고유한 운동으로 자기 자신을 넘어선다"(PP.73)
고 말함으로써 현상학적 심리학적 태도와 초월론적 태도의 실행 사이의
연결 끈을 놓치지 않으려는 데는 이유가 있다. 왜냐하면,『지각의 현상학』
(1945)에서 셀 수도 없을 정도로 반복적으로 강조하는 것처럼, 모두 투명
하게 밝힘으로써 오히려 사태 속에 본질적으로 내재한 구체성, 복잡성, 애
매성을 추상화시켜버리는 초월론적 자아의 관념론적 폭력성-문제의 발
견도 해결도 아닌 문제의 무효화-을 메를로-퐁티는 경계했기 때문이다.

> "따라서 우리는 반성이 자신의 기술적 특성을 자신이 기초를 두고 있는 대상에서
> 계속 유지하기를 원하고 그 대상을 참되게 이해하기를 바란다면, 우리는 반성을
> 보편적 이성에로의 단순한 복귀로 간주해서도 안 되고, 그것을 미리 비반성적인
> 것에서 실현해서도 안 되며, 다만 반성을 **비반성적인 것의 사실성에 스스로 참**
> **가하는 창조적 작용**으로 간주해야 한다. 이것이 모든 철학 중 유일하게 현상학만
> 이 초월론적 장을 말하는 이유이다." (PP,74)

반성의 반성, 제2의 환원을 통해서 드러나는 초월론적 장은 이미 나의
최초의 지각에서 이미 열려 있었다. (PP, 418) 다만 비반성적인 것으로 머
물러 있었을 뿐이다. 따라서 근본적 반성은 부단히 지각을 통해 열려 있
었고 열리고 있고 열릴 수 있는 저 비반성적인 것으로 부단히 참가해야
한다. 이때 초월론적 장의 열림은 세계의 구성을 의미하는 것이며, 다만

> "세계는 이미 구성되어 있다. 그러나 결코 완전하게 구성된 것은 아니다. 세계가
> 이미 구성되어 있다는 것과 관련해서 볼 때 우리는 [세계로부터] 요청을 받고,
> 세계가 완전히 구성된 것이 아니라는 것과 관련해서 볼 때 우리는 **가능적인 것들**
> **에 무한하게 열려 있다.**" (P.P, 517)

따라서 열림으로써 구성에 대한 해명으로서 근본적 반성은 한편으로

는 비반성적인 것의 사실성이 갖는 수동성과 창조적 작용이 갖는 능동성의 모순적 성격을 함께 지니지 않을 수 없다.

이제 타자경험의 현상학 역시 메를로-퐁티에게는 후설의 초월론적 현상학의 프로그램 내에서는 제기될 수 없다.[144] 왜냐하면, 경험론자들의 인상 현상론이나 칸트의 지성의 관념론에서 타자경험이 철학적 문제로서 제기되지 않는데, 메를로-퐁티가 보기에 후설의 초기 현상학도 칸트적인 초월론적 관념론과 본질적으로 다르지 않기 때문이다. 비록 메를로-퐁티가 명시적으로 언급하고 있지는 않지만, 외부의 실체뿐만 아니라 내부의 자아라는 실체마저 그에 상응하는 인상이 없다는 점에서 배제하는 흄의 현상론에서는 타아는 물론 자아마저 경험의 대상이 될 수 없다. 또한, 메를로-퐁티에 따르면 칸트식의

"초월론적 관념론은 세계로부터 불투명성과 초월성을 제거한다. 세계는 엄밀하게 말해 우리가, 인간들로서 혹은 경험적 주체로서가 아니고, 우리가 모두 하나의 빛이고 그것의 통일을 깨뜨림 없이 일자에 참여하는 한에서, …… 타자의 문제 …… 에 대해서는 전혀 아는 바가 없다." (PP, vi)

---

144 그러나 메를로-퐁티는 후설 저술의 대다수, 심지어는 마지막 시기에 출간된 『위기』에서도 개진된 보편적 이성으로 초월을 주장하는 초월론적 현상학을 경계했지만, 후설은 새로운 초월론적 현상학 프로그램으로서 발생적 현상학을 모색하던 20년대 중반 강의(1925년 여름학기)인 『현상학적 심리학』(IX) 결론 부분에 해당하는 43절에서 모나드에 대한 정적 탐구와 발생적 탐구를 구분하면서 다음과 같이 주장한다. "모나드는 …… 현상학적 환원 속에서 …… 분석의 직접적 직관 속에서 탐구될 수 있는 주관적인 것의 통일체이다. 발생적 탐구란 그 속에서 모나드가 전개되고 발전하며, 모나드 내부에서 모나드적 자아가 자신의 인격적 통일성을 획득하며, 부분적으로는 수동적으로 선소여된, 부분적으로는 자아 자신에 의해 능동적으로 형성되는 하나의 주변 세계의 주체가 되며 그로써 하나의 역사의 주체가 되는 그런 수동적이면서 능동적인 발생들의 탐구이다." (IX,216) 물론 후설은 새로운 초월론적 현상학의 프로그램에 입각한 타자경험의 발생적 현상학을 체계적으로 서술하지는 못하고 다만 30년대 후기 유고를 통해서 이를 추구하고 있을 뿐이다.

흄의 현상론이나 칸트의 초월론적 관념론 모두 현실 세계로부터 반성적 분석을 통해 현실 세계를 경험하는 의식 내 존재하는 선인칭적 인상 혹은 자아로 환원해 버림으로써 지각을 통해서 경험되는 선학문적 차원의 생활세계, 즉 현상적 장이나 그 속에 처해있는 신체 및 의식의 수동성, 사실성을 간과하게 된다. 이 점에서는 메를로-퐁티가 경계하는 후설의 현상학도 예외는 아니다. 왜냐하면, 메를로-퐁티가 보기에는 후설의 현상학도 반성적 분석을 통해 타당성의 원천으로서 절대적으로 명증적인 선개인적인 초월론적 자아로 환원을 목표로 하기 때문이다.[145]

따라서 타자경험의 현상학은 지각의 현상학, 즉 발생적 현상학을 통해서만 가능하다. 그에 따라 현상적 장에서 타자는 항상 나와 함께 공존하는 신체적 의식으로 발견되며, 초월론적 장에서는 타자는 나와 마찬가지로 수동적, 능동적 구성의 주체, 즉 초월론적 주체성으로서 드러난다.

2절 피아제의 발달심리학에 대한 메를로-퐁티의 비판과 재해석 및 타당성

메를로-퐁티는 1945년 『지각의 현상학』을 『행동의 구조』와 함께 국가박사논문으로 제출한다. 사실 두 저서에서 정신병리학이나 신경생리학 혹은 형태심리학에 대한 메를로-퐁티의 연구 및 활용과 비교하면 발달심리학에 대한 메를로-퐁티의 연구 및 활용은 상대적으로 빈약한 편이다. 타자경험에 대한 메를로-퐁티의 초기 분석 역시 『지각의 현상학』에 국한해서 볼 때 그 주제의 중요함에 비해 제한적이다. 더욱이 타자경험의 현상학에 기반을 둔 상호주관성의 현상학의 핵심주제로서 역사, 사회현상학적 문제는 원칙적인 논의방향만 기술한다.

---

145 그러나 이미 3, 4장을 통해 확인했듯이 후설 타당성 정초 차원에서도 초월론적 상호주관성의 현상학은 반드시 필요함을 주장한다.

메를로-퐁티가 참조했던 발달심리학은 주로 피아제의 초기 심리학 저작들로서 피아제가 장 자크 루소 연구소의 연구부장으로 재직하면서 1923년부터 1932년 사이에 주로 언어에 의한 임상적 방법을 통해 아동의 사고와 행동발달에 대해 연구하면서 저술했던 저작들이다. 그중에서도 특히 아동이 어떻게 주변 세계를 바라보는지를 언어에 의한 임상적 방법을 사용하여 꿈, 나무, 태양, 달의 기원에 대한 이해를 다루었던『세계에 대한 아이의 표상』[146]과 아동이 구름과 같은 강의 움직임, 그림자 또는 물체가 물에 잠겼을 때의 물의 이동과 같은 자연적 현상의 원인에 대해 어떻게 이해하는지를 설명한『아동에게서 물리적 인과성』[147]이 대표적이다.

타자경험의 현상학적 분석에 국한해서 본다면 피아제의 발달심리학에 대한 메를로-퐁티의 연구는 두 가지 주목할 만한 점이 있다. 첫째, 메를로-퐁티가 명시적으로 인용하고 있지는 않지만, 피아제가 1936년에 출간한『모방, 놀이 그리고 꿈』에서 출생 후 약 2년간의 감각운동기 단계에서 발달하는 영아의 모방능력에 대한 분석 역시 메를로-퐁티의 타자경험의 발생적 현상학적 분석과 밀접한 관련을 맺는다. 둘째, 다른 실증과학에 대한 연구 및 활용과 비교해볼 때 피아제의 발달심리학에 대한 메를로-퐁티의 태도는 아주 비판적이다. 특히 영아의 모방능력에 대한 피아제의 해석 그리고 영아단계로부터 아동 시기에 이르기까지 아이의 발달단계가 이후 청소년과 성인기의 발달단계에 대해서 갖는 의미와 관련된 피아제의 해석에 대한 메를로-퐁티의 비판이 두드러진다. 더욱이 이 두 가지 사항은 타자경험에 대한 메를로-퐁티의 발생적 현상학적 분석에서 가장 본질적인 지점들이다.

146 J. Piaget, *La Représentation du Monde chez l'Enfant*, Paris, Presses Universitaires de France, 1948.

147 J. Piaget, *La Causalité physique chez l'Enfant*, Paris, Alcan, 1927.

2.1 타자경험의 직접성 : 유아의 신체모방 분석

2.1.1 타자경험의 직접성

타자경험의 현상학의 출발점에서 제기되는 타자경험의 타당성을 검증하기 위해서 메를로-퐁티는 자기 뜻을 피력하기에 앞서 기존의 의견을 소개한다.

> "나는 나를 둘러싼 도구들에 대한 타인들의 어떤 사용을 볼 것이고, 나는 그들의 행동(leur conduite)을 **나 자신의 행동과 유비 속에서(par l'analogie de la mienne)** 그리고 나에게 지각된 제스처의 의미와 의도를 가르쳐주는 나의 내적 체험을 통해서(par mon exérience) 해석한다. 최종적으로 타인들의 행동은 이런 이론에 의하면 항상 나 자신의 행동을 통해서 이해된다." (PP. 400) [강조는 인용자에 의함]

그러나 메를로-퐁티는 이런 의견이 타자경험의 타당성에 대해 올바른 접근이라고 생각하지 않는다. 왜냐하면, 위의 유비적 접근은 다음과 같은 의문들에 대해 무력하기 때문이다. 먼저 나의 행동과의 유비 속에서 타인의 행동을 해석하고자 할 때, 외부로부터 보인 타인의 신체적 행동으로부터 어떻게 타자의 의식이 경험될 수 있는지가 의문이며, 반대로 나의 내적 체험의 가르침으로부터 타인의 행동을 이해할 때, 타자의 의도, 생각 등이 타자의 행동을 통해 어떻게 외부로 나타날 수 있는지가 의문이다.

그렇다면 과연『데카르트적 성찰들』제오성찰에서 밝혀지고 있는 후설의 타자경험 이론은 타자경험의 타당성을 정초 하는 데 있어서 충분한가?

> "**나의 영역 속에서 저기 있는 자연물체**는 나의 원초적으로 구성된 자연 속에서 나의 물체적 신체와 거기서 심리 물리적으로 작동하는 자아와의 **짝짓는 연합의**

능력에 의해(vermöge der paarenden Assoziation) 타아를 현전화한다. 그것[저기 있는 자연물체]은 우선은 저기 있는 이런 물체 속에서 타아의 작동함을 그리고 간접적으로는 타아에게 지각에 적합하게 현출하는 자연 속에서 타아의 작동함을 현전화한다." (Hua I, 151)[강조는 인용자에 의함]

메를로-퐁티는 후설을 명시적으로 언급하지는 않지만 셸러의 입장을 빌어 간접적으로 후설의 '짝짓는 연합작용'이 유비추리(la raisonnement par analogie)와 별로 다를 바 없음을 시사한다. 유비추리는 자신이 해명해야 할 것을 미리 전제한다는 점에서 선결문제 요구의 오류를 범하고 있다. "타자의 정서적 표현들과 나의 그것들이 **비교되고, 동일시되는**(comparées et identifiées) 한에서만, 그리고 나의 몸짓과 심적 사건들 사이에 엄밀한 상관관계가 **재인되는**(reconnues) 한에서만 타자의 의식은 연역될 수 있다." (PP. 404)[강조는 인용자에 의함] 여기서 해명해야 할 것은 타자의 의식이다. 그러나 타자의식을 연역하기 전에 이미 나에게서 재인되는 동일한 상관관계가 타자에게도 있다는 것을 전제하며, 이것은 결국 타자의 의식 현존을 전제하는 셈이 된다. 이런 관점에서 후설의 정식화를 다시 검토해보면, 메를로-퐁티가 보기에 후설의 정식화에서도 나의 영역 속에서 타자의 신체로서 저기 있는 물체가 드러내는 몸짓과 나의 그것 간 **유사성이 비교되고, 확인되는 계기**와 나의 신체적 몸짓과 나의 자아의 심리적 활동 간의 상관성이 **재인되는 계기**가 발견된다는 점에서 유비추리의 결함을 갖고 있다.[148]

---

148 그러나 후설은 주지하다시피 1900년대 후반부터 타자경험이론을 새롭게 정립하면서부터 에르트만의 유비추리론과 립스의 감정 이입론을 모두 비판하였다. 후설에 따르면 타자경험이 에르트만이 주장하는 것처럼 간접적 추론을 통해 상정될 수 있는 하나의 가정에 불과한 것이 아니며, 립스가 주장하는 것처럼 나에 의해 본능적으로 직접 경험될 수 있는 것도 아니라고 주장했다. 타자경험은 추리가 아니라 경험이며, 직접적 경험이 아니라 간접적 경험이다. 따라서 기억이 유비 추론작용이 아닌 간접적 경험이듯이 타자경험도 유비 추론이 아닌 간접적 경험이다. 따라서 유비 추론의 결함처럼 후설의 타자경험이론이 해명해야 할 타인의 의식을 미리 전제한

그러나 타자경험에서 핵심문제는 추론이냐 지각이냐 여부가 아니라 타자경험이 간접적인가 직접적인가가 문제이다. 바로 이 지점에서 메를로-퐁티는 유아심리학의 관찰사례를 끌어들이면서 후설의 타자경험이론을 문제 삼는다.

> "만일 내가 15개월 된 아기의 손가락 하나를 장난으로 나의 이빨 사이에 넣어 무는 척하면 아기는 자신의 입을 벌린다. 그러나 아기는 좀처럼 자신의 얼굴을 거울로 본 적이 없고, 아이의 이빨은 어떤 경우에도 나의 것과 같지 않다." (PP.404)

즉 아기는 타자의 몸짓들과 자신의 몸짓을 비교하고 동일시할 능력이 없다. 그러나

> "아이의 입과 이빨은, 아기가 내부로부터 느끼는 대로, 아이에게 즉시 무는 장치이고, 나의 턱은, 아기가 그것을 외부로부터 보는 대로, 아이에게는 즉시 같은 의도를 능히 실행할 수 있는 것으로 여겨진다는 사실이다. '무는 것'은 아기에는 즉시 상호주관적 의미가 있다. 아기는 자신의 신체 속에서 자신의 의도를 지각하며, 나의 신체를 아기 자신의 신체로 지각하며, 그로써 나의 의도를 아기 자신의 신체 속에서 지각한다." (PP. 404)

메를로-퐁티의 사례 해석과 후설의 타자경험이론의 결정적 차이는 바로 **타자의 의식에 대한 지각의 주체와 지각방식의 차이**이다. 먼저 후설

다고 보기는 어렵다. 에르트만의 유비 추리론에 대한 비판은 1907년 혹은 1908년으로 추정되는 후설 유고 「타아에 대한 유비추리의 이론에 반대하며. 베노 에르트만에 대한 비판」(Hua XIII, 36~38)에 담겨 있으며, 립스의 Einfühlung이론에 대한 비판은 대략 1913년의 후설 유고 「립스의 Einfühlung의 이론. 발췌와 비판적 논평」(Hua XIII, 70~76)에 담겨있다. 이에 대한 상론은 2부에서 이루어질 것이다.

의 경우 타자의 의식을 현전화하는 주체는 나의 의식이다. 반면 메를로-퐁티의 경우 나의 신체 자신이 나 자신의 의도와 타자의 의도를 지각하는 주체이다. 또한, 후설의 경우 타자의 신체를 통한 타자의 의식의 현전화는 나의 신체와 타자의 신체 간의 유사성에 대한 확인 및 나의 신체와 나의 의식 간의 상관관계에 대한 재인 등과 같은 **"확인들"**(constations)**을 토대로 한 간접적 경험**이다. 반면 메를로-퐁티에게 타자의 신체에 내속된 의식, 의도는 그런 확인들 이전에 나의 신체를 통해 즉시 직접 지각된다.

후설은 나와 타자의 원초적 영역 간의 심연은 한편으로는 타자에 대한 현전적이고 직접적인 지각경험이 불가능하다는 점에서 여전히 넘어설 수 있는 심연이지만 다른 한편으로는 타자에 대한 현전화적이고 간접적인 지각경험을 통해서 심연은 넘어설 수 있다고 본다. 후설이 타자지각이 현전적이고 직접적인 지각의 방식을 통해서 이루어질 수 없다고 생각한 까닭은 분명하다.

> "만일 타자의 고유한 본질적인 것이 직접적인 방식에서 접근 가능하다면, 타자의 고유한 본질적인 것은 나의 고유한 본질의 한갓 계기가 되고, 결국에는 타자 자신과 나 자신은 하나가 되어 버리기 때문이다." (Hua I, 139)

반면 메를로-퐁티가 지금까지 추구했던 것은 바로 선인칭적 지각과 중립적 세계의 상관성 속에서 타자지각의 직접성이었다. 그러나 메를로-퐁티가 판단하기에 타자에 대한 직접적 지각이 반드시 타자와 나의 동일성을 의미하는 것은 아니다. 왜냐하면, 후설도 인정한 것처럼 후설이 말하는 고유하게 본질적인 영역의 범위는 자기의식의 양상의 범위를 넘어서기 때문이다.

> "이런 고유한 본질이 나에 대해 어떤 다른 것과 대조될 수 있다는 것 혹은 나 자신인 내가 나가 아닌 다른 것을 의식할 할 수 있다는 것은 **나에게 고유한 모든 의**

식방식이 나의 자기의식의 양상들과 같은 것의 범위 안에 속하는 것은 아니라는 사실을 전제한다." (Hua I, 135)[강조는 인용자에 의함]

그러나 후설이라면 여전히 **타자에 대한 지각의 직접성은 타자를 나의 고유한 본질적인 영역의 한갓 계기나 구성요소로 전락시킬 것**이라고 보았다. 후설이 이렇게 타자를 나의 원초적 영역 속의 한 가지 계기로 넣고자 하지 않는 결정적인 이유는 물체로서 타자와 신체로서 타자가 우선 구별되어야 하며, 즉 외부로부터 내가 본 타자의 신체물체와 타자 내부로부터 타아가 체험하는 타자신체는 다르기 때문이며, 나아가 내부로부터 자신의 신체를 체험하는 타자의 의식, 즉 타아는 재차 타자의 신체와 엄격하게 구별되기 때문이다. 그러나 메를로-퐁티의 입장에서 이처럼 타자의 신체를 내부에서 보는 것과 외부에서 보는 것이 본질적으로 구별되는 것이 아니다. 왜냐하면, 신체적 도식에 장애를 겪는 환자들의 경우에는 내부에서 자신의 신체의 기관들이 어떤 방식으로 통합되도록 작동되는 것을 외부에 있는 타자의 신체 활동에서는 지적하지 못하거나 혹은 일반적으로 기술하지 못하지만, 정상적으로 신체적 도식을 갖춘 사람이라면 누구든지, 유아(乳兒)의 경우에서도 자신의 신체의 내적 통일성과 타자의 신체에서 지각되는 통일성을 즉각적으로 동일시하기 때문이다. 더욱이 신체적 지각의 주체는 단적으로 1인칭의 나 자신이라고 말할 수 없는 **선인칭적 주체**이기 때문에 선인칭적으로 지각되는 세계는 나의 세계와 타자의 세계로 구분되어 있지 않기 때문이다. 그리고 바로 이런 이유로 메를로-퐁티는 후설과 달리 타자에 대한 직접적 지각을 주장한다.

2.1.2 타자지각의 직접성에 입각한 피아제의 모방이론에 대한 비판

이와 같은 메를로-퐁티의 타자지각 직접성 이론은 이제 후설의 현전화적 타자경험의 이론뿐만 아니라 피아제의 감각운동기 단계의 영아들의 신체모방이론에 대해서도 비판적 함의를 가진다. 피아제는 감각운동기 단계인 생후부터 2세까지의 영아들에게 발달하는 타인의 소리나 신체모방능력을 **동화(assimilation)와 조절(accommodation)이라는 적응(adaptation)의 논리**를 통해 설명한다.[149]

영아의 행동의 중요한 양상으로서 모방을 관찰하고 해석할 때, 피아제는 모방을 다른 행동-습관을 형성하는 순환반응, 초기관계의 형성, 대상 개념의 획득 등-과 마찬가지로 외부세계를 이해하고 외부세계와 효과적으로 상호작용하기 위한 노력의 일환으로 본다. 우선 초기 2단계(생후 1개월에서 생후 4개월까지),[150] 3단계(생후 4개월에서 생후 10개월

---

149 피아제는 한 자전적 저술에서 애초에 생물학과 객관적 인식의 문제들과 인식이론에 관심을 두고 있었고, 아이들의 인지적 기능의 발달을 탐구함으로써 이 두 가지 관심-생물학과 인식론-을 결합하고자 하였다고 술회한다. (J. Piaget, Autobiographie, 91. in *Einführung in die genetische Erkenntnistheorie*, übersetzt von Friedhelm Herborth, Surkamp, 1992.) 이때 인식론과 심리학 그리고 생물학 간의 넓은 의미에서 인지발달과정에서 발생적 정초연관을 가진다. 그에 따라 그의 초기 발달심리학 이론은 인식론적 문제들을 지향하면서 동시에 생물학적인 경향을 띤다. 후기 발생적 인식론에 대한 강연에서도 피아제는 인간의 논리적 사고의 발달의 원천을 언어적 협응보다도 더 일반적으로는 행위 간의 협응, 즉 심리학적 차원에서 찾으며 재차 이런 행위 간의 협응의 원천을 생물학의 영역에서 찾는다. (J. Piaget, 같은 책, 26~27 참조) 모방과 조절의 적응 역시 조직화와 함께 지능의 발달과정에서 신체적 구조의 요인(혹은 구체적 또는 종의 유전), 자동적 행동반응(예를 들어 반사, 울기 등), 신체적 성숙과 같은 구체적 유전적 요인과 대비되는 일반적 유전적 요인이다. (H.P. Ginsburg & S.Opper, *Piaget Theory of intellectual Development*, 김정민 역, 『피아제의 인지발달 이론』, 학지사, 2009. 33~35 참조) 특수한 유전적 요인들이 **개체발생의 차이**를 만들어내는 특수한 요소라면 일반적 유전적 요인들은 **계통발생의 공통성**을 만들어내는 불변적 기능들이다. 모방과 조절의 적응 과정이 일차적으로 생리적, 신체적 수준에서 환경과의 상호작용의 두 가지 상호 보완적 방식이지만, 피아제는 인지적 기능의 발달수준에서도 사람은 외부환경의 요소들을 자신의 심리적 구조들에 융합하거나 동화시키며, 또한, 외부의 환경 요구를 충족시키기 위해 자신의 심리적 구조를 수정하거나 조절한다고 보았다. (H.P. Ginsburg & S.Opper, 같은 책, 36 참조.) 사람을 포함해서 유기체는 이런 모방과 조절의 상호보완적 적응을 통해 조직화하고, 이런 조직화한 전체가 구조가 된다. 따라서 구조의 변화로서 발달과정의 근본 추동력은 동화와 조절의 적응 성향이다.

150 이 시기 구분은 큰 의미를 둘 필요가 없을 것이다. 왜냐하면, 피아제 스스로 자신의 자녀를 관찰하며 발달과정을 기술할 때에도 이 구분을 엄격히 지키고 있지 않기 때문이다.

까지)에서 발달하는 영아의 최초 모방은 신체모방보다는 소리모방이 주를 이루며, 더욱이 타인의 소리에 대한 이해의 차원이 아니라 자신이 과거에 수행해온 소리만을 재생적 차원에서 모방한다. 영아는 이미 만들어진 도식을 반복하는 성향이 있다는 점에서 초기 단계의 모방은 일종의 **기능적 동화**[151]이다. 따라서 엄밀한 의미에서 모방이라고 말할 수 없다. 왜냐하면, 비록 타인의 행동을 따라 할 수도 있지만, 초기 모방은 자신의 기존 행동을 관찰자가 흉내 낼 때 재차 영아가 반복, 재생하는 행동일 뿐이기 때문이다.

> "나[피아제]는 루시엔(생후 3개월 5일)이 웃을 때 다른 소리를 내는 것을 주목하였다. 나는 그 소리를 따라 하였다. 루시엔은 꽤 명확히 그 소리를 따라 했는데, 이것은 그녀가 직전에 이미 그 소리를 냈을 때에만 가능하였다."[152]

더욱이 영아는 어른의 소리를 마치 자신이 낸 것으로 착각한다. 따라서 영아는 **모델의 소리를 자신의 것과 구별하지 못하므로**, 기능적 동화 과정에 의해 어른의 소리를 반복하는 경향을 보인다. 따라서 비록 피아제는 지적하고 있지 않지만 엄밀한 의미에서 초기모방은 모방도 아닐뿐더러 본래적인 의미의 타자경험도 아니다.

---

151 피아제는 동화가 세 가지 유형이 있다고 보았다. 먼저 **기능적 동화**란 유기체가 자신이 가지고 있는 구조를 활용하여 그 구조가 더 잘 기능하도록 하는 행위성향이다. 두 번째로 **기능적 동화**를 발달시키는 과정에서 새로운 대상들이 필요한데, 바로 일반화 동화란 새로운 대상으로 확장된 도식강화의 행위성향이다. 세 번째로 **인식적 동화**란 말 그대로 도식의 확장을 통한 강화과정에서 외부대상에 대한 인식이 획득되는 행위성향을 말한다. H.P.Ginsburg & S.Opper, 같은 책, 50~51. J.Piaget, On the development of memory and identity, trans. E.Duckworth. Barre, Mass. : Clark University Press, 1968. 26 참조.

152 J.Piaget, Play Dream and Imitation, trans. C. Gattegno and F.M. Hodgson. New York: W. W. Norton & Co., Inc., 1951. 10.

소위 4단계(생후 10개월에서 생후 12개월까지)에 이르러 영아는 비로소 신체모방을 수행할 수 있으며, 더욱이 이런 신체모방에서 어른의 움직임과 직접 볼 수 없는 자신의 신체 움직임 사이의 관계를 이해할 수 있다.

"재클린(생후 8개월 4일)은 침으로 인해 작은 소리를 냈다. 나는 그 소리를 따라 하였다. 같은 날 재클린은 자신의 입 아래쪽을 무는 것처럼 입술을 움직였다. 내가 그것을 따라 하자 재클린은 입술을 움직이는 것을 멈추고 나를 깊게 쳐다보았다. 내가 따라 하는 것을 멈추자, 재클린은 다시 입술을 움직이기 시작했다."[153]

여기서 재클린이 피아제의 행동(입술의 움직임)과 보이지 않는 자신의 입술의 움직임을 연관시킬 수 있었던 것은 처음에 재클린이 자신의 침을 이용해 소리를 냈었고, 피아제가 이를 따라 했기 때문이다. 즉 영아에게 소리가 촉각적 운동감각과 연결될 뿐만 아니라 어른의 입술의 움직이는 모양과도 연결된다. 그러나 소리를 더는 내지 않을 때에도 영아는 어른의 입술 동작을 모방할 수 있다. 물론 이것은 앞서 소리와 입술 모양의 연결이 습관으로서 형성되어 굳이 소리가 없어도 얼굴 모양의 모방이 가능하게 된 것이라고 해석할 수 있다. 그러나 애초에 소리의 매개가 없이도 영아가 어른의 얼굴운동을 모방할 수 있는 경우는 어떻게 설명할 것인가? 왜냐하면, 피아제는 4단계 영아의 모방에서 나타나는 또 다른 특징으로서 바로 새로운 행동들의 모방 가능성을 관찰하기 때문이다.

"나는 손가락 하나를 굽혔다 펴는 동작을 반복했고, 재클린(생후 9개월 12일)은 자신의 손을 폈다 오므렸다 했다. ······ 내가 동일한 손가락 동작을 [다시] 시도했

153 J.Piaget, 같은 책, 30~31

을 때, 재클린(생후 9개월 19일)은 나를 따라 하였다. 그러나 그녀는 **계속 내 손가락에서 눈을 떼지 않으면서 자신의 손 전체를 오므렸다가 폈다.** …… 마침내 그녀(생후 9개월 22일)는 집게손가락의 동작만을 모방하는 데 성공하였다."[154][강조는 인용자에 의함]

피아제는 새로운 동작의 모방을 동화와 조절의 단계적 발전으로 설명한다. 즉 영아는 새로운 동작에 대해서 처음에는 자신이 기존에 할 수 있는 동작 도식에 동화시켜 불완전하게 모방하지만, 연습을 통해 점차 기술을 향상하며, 수정을 거쳐 자신의 도식을 새로운 동작에 맞게 조절한다. 그러나 이와 같은 동화와 조절이라는 적응의 설명원리에는 새로운 동작을 모방할 수 있게 하는 동기에 대한 해명이 빠져있다. 이미 피아제의 관찰 속에서 확인할 수 있듯이 영아가 어른의 손가락과 자기의 손의 유사점과 차이점을 확인할 수 있었고, 이와 같은 **인지적 동화**가 이루어지면서 손동작을 수정하고 조절함으로써 손가락 동작을 수행할 수 있게 되었다고 설명할 수 있다.

이제 피아제는 5단계(생후 12개월부터 생후 18개월까지)에서 이루어지는 모방행위에서 어른의 동작을 모방하기 위해 자신의 동작을 수정하는 조절과정이 단순한 반복적 재생 수준의 동화과정보다 우세하게 된다고 보았다. 나아가 이런 발달과정에서 결정적인 계기는 어른의 동작과 자신의 동작 비교를 통한 차이에 대한 인지라고 보았다.

"내가 내 머리카락을 잡아당기자 재클린(생후 11개월 30일)은 즉시 자신의 머리카락을 잡아당겼다. 또한, 내가 머리를 만지자 그녀는 자신의 머리를 만졌다. …… **특이한 것은 재클린이 자신의 머리카락을 잡아당길 때 때때로 그것을 보려고**

---

154 J.Piaget, 같은 책, 46~47.

머리를 돌렸다는 점이다. 이 동작은 촉각과 시각의 연관성을 발견하려는 시도를 나타내는 것임이 틀림없다."[155][강조는 인용자에 의함]

피아제는 여기서 분명히 영아가 새로운 동작을 모방해가는 과정에서 자신의 동작과 어른의 동작 간의 차이를 해소하고 일치시켜가는 중요한 계기가 바로 타인의 동작과 자신의 동작이 유사한지 확인해보려는 노력이라는 점이라고 해석한다.

끝으로 감각운동기의 마지막 발달단계인 6단계(생후 18개월에서 2세까지)에서 피아제가 주목하는 것은 내면화를 통한 사고의 시작이다. 이제 지각할 수 없는 대상이나 행동을 정신적으로 표상할 수 있게 된다고 본다. 그리고 이러한 표상의 능력은 모방에 영향을 미친다. 영아는 새로운 모델을 모방할 때에 더는 시행착오적인 시도를 할 필요가 없이 머릿속으로 다양한 동작들을 시도해보고, 이런 내적인 조절과정을 거친 후에 정확하게 모방 행동을 수행할 수 있다고 보았다. 앞 단계에서 모방의 중요한 계기가 어른의 행동과 영아 자신의 행동 간의 유사성에 대한 외적 관찰이었다면, 6단계에서 중요한 계기는 이제 내적 표상이다. 피아제는 이런 내적 표상이 실제로 어떻게 이루어지는지에 대한 분명한 해명을 하고 있지는 않지만, 여기서 내적 표상이란 결국 자신의 표현 가능한 동작들과 그에 상응하는 신체적 운동감각의 연결에 대한 **내성적인 상상작용**이다.

영아의 모방행위 해명을 위해 피아제는 외견상 생물학적 설명원리인 동화와 조절의 적응 논리에 의존하지만, 그러나 동화에서 조절로 모방의 완성 되어 가는 과정에서 **상대방과 자신의 신체적 동작, 표현의 유사성 확인 및 자신의 가능한 행동 동작과 그에 상응하는 신체적 운동감각의 연결에 대한 내석 새인**을 고려한다. 메틀로-퐁티의 처시에서 본나면, 피

---

155 J.Piaget, 같은 책, 55~56.

아제의 이와 같은 모방 행동에 대한 설명은 무엇보다 **신체적 지각 차원에서 선인칭적 세계 속에 함께 처해 있는 나의 신체와 타자의 신체를 연결하는 신체적 도식의 역할**을 전혀 고려하고 있지 못하다. 즉 "영아가 자신의 신체 속에서 자신의 의도를 지각하며, 나(타자)의 신체를 영아 자신의 신체로 지각하며, 그로써 나(타자)의 의도를 영아 자신의 신체 속에서 지각하는"(PP,404) 신체적 도식의 역할을 놓치고 있다. 그에 따라 피아제는 모방을 지각적 차원의 타자경험으로 규정하지도 않을뿐더러, 외부실재에 대한 이해의 차원으로 본다고 하더라도 앞서 확인했듯이 유사성의 확인과 내적 표상에 기반을 둔 그런 이해는 일종의 유비적 추론의 이해에 불과할 것이다. 따라서 피아제의 모방이론은 메를로-퐁티의 타자지각 이론에 의해서 거부된 후설의 연합적 짝짓기 이론을 통해서도 재차 거부될 수 있는 이론인 셈이다.

2.1.3 멜초프의 영아 모방이론과 메를로-퐁티의 타자지각 이론의 연관성

1977년 『사이언스』(Science) 198호에 「인간 신생아에 의한 얼굴 및 손 제스처의 모방」이라는 제목의 3쪽짜리 논문 하나가 발표되었다. 그 요약문은 다음과 같았다.

> "생후 12일에서 21일 사이의 신생아들은 얼굴과 손 제스처를 모방할 수 있다. 이 행동은 조건화 혹은 선천적 촉진 기제의 조건 속에서 설명될 수 없다. 그런 모방은 인간 신생아가 자신의 보이지 않는 행동들과 그들이 본 타인들의 수행으로서 제스처들을 동일시할 수 있다는 것을 함의한다."[156]

---

156 A.N. Meltzoff, & M.K. Moore, "Imitation of Facial and Manual Gestures by Human Neonates", Science 198, 1977, 75.

당시 실험을 직접 수행했던 무명의 젊은 심리학자 앤드류 멜초프는 일약 심리학계와 대중들에게 스타가 되었다. 학계에서는 그의 실험이 "신기원을 이루는"(groundbreaking)[157] 실험이라고 극찬을 하였고, 멜초프의 실험은 그 해 타임즈의 기사에 실렸다고 한다. 우선 언론에서 주목한 까닭은 피아제가 대개 3, 4단계에 수행할 수 있다고 주장했던 모방행위를 생후 신생아들이 곧바로 수행한다는 사실의 신기함 때문일 것이다. 그러나 사회인지와 발달심리학계가 멜초프의 연구성과에 대해 놀란 까닭은 모방이 수행되는 데 있어서 장애가 된다고 생각했던 비대칭적 본성, 즉 한편으로는 아이들이 타인의 얼굴을 볼 수 있지만, 자신의 얼굴을 볼 수는 없으며, 다른 한편으로는 그들이 자신의 얼굴 운동을 느낄 수는 있지만, 타인의 얼굴 운동을 느낄 수는 없다는 특성을 초월하여, 자신의 보이지 않는 행동들의 신체운동감각과 외적으로 관찰된 타인의 행동을 동일시할 수 있는 **"초양상적(supramodal) 표상"**[158]을 아이가 처음부터 지니고 있다는 멜초프의 새로운 해석과 경험적 입증 때문일 것이다.

먼저 메를로-퐁티의 타자지각 현상학과 연관 지을 때 무엇보다 중요한 것은 멜초프가 피아제처럼 영아의 모방행위를 단순한 인지 활동이 아닌, 타자지각 차원의 원초적 사회적 인지 활동으로 보았다는 점이다.[159] 또

---

157 Wikipedia에서 인용.

158 A.N. Meltzoff, & M.K. Moore, 같은 글, 78. 멜초프는 자신의 논문 각주에서 "초양상적"이라는 표현은 표상이 특정한 감각적 양상에 국한되어 있지 않다는 점을 드러내기 위해 사용했다고 밝힌다.

159 후설의 경우만 하더라도 모방을 본래적인 의미에서 타자경험으로 이해하기보나는 그것의 선형식 정도로 이해할 뿐이었다. "아이는 미리 목적 사물들에 의해 둘러싸여 있다; 일상적인 사용에서 아이는 이 사물들을 그것의 목적성에서 이해하는 법을 배운다. 그리고 또한, 아이는 합목적적으로 행동하는 지인들에 의해 둘러싸여 그들의 목적성 자체를 이해하는 법을 배운다. 아이는 **모방(Nachahmen)**하면서 활동하고 그러면서 아이는 행동을 수행한다. 아이에게 **형성된 것**에 대한 호기심과 관심이 자라고, 왜 **그것이 그렇게 형성되었는지**에 대해 관심이 자란

한, 멜초프가 경험적으로 입증한 '초양상적 표상'이란 바로 메를로-퐁티가 신체적 지각이 지닌 '신체적 도식'의 또 다른 이름에 불과하다. 그러나 멜초프는 자신의 가장 최근 논문[160]의 결론에서 후설의『현상학적 심리학』의 논의를 끌어들여 자아와 타아가 상호주관적 관계 속에서, 특히 **타자경험(empathy)** 속에서 통합된다는 주장을 펼친다.[161] 그러나 우리의 판단으로는 멜초프는 자신의 발견과 해석의 효시를 후설이 아닌 메를로-퐁티의『지각의 현상학』에서 찾았어야 한다. 타자의 신체 동작이나 표현과 나의 동작이나 표현의 유사성 확인 이전에 그리고 나의 신체적 동작이나 표현과 나의 정신활동의 상응 관계에 대한 확인 이전에, 이미 나는 타자의 신체 동작과 표현에 대한 나의 지각에서 나의 지각내용이 이미 상호주관적

다."(XV,420) 즉 모방은 단순히 타자 이해에만 국한된 것이 아니라 사물에 대한 이해차원에서 이루어지는 인지 활동의 동기로서 호기심과 관심이 발생하게 되는 계기 정도로 이해된다. 재차 타자경험에 국한해 모방을 이해할 때에도 후설은 모방을 타자 이해로서 타자경험의 선형식 정도 이해한다. 이를테면 1921년의 한 유고에서 후설은 모방이란 일종의 "지각적 타자경험 이전의 충동적 주체"(XIV,165)에게서 발생하는 행위로서 다음과 같이 서술한다. "나는 나 자신이 타자에 의해 규정되도록 하게 한다 : **모방(Nachahmung)의 방식 속에서.**"(XIV,165) 이와 같은 모방은 후설의 타자경험에서 이루어지는 유비적 통각과는 정반대의 양상을 가진다. 유비적 통각이 나 자신의 유형을 타자에게 유비적으로 "**넘어서 파악**"(Übergreifen)하는 것이라면 모방은 정반대로 타자의 행동유형을 나에게 "**덮어씌우는 것**"(Überdeckung)이다. 이런 점에서 아이의 모방행위를 본래적인 의미에서 원초적인 타자 이해, 타자지각으로 파악한 사람은 메를로-퐁티라고 말할 수 있다. 그리고 바로 20세기 후반의 사회적 인지발달 심리학은 기존 피아제의 모방이론에 대한 비판과정에서 메를로-퐁티의 관찰과 해석이 옳음을 입증해준 셈이 된다.

160 A. N. Meltzoff, Social Cognition and the Origins of Imitation, Empathy, and Theory of Mind, In U. Goswami (Ed.), *The Wiley-Blackwell handbook of childhood cognitive development* (2nd ed., pp. 49-75). Malden, MA: Wiley-Blackwell. 69 참조.

161 후설은『현상학적 심리학』(1925)의 결론 부분이라고 볼 수 있는 43절에서 모나드의 정적 탐구와 발생적 탐구를 구분하면서 다음과 같이 주장한다. "현상학적 환원은 solus ipse의 영역을 넘어서 확장됨으로써 나에게, 탐구하는 자에게 외적 경험 속에서 드러나는 (그리고 자연적 태도 속에서 말하자면 '세계-아이들'로서 겉으로 드러나는) 타자주체들로 확장되어 들어갈 수 있다."(IX, 216)

임을 파악하는 것이다.

2.2 영유아의 발달에 대한 피아제의 이해에 대한 메를로-퐁티의 비판

우리가 앞 절에서 검토했던 논문 「사회적 인지 그리고 모방의 기원들, 감정이입 그리고 마음이론」(2011년)에서 멜초프는 아이의 초기발달과정에 대한 고전적인 심리학의 이론들은 모두 한 가지 공리에 동의한다고 말한다.

> "새로 태어난 아이들은 자아와 타자 간의 유사성에 대해 어떠한 막연한 예감(in-kling)도 갖고 있지 않다." [따라서] "심리학적 발달의 일차적 과제는 아이들이 자신이 우리 중의 하나라는 사실을 깨닫게 하려고, 타자들과의 연관을 건립하는 것이다. **진보(progression)란 신생아의 유아론으로부터 사회적 친숙함(intimate)으로 나아가는 것이다.**"[162]

여기서 말하는 고전적 심리학 이론가들이란 대표적으로 프로이트와 스키너 그리고 피아제이다. 그중에서 피아제에 따르면, 아이는 근본적으로 자기중심적이거나 유아론적이다. 신생아는 단지 제한된 반사행위(빨기, 잡기)만을 수행하며, 타인들은 그들이 아이들의 행위 도식에 동화되는 한에서만 인지된다.

> "가장 초기 국면에서 아이는 사물을 **유아론자**처럼 지각한다. …… 자아와 비자아 사이에 어떤 구별도 이루어지지 않았기에, 주체와 사물 간의 이런 원초적인 관계

---

162 A.N. Meltzoff, Social Cognition and the origins of imitation, empathy, and theory of mind. In U. Goswami (Ed.), *The Wiley-Blackwell handbook of childhood cognitive development* (2nd ed., pp. 49-75). Malden, MA: Wiley-Blackwell. 2011. 50.

는 **비차별화**의 관계이다."[163][강조체는 인용자에 의함]

아이는 18개월쯤 인지적 발달을 통해서 비로소 유아론에서 벗어난다. 즉 탈중심화된다. 더욱이 앞서 확인했듯이 이와 같은 탈중심화를 가능하게 하는 인지적 발달은 타자경험이 아닌 대상의 실재성에 대한 인식능력의 획득 때문이다. 다시 말해 대상이 자기 뜻대로 존재하며 움직이는 것이 아니고 독립적으로 실재한다는 것을 이해할 때 사물과 자신이 분리되어 있음을 알고 그때 비로소 탈중심화가 이루어진다.

그러나 피아제는 유아론적인 자기 중심성으로부터 탈중심화로의 발달에 **실질적 전환**의 시점을 12세 이전의 감각운동기(영아기), 전조작기(학령 전 아동기), 구체적 조작기로부터 12세 이후의 형식적 조작기로의 전환기에서 찾는다. 메를로-퐁티가 특히 주목하는 것은 12세 전후의 발달과정에 대한 피아제의 관점이다. 흥미로운 것은 피아제가 설명하는 세계에 대한 형식적 조작기 이전의 아이와 아동의 자기 중심성, 즉 "자신을 둘러싸고 있는 세계에 사는 자신이 아는 모든 사람에게 즉각 접근될 수 있다고 믿는 세계에 살고 있으며, 사적 주체성들에 대해서와 같이 자기 자신을 하등 의식하지도 않는"(PP,407) 태도를 이제 메를로-퐁티는 "어린 시절의 세계에서 평화스럽게 공존하고 있음"(PP,408)이라는 원초적인 사회성이 갖는 익명성으로 재해석한다는 점이다. 그에 따라 피아제는 청소년기의 형식적 조작기로 발달하는 과정에서 자기 중심성을 구축되어야 할 특성으로 보지만, 메를로-퐁티는 형식적 조작기 이전의 "어린 시절의 야만적 사고"(les pensées barbares du premier âge)(PP, 408)의 잠재적이고 익명적 사회성은 성인의 명백한 사회성의 기반이 되어야 한다고 본다.[164]

---

163 J. Piaget, The construction of reality in the child(M. Cook, trans.), New York: International University Press, 1954, 355. A.N. Meltzoff, 같은 글, 51에서 재인용

164 최재식, 「피아제의 발생적 인식론과 메를로-퐁티의 현상학 – '사회성'과 '합리성의 확장'에 관

피아제는 아이가 12세경에 비로소 코기토를 실현함으로써 어린 시절의 이런 비합리적이고, 비객관적인 세계로부터 합리적이고 객관적인 세계로의 전환이라는 이성의 나이에 이를 수 있다고 본다. (PP,408)[165] 그러나 메를로-퐁티는 "아이는 어른[의 이성], 피아제[가 생각하는 이성]와는 다른 어떤 방식의 이성을 갖고 있다"(PP,408)[166]고 생각한다. 이때 아이가 갖는 이성은 이제 코기토적 의미의 이성으로서 신체적 지각을 통해 개시되는 세계로 향해 있는, 세계 내에 처해 있는 코기토의 이성이다. 따라서 단순하게 발생적으로 어린 시절에는 자기중심적, 비변별적 감각, 지각의 수준에 있다가 청소년 이후에 코기토를 갖게 됨으로써 탈중심적, 변별적 이성적 사고의 수준으로 발달하는 것이 아니라, 이미 어린 시절부터 타자에 대한 신체적 지각을 통한 상호주관적인 세계를 갖고 있으며, 그런 세계로 향해 있는, 처해 있는 나름의 방식의 코기토를 가진다. 나아가 메를로-퐁티에 따르면 이런 어린 시절의 야만적 사고로서 코기토는 신체적으로 성장하고 정신적으로 성숙해지면서 해소되고 더욱이 구축되어야 하는 것이 아니고 필수불가결한 획득물로서 어른 시절 아래에 남아 있어야 한다. 또한, 이것은 헤겔이 말한 대로 저마다 다른 의식의 죽음을 추구하는 의식들의 투쟁이 시작되기 위해, 개개의 의식이 자신이 부정하는 낯선 현전들을 의심할 수 있기 위한 공통의 지반이 되어야 한다. (PP,408)

하여」, 한국현상학회 엮음, 『철학과 현상학 연구』8, 1996, 339참조.

165 물론 일반적으로 "les enfant aient en quelque façon raison"을 "아이들도 어떤 방식에서는 정당성을 갖는다"라고 번역할 수 있으나 우리는 raison의 의미를 이성으로 직역했다.

166 그러나 여기서 메를로-퐁티가 헤겔을 실어들인 것은 오해의 소지가 있나. 왜냐하면, 이미 우리가 2장에서 확인한 것처럼 헤겔의 인정투쟁 출발점은 보편적 생명과 개별적 생명체의 순환운동 단계이며, 이는 어떤 의미에서도 주체와 타자의 관계가 아니다. 오히려 헤겔에게는 주체와 타자 간의 인정투쟁을 위한 중요한 기반으로서 준거인에 대한 정서적 감응이 간과되어 있다는 것을 확인했다.

3절 메를로-퐁티의 타자경험의 현상학의 변용 가능성

20세기 후반의 사회정서, 인지발달 심리학은 메를로-퐁티의 타자경험 발생적 현상학에 대한 학습과 수용이 아닌, 존 설이나 다니엘 데닛과 같은 자연주의적 현상학의 관점 수용을 통해서 전개되고 발전되었다. 더욱이 사회적 정서, 인지발달심리학과 자연주의적 현상학은 모두 공통으로 인간의 정서, 인지발달이 자연주의적 관점에서 두뇌 생리학적 차원에서 물리적 기반이 있다고 본다는 점에서 양자는 친화성이 더욱 강하다. 반면 메를로-퐁티의 타자경험 발생적 현상학은 두뇌 신경생리학적 관점의 파생성을 넘어 현상학적, 초월론적 태도에서 사회적 정서나 인지의 원본적 이해를 추구한다는 점에서 메를로-퐁티의 타자경험 발생적 현상학에 대한 실증과학, 특히 정서, 인지심리학계의 관심을 기대하기는 쉽지 않다.

그러나 현재 우리의 관심은 현상학에 근거해서 사회적 정서, 인지발달 심리학에 어떤 제약을 가하려는 것이 아니라, 후자의 발견과 해석에 대한 현상학적 재해석을 통해 현상학 자체의 변용과 발전을 모색하는 것이다. 이와 같은 목표하에서 사회적 정서, 인지 발달심리학의 논의들을 심층적으로 검토하는 과정에서 우리는 영유아의 사회적 정서나 인지발달과 관련된 새로운 발견과 해석들이 메를로-퐁티의 타자경험 현상학적 관점과 상충하고 있음을 확인할 수 있다. 우리의 판단으로는 자연주의적 관점에서 발견과 해석 역시 현상학적 태도전환에 의한 비판과 재해석을 통해서 현상학 자체의 변용을 위한 자양분으로 활용될 수 있다고 본다. 더욱이 현상학적 관점에서 수행된 사회인지 발달심리학의 새로운 발견과 해석이라면 더더욱 메를로-퐁티의 현상학, 특히 타자경험의 현상학 자체의 변용을 위한 중요한 밑거름으로 삼을 수 있을 것이다.

3.1 사회적 정서발달의 발생적 정초연관

3부에서 상론하겠지만, 무엇보다 먼저 1960년대 존 볼비John Bowlby
와 메리 에인스워드Mary Ainthworth가 구미, 유럽, 아프리카, 아시아 등에
서 수행한 종단연구를 통해서 밝힌 원초적 사회적 정서로서 애착 본능은
사회적 인지발달과 사회적 유대의 발생적 토대가 될 수 있을 것이다. 분명
히 영유아의 타자지각 경험이 성인의 타자경험 발생적 기반이 될 수 있음
을 밝혔던 메를로-퐁티의 관점이 당대 피아제의 관점보다 더 타당할 수
있음을 확인할 수 있었지만, 그러나 볼비가 밝힌 애착 본능에 의해서 수
행되는 애착 경험의 본질적 특성을 이해하는 과정에서 메를로-퐁티의 관
점을 통해서 재해석되기에는 어려운 점이 드러난다.[167]

　애착 이론과 관련해서 우리의 관심을 끄는 것은 애착이라는 활동이 비
록 타자의 의도나 바람이나 믿음에 대한 인지경험을 통해 발전하지만, 근
본적으로 애착 인물로서 양육자의 있음과 없음, 나타남과 사라짐에 대한
정서적 경험을 기반으로 하고 있다는 점이다. 전형적으로 애착 경험이 나
타나는 활동은 볼비의 구분을 활용하면 비목표 수정적 행동체계로서 미
소와 울기와 목표 수정적 행동체계로서 따라가기와 부르기 등이다. 두 행
동체계의 예견되는 혹은 의도되는 결과는 바로 양육자의 근접성-존재 혹
은 나타남-이다.[168] 즉 철학적으로 표현하면 애착 경험은 **인식론적 타자경
험**을 발생적으로 정초 하는 **존재론적 타자경험**이다. 애착은 전통적인 정

---

167 J.Bowlby, Attachment, Basic Books, 1999, 김창대 옮김, 『애착』, 나남, 2006, p.590 참조.

168 볼비는 1960년대 말 자신의 동료였던 메리 아인스워드의 경험적 연구와 진화생물학, 동물행
　동학, 발달심리학, 인지과학 그리고 통제시스템이론과 같은 새로운 이론을 활용하여 진화적 압
　력의 결과 나타나는 유아기의 애착 현상을 과학적이고 경험적으로 검증할 수 있는 새로운 정
　신분석이론으로 설명하고자 했다. 애착 이론의 기본명제는 유아와 어린 아동은 엄마(또는 엄
　마를 대신할 수 있는 사람)와 따뜻하고 밀접한 관계를 지속해서 경험해야 하며, 그렇지 못힐 경
　우 심각하고도 되돌리기 어려운 부적응적 결과를 초래한다는 것이다. 이 이론에 의하면 애착이
　란 유아가 스트레스를 받거나 놀란 상황에서 **애착 인물**과 **근접성**을 추구하는 과정을 의미하는
　데, 이러한 과정은 근본적으로 개체의 생존이라는 목적을 성취하기 위함이다. 이런 애착은 나
　중에 성인이 되어서 맺게 되는 사회적 관계에서 각 개인의 느낌, 사고, 기대 등을 좌우한다. J.
　Bowlby, 같은 책, 380~381.

신분석이론가들이 주장하듯이 영유아의 식욕이나 성욕에서 비롯된 2차 충동이 아니다. 일부 조류에서 발견되는 유사 애착 본능으로서 각인활동의 관찰결과나 1961년 할로의 원숭이 실험에서 알 수 있듯이 애착 본능은 식욕이나 성욕과 무관한 특정 애착 주체[169]에 대한 접촉의 본능, 함께 있으려는 본능이다. 타자의 행동에 대한 인식론적 경험과 구별해서 타자의 존재에 대한 존재론적 경험을 명확하게 파악한 사람은 사르트르이다. 사르트르는 『존재와 무』에서 부끄러움이 **대상-타아**가 아닌 **주체-타아**에 대한 존재론적 경험임을 해명한다.[170] 그러나 사르트르는 타자의 시선 속에서 느끼는 부끄러움에 대한 현상학적 해명을 통해 존재론적 차원에서 유아론이 가능하지 않음을 보이고자 했지만, 인식론적 차원에서 서로에 대한 소통의 가능성을 고려하지 않기 때문에 어떤 점에서는 인식론적 유아론에 여전히 머물러 있다고 볼 수 있다.

> "타자가 우리에 대해 존재하는 것은 세계에 대한 우리의 인식 구성요소로서도 아니고, 나에 대한 우리의 인식 구성요소로서도 아니며, 다만 타자가 우리의 존재에 관계를 맺는 한에서 그럴 뿐이다." (EN. 309)

메를로-퐁티 역시 타자지각 때문에 발생적으로 정초 되는 타자 이해의 차원에서 제기되는 유아론의 난점의 원인을 바로 헤겔이나 사르트르 식의 코기토들 간의 의식 투쟁에서 찾는다. 다시 말해 신체적 지각 때문에 드러나는 세계에 처해있음의 사실을 망각한 코기토의 경우 의식차원에서 타자에게는 체험되는(vécues) 상황들이 나에게는 현전화될(apprésentées) 뿐이라는 유아론의 난점에 직면하게 된다. (PP,409) 메를로-퐁티는 사르

---

169 애착 인물은 인간에게만 국한해서 쓸 수 있는 표현이며, 애착 대상은 애착이 인식론적 경험이 아니라는 점에서 부적절하다.

170 J.P.Sartre, *L'être et le Néant* (Gallimard, 1943) 3부 1장 4절의 [시선]의 논의 참고.

트르식의 해결책, 즉 "사람들이 사고(la pénsee)를 비정립적 의식과 비반성적 삶에 재통합"(PP.409)하는 방법이 유아론의 극복에 무력하다고 본다. 그러나 우리의 판단으로는 사르트르는 비록 부끄러움이라는 제한된 정서경험에서 이기는 하지만 자아-주체와 타아-주체 간의 존재론적 유대의 경험을 밝혀내었다는 점에서 의의가 있지만, 인식론적 유아론의 난점을 고려하지 못했다는 점에서 결함이 있다. 반면 메를로-퐁티는 코기토들 간의 의식의 투쟁 속에서 인식론적 난점이 있다는 것을 발견했지만, 그것의 해소를 단순히 타자지각 차원의 선인칭적 세계공유를 기반으로 하는 의사소통의 지속을 통해서 해결하려고 함으로써 명백히 나와 타자 간의 애착이라는 원초적인 타자경험으로서 존재론적 유대경험을 밝혀내지 못했다는 점에서 결함을 가진다. 이때 아이의 애착 본능은 양육자의 양육본능과 결합함으로써 원초적인 존재론적 유대의 경험을 수행한다. 따라서 애착 경험은 단순히 메를로-퐁티가 말하는 타자지각 차원의 선인칭적, 익명적 경험이라고 주장하기에는 어려움이 따른다.

결국, 메를로-퐁티의 타자경험 현상학에 대해서 존 볼비가 발견하고 해석한 애착 경험이 제기하는 문제는 크게 두 가지이다. 첫째, 타자지각차원에서 이루어지는 타자경험에는 인식론적 경험과 존재론적 경험의 구별이 없다는 점이다. 둘째, 애착 경험은 타자지각 차원의 타자경험에서 수행되는 익명에 의한, 선인칭적 경험이라고 규정하기에는 어려운 점을 지닌다. 왜냐하면, 애착 본능은 또 다른 애착 본능과의 결합이 아닌 양육본능과의 결합을 요구하며, 또한, 애착 본능은 모든 인물과 자극에 대해서 무차별적으로 반응하는 것이 아니라 특정 인물의 존재와 부재에 차별적으로 반응하는 인칭적, 변별적 경험이기 때문이다.

3.2 사회적 인지발달의 발생적 정초연관에서 메를로-퐁티 이론의 한계

발달심리학 내에서 1980년대 이후부터 이전의 역할이론을 대체하는

새로운 사회적 인지이론으로서 '마음이론'이라는 개념이 등장하였다. 여기서 마음이론이란 영유아가 타인의 마음을 설명하고 예측하는 방식으로 타인을 이해할 때 자기 나름의 고유의 선천적인 혹은 후천적인 이론 체계를 갖추고 있다는 것이다. 우리는 3부에서 마음이론에 대해서 상론할 것이다.

분명히 우리의 해석으로는 비록 피아제는 코기토의 사고능력, 즉 이해능력이 12세 이후에나 발생한다고 보았지만, 메를로-퐁티는 아이들은 이미 "어떤 방식의 이성"(quelque façon raison)(PP, 408), 즉 코기토를 갖고 있고 따라서 이미 원초적인 단계의 야만적 사고를 수행할 수 있으며 이와 같은 사고는 상호주관적 세계에 이미 위치 지워진 일종의 원본적인 믿음이며, 이에 의존해서 학문적, 객관적 판단이 이루어질 수 있다고 보았다. 따라서 메를로-퐁티의 관점은 영유아 단계에서 타지지각이 수행되는 과정에서 타자의 주관에 대한 이해와 판단이 수행될 수 있다는 마음이론, 특히 최근의 마음이론의 관점과 원칙적으로 상통하는 바가 있다. 그러나 이미 후설이 지적했듯이 타자경험이 이루어질 때 타자경험을 수행하는 자는 익명적 지각 상태에서 벗어나 자신의 자아를 자각해야 한다.

> "타인이 들어오고 내가 그를 지각하기 시작하자마자 곧장 인식하면서, 나는 나에 대해서도 더는 **익명적**이지 않다. 비록 내가 일차적으로 **나 자신**을 향하고 있는 것은 아니지만 말이다. 나는 나 자신을 의식한다, **그를 지각하며 향해있는 자**로서." (XV, 485)

마찬가지로 마음이론에서 영유아가 타인의 행동을 정확하게 기대할 때 자신의 믿음과는 다른 타인의 거짓 믿음을 이해해야 한다. 이 말은 이미 나와 타자의 믿음 구별을 전제로 해야 하며, 따라서 더는 익명적 상태에 머물러 있을 수 없다. 재차 이에 대해 메를로-퐁티의 처지에서 본다면 타자지각은 철저하게 신체적 차원에서 이루어지는 지각이며, 타자의 믿음에 대한 이해는 선인칭적인 신체적 지각을 기반으로 이루어지는 코기토 차원의 원초적 이해라는 점에서 익명성은 포기되어서는 안 된다고 본다. 그러나 일인칭적 앎은 단순히 코기토 차원에서만 이루어지는 것이 아니다. 멜초프는 모방행위가 원초적 차원의 타자 이해임을 주장하면서 일차적으로 신체적 모방행위 속에서 이루어지는 인지 활동은 자신의 신체의 운동감각 수준에서 일인칭적 앎이 요구된다고 주장한다.

> "[모방행위의] 두 번째 발달국면은 개별적 체험에 기초해 있으며, 이 국면은 발달적 변화를 위한 엔진을 제공한다. 매일매일의 체험을 통해 아이는 **자신의 신체적 상태들과 정신적 체험들 간의 연결**을 지도로서 구축한다. …… 이런 체험들을 통해 아이는 내적 상태와 행위들 사이에 상세한 **이중방향적 지도(bidirectional map)**를 발달시킨다."[171]

여기서 말하는 **이중 방향성(Bidirectionality)**이란 한편으로는 자신 자신에 대한 내성적 고찰을 통해 타자의 행위를 이해하게 되고, 다른 한편으로는 타자에 대한 외적 관찰을 통해 자신의 잠재적 행동의 결과 및 자기 자신을 학습하게 된다는 의미이다. 요컨대 메를로-퐁티가 관찰하는 15개월 된 영아는 단순히 신체적 도식을 통해 자신의 신체를 통해서 타자의 의도를 느낄 때 이미 자신의 신체운동 자신의 신체운동감각의 상관성에 대한 일인칭적 앎의 보완이 필요하다.

따라서 타자지각 차원에서 이루어지는 타자경험은 익명적인 상태에만 있을 수 없고 이미 거기에는 나와 타자의 구분 및 나에 대한 비주제적 앎, 일인칭적인 앎이 요구된다. 더욱 일인칭적인 앎은 선인칭적인 타자지각에 발생적으로 정초 되기만 하는 것이 아니라 재차 선인칭적, 익명적

---

171 A.N. Meltzoff, 같은 글, 53.

지각을 나와 타자[172]로 변별하며 발생적으로 정초한다고 말하는 것이 더 정확할 것이다.

4절 메를로-퐁티의 타자경험의 현상학의 변용 가능성의 방향

메를로-퐁티는 후설의 후기 유고에 대한 연구를 바탕으로 고유 발생적 현상학으로서 자신의 현상학의 이념을 구축할 수 있었다. 나아가 이런 발생적 현상학적 방법을 통해 정신병리학, 신경생리학, 형태심리학과 같은 실증과학의 연구성과에 대한 현상학적 비판과 재해석을 수행함으로써 현상학의 변용과 발전을 모색할 수 있었다. 마찬가지로 그는 당대 발달심리학의 연구성과에 대한 현상학적 재해석과 비판을 통해 이전의 후설의 타자경험 현상학과 구별되는 고유의 타자경험 발생적 현상학을 구축할 수 있었다. 더욱이 피아제의 인지발달 심리학에 대한 메를로-퐁티의 비판과 재해석 및 이에 기반을 둔 그의 타자경험의 발생적 현상학은 20세기 후반의 사회적 정서, 인지발달 심리학의 새로운 발견과 해석을 통해서 그 선구적 타당성을 검증받을 수 있었다.

그러나 우리는 3절에서 확인할 수 있었듯이 존 볼비의 애착 이론을 통해서 애착 경험이 애착 인물에 대한 존재론적 경험이며, 또한, 애착 인물의 양육본능과 고유하게 결합하는 변별적, 인칭적 경험임을 확인할 수 있었다. 그에 따라 메를로-퐁티가 주장하는 타자지각에서 존재론적 경험과 인식론적 경험의 미구분 그리고 타자지각의 익명성과 선인칭성과 애착 경험의 상충 가능성을 확인할 수 있었다.

또한, 사회적 인지발달 심리학의 마음 읽기나 마음이론의 연구를 통해서 타자의 주관에 대한 이해로서 마음 읽기나 마음이론이 자아와 타자

---

172 여기서 타자가 2인칭적인 너 혹은 너희들인지 아니면 3인칭적인 그, 그녀, 그들인지의 구별 역시 메를로-퐁티의 타자경험의 이론 내에서는 논의되지 않고 있다.

의 믿음의 변별적 이해능력이라는 점 그리고 더욱이 마음 읽기나 마음이론의 기원적 형식으로서 신체모방에서 이미 일인칭적 자기에 대한 비주체적 의식이 요구되고 있음을 확인했다. 그에 따라 메를로-퐁티가 주장하는 타자지각의 익명성과 선인칭성은 원초적인 사회적 정서뿐만 아니라 사회적 인지발달에서도 재고되어야 할 현상학적 규정임을 확인했다.

아쉬운 것은 메를로-퐁티의 경우 『지각의 현상학』 이후 그의 철학적 탐구과정에서 타자경험과 관련된 좀 더 체계적인 연구의 심화가 이루어지지 않았다는 점이다. 오히려 우리는 후설의 출간된 저서와 유고들 속에서 타자경험에 대한 분석에 기반을 둔, 많은 풍부한 논의들을 발견할 수 있다. 그에 따라서 우리가 추구하는 타자경험의 발생적 현상학과 발달 심리학의 대화를 모색함으로써, 초월론적 상호주관성의 현상학 변용과 발전을 추구하기 위한 출발점으로 후설의 발생적 현상학을 탐구하고자 한다.

Ⅱ부

타자 철학의 수립

: 후설 타자경험의 발생적 현상학의 수립

1장

발생적 현상학의 단서와 정초 : 능동적 발생과 수동적 발생

1절 발생적 현상학의 단서로서 동기 부여의 유형

발생적 현상학과 관련해서 후설의 최초의 공식적인 언급은 1921년에 작성된 두 개의 유고, 즉 「정적 그리고 발생적 현상학적 방법」(Hua XI, 336~345)과 「모나드의 개별화의 현상학. 일반적인 가능성들의 현상학. 그리고 경험의 조화. 정적 그리고 발생적 현상학」(XIV, 34~42)에서 찾을 수 있다. 이 중 두 번째 유고에서 정적 현상학과 구분하면서 발생적 현상학을 다음과 같이 규정하고 있다.

> "정적 현상학이란 바로 단서의 현상학, [즉] 대상의 존재 속에서 단서가 되는 대상성의 유형 구성, 비존재, 한갓 가상, 부정성, 불일치성의 구성 현상학이 아닌가? …… [반면] 발생의 현상학은 ⅰ)그 자체 하나의 근원적으로 구성하는 생성인, **시간 흐름(Zeitsrom)** 속 '근원적인 생성'과 ⅱ)발생적으로 기능하는 소위 **동기 부여들(Motivationen)**을 뒤쫓으면서, ⅰ)어떻게 의식이 의식으로부터 생성하는지, 어떻게 거기서 생성 속에서 항상 또한, **구성적 수행(konsititutive Leistung)**이 이루어지는지, 그래서(so) ⅱ) 동기 부여하는 것과 동기 부여된 것 사이에 **피제약성 연관(Bedingtheitzusmmenhang)**이 ……. 이루어지는지를 보여준다." (XIV,41)[번호는 인용자에 의함]

우선 정적 현상학은 이미 구성된 대상들을 단서로 삼아서 시간적 발생, 생성과 무관한 구성의 두 차원, 즉 대상의 대상성으로서 진리와 대상의 비존재, 가상, 부정성, 불일치성으로서 비진리의 두 차원에서 타당성 정초를 밝히는 작업이다.[173] 발생적 현상학 역시 두 차원에서 수행될 수 있음을 알 수 있다. 발생적 현상학은 i) 내적 시간 의식 속에서 의식으로부터 의식의 생성으로서 근원적 구성과 ii) 동기연관 속에서 의식들 간의 피제약성 연관을 해명해야 한다. 발생적 현상학이 해명해야 하는 발생적 정초란 이처럼 시간 의식의 근원적 구성과 동기연관의 피제약성 연관을 의미한다. 내적 시간 의식에서 의식의 구성을 "근원적 구성"이라고 말하며, 또한, "그래서"(so)라는 표현에서 알 수 있듯이 시간 의식의 발생적 정초의 해명에 기반을 둬서 동기연관 속에서 피제약성 연관의 발생적 정초가 해명된다.

우리는 시간 의식의 근원적 구성의 차원에서 발생적 정초의 해명으로서 **시간 의식의 발생적 현상학**[174]보다는 동기연관의 피제약성 연관의 차원에서 발생적 정초의 해명으로서 **동기연관의 발생적 현상학**에 집중하고자 한다. 시간 의식의 발생적 현상학은 어떤 종류의 경험이든지 간에 의식의 발생에서 보편적으로 작동되는 생성의 법칙을 밝힌다는 점에서 경험의 영역, 경험의 유형, 양상에 따른 다양성이 추상된다. 반면 동기연관의 발생적 현상학은 해명되는 **경험의 '영역', '유형', '단계', '양상'**[175]에 따라 각각의 고유의 동기연관들을 구체적으로 드러낼 수 있다. 우리는 현

---

173 "정적 분석은 사념된 대상의 통일체를 단서로 삼아서 불명료한 소여 방식으로부터 지향적 변양으로서의 그 소여 방식의 소급하여 지시관계를 뒤쫓으면서, 명료한 것을 향해 나간다."(Hua. XVII, 316)

174 시간 의식의 발생적 현상학은 김태희, 『후설의 현상학적 시간론의 두 차원 : 정적 현상학적 분석과 발생적 현상학적 분석』, 서울대학교 대학원 철학박사 학위논문, 2011. 참조

175 세 가지 개념 중 영역(Region)이 가장 넓은 개념이며, 영역 내에서 유형(Typus)의 구분이 가능하며, 재차 하나의 유형 안에서 무수하게 다양한 양상(Modus)들이 존재한다.

재 발생적 현상학의 원리와 유형을 기반으로 **타자경험이라는 특정한 동기연관의 '영역'** 내에서 타자경험의 발생원리 및 '유형'과 '단계'와 '양상'의 발생적 정초연관을 해명하는 것을 최종적 목표로 삼고 있기 때문에 일차적으로 시간 의식의 발생적 현상학보다는 동기연관의 발생적 현상학에 집중하고자 한다.

동기연관에 기반을 둔 발생적 정초의 해명을 위해서는 무엇보다 먼저 동기연관의 원리와 유형이 밝혀져야 할 것이다. 즉 정적 현상학이 지향적 체험 간의 타당성 정초를 기술하기 위해서 먼저 주요 대상유형들 및 그것의 지향적 구조에 대한 기술이 필요한 것처럼, 마찬가지로 발생적 현상학이 의식들의 생성 속에서 지향적 체험 간의 '피제약성 연관'을 설명[176]하기 위해서는 먼저 생성하는 의식 간에 지향적 동기연관의 유형이 기술되어야 한다.

1. 동기 부여의 영역에서 분류 : 이성과 연합의 동기 부여

후설의 현상학 내에서 동기 부여 개념에 대한 체계적인 논의는 『이념들I』 출간 후 II권으로 예정되었지만, 생전에 출판이 포기되고, 후설 사후 1952년에야 출간된 『이념들 II』의 3편 2장 「정신세계의 법칙으로서 동기 부여」에서 전개되고 있다.[177] 『이념들II』에서 동기 부여 개념은 기본적으로

---

176 후설은 같은 시기 다른 유고인 「정적, 발생적 현상학적 방법」에서 정적 현상학과 발생적 현상학을 각각 "기술적 현상학"과 "설명적 현상학"이라고 구별해서 부른다. (XI,340)

177 『이념들II』의 초안 1편, 2편은 1912년경 1권 집필 후 곧바로 쓰인 것으로 알려졌다. 반면 3편의 초안은 1913년에 작성된 것으로 되어 있다. 사실은 『이념들II』는 2부로 구성되어 1부에서는 구성의 문제를 다루고 2부에서는 현상학과 학문의 관계문제를 다루고자 했으나. 그러나 구성의 문제가 후설에게 일종의 제1철학의 주제가 됨에 따라 더는 학문론과 함께 논의될 문제가 아니었기에 학문론은 『이념들III』으로 분리되었다. Hua IV, 편집자 서문 xv~xx 참조. 그러나 우리의 판단으로는 후설이 『이념들 II』의 출간을 포기한 까닭은 후설 자신이 정신성의 법칙으로서 동기연관의 개념과 앞서 『이념들I』의 정적 현상학이 조화를 이룰 수 없다고 생각했기 때문이라고 본다.

물리적 인과관계나 **심리 물리적 인과관계**와 대비되는 **주체와 객체간의 지향적 동기관계**를 해명하기 위해 등장한다. 인과관계와 동기 관계의 대비는 기본적으로 현상학적 태도의 차이, 즉 자연주의적 태도와 인격주의적 태도의 차이에서 비롯된다. 물론 양자 모두 초월론적 태도의 차원에서 초월, 구성의 문제에 접근하지 못하는 자연적 태도 속에 놓여 있다. 그러나 자연주의적 태도와 인격주의적 태도는 결코 대등한 태도들이 아니다.

> "**자연주의적 태도는 인격주의적 태도**에 종속되고[혹은 종속됨에도 불구하고],
> 추상을 통해 혹은 오히려 인격적 자아의 자기 망각을 통해 일정한 독자성을 획
> 득하는, 이를 통해 동시에 자신의 세계, 자연을 부당하게 절대화하고 있다"[178]
> (IV,183~84)

자연주의적 태도 속에서 물체와 신체에 심리 물리적으로 종속된 것으로 나타나는 영혼과 자아가 인격주의적 태도 속에서 비로소 대상과의 지향적 연관을 본성으로 갖는 주체로서 드러난다. 이런 인격주의적 태도를 보인다는 것은 어떤 인위적인 노력이 요구되기보다는 일차적으로는 주체가 자신의 환경 세계와 맺는 무수한 지향적 관련들 속에서 자기 자신, 이웃, 모두에게 공통적인 환경 세계에 대한 가장 일상적인 자연스러운 이해로 되돌아가는 것이다. 그리고 이와 같은 태도 속에서 비로소 자연주의적

---

178 이 인용문의 전체문장은 다음과 같다. "더 정확하게 고찰해보면 여기서 두 가지 동등한 권리를 갖는 그리고 동등하게 서열을 갖는 두 가지 태도들, 내지는 두 가지 전적으로 동등한 권리를 갖는 그리고 동시에 관통하는 통각들이 놓여 있는 것이 아니고, **자연주의적 태도는 인격주의적 태도**에 종속되고, 추상을 통해 혹은 오히려 인격적 자아의 자기 망각을 통해 일정한 독자성을 획득하는, 이를 통해 동시에 자신의 세계, 자연을 부당하게 절대화하고 있다는 사실이 명백하게 밝혀질 것이다." (IV,183~184) 『이념들II』에서의 나타난 이와 같은 인격주의적 태도의 자연주의적 태도에 대한 우위는 후설의 최후 저작인 『위기』에서 객관적 학문에 대한 생활 세계적 태도의 우위로 발전된다.

인과연관이 아닌 인격주의적 동기연관으로서 지향성이 드러난다. 이것은 이후에 『위기』에서 생활 세계적 환원과 연결된다.

모든 동기 부여는 일차적으로 "자아와 지향적 객체 사이에서 이루어진다."(IV.216) 먼저 환경 세계의 경험된 객체들은 정도의 차이를 갖는 "자극을 행사하고(über einen Reiz), 관심을 일깨우며(weckt ein Interesse), 이 관심에 의해 주의를 기울이는 경향(eine Tendenz der Zuwendung)을 일깨운다."(IV.216) 이에 대해 "자극과 경향의 작동에 맞게 '나는 할 수 있다'(ich kann)에 '나는 실행한다'(ich tue)가 뒤따른다. 이와 상관적으로 결말은 어떤 목적의 성격을 가진다."(IV.216)

후설은 이와 같은 동기 부여의 과정이 **물리적-실재적 경과**도 아니요, **심리 물리적으로 얽혀진 인과적 경과**도 아닌 목적론적 지향적 관계임을 밝힌다.(IV. 217~218)

이처럼 인격주의적 태도 속에서 드러나는 동기 부여의 유형을 후설은 『이념들II』 56절에서 우선 **이성적 판단과 추론의 영역과 습관과 연합의 영역**을 기준으로 분류한다.

1) 이성의 동기 부여는 기본적으로 **"태도 취함을 통한 태도 취함의 동기 부여"**(die Motivation von Stellungnahme durch Stellungnahme)(IV.220)이다. 이성의 동기 부여는 '지각이 판단을 동기 부여하는 방식으로서 입증, 교정, 발소', '판단들이 나른 판단을 통해 결론으로 동기 부어되는 빙식', '판단들이 감정을 통해 동기 부여되는 방식', '감정들이 판단들을 통해 동기 부여되는 방식' 그리고 '추측, 의문, 느낌, 갈망, 욕구 등이 동기 부여되는 종류와 방식' 등, 인식적, 가치 평가적, 의지적 태도 취함, 모두를 포괄한다.(IV.220)

후설은 이와 같은 다양한 이성의 동기 부여들을 재차 두 가지로 분류한다. 첫째, 본래적인 의미에서 **"순수한 이성의 동기 부여"**(IV.221)이다. "이성은 그것이 통찰적이고(혹은 분명하고), 철저히 통찰적으로(혹은 분명하게) 동기 부여된다면, 또 이러한 한 실로 순수한 이성이라고 할 수 있다."(IV,221) 순수한 이성의 동기 부여의 전형으로서 "명증성의 테두리 내에서 [이루어지는] 동기 부여로서 이성적 동기 부여의 탁월한 경우", 이를테면 "논리적 정초"(IV,220, 221)가 있다. 그러나 후설은 이와 같은 순수한 이성의 동기 부여들의 주체들을 활동적 주체로 보며, 따라서 논리적 정초도 하나의 행동, 실천으로 보고 있다.

둘째, **"상대적으로 이성적인"**(IV,222) **동기 부여**이다. 현실 속에서 이성적 동기 부여는 항상 **"이성 [이전] 작용들의 침전물**"이지만, 지금은 혼란되어-통일적으로 등장한 **질료"**(IV,221)의 영향을 받는다는 점에서 상대적인 이성의 동기 부여이다. 이를테면 "충동과 경향에 이끌려 떠맡겨져"(IV,221) 맹목적이 될 수도 있으며, 추론과정에서 잘못 생각하여 "전제들 가운데 어떤 것이 일치하지 않는다는 사실을 간과할 수도 있다." (IV,222) 그 결과 현실에서 이성의 동기 부여는 항상 "이성적이지만 그러나 상대적"(IV,221)일 뿐이다.[179]

이성의 동기 부여와 관련해서 후설이 말하는 **이성의** 두 가지 고유한 특징을 짚고 넘어갈 필요가 있다. 우선 후설은 이성과 비이성(혹은 맹목)의 의미를 이분법적으로 판단하지 않는다. 이성은 그것이 분명하게 동기 부여될 때, 달리 말해 선행하는 전제 중 충동이나 경향에 이끌리는 바람에 어떤 혼란스러운 전제들 때문에 동기 부여되지 않을 때 순수하게 이성적이다. 반면 맹목적인 경향(blinde Tendenz)에 이끌리는 경우에도 스스로 선행하는 전제가 입증되었다고 기억할 수 있을 것으로 믿기 때문에 전적으로 맹목적이지는 않으며 상대적으로 이성적이다.[180] 이 점에서 경향성(Neigung)을 이성과 분리하는 칸트의 입장과 다르다. 나아가 후설은 이성

---

179 이미 데카르트는 현재 정신이 체험하는 명증성과 기억을 통해서 회상하는 과거의 명증성을 구분하고 있다. 서양근대철학회 엮음, 『서양근대철학』, 창비, 2010, 110~111 참조.

180 "나는 명제가 입증되었다고 기억할 수 있을 것으로 믿었다. 즉 기억이 자신의 **이성을** 갖는 한, 경향성은 완전히 맹목적인 것은 아니다." (IV,222)

을 칸트처럼 이론 이성과 실천이성으로 전적으로 분리하지 않고, 인식적 태도 취함뿐만 아니라, 가치 평가적, 의지적 태도 취함도 넓게 이성적 영역의 동기 부여로 포함시킨다.[181] 이런 점에서 오히려 후설은 이성을 홉스나 스피노자처럼 활동하는(tätig), 행동하는(handelnd) 주체로 여기며, 따라서 정신성의 근본법칙인 동기 부여의 측면에서 논리학이나 인식론을 실천학으로서 윤리학과 연결시킨다.[182]

2) 연합의 동기 부여는 "[좁은 의미의] 연합과 습관의 전체영역"(IV.222)을 포괄한다. "여기에서는 '태도 취함을 통한 태도 취함의 동기 부여'가 아닌, **연합적, 습관적 체험들의 동기 부여**가 문제가 된다."(IV.222) 연합의 동기 부여는 두 가지로 나누어진다.

> "[첫째] 이전의 이성작용들, 즉 **이성의 작업수행들로부터의** 침전물들 혹은 이성 작용들에 의해 실제적으로 형성되지 않고, 이와 같은 것의 유비에 따라 **통각적 통일체들로 등장하는 것**의 동기 부여와 또는 [둘째] 완전히 이성이 없는 **(völlig vernunftlos)** 것들의 동기 부여로서, 예컨대 감각성, 솟아오르는 것[혹은 떠오르는 것](das sich Aufdrängende), 미리 주어진 것, 충동된 것(Getriebe)이다."(IV.222)

첫 번째는 습관의 영역에서 동기 부여를 의미하며, 두 번째는 본래적인 의미에서, 즉 좁은 의미에서 연합의 동기 부여를 의미한다.

---

181 "판단들과 믿음의 태도 취함 일반(여기에는 형식 논리적 태도 취함도 속한다)뿐만 아니라 현존적 정립들에 대한 이성의 동기 부여들도 있다. 그러나 마찬가지로 감정과 의지의 동기 부여에 대한 이성의 동기 부여도 있다."(IV, 223)

182 "결국, 여기서 우리는 이성적 주체의 행동을 대상으로 갖는 가장 넓은 의미에서 윤리학의 근본 물음에 도달한다. 스피노자와 홉스의 정념론은 전체적으로는 내재적 동기 부여를 다룬다."(IV, 222)

연합의 동기 부여와 관련해서도 우리는 두 가지를 짚고 넘어가야 한다. 우선 이성의 동기 부여와 연합의 동기 부여가 겹치는 부분이 존재한다. 즉 이성의 이전 작용들의 침전물을 질료로 삼아 이루어지는 판단과 추론의 동기 부여는 한편으로는 여전히 판단과 추론이 작동된다는 점에서 보면 이성의 동기 부여이지만, 다른 한편으로는 습관이 작동된다는 점에서 보면 연합의 동기 부여이다. 둘째, 후설은 연합과 습관의 영역에서 이루어지는 동기 부여는 전적으로 의식 체험 간의 발생적 연관에서 이루어지는 것임을 명확하게 밝힌다.

"이것들은 하나의 자아의식 내부에서 **선행하는 의식과 후행하는 의식** 사이에 **건립된 관련들**이다. 그렇지만 동기 부여는 '지금'의 의식 속에서, 즉 **현실적 시간 의식(원본적 의식)으로 특성 지어진 의식 흐름의 통일체** 속에서 경과한다." (IV.222)

그러나 이런 발생적 동기연관은 넓은 의미에서 연합의 동기 부여에만 해당하지는 않고 이성적 동기 부여에도 적용된다. 왜냐하면, 이성의 동기 부여에서도 결론의 정립은 선행하는 전제의 분명함 혹은 혼란스러움에 대한 기억으로부터 발생하는 것이기 때문이다.

2. 동기 부여의 원리에서 분류 : 수동적, 능동적 동기 부여

2.1. 수동성과 능동성의 개념구분

후설은 이런 동기 부여를 **수동과 능동의 개념**을 활용하여 좀 더 일반적으로 다음과 같이 표현한다.

"여기에서 우리는 항상 '무엇으로부터 겪으며, 그것을 통해서 **수동적으로 규정**

된 것과 이에 대해 **능동적으로 반응하면서** 어떤 행동으로 이행하고, 이러한 행동에는 어떤 목적이 있다.”(IV.217)

즉 **영역적 측면**에서 연합의 동기 부여와 이성의 동기 부여라는 분류는 **동기 부여의 원리**에서 수동성과 능동성으로 재분류된다. 먼저 후설에게 수동성과 능동성의 구별은『경험과 판단』에 따르면 상대적인 방법론적 기준이다.

“[능동과 수동이란] 고정된 것, [즉] 항상 언제든지 정의상 확정 가능한 용어들이 아니라, 모든 개별적 경우 분석의 구체적 상황과 관련해서 그 의미가 새롭게 길러 내어 져야 하는 기술과 대조의 수단, 지향적 현상들의 모든 기술에 대해서 타당한 하나의 표기(Bemerkung)이다.”(EU, 119)

즉 능동과 수동의 구분은 분석의 구체적 상황에 따라 달라질 수 있는 지향적 체험의 기술과 대조를 위한 방편이다. 실제로 능동과 수동에 대한 후설의 구분을 검토해보면 전적으로 능동적인 것과 수동적인 것은 일종의 한계개념일 뿐이고 항상 능동성과 수동성 간의 정도의 차이에 따른 다양한 유형과 양상들이 존재할 뿐이다. 그러나 능동과 수동의 구분은 앞서 확인한 것처럼 동기연관 작동의 실천성, 행동성을 체계적으로 분류하고 분석할 수 있는 근대철학 이래로 전통적으로 유효한 접근방법이다.

능동과 수동에 대한 구분과 관련해서 1913년 이후 작성된『이념들II』과 1928년의『데카르트적 성찰들』을 중심으로 그 일반적 의미를 살펴보자. 후자의 저서에서 능동과 수동은 명시적으로 **발생의 근본적인 두 가지 형식**임을 밝힌다.

“만약 맨 먼저 우리가 세계에 관련된 가능한 주체들인 우리에 대해 **구성적 발생**이라는 보편적으로 중요한 원리들을 심문한다면, 그 원리들은 두 개의 근본적 형

식에 따라 **능동적 발생과 수동적 발생**으로 나누어진다." (I,111)

　　그러나 아직 발생적 현상학의 개념이 확실하게 정립되지 않은 『이념
들II』에서 비록 능동과 수동의 구분이 발생의 형식임을 명시적으로 밝히
고 있지는 않지만, 다음 구절을 읽어보면 능동과 수동이 발생과 연관되어
있음을 후설도 이미 알고 있었다.

　　"우리는 다음과 같이 구별할 필요가 있다. 1) 자아의 존재와 행동으로서 주관적
　　존재. **주체와 그 작용들 또는 상태들[로서] 능동성들과 수동성들.** 2)주체에 대
　　한 존재로서 주관적 존재. 감각물질과 주체에게 **그 주체의 발생 경과** 속에 구성
　　된 객체들의 총체성." (IV,214~215)

　　즉 능동성과 수동성은 노에시스 차원에서 주체의 작용들과 상태들의
발생경과에 적용되는 기준이며, 노에마의 구성은 바로 이런 능동적 혹은
수동적인 주체 발생의 경과 속에서 이루어진다. 능동과 수동은 대상적인
것, 질료적인 것에 대한 주체나 자아의 지향적·구성적 관계, 즉 동기연관
에 대한 두 가지 대조적인 양상들이다. 우선 자아가 **대상을 구성하고 산출
하는 측면**에서 보면 자아는 **능동적 양상** 속에 놓여 있다. 반면 자아의 구
성작용에서 **대상이 앞서 주어지거나** 자아를 **촉발하는 측면**에서 보면 자
아는 **수동적 양상** 속에 놓여 있다. 자아는 대상을 구성할 때 전적으로 진
공상태에서 제1 원인처럼 구성하는 것이 아니고 항상 앞서 주어진 것을
기반으로 구성한다. 설령 전에 한 번도 본 적이 없는 대상을 구성할 때에
도 즉 "우리가 알려지지 않은 것이라고 부르는 것도 아무튼 이미 알려졌
음의 구조형식, 즉 대상이라는 형식, 더 상세하게는 공간적 사물, 문화의
객체, 도구 등등의 형식을 가진다."[183] (I,113) 그렇다면 자아는 대상을 구성

---

183 『데카르트적 성찰들』과 비슷한 시기에 작성된 『형식적, 초월론적 논리학』에서도 후설은 동일

하는 과정에서 항상 필연적으로 능동적이면서 수동적이다.[184]

　수동성과 능동성이 자아의 구성작용에서 항상 상관적이지만, 이제 상대적으로 더 능동적이면서 덜 수동적인 구성작용이 있을 것이며, 상대적으로 더 수동적이면서 덜 능동적인 구성작용이 있을 것이다. 그리고 이와 같은 상대적인 정도의 차이에 대한 분별은 궁극적으로는 전적으로 수동적인 구성작용과 전적으로 능동적인 구성작용이라는 두 가지 극단적인, 경계차원 내부에서 구성작용의 상대적 분별임을 알 수 있다. 이때 수동성과 능동성의 상대적인 정도의 차이의 중요한 기준은 무엇인가?

　우선 수동성과 능동성 각각은 잠재성과 현실성의 수준에서 이중적임을 알아야 한다. **대상적인 것이 자아를 촉발한다는 의미에서 자아는 현**실적으로 수동적이며, 자아가 대상을 구성할 때 항상 **이미 이전의 구성된 것을 소재로 삼아 구성한다는 점에서** 잠재적으로 수동적이다. 이때 현실

한 주장을 한다. "예를 들어 우리는 결코 한 번도 보지 못했던 어떤 것을 완전히 **공허한 예기 속에서 지시**(indiziert)할 수 있다. 이것은 …… 이전의 근원 설립하는 발생 안에서 **사물 경험 유형**이 생겼고, 그와 더불어 **사물이라는 범주**가 그의 최초의 의미에서 설립되었다는 것을 소급 지시한다." (XVII, 317)

184 다음 인용들에서 후설은 **능동성과 수동성은 항상 상관적**임을 주장한다. "모든 자발적 작용은 그것이 수행된 다음에는 필연적으로 혼란된 상태로 이행한다. 자발성 혹은 …… **능동성은 수동성**으로 이행한다." (IV, 11) "**능동적인 자아**에 대립해 **수동적 자아**가 있으며, 자아는 자아가 **능동적인 곳에서는 언제나 영향을 받는다**(affektiv; **촉발된다**)는 의미뿐만 아니라 수용된다 (rezeptiv)-이것은 물론 그것이 단순히 수농적일 수도 있다는 섬을 배제하지 않는다-는 의미에서 동시에 **수동적**이다." (IV,213) "본래 주관적인 것, 자아 자체와 자아의 행동 - **능동적일 뿐만 아니라 수동적인**"(IV,214) "환경 세계의 객체들 - 자아는 자신의 태도를 보임에서 이것들에 대응해 **활동하며[능동성]**, 이것들로부터 **동기 부여된다[수동성]** - 은 총체적으로 이 자아의 작용들 속에 근원적으로 구성된다." (IV,214) "어떤 경우에도 **능동성**의 모든 구축은 필연적으로 [대상을] 미리 부여하는 **수동성**을 가장 낮은 단계로 전제하며, 능동성의 구축을 추적해가면, 우리는 수동적 발생에 의한 구성에 직면하게 된다." (I,112) "정신적 활동들이 **자신의 종합적 작업수행**을 실행하는 동안, 그들에 모든 질료를 제공하는 **수동적 종합**이 부단히 진행되고 있다." (I,112) "우리는 …… 모든 **능동성**에 선행해 놓여 있고, 부분적으로는 모든 능동성 자체를 다시 포괄하면서 항상 새로운 종합을 이루는 **수동적 형성**의 본질적 법칙성에 직면하게 된다." (I,113)

적 **수동성과 잠재적 수동성**은 무관한 것이 아니다. 이미 이전에 구성된 것은 침전되어 습득적인 것으로 **잠재적**으로 남아 있으며, 외부 대상에 의해 자아를 촉발할 경우 **현실적인 것**이 되어, 자아의 능동성을 동기 부여하기 때문이다.[185] 따라서 양자의 구분은 사태상 **대상적인 것에 의한 촉발**로서 현실적 수동성과 **소재적, 질료적인 것**의 선소여로서 잠재적 수동성의 구별이다.

이제 능동성의 이중적 의미도 이런 현실적인 것과 잠재적인 것의 구분과 관련되어 있다. 즉 **주도적인(herrschende) 능동성**과 **보조적인(dienende) 능동성**의 구분이 그것이다.(IV,12) 예를 들어 어떤 소식을 듣고 기뻐할 때 기쁜 소식 자체에 대한 자아의 사유작용은 주도적인 능동성인 **자아의 기쁨함**에 대해 보조적인 능동성으로서 역할을 한다. 반대로 태도를 전환해서 우리가 **기쁜 소식 자체에 대한 사유작용**을 주도적으로 능동적으로 수행할 수 있으며, 이 경우 기쁨작용은 배경 속에 머물면서 현재 보조적으로 능동적으로 수행된다. 바로 여기에서도 **현실화되어 있는 능동적 구성작용과 배경 속에 있는, 즉 잠재적인 능동적 구성작용**의 구분이 존재한다.[186]

---

185 "우리는 …… 모든 능동성에 선행해 놓여 있고, 부분적으로는 모든 능동성 자체를 다시 포괄하면서 항상 새로운 종합을 이루는 수동적 형성의 본질적 법칙성에 직면하게 된다. 즉 그 자신의 고유한 **습득성 속에서 항속하고 있는 형성물**로서의 다양한 통각들의 수동적 발생에 직면하게 된다. 이 통각들은 중심적 자아에 대해 형성된 미리 주어진 것들로 보이지만, 그것들이 **현실적이 될 경우 자아를 촉발**하고 활동성에 동기를 부여한다." (I, 113)

186 예를 들어 기쁨함이라는 자아의 능동적 구성작용에는 바람, 욕구의 충족됨이라는 수동적 구성작용이 선행한다. 또한, 기쁜 소식에 대해 사유함이라는 자아의 능동적 구성작용에는 어떤 소식의 들음이라는 수동적 구성작용이 선행한다. 좀 더 구체적으로 우리가 입사시험에 합격했다는 소식을 들었을 때 한편으로 기뻐하면서 다른 한편으로는 합격이 사실인지를 재차 확인한다. 이때 기쁨함과 사실확인은 어느 쪽에 자아의 관심이나 주의가 더 쏠려 있느냐에 따라서 주도적(현실적) 능동성과 보조적(잠재적) 능동성으로 구분될 수 있다. 이런 합격소식에 기뻐하는 경험에는 분명히 입사의 바람, 욕구 충족의 경험이 선행하며, 또한, 그 사실을 확인하는 경험에는 소식을 들음이라는 지각적 경험이 선행한다. 이런 선행하는 충족 및 지각의 경험은 기쁨함과 기쁜 소식에 대한 확인이라는 능동적 구성작용에 선행하는 수동적 구성작용들이다.

재차 이중적인 능동성과 이중적인 수동성은 서로 동기연관을 가진다. 습성으로서 잠재적 수동성의 경험은 그보다 선행하는 과거의 현실적 능동성의 경험이 잠재적인 능동성의 경험으로서 배경으로 물러나면서 점차 과거로 침전되면서 형성된 결과이다. 잠재적 수동성의 경험으로서 습성은 외부대상에 의해 촉발되면서 현실적 수동성의 경험이 되어 다시 현실적인 능동성의 경험에 영향을　끼친다. 재차 이런 현실적인 능동성의 경험은 배경으로 물러나면서 잠재적인 능동성의 경험으로서 현재 보조적인 역할을 하고 있다. 여기서 잠재적 수동성의 경험으로서 침전된 습성과 잠재적 능동성의 경험으로서 현재의 배경경험은 모두 현실적 능동적 경험에 이바지하는 바가 있지만, 그 역할이 다른 것이다. 습성은 그것이 촉발을 통해 현실화되더라도 자아에 명증적으로 의식되는 경험이 아니지만, 배경경험은 언제든지 주의의 전환을 통해서 자아에 명증적으로 의식되면서 현실적인 능동적 경험이 될 수 있다. 네 가지 경험의 동기연관 이해를 돕기 위해 표로 그려보면 다음과 같다.[187]

	수동성　⇒　능동성 ⇐
잠재성 ⇑ ⇓ 현실성	침전된 경험(습성) ⇐ 보조적 경험(배경) ⇓　　　　　⇑ 촉발된 경험　⇒　주도적 경험

---

187 물론 이런 식의 설명은 설명 자체의 편의를 이해 많은 부분이 추상화되었다. 먼저 여기서 말하는 잠재적 능동성으로서 배경체험은 아직 현재라는 점에서 과거 지평으로 물러난 경험이 아니다. 또한, 과거 지평으로 물러난 모든 경험이 침전되어 습성이 되는 것은 아니다. 또한, 모든 습성적 경험이 촉발을 통해 현실화되는 것도 아니다. 이런 순환과 반복에는 부분적인 소멸과 망각 그리고 역시 부분적인 창조와 상기에 따른 차이가 존재하기 마련이다. 이는 현재의 우리 논의의 목표, 즉 수동성과 능동성 구분의 기준을 밝히는 것을 넘어선다.

나아가 능동적, 수동적 구성에 대한 지금까지의 구별은 우리를 **근원시원적인 수동적 구성**과 **절대적인 능동적 구성**의 의미에로 소급시킨다. 먼저 앞서 언급했듯이 대상에 의한 촉발된 경험이 되기 위해서는 이미 침전된 경험으로서 습성이 있어야 한다. 그런데 이런 습성도 이미 선행하는 과거의 능동적 경험의 침전 결과이다. 그렇다면 여하 간의 능동적 경험에도 선행하는, 따라서 여하 간의 습성도 형성되기 이전에 촉발이 유의미한 현실적인 능동적 경험을 가능하게 하는 계기로서 작동하도록 하게 하는 근원 시원적인 잠재적 수동성의 영역이 소급지시된다. 또한, 능동성의 경우에 가장 넓은 의미에서 실천이성의 작용– 논리·이론적인, 가치 평가적인, 의지적인 산출작용 –은 선행하는 질료적인 것이 대상적인 것으로 촉발할 때, 얼마만큼 암묵적 정립 없이 명료하게 동기 부여되느냐에 따라 전적으로 능동적일 수 있거나[188] 상대적으로 능동적일 것이다.

결국, 소급지시되는 근원 시원적 수동적 구성적 구성과 절대적인 능동성의 구성은 다음과 같을 것이다. 근원 시원적 수동적인 구성이란 현실적 촉발이나 선행하는 잠재적 질료가 전적으로 맹목이고, 넓은 의미에서 어떠한 이성적 개입도 없는 즉 무의식적 충동, 본능으로부터 구성일 것이다.[189] 또한, 전적으로 능동적 구성이란 선행하는 질료적인 것이 대상적인 것으로서 촉발할 때 선행하는 전제에 대해 어떠한 암묵적 전제도 없는, 즉 이성의 필증적이고 충전적인 구성을 의미할 것이다.[190]

---

188 "연상과 통각의 근본토대 속에서 '인과성'과 수동적이거나 능동적인 또는 자유로운 이성의 '인과성'이 서로 얽혀 있다. 자유로운 이성은 수동성이 어떤 암묵적 정립도 포함하지 않은 근원 질료를 제시하는 데에만 자신의 임무를 수행하는 곳에서 순수하고 완전히 자유롭다." (IV, 224)

189 "완전히 이성이 없는 것들의 동기 부여 …… 수동성의 분야에 내몰린 것." (IV, 222).

190 이와 같은 **후설의 능동성과 수동성의 구별**은 스피노자의 **능동, 수동의 구별**과 비교될 만하다. 물론 스피노자에게 수동과 능동의 구별은 윤리 관점에서 구별이고, 후설에게 그것은 존재론적, 인식론적 구별이다. 다시 말해 스피노자의 경우 수동적 양태에서 능동적 양태로의 전

2.2. 능동적, 수동적 동기 부여

이제 이와 같은 수동성과 능동성의 구분기준에 따라 앞서 살펴보았던 이성의 동기 부여와 연합의 동기 부여를 재분류하면 다음과 같다.

환이 그의 윤리학의 목표이지만, 후설에게 수동적 경험은 능동적 경험을 발생적으로 정초 하는 토대, 근원으로서 역할을 가진다. 그러나 이런 차이에도 불구하고 후설에 따르면 "스피노자와 홉스의 정념론은 대략 전체적으로 내재적 동기 부여를 다루고 있다."(IV, 222) 스피노자는 『윤리학』의 제3부 정념론에서 바로 능동과 수동을 다음과 같이 정의한다. "나는 정념들(Affekte; affectum)을 신체의 활동능력을 증대시키거나 감소시키고, 촉진하거나 저해하는 **신체의 정념들**(Affektionen; affectiones)인 동시에 **그러한 정념들의 관념들**로 이해한다. 그러므로 만일 우리가 그러한 정념들의 어떤 충전적(adäquate; adaequata) 원인이 될 수 있다면, 그 경우 나는 **정념을 능동**(Handlung; actionem)으로 이해하며, 그렇지 않을 경우 **수동**(Leiden; passionem)으로 이해한다." 스피노자에게 수동과 능동을 가르는 결정적 기준은 원인의 충전성 여부이다. 이런 충전성 여부를 스피노자는 다음과 같이 구분한다. "어떤 원인의 결과가 그 원인에 의해 **명석, 판명하게**(klar und bestimmt; clare, & distincte) **지각될**(erkennt; percipi) 수 있을 때, 나는 이 원인을 **충전적** 원인이라고 한다. 그러나 어떤 원인의 결과가 그 원인 자체에 의해 이해될(erkennt; intelligi) 수 없을 때, 나는 그 원인을 **충전적이지 않은** 또는 **부분적인 원인**이라고 부른다." B. Spinoza, Die Ethik, Lateinisch/Deutsch, Reclam, 1997. 254~255 참조. 후설 역시 스피노자처럼 수동성과 능동성을 구분하는 기준으로서 이성적 주체의 자유 여부를 염두에 두고 있다. 이런 이성의 자유의 여부는 이성을 동기 부여하는 것이 이성에 의해서 온전하게 이해되고 지각되는지, 즉 동기 부여하는 것 역시 이성적으로 파악된 것이기에 이성에 의한 이성의 동기 부여인지 아니면 이성을 동기 부여하는 것이 이성에 의해서 온전하게 드러나지 않는 것인지, 즉 선행하는 암묵적 전제를 통해 이성이 어떤 경향성으로 이끌리는지 아닌지에 달려 있다. 다만 아직 『이념들II』의 단계에서는 발생적 정초와 타당성 정초가 분명하게 구분되지 않은 까닭에 능동성과 수동성의 구분에서 순수하게 시간적 선후에 따른 발생적 정초뿐만 아니라 명증성의 정도에 따른 타당성 정초가 함께 고려되어 있다. 이 점에서는 스피노자 역시 『에티카』 3부에서 능동과 수동의 성의에서 사유의 특권을 인정하는 것처럼 보이지만 4, 5부에서 능동, 수동 논의에서 오히려 신체 변용의 발생적 과정에 더욱 주목한다. 스피노자의 능동, 수동과 관련된 관념론적 해석과 유물론적 해석의 논쟁은 마이클 하트, 김상운, 양창렬 옮김, 『들뢰즈 사상의 진화』(갈무리, 2004) 3장 「스피노자적 실천 : 긍정과 기쁨」 (p.p.175~298)에 잘 소개되어 있다.

1) 순수 이성적 동기 부여는 순수 능동적 동기 부여이다. 예컨대 실천 이성의 하나로서 이성적 추론작용 역시 지향적 동기 부여를 통해서 이루어지며, 따라서 질료가 필요하지만 어떠한 암묵적 정립도 포함되지 않는다면, 다시 말해 모든 전제가 명증적으로 의식된다면, 순수 능동적이다. 이성적 추론에서 결론의 정립은 전제들의 정립에 관계된다. 이 전제들의 정립은 자아의 정립들이지만 자아 자체가 아니라는 점에서 결론의 정립 자아는 전제의 정립들 자체와 동기 부여적 관계, 즉 지향적 관계를 맺는다. 이때 전제의 정립들은 결론 정립의 자아에 질료를 제공한다. 만일 선행하는 모든 전제의 정립들이 제공하는 명제들과 체험들이 명료하고 그래서 암묵적으로 받아들여지는 전제가 없다면, 후행하는 결론의 정립은 능동적이고 자유롭게 추론될 수 있다. (IV.221) 이 점에서는 가치 평가적, 즉 "감정과 의지의 태도를 보임에 대한 이성의 동기 부여들"(IV.223)의 경우에도 마찬가지로 적용될 것이다.

2) **현실적으로 이루어지는 추론들, 가치평가 작용들의 경우**, 이를테면 앞서 언급한 것처럼 이전의 이성작용의 혼란스러운 침전물의 영향을 받는 혹은 충동과 경향에 영향을 받는 혹은 선행하는 전제 중에 일치하지 않는 전제가 있음을 간과하는 결론의 추론은 **능동적이면서 동시에 수동적**이다. 왜냐하면, 한편으로는 자아가 **자발적으로 태도를 보이면서** 전제들로부터 결론을 추론하면서도, 다른 한편으로는 자아는 명료하지 않은 **암묵적 전제들의 영향을 받고** 있기 때문이다.

3) **유비적 통각에 입각한 동기 부여는 상대적으로 더 수동적인, 덜 능동적인 동기 부여**이다. "일단 의식 흐름 속에 어떤 연관이 등장했다면, 이전의 연관의 어떤 부분과 비슷한 새롭게 등장하는 연관이 유사성의 의미에서 계속되고, 이전의 연관 전체와 비슷한 어떤 연관 전체를 보충하려고 애쓰는 경향이 동일한 [의식]흐름 속에 존재한다."(IV.223) 예를 들어

기대하고 있는 사람은 자신이 기대한 것과 다른 결과를 목격하면 자기도 모르게 놀라기 마련이다. 이런 습관적인 유비적 통각의 가장 원초적이면서 단순한 양상을 우리는 2세 아이들에 대한 "기대-위배 방법"(the violation-of-expectation method) 테스트[191]에서 발견할 수 있다. 아이들에게 우선 실험자가 아이 위치에서 좌우에 놓여 있는 두 개의 장난감 중에서 특정한 장난감을 계속해서 잡는 모습을 보여줌으로써 그 모습에 익숙하게 해준다. 그다음 시간적 간격을 둔 후에 장난감의 좌우 위치를 몰래 바꿔 놓고 실험자는 두 장난감을 각각 잡는 모습을 아이에게 보여주면서 아이가 어느 쪽을 더 오랫동안 지켜보는지 시간을 측정해본 결과 아이들은 대부분 새로운 장난감을 잡는 모습을 더 오랫동안 지켜본다고 한다. 이것이 갖는 함의는 분명하다. 아이는 친숙화 과정을 통해 실험자가 특정한 장난감을 목표물로 삼는 것을 알고 있었고, 그에 따라 그 장난감을 잡을 것으로 기대하는 습관적 유비적 통각체계를 형성하였고, 당연히 실험자가 위치가 바뀌었더라도 습관적으로 목표 장난감을 잡을 것으로 기대하였는데, 실험자가 기대에 어긋난 행동을 했을 때 아이는 더 의아스러웠을 것이고 그에 따라 더 오랫동안 지켜보게 되는 것이다. 물론 이런 유비적 통각은 엄밀히 말해 단순히 수동적이라기보다는 주체가 통각을 수행하면서 유비적 경향을 받아들인다는 점에서 수용적이며, 따라서 가장 낮은 단계의 능동적 동기 부여라고 볼 수 있다. 후설에 따르면 "**수용성(Rezeptivität)**은 비

---

191 K. Onishi & R. Baillargeon, Do 15-month-old infants understand false beliefs? Science, 308, 2005, 255 참조. 그러나 **기대(expectation)**와 **예측(prediction)**은 다르다. 즉 기대란 동일한 상황의 반복에서 이루어지는 것이지만, 예측은 동일주체가 이전의 성향이 있고서 다른 상황에 직면했을 때 어떤 행동을 보이는지에 대해서 이루어신나. 즉 기내는 일종의 언힙직 습관, 지각활동이지만, 예측은 이성적 추론활동이다. 그에 따라 유아들의 추론활동 능력에 대한 테스트에서는 기대 위배 테스트와 반대로 예측에 어긋난 행동에 대한 응시시간보다 예측에 맞는 행동에 대한 응시시간이 더 길다고 본다. V. Kuhlmeier, K.Wynn, & P.Bloom, Attribution of dispositional states by 12-months-olds, Psychological Science, 14, 2003. 404 참조.

록 활동적으로 태도를 보이는 본래의 자유가 아니어도, 그 표현의 의미상 **능동성의 가장 낮은 단계를** 포함한다."(IV.213)

4) 후설은 순수 **"수동성의 영역들 속에"**(in der Sphäre der Passivität) (IV.222) 있는 것으로서 **완전히 이성이 없는 것들의 동기 부여로서** 감각, 솟아오르는 것, 미리 주어진 것, 충동된 것 등을 제시한다. 앞서 언급했듯이 후설은 이성의 의미를 상당히 넓은 의미로 이해한다. 단순히 **순수한 논리적 추론과 정초**만을 생각하는 것이 아니라 **부당한 추론도** 이성의 동기 부여이며, 또한, "기억이 이성을 갖는 한, 경향성도 완전히 맹목적이지는 않다"(IV.222)는 지적에서처럼 **기억 및 기억에 근거한 경향성도** 이성적이다. 따라서 이성이 없는 전적으로 수동적 영역이란 후설 표현에 따르면 자아가 동기 부여됨으로써 능동적 자아로서 활동할 수 있는 이전 시점의, 기억에 기반을 둔 반성이 미치지 않는 **"어두운 하부 토대"**(IV.222) 내지 **무의식**[192]의 영역, 후설 표현으로 자아가 결여된 영역, 혹은 자아가 흐

---

192 1910년, 그러니까 『이념들 Ⅱ』가 작성되기 2~3년에 작성된 한 유고에서 후설은 **무의식적 체험**에 대해서 다음과 같이 말한다. " '**무의식적**' 체험들도 지각 그리고 직접적 파악하는 의식 속에 주어진 연관 속으로 들어올 수 있거나 혹은 그 연관이 그런 무의식적 체험들을 통해서 보충될 수 있다. …… 그리고 이제 나는 이제 그것과 관련해서 내가 **반성을 수행할 수 없는** 그런 의식의 구간들에 대해서도 '무의식적' 감각들, 배경체험들이 있었다고 가정한다." (XIII,82~83) 그러나 무의식은 단순히 가정이나 요청만은 아니다. 1928년에 출간된 『형식논리학과 초월론적 논리학』의 한 부록 중에서 무의식이 "파지의 연속적 변경의 본질적 한계"로서, "**부각되지 않은 것의 하부에서의 침전된 것**"임을 밝힌다. 나아가 이와 같은 **무의식의 동기 부여적 영향력**을 인정한다. "이 무의식은 결코 현상학적 무가 아니며, 그 자체로 의식의 한계 양상이다. 침전된 부각된 것의 이러한 배경, 즉 지평으로서 모든 살아있는 현재를 수반하며, 계속해서 변화하는 자신의 의미를 일깨움 속에서 보여주는 이러한 배경에 전체 지향적 발생이 소급 관련된다." (XVII,318~319)라고 말함으로써 지향적 발생의 원천의 영역임을 주장하기에 이른다. 무의식의 현상학적 분석과 관련해서 홍성하 교수의 「후설에서 나타난 무의식의 현상학에 대한 연구」 (『철학과 현상학 연구』, 21권, 한국현상학회, 2003년) 참조.

름 자체로서 존재하는 영역을 말한다.[193]

이제 능동과 수동의 기준은 이성의 동기 부여와 연합의 동기 부여의 얽혀있음, 즉 양자 간의 발생적 동기연관을 분명하게 밝혀준다. 첫째, 상대적으로 능동적인 동기 부여는 상대적으로 수동적인 동기 부여에 종속된다.

> "**신념과 모든 태도 취함**은 의식 흐름 속에 일어난 사건이며, 따라서 첫 번째 법칙, 즉 '**습관**'의 법칙에 종속된다. 내가 M을 이런 의미에서 그리고 일정한 표상 방식에서 일단 믿으면, 새로운 경우 M을 다시 믿은 **연합적 경향**이 존재한다." (IV,223)

물론 이 문장은 좀 더 신중한 해석이 요구된다. 먼저 "첫 번째 법칙"이란 연합의 동기 부여가 이성의 동기 부여보다 시간상 선행하는 법칙이라는 의미일 것이다. 또한, "일단 믿으면"이라는 표현은 단순히 한 번이라는 의미라기보다는 습관을 형성할 만큼의 반복 선행으로 이해되어야 할 것이다. 그리하여 M에 대한 반복적 믿음은 M에 대한 습관적 믿음을 만들어, 새로운 경우 이전의 M과 유사한 의미와 표상 방식을 가진 것에 대해서 습관적으로 믿게 되는 경향이 생긴다. 따라서 이것은 믿음이나 신념과 같은 능동적 태도 취함이 습관에 의해 발생적으로 동기 부여된다는 의미로 해석될 수 있다.

둘째, 반대로 전적으로 수동적인 동기가 능동적 동기에 의해서 영향받을 수 있다. 전적으로 수동적 동기 부여 영역의 "동기들은 종종 은폐되어 있지만[즉 무의식적 체험으로 남아 있지만], '**정신분석(Psychoanalyse)**'

---

193 "여기에서(수동적 영역에서) 사람들은 자아가 없는 영역 속에서 동기 부여되는 자아에 대해서 논하게 된다. [그렇다면] 자아는 흐름 자체인가?" (IV,222)

을 통해 밝혀질 수 있다."(Ⅳ,222) 즉 능동적 해석행위를 통해서 순수 수동적 동기 부여영역이 일깨워지고 밝혀질 수 있다. 이 시기 후설의 논의 속에서는 **프로이트의 '정신분석론'**이 방법적으로 허용되고 있다는 점이 흥미롭다. 왜냐하면, 무의식의 영역은 반성이 미치지 않는 영역이라는 것을 감안할 때, **정신분석론이 방법론적으로 반성의 보완적 역할을 할 수 있음**을 후설이 명시적으로 인정하고 있기 때문이다. 전적으로 수동적인 무의식적 동기의 영역에 대한 해명은 분명 반성이 미치지 않는 영역으로서 정신분석학적 해석이 요구될 수도 있을 것이다. 그러나 정신분석학적 해석은 상당 부분 언어적 의미의 해석에 의존하는 바가 크다. 대표적으로 프로이트가 『정신분석학 입문』에서 주로 수행하는 대표적인 **세 가지 정신분석학적 해석-실수행위, 꿈, 노이로제의 해석-**은 모두 철저하게 "분석을 받는 자와 의사 사이의 말의 교환"(ein Austausch von Worten zwischen dem Analysierten und dem Arzt)[194]에 의해서 이루어진다. 그에 따라 해석과정에서 말이 갖는 상징적 의미에 대한 이전의 관습적 해석이 암묵적으로 받아들여질 가능성이 높다는 점에서 정신분석적 해석은 순수하게 능동적인 작용이라고 보기는 어렵다. 반면 반성적 분석은 술어적 차원이든 선술어적 차원이든 명증적으로 드러나는 것에 따라서 수행된다는 점에서 순수하게 능동적인 작용에 가깝다고 말할 수 있을 것이다. 따라서 무의식에 대한 정신분석학적 해석은 재차 현상학적 반성을 통해 재해명되어야 한다.

셋째, 전적으로 수동적인 동기 부여의 영역이 아닌 유비적 통각의 영역과 같은 상대적으로 수동적인 동기 부여도 능동적인 반성적 동기 부여 작용을 통해서 이성적 동기 부여의 영역으로 상승할 수 있다.

"일단 의식 흐름 속에 어떤 연관이 등장했다면, 이전의 연관의 어떤 부분과 비슷

---

194 S. Freud, *Vorlesungen zur Einführung in die Psychoanalyse*, Gesammelte Werke, XI, siebte Auflage, S. Fischer Verlag. 1978. 9.

한 새롭게 등장하는 연관이 유사성의 의미에서 계속되고, 이전의 연관 전체와 비슷한 어떤 연관 전체를 보충하려고 애쓰는 경향이 동일한 흐름 속에 존재한다."(Ⅳ, 223)

여기까지는 상대적으로 수동적인 유비적 통각이 작동되고 있다. 이제 우리는 이에 대해 능동적인 반성적 분석을 수행할 수 있다.

"실로 우리는 이렇게 물음을 제기한다. 즉 무엇을 토대로 나는 그 사실을 아는가? 이제 나는 이전의 어떤 연관에 대해 **반성하고**, 그런 다음 지시된 관계 속에 이 연관과 관련이 있는 두 번째 연관에 대해 **반성한다면**, 나는 출발 부분에 따라 이와 유사한 부분을 **이성적 동기 부여** 속에 기대하며, 그런 다음 이것을 실제로 발견한다."(Ⅳ,223)

즉 **상대적으로 수동적인 비반성적인 유비적 통각이 능동적인 반성적인 유비적 통각으로 상승할 수** 있음을 시사하고 있다.
　그러나 능동적 동기 부여와 수동적 동기 부여 간의 얽혀있음과 관련해서 후설이 『이념들Ⅱ』밝힌 연관 속에는 가장 중요한 부분이 빠져있다. 바로 전적으로 수동적인 작용이 다른 상대적으로 능동적인 작용에 미치는 동기 부여에 대한 논의이다. 나아가 수동적 동기연관 자체의 발생에 대한 논의가 부족하다. 선적으로 수동직인 동기 부여는 후설이 말하는 습관의 법칙보다 더 근본적인 따라서 본래적인 의미에서 동기 부여의 첫 번째 법칙이 될 것이다.

2절 발생석 성초의 유성

　후설은 **발생적 현상학의 원리**의 단서를 동기 부여 속에서 찾을 뿐만 아니라 **발생적 정초의 유형**의 단서를 철저하게 동기 부여의 유형 속에서 찾는다. 우리는 『이념들II』에서 동기 부여의 유형을 크게 전적으로 능동적인 동기 부여로부터 수동성과 능동성이 상대적인 관계에 놓여 있는 동기 부여 그리고 순수 수동적 동기 부여로 나누었다. 순수 내면적으로, 인격주의적 태도에서 드러난 동기 부여연관을 초월론적 태도에서 구성의 발생적 정초연관으로 해명한다는 것은 무엇보다 동기 부여하는 것과 동기 부여되는 것이 함께 처해 있는 구체적 연관으로서 세계를 더는 이미 완결된 존재자들의 총체로서 보는 것이 아니라 동기 부여하는 것으로부터 동기 부여되는 것에로의 초월을 통해 그때마다 항상 새롭게 구성되는 의미연관의 총체로 이해하는 것이다. 이에 따라 후설이 1921년 유고인 「정적, 발생적 현상학적 방법」에서 발생적 정초의 유형을 먼저 세 가지로 나눌 때[195] 우리는 항상 그때마다 새롭게 구성되는 의미연관의 총체로서 세계의 구성을 함께 해명해야 한다.

1. 능동적 · 발생적 정초

첫 번째로 **순수하게 능동적 발생적 정초 영역**에는 가장 넓은 의미에서 실천적 이성의 모든 작업수행이 속한다. 이러한 의미에서 논리적 이성도 실천적이다. 따라서 여기에는 "이상적 대상들의 작업수행뿐만 아니라 실재적 산출물의 작업수행"(XI, 342)을 모두 포함한다. 이것은 능동적 발생 안에서도 여러 단계의 능동적 발생이 있을 수 있다는 것을 함축한다. 후설은 가장 높은 단계의 능동적 구성의 예로서 논리적 이성의 활동 및 그 산물로서 비실재적인 이념적 대상들의 발생을 주로 다루고 있다. 초기 유고인 1916/17년 「현상학적 근원문제, **현상학적 구성**의 의미, 방법의 해명」에서도 이런 가장 높은 단계의 능동적 구성의 발생적 정초를 예시하고

---

195 전체적으로 7가지로 구분하지만, 처음 세 가지를 제외한 나머지 4가지는 기본적인 세 가지의 유형을 개별 모나드론과 상호주관적 모나드론으로 확장한 유형들이다. (XI,342~344)

있다. 우선 개념차원에서 "하나의 가치 통각은 하나의 대상 통각 속에 **정초** 되어 있다. …… 이 정초는 현상학적으로 대상 통각(하나의 한갓 사태에 대한 통각)이 이미 수행되어 대상이 정립되어야만, 가치가 새로운 성격과 새로운 존재 층으로서 의식에 대해 **구성**될 수 있는 그런 정초이다." (XIII,348) 물론 이 시기에는 가치나 대상이 감각적인지 비감각적인지, 이념적인지 구분이 되어 있지 않다. 그러나 엄밀하게 순수 능동적 차원에서 본다면 이념적 차원에 국한되어야 한다. 이런 대상 통각 및 그것을 통해서 구성되는 상관자로서 대상이란 무엇을 말하는 것일까? 그것은 『데카르트적 성찰들』에서 능동적 발생의 예로서 제시한 보편자를 대상적으로 구성하는 활동인 **"근원적인 보편성의식"**(I,111) 및 그것을 통해 대상적으로 구성되는 **"보편자"**(Allgemeines)를 의미한다.[196] 또한, 개념과 진술, 판단의 관계차원에서 "단적인 대상의식, 한갓 대상 표상은 해명 속에서 구성된 사태내용보다 그리고 마찬가지로 자신의 의미의 구성요소들을 가진 판단내용보다 더 근원적이다." (XIII,348) 나아가 추론차원에서 "전제의 의식은 결론의 의식보다 더 근원적이다." (XIII,348)

넓은 의미에서 인식적, 가치 평가적, 의지적 차원의 순수한 이성작용의 **능동적 발생적 정초를 통해서 구성되는 세계**는 가장 이상적인 의미에서 **학문적, 도덕적, 예술적 이념의 보편적 세계**일 것이다. 그러나 현실 속에서 진과 선과 미의 보편자에 대한 우리의 학문적 탐구와 예술적 창작

---

196 여기서 말하는 보편자들이란 후설이 현상학 초기 『논리연구II/2』즉 제6논리연구에서 논의했던 '존재'(Sein)를 포함해서 상위의 범주들, 이를테면 '하나'(Ein), '그것'(Das), '그리고'(Und), '혹은'(Oder), '만일'(Wenn), '그렇다면'(So), '모든'(Alle), '아무것도 아닌'(Kein), '어떤 것'(Etwas), '무'(Nichts), 양의 형식들(Quantitätsformen), 수규정들(Anzahlbestimmungen) 등처럼 내적, 외적 지각을 통해 자신의 대상적 상관자를 갖지 않은 개념들을 말한다. 이와 같은 개념들은 바로 **본질직관**을 통해서 구성되는 개념들이다. 후설은 『논리연구II/2』의 43절 ~ 45절에서 이와 같은 범주들에 대한 논의를 통해 **본질직관과 감성적 직관을 구분**하고 있다. (XIX/2,665~673 참조)

그리고 도덕적 실천을 통한 구성은 항상 당대의 학적 인식수준 및 그것이 표현되는 모국어체계, 미적 표현방식의 관행들 그리고 해당 사회문화의 법, 제도, 관습 속에서 통상적으로 받아들이는 가치관을 통해서 역사적으로 전승된 혹은 선구성된 세계의 지평 속에서 수행된다. 다시 말해 선구성된 세계 지평을 암묵적으로 받아들이게 된다. 따라서 전적으로 순수하게 이성적인 능동적 발생을 통한 구성은 항상 아직 실현되지 않는 이념으로, 궁극목적으로 머물러 있을 것이다.

2. 수동적 · 능동적 발생적 정초

두 번째로는 **"수동성과 능동성 사이에서 자아의 관여(Beteiligung)와의 관계"**(XI,342)**로서 규정되는 발생적 정초 영역이다.** 여기서 현재의 능동적 발생에 선행하는 수동적 발생으로서 습득성에 의한 잠재성과 촉발의 현실성이 있지만, 재차 그와 같은 습득성은 선행하는 능동성의 침전물이다. 그에 따라 단순히 수동적 발생이 능동적 발생에 무조건 선행해서 전자가 후자를 정초한다고 말할 수 없다. 수동적 발생과 능동적 발생 간의 정초연관을 분명하게 이해하기 위해서는 후설의 후기 유고인 1933년 [정적, 발생적 현상학]에서 수동성과 능동성의 발생적 정초연관의 두 가지 방식을 참조할 필요가 있다.

> "모든 깨어남의 사건들, 말하자면 그때마다 깨어남의 모든 촉발과 작용들은 독특한 내부시간적인 (역사적 시간적인) 동기 부여 연관─부분적으로는 동시성의 동기 부여결합이며⋯⋯ , 부분적으로는 계열(Folge)인 연관의 통일체 속에 있다." (XV,618)

즉 습득성에 기반을 둔 대상적인 것에 의한 촉발은 **동시성의 동기 부여연관과 계열의 동기 부여연관**으로 나누어볼 수 있다. 우선 계열의 동기 부여연관을 단서로 **습득성의 체계의 형성(Ausbildung)과정**의 측면에서 발생적 정초가 이루어진다. 또한, 습득성에 의한 촉발의 동시성 동기 부여연관을 단서로 이처럼 형성된 **습득성의 체계의 작동(Auswirkung)과정의 측면**에서 발생적 정초가 이루어진다고 볼 수 있다.[197] 첫째, 형성과정의 측면에서 현실적 촉발의 잠재적 토대가 되는 습성은 사실은 부모세대로부터 이어받은 본능적 기질과 선행하는 과거 능동적 경험의 침전물 결합 때문에 형성된 것이다. 둘째, **작동과정의 측면**에서 촉발을 계기로 현실화된 수동성으로서 습성은 현실적, 잠재적 능동적 발생을 작동시킨다.

예를 들어서 후설은 남녀가 서로에 대해 느끼는 **성적 충동이라는 수동적 경험**은 **결혼이라는 능동적 의지작용**을 발생적으로 정초한다고 표현한다. 즉 "성적 공동체의 근원적인 건립"(ursprüngliche Sich-stiften) (XV, 511)이라는 수동적인 성적 결합이 "특정한 목적 및 전체 삶의 시간 지평에 대한 의도를 갖는 의지적 건립을 통한 공동체로서 결혼"(XV, 511)을 발생적으로 정초한다. 그러나 이것은 너무 압축적인 표현이고 설명이다. 남녀가 서로에게 성적으로 끌리고 사랑을 하고 부부가 되어 자녀를 낳고 가족이라는 공동체를 형성하여 가정이라는 자신들만의 고유한 세계를 꾸려가는 즉 구성하는 과정을 우리는 **습성적 통각체계**의 형성과정의 측면과 작동과정의 측면으로 나누어 발생적 현상학적 차원에서 좀 더 분명하게 해명할 수 있다.[198] 먼저 남녀가 부부가 되어 자녀를 낳고 하나의 가정

---

197 "형성과정"과 "작동과정"의 용어의 구분은 Nam-In Lee, Edmund Husserls Phänomenologie der Instinkte에서 가져왔다. "대상성의 발생적 구성은 시간지평 속에서 낮은 단계의 대상성의 통일체로부터 높은 단계의 대상성의 통일체로의 넘어서 파악함(Übergreifen)으로서 두 가지 종류를 뜻한다. 한편으로는 이로써 과거지평에서 습성적 통각체계의 형성(Ausbildung)과정을 의미할 수 있다. ……. 다른 한편으로 이로써 그렇게 형성된 통각체계의 그때그때의 작동(Auswirkung)의 과정으로 이해될 수 있다." Nam-In Lee, 같은 책, 18, 58이하, 153이하 참조.

198 가족(家族)과 가정(家庭)의 의미를 구별할 필요가 있다. 가족은 부모, 자식같이 혈연으로 이루어진 집단 또는 그 구성원을 지칭하는 표현이라면, 가정은 이와 같은 가족이 살아가는 집을 의미할 수도 있고, 가족이 꾸려가는 생활 및 그 결과물을 의미한다. 즉 가정은 가족의 각 구성원

을 일구는 과정에서 부부간의 사랑이나 자녀에 대한 사랑은 단순히 성욕이나 양육의 본능충족 방식으로서 기질로만 이루어지는 것이 아니고, 이와 함께, 이것과 결합하여 배우자로서, 부모로서 사랑을 능동적으로 실천함으로써 **형성시킨 습성체계가** 가정이라는 세계 속에서 발생하는 다양한 촉발적 경험을 계기로 **작동시킨 결과이다.** 다시 말해 **결혼을 통해서 구성되는 가정이라는 세계는** 분명 특정한 목적을 가지며 전체 삶의 시간 지평 및 집이라는 공간적인 지평을 가질 것이다. 이런 지평의 침전된 결과로서 **형성된 부부의 사랑의 습성체계가 그때마다 작동되는 과정에서** 이를테면 부부간에 혹은 부모와 자식 간에 불가피하게 발생하는 서로의 갈등을 해결하는 기회나 계기가 되며, 이로부터 서로의 바람, 의도, 믿음을 이해함으로써 기존의 부부애나 부모애의 **수동적인 습성체계를 능동적으로 반성하고, 의지적으로 개선**함으로써, 기존의 단순한 **성적 끌림의 순수 수동적 동기연관이나 타성화된 부부애, 부모애의 수동적인 습성체계**가 동반자적이고 협력적인 유대관계나 분리-개별화되는 독립적 관계로 바뀔 수 있을 것이다. 즉 능동적 구성을 통해 기존의 수동적 구성이 새롭게 정초될 수 있다. 그에 따라 부부가 꾸려오던 기존의 가정이라는 세계가 발전적으로 재구성되거나 아예 해체되고 새롭게 형성될 수도 있게 된다.

3. 순수 수동적 발생적 정초

세 번째로는 "**순수한 수동성의 영역에서 발생**"(XI,342)**적 정초 영역**이다.

"어떤 상황에서도 능동성의 모든 구축(Bau)은 필연적으로 [대상을] 미리 부여하

들 및 집단전체가 구성해가는 세계이다.

는 수동성을 가장 낮은 단계로 전제하며, 능동성의 구축을 소급추적해가면, 우리는 수동적 발생에 의한 구성에 직면하게 된다." (I,112)

능동적 발생적 정초와의 관계 속에서 이와 같은 수동적 발생의 근본 특징은 무엇보다 모든 능동적 발생에 선행하면서도 항상 능동적 발생 동안에도 항상 미리 주어져 있다는 점이다.

"부분적으로는 모든 능동성에 선행해 놓여 있고, 부분적으로는 모든 능동성 자체를 다시 포괄하면서 항상 새로운 종합을 이루는 수동적 생성의 본질적 법칙성"(I, 113)은 "부단히 진행되고"(I, 112), "항상 존재한다"(XI, 342)

한편으로는 수동적 발생은 먼 과거 지평으로부터 항상 능동적 발생에 선행하면서 **습득적 통각체계의 형성**에 기여해왔고, 다른 한편 수동적 발생은 현재 능동적 발생의 기저에 동시에 현존하면서 **습득적 통각체계의 작동과정**에 기여한다. 수동적 발생적 정초에서 중요한 것은 능동적 발생적 정초에 모든 감각적 질료를 부단히 제공한다는 점이다. 여기서 말하는 질료란 단순히 무질서한 잡다한 질료가 아니라 고유의 구조와 체계를 갖추고 있다.

"다양한 현출의 방식들, 즉 시각이나 촉각에 의한 **통일적 지각상들(Wahrnehmungsbilder)**이 경과하며, 그것들의 명백한 수동적 종합 속에서 하나의 사물, 그 사물에 있어서 하나의 형태 등이 나타난다." (I, 112)

그런데 1921년 유고인 「정적, 발생적 현상학적 방법」이나 1928년의 『데카르트적 성찰들』에서는 수동적 발생 자체가 어떻게 이루어지는가에 초점을 맞추기보다는 모든 수동적 발생이 능동적 발생에 어떤 영향을 미치는가, 혹은 능동적 발생에 기여하는 역할은 무엇인가에 초점을 맞추고 있다. 실제로 1921년 유고인 「정적, 발생적 현상학적 방법」에서는 수동적 영역에서 이루어지는 "통각 자체가 어떻게 더 뒤에 놓여 있는 원천을 갖는가에 대한 물음 없이"(XI, 342) 논의가 가능함을 말하고 있다. 또한, 『데카르트적 성찰들』에서도 "수동성의 기반(den Boden der Passivität)으로 되돌아가지 않더라도"(I, 112) 수동성의 발생과 능동적 발생의 정초 관계를 논의할 수 있다고 본다. 따라서 순수한 수동적 발생 자체를 설명한다고 보기는 어렵다. 이것은 이미 앞서 수동적 동기 부여의 논의 속에서 이미 예견되었다.

그러나 **습성적 통각 체계의 작동과정**과 **형성과정**을 구분하게 되면, 후자의 경우에 습성적 통각 체계의 최초 형성, 즉 발생적 정초의 시원, 원천에 대한 해명의 과제가 제기된다. 이와 같은 발생적 시원, 원천에 대한 물음은 이미 『데카르트적 성찰들』에서도 시사되고 있다.

> "성찰하는 자아인 우리는 경험현상들 …… 자체의 지향적 내용 속으로 밀고 들어감으로써 우리를 하나의 역사로 이끄는 **지향적 지시들(Verweisungen)**을 발견할 수 있다. 따라서 우리는 이 현상들을 **그들에 본질적으로 선행하는** 다른 이전 형태들의 이후 형태들로서 알리는 지향적 지시들을 발견할 수 있다." (I, 112~113) "**수동적 종합**은 [대상을] 알려진 것으로 만드는, …… 미리 알려진 가능한 **목적형식(Zeilform)**이다. 그리고 이 목적형식은 발생에 근거해 일어난 것으로서 미리 이해된다. 그것은 그 자체로 이러한 형식의 **근원적 건립(Ur-stiftung)**을 돌이켜 지시한다." (I, 113)

여기서 지향적 지시란 발생적 정초의 형성과정을 거꾸로 **해체(ab-bauen)**할 수 있는 실마리가 된다. 이와 같은 해체를 통해 수동적 종합, 수동적 발생의 정초의 시원, 즉 근원적 건립으로 나아갈 수 있을 것이다. 여기서 당연하게도 후설이 이와 같은 발생적 정초의 시원을 시사할 때 그는 지속해서 "유아기"(Kinderzeit)(I,112), "아주 이른 유아기"(früher Kinderzeit)

(I, 112)를 염두에 두고 있다. 이에 대해서는 이후에 상론하겠지만, 후설은 결국 발생의 시원, 즉 태아의 탄생을 염두에 두고 있다. 그리하여 1933년 유고에서는 명확하게 발생적 정초의 가장 낮은 단계, 즉 **가장 근원적 형태인 수동적 발생의 시원 문제**를 명확하게 제기하고 있다. 특히 이 문제 제기가 앞서 인용했던 발생의 두 측면, 즉 동시성의 동기 부여연관과 계열의 동기 부여연관을 구분한 후 제기한다는 점에서 의미가 있다.

> "이런 의미에서[즉 동시성의 동기연관과 계열의 동기연관의 의미에서] 모든-인격성은 **하나의 보편적 발생** 속에 있다. …… 숙고해봐야 할 점은 모든 자아 주체가 자신의 고유한 역사성을 갖고 있으며, 거기서 자신의 '**탄생**'을 갖는데, **내면적으로 볼 때는** 세계를 갖는 인간 아이로서 자신의 특수한 탄생을 비록 아직 세계를 경험하는 자로서는 아니지만, **자아 주체로서 하나의 깨어남을 떠맡아야 하는 탄생의 경계문제**와 더불어 갖는다는 점이다." (XV, 618)

여기서 탄생이란 단순히 생물학적 탄생이 아닌 순수 현상학적 차원에서 의식의 최초의 깨어남의 문제이다. 즉 발생적 정초의 시원 문제, 구체적으로는 태아의 **정신 발생의 시원 문제가 두드러진다.**

2장

발생적 현상학의 근원시원으로서 태아 탄생의 발생과 발달

동기 부여의 유형들을 단서로 삼아 발생적 정초의 유형 그리고 타자경험의 발생적 정초유형을 밝히고 있는 1921년 유고「정적 그리고 발생적 현상학적 방법」에서 후설은 발생적 현상학 일반으로부터 타자경험의 발생적 현상학으로 이행과정에서 중간에 하나의 "모나드의 개별성에 대한, 모나드 발전의 통일체에 대한, 하나의 모나드에서 모든 개별적 발생들에 본질적으로 통일성을 부여하는 합법칙성에 대한"(XI, 342) 분석을 제안한다. 후설은 여기에서 무엇보다 분석주제로서 '**하나의 모나드의 개별화된 발전, 개성적 발전**'이 제기하는 문제에 주목한다. 후설은 하나의 인간의 유의미한 발전을

"그 속에 내가 나에게 나의 존재와 삶의 초월론적 내재 속에서 처음에는 비록 매우 **궁핍하고(arme), 유아론적(solipsistische)**[199]이지만, 하나의 세계를 지향적

---

[199] 본래적 의미의 유아론이라기보다는 세계와 타자에 대한 표상, 경험이 궁핍하다는 의미로 이해해야 한다. 하이데거나 메를로-퐁티도 자신의 철학체계 내에서 유아론적 규정을 전적으로 거부하기보다는 적극적으로 활용한다. 하이데거를 따르면 "불안은 현존재를 〉solus ipse〈로서 단독화하고, 개시한다. 그러나 이 **실존론적 〉유아론**〈은 고립된 주관이라는 것을 무세계적 사건의 아무렇지도 않은 한 공허함 속으로 옮겨놓는 것이 아니고, 도리어 **현존재를 극단적 의미에서 곧바로 세계로서의 자기 세계에 직면시키고 이와 함께 현존재 자신을 세계-내-존재로서의 자기 자신에게 직면**하게 하는 것이다." (SZ, 250) 즉 하이데거는 실존론적 유아론을 통해서 탈세계적 실존이 아닌 세계 및 자기 자신에게로 단독화된 실존의 의미를 강조하고자 한다. 이종주,「후설의 타자이론에 대한 하이데거의 비판, 영향 그리고 대응전략」, 72~73 참조. 또한, 메를로-퐁티에 따르면 "나의 체험은 어떤 방식에서 나에게 타인들을 제시해주어야 한다. 왜냐

으로 구축하고 그다음 재차 단계 방식으로 **원초적인 타자경험들(einfühlenden Erfahrungen)**[200]에 의해서 **타자의 존재를 구축하고**, 이를 통해서 - 단계적인 방식으로 - 하나의 세계를 완전한 의미에서 구축하는"(XV, 52)

하나의 모나드로서 인간의 "주관적 그리고 최종적으로 초월론적 발전"(XV, 52)에서 찾는다. 이런 궁핍한 유아론적 단계로부터 상호주관적 단계로의 이행을 후설은 태아, 아이의 탄생과 발전에서 찾는다. 유아론적 단계로부터 상호주관적 단계로의 발전에서 결정적인 것은 "엄마와 아이(Kind) 사이, 하나의 근원적이고 본능적으로 형성되는 결합"(XV, 582)이다.[201]

후설의 초월론적 현상학에서 탄생과 죽음의 문제는 정적 현상학이 아닌 발생적 현상학에서 제기되는 문제이다. 정적 현상학이 타당성의 절대적 기반으로서 초월론적 자아, 바로 근원 자아의 영원성에 기반을 두고 있기에 탄생과 죽음과 같은 문제 자체가 제기될 여지가 없지만, 발생적 현상학은 초월론적 자아의 탄생과 죽음이라는 경계문제를 다룰 수 있는 이론적 기반을 제공함으로써 초월론적 자아의 유한성의 성격을 분명하게 드

하면, 그렇지 않으면 나는 **고독**에 대해서 이야기할 경우가 없어지며, **타인에 대해서 접근 불가능**하다고 선언할 수조차 없기 때문이다." (PP, 413) 이를 통해서 메를로-퐁티는 유아론의 진리는 타자와의 관계의 배제가 아니라 타자와의 관계를 진체해야만 논의될 수 있는 바로 싱호주관성의 한 가지 결핍적 양상으로 보고 있다. 이종주, 「후설의 타자이론의 근본화로서 메를로-퐁티의 타자이론」,『인문논총』제65집, 서울대학교 인문학 연구원, 2011, 122~123 참조.

200 여기서 후설은 einfühlenden을 좁은 의미에서 '타자의 주관 이해'가 아닌 '원초적인 타자경험'을 지칭하는 표현으로 사용한다. 왜냐하면, 탄생 이후 태아가 처음부터 타자의 주관을 이해하다는 것은 불가능하며, 다만 시원적 단계에서는 타자의 존재, 행동이 촉발하는 타자 자체에 대한 감각, 감정, 충동의 경험만이 발생할 것이기 때문이다. 그리고 바로 이런 원초적 타자경험을 통해 최초의 세계가 구성된다. 이에 대해서는 3장에서 상론할 것이다.

201 이하에서 Kind(아이), Kinder(아이들), Frühkind(태아), Urkind(근원아이), neugeborenes Kind(신생아), Kindheit(유아기) 등으로 표현을 일관되게 쓰기로 한다.

러낼 수 있을 것이다.[202] 이 점에서는 하이데거의 실존론적 분석론도 유사하게 "탄생과 죽음 사이의 현존재의 신장(Erstreckung)"(SZ, 493)에 대한 해명에서 비로소 현존재의 전체성과 역사성을 본래적으로 설명하고자 한다. 나아가 하이데거가 현존재의 탄생과 죽음의 문제에 대한 실존론적 분석을 통해 현존재의 유한성을 밝히고자 한 것처럼, 후설 역시 초월론적 주체로서 모나드의 한계사건인 죽음과 탄생의 문제에 대한 발생적 현상학적 분석을 통해 모나드의 유한성을 해명하고자 한다.[203]

그러나 하이데거가 비록 탄생과 죽음 사이의 현존재의 신장을 논의하면서도 실질적으로는 현존재의 죽음에 대한 실존론적 분석에 집중했다면, 반대로 후설은 비록 모나드의 탄생과 죽음을 발생적 현상학의 경계문제로서 논하고 있지만, 실질적으로는 모나드의 탄생, 구체적으로 아이의 탄생과 발달에 대한 분석에 집중했다. 우리의 판단으로는 이것은 하이데거의 실존론적 분석론과 후설의 발생적 현상학이 목표하는 바가 서로 다르기 때문이다. 하이데거의 실존론적 분석론은 현존재의 유한성의 해명

---

202 "자아의 세계를 통해서 객관화되어 함께 주어지는 다른 초월론적 자아의 존재 및 세대성 속에서 모든 [타자들의] 존재는 발생의 새로운 문제들, 탄생과 죽음의 문제를 가져온다." (XV, 153) "이제 그러나 이 단계의 경험 속으로 인간과 세계에 대해 의미 있는 것으로 새롭게 **죽음과 탄생**이 들어온다. 여러 인간 중에서 세계를 사는 인간으로서 나 자신의 존재와 타자의 존재의 미래 확실성은 **하나의 넘어설 수 없는 한계(Grenze)[즉 죽음]**를 가진다. 이에 상응해서 인간적 과거 존재와 세계 삶 속에서 인간의 기억 확실성도 마찬가지다[마찬가지로 하나의 넘어설 수 없는 한계[즉 탄생]를 가진다]." (XV, 171) "인간적 존재의 역사(Historie), 이 존재에 의해서 형성된 세계 속에서 이런 세계 속으로 **태어난 자의 들어와 성장함, 죽는 자의 떠남**, 세대적 연관, 이 연관을 통해서 이루어진, 인간사로서 공동체의 역사 – 이 모든 것은 초월론적 의미를 지니며, 현상학적 방법 속에서 드러난다." (XV, 391)

203 김태희 박사는 「초월론적 자아의 유한성 : 후설의 '한계사건'의 분석을 중심으로」(『철학사상』 40권, 서울대 철학사상 연구소, 2011. 133~164) 에서 후설에 대한 전통적 해석과 달리 초월론적 자아의 영원성은 정적 현상학의 궁극적 결론일 뿐이며, 초월론적 자아의 유한성은 발생적 현상학에서 초월론적 자아의 자기구성과 상호주관성의 구성에서 본질적 계기임을 밝히고 있다. 이때 초월론적 자아의 유한성은 바로 초월론적 자아의 탄생, 잠, 죽음이라는 한계사건에 대한 분석을 통해서 해명되고 있다.

을 목표로 하고 있었고 이를 위해 "현존재의 절대적 불가능성"(SZ, 333), 현존재의 피투성이 갖는 "비성"(非性;Nichtigkeit)(SZ, 376)으로서 현존재의 죽음의 문제에 집중하고자 했다. 반대로 후설의 발생적 현상학은 한편으로는 개별적 주체로서 하나의 모나드에게 유한성이 본질적 계기임을 밝히고자 하면서도, 다른 한편으로는 하나의 개별적 모나드를 선행하는 모나드들의 "세대의 무한한 연쇄"(XV, 169)와의 연결을 통해 하나의 모나드의 유한성을 모나드들 내지 "주체들의 초월론적 다양성의 무한성"(XV, 153)을 통해 극복하는 것을 목표로 삼았다. 그에 따라 하나의 모나드를 다른 모나드와 본질적으로 구분하면서도 동시에 연결하는 한계사건은 죽음이 아니라 탄생이며 따라서 후설의 발생적 현상학은 아이 탄생의 해명에 집중하지 않을 수 없었다.[204] 나아가 후설의 발생적 현상학은 아이의 탄생과 더불어 초기 아이의 발달과정에도 주목한다. 이후 논의에서 밝혀지겠지만, 초기 아이의 발달과정에서 결정적인 타자경험과 관련해서 부모는 동시대 타자세대이면서 동시에 선행하는 타자세대이기 때문이다.

특히 후설이 초월론적 자아 탄생의 문제를 정식으로 제기하는 유고는 앞서 정적 현상학과 발생적 현상학의 정초 문제의 구분과 관련해서 참고했던 후기 유고인 1933년의 [정적 그리고 발생적 현상학]이다.

"숙고해보아야 할 점은 모든 자아 주체가 자신의 고유한 역사성을 갖고 있으며, 거기서 자신의 '탄생'을 갖는데, **내면적으로 볼 때는 세계를 갖는** 인간 아이로서 자신의 특수한 탄생을 비록 **아직 세계를 경험하는 자로서는 아니지만**, 자아 주

---

204 이 점에서 레비나스 역시 후설의 발생적 현상학과 유사한 선택을 취하고 있다. 왜냐하면, 레비나스도 주체의 전체성으로서 유한성으로부터 타자의 무한성으로 초월하는 결정적 사건으로서 **수태(fécondité)**에 주목하기 때문이다. E.Levinas, 서동욱 옮김, 『존재에서 존재자로』, 민음사, 2004. 157, 163참조. E.Levinas, 강영안 옮김, 『시간과 타자』, 문예출판사, 1996, 112~118 참조. E.Levinas, *Totalité et Infini*, Martinus Nijhoff /La Haye /1974, 244~254 참조.

체로서 '하나의 깨어남을 떠맡야하는 탄생'(der anzunehmenden Geburt eines Wachseins)의 경계문제와 더불어 갖는다는 점이다." (XV, 618)

여기서 한 가지 짚고 넘어가야 할 것은 후설이 말하는 탄생은 우리가 흔히 경험하듯이 아이의 탄생을 의미하는 것이 아니다. 후설에 따르면

"자궁 속의 아이[즉 태아]는 이미 **운동감각(Kinästhese)**을 가지고 있고, 운동 감각적으로 자신의 '사물들'을 움직인다 – 이미 하나의 '원초성'을 근원단계 속에서 형성하면서…… . 아이는 이미 **높은 단계의 '경험하는 자아'**이다. 아이는 이미 **태아적 현존으로부터 경험습득물**을 갖고 있다." (XV, 604~605)

즉 후설이 말하는 탄생은 태아의 탄생이다. 방금 인용한 두 단락(XV, 618, XV, 604~605)으로부터 우리는 후설의 발생적 현상학 내에서 발생적 시원을 해명하는 과정에서 태아의 탄생과 관련해서 세 가지 중요한 문제를 정리해볼 수 있다.

첫째, 인격주의적, 초월론적 태도에서 태아의 탄생, 즉 의식의 깨어남의 문제.
둘째, 신체적 운동감각의 주체, 경험습득물의 주체로서 초월론적 주체인 태아의 문제.
셋째, 태아의 세계소유와 세계경험의 결여, 궁핍의 문제.

1절 발생적 근원 시원으로서 선-자아의 깨어남

첫째, 발생적 현상학은 태아를 일종의 자연주의적 태도에서 생물학적 주체가 아닌, 인격주의적, 초월론적 태도에서 의식의 주체로 보기 때문에, 여기서 탄생은 이제 **의식의 깨어남(Wachseins)**이다. 흔히 깨어남의 양상

은 두 가지가 있을 것이다.

> "1) 잠으로부터 깨어남 : 과거의 것으로서 이전의 깨어남과 깨어남을 종합함의 양
> 상 속에서 깨어남, 2) 어떤 구성된 과거도 배후에 없는 깨어남으로써 다른 깨어남.
> 이것은 초월론적으로 무엇을 의미하는가?"(XV, 50)

탄생의 의미에서 깨어남은 두 번째 의미의 깨어남이다. 초월론적 의식의 최초 깨어남, 혹은 태아로서 최초로 의식을 갖게 됨을 말할 때 그렇다면 깨어남은 무엇으로부터 깨어남인가? 또한, 이런 깨어남은 어떻게 가능한가?

먼저 태아는 "선-자아(Vor-ich)"(XV, 50, 604)로부터 최초로 깨어난다.[205] 초월론적 태도 속에서 이해된 초월론적 발생의 근원 시원으로서 선-자아는 자연주의적 태도에서 본다면 엄마의 신체, 그러니까 자궁 속에서 정액 세포와 난자세포의 수정을 통해 산출된 수정란을 염두에 두고 있는 것처럼 보인다. 그러나 우리에게 중요한 것은 이런 생물학적 사실이 아니라 초월론적 태도 속에서 이해된 수정란, 즉 선-자아로부터 지향적 본능의 자아가 깨어난다는 점이다.

> "근원 시원(근원탄생) 속에서 자아는 이미 **방향 잡힌 [즉 지향적인] 본능들의 자**
> **아**이다 …… 나의 조월론석 탄생. 선전석 본능들 - '수농석인'자아가 셜여된',
> 근원기반을 구성하는 시간화의 흐름 속에 깨어나게 되는 본능들. 이 본능들은 차

---

205 선-자아와 근원-자아를 각각 발생적 정초와 타당성 정초의 궁극적 근원으로 볼 수 있다.
Nam-in Lee, 같은 책, 214~218 참소. 이남인 교수는 『에느문트 우설의 본능의 '현상학』에서 "
초월론적 발생에서 선-자아는 근원 수동적 시간 흐름 속에서 의식에 적합한 하부근거로서 선-
자아와 구별된다"고 말한다. 즉 "전자는 후자에 대한 발생적으로 더 깊이 놓여 있는 근거를 형
성한다. 근원 수동적 시간 흐름 속에서 선-자아는 초월론적 발생의 근원 시원 속에서 선-자아
로부터의 더 나아간 발전 형태에 불과하다." Nam-in Lee, 같은 책, 164

례대로(der Reihe nach) 깨어나게 될 것이다. 이것은 근원기반 속에서 구성되는 통일체들로부터 자아 극으로 촉발들이 나온다는 것을 의미한다."[206]

후설은 선-자아가 갖는 이런 선천적 본능들을 앞선 세대 속에서 선행하는 경험들의 침전으로서, 따라서 **유전형질(Erbmasse)**로서 규정한다.

"탄생 속에서, 근원 본능적 시원에서 경과하는 시원의 깨어나는 삶 속에서 나타나는 연합들, 일치들, 동일화들이 해석될 수 있다-그러나, 어떻게? **기억이 없는 유전형질** 그렇지만 일종의 일깨움들의 충족 등."[207] "**근원지평, 유전형질들**은 그것의 근원의미에서 **공지평**이다." (XV, 604)

이런 선-자아로부터 깨어나는 데 있어서 최초의 촉발은 어떻게 이루어지는가? 일단 태아는 최초로 의식을 갖게 되면서부터

"깨어있는 살아있는 자아 주체들-함께 서로 이미 살아있는 연결 속에 있으며, 이들과 더불어 선-자아는[선-자아로부터] 이로써 최초의 탄생적 연결 안으로 들어오게 되는 살아있는 자아 주체들-의 세계에 최초로 관여하게 된다."(XV, 604)

따라서 태아는 태어나면서부터 고립된 주체가 아니라 관계적 주체이다. 결국, 갓 태어난 아이가 먼저 촉각적, 청각적, 미각적 자극을 통해 촉발될 때 그리고 점차 시각적 능력을 갖추게 됨에 따라 감각적 상들을 형성할 수 있게 될 때 이런 감각들의 지속적인 제공자는 당연히 일차적으로 산모일 것이며, 그런 점에서 "살아있는 자들이 살아있지 않은 자들을

---

206 Nam-in Lee, 같은 책, 164(후설 유고 B Ⅲ 3, 8; E Ⅲ 9, 4).

207 Nam-in Lee, 같은 책, 165(후설 유고 K Ⅲ 11, 4).

깨운다."(XV, 604)

초월론적 발생의 근원 시원으로서 선-자아에 대한 후설의 주장과 관련해서 세 가지 의문이 제기된다. 첫째, 과연 선-자아가 자아와 유사한 통일체로서 구성적 주체를 의미하는가 아니면 말 그대로 자아 이전이라는 의미에서 잠재적인 부분 본능들의 다발일 뿐인가? 한편으로는 후설은 앞서 인용된 유고(B Ⅲ 3, 8; E Ⅲ 9, 4)에서도 확인할 수 있듯이 본능들이 그로부터 깨어나는 근원기반을 구성하는 시간화의 흐름은 자아가 결여되어 있다고 말한다. 다른 한편으로는 비슷한 시기에 작성된 유고에서 선-자아에서 "근원적 본능들의 극[으로서] 자아 극이 중요하다"(E.Ⅲ 9, 18)고 말한다. 이는 두 번째 질문과 이어진다. 왜 초월론적 발생의 **시원(Anfang)**으로서 **태아**로부터 논의를 시작하지 않고, 굳이 **근원 시원(Uranfang)**으로서 선-자아로부터, 더욱이 이미 지향적 본능들을 갖는 선-자아로부터 논의를 전개하는 이유는 무엇인가? 우리의 판단으로는 후설이 역소급의 무한으로 빠져들 위험을 무릅쓰고 시원 이전에 근원 시원을 설정하는 이유는 무엇보다 유한성과 필연성의 관계문제 때문이다. 다시 말해 발생적 현상학의 관점에서 탄생과 죽음으로 경계 지워지는 초월론적 자아의 유한성만을 논하게 되면 발생적 정초의 필연성은 기반을 잃게 된다고 보았기 때문이다. 왜냐하면, 발생적 정초에 대한 명시적 생각을 하게 된 최초의 문헌[208]에서부터 후설에게 "발생적 원천을 설명한다는 것은 또한, 부여하는 정립의 이성을 설명한다는 것이며, 발생적으로 정초하는 것은 또한, 이성적으로 정초하는 것"(XIII, 357)[209] 이기 때문이다. 그에 따라 후설은 초월

---

208 「현상학적 근원문제들, 현상학적 구성의 의미와 방법에 대한 해명에 대해」(1916/17년) (XIII,346~357)

209 현재 인용문이 포함되는 전체단락은 다음과 같다. "의식은 다르게 될 수도 있는 사실들의 임의적 흐름이 아니다. 선행하는 의식은 후행하는 의식이, 적어도 경험적-초월적 통각(정립)의 성격을 갖는 한에서, 자신의 사실성 속에서 상응하는 선행하는 의식을 통해 **필연적으로 동기 부여**된다는 방식에서 아프리오리하게 뒤따르는 의식의 가능성들을 동기 부여한다. 이런 동기 부

론적 자아의 유한성을 세대의 연쇄를 통해 무한성의 흐름에 연결함으로써 발생의 우연성, 임의성을 극복하고자 한다.

둘째, 선-자아가 갖는 천부적 본능들의 기원을 선행하는 세대의 경험의 침전으로서 유전형질에서 찾는 것이 과연 현상학적 태도 내에서 용납될 수 있는가? 더욱이 그것이 진화론적 관점과 양립할 수 있는가? 후설은 초월론적 자아의 유한성이 세대의 연쇄를 통해 무한성의 흐름 속에 놓일 수 있다고 보았다. 그리고 이런 무한성의 근거로서 "무한히 계속되는 세대 연쇄"(XV, 169)를 통해 연속되는 것이 바로 유전형질이다. 그러나 본래의 진화론적 의미의 유전형질과 후설이 말하는 유전형질이 동일한 것인지 의문이다. 왜냐하면, 진화론에서 말하는 유전의 내용은 태아의 앞선 세대인 부모한테서 오는 것이 아니며, 더욱이 앞선 세대의 경험이 뒤따른 세대에게로 유전되지도 않기 때문이다. 여기서 우리는 **후설의 태아 탄생의 발생적 현상학과 관련해서 첫 번째로 불충분한 점을 발견하게 된다.**

2절 초월론적 주체로서 태아

두 번째로 후설은 "내면적으로 볼 때"(innerlich gesehen)라는 말을 통해 자신이 생물학적 육체의 탄생이 아닌 정신적 인격으로서 태아의 탄생을 논의의 출발점으로 삼고 있음을 명확하게 한다. 물론 생물학적 육체에 대해서 판단중지가 이루어진다고 하더라도 운동감각의 주체로서 신체까지 배제되는 것은 아니다. 따라서 태아는 신체적 운동감각을 기반으로 사물경험, 타자경험, 세계경험 이전의 자신의 원초적 세계를 구성할 수 있는

여[작용]는 이성작용이라는 고유성을 가진다. 동기 부여된 정립은 하나의 **이성적 정립작용**이다. 발생적 원천을 설명한다는 것은 또한, 부여하는 정립의 이성을 설명한다는 것이다. 발생적 정초하는 것은 또한, 이성적으로 정초하는 것이며, 다만 이성근거들의 비중은 명료함으로부터 끄집어내어 규정할 수 있다." (XIII, 357)

초월론적 주체로서 해명된다.

　여기서 당연히 다음과 같은 의문이 제기된다. 아직 사물경험도 세계경험, 세계표상도 지니지 않은 탄생의 시점의 태아가 어떻게 구성적 주체가 될 수 있는가? 또한, 어떤 의미에서 구성적 주체인가? 이 의문과 관련해서 한 가지 해답의 단서를 1924년 유고인 「정신현출들, 타자경험. 〈신체성과 표현의 문제. 본능 그리고 공표상〉」에서 찾을 수 있다. 우선 "선천적인 맹인인데 개안 수술을 받은 사람"(XIV. 333)은 보는 법을 이제 처음 배워야 할까? 맹인은 이미 촉각과 청각적 경험을 바탕으로서 습성적 통각체계를 갖추고 있을 것이며, 따라서 비록 시각적 습성적 통각체계를 갖추고 있지 않다고 하더라도 시각적 사물에 대한 최초의 지각에서 이미 촉각이나 청각으로부터 유비적으로 전이될 수 있는[210] 미규정적 지평을 갖고 있을 것이다. 그리하여 단순히 주어진 시각적 자료에서 보인 것을 감각하는 것을 넘어서서 그 이상의 것을 함께 보고 있을 것이다. 즉 더 많이 사념함으로써 초월, 구성을 수행하고 있다. 그러나 이 경우에는 시각적 구성을 위해 청각적, 촉각적 지평의 유비적 사용이 가능하지만, 이것은 본래적 의미의 유비적 통각과는 다를 것이다. 왜냐하면, 유비적 통각에서는 비록 원본적으로 지각할 수는 없지만, 나의 정신활동의 유형으로부터 동일유형의 타자의 정신 활동에로 원격연합이 이루어진다는 점에서 일종의 "지향적으로 넘어서 파악함"(intentionales Übergreifen) (I. 142)으로서 현전화, 공표상이 가능하다. 그러나 위의 환자 경우에는 청각적, 촉각적으로 형성된 유형으로부터 이질적인 유형인 시각적 대상에로의 통각이라는 점에서 엄밀한 의미에서 유사성에 입각한 유비적 통각, 공표상이라고 보기는 어렵다. 그러나 거기에는 막연한 사물 일반의 범주보다 좀 더 좁게 생물 혹은 무생

---

210 청각, 시각장애인이었던 헬렌 켈러가 물의 촉감을 통한 유비적 상상을 통해 물의 시각적 느낌
　을 충분히 상상할 수 있었다고 한다.

물, 공간적 형태, 표면의 질감, 사물의 중량,[211] 내부의 구성[212] 등에서 선행하는 지평에 의한 구체적인 공지향이 있다.

따라서 이 사례는 앞서 형성된 어떠한 습성적 체계도 갖추고 있지 않은 태아의 구성작용에 대한 실마리를 제공한다. 후설은 "최초로 의식으로 깨어나는 아이"(Das zu Bewusstsein zuerst erwachte Kind)(XIV, 334)가 공표상 지평이 아닌 "공지평"(leerer Horizont), "공지향"(leere Intention), "공의식(Leerbewusstsein)", "공방향"(Leerrichtung)(XIV, 333~334)을 가진다고 본다. 여기에는 단순히 "능동적으로 '나는 ……를 의욕한다'"가 속해 있는 것이 아니라, 해소 혹은 충족을 요구하는 맹목적인 **"긴장과 향함의 수동성"**(das Passive der Spannung, des Tendierens)(XIV, 334)이 놓여 있다. 즉 이미 여기에는 **"근원적인 뭔가를 더 사념함"**으로서 본능적 구성의 가능 조건이 마련되어 있는 것이다. 따라서 태아는 근원적인 구성적 주체이다.

> "[공지평은] 기억의 가능성도, 그것과 유사한 현전화의 작용의 가능성도, 나아가 그런 현전화로 그리고 그런 현전화를 통해 수행된 실천적 현실화의 목적설정으로 방향 지어진 자유로운 '나는 할 수 있다' 그리고 '나는 하려고 의욕한다'도 결여되어 있다." (XIV, 334)

이제 후설은 태아가 지닌 이런 공의식을 **"드러나지 않은 성향지향성"**(unenthüllte Strebensintention)(XIV, 334), 혹은 **"공허한 본능적 예감"**

---

211 우리는 흔히 '무거워 보인다'라는 식으로 무거움을 시각적으로도 지각한다. 시각적 정보를 통해서 촉각적 정보를 예감할 수 있다는 것은 반대로 촉각적 정보를 통해서 시각적 정보를 예감할 수 있음을 의미한다.

212 우리는 보이지 않는 사물 내부의 구성을 확인하기 위해 두드려 본다. 이를테면 속이 비었는지 혹은 꽉 찼는지를 알아보기 위해서 우리는 해당 사물을 두드려본다. 즉 청각적 정보를 통해서 시각적 정보를 예감한다.

(leer instinktive Ahnung)(XIV, 333)이라고 표현한다. "따라서 새로 태어난 아이에게 시각적, 촉각적 자료들은 처음부터 지평들을 가진 셈이다."(XIV, 333)[213] 이런 점에서 태아는 만져진, 들려진 감각을 넘어서 감각하는 초월론적 구성작용을 수행할 수 있다. 물론 태아가 단순히 감각적 차원의 인식 의미 구성만을 수행하는 것은 아닐 것이다. 본능이 갖는 개시성은 비록 감각이나 감각 가능성을 전제하지만, 더욱 근본적으로는 신체운동감각과 근원적 감정을 동반한 실천적 구성능력을 갖춘다. 따라서 태아의 구성능력은 단순히 "더 많이 사념함"이라는 표현보다는 "더 많이 하려 함"이 더욱 적절할 것이다.[214]

물론 더 많이 하려 하는 본능 지향성을 지닌 초월론적 주체로서 태아가 수행하는 구성은 태아 단독적으로 수행할 수 없다. 태아와 한몸이 되어 있는 엄마 그리고 엄마가 교류하는 또 다른 타인들, 이를테면 아빠는 항상 태아와 교류한다. 따라서 태아의 구성은 항상 **공동구성**이며, '**공동으로 더 많이 하려 함**'일 것이다.

3절 세계소유 속에서 세계경험, 표상의 결여, 궁핍

탄생의 문제와 관련해서 세 번째로 검토해야 할 사항은 선-자아나 태아의 세계구성 문제이다. 다시 말해 선-자아로부터 깨어난 촉발의 중심으로서 태아가 초월론적 주체라고 할 때 선-자아가 선-방식으로 구성할 수 있는 그리고 태아에 의해서 구성될 수 있는 세계는 어떤 세계인가? 후설에 따르면 기본적으로 선-자아, 태아에게 세계가 선소여되어 있지만, 따라서 선-자아, 태아는 세계를 갖고 있지만, 아직 세계에 대해 경험을 하

---

213 사실 태아든 아이든 초기에는 청각과 촉각 능력만이 발달해 있을 뿐 시각을 일정 기간이 지나야 발달한다.

214 이남인, 「본능의 현상학과 선험적 현상학」, 『철학연구』(30권, No1), 철학연구회, 1992. 245.

지 않았다, 세계에 대한 표상을 지니지 못했다고 말할 수 있다.

그렇다면 태아가 갖고는 있지만 경험하지는 않는 세계란 구체적으로 어떤 세계인가? 그리고 선-자아나 태아가 만일 세계를 경험하지 못한다면 세계를 구성한다는 말을 할 수 있는가? 일단 선-자아나 최초의 태아는 공표상이 아닌 공지향만을 지니고 있다는 점에서 여기서 말하는 경험의 결여는 단순히 표상적 경험의 결여가 아니라 전적으로 경험의 결여를 말할 것이다. 그럼에도 불구하고 태아가 소유한 세계, 즉 태아가 자신의 선천적인 본능들을 통해 형성하는 공지평들의 지평 전체란 구체적으로 나와 타인의 구분이 없는 시공간으로서 세계, 즉 엄마 신체, 엄마의 자궁일 것이다.

> "그것[선-자아 혹은 태아] 속에서 그의 세계, 그의 자아가 수행되며, 그의 흐르는 구체적 현재는 말하자면 **엄마 신체**이다. 엄마 신체 속에서 하나의 태아적 근원 맹아로부터 태아적 단계들을 통해서 결국 **최초-아이의 세계**가 형성되고 탄생된다."[215](C3, V, 8)

그러나 생물학적 의미의 엄마 자궁 자체가 아니라, 태아에게 "드러나지 않은 성향 지향성"(unenthüllte Strebensintention) (XIV, 334), 혹은 "공허한 본능적 예감"(leer instinktive Ahnung)(XIV, 333)을 통해서 선구성된 세계에 대한 더 이상의 해명을 후설에게서 찾기는 어렵다. 여기서 우리는 **탄생의 발생적 현상학과 관련된 두 번째 한계로서 선구성된 세계 해명의 불충분성**을 발견하게 된다.

---

215 Nam-in Lee, 같은 책, 174(후설 유고 C3 V, 8)

3장

타자경험의 발생적 현상학의 단서와 정초 :
원초적, 지각적, 소통적 타자경험

후설 현상학 내에서 타자경험에 대한 현상학적 분석이 등장하는 배경에는 여러 가지 논란이 있을 수 있다. 우선 대표적으로 논의되는 한 가지 관점은 후설이 타자경험에 대한 현상학을 공식적으로 제기하고 논의를 펼친 대표적인 문헌들인 1910/11년 겨울학기 강의록「현상학의 근본문제들」과 1913년『이념들II』, 1923년『제일철학II』, 1928년『형식적 논리학과 초월론적 논리학』, 1928년『데카르트적 성찰들』에서 찾을 수 있다. 여기에서 어김없이 유아론의 반론, 유아론의 한계 혹은 유아론의 가상의 극복이라는 차원에서 상호주관성의 현상학이 논의된다는 점이 주목된다.[216]

---

216 사실 하이데거, 사르트르, 레비나스, 메를로-퐁티 모두 유아론의 극복이라는 관점에서 후설의 상호주관성의 현상학을 이해하면서도 후설의 상호주관성의 현상학이 유아론의 참된 극복이 아님을 비판한다. 하이데거의 후설의 타자이론 비판은『존재와 시간』(1927년)의 1편 제4장「공동존재와 자기 존재로 세계-내-존재 : 세인」에서 이루어지고 있다. 사르트르의 후설의 타자이론 비판 및 자신의 타자이론은『존재와 무』의 3부의 [대타존재], 1장. [타자의 존재], 특히 4절의 〈시선(regard)〉에서 가장 잘 드러나 있다. 레비나스의 후설의 타자이론 비판 및 자신의 타자이론은 사실 레비나스 전체 저작에 모두 드러나 있다고 해도 과언이 아닐 정도로 레비나스의 철학의 핵심주제이기도 하다. 특히 후설, 하이데거와의 관계 속에서 레비나스의 타자이론의 발전을 보여주는 초기 작품으로『존재에서 존재자로』가 주목할 만하다. 끝으로 메를로-퐁티의 후설 타자이론 비판 및 자신의 타자이론은『지각의 현상학』의 2부 [지각된 세계] 5장 〈타인과 인간적 세계〉에서 잘 드러나 있다.

　　본인은「후설 현상학에서 유아론의 다의성에 따른 상호주관성의 현상학의 다의성과 남는 문제들」에서 일차적으로 후설의 상호주관성의 현상학이 유아론의 반론, 한계, 가상으로부터의 극복 차원에서 제기되었지만, 각 문헌에서 제기되는 유아론의 의미가 달라 성취되는 상호주관성의 현상학도 다의적일 수 있으며 그에 따라 하이데거로 대표되는 이후 현상학자들의 후설 비판은 여러 맥락에서 접근할 수 있음을 밝혔다. 이종주,「후설 현상학에서 유아론의 그리고 방금 언급한 저작들에서 후설은 항상 유아론의 극복과 관련해서 '지각적 타자경험'(Einfühlung)을 주로 분석한다. 후설은 지각적 타자경험을 인식론적 차원의 타자경험으로서 주로 정적 현상학의 타당성 정초의 맥락에서 분석한다. 그런데 하이데거, 사르트르, 레비나스 그리고 메를로-퐁티가 후설의 현상학을 유아론적이라고 비판할 때 문제로 삼는 것이 바로 지각적 타자경험이다. 이들 현상학자는 모두 현상학적 반성으로서 인식 이전에 **선반성적, 존재론적 차원에서 타자경험**을 해명함으로써 유아론이 해소되거나 혹은 애초에 문제로서 제기될 수 없음을 보이고자 한다. 우리는 제2부에서 후설 이후 현상학 진영 내에서 후설의 타자이론에 대한 비판을 검토하면서 그 비판의 한계점을 밝힐 것이다.

그러나 우리의 판단으로는 정적 현상학적 차원에서 지각적 타자경험의 타당성 정초는 결코 유아론의 한계에 갇혀 있지 않다. 왜냐하면, 후설은 정적 현상학에서 타당성 정초 차원에서 경험의 명증성을 밝히는 문제에서 상호주관적 타자경험에 대한 논의가 필수적임을 주장하기 때문이다.

"각자는 특정한 타당성-확실성을 넘어서 자신의 **열린 무규정적인-일반적인 타당성의 지평**을 가지며, 또한, 각자는 자신의 양상 지평, 가능한 **수정의 지평**을 가진다. 더욱이 그 수정은 서로 속에서도 **타당성들의 공유화와 공유화된 [타당성들의] 불일치를 통한 양상화의 공유화**와 관련해서 **상호적으로 고쳐질 수 있는** 것으로서 수행될 수 있다. …… 이미 이와 같은 것은 **타당성 정초들에 대한 소급적 숙고(Rückbesinnung)**의 일면이다." (XV, 613~615)

즉 타당성의 정초를 위한 열린 무한한 과정에서 타당성의 상호주관

다의성에 따른 상호주관성의 현상학의 다의성과 남는 문제들」, 『철학』 제107집, 한국철학회 2011, 123~161.

274 타자의 철학과 심리학

적 공유화와 상호적 수정의 계기는 본질적인 계기이다. 물론 타당성 정초의 최종적 책임은 각자의 주체에게 있다. 왜냐하면, 타자로부터의 비판과 불일치의 해소에 대한 최종적 판단은 각자의 주체에게 맡겨져 있기 때문이다. 따라서 최종적 판단에 대한 책임의 자율성을 획득하기 위한 방법론적 유아론이 존재론적, 인식론적 유아론이라는 비판은 논점을 벗어난 비판이다.

그러나 우리는 여기서 이에 대해 상론하기보다는 우선 타자경험에 대한 발생적 현상학적 분석을 수행하고자 한다. 분명히 우리는 타자를 일차적으로 인식의 대상 차원에서 만나고 있지 않다는 사실, 우리는 우리의 삶 전반을 통해 최초의 탄생부터 죽음에 이르기까지 수많은 타자와의 다양한 인격적 유대 속에서 살아간다는 사실을 알고 있다. 즉 우리는 타자를 인식의 대상 이전에 혹은 인식의 대상을 포괄해서 가장 넓은 의미에서 삶 자체, 실천적 차원에서 만나고 교류한다. 바로 이런 이유에서 타자경험에 대한 발생적 현상학적 분석이 요구되는 것이다. 왜냐하면, 발생적 현상학은 기존의 지각적 타자경험뿐만 아니라 주체와 타자 간의 실천적 상호규정을 이끌어낼 수 있는 감정적, 본능적, 신체운동 감각적 차원의 원초적 타자경험 및 이 두 가지 타자경험을 기반으로 발생하는 소통적 타자경험까지 포괄하는 확장된 타자경험의 방식들을 현상학적으로 해명함으로써 인식적 차원을 넘어 존재론적, 실천적 차원에서 이미 주체의 삶에 타자의 삶이 깊숙이 개입하고 있음을 밝힐 수 있기 때문이다. 이미 발생적 현상학의 한 가지 근본문제라고 할 수 있는 "원초적 발생적 정초" 내지 "발생적 정초의 원천"의 문제를 다루는 과정에서 주체의 탄생에서부터 타자는 불가분적인 계기임을 우리는 바로 앞장에서 확인했다.

후설은 비록 1910/11년 강의록인 「현상학의 근본문제들」에서 타자경험을 유아론의 반론에 대한 해명의 일환으로 논의하지만, 그러나 1913년 전후에 작성된 바로 『이념들II』에서는 타자 문제를 인격주의적 태도 속에서 동기 부여관계의 맥락에서 다룬다. 앞서 우리는 후설의 발생적 현상학이 등장하는 중요한 배경 중 하나가 바로 지향성에 대한 동적, 발생적 규정으로서 정신의 법칙성인 동기 부여에 대한 논의였다는 사실을 확인했었다. 따라서 또 하나의 지향적 체험인 타자경험 역시 동기 부여적 연관 속에서 규정될 수 있고, 이를 단서로 삼아 타자경험에 대한 발생적 현상학적 정초가 수행될 수 있음을 짐작할 수 있을 것이다. 그리하여 실제로 후설은 1916/17년 유고 「현상학적 근원문제, 현상학적 구성의 의미, 방법의 해명」에서 발생적 정초의 관계에 대한 논의차원에서 자기지각과 비교하기 위해 타자지각을 끌어들이며, 1921년 「정적, 발생적 현상학적 방법」에서는 발생적 정초의 기본적 유형인 능동적 발생과 능동적-수동적 발생 그리고 수동적 발생의 유형을 기반으로 타자경험에 대한 발생적 현상학적 정초가 이루어질 수 있음을 주장한다.

주지하다시피 1928년 후설의 대표작인 『데카르트적 성찰들』의 제오 성찰 「모나드적 상호주관성의 초월론적 존재영역의 드러냄」은 후설 자신도 밝히고 있듯이 발생적 현상학적 문제가 아닌 정적인 현상학적 문제를 다루고 있다.[217] 그러나 이와 같은 언급에도 불구하고 후설은 여기에서도 부분적으로 타자경험 및 상호주관성에 대한 발생적 현상학을 전개하고 있다.[218] 30년대 이후 후설의 후기 저작은 『데카르트적 성찰들』에서 나타

---

[217] 후설은 『데카르트적 성찰들』에서 반복적으로 현재 자신의 논의가 시간적 발생의 논의가 아닌 정적 분석, 즉 타당성 정초를 위한 분석임을 밝힌다. "중요한 것은 시간상으로 경과하는 발생의 드러냄이 아니고, 정적 분석이다." (I, 136), "여기서 시간상으로 선행하는 자기경험의 근거 위에서 이런 종류의 경험[타자경험]의 시간적 발생이 문제가 되는 것이 아니므로, 명백히 다만 타자경험 속에서 실제로 증명 가능한(aufweisbaren) 지향성에 대한 정확한 해석과 그 지향성 속에서 본질적으로 함축된 동기 부여들의 증명(Nachweisung)은 우리에게 해명을 제공해줄 수 있다." (I, 150)

[218] 『데카르트적 성찰들』제오성찰에서 특히 원초성(Primodialiy)이 갖는 상호주관성의 정적 현상학적 측면과 발생적 현상학적 측면의 명확한 해명은 Nam-In Lee, "Static-Phenomenological and Genetic-Phenomenological Concept of Primordiality in Husserl's fifth Cartesian Meditation", *Husserl Studies* 18, Kluwer Academic Publishers, in Netherlands, 2002. 165~183 참조.

난 타자경험의 문제에 대한 자신의 접근의 애매성을 자각하고 타자경험의 문제를 주로 발생적 현상학의 맥락에서 발전, 심화시키고 있다. 우리는 이제 후설이 타자경험의 문제를 발생적 현상학의 맥락에서 어떻게 발전시키고 심화시키는지를 방금 언급한 주요 텍스트들의 분석을 중심으로 검토할 것이다.

1절 타자경험 동기연관의 유형들

『이념들II』에서 후설은 타자가 나와 맺는 동기 부여적 관계가 크게 두 가지 방식이 있을 수 있다고 본다.

[첫째] 인격들은 어떤 사람이 자신의 환경 세계에 속한 다른 사람의 신체성과 그 정신적 의미를 신체로써 **이해**하고, 그래서 표정, 몸짓, 발언된 단어를 인격적 삶이 표명됨을 뜻하는 것으로 **이해**한다는 사실을 물론 최초의 근본적인 방식으로 '**함께 파악해 포착**'(fassen komprehensive ...... auf)할 뿐만 아니라, [둘째] 인격들은 개별적으로 그뿐만 아니라 공통으로 '**서로를 규정하며**'(einander bestimmen), 따라서 **인격적으로 결합하여 활동**한다는 사실도 포착한다." (IV, 192)

전자가 주로 **이해와 파악**을 중심으로 한 나와 타자 간의 동기 부여 방식이라면, 후자는 주로 **상호규정과 인격적 결합을 위한 활동**을 중심으로 한 나와 타자 간의 동기 부여 방식이다.[219] 먼저 전자의 동기 부여 연관은

---

219 물론 양자를 인식적 타자경험과 실천적 타자경험이라고 구분할 수도 있다. 그러나 후설은 인식적 차원을 넓은 의미에서 실천적 차원 안에 포함 시킨다. 또한, 굳이 후설을 언급하지 않더라도 인식적 경험은 실천적 경험과 병행하며 서로를 동기 부여한다. 실천적 지향성으로서 지향성의 이해에 대해서는 이남인 교수의 「실천철학으로서 현상학」 『후설의 현상학과 현대철학』, 풀빛미디어, 2006. 147~179 참조.

상대방의 신체에 대한 직접적 지각을 매개로 상대방의 정신 삶을 간접적으로 이해, 파악하는 방식으로서 바로 **지각적 타자경험**을 의미한다. 반면 후자의 동기 부여 연관이란 상대방이 **개별적으로 나에게 특정한 행동반응을 하도록 동기 부여**하거나 혹은 **서로가 공통으로 특정한 행동반응 하도록 동기 부여하는** 방식이다. 즉 후자의 동기 부여 연관은 각각 다음 두 가지 방식으로 수행된다.

첫째, 개별적으로 나에게 특정한 행동방식을 수행하도록 동기 부여하는 방식은 다음과 같다.

"단순한 물리적 사물이 경험의 주체에 자극을 행사하고, 주체에게 어떤 **활동(Verhalten)**을 유발하듯이, 인간들은 동일한 일반적 의미에서 서로에게 '**직접적' 인격적 영향들, 직관적 영향들**을 끼친다." (IV, 192)

예를 들면 타인의 어떤 행동, 모습 혹은 타인의 존재나 부재 자체가 나에 대한 그의 주관적 의도와 관계없이 나에게 혐오감(Ekel; disgust)을 주거나 반대로 쾌감을 줄 수 있으며 혹은 안정감이나 불안감을 줄 수 있다.[220] 물론 이때 타자는 나에게 "물리적 경험 사물들의 단순한 방식으로, 자극(Reizen)의 단순한 형식으로 영향을 끼치는 것은 아니고"(IV,192) 인격적 영향을 끼친다. 비록 그것이 물리적 자극은 아닐지라도, 타자의 어떤 행동, 모습, 혹은 타자의 존재나 부재 자체가 나에게 일종의 자극이 되어 타자에게 지향적으로 관계 맺도록 나의 **감각 감정적, 본능적, 신체운동 감**

---

220 신영복 교수는 『감옥으로부터 사색』(1998)에서 비좁은 감옥에 투옥되어 무더운 여름날 밤 칼잠을 자며 느낀 자신과 타인에 대한 존재체험을 다음과 같이 서술하고 있다. "자기의 가장 가까이에 있는 사람을 미워한다는 사실, 자기의 가장 가까이 있는 사람으로부터 미움받는다는 사실은 매우 불행한 일입니다. 더욱이 그 미움의 원인이 자신의 고의적 소행에서 연유된 것이 아니고 자신의 존재 자체 때문이라는 사실은 그 불행을 매우 절망적인 것으로 만듭니다." 신영복, 『감옥으로부터 사색』, 돌베게, 1998, 329.

각적 반응을 직접 촉발한다는 점에서 이는 **"원초적 타자경험"**이다.

두 번째로 서로가 공통으로 특정한 행동반응 하도록 동기 부여하는 방식은 다음과 같다.

> "인격들은 자신들의 정신적 행위 속에서 서로에게 향하고 ……, 자신의 상대방으로부터 **이해되려는 의도 속에서** 작용들을 수행하고, 이런 작용들(그와 같은 의도 속에서 표현된 작용으로서)을 **이해하는 상대방의 파악** 속에서 상대방을 일정한 인격적 태도 방식들로 규정하려는 의도 속에서 작용들을 수행한다. 반대로 그와 같이 규정된 사람은 …… 그것에 따라 행동할 뿐만 아니라 흔쾌함이나 마지못함을 전달함으로써 이해하게 한다는 사실을 통해 자신을 규정하는 사람을 다시 반응으로 규정할 수 있다. 이렇게 해서 **의사소통의 관련들**이 형성된다." (IV, 192)

즉 앞서 동기 부여 연관이 **일방적인 본능적, 감각감정적, 신체반응 차원의 타자경험**에서 이루어지는 것이라면, 여기서는 **상호적인 의도적, 의지적 소통적 타자경험**에서 이루어진다. 한편으로는 이해나 파악 중심의 지각적 타자경험은 앞으로 밝혀지겠지만, 그 자체로도 실천적 성격을 가질 수 있으며, 또한, 실천적 활동과 밀접하게 관련되어 있으며, 다른 한편으로는 본능적, 감정적 차원의 타자경험 및 의도적, 의지적인 소통적 타자경험과 긴밀하게 관련되어 있다. 즉, 위 세 가지 인격적인 동기 부여 연관, 즉 원초적 타자경험, 지각적 타자경험 그리고 소통적 타자경험들은 각각 독립된 동기 부여 연관이 아니다. 오히려 병행하거나 혹은 세 가지 경험 간에 동기 부여 연관을 맺는다. 이와 같은 동기 부여 연관들을 순수 수동적인 단계로부터 수동적-능동적 복합단계를 거쳐 능동적 단계로 발생적으로 다양하게 동기 부여적 연관을 맺고 있다.

1. 원초적 타자경험의 동기연관 유형들

앞서 직접적인 일방적인 타자경험의 경우 타인의 어떤 행동이나 상태, 존재나 부재 자체가 나에게 어떤 감각적 자극을 주고 나에게 특정한 감정적, 본능적, 신체적 반응을 촉발하고 행동을 유발하는 경우는 전형적으로 근원적 연합에 의한 동기 부여로서 **순수 수동적 동기 부여**를 통해 해명될 수 있다.

먼저 놀람이나 공포의 경험을 생각해보자. 우리는 누구든 예상하지 않던 쪽에서 단순히 사물의 움직임 소리보다 인기척 소리가 갑자기 들릴 때 놀라면서 민감하게 반응한다. 특히 아이들은 외부의 원인에 의해서 움직이는 사물보다 스스로 움직이는 것처럼 보이는 살아 있는 것 혹은 사람의 모습, 소리에 놀라는 경향이 있으며, 놀람은 항상 본능적으로 예민한 운동감각을 동반한다.[221] 어른이든 아이이든 놀람이나 공포의 경험은 무생물보다는 생물 혹은 살아있는 것처럼 보이는 것에 대해 발생하며, 반드시 **타자로부터의 회피**라는 신체적 반응을 동반한다.

반대로 성적 충동 혹은 애착을 생각해보자. 대개는 같은 종의 이성의, 드물게는 동성의 얼굴, 몸짓 혹은 목소리에서 느끼는 첫인상으로 인해 누군가에게 성적 충동을 느낄 때가 있다.[222] 아이들은 뭔가에 깜짝 놀랄 경

---

221 성격심리학에서 이런 **운동감각**은 정서의 핵심기능으로서 **행동준비성(action readiness)**과 관련되어 있다. 정서의 핵심은 행동 준비성이다. 정서는 하나 혹은 소수의 행동에 대해서 압력을 느끼게 함으로써 행동을 준비시킨다. 정서의 핵심으로서 행동 준비성에서의 변화는 진화상으로 생존에 중요한 행동들과 연결되어 있다. 민경환, 『성격심리학』, 법문사, 2011, 162~163 참조. 철학 전통 내에서 이처럼 정서를 신체의 운동과 연결한 최초의 철학자는 스피노자일 것이다. "나는 정서(Affekte)를 신체의 활동능력을 증대시키거나 감소시키고, 촉진하거나 저해하는 신체의 변용(Affektionen)인 동시에 그러한 변용의 관념으로 이해한다." B. Spinoza, 같은 책, 255.

222 하이데거는 『형이상학이란 무엇인가?』에서 구체적 분석 없이 선언적으로 **근본 기분으로서 기쁨(Freude)**이 바로 **타자를 그 존재 자체에서** 개시한다고 주장한다. "이러한 드러내 보임 [즉 존재자를 그 전체에서 드러내 보임]의 다른 가능성을 - 그저 단순히 어떤 한 사람이 아니라 - 사랑하는 사람의 현존재의 그 자리에 있음이 주는 기쁨(die Freude)이 함축하고 있다." M.Heidegger, Wegmarken(1919~1961)(GA9), ed. F.-W. von Herrmann, 1976, 110. 이처럼 하이데거는 비록 제한적이지만 타자경험이 타자의 〉영혼 삶〈에 대한 반성적 앎 이전에 기쁨과

우 흔히 놀라게 하는 것으로부터 회피하여 자신과 정서적으로 가장 가까운 사람의 품속으로 안기는 경향이 있다. 반대로 아이들의 미소는 엄마에게 기쁨과 함께 즉각적으로 양육본능을 불러일으킨다. 또한, 아이들의 모든 울음소리가 엄마에게 즉각적인 반응을 불러일으키는 것은 아니지만, 특히 아이가 아파서 울 때에는 엄마는 놀라면서 즉각적으로 반응한다. 이처럼 성적 충동, 애착의 경우에는 공포나 놀람의 경험과는 반대로 자극을 제공하는 **타자에게로 끌림**이라는 신체적 반응을 동반한다.

끝으로 타자의 시선은 인간에게 다른 어떤 자극보다 정적인 자극임에도 불구하고 강한 동적인 반응을 불러일으킨다. 상대방의 시선과의 마주침은 즉각적으로 나로 하여금 쾌감 혹은 불쾌감, 흥분, 혐오의 느낌을 유발하면서 본능적으로 **상대방의 시선을 향하거나 혹은 피한다**.[223]

이처럼 공포, 놀람 혹은 성적 끌림과 애착과 같은 특히 타인을 향한 원초적인 정서 및 본능 그리고 회피나 끌림의 신체적 반응 등의 직접적 경험은 분명히 타자지향적 체험이지만, 결코 학습된 것이 아니며, 선천적인 본능의 영역에 해당된다는 점에서 바로 원초적 타자경험이다.[224] 따라서 이런 원초적 동기 부여는 이전의 이성작용들, 즉 "이성의 작업수행들로부터의 침전물"(IV, 222)의 습관적 영향을 받는 동기 부여도 아니며, 그렇다고 "이성적 작용들에 의해 실제적으로 형성되지 않고, 이와 같은 것의 유비에 따라 통각적 통일체들로 등장하는 것의 동기 부여"(IV, 222)도 아니

같은 기분 속에서 근본적으로 이루어지고 있으며 더욱이 타자경험을 통해 타자가 대상으로서 구성되는 것이 아니라 존재차원에서 개시되고 있음을 주장하고 있다.

223 사르트르는 『존재와 무』의 3부의 [대타존재], 1장. [타자의 존재], 특히 4절의 〈시선(regard)〉에서 타자의 시선을 통해 나의 존재를 느끼는 전형적 경험으로서 부끄러움을 분석한다. 사르트르가 말하는 부끄러움은 결코 자기반성과 같은 인지적 감정으로서 수치나 양심의 가책이 아니다.

224 이와 같은 정서적, 본능적, 신체운동 감각적 반응은 문화와 역사를 막론하고 보편적인 현상이다. J.W.Astiongton, The Child's Discovery of the Mind, Harvard University Cambridge, Massachusetts, 1993, 31 참조.

다. 무엇보다 이 단계의 경험은 아직 타자의 주관에 대한 이해, 해석 행위 이전의 경험이며, 또한, 능동적 경험이 아닌 전적으로 수동적 경험이다.

사실 후설은 이와 같은 원초적 타자경험의 동기연관을 간략하게 언급할 뿐 현상학적으로 자세한 분석을 수행하지는 않았다.[225] 그러나 우리는 이런 원초적 타자경험이 후설의 현상학의 틀 내에서 무엇보다 수동적 발생의 근본형식인 연합의 개념을 통해 해명될 수 있다고 본다. 이와 관련해서 후설의 1918년부터 1926년 강의록인『수동적 종합에 대한 분석』에서 수동적 종합의 근본현상이면서 법칙인 연합에 대한 구분이 활용될 필요가 있다. 즉 타자경험의 동기연관이 직접적이라는 것은 곧 여기서 작동되는 연합이 **지각의 차원에서** 이루어지는 "첫 번째 본래적인 의미에서"(XI, 119) 과거 기억에 대한 **재생적 연합**이나 "[재생적 연합보다] 더 높은 단계의 연합"(XI, 119)인 장래에 발생할 것에 대한 **예기적, 귀납적 연합과 같은 간접적 계열로서 통각의 법칙**이 작동되기 이전에, **감각적 차원에서 근원인상에 나타나는 직접적 계열로서 근원 연합의 법칙**이라는 뜻이다. 이처럼 근원연합의 차원에서 타자의 자극이 나에게 감정적, 본능적, 신체운동 감각적 반응을 불러일으킨다는 점에서 이런 원초적 타자경험은 일종의 **근원 연합적 타자경험**이다. 근원적 연합과 재생적, 예기적 연합의 구분은 1921년 작성된 유고[정적 그리고 발생적 현상학적 방법]에서도 동일하게 반복되고 있다. 여기에서도 "체험류 속에서 개별적 체험들의 잇달음(Aufeinander) 법칙들의 증명 의미에서 발생의 법칙"(XI, 336)을 크게 두 가지로 나눈다.

---

225 이남인 교수는 「발생적 현상학과 상호주관성의 문제」에서 유비적 타인 경험, 타인 이해, 즉 지각적 타자 경험의 발생적 동기로서 의지 및 본능적 지향성에 대한 분석을 수행한다. 다만 이남인 교수는 이와 같은 발생적 동기로서 의지, 본능적 지향성을 그 자체로 독립적인 타자경험의 범주로 고려하지 않는다. 이남인, 「발생적 현상학과 상호주관성의 문제」, 『후설의 현상학과 현대철학』, 풀빛미디어, 2006, 72~78 참조.

첫째, "구체적 생기들(Ereignisse), 그런 체험들의 추상적 국면들과 계기를 위한 **직접적, 필연적 계열의 법칙** - 경과된 체험들에서 파지들의 필연적 연결 혹은 그때그때의 근원인상적 국면에서 파지적 국면들의 직접적, 필연적 연결의 법칙"과 둘째, **"간접적 계열의 법칙** - 연합법칙, 체험 현재 속에서 재생들의 발생 법칙, 기대지향 속에서 재생의 법칙들."(XI,336)

여기서 명확하게 근원연합의 직접성과 재생적, 예기적 연합의 간접성이 명확하게 구분되어 있다.[226]

원초적 타자경험의 동기 부여연관을 일종의 근원 연합적 동기 부여로 규정함으로써 해명되는 것은 단지 이 타자경험이 일종의 재생적 연합이나 예기적 연합의 유형으로서 지각적 타자경험처럼 **지각차원에서 간접적 연결이 아니라 감각 차원에서 직접적 연결이라는 점만은** 아니다. 원초적 타자경험에서 근원적 연합은 **원본적인 직관적인 영향**을 끼치지만, 지각적 타자경험과 같은 재생적, 예기적 연합은 현전하는 지각대상이 과거의 유사대상 혹은 미래의 유사대상을 현전화시키는 것이라는 점에서 **비원본적이고 비직관적**이다. 다시 말해 타인의 어떤 행동, 몸짓, 상태 혹은 존재나 부재 자체가 나에게 끼치는 직접적 영향은 원본적으로 생생하고 직관적이다. 즉 이것은 타인의 신체지각을 매개로 한 타인의 심적 상태의 떠올림이 아니라, 타인의 행동, 몸짓, 상태 혹은 존재가 나에게 촉발하는 감각적 느낌이다. 이것은 사르트르가 『존재와 무』의 〈시선〉(Regarde)과 부끄러움의 분석에서 잘 표현하는 것처럼 일차적으로 **인식적 유대상**

---

226 같은 유고의 후반부에서 후설은 발생의 근원법칙을 네 가지로 나눈다. ①근원적 시간 의식의 법칙, ② 재생의 근원법칙, ③ 연합, 연합적 기대의 법칙, ④ 능동적 동기 부여의 근거 위에서 발생.(XI, 344) 이 구분에 비춰볼 때 현재 논의되는 동기 부여는 결국 근원적 시간 의식의 발생법칙, 즉 근원인상과 파지 그리고 예지 간의 발생 법칙과 상응한다.

황이 아닌 **존재적 유대상황**이다. 타자의 시선이 나를 '**대상-자아**'가 아닌 '**주체-자아**'로 현전하게 하는 까닭은 부끄러움이 "나로 하여금 '시선을 받고 있는 자'의 상황을 **인식하게(connaître)** 하는 것이 아니라 **살게 하는 (vivre)** 것"(EN. 319)이기 때문이다.

그러나 원초적 타자경험의 동기 부여를 일종의 근원 연합적 타자경험으로 규정함으로써 얻게 되는 가장 중요한 점은 바로 수동적 경험으로서 원초적 타자경험이 갖는 잠재성과 현실성의 발생적 정초연관이다. 직접적 동기 부여 연관으로서 원초적 타자경험에서 감각적 촉발과 하나가 되어 잠재적이었던 **감정적, 본능적, 신체운동 감각적 요소**들이 현실화되어 작동한다. 다시 말해 타자의 특정한 행동, 모습, 존재, 부재 자체가 나의 주의를 끄는 촉발[227]적 자극에 의해 습성과 선천적 기질로서 잠재해 있던 "순수하게 근원인상적인 것에 근거하는 정서(Affektivität)의 기능"(XI, 150)을 동시에 현실화시킨다. 여기서 말하는 정서란 "심정영역(Gemütssphäre)으로부터 다만 감각적 자료들과 근원적으로 하나가 되는 감정들"(XI, 150)이다.

---

227 후설은 **촉발**을 다음과 같이 정의한다. "의식된 대상이 자아에 대해 행사하는 의식에 적합한 자극, 고유한 당김(Zug)"(XI,148), "자아의 시선 항향 속에서 해소되며 이로부터 자체 수여적인, 대상적 자체를 항상 더 드러내는 직관을 항한 - 따라서 대상에 대한 인식, 더 자세한 관찰을 항한 노력으로 전이되는 **끌림(Zug)**"(XI, 148~149) "대상으로 향한 지향성의 일깨움", "주의, 파악, 인지, 해명에 대해 영향력을 끼침"(XI, 151) 이와 같은 촉발에 대한 정의가 바로 지향성에 대한 발생적 이해, 즉 지향성에 대한 동기 부여적 이해의 기반임을 알 수 있다. 여기서 Zug를 문맥에 따라 '당김' 혹은 '끌림'으로 다르게 번역하는 데에는 이유가 있다. 임홍빈 교수가 편저한 『우리말 사전』을 보면 '끌다'나 '당기다'는 끌리고, 당겨지는 대상으로부터 끌고 당기는 힘의 중심으로의 방향을 취한다. 그러나 여기서 촉발에서는 오히려 대상으로부터의 자극으로 우리가 촉발되는 것이기 때문에 피동형이 필요하다. 또한, '끌다'라는 동사는 '끌리다'라는 피동형을 갖고 있지만, 능동형의 명사형은 없다. 반면 '당기다'는 '당겨지다'라는 피동형이 있기는 하지만 부자연스럽지만, 능동형의 '당김'이라는 명사는 자주 쓰인다. 따라서 대상으로부터 자극이 자아를 이끌 때에는 '당김'이라는 표현이 적절하고, 자아가 대상에 이끌려질 때는 '끌림'이 자연스럽다. 임홍빈 편저, 『우리말 사전』, 아카데미 하우스, 1993. 96 참조.

"한편으로는 현재 이루어지고 있는 촉발은 기능상 대조의 상대적 크기에 의존적이며, 다른 한편 또한, 선호되는 **감각적 감정**들에 의존적이다. 예를 들어 두드러진 것을 통해서 그것의 통일체 속에서 정초 된 쾌감. 또한, 근원적인 **본능적, 충동적 선호**를 우리는 허용해야 한다." (XI, 150)

앞서 들었던 원초적 타자경험의 사례로 들었던 모든 경우에서 우리는 **감각 감정적 요소가 일차적으로 촉발적 요소로서 작동하며, 잠재되어 있던 본능, 충동적 요소를 일깨우며, 습성화된 신체적 반응을 유도하는 신체적 운동감각을 불러일으킨다는 것**을 알게 된다.

2. 지각적 타자경험의 동기연관 유형들

후설은 『이념들Ⅱ』56절 g) 후반부에서 "타자의 표정(Die Mienen des An-deren)은 타자의 의식 속에 있는 어떤 의미를 이 표정에 결합하도록 나를 규정한다"고 말하면서 "이것은 이미 일종의 동기 부여이다"(IV, 235)고 명백하게 주장하고 있다. 물론 이것은 표정에만 국한된 것이 아닐 것이다.

"신체들의 직관적 내용 속에-신체성 일반의 유형적인 것 속에, 표정, 몸짓(Geste), 발언된 말(das gesprochenen 'Wortes'), 그 억양(Tonfalls)마다 변화하는 많은 특수성 속에-**인격들[사람들]의 정신적 삶**, 사고, 감정, 욕구, 행위와 방임(Lassen) 등이 표현된다." (IV, 235)

좁은 의미에서 Einfühlung인 '시각적 타자경험'이란 바로 이처럼 타자 신체적 표현의 지각을 통해 타자의 정신적 삶, 주관을 이해하고 해석하는 경험을 의미한다.[228] 이와 같은 타자의 표현에 대한 이해, 해석적 경험은 물론 타자의 행동, 모습, 존재나 부재 자체로부터 촉발적으로 연합되는 나의 감각 및 느낌, 충동, 신체적 운동감각의 통일적 반응, 즉 원초적 타자경험으로부터 타자의 행동, 모습의 의도나 의미에 대한 관심이 유발되면서 동기 부여되는 타자경험의 단계이다. 그러나 지각적 타자경험은 타자의 행동, 표현을 내가 거기에 응답(Antworten)해야 되는 타자의 부름으로 이해하는 소통적 타자경험은 아직 아니다. 실제로는 타자가 나에게 의사전달을 위한 말, 표정, 몸짓, 억양 등을 보이더라도 나는 그 부름을 부름으로 파악하지 못한 채 단순히 타자에 대한 촉발적 연합의 반응을 보일 수도 있고, 타자의 정신 삶에 대한 이해, 해석의 차원에 머무를 수도 있다. 반대로 전혀 타자는 나에게 의사전달을 하려는 의도에서 한 몸짓도, 말도, 표정도, 억양도 아니었음에도 불구하고 내가 그것을 부름으로 여기고 응답할 수도 있다.[229] 따라서 고유하게 우리는 타자의 표현행위에 대한 이해, 해석적 차원에서 동기 부여 연관을 직접적 동기연관이나 의사소통적 동기연관과 구별해서 "타자신체의 지각을 매개로 타자주관의 이해 경험", 즉 지각적 타자경험으로서 분석할 수 있을 것이다.

---

228 후설은 1910년경 [지각적 타자경험의 단계들]이라는 타자경험문제에 대한 초기 유고에서 지각적 타자경험을 통해 가장 낮은 단계의 타자주관에 대한 이해로부터 가장 높은 단계의 타자주관 이해를 모두 포괄한다. (XIII, 62~66)

229 타자의 표현은 a.자연적 표현과 b.의도적 표현으로 나누어볼 수 있다. 또한, 타자의 표현에 대한 나의 경험은 ⅰ.직접적 느낌, 본능적, 정서적 반응의 경우, ⅱ.표현의 이해, 해석의 경우, ⅲ.표현을 전달로서 이해, 해석, 반응하는 경우로 나누어볼 수 있다. 나와 타자의 관계는 타자의 표현과 나의 타자경험으로 이루어질 것이고 그에 따라 여섯 가지 동기 부여 관계가 발생한다. 첫째 a-ⅰ.타자의 자연적 표현을 내가 직접적, 본능적으로 반응하는 경우, 둘째, a-ⅱ.타자의 자연적 표현을 내가 타자의 정신 삶에 대한 이해, 해석차원에서 반응하는 경우, a-ⅲ.타자의 자연적 표현을 내가 타자의 부름, 전달적 차원에서 이해하고 해석하고 반응하는 경우. 넷째, b-ⅰ.타자의 의도적 표현에 대해 내가 직접적, 본능적으로 반응하는 경우. 다섯째, b-ⅱ.타자의 의도적 표현을 내가 타자의 정신 삶에 대한 이해, 해석적 차원에서 반응하는 경우. 여섯째, b-ⅲ.타자의 의도적 표현을 내가 부름, 전달적 차원에서 이해, 해석, 반응하는 경우.

실제로 후설도 이미 1910년/11년 강의록인『현상학의 근본문제들』에서 지각적 타자경험과 소통적 타자경험을 명백히 구분 짓고 있다. 우선 후설은 "지각적 타자경험은 타자신체에 대한 지각으로서, 타자의 의식에 대한 가정(정립)"(XIII, 87)이라고 명확하게 규정함으로써 지각적 타자경험이 타자신체에 대한 직접적인 지각을 매개로 이루어지는 간접적 동기연관임을 밝힌다.

> "다수의 의식 흐름들은 나의 의식 흐름과 지각적 타자경험의 동기연관들을 통해 결합하여 있고 상호 간에 서로서로 결합하여 있고 결합할 수 있다. …… 분리된 의식들은 **의사소통의 가능성** 하에 놓여 있고, 이런 의사소통은 **신체지각들과 신체지각들로부터 방사되는 동기들**의 방식을 **뒤따른다.** 여기서 언어적 전달, 상이한 종류의 기호를 통한 상호교류를 지적함으로써 내용이 보충될 수는 있다."
> (XIII, 87~88)

이를 통해서 우리는 타자의 신체적 움직임으로부터 느끼는 직접적인 감각과 감정적, 본능적 반응의 차원과 타자신체의 지각을 매개로 이루어지는 타자의 의식에 대한 간접적 지각, 이해차원 그리고 재차 이로부터 동기 부여되는 의사소통적 동기 부여 연관의 차원을 명확하게 구분 지을 수 있다.

지각적 타자경험은 "이성 작용들에 의해 실제로 형성되지 않고, 통각적 통일체들과 같은 그런 체험들의 유비에 따라 등장하는 동기 부여"(IV, 222)에 해당한다. 타자를 자연주의적 태도 속에서 심리 물리적 결합체로 파악하는 것이 아니라 인격주의적 태도에서 인격 그 자체로서 파악할 때, 항상 우리는 타자의 신체에 대한 지각을 통해 타자의 정신 삶을 파악하며, 이것은 결코 이성적 차원의 논리적 추론이 아니라, 가장 전형적인 유비적 통각방식이다. 특히『데카르트적 성찰들』의 제오성찰을 통해 알려진 후설의 타자경험 현상학은 기본적으로 유비적 통각으로서 **지각적 타자**

경험의 현상학이라고 해도 과언이 아닐 것이다.

타자경험의 동기연관으로서 지각적 타자경험은 순수하게 수동적인 근원 연합적 타자경험인 원초적 타자경험이 아니지만 그렇다고 이성적인 능동적 타자경험도 아닌 유비적 통각에 따른, 따라서 수동적이면서도 능동적인 타자경험이다. 한편으로 지각적 타자경험이 수동적인 까닭은 타자의 정신 삶에 대한 정립의 일차적 동기가 나의 의식적 판단작용이 아닌 타자의 신체적 동작과 나의 신체적 동작의 유사성을 계기로 선구성된 나의 신체와 주관의 짝의 **유비적 연합**에 의한 촉발에서 비롯되었기 때문이다. 그러나 다른 한편으로 지각적 타자경험은 유비적 통각의 수용이거나 유비적 통각에 대한 **반성적** 인식이기 때문에 능동적 타자경험이기도 하다. 물론 여기서 지각적 타자경험의 동기연관이 갖는 수동성과 능동성의 정도에는 앞서 능동과 수동의 구분에서 논했듯이 여러 단계의 양상들이 있을 것이다. 다시 말해 거의 수동적 동기 부여에 가까운, 즉 타자의 신체적 동작, 표정에 대한 지각적 촉발과 함께 거의 동시에 습성화된 유비적 통각의 자동적 작동과 같은 가장 낮은 단계의 지각적 타자경험의 단계부터 수동적 동기 부여의 계기가 가장 최소화된 능동적인 지각적 타자경험의 단계, 즉 타자의 신체에 대한 지각을 계기로 이루어지는 습성적 통각만으로는 타자의 의도가 이해되지 않기 때문에 반성과 해석이 요구되는 가장 능동적인 지적 타자경험까지 여러 단계의 지각적 타자경험들이 발생할 수 있다.[230]

---

230 현대 임상심리학에서 수행하는 심리검사로서 객관적 성격검사인 다면적 인성검사나 투사검사인 로샤검사와 주제통각검사 등은 모두 내담자의 자동적, 무의식적 성격에 대한 질적, 양적 자료를 기반으로 체계적인 해석을 수행한다는 점에서 대표적인 능동적인 지각적 타자경험의 사례가 될 것이다. 물론 이런 통계적 신뢰성과 타당성을 갖춘 심리검사 역시 특정한 심리학적 전제들을 암묵적으로 가정한다는 점에서 완전한 의미에서 능동적인 지각적 타자경험이라고 말하기는 어렵다.

2.1. 에르트만과 립스의 타자경험 이론 비판

지각적 타자경험이 순수하게 수동적 감각경험도 아니면서 그렇다고 순수하게 능동적인 이성적 추론도 아니라는 사실은 애초에 후설이 립스와 에르트만의 타자경험이론과의 대결하면서 자신의 고유한 지각적 타자경험이론을 모색하는 과정에서 깨달은 것이기도 하다.[231][232]

우선 유비적 통각이라는 지각적 타자경험의 특징에서 유비는 **에르트만의 유비 추론에 대한 비판**에서 획득한 것이다. 후설은 에르트만의 유비 추론의 이론을 다음과 같은 논변으로 정리한다.

"1) 감각적으로 지각 가능한 경과들이…… 우리 안에서 (내 안에서) 정신적인 것들[경과들]과 연결되어 있다. 2) 타자에게서 감각적으로 지각 가능한 경과들이…… 우리의 것들과 유사하다. 따라서 감각적으로 지각 가능한 경과들이 타자 안에서 유사한 [정신적] 경과들과 연결되어 있을 것이다."(XIII, 37)[233]

---

231 립스(T.Lipps)는 1906년 『심리학의 단서들(Leifaden der Psychologie), 2판』(1906년)에서 직접적, 본능적 감정이입론을 제시한다. 립스의 Einfühlung이 감정이입(empathy)이라는 통상적인 번역의 의미에 가장 가깝다. 에르트만은 1907년 『신체와 영혼에 대한 학문적 가설들(Wissenschaftliche Hypothesen über Leib und Seele)』에서 유비 추론의 이론으로서 타자이론을 제시한다. 후설은 립스의 타자경험론에 대해서는 「1909년 이전 Einfühlung에 대한 나의 가장 오래된 페이지들로부터 발췌」라는 유고와 1913년경 「립스의 감정이입 이론. 발췌와 비판적 논평」(Hua XIII)이라는 제목의 유고에서 직접 비판적 논의를 전개하고 있고, 에르트만의 유비 추론의 이론에 대해서는 1907년 혹은 1908년의 유고인 「타아에 대한 유비 추론의 이론에 대한 반대. 베노 에르트만(Benno Erdmann)에 대한 비판」(Hua XIII)에서 비판적 논의를 전개하고 있다.

232 립스의 감정 이입론에 대한 에디트 슈타인의 비판 및 평가에 대해서는 이은영 교수의 「립스의 감정 이입론에 대한 에디트 슈타인의 논쟁」『철학과 현상학연구』 36권, 한국현상학회, 2008.참조.

233 유사한 논변으로는 "나의 신체에서 나는 나의 자아가 연결되어 있음을 발견한다. 이제 타자의 신체는 나의 신체와 유사하다. 따라서 타자의 신체에도 하나의 자아가 연결되어 있을 것이다."(XIII, 36) "나의 신체와 규칙적인 방식으로 심적 현상들이 연결되어 있다. 이 다른 신체들이 나의 신체와 유사하다. 따라서 다른 신체들 역시 심적 현상들과 연결되어 있을 것이다"(XIII, 37) 등이 있다.

에르트만은 타자에 대한 유비 추론은 일종의 가설적 추론으로 본다.

"우리는 지적 사유작용, 느낌 작용 그리고 의지작용과 같은 그런 경과들이 우리 각자가 자신들 안에서 그것들을 체험하는 것처럼 타자 안에서도 일어나리라는 것을 서로 확신하고 있다. 이것은 **직접 주어진 어떤 사실이 아니라 하나의 가설이다**. 비록 우리가 소유한 가설 중에서 가장 개연성이 높은 가설이기는 하지만 말이다. 왜냐하면, 그 가설들은 매 순간 우리에 의해서 검증될 수 있기 때문이다."[234]

이것은 내가 어제 점심에 식사했다는 기억이 있다는 것이 하나의 주어진 사실이 아니라 하나의 가설이라고 말할 수 있다는 것과 다를 바 없다는 것이다. 어떻게 보면 이런 기억의 가설보다 타자의식에 대한 가설이 더 유리할 수도 있다. 왜냐하면, 나의 기억에 대한 가설과 달리 타자의 의식에 대한 가설은 타자의 의식 경과들을 그로부터 추론할 수 있는 지각 가능한 다양한 신체적 표현들의 단서들을 현재 가질 수 있기 때문이다.

우리에게 중요한 문제는 이런 추론방식이 과연 정당한 것인가보다는 실제로 우리가 타자의 의식이나 정신 삶을 파악할 때 일반적으로 이와 같은 방식으로 수행하는가이다. 때에 따라서 타인이 나와 전혀 안면이 없는 사람이고 게다가 말도 전혀 알아들을 수 없지만, 명백히 우리와 용모나 외모가 유사한 사람인데 기이한 행동을 보일 때, 그래서 쉽사리 상대방의 행동이나 표현이 이해가 되지 않을 때 상대방의 행동이 이루어지는 주변 정황 그리고 이전의 그의 행적 또한, 나의 과거 유사한 경험에 의존해서 상대방이 어떤 바람과 믿음을 가지고 이런 행동을 했는지를 추론하기도 한다.

---

234 B.Erdmann, 같은 책, 45. (XIII, 37 재인용)

후설뿐만 아니라 립스도 유비 추론 자체의 정당성을 따지기보다는 이미 이와 같은 유비 추론이 이미 다른 경험방식을 전제한다는 점을 지적한다. 이 추론은 이미 내가 나의 자아가 나의 신체와 연결된 것처럼, 타자의 자아가 그렇게 타자의 신체와 연결된 것을 발견할 수 있다는 것을 전제한다. 이런 전제가 없다면 내 손 옆에 유사한 내 이웃의 손이 놓여 있을 때, 유비에 따라 그 손을 나의 손으로 여길 수 있다는 추론도 가능할 것이다. 그러나 이 추론에서 없는 것이 바로 그 손을 나의 손으로 여길 수 있는 그 손과 관련된 단순히 외적으로 감각 가능한 유사함을 넘어서는 '함께 지각함'이다. 그런데 립스는 이런 유비 추론 없이 타인에게 정립할 수 있는 하나의 정당한, 고유한 방식의 직접적 경험으로서 감정이입을 우리는 갖고 있다고 주장한다.

기본적으로 후설은 지각적 타자경험이 **이성적 추론**이 아닌 **통각적 지각**이라는 점에 대해서는 립스와 같은 입장에 있다. 모든 지각은 기본적으로 통각적 구조로 되어 있다. 모든 지각은 대상의 지각된 면을 넘어서는 지각되지 않은 부분 – 그것이 그 대상과 관계 맺고 있는 다른 대상들과 같은 외적 지평이든, 그 대상 자체에 있는 내적 지평이든 – 을 함께 지각한다는 것이다. 혹은 지각된 면은 지각되지 않은 면을 지각된 것으로 함께 포함하고 있다는 것이다. 후설은 통각을 동기 부여와 연결해서 다음과 같이 정의하고 있다.

> "**통각은 자신 안에 어떤 것을 의식할 뿐만 아니라 그것을 동시에 다른 것에 대한 동기 부여자로서 의식하는 의식**이다. 따라서 통각은 어떤 것, 게다가 다른 포함되지 않은 것을 의식할 뿐만 아니라, 이 다른 것을 이 어떤 것에 속하는 것으로서, 이 어떤 것을 통해 동기 부여된 것으로 지시하는 의식이다." (XI, 338) [이 점에서] "**통각 자체가 하나의 동기 부여이다**'라고 말할 수 있다." (XI, 337)

따라서 모든 지각은 자신 안에 다른 것에 대한 지각을 지시하는 **동기**

부여자를 갖고 있다. 이제 립스에 따르면 **타인의 몸짓**(Gebären)을 지각할 때, 즉 통각 할 때, 이 통각 속에서는 그와 같은 몸짓으로 표현되는 내적 체험을 지시하는, 동기 부여하는 경향성이 있다는 것이다. 그 경향성의 원천을 립스는 두 가지 충동으로 나타나는 '**본능의 영향**'에서 찾는다. 첫째, **내적인 경과들을 외적인 신체적 경과들을 통해 표현 – 립스의 표현을 빌리면 삶의 표현**(Lebensäusserung)**과 고지**(Kundgabe) **−하려는 충동**과 둘째, **외적으로 모방하려는 충동**이다. (XIII, 74) 예를 들어 내가 타인이 슬퍼하는 몸짓을 지각, 통각 할 때, 이 지각 속에는 타인의 몸짓을 같게 산출하려는 **모방충동**이 직접 등장하게 된다. 이것은 유사성의 파악에 따른 유비 추론과는 전적으로 다른 차원이다. 나아가 이런 모방충동은 나의 슬픔 속에 불가분하게 결합한 구성 부분으로서 포함된 표현충동과 같다. 립스가 타자경험의 직접성을 강조할 때 근거는 바로 이 **모방충동과 표현충동의 동일성**[235]에서 비롯되는 것이다. 그에 따라 이 표현충동은 자신과 불가분하게 결합하여 있는 슬픔을 불러일으킨다. 결국, 감정이입이란 이렇게 직접 불러일으켜 진 슬픔의 체험을 타인에게로 객관화, 투사하는 작용이다.[236] 그에 따라 립스의 표현을 빌리면 "완전하게 **긍정적인 감정이입**", 즉 공감에서 나에게 외부대상, 즉 타인에게로 "감정 이입되어 투사된"(eingefühlte projizerte)(XIII, 75) 나의 자아, **하나의 의식만이 존재**할 뿐이다. 반대로 **부정적 감정이입**도 존재한다. 이를테면 타인의 슬픔 몸짓에 대한 모방충동

---

235 립스의 이와 같은 주장은 1970년대 후반 지속해서 아이의 모방행위를 타자의 마음 읽기의 이론으로 이해하는 멜초프의 모방에 대한 입장과 유사하다. 그 역시 모방을 통해서 **지각된 타자의 신체 동작과 느껴진 나의 신체적 운동감각**의 동일성 표상이 구현된다고 보았다. 양자의 동일성 표상은 모방본능이자 표현본능인 나의 원초적 상호주관적 본능에서 비롯된 것이다. 다만 멜초프는 이와 같은 모방이 타인의 주관 이해의 원초적 방식일 뿐 유일한 방식으로 보지 않았지만, 립스는 이와 같은 감정이입을 유일한 타자 이해의 방식으로 보았다는 점에서 차이가 난다.

236 흥미로운 것은 이후 상호주관성의 발달심리학에서 다루겠지만 립스의 감정 이입론은 앨리슨 고프닉의 모방이론과 폴 L. 해리스의 시뮬레이션 이론의 요소들을 모두 포함하고 있다.

이 발생하지 않을 경우 같은 표현충동 역시 발생하지 않기에 같은 슬픔 체험이 불러일으켜 지지 않는다. 이 경우에는 "**자아의 분리**가 발생하고 그런 분리 속에서 나에게 **개체의 다수성** 의식이 발생한다."(XIII, 75)

립스의 감정이입 이론은 다분히 앞서 언급한 원초적 타자경험의 동기 연관과 유사한 면을 가진다. 다시 말해 양자 모두 타인의 몸짓, 거동이 나로 하여금 일종의 본능적, 정서적 반응을 직접 촉발한다는 점에서 유사하다. 그러나 원초적 타자경험은 타인의 정서를 함께 느끼는 모방과 표현충동이 수행하는 공감의 경험이 아니다. 정적 속에서 인기척 소리에 놀라고 예민해지거나, 아이의 고통의 울음소리에 엄마의 양육본능이 발생하거나, 상대방의 시선에 당황스러워하고 시선을 피하려고 하는 등의 근원연합적 반응은 타인의 심리에 대한 이해나 해석 혹은 공감의 문제가 아니다. 즉 원초적 타자경험에서는 나 자신이 느끼는 반응을 재차 타인에게 투사하지 않는다.

후설은 무엇보다 지각적 타자경험에서 모방과 표현충동이 작동하는지 안 하는지를 떠나서 그런 충동들은 어디에서 비롯되었는지 의문을 제기한다. 후설이 보기에 립스는 "놀라운 방식"(XIII, 73)의 "설명할 수 없는 본능"(XIII, 24, 73), "더는 소급될 수 없는 본능"(XIII, 72)이라고 표현함으로써 단순히 사태에 대한 "현상학적 무지로부터 도피"(XIII, 24)하고 있다. 나아가 후설은 과연 **타자 자신의 체험에 대한 나의 경험**에서 반드시 타자의 체험을 반복적으로 체험해야 하는지에 대해 의문을 제기한다.

"왜냐하면, 만일 내가 너에게서 분노를 '지각적으로 경험한다고 하더라도'(ein-fühle), 나 자신은 화가 나지 않았고, 최소한도에서도 화가 나지 않기 때문이다. 마치 만일 내가 나에게 하나의 분노를 '상상'하거나 혹은 분노를 '기억'한다고 하더라도, 내가 새로운 것에 의해 분노에 빠지는 것 말고는, 내가 화가 거의 나지 않는 것처럼 말이다."(XIII, 188)

결국, 후설에게 공감은 타인의 주관의 이해의 한 가지 방식일 뿐 유일한 타인이해의 방식이 아니다. 타인의 체험, 의식에 대한 나의 경험으로서 지각적 타자경험은 타인과 똑같은 체험, 의식을 갖는 것이 아니라 타인의 체험, 의식을 "들여다보는 것"(einschauen)(XIII, 188), "이해하는 것"(einverste hen) (XIII, 52, IV, 96)을 뜻한다. 애초에 타인이 나와 다른 신체를 갖는 다른 사람인 이상, 타인의 경험에 대한 나의 경험은 원리적으로 직접적일 수 없다. 즉 립스의 용어를 인정한다고 하더라도 모방본능을 통해서 내가 느끼는 것이 나의 표현본능과 같은 것일 뿐 여전히 타자의 신체를 지각으로 한 떠올림, 현전화, 간접적 경험일 뿐이다. 그렇다고 앞서 지적한 것처럼 그것이 타자의 동작, 몸짓, 표정과 나의 그것들의 유사성에 근거한 귀납적 유비 추론이라고 보기도 어렵다. 분명 유사성에 근거한 유비인 것은 분명하지만, 타인의 신체적 표현에 대한 지각을 매개로 한 타자의 주관의 이해일 뿐 타자의 주관에 대한 가설적 추론이 아니다. 또한, 립스처럼 부정적 감정이입을 통해서만 개체의 다수성 의식이 발생하는 것이 아니라 모든 타자의 주관에 대한 이해의 경험에서 우리는 서로에 대한 타자성, 개체의 다수성을 의식한다.

2.2. 지각적 타자경험의 여러 단계

후설은 지속해서 타인의 표현에 대한 파악에서 심리 물리적 파악, 즉 자연주의적 파악을 경계한다.

"인격의 파악은 신체에 **부착된** 정신적인 것의 파악이 아니다." (IV, 240) "이것은 마치 여기에 처음에는 물체파악, 그런 다음 인간파악이라는 **시간적 연속**이 문제인 것처럼 이해돼서는 안 된다." (IV, 240) "여기에서 우리는 신체가 물리적 객체로서 정립되고(경험되고), 마치 신체가 다른 것에 관련된 또는 **결합한** 어떤 것으로 파악되는 것처럼, 신체에 실로 다른 어떤 것을 **첨부하는**(hinzugefügt) 의미

에서 신체를 심리적인 것의 담지자로서 파악함을 절대 갖지 않는다." (IV, 244)

결국, 후설에 따르면 타인의 신체적 표현을 파악할 때 타인의 정신 삶도 함께 통일적으로 파악된다.

"인격 그 자체를 파악할 때 제시되는 철저하게 직관적인 통일체는 함께 파악하는 (komprehensiven) 모든 통일체에 속하는 **표현과 표현된 것의 통일체**이다." (IV, 236)

여기서 '**함께 파악함**'(Komprehension)은 '**함께 지각함**'(Mitwahrnehmung)이다. 이런 점에서 '함께 파악함'으로서 타자경험은 '**현전작용**'(Gegenwärtigung)이 아닌 '**현전화작용**'(Vergegenwärtigung)이다. 이런 현전화작용에는 지각적 타자경험 말고도 기억, 기대, 상상과 같은 작용도 모두 포함된다. 더 일반적으로는 사물에 대한 외적 지각도 이미 현전화작용의 계기를 지닌다. 즉 사물을 지각할 때 단순히 보인 면만 지각하는 것이 아니라 나의 현재의 지각 속에는 그 사물의 보이지 않는 면을 지각된 것으로 함께 갖는 것이다.[237]

분명 우리가 단순히 글을 읽을 때 인쇄된 글자 자체는 글의 의미를 파악할 때 본질적인 것이 아니지만, 육필이나 서예 혹은 한글파일의 글자체

---

237 원을 지각할 때와 구를 지각할 때 우리는 원의 보인 면 이외의 보이지 않는 면을 떠올리지 않지만, 구를 볼 때에는 보이지 않는 면을 함께 본다. 이때 원과 구의 경우 그 차이를 가능하게 하는 것은 바로 원에는 없지만 구에는 있는 것, 즉 명암을 통해서 구의 측면, 뒷면을 함께 떠올리게 한나는 섬이나. 넘격히 말해 일상 속에서 순수하게 원을 시각할 수는 없다. 쌍면 위에 그려신 원일지라도 원주 바깥이 함께 지각되기 마련이다. 따라서 순수하게 원은 기하학적 도형으로서 일종의 범주적 직관의 대상일 뿐 개별적 지각의 대상이 아니다. 그것과 마찬가지로 우리가 단순한 소리와 누군가의 음성을 들을 때 소리와 달리 음성에는 그 누군가의 심리를 함께 지각하게 만드는 억양, 어조 등의 고유한 음색이 있다.

의 경우에 필체에는 주체의 필기행위나 글자체 선택의 고유한 습관뿐만 아니라 느낌도 담겨 있다. 말소리를 들을 때 우리는 음파 자체를 듣는 것이 아니라 말소리의 어조, 어감, 내용을 듣는다. 요컨대 타자의 정신 삶의 파악에서 물체적 측면에서 타자의 신체 자체는 본질적인 것이 아니지만, 타자의 신체적 표현은 본질적이다. 후설은 이제 지각적 타자경험에서 **물체적인 요소, 신체적인 요소** 그리고 **타자의 정신적인 요소**의 관계를 다음과 같이 설명한다.

> "인간의 파악은 …… 마치 먼저 **물체를** 파악하고 그다음 **인간을** 파악하는 식의 시간적 논의가 아니라, **함께 파악하는 의미파악을** 위해 **정초하는 신체성을 구성하는 기반으로서**(als fundierende Leiblichkeit konstituierende Unterlage) **물체파악을** 갖는 하나의 파악이다. 이것은 근본적으로 주된 점에서 **말소리**(Wortlaut) 가 영혼이 깃든 의미에 대해 **신체**인 것과 마찬가지이다." (IV, 240)

말소리를 들을 때 이런 들음의 지각 속에는 음파가 토대로서 작동되지만, 그러나 정작 음파는 사후적으로 자연주의적 태도 속에서 소리를 구성하는 요소로서 물리적으로 파악되는 추상화된 계기일 뿐이다. 따라서 우리가 말소리를 들을 때 이미 처음부터 말소리를 듣는 것이지 음파의 파악을 토대로 말소리를 듣는 것이 아니다. 나아가 이런 말소리는 말의 의미파악을 정초한다. 다시 말해 말소리의 지각의 차이는 말이 갖는 의미를 다르게 구성한다. 마찬가지로 우리는 신체의 파악에서 물체파악의 계기가 포함되어 있지만, 이것은 사후적인 자연주의적, 물리주의적 이론적 태도에서 가능할 뿐이다. 우리는 일상 속에서 사람을 파악할 때 처음부터 먼저 생물학적 신체의 형태나 구성을 파악하는 것이 아니라, 사람의 신체로서 파악한다. 나아가 신체의 표현, 동작의 차이에 대한 지각의 차이는 그 사람의 의미구성을 다르게 정초한다.[238] 후설이 생각하는 신체란 심리 물리적 통일체가 아니라 인격주의적 태도에서는 "감각장들, 주관적 운동들의 담지체, 영향 끼침을 위한 기관, 지각을 위한 기관"(XIII, 46)이라는 점에서 이미 원초적 차원의 구성적 주체이다. **그에 따라 타자의 신체 표현에 대한 파악은 타자의 신체 구성활동에 대한 파악이다.**

이제 후설은 1910년 유고 [지각적 타자경험의 여러 단계들](XIII, 62~66)에서 **신체적 구성활동의 여러 단계**를 나누고 있다. 일반적으로 신체의 구성활동은 1)가장 하부단계로서 감각적 지각의 단계에서부터 2)대상이 현출하는 지평, 배경의 구성활동, 3)대상적 현출에 대한 지각단계에서 대상구성, 4)과거의 신체지각활동을 토대로 한 현전화로서 상상, 기억, 기대 등의 구성활동 나아가 5)최종적으로는 신체적 표현을 통해 본질적으로 드러나지 않지만, 신체적 표현을 수반하기도 하며, 앞서 신체적 감각, 지각, 현전화 등의 구성 활동의 성과를 토대로 이루어지는 순수능동적인 정신활동 단계까지 다층적이다. (XIII, 62~66) 그런 점에서 타자의 신체적 표현의 지각을 통한 타자의 정신 삶에 대한 파악은 **다양한 단계**의 타자 신체적 구성활동의 이해이다.[239]

---

238 자연주의적 차원에서 의미의 이해는 마치 마음은 뇌이지만, 마음을 이해하기 위해 뇌 시경으로 뇌 속을 들여다봄으로써 마음을 이해하려는 태도 혹은 비록 동물이나 식물이 화학적으로 구성된 것은 분명하지만, 동물, 식물의 생태계를 이해하기 위해 화학적으로 분해함으로써 이해하려는 태도와 마찬가지로 그릇된 태도이다. 이제 2부를 통해서 밝혀지겠지만 이와 같은 자연주의적 태도, 물리적 자세는 발달심리학에서 아이의 애착 본능이나 마음 읽기본능에 대한 연구에서도 거부되고 있다.

239 이남인 교수 역시 동일한 주장을 하고 있다. 유비적 타인경험으로서 지각적 타자경험이 "우선은 타자 이해라고 할 경우 그것이 타자의 심리상태에 대한 이해를 의미하며, 타자의 심리상태가 다양하므로 타자 이해 역시 그 구체적인 내용에서 고찰한다면 다양하다는 사실을 유의할 필요가 있다. 예를 들면 타자 이해라고 할 경우 그것은 타자의 본능, 충동적 욕구, 감각, 지각, 감정, 의지, 판단, 숙고 등 무수히 많은 내용에 대한 이해를 함축하는 것이며, 그에 따라 타자 이해의 유형도 다양하다." 이남인, 「발생적 현상학과 상호주관성의 문제」, 같은 책, 73.

가장 시원적인 지각적 타자경험은 타자의 신체지각만으로 타자의 정신 삶이 곧바로 이해될 수 있는 단계들, 이를테면 타자의 감정, 욕구표현의 경우 감정표현과 욕구표현 속에서 온전히 타자의 감정 상태나 욕구상태를 읽어낼 수 있다. 마치 의성어나 의태어와 같은 표현의 경우 그 발음소리만 들어도 그 의미가 곧바로 짐작되는 것과 같다. 이 경우에는 분명히 나의 이성적 파악이 개입할 여지가 거의 없이 촉발과 함께 즉각적으로 타자의 감정이나 욕구가 유비적 통각의 습성 차원에서 이해된다는 점에서 수동성이 가장 강하고, 능동성은 가장 약한 단계의 지각적 타자경험이다. 그러나 이와 같은 지각적 타자경험은 결코 전적으로 수동적인 타자경험인 원초적 타자경험이 아니다. 왜냐하면, 후자는 타자에 대한 나의 감정적, 본능적, 신체운동 감각적 반응이며, 습성적 통각 형성 이전의 경험이지만, 전자는 타자의 주관으로서 타자의 감정, 욕구에 대한 이해이며, 타자경험의 습성적 통각의 형성과 함께 작동되기 때문이다.

　　반면 타자의 상상, 기억, 기대 그리고 추상적 사고활동과 같은 타자의 능동적 정신활동의 이해의 단계의 경우에는 단순히 타자의 신체적 표현만으로는 이해가 불가능하다. 그것은 마치 추상적 표현이나 기호가 그 자체만으로는 이해되지 않는 것과 마찬가지이다. 이런 추상적 표현이나 기호의 경우에는 표현이나 기호가 발화되고 있는 전후 맥락과 구체적 상황을 이해해야만 파악될 수 있을 것이다. 마찬가지로 타인의 현전화의 경험, 추상적 사고활동에 대한 이해에도 타자의 신체적 표현에 대한 유비적 통각과 함께 나의 능동적인 이성적 판단과 추론작용이 요구된다. 앞서 동기 부여 유형들 간의 관계에 대한 논의에서 언급한 것처럼, 전적으로 수동적인 동기 부여의 영역이 아닌 유비적 통각의 영역과 같은 상대적으로 수동적인 타자경험의 동기 부여는 능동적인 반성적 동기 부여작용을 통해서 이성적 동기 부여의 영역으로 상승할 수 있다. 예를 들어 환자의 증상, 동태, 진술을 통해서 환자의 심리상태를 진단하고자 하는 정신분석이나 정신과 의사의 지각적 타자경험은 수동적인 계기가 최소화되고 능동적인 계기가 최대화되는 타자경험일 것이다.

물론 단순히 타자의 감정이나 욕구와 같은 원초적인 심리가 아닌 타자의 상상이나 추상적 사고임에도 불구하고, 거의 곧바로 이해되는 경우가 존재한다. 이를테면 오랫동안 함께 살아온 부부나 교제해온 연인들 혹은 사귄 친구들의 경우 그와 같은 종류의 타자경험의 습성적 통각 체계가 확고하게 갖추어져 있어서 굳이 주변 상황이나 맥락에 대한 능동적인 판단과 추론과 같은 숙고 없이 타자 이해가 곧바로 이루어지는 경우도 있을 것이다.

2.3. 지각적 타자경험의 다양한 양상들

나아가 후설은 후기 유고인 1932년의 유고인 「한갓 지각적 타자경험의 공동체(한갓 곁에 함께 있음)와 대비해서 전달공동체의 현상학(말 건넴과 말함의 받아들임으로써 말함). ……」에서 지각적 경험이 **다양한 양상**으로 나타날 수 있음을 지적한다.

1) 먼저 "내가 뭔가에, 어떤 일에, 어떤 사람과 일에 몰두해 있는 동안, 타인들이 나의 지각장 속에 있는 **인간으로서** 거기 있을 수 있다." (XV, 472) 이 때는 물론 타인들의 표현들을 내가 명백하게 이해하고 있지는 않지만, 그럼에도 타인들은 단순한 무의미한 배경이 아니다. 심지어 나는 홀로 있는 경우에도 종종 익명의 누군가를 염두에 둔 행동을 하며, 누군가를 이해하고 있다. 그것은 하이데거가 말하는 일상적 도구적 존재자와의 고려[240](Be-

---

240 일반적으로 Besorgen을 '배려'로 번역하고, Fürsorge를 '고려'로 번역하지만, 일상적인 느낌은 오히려 반대로 번역하는 것이 더 자연스럽다. 나는 작업할 때 도구의 용도, 일의 의도, 목표를 고려하지 배려한다고 말하지 않는다. 반면에 상대방을 고려한다는 말보다는 상대방에 대한 배려라는 말이 더 익숙하다. 물론 배려에는 친절과 예의를 포함하고 있다는 점에서 좀 더 중립적인 의미로 배려라는 말을 이해해야 한다.

sorge)적 연관 속에서 지시되는 타인이해[241]와 다를 바 없다.

> "우리가 교외에 나가 들밭을 걷게 되면, 그 들밭은 누구의 것이며, 그에 의해 잘 손
> 질된 것으로서 드러난다. 이용되고 있는 책은 누군가에게서 산 것, 누군가로부터
> 기증받은 것 등등이다. 강가에 정박해 있는 보트는 자체적으로 있으면서도, 그것
> 을 타고 저어가려는 어떤 지인을 지시하고 있으며, 낯선 보트라고 하더라도 여기
> **타인을 지시**하고 있다." (SZ, 157)

이 경우 나의 일차적 관심 주제는 내 주변의 환경의 어떤 도구이다.
그러나 비주제적으로 이미 그 도구의 사용과 관련된 또 다른 누군가가
경험되는 것이다. 그것은 단순히 타인의 신체만을 지시하는 것이 아니라
타인의 의도, 바람, 믿음 등을 지시하는 것이며, 나의 비주제적 이해 속에
서 타자의 주관 이해가 이루어지고 있다. 다만 **이때 타자는 익명의 타자,
즉 '누군가'일 뿐이다.**

2) 이제 두 번째로서 "내가 다른 깨어있는, 그렇게 능동적인 자아로서
그리고 당연히 능동적으로 공통의 환경 세계로 향해 있는 자아로서 타자
에게 향해 있는"(XV, 471) 경우이다. 이것은 **타자에 대한 배경적, 비주제
적 이해와 대비할 때 주제적 타자경험**이다. "그의 표명들을 명백하게 이

---

241 이것은 도구적 존재자에 대해 마음씀으로써 고려(Besorge)와 달리 고려적 배려(besorgende
   Fürsorge)(SZ,165)가 되며, 순수하게 현존재 자신에 대한 본래적 존재와 결합하는 순수한 배
   려도 있다. (SZ, 163) 다만 하이데거가 말한 바로는 일차적으로 "타자는 우선 고려적 배려에서
   개시된다."(SZ, 165) 그러나 이미 고려적 배려는 환경 세계 내에서 도구적 존재자에 대한 타
   인의 능동적인 지향적 교섭의 수행을 전제한다. 따라서 우리의 판단으로는 고려적 배려 이전에
   타자는 근원 연합적 동기 부여 연관 속에서 나의 감각적, 정서적, 본능적 반응을 촉발하는 수동
   적 자극으로서 더 근원적으로 개시된다. 물론 우리는 이와 같은 타자의 근원 연합적 동기연관
   이 하이데거의 기분에서 드러나는 타자개시성과 연관되어 있으리라 판단한다.

해하는(Nachverstehen) 방식 속에서 그의 신체적인 지각하는, 행위를 하는 그리고 그 밖의 작동과 모든 전달—이 속에서 바로 그의 심적인 존재가 알려진다—의 가장 직접적인 표명을 명백하게 이해하는 방식 속에서"(XV, 472) 타자경험을 수행할 수 있다. 물론 동시에 타자 역시 나와 같은 방식으로 경험할 수 있다.

3) 그런데 이와 같은 **상호적인 타자경험**은 이미 **소통적 타자경험**을 의미하는 것 아닐까? 후설 역시 동일한 질문을 던진다. "이로써[상호적 타자경험] 우리가 서로를 지각하는 자로서 우리를 지각한다는 것을 의미하는가? …… 상호적, 능동적으로 관여하는 타자경험이 나타날 때 이제 어떻게 될까?"(XV, 472) 그러나 단순히 타자경험의 상호성만으로는 소통적 타자경험이 되는 것은 아니다. 왜냐하면, 상호적 타자경험이 이루어지고 있음에도 불구하고, 즉 서로서로 경험하고 있음에도 불구하고 상대방이 내가 그를 경험하고 있다는 것을 모를 수 있기 때문이다. 그 결정적 이유는 나를 관찰하는 상대방을 나 역시 관찰하고 있지만 그런 사실을 숨기기 위해 그와 관련된 표현을 억제할 수 있기 때문이다.

"내가 그를 특수한 표명들 속에서 자신을 표현하는 자로서 이해하고, 그가 동시에 나를 그 자신에게로 그렇게 명백하게 향해있는 자로서 이해하는 경우 ……정말 그는, 예를 들어 나를 여하 간의 관심 속에서 관찰하면서, 내가 그것[즉 그가 나를 관찰하고 있다는 것]을 눈치채고(merken) 있지 못하고 있다고 생각할 수 있다. 아마도 왜냐하면, 마치 내가 그것을 눈치채지 못한 것처럼 보이도록 내가 행동하기 때문이다. - [내가] 모든 나의 눈치챔의 표현을 거기서 바로 억제하고 (unterdrücken) 있는 것이다." (XV,472)[242]

---

242 물론 이런 가능성은 지각적 타자경험의 명증성의 충족, 즉 입증과 관련해서 논의가 필요함을 시사한다. 왜냐하면, 지각적 타자경험에서 우리는 타자의 연기적 표현을 실제적 표현으로 착각할 가능성이 얼마든지 있기 때문이다. 따라서 연기적 표현과 실제적 표현을 구별하기 위해서는

이제 이런 맥락에서 지각적 타자경험에서는 분명히 타자를 단순히 파악하는 데 머물지 않고 나의 바람과 의지대로 타인에게 어떤 반응을 유발시킬 수 있다. 후설은 그것을 "**전달함**"(Mitteilung; communication)과 대비해서 "**연출해냄**"(Erwirken; obtain)[243]이라고 표현한다. 후설은 아직 전달을 통한 소통적 타자경험은 아니지만, 나의 의지와 바람대로 타인의 행동뿐만 아니라 욕구나 생각마저 지배함으로써 정확하게 상대방의 생각과 행동을 예측할 수 있지만, 내가 그의 생각과 행동을 작동시킨 장본인이라는 사실을 숨길 수 있다는 행위를 '연출해냄'이라고 표현한다.

> "타자가 이런저런 작용을 수행하도록, 타자가 이런저런 것에 주목하도록 하고, 그에 따라 이런 혹은 저런 것을 하게 될 것이라는 **예견을 한갓 연출해냄**…….을 나는 이룰 수 있지만, 내가 여기서 힘을 발휘했었다(im Spieler war)는 사실에 대해 타자가 전혀 감(eine Ahnung davon)도 잡지 못함에도 불구하고, 그리고 그의 능동성이 나의 바람과 의지에 따라 상연된다는 것(inszeniert sei)을 전혀 모르게 할 수 있다." (XV, 473)

이 마지막 유형은 **지각적 타자경험**이 단순히 소극적인 인식적 실천에 머물지 않고 그 자체로 적극적인 실천활동일 수 있음을 보여준다. 먼저 타인이 내 생각을 읽어 내고 있음을 내가 알고 있음에도 내가 그 사실을 모른 체할 수 있다는 것은 위선적 혹은 위압적 행동으로서 연출적 혹은 연기적 행동을 통해 상대방으로 하여금 나의 마음을 잘못 읽어내도록 의도

단순히 타자경험의 동기 연관적 발생적 분석뿐만 아니라 타자경험의 타당성 정초를 위한 정적 현상학적 분석도 필요할 것이다.

243 Erwirken의 일반적 의미는 '획득하다', '성취하다'의 의미이지만 현재 논의맥락에 맞게 '연출하다'로 번역하는 것이 적절하다.

할 수 있다는 것을 의미한다. 재차 이런 나의 연출적 행동은 성공적일 경우 나의 마음에 대한 타인의 이해를 내가 통제할 수 있다는 것이고, 그것은 결국 내가 타인의 생각을 지배할 수 있다는 것을 함의한다. 이것은 반대로 생각해보면 내가 타자를 이해할 때, 이런 이해는 철저하게 나의 주체적 노력에 의한 것으로 판단할 수 있지만, 타자에 대한 나의 앎의 많은 부분은 타자가 의도한 것일 수 있다는 것을 의미한다.

3. 소통적 타자경험의 동기연관 유형들

소통적 타자경험은 과연 지각적 타자경험으로서 타자 이해와 독립적인 고유의 타자경험인가? 한편으로는 후설은 의사소통을 타자 이해의 보완차원에서 파악한다. 예를 들어 우리는 『이념들Ⅱ』보다 앞서 1910/11년 겨울학기 강의인 『현상학의 근본문제들』과 관련된 준비원고에서 다음과 같은 의견을 찾을 수 있다.

> "다수의 의식 흐름들은 나의 의식 흐름과 지각적 타자경험의 동기연관들을 통해 결합하거나, 상호 간에 서로서로 결합하고 결합할 수 있다. ······ 분리된 의식들은 **의사소통(Kommunikation)**의 가능성 하에 놓여 있고, 이런 의사소통은 신체지각들과 신체지각들로부터 방사되는 동기들의 방식을 뒤따른다. 여기서 언어적 전달, 상이한 종류의 기호를 통한 상호교류를 지적함으로써 내용이 보충될 수는 있다. 그러나 이것은 우리의 태도를 변화시킬 어떤 원리적으로 새로운 것을 제공하지는 않는다. 왜냐하면, 그와 같은 것은 직접적인 지각적 타자경험을 토대로서 전제하기 때문이다." (XⅢ, 87~88)

여기서 의식들 간의 결합은 "그것의 의미상 어떠한 실제적 결합도 아니요, 타자 이해적 정립을 통한 고유한, 유일한 종류의 결합이다."(XⅢ, 88) 그리고 이런 결합은 의사소통을 통해 보완되지만 타자 이해의 태도를 원리적으로 바꾸어 놓을 새로운 것을 제공하지는 않는다.

그러나 후설이 지각적 타자경험에서 의사소통을 논할 때에는 **청자의 입장에서 화자의 언어적 표현을 통해 인격체로서 화자의 체험을 이해하는 맥락**에서 논의하고 있다. 따라서 상대방의 언어적 전달, 표현은 타자의 신체에 대한 지각을 기반으로 하는 타자 이해를 토대로 수행되는 지각적 타자경험의 보완적 경험일 뿐이다.

그러나 다른 한편 앞서 우리가 검토했던 「지각적 타자경험의 여러 단계들」이라는 1910년경 유고에서 비록 여전히 의사소통을 타자 이해 차원에서 논의하고 있지만, 의사소통이 갖는 본질적으로 새로운 측면을 논하고 있다.

> "확신, 사랑, 기쁨, 분노의 단적인 표현(자연적 표현). a) **비의사소통적인 [표현]**(이것은 **다만 가능한 하나의 표현일 뿐 본래적인 표현은 아니다**), '자연적인', '단적인'; '비의지적으로'[무심코] 하나의 경향성이 **전달의 의지 없이** 경과한다. b)**의사소통적 [표현]**. α)언어적, β)비언어적. 표현이 전달적이며, 의도적인 표현이라면, 의지 자체가 '자연적으로' 표현된다. **타자 이해를 통해 표현들로서 이해되도록 하려는 의도**에서 표현운동들의 허위적 표현, 의도적 산출." (XIII, 63)

우선 여기에서 후설은 언어적이든, 비언어적이든 의사소통적 표현이 본래의 표현이며, 그것을 자연적, 비의도적 표현과 구분한다. 그러나 더 중요한 것은 앞서 강의록인 『현상학의 근본문제들』에서 의사소통이 청자로서 타자 이해의 주체의 측면에서 언어적, 전달적 표현행위로 이해되었지만, 여기서는 **화자로서 나의 의사소통적 표현이 타자에게 전달되도록 의도되었다**는 점이 부각된다는 사실이다.

이런 소통적 타자경험에 대한 후설의 좀 더 본질적인 분석은 특히 『이념들 II』의 51절, 「인격의 유대 속에서 인격」과 1932년의 유고인 「한갓 지각적 타자경험의 공동체(한갓 '곁에 함께 있음')와 대비해서 전달 공동체의 현상학('말 건넴'과 '말함'의 '받아들임'으로서 말함). ……」에서 찾을 수 있다. 제목에서 알 수 있듯이 지각적 타자경험 차원에서 구성되는 공동체와 소통적 타자경험 차원에서 구성되는 공동체가 구별된다. 이때 지각적 타자경험과 소통적 타자경험을 구분 짓는 결정적 조건은 상호적 타자경험 여부가 아니라 서로에게 의사전달적 의사표현이 수반되며, 또한, 그것이 상대방에 의해서 받아들여져야(aufnehmen, übernehmen) 한다는 것이다. 『이념들II』에서 이와 같은 의사 전달적 의사표현을 바로 "전달함"(Mitteilung)이라고 표현한다.

> "자신의 상대방으로부터 '**이해되려는' 의도** 속에서 작용들을 수행하고, 이런 작용들(그와 같은 의도 속에서 표현된 작용으로서)을 '**이해하는' 상대방의 파악 작용** 속에서 그를 일정한 인격적 태도 방식들에로 규정하려는 **의도** 속에서 작용들을 수행한다. 반대로 그와 같이 규정된 사람은…… 그것에 따라 행동할 뿐만 아니라 '흔쾌함'(Willigkeit)이나 '마지못함'(Unwilligkeit)을 전달(Mitteilung)함으로써 '**이해하게 한다는 사실을 통해**' 자신을 규정하는 사람을 다시 반응으로 규정할 수 있다. 이렇게 해서 **의사소통의 관련**들이 형성된다." (IV, 192)

인용문장에서 고딕체로 강조한 부분에서 알 수 있는 것처럼 소통적 타자경험은 나의 이해되려는 의도와 타자의 이해하려는 의도 간의 상호작용이다. 이런 점에서 소통적 타자경험은 "태도 취함에 의한 태도 취힘의 동기 부여"(IV, 220)로서 이성의 동기연관이다. 1932년 유고에서는 후설은 의사소통적 전달행위를 좀 더 구체적으로 설명한다.

> "내가 타자에게 나를 향하면서, 그가 이런저런 것을 그의 (그의 행위에서 최종적으로 바란 것을 그리고 그와 같은 것으로서 나를 위해 낳는) 작용의 그때그때의 간접성 속에서 행할 것을 바란다. 이런 바람은 때에 따라 그것의 근원적인 감각적 표현을 한다." (XV, 474)

예를 들어 상대방의 눈에 시선을 마주치거나 특정한 얼굴 표정을 짓거나 상대방의 이목을 끄는 가리키기 손짓을 한다. "그래서 그렇게 나타나면서 그 타인이 이 표현에 그렇게 바라는 자로서 나에게 관여하며 주목하는 경우에 그 표현이 이 타인에 의해서 이해될 수 있다."(XV, 474) 그러나 이것만으로는 충분하지 않을 것이다. 가장 결정적인 것은 "그런 이해가 바람을 충족시키기 위한 동기일 수 있다는 경험을 근거로 내가 그 표현을 의도적으로 그리고 주목함을 일깨우는 밀고 들어감[즉 이목을 끎] 속에서 특히 형태 짓고, 나의 제스처 그리고 곧장 표현하는 의지 속에서 그 표현을 당연히 언어적 표현, 말함(Rede)과 결합한다는 점이다."(XV, 474) 후설은 여기서 가장 넓은 의미에서 전달적 말함에 의해 "소리 나는 말들, 문자들, 전달적 제스처"(XV,474)를 모두 포괄한다.

앞서 언급한 것처럼 소통적 타자경험은 이해되려는 의도와 이해하려는 의도의 만남이라는 점에서 일차적으로 능동적 타자경험이다. 그러나 앞서 동기 부여의 유형을 분석하는 과정에서 밝혔듯이 이성의 동기 부여라고 하더라도 모두 전적으로 능동적인 동기연관이라고 보기는 어렵다. 비록 상대방에게 자신의 의사가 이해되도록 능동적인 의사표시를 하며 또한, 상대방의 의사전달을 내가 능동적으로 이해하기 위해서는 이성적 사고가 작동되어야 하겠지만, 이미 내가 사용하고 있는 비언어적 표현이나 언어적 표현 자체가 관습적 의미를 담고 있으며, 따라서 의사전달을 하는 나는 어떤 암묵적인 전제를 수동적으로 받아들이고 있기 때문이다.[244]

---

244 앤서니 기든스는 『현대사회학』에서 일상적인 의사소통에서 배경공유의 기대가 갖는 역할을 설명한다. 그가 말한 바로는 우리가 일상 대화를 꾸려 나가는 데 있어서 중요한 '배경 공유의 기대'는 사회학자 가핀켈이 몇몇 자원봉사 학생들과 함께 수행한 실험들에서 단적으로 드러난다. 학생들에게는 친구나 친지와 대화를 하되 어떤 보편적인 표현이라도 그 의미를 분명히 밝혀내도록 과제가 부과되었다. 무심코 한 말이나 혹은 일반적인 말일지라도 그냥 지나치지 말고 적극적으로 그 의미를 정확히 밝히라고 지시한 것이다.
A : 잘 지냈니?

특히 이것은 오스틴이 말하는 일상의 관례적인 언어행위, 즉 기술적, 보고적인 진위의 진술이 아닌, 일종의 행동으로서 "수행적 발화"(performative utterance)[245]로서 인사, 안부, 선서, 명명, 유언, 내기 등의 언어행위에서 두드러진다. 다시 말해 이와 같은 언어행위는 의도적이며 능동적인 발화행위이지만, 많은 관습적 의미를 수동적으로 받아들인다.

현실적으로 이루어지는 학문적 의사소통의 경우에도 기술, 보고, 설득의 의사소통 과정에서 사용되는 학술적 용어 역시 해당 학문적 공동체 안에서 관례로 사용되므로 암묵적으로 받아들이는 관용적 의미가 있을 것이다. 따라서 엄밀한 의미에서 능동적 의사소통적 타자경험의 동기연관은 이제 이상적인 의미에서 학문적 토론을 통해 형성되는 학문적 공동체 속에서 수행되어야 할 것이다.

2절 타자경험의 발생적 정초

B : 어떤 의미에서 잘 지냈느냐고 묻는 거야? 내 건강, 직장상태, 학교 일, 내 마음의 상태 혹은 내……

A : (얼굴이 붉어지고 갑자기 흥분하여) 야! 나는 단지 너에게 예의 있게 행동하려고 한 것뿐이야. 솔직히 말하지만, 네가 잘못 지냈길 바라고 저주한 건 아니야!

사소한 대화의 관행이 지켜지지 않았다고 해서 A는 왜 그렇게 흥분하는가? 해답은 우리의 일상적인 사회생활의 안정성과 의미는 무엇을 왜 말하는가에 대해 진술되지 않은 문화적 가정들을 공유하고 있다는 데에 기반을 두고 있다. 만약 우리가 이것을 당연하게 받아들이지 않는다면 의미 있는 의사소통은 불가능할 것이다. 어떤 질문이나 대화든, 가핀켈의 연구를 도와준 학생들이 상대편의 각 진술에 대해 제기했던 것과 같은 막대한 '탐색 절차'를 거쳐야만 한다면 상호작용은 그저 중단되고 말 것이다. 그러므로 언뜻 보기에 사소한 것 같은 대화의 관행이 사회생활을 가능하도록 하는 데 바탕이 되며, 따라서 이를 깨뜨리는 것이 얼마나 심각한 문제인가의 이유가 밝혀진다. A.앤서니 기든스 저, 김미숙 외 옮김, 『현대사회학』, 을유문화사, 2011. 116~117 참조.

245 J.L. Austin, *How to do Things with Words*, Cambridge: Havard University Press, 1975. 김영진 옮김, 『말과 행위』, 서광사, 1992. 22~28 참조.

인격주의적 태도에서 해명된 타자경험의 동기 부여의 유형들은 이제 초월론적 태도에서 타자경험을 통한 구성의 발생적 정초유형으로 다시 해명되어야 한다. 이를 수행하기 위해서 우리는 앞서 발생적 정초의 유형 일반을 검토하면서 참조했던 1921년의 유고「정적, 현상학적 방법」을 다시 참조해볼 필요가 있다. 후설은 먼저 발생적 정초의 유형을 1) 순수 수동적 발생과 2) 능동적-수동적 발생 그리고 3) 순수 능동적 발생으로 구분했었다. 이와 같은 모든 종류의 발생 유형과 법칙들이 밝혀지면, 이제 4) 개별 모나드의 발생 통일성 및 초월론적 구성 가능성에 대한 해명이 요구된다. 우리는 1장과 2장에서 발생적 현상학 일반과 태아의 탄생문제에 대한 해명을 통해 4가지 과제를 수행했다.

이제 4) **개별 모나드의 발생 통일성 및 초월론적 구성 가능성의 문제는 모나드의 다수성의 문제**와 분리될 수 없다. 왜냐하면, 후설은 이 물음과 연결해서 곧바로 "어떤 의미에서 하나의 모나드의 발생이 다른 모나드의 발생에 개입할 수 있는지 그리고 어떤 의미에서 발생의 통일성이 모나드의 다수성을 법칙적으로 결합할 수 있는지의 물음"(XI, 342~343)으로서 타자경험의 발생적 정초의 물음을 제기하는데, 이 물음 속에서 후설은 명백히 하나의 모나드의 발생에는 항상 다른 모나드의 개입 가능성이 열려 있음을 주장하기 때문이다. 이처럼 "모나드의 개별화의 물음은 공현존하는 그리고 함께 서로 발생적으로 결합한 모나드들의 다수성의 개별화의 물음으로 이끈다."(XI, 343)

위에서 인용된 타자경험의 발생적 정초의 물음에는 두 가지 계기가 있다. 첫째, **하나의 모나드의 발생에서 다른 모나드 개입의 의미에 대한 물음**과 둘째 **그런 개입을 통한 발생의 통일성에 의한 다수의 모나드들의 법칙적 결합 의미의 물음.** 하나의 모나드의 발생에서 다른 모나드의 개입의 문제란 곧 **상호주관적 주체로서 자기구성**에서 타자와의 공동구성의 문제이며, 이런 타자와의 공동구성 자체가 다수 모나드의 결합을 통한 **공동체의 구성**이라는 점에서 두 가지 계기는 불가분적으로 결합하여 있다. 그러나 타자경험의 발생적 정초에 중요한 또 하나의 계기는 상호주관적 주체로서 자기구성과 공동체의 구성에 상응하는 세계구성의 문제이다. 즉 **자기구성과 공동체구성** 그리고 **세계구성**은 항상 함께 고려되어야 한다.

우리는 앞서 타자경험의 동기연관을 수동적, 수동적-능동적 그리고 능동적 타자경험의 동기연관으로 분류했다. 그렇다면 그에 상응해서 **상호주관적 자기와 공동체 및 그에 상응하는 세계의 발생적 정초로서 구성 수행의 유형**도 세 가지로 존재할 수 있을 것이다. 그러나 후설은 1921년의 유고「정적, 현상학적 방법」에서는 우선 수동적 발생과 능동적 발생만으로 구분한다.

> "한편으로는 인간적인(anthropologischen) 세계(내지는 **동물적인 세계**)의 구성의 경우에서 구성된 생리적 과정을, 그리고 **상대신체와 물리적 세계의 통일체** 속에서 인간학적 세계의 피제약성을 지시하는 **수동적 발생**, 다른 한편으로는 타자의 것을 통한 나의 사유작용과 가치평가작용, 의지작용의 동기 부여의 형식 속에서 **능동적 발생**. 자연적 심리-물리적 세계와 **공동체 세계**의 모나드론적 이해의 물음" (XI, 343)

그러나 이 인용문에서 우리는 세 가지 세계의 계기를 구분할 수 있다. 첫째, **물리적 세계**, 둘째, 타자신체와 물리적 세계의 통일체 속에서 **인간적 세계**, 셋째, 타자와 나의 사유작용, 가치평가작용, 의지작용의 동기 부여 속에서 **공동체적 세계**가 그것이다. 뒤에서 상론하겠지만, 지각적 타자경험의 대상이 인간을 넘어 동물까지 적용될 수 있기 때문에 인간적 세계의 경우 동물적 세계로 확장될 수 있을 것이다. 이처럼 세 가지 세계는 이후에 밝혀지겠지만, 수동적, 수동적·능동적 그리고 능동적 타자경험을 통해서 구성된다는 점에서 여전히 세 가지의 타자경험의 동기 부여 유형의 분류는 의미가 있다.

특히 타자경험의 발생적 현상학의 심화과정에서 우리는 필연적으로 타자경험 최초의 발생, 타자경험의 발생적 근원 시원에 대한 탐구에 이르게 된다. 물론 후설은 자신의 현상학 저작의 초기부터 후기까지 산발적으로 아이의 경험, 혹은 아이의 타자경험에 대해 논의를 했다. 그러나 발생적 현상학이 체계화되지 않았고, 더욱이 타자경험의 발생적 현상학이 그 원리와 유형들에서 제대로 건립되지 않은 마당에, **근원 아이의 타자경험 발생적 현상학**의 성립을 기대하기는 더 어려울 것이다. 그러나 자신의 생애 저술 최후시기, 그러니까 1935년에 이르러야 쓴 한 유고 「아이, 최초의 타자경험」(Das Kind. Die erste Einfühlung)에서 비로소 후설은 아이의 타자경험을 본격적으로 고민하기 시작한다. 이 유고는 비록 짧은 유고임에도 불구하고 타자경험의 발생적 시원에 대한 중요한 통찰들을 담고 있다.

따라서 이제 타자경험의 발생적 정초 단계에서 앞서 기술한 타자경험의 세 가지 동기연관의 유형들을 바탕으로 타자경험의 발생적 정초를 각각 원초적 타자경험과 지각적 타자경험 그리고 의사소통적 타자경험의 유형 속에서 해명할 것이다. 또한, 세 가지 타자경험의 발생적 정초에서 각각 **발생의 시원 차원에서 아이의 타자경험에 대한 해명과 일반적 타자경험의 발생적 정초의 해명**을 구분해서 논의할 것이다. 나아가 세 가지 타자경험의 발생적 정초에 상응해서 **자연 세계, 인간적 혹은 동물적 세계 그리고 사회공동체의 세계 구성**에 대한 논의를 수행할 것이다.

1. 원초적 타자경험의 발생적 정초

1.1. 원초적 타자경험의 시원적 발생 : 아이의 원초적 타자경험의 발생

아이의 원초적 타자경험의 시원적 발생의 계기를 밝혀내기 위해서 약간의 우회로를 거쳐야겠다. 과연 '다른 모나드에 대한 최초의 이해'와 앞서 우리가 살펴본 '모나드의 탄생'이 일치하는지 물어보자. 당연히 하나의 모나드가 탄생하자마자 타자의 주관 이해, 즉 지각적 타자경험이 발생한다고 보기는 어렵다. 후설 역시 「아이, 최초의 타자경험(Das Kind. Die erste Einfühlung」에서 분명히 아이는 타자, 예를 들어 엄마를 "시각적, 촉각적[또한, 청각적] 통일체로서 엄마 – 일정하게 주된 일면들(Hauptan-sichten)과 관련해서 감각적 상들의 다발[로 인지하는 단계], …… 자신의 공간장 속에서 물체로서 엄마[로 인지하는 단계를 넘어 엄마를] 타자신체"(XV. 605)로서 파악할 때 비로소 최초의 지각적 타자경험이 발생한다고 주장한다. 그렇다면 다음과 같은 의문이 생긴다. 지각적 타자경험 이전의 태아나 영아는 말 그대로 원초적인 유아론적 상태인가? 사실 후설은 타자경험을 일반적으로는 지각적 타자경험으로서 간주하는 경우가 많으므로, 그것만이 가장 근본적이고 유일한 타자경험이라면 결국 선-자아나 태아나 영아는 지각적 타자경험을 수행할 수 있는 능력을 갖출 때까지는 유아론의 상태일 수밖에 없다. 그러나 후설도 지적하듯이 "엄마와 아이 사이[에는] 하나의 근원적이고 본능에 따라 형성되는 결합"(ein ursprünglich instinktiv sich ausbildender Konnex)(XV, 582)이 있다. 물론 이 결합은 아이가 엄마에 대한 최초의 지각적 타자경험을 하기 이전에 존재한다. 이 결합은 근원적 본능적 결합이다.

다른 한편 후설은 성숙한 자로서 엄마 역시 아이와 교류할 때 여전히 유비적 통각 차원에서 이해, 즉 지각적 타자경험만을 고려하는 것처럼 보인다. 1933년경에 작성된 유고[246]를 보면

"엄마는 처음부터 아이 존재[혹은 아이임], 엄마의 아이임을, 그 속에서 엄마에 대해 이런 이해의 이루어짐이 은폐되고 여하 간의 기억을 통해서도 일깨워질 수 없는 자신의 고유한 과거로부터 이해한다. …… 나는 …… 하나의 더 넓은, 기억에

---

246 「어느 날 밤의 대화 : 자신의 자아와 타인의 자아 존재를 포함하는 근원적인 흐름의 절대적 자아에로의 환원. 근원적 자아의 비본래성. 모나드론」(22 Juni 1933)(XV, 580~588)

적합하지 않은 과거 지평 …… 을 갖는 나를 통각한다." (XV, 582~583)

여기서 일차적으로 드는 의문은 "기억을 통해서도 일깨워질 수 없는 자신의 고유한 과거", "기억에 적합하지 않은 과거 지평"의 의미이다. 도대체 기억할 수 없는데 어떻게 그것이 아이를 이해하는데 유비적으로 작동될 수 있는 지평이 될 수 있을까? 후설은 다음과 같이 답한다.

"내가 이에 대해 형성하는 표상은 유비화들(Analogisierungen)이다. 이런 유비의 원형유형(Prototyp)은 나에 대해—내가 성숙한 세계 속에서 알고 있는—초기 아이 단계의 아이들에게 놓여 있다." (XV, 583)

이와 같은 답변에는 분명 순환이 존재한다. 먼저 엄마는 자신의 초기 아이와 교류를 하고 있다. 이때 아이에 대한 경험은 자신의 먼 과거 지평으로부터의 유비적 통각을 통해 가능하다. 재차 이와 같은 먼 과거 지평에 대한 유비적 통각의 단서는 재차 초기 아이에 대한 경험이다.

이처럼 아이의 엄마 경험과 이해 그리고 엄마의 아이 경험과 이해에 대한 후설의 설명은 각각 **유아론과 순환론의 문제**를 가진다. 이 문제를 후설의 발생적 현상학의 체계 내에서 해결하는 방법은 바로 아이나 엄마 모두 지각적 타자경험보다 발생적으로 선행해서 근원 연합적 단계에서 원초적 타자경험을 수행한다는 점에 주목하는 것이다. 이런 원초적 타자경험은 인식적 유대 이전에 존재적 유대로서 근본적으로 본능적, 정서적, 실천적 타자경험이며 상호주관적 결합일 것이다.

『데카르트적 성찰들』에서도 후설은 유비적 통각의 발생적 기원으로서 근원건립을 논하고 있다. 또한, 1931년 한 유고[247]에서 유사한 사례를

---

247 「타자와의 공동체의 평행으로서 자기 자신과의 인격적(자아적) 공동체」(20.November 1931)
    (XV, 416~ 420)

분석한다.

"이미 사물을 본 아이는 이를테면 가위의 용도(Zwecksinn)를 처음으로 이해하고, 이제부터 아이는 곧장 첫눈에 가위를 보게 된다"(Hua I. 141). "아이는 미리 목적사물들에 의해 둘러싸여 있다. 일상적인 사용에서 아이는 이 사물들을 그것의 목적성에서 이해하는 법을 배운다. 그리고 또한, 아이는 합목적적으로 행동하는 지인들에 의해 둘러싸여 그들의 목적성 자체를 이해하는 법을 배운다." (XV, 420)

물론 이런 사례들은 이미 지각적 타자경험을 수행한 이후일 수도 있다. 그러나 중요한 것은 이런 배움들이 지각적 타자경험과 다른 차원에서 이행될 수 있다는 점이다. 아이가 사물이나 사람을 목적성 차원에서 이해하는 법을 배우는 것은 어떻게 가능한가? 후설은 두 번째 인용문(XV, 420)의 이어지는 문장에서 다음과 같이 주장한다.

"아이는 **모방(Nachahmen)**하면서 활동하고 그러면서 아이는 행동을 수행한다. 아이에게 **형성된 것에 대한** 호기심과 관심이 자라고, 왜 **그것이 그렇게 형성되었는지에 대해** 관심이 자란다." (XV, 420)

우선 모방적 활동이 이루어지면서 호기심과 관심이 작동한 연후에 그렇게 형성된 것의 이유에 대해 궁금해한다. 지각적 타자경험이란 타인의 행동, 표정 등의 표현에 대한 이해라는 점에서 이 마지막 단계에서 가능하다. 타자의 주관적 활동에 대한 이해 이전에 그런 행동 자체가 목적성을 갖는다는 예감이 발생한다. 2부에서 상론하겠지만, 발달심리학의 발견으로는 아이는 타자의 마음을 읽어내기 전에 우선은 무생물의 운동과 생물의 운동 중 후자에 거의 배타적인 관심을 보이며 후자가 목적적 존재, 이를테면 의지적, 지각적 존재임을 감지한다. 무생물에 관심을 보일 때에도 그 무생물에 대한 생물, 사람의 행동, 태도에 관심을 매개로 관심을 보인다. 물론 이런 예감, 감지 역시 단순히 감각적 다발의 수용이 아닌 그것을 초월한 구성활동이다.

더욱 흥미로운 것은 특히 타자의 행동, 표정과 관련해서 아이의 모방적 행동에 대한 후설의 지적이다. 이런 모방에 대해 후설은 1921년의 한 유고에서 일종의 "지각적 타자경험 이전의 충동적 주체"(XIV. 165)에게서 발생하는 행위로서 다음과 같이 서술한다. "나는 나 자신이 타자에 의해 규정되도록 하게 한다 : 모방(Nachahmung)의 방식 속에서." (XIV. 165) 이와 같은 모방은 지각적 타자경험에서 이루어지는 유비적 통각과는 정반대의 양상을 가진다. 유비적 통각이 나 자신의 주관과 신체의 짝(Paar) 유형을 타자에게 유비적으로 "넘겨서 파악"(Übergreifen)하는 것이라면 모방은 정반대로 타자의 행동유형을 나에게 "덮어씌우는 것"(Überdeckung)이다. 그렇다고 모방이 지각적 타자경험 이전의 근원 연합단계의 원초적 타자경험이라고 말할 수도 없다. 왜냐하면, 사실 원초적 타자경험은 근본적으로 타인의 행동과 표정 및 존재와 부재에 대한 쾌감과 고통, 친숙함과 낯섦, 호기심의 경이와 공포의 놀람 등의 대립한 정서에 따른 끌림과 반발, 회피의 양상의 습성화된 본능적, 신체운동 감각적 반응이기 때문이다. 후설에게 성인, 특히 엄마의 행동에 대한 아이의 모방행위는 일단은 타인의 행동 의도나 바람, 동기를 이해하는 지각적 타자경험의 선행형식 정도의 의미가 있다.

앞서 검토했던 1935년의 유고를 보면 명백하게 최초의 지각적 타자경험이 이루어지기 전에 이미 아이는 엄마와 타자경험을 수행하고 있음을 확인할 수 있다.

"시각적, 촉각적[또한, 청각적] 통일체로서 엄마 – 일정하게 주된 측면들(Hauptansichten)과 관련해서 감각적 상들의 다발, – 그러나 한갓 운동 감각적으로 동기 부여된 통일체는 아니다. 아이는, 그 속에서 아이의 근원적인 필요들이 충족되는 정상적인 측면(Ansicht) 속에서 엄마를 욕구한다(begehrt nach)"(XV, 605)

여기서 감각적 통일체로서 엄마는 아이에게 아직 신체적 통일체로서 지각되지 않는다. 그렇다고 아무래도 상관없는 중립적인 감각의 다발도 아니다. 감각의 통일체로서 엄마는 무엇보다 아이의 근원적 필요를 충족시켜주는 측면을 갖는다는 점이다. 그렇다면 이런 아이의 근원적 필요, 근원적 욕구는 무엇인가? 후설에 따르면 앞서 검토한 1924년 한 유고에서 섭식본능은 외부 사물이나 세계에 대한 경험을 수행하는 본능이 아니라고 주장한다.

"**섭식본능(Nahrungsinstinkt)**을 통해서 어떤 동물도 **외부세계를** 근원적으로 경험할 수 없다. 그리고 만일 아이가 **외부 세계나 사물성에 관계하는(auf ......gehen)** 천부적인 본능들을 갖고 있다면, 그것은 확실하게 큰 의미를 갖는다." (XIV, 333)

여기서 후설은 분명 아이뿐만 아니라 동물들이 외부세계와 관계를 맺는 유의미한 천부적인 본능을, 섭식본능과 독립적으로 갖고 있음을 전제하고 있다. 이처럼 섭식본능과 독립적으로 외부 세계나 사물성에 관여하는, 즉 세계에 대한 경험, 세계구성을 수행하는 근원적 본능은 무엇인가?[248]

---

248 하이데거는 1929/30년 프라이부르크 강의인 『형이상학의 근본개념들』(GA29/30)에서 동물은 **충동(Trieb)**(GA29/30, 334)에 따라 **존재자에 사로잡혀(benommen)** 있기에 세계빈곤 상태에 있지만, 인간은 **인지(Vernehmen)**(GA29/30, 397)에 따라 **존재자에 행동관계(Verhalten)를** 맺기 때문에 세계형성의 상태에 있다고 봄으로써 양자를 절대적으로 구분한다. 그에 따라 마치 충동이나 본능 일반에서 세계 구성이나 세계 형성능력이 모자란다고 본다. 또한, 동물은 **거동(Benehmen)** 능력만을 갖고 있을 뿐 **행동(Verhalten)** 능력이 모자라고 있다고 본다. 그러나 우리는 하이데거의 생물학적 의견이나 철학적 해석 어디에도 동의할 수가 없다. 동물 역시 인지능력을 갖추고 있기에 하이데거적 의미에서 행동 능력을 갖춘다. 또한, 동물이나

"아이는 공간물체 속에서 공간을 갖게 되며, 자신의 공간장 속에서 물체로서 엄마를 갖게 된다. 동일한 것으로서, 재인식된 것으로서 그리고 욕구의 충족을 위한 전제로서 이런 최초의 엄마, 엄마가 다가와 거기 있다면, 충족이 나타난다. 아직 지각적 타자경험과 같은 것은 전혀 아니다." (XV, 605)

즉 이런 원초적 본능은 무엇보다 아이에게 엄마의 가까워짐과 멀어짐, 있음과 없음과 관계하며, 따라서 아직은 **타자로서 엄마의 주관에 대한 이해, 즉 인식론적 경험이 아닌, 그 이전 엄마의 존재나 부재에 대한 경험, 즉 존재론적 경험**의 문제이다. 물론 이 단계에서는 앞에서 단순히 감각적 통일체의 단계를 넘어 지각차원에서 엄마가 대상으로서 현출된다. 그러나 중요한 것은 그것이 감각의 통일체이든 지각적 통일체이든 엄마의 가까워짐과 멀어짐이 아이의 욕망 충족과 관련되어 있을 뿐 아직 엄마의 마음에 대한 이해의 차원이 아니라는 점이다. 따라서 이것은 **인식적 유대** 이전의 **존재적 유대** 차원의 상호주관적 결합이다. 또한, 욕망 충족과 관련해서 섭식본능은 젖을 주는 사람이 아무래도 괜찮다는 점에서 양육자와의 상호적 결합의 동기 부여가 되기 어렵지만, 이처럼 타자와 가까워지려는 본능은 특정인 즉 엄마에게로 차별화되기 때문에 상호주관적 결합의 결정적 동기가 된다.

이제 아이의 엄마에게 가까워지려는 이런 본능과 결합하는 엄마의 본능은 양육본능이다. 즉 엄마 역시 단순히 지각적 타자경험 이전에 이미 본능적 차원에서 아이와 교류한다. "마치 엄마가 아이를 얻고, 아이를 아직 아이로서 결코 이해해본 적이 없었고, 그래서 아이를 아이로서 처음으로 이해하는 법을 배워야 하는 것과 같은 형식의 하나의 시원"(XV, 582)

영아는 충동이나 본능차원에서 단순히 섭식본능을 넘어서 성적 본능이나 애착 본능과 같은 사회적 본능을 갖는다는 점에서 가장 낮은 수준의 상호주관적 세계를 형성할 수 있다.

과 같은 상황 속에 엄마가 처해 있는 것은 아니다. 엄마는 아이의 동작이나 표정에 대한 이해 이전에 이미 아이의 동작이나 표정에 대한 정서적, 본능적 반응 및 신체적 대응능력, 즉 양육본능을 선천적으로 갖추고 있다. 그러나 재차 이런 본능적, 정서적 반응 및 신체적 대응능력이 맹목적이라고 생각해서는 안 된다. 왜냐하면, 이런 본능은 특정한 아이에게로 미리 적응되어(preadapted) 있기 때문이다. 바로 후설도 "모성애"(Mutterliebe)나 "부모애"(Elternliebe) (XIV, 166)가 지각적 타자경험 이전의 충동적 주체에게서 발견되는 현상임을 인정한다.

그러나 타자경험에 대한 후설의 발생적 현상학적 분석 내에서 원초적 타자경험의 시원적 발생으로서 아이와 엄마가 각각 갖는 최초의 상호주관적 본능으로서 서로에게 가까워지려는 본능에 대한 더 이상의 상세한 현상학적 분석을 찾기는 어렵다. 나아가 이런 아이와 엄마의 근원적 결합의 본능이 이제 모든 나머지 타자경험에서 갖는 발생적 근원으로서 역할에 대한 해명을 찾기는 더욱 어렵다.

1.2. 원초적 타자경험의 발생 일반

앞서 2절 「타자경험의 발생적 정초」의 도입부에서 밝혔던 물리적 세계로 되돌아가보자. 이 물리적 세계는 앞서 2장의 3절 태아의 세계구성에서 태아에게 구성된 최초의 자연세계에 다름 아니다. 여기서 말하는 물리적 세계란 자연주의적 태도에서 자연과학의 세계가 아니다. 그것은 "객관성의 최초형식인 상호주관적 자연"(I, 149), 내가 타자와 함께 거주하는 "주변 세계적 상황, 우선은 물리적 사물적 상황"(XV, 427)이다. 이 최초의 상호수관적 세계인 사연은 나의 신체와 다자의 신체가 함께 통일된 세계이다. 이 최초 세계의 구성은 다음과 같이 이루어진다.

"나의 수동성은 모든 타자의 수동성과 결합 속에 놓여 있다 : 우리에게 하나의

동일한 사물세계가 구성되며, 객관적 시간으로서 하나의 동일한 시간이 이런 나의 지금과 각 타자의 지금을 통해서 그렇게 타자의 삶의 현재(모든 내재적인 것과 함께)와 나의 삶의 현재가 객관적으로 '동시적'이 되는 방식으로 구성된다. 나아가 나의 객관적으로 경험되고 확증된 장소들과 모든 타자의 장소들이 동일한 장소들이 된다." (XI, 343)

여기서 객관적 시간이란 발생적 현상학에서 보면 개체적 자아의 주관적 시간에 선행하는 차원에서 상호주관적 세계 시간을 말한다. 그것은 객관적 장소에 대해서도 마찬가지로 적용될 것이다.

이런 최초의 상호주관적 세계로서 자연의 구성은 "구성된 생리적 과정" 속에서 이루어진다. 여기서 말하는 생리적인 과정도 마찬가지로 자연주의적 태도에서 이해되어서는 안 되며, "사랑, 증오, 두려움, 배고픔, 갈증, 고통, 성적 흥분(sexual arousal)"[249] 등의 심리학자들이 말하는 기초적인 생리적인 정서, 본능의 영역, 즉 신체와 근원적으로 연결된 감정, 본능의 영역을 의미한다. 후설 역시 초기 유고에서 생리적인 속성을 "신체와 결부된 …… 주관적인 것, 의식과 객관적 관련 속에서 정립되는 의미에서 심리 물리적 연관들"(XIII, 78)을 염두에 두고 있다. 바로 신체적 영역에서 전적으로 수동적으로 이루어지는 서로에 대한 근원적인 정서, 특히 근원 연합적인 타자경험과 관련된 정서들- 사랑, 증오, 놀라움, 두려움, 성적 흥분 등 -을 통해

"나의 삶과 타자의 삶이 …… 하나가 다른 것을 향하는 방식으로 실존한다. 내 안에서 감각들이 이런저런 질서 속에서 발생의 법칙에 따라 **하나의 자연이 나에게 구성**되지 않으면 안 되는 방식으로 나타나며, 유지될 뿐만 아니라, 거기서 하나의

---

249 H.M. Wellman, *The Child's Theory of Mind, A Bradford Book,* The MIT Press Cambridge, Massachusetts, London, England, 1992, 100, 115.

전형적으로 확고한 신체를 매개한다." (XI, 343~344)

먼저 나의 삶과 타자의 삶은 근원연합 단계의 원초적 타자경험 속에서 서로에게 지향적으로 관련된 원초적인 상호주관적 삶을 살아간다. 이런 원초적 타자경험 속에서 타자의 신체와 자연이 구성된다.

지금까지 검토한 1921년의 유고는 말 그대로 상호주관성의 발생적 현상학의 발생적 정초에 대한 시론적인 분석일 뿐이다. 따라서 원초적 타자경험의 단계에서 이루어지는 타자경험의 발생적 정초에 대한 더 상세한 분석을 기대하기는 어렵다. 사실 후설은『이념들II』에서 확인한 것처럼 타자경험의 직접적, 직관적 동기연관에 대해 짤막하게 서술하고 별다르게 이 부분을 분석하지 않았다. 더욱이 물론 연합이나 촉발 일반의 현상에 대한 발생적 분석은 주지하다시피 1918년부터 1926년까지의 강의 및 연구 유고들의 모음인『수동적 종합을 위한 분석』에서 체계적으로 수행되고 있지만, 그러나 이것은 연합 작용 자체에 대한 분석이라는 점에서 근원 연합적 타자경험 단계에서 상호주관성에 대한 발생적 정초나 구성에 대한 분석이라고 보기는 어렵다.

그러나 비록 제한되지만, 지각적 타자경험 이전의 원초적 타자경험의 단계에서 수행되는 순수 수동적인 발생적 정초에 대한 후설의 몇몇 논의가 모두 타자에 대한 본능 지향성, 충동 지향성 차원에서 이루어진다. 이를테면 1921년 유고인 [공통정신I - 인격, 인격적 전체, 인격적 영향공동체. 게마인샤프트 - 게젤샤프트]에서 지각적 타자경험과 소통적 타자경험 이전의 충동적 주체에 대해서 간략하게 다루고 있다.

"나는 나 자신을 타인들에 의해 규정되도록 내버려 둘 수 있다. 모방의 방식 속에서. 나는 그들을 충동적으로 도우려고 한다. 충동적인 모성애, 부모애, 충동적인 배려심(Fürsorge)." (XIV, 165 ~166)

여기에서 후설은 타인의 신체 속에서 표현되는 타인의 지각적, 이성적 능력과 상태에 대한 파악 이전에 타인의 존재로 본능적 끌림에 대해서 말하고 있다. 이것은 또한, 타인과의 사회적 작용 속에서 이루어지는 본래적인 사랑이나 공감이 아니다. 위에서 말한 배려심은 분명 타인들의 안녕에 함께 기뻐함으로 혹은 타인의 괴로움에 함께 괴로워함으로 가득차 있지만, 그것은 타인들이 자신들의 안녕에 기뻐한다는 의미에서 그들의 기쁨에 함께 기뻐함을 의미하는 것이 아니다. 그것은 "**타인들 자체에 대한 사랑, 타인들의 현존에 대해 기뻐함, 그들과 함께 있음에 대해 기뻐함**"(XIV, 166)을 의미한다. 이제 이와 같은 타인의 존재 자체에 대한 사랑이나 타인과 함께 있음에 대해 기쁨은 "**타인의 진흥(Fremdförderung)에 대한 관심**을 규정하며, [반대로] 미움은 **타인의 쇠락**(der fremden Schädigung), **소멸(Vernichtung)에 대한 관심을 규정한다.**"(XIV, 166) 이처럼 원초적 타자경험의 일차적 대상은 타자의 주관이 아니라 타자의 존재와 부재 및 존재방식이라는 점에서 원초적 타자경험은 인식론적 경험 이전에 존재론적 경험이다.

바로 이와 같은 **타자의 존재와 부재 및 존재방식에 대한 관심은 타인의 정신 삶에 대한 이해와 해석과 의사소통을 통한 사회적 작용**을 발생적으로 정초할 것이다. 즉 타인에 대한 근원 연합적 정서적, 본능적, 신체 운동 감각적 반응은 타인에 대한 이해와 타인과의 의사소통적 경험을 통한 인격적 유대를 강화하는데 결정적 토대가 될 것이다. 특히 이렇게 순수 수동적 영역에서 이루어지는 타자에 대한 직접적 경험이 타자의 주관 삶에 대해 앎에로의 관심뿐만 아니라 사회적 연대의 토대가 될 수 있다는 주장을 1927년 한 유고에서 찾을 수 있다.[250]

---

250 「타아와 상호주관성에서 현상학적 환원. 순수 심리학적 경험 속에서 순수 주관적 통일체로서 주체들의 사회적 그리고 본능적 결합」(1927년)

"그런[즉 사회적] 결합은 단지 사회적 작용들을 통해서만 산출될 수 있는 것이 아닙니다. 개별주체들이 자신의 능동성을 **어두운, 맹목적인 수동성**의 근거 위에서 펼치는 것처럼, 동일한 것이 **사회적 능동성**에 대해서도 타당하다. 그러나 이미 수동성, 본능적 충동삶은 상호주관적 연대를 산출할 수 있다. 가장 낮은 단계의 성공동체는 성적 본능삶을 통해서 이미 산출되어 있다. 비록 성적 본능삶이 충족될 때 비로소 그의 본질적인 상호주관성이 드러날지라도 말이다. 거기서 주목해야 할 것은 이런 수동성도 순수 주관성의 한계 내에 속하며 현상학적 환원 그 자체 속에서 탐구가능하다는 사실이다." (XIV, 405)

후설이 여기서 소개하는 **성적 본능삶**은 당연히 **타자의 정신삶에 대한 이해나 해석 이전에 타인의 존재, 타인의 신체 자체에 대한 끌림**이다. 따라서 본래적인 의미의 인간적 사회가 아닌 인간이나 동물이 공유하는 원초적인 사회로서 수컷과 암컷, 여자와 남자의 성적 결합일 뿐이다. 그러나 이런 원초적 결합은 본래적인 의미의 의사소통적 타자경험에 의해서 구성되는 사회의 발생적 선형식, 토대가 된다. 바로 1932년 유고[251]에서 후설은 "의지 및 의지목표들에 앞서 우리가 본능적이라고 부르는 바, 자아의 노력, 촉발되어 관련되어 있음(des affiziert Hingezogenwerden), 결정됨(Sich-entscheidens)의 [발생적] 선형식"으로서 "성적 공동체의 근원적인 건립"(ursprüngliche Sich-stiften) (XV, 511)을 제시하고 있다. 이와 같은 성적 결합은 "특정한 목적 및 전체삶의 시간지평에 대한 의도를 갖는 의지적 건립을 통한 공동체로서 결혼"(XV, 511)의 발생적 선형식이 된다.

또한, 원초적 타자경험에서 구성되는 최초의 상호주관적 세계인 자연은 지각적 타자경험의 발생적 토대가 된다. 앞서 1921년 유고의 분석에서 인용한 것처럼 자연이 구성되고, 하나의 선형석으로 확고한 신체가

---

251 인격적 삶. 의지적 건립으로부터 사회적 결합 – 본능으로부터 – 공감으로부터. 관여(공감)」
(1932년)

구성되면,

> "나에게 주어진 자연 속에서 나의 신체와 유사한 사물들이 발견되고, 현실화될 가능성이 존재하게 된다. 그리고 그에 따라 지각적 타자경험이 발생할 뿐만 아니라, 타자의 내적 삶이 규칙적으로 표현되고 그에 따라 나에게 간접 제시된 것들이 항상 재차 새롭게 규정되고 확증됨을 통해 지각적 타자경험이 확증된다." (XI, 344)

즉 지각적 타자경험이 발생하기 위한 첫 번째 계기는 나의 신체와 타자의 신체의 유사성이며 바로 이 유사성이 근원 연합적 타자경험 속에서 구성된 최초의 상호주관적 세계인 자연 및 신체를 기반으로 발견되는 것이다.

2. 지각적 타자경험의 발생적 정초

2.1. 지각적 타자경험의 시원적 발생 : 아이의 지각적 타자경험의 발생

앞서 아이의 원초적 타자경험의 발생과 관련해서 논의하는 가운데 후설은 **최초의 지각적 타자경험**이 단순히 아이가 엄마를 신체적 통일체로서 지각한다고 해서 곧바로 이루어진다고 보지는 않았다. "최초의 지각적 타자경험 - 이미 신체가 기관으로서 그리고 또한, 이미 감각기관으로서 외부 사물들에 대해 구성된 후에도 지각적 타자경험을 그것의 완성 속에서 이해하는데 있어서 어려움들."(XV, 605) 후설은 그 이유를 타자의 신체지각 속에서 타자의 자아가 은폐되어 있다는 점에서 찾는다.

> "엄마의 신체, 엄마의 손, 엄마의 감 그리고 가면서 나에게 멀어짐은 그것들의 공간 속에서 활동한다. 나 자신의 신체, 정지된 그리고 움직이는 사물들로서 사물들의 외부 공간의 최초 가짐, 신체의 운동감각 아래에서, 신체 기관들의 기능함 아

래에서. 자아는, 자아로서 주제화되어 있지 않은 한, 은폐되어 있다."(XV, 605)

이때 자아의 은폐는 단순히 아이에게 엄마의 자아 은폐만을 의미하는 것은 아니다. 아이의 자아 역시 처음에는 아이에게 은폐되어 있다. 물론 후설의 다음과 같은 현상학적 논리로 보면 타자로부터의 자극에 의한 촉발, 그리고 반복적 경험 속에서 이루어지는 동일화의 중심에는 분명 자아가 존재한다.

> "자아는 '촉발과 작용의 중심'이며, '동일화, 가능화의 중심'이다. 타자 속에서 반
> 복, 종합 – 동일한 세계적인 것. 타자의 그리고 나의 원초성에서 타자의 동일한
> 신체물체."(XV, 605)

따라서 후설은 지각적 타자경험이 이루어질 때 타자경험을 수행하는 자는 익명적 지각 상태에서 벗어나 자신의 자아를 자각해야 한다고 주장한다.

> "타인이 들어오고 내가 그를 지각하기 시작하자마자 곧장 인식하면서, 나는 나
> 자신에 대해서도 더는 **익명적**이지 않다. 비록 내가 일차적으로 **나 자신**을 향하
> 고 있는 것은 아니지만 말이다. 나는 나 자신을 의식한다, **그를 지각하며 향해있**
> **는 자로서."**(XV, 485)[252]

---

252 「인간학으로서 보편적 정신과학. 인간학의 의미」(1932년) 3절. 〈타자와 결합의 경험. 타자
에게로 향해 있음. 그리고 타자가 말한 것, 사념한 것으로 향해 있음. 내 안에서 타자와 결
합.〉(XV, 484~487) 여기에서 우리는 **사르트르의 '자기의식'**(conscience de soi)과 '**사기인
식'**(conscience pour soi)의 구별과 연결되어 있음을 알 수 있다. "어떤 인식하는 의식이 자
기의 대상에 대한 인식이기 위해서 필요하고도 충분한 조건이 이 의식이 이 인식인 동시에 자
기 자신에 대해 의식이기도 해야 한다."(EP, 20) "물론 의식은 인식할 수 있고 또 자기를 인식
할 수도 있다. 그러나 의식은 그 자체에서는 자기에게 복귀한 의식(une conscience retournée
sur soi)과는 다른 것이다."(EP, 17) 자기의식은 대상에 대한 의식을 의식하면서도 자기 자체

우선 타자신체의 지각과 그런 타자를 지각하는 자신에 대한 지각은 무엇이 먼저랄 것도 없이 동시에 수행된다고 보아야 할 것이다. 그리고 이렇게 타자를 지각하며 향해있는 자로서 자신의 신체적 활동과 자아의 짝이 지각된 타자의 신체로 유비적으로 연합되면서 타자의 주관이 통각되는 것이다.

문제는 아이가 이와 같은 타자경험의 습성적 통각체계의 작동과 형성과정으로서 발생구조를 어떻게 갖게 되었는가이다. 첫 번째로 아이가 자신의 신체활동에 대한 지각을 이미 수행하고 있을까? 두 번째로 아이가 여기에 있는 자신의 신체가 마치 저기에 있는 것처럼 방향정위를 자유롭게 바꿀 수 있을까? 세 번째로 과연 아이가 자신의 자아에 대한 비주제적 지각능력을 갖추고 있을까? 이 문제를 풀기 위한 중요한 단서가 되는 구절이 있다.

"아이의 소리에는 가능하게 하는 **운동감각들**이 속해 있다. 그러나 엄마는 자기편에서 유사한 소리를 낸다. 우선은 **아이의 소리의 흉내(Nachahmung)**.[253] 아이는 그 [흉내 낸 유사한] 소리를 듣고, 소리를 가진다. 아이는 비록 현재는 현존하지 않기에 가질 수 없는 [자신의 소리를 낼 때 작동했던] **자신의 신체운동감각을 일깨우게 된다. 그 대신 그로부터 산출이 시작되는 바 영점운동감각(Nullkinaesthese)**을 가진다." (XV, 606)

를 반성하는 의식, 즉 자기인식은 아니다. 사르트르는 『존재와 무』를 이끌어가는 핵심개념들로서 자기의식과 자기인식의 구별을 통해 후설의 지향성이 자기 인식적 개념이라는 점을 들어 비판한다. 그러나 위에서 인용된 구절을 통해서 지향성의 의식은 여러 단계가 있음을 알아야 한다. 즉 **익명적 대상의식 단계, 비주제적 자기의식 단계, 주제적 자기의식단계.** 사르트르가 말하는 자기의식은 일종의 비주제적 자기의식단계이며, 특히 타자인식에서 경험된다. 그러나 익명적 대상의식이나 비주제적 자기의식 모두 반성을 통해 주제적 자기의식으로 이행할 수 있다.

253 아이의 '모방'과 구별하기 위해 엄마의 모방을 '흉내'라고 번역하기로 한다.

앞서 원초적 타자경험의 과정에서 지각적 타자경험의 선형식인 **아이의 모방**은 사실 타인에 대한 긍정적인 정서적 반응으로부터 비롯된 파생적 행동이지만, 아이의 소리에 대한 **엄마의 흉내**는 타자에 대한 아이를 이해할 수 있게 하는 근원적인 행위이다. 아이는 처음에는 자신의 소리내기에 자신의 신체운동감각이 속해 있음을 알지 못했다. 그러나 엄마로부터 자신과 같은 소리를 듣고서 자신의 신체적 운동감각을 연합적으로 일깨우게 되고, 더욱이 이제 그 소리를 반복적으로 낼 수 있는 운동감각의 중심점이 자신임을 자각하는 것이다. 그에 따라 엄마의 말소리가 엄마가 의도적으로 자신의 신체적 운동감각을 작동시켜 낸 소리임을 이해하게 된다.

여기서 우리는 흥미로운 사실을 알 수 있다. 지각적 타자경험을 수행하기 위한 발생적 전제조건으로서, 비록 신체적 운동감각의 주체이기는 하지만 신체적 주체로서 자신에 대한 연합적 일깨움이 선행하며 그것이 엄마의 반복적인 흉내 내기로부터 촉발된다는 점이다. 명백한 것은 지각적 타자경험이 이루어지기 위해서는 발생적으로 원초적 타자경험이 선행해야 하며, 특히 아이와 엄마의 상호작용 과정에서 엄마의 양육본능의 일환으로서 흉내 내기가 반복적으로 필요하다는 점이다.

현재 우리가 분석한 후설의 텍스트 내에서는 아이의 지각적 타자경험을 현상학적으로 더 체계적으로 해명할 수 있는 그 이상의 부분을 찾기는 쉽지 않다. 더욱이 먼저 자신의 소리와 엄마의 소리의 유사성 자각 정도만으로는 자신과 타인의 신체적 행위의 유사성에 대한 지각이 충분히 이루어졌다고 보기는 어렵다. 또한, 자신이 신체운동감각의 중심점이라는 자각이 방향 정위를 자신의 여기로부터 타인의 저기로 자유롭게 변경시킬 수 있느냐에 대한 충분한 해답이라고 보기도 어렵다. 결정적으로 신체적 운동감각의 주체로서 자신의 자각이 그것을 넘어 자신의 정신활동 주체로서 자아를 자각할 수 있게 하는 것인지 역시 불분명하다. 물론 이에 대한 다음과 같은 답변도 가능하다. 애초에 지각적 타자경험의 능력에도 여러 발전단계가 존재하며, 그에 따라 아이는 아주 초보적인 지각적 타자 경험의 능력만을 갖고 있다는 증거일 수도 있다. 그러나 무엇보다 아이 가 지각적 타자경험을 정상적으로 수행하기 위해서는 사람과 사물의 구별, 재차 사물의 운동과 사람의 동작, 표현, 표정과 관련된 습성적 통각체계를 갖추어야 한다. 그러나 후설 타자경험의 발생적 분석 과정에서 사물과 사람에 대해 다르게 근원 설립된 통각으로부터의 습성화에 대한 논의를 찾기는 쉽지 않다.

2.2. 지각적 타자경험의 발생 일반

앞서 지적했듯이 타자경험의 발생적 구성이나 발생적 정초의 전형을 보여주는 대표적인 저작인 『데카르트적 성찰들』제오성찰은 후설에 따르면 타자경험의 시간적 발생의 분석이 아닌 정적 분석이다. (I, 136,150) 그러나 후설은 50절 「간접제시(유비적 통각)로서 타자경험의 간접적 지향성」을 해명하는 과정에서 분명히 발생적 정초의 분석을 수행한다.[254]

그러나 여기에서의 논의는 이미 사람과 사물의 구별, 재차 사물의 운동과 사람의 동작, 몸짓, 표정과 관련해서 형성된 습성적 통각체계를 갖추고 있다는 것을 전제로 출발한다. 그리하여 유비적 통각은 한편으로는

---

254 여기에서 발생적 분석의 방식은 『데카르트적 성찰들』과 비슷한 시기에 작성된 1928년의 『형식논리학과 초월논리학』의 부록 [판단의 현상학적 구성에 대하여. 근원적인 능동적인 판단과 그것의 이차적인 변양들]의 2절. b)의 **발생의 지향적 해석**을 그대로 따르고 있다. 여기에서 후설은 의식의 원본형식이 정적으로만이 아니라 발생적으로 그것의 지향적 변양보다 더 근원적이라고 주장한다. 물론 이 주장은 미리 원본적으로 경험하지 못했던 어떠한 대상도 비원본적 방식으로 의식할 수 없다는 것은 아니다. 왜냐하면, 발생적으로 근원 설립하는 (urstifende) 것 안에서 생긴 사물유형은 결코 한 번도 보지 못했던 어떤 것에 대한 의식에서 공예기(Leer-an-tizipation)차원에서 발생적 정초 역할을 하기 때문이다. (XVII, 316~317)

근원 설립된 유형으로서 의미를 돌이켜 지시함으로써 현재 경험한 미지의 타인 동작, 몸짓, 표정을 **설명하고**, 다른 한편으로는 근원 설립된 유형으로서 의미를 유비적으로 이행함으로써 미지의 타인 동작, 몸짓, 표정을 **예측한다.** (I, 140~141)

1) 일상 속에서 부단히 이루어지고 있는 이와 같은 지각적 타자경험은 먼저 **그 습성적 통각체계의 작동과정**에서 보면 세 가지 단계가 있다. "[첫 번째] 내가 나를 주목하고 여하간의 활동성 속에서 나를 향하고 있든지 그렇지 않든지 간에, 내가 심리 물리적 자아로서 나의 원초적 지각 장 속에서 부단히 부각되어 있어야 한다. 특히 나의 신체는 언제나 현존하고 있으며 감각적으로 부각되어야한다." (I, 143) 이것은 기본적으로 타자에 대한 습성적 통각체계가 작동할 때 일차적으로 **나의 자기지각**은 타자지각에 발생적 토대가 된다는 것을 의미한다. 이때 자기지각은 순수자아로서 나 자신에 대한 주제적인 반성적 의식이 아니라 **비주제적 의식의 방식**으로 수행된다. 더욱이 심리 물리적 자아로서 신체적 주체로서 자아는 일종의 "두 가지 자료가 하나의 의식의 통일 속에서 부각되어 직관성 속에서 주어지고, …… 구별되어 현출하는 것으로서 …… 짝으로서 구성되어 있다." (I, 142) 다시 말해 **나의 신체와 주관의 짝의 경험**이란 나의 신체적 표현이 나의 초월론적 주관의 표현이라는 경험이다.

그러나 이와 같은 비주제적 자기지각이 항상 현실화되는 것이 아니다. 바로 두 번째로 나의 신체와 유사한 타자신체를 지각하기 전까지는 잠재적일 뿐이며, **나의 신체와 타자의 신체의 유사성이 지각**될 때 비로소 그런 타자를 지각하는 자로서 자신이 비주제적으로 현재화된다.

세 번째, 앞서 두 가지 경험을 기반으로 유비적으로 짝짓는 연합삭용을 통해 타자신체가 또 다른 자아의 신체로서 통각된다. 여기에서는 "[근원] 연합으로서 동일성의 수동적 종합"이 아닌 모나드의 "다수성 형성"으로서 "[유비적으로] 짝짓는 연합작용"(I, 142)이 작동하고 있다.

2) **타자경험의 습성적 통각체계의 형성과정**의 측면은 다음과 같이 해명된다. 먼저 근원설립의 누적을 통해서 타자에 대한 습성적 통각체계의 형성이 이루어질 것이다. 지각적 타자경험들에 국한해서 논한다면, 지각적 타자 경험의 가장 낮은 단계, 즉 타자의 신체적 지각활동에 대한 지각을 통해 **타자의 지각 대상의 공동 지각**이 반복적으로 이루어지면서, 이런 지각대상의 지속적 공유는 **타자의 기억, 기대, 상상의 내용의 공유의 형성** 발생적 기반이 될 것이다.[255] 이런 현전화 내용의 지속적 공유는 지각적 타자경험의 가장 높은 단계로서, 타자의 신체지각만으로는 드러나지 않는 **타자의 순수 능동적 정신활동에 대한 공동이해**를 가능하게 할 발생적 기반이 될 것이다. 즉 상대방에 대해 낮은 단계의 지각적 타자경험의 반복과 침전이 없다면, 습성적 통각체계의 형성이 이루어지지 않는 까닭에 높은 단계의 지각적 타자경험은 그만큼 어려울 것이다. 예를 들어 상대방이 공통의 환경 세계 속에서 함께 성장하지 않은 사람이라면, 그래서 타자와의 지각대상이나 상상, 기억, 기대의 대상 공유가 있지 않다면 상대방의 표현이 쉽게 이해되지 않는다. 예를 들어 우리가 외국어를 문법적으로만 배우고, 그 언어문화권 속에서 함께 성장하면서 배우지 않았을 경우, 해당 외국어를 사용하는 원어민의 의도, 생각을 읽어내기 쉽지 않은 것도 같은 이유에서이다. 즉 타자경험의 습성적 통각체계가 형성되어 있지 않은 것이다. 그러나 습성적 통각체계가 시간적으로 선행하는 좀 더 수동적인 타자경험으로부터 후행하는 능동적인 타자경험으로 발생적 정초가 이루어지는 방식으로만 형성되는 것은 아닐 것이다. 타자에 대한 좀 더 능동적인 지각적 타자경험, 이를테면 타자의 앎이나 믿음에 대한 이해는 타자의 지각활동이나 상상 활동의 이해를 좀 더 명확하게 하는 데 도

---

255 물론 타자의 정신활동에 대한 공동이해가 완전해지기 위해서는 지각적 타자경험만으로는 한계가 있을 것이고 타자와의 의사소통, 즉 의사소통적 타자경험이 필요할 것이다.

움이 될 것이다. 왜냐하면, 아는 만큼 보인다는 말이 있듯이 사람의 앎과 믿음은 그 사람의 지각과 기억, 기대, 상상 활동에 영향을 미치기 때문이다. 여기서는 능동적 타자경험의 발생이 수동적 타자경험의 발생에 정초 역할을 할 수 있다.

3) 그러나 지금까지의 설명은 타자경험을 하는 주체와 타자의 경험 및 경험내용의 지향적 상관관계에만 초점을 맞춘 것이지, 아직 이와 같은 **지향적 체험이 그때마다 처해 있는 완전한 구체적 연관으로서 상황, 세계의 발생적 정초**가 해명되지 않았다. 후설은 『데카르트적 성찰들』53절과 55절에서 특히 객관적 세계 및 그것의 최초형식인 자연의 구성을 발생적으로 분석하고 있다. 나의 신체와 타자의 신체의 유사성 파악 및 짝짓는 연합은 바로 "객관성의 최초형식인 상호주관적 자연"(I, 149)의 기반 위에서 이루어지고 있다. 따라서 지각적 타자경험 이전에 최초의 상호주관적 세계로서 자연이 선구성되어 있어야 한다. 이 자연은 원초적 타자경험의 단계에서 구성되어야 한다. 만일 지각적 타자경험이 최초의 타자경험이라고 주장하게 된다면 공통된 자연의 전제는 말 그대로 현상학적으로 해명되지 않은 요청, 가정이 되고 만다. 그러나 유비적 연합단계로서 지각적 타자경험 이전에 근원 연합단계의 원초적 타자경험이 선행하기 때문에 그에 따라서 바로 최초의 상호주관적 자연 세계가 앞서 구성된 것이다. 이제 타자의 경험을 간접적으로 경험할 때, 특히 "내가 타자를 난순히 나의 자기의 복제(Duplikat)로서 통각 하지 않는다."(I, 146) 이것은 바로 나의 신체적 운동감각을 통해 나의 여기와 타자의 저기를 자유롭게 변경시킬 수 있기 때문이다.

정리해보면 지각적 타자경험을 수행하기 위한 핵심적 계기들인 **신체적 유사성의 발견, 비주제적 자기지각, 신체적 방향 정위의 자유로운 변경, 연합적 짝짓기**가 이루어지기 위해서는 먼저 나와 타자가 함께 거주하는 공통의 자연 세계가 앞서 구성되어 있어야 한다. 이제 지각적 타자경험의 수행을 통해 이런 공통의 자연 세계는 인간적 세계로 발전한다. 왜냐하면, 지각적 타자경험을 통해서 비로소 타인은 심리 물리적 통일체인 인간으로서 경험되기 때문이다. 물론 이런 주장은 지각적 타자경험이 타인에게만 적용될 수 있다는 전제에서만 성립한다. 만일 지각적 타자경험이 동물에게도 적용될 수 있다면, 그리하여 동물에 대한 단순한 원초적 타자경험이 아닌 동물의 주관, 동물의 정신 삶에 대한 이해가 이루어질 수 있다면, 지각적 타자경험을 통해서 구성되는 세계는 이제 더는 인간적 세계가 아닌 인간을 포함한 **동물적 세계, 생태적 세계**일 것이다.

3. 소통적 타자경험의 발생적 정초

3.1. 소통적 타자경험의 시원적 발생 : 아이의 소통적 타자경험의 발생

우리가 앞서 타자 경험의 동기 연관의 유형에서 확인한 바로는 소통적 타자경험에서 결정적 계기는 당사자가 상대방에게 내 생각과 의지를 알아채도록 표명하는 일이다.(XV, 472) 원초적 타자경험이나 지각적 타자경험은 그것이 일방적이든 상호적이든 아직 소통적 타자경험이 아닌 까닭은 원초적 타자경험에서처럼 단순히 상대방에 대한 자신의 본능적 욕구나 정서를 표명하는 것이나 지각적 타자경험에서처럼 타자의 바람, 믿음을 이해하는 것이나 모두 상대방으로 하여금 상대방에 대한 나의 욕구나 정서 그리고 이해를 상대방이 알 수 있도록 하는 의사표시가 빠져 있기 때문이다. 물론 원초적 타자경험에서도 나는 본능적, 정서적 표현행위를 할 수 있을 것이다. 그러나 그것은 의도적인 표현행위가 아닌 자연적 표현행위이다.[256] 또한, 타자의 주관에 대한 이해는 얼마든지 타자가 그 사

---

256 아이가 단순히 아파서 우는 것과 아프니까 나를 아프지 않게 해달라고 우는 것은 전혀 다르다. 우리의 경험으로도 후자 단계에서 아이가 의도적으로 우는 것은 쉽게 간파할 수 있다. 아이가 다친 후 엄마가 주변에 없다면 그렇게 크게 울지 않는다. 일단 주변을 둘러보고 엄마를 발견한

실을 알아채지 못하게 하면서 이루어질 수 있다. 반면 원초적 타자경험이나 지각적 타자경험 없이 소통적 타자경험이 이루어질 수 없다. 왜냐하면, 상대방에 대한 나의 감정적, 본능적 반응 없이, 또한, 타인의 마음에 대한 이해 없이 상대방에게 의도적으로 어떤 의사전달을 한다는 것은 가능하지도 않고, 의미 없는 일이기 때문이다.

우리가 지속해서 검토하고 있는 1935년 유고에서 후설은 아이의 최초의 지각적 타자경험에 대한 간략한 논의 후에 바로 나-너의 결합인 전달적, 소통적 타자경험에 대한 논의로 이행한다. 그리고 바로 의도적인 표현의 계기를 강조한다. 우선 원초적 타자경험의 단계에서 자연적 발화로부터 의도적 발화로의 이행을 보여준다.

> "아이는, 그 속에서 아이의 근원적인 필요들이 충족되는 정상적인 일면(Ansicht)
> 속에서 엄마를 욕구한다(begehrt nach). 아이는 자기도 모르게 소리를 지르며
> (schreit unwillkürisch), 종종 그것을 '일으킨다'[257](öfters 'wirkt' das).(XV, 605)

여기서 주목해야 할 것은 바로 자기도 모르게 부지불식간에 소리를 내는 것과 일부러 소리를 내는 것의 차이이다. 단순히 자신의 욕구가 충족되거나 충족되지 않을 때 만족이나 불만족의 표시로 소리를 지를 때, 그것이 타자에게 나의 만족 혹은 불만족을 알리고자 하는 의사 없이 지르는 단계와 일부러 알리는 단계로 구분된다. 그러나 엄격히 말해 자연적 표현에서

후에 크게 울기 시작한다. 또한, 아이는 실제로 아프지 않아도 아픈 척 울 수 있다는 점을 보아도 선날적 울음과 단순한 울음은 큰 차이가 있다.

257 우리의 판단으로는 후설이 이 문장에서 tut가 아니라 wirkt를 사용했다는 점에서 단순히 소리를 지르는 행위를 하는 것(Tun)이 아니라 일부러 소리를 지르는 것을 강조하기 위해 wirken의 표현을 사용했다고 생각한다.

의도적 표현으로의 전환에서 타자로서 나의 주관에 대한 이해가 매개로서 작용하여야 한다. 왜냐하면, 상대방에게 의도적으로 의사표시를 했다는 것은 이미 상대방이 나의 표현행위를 알아채고 이해할 수 있다는 것을, 다시 말해 타자의 주관에 대한 이해의 경험을 수행할 수 있다는 것을 전제해야 하기 때문이다. 전달적 행위에 대한 후설의 다음 구절을 보면, "말함, 공통적인 사물들의 이름을 부름[명명함]. 타자가 기호들을 인식하도록, 자신의 행위, 타자들로 향해진 자신의 의지 전달로서 기호들을 타자들이 이해하도록, 기호들을 산출"(XV, 605)함이 이루어짐을 지적한다. 여기서 분명히 타자들이 나의 말함, 기호표시를 이해할 수 있어야 한다. 즉 지각적 타자경험을 수행할 능력을 갖추고 있다는 것이 전제된다. 당연히 자신 스스로 지각적 타자경험을 수행하는 법을 모르면서 타자가 나에 대한 지각적 타자경험을 수행할 것으로 생각한다는 것 자체는 성립할 수 없다.

여기서 후설의 고민은 아이의 지각적 타자 경험으로부터 소통적 타자 경험에로의 발달에서 결정적으로 중요한 것, 즉 타자를 3인칭적 관점에서 이해하는 것을 넘어서 2인칭적 관점에서 이해하는 단계 – 물론 이것은 동시에 자신에 대해 본래적인 의미에서 1인칭적 관점 역시 획득하는 것이기도 하다 –에 어떻게 이르게 되는지, 즉 나-너의 결합이 어떻게 이루어지는 문제이다. 결국, 3인칭적 관점에서 2인칭적 관점으로의 전환은 바로 자연적 표현에서 의도적 표현으로의 전환과 동일한 맥락이다. 왜냐하면, 나의 감정, 바람, 목표, 의도, 믿음, 생각 등의 의도적 표현은 바로 그, 그녀, 그들이 아닌 너, 너희에게 향하는 것이기 때문이다.

먼저 명백한 것은 우리는 지각적 타자경험을 통해서 공통의 객관적 세계를 구성한다. 즉 의사소통적 전달행위가 이루어지기 위해서는 공통의 객관적 세계가 전제되어야 한다. "이름들은 전제로서 객관적 세계를 가진다.(혹은 이름들은 우선은 객관적 세계의 전제이다)"(XV, 606) 그런데 이때 이름은 아직 말 그대로 고유명사로서 1인칭으로서 각자와 2인칭으로서 서로를 지칭하는 이름이 아니다.

"아이는 엄마, 아빠를 명명하는 법을 배운다. 아이는 그들이 지시한 것을 명명하는 것을 배운다. ; …… [엄마와 아빠는] 서로 이름을 부르지 않는다. 그들은 서로를 아이와 연결해서 '엄마', '아빠'라는 이름을 부른다. 아이는 처음으로 '엄마', '아빠' 등을 이름으로서 배운다. 엄마는 아이에게 '내가 곧 갈게', '내가 그것을 가져올게.'라고 말하지 않고, 오히려 '엄마 간다. '엄마가 가져올게.'라고 말한다." (XV, 606)

일차적으로 아이와 엄마, 아빠 사이에 엄마와 아빠라는 이름에 대한 공동의 이해가 성립하는 것이다. 그러나 후설은 여기서 이와 같은 공통의 이름으로서 '엄마', '아빠'로부터 어떻게 '나'와 '너'라는 명명으로 이를 수 있는지에 대해 다음과 같은 의문을 제기한다.

"아이는 어떻게 '나'라고 말하는데 이를 수 있을까? - 누군가 말을 걸어오면, 너, 그, 우리, 너희를 이해할 때처럼- 만일 그의 주변 사람들이 아이에게 말하고, 서로 말하면서 인칭대명사들을 사용할 때, 어떻게 인칭대명사를 이해하는데 이를 수 있을까?" (XV, 606)[258]

사실 후설은 문제를 제기할 뿐 더는 상세한 분석을 하지 않는다. 안타

---

258 하이데거는 『존재와 시간』 S.Z.의 26절 〈타자의 공동현존재와 일상적 공동존재〉에서 다음과 같은 흥미로운 의견을 피력한다. "현존재가 자기 자신을 '여기의 나'라고 명시적으로 말할 때도 그 장소적 인칭규정은 …… '나라는 사물'이 있는 두드러진 한 점을 가리키지 않고, 현존재가 배려로서 자기를 유지하고 있는 용재적 세계의 '저기'로부터 내-존재로서 이해되는 것이다. W. 폰 훔볼트는 〉Ich〈를 〉hier〈로부터, 〉du〈를 〉da〈, 〉er〈를 〉dort〈로 표시하는, 따라서 문법적으로 정식화하면 - 인칭 대명사를 장소의 부사로 재현하는 언어에 대해 지적한 바 있다." (SZ, 159) 하이데거의 이런 의견은 우리의 판단으로는 나의 여기와 타자의 저기의 공간적 관계 속에서 이루어지는 논의로서 후설의 타자경험론과 관련해서 논의할만한 과제라고 본다.

까운 것은 지금 우리가 지속해서 분석해온 유고는 1935년에 작성된 것으로서 후설이 타계하기 전 거의 마지막 유고라는 점이다. 이미 앞서 아이의 원초적 타자경험과 지각적 타자경험에 대한 논의를 통해서 확인했고, 이제 아이의 의사소통적 경험에 대한 분석에서 더 명확하게 확인할 수 있는 것처럼 타자경험의 시원적 발생과 관련해서 많은 부정확한 점들과 불충분한 점들이 해명되지 않는 채 남아 있다.

3.2. 소통적 타자경험에서 발생 일반

이제 앞서 인용했던 1921년의 타자경험의 발생적 정초에 구분했던 세계구성의 세 가지 계기를 다시 상기해보자. 첫 번째로 원초적 타자경험 단계에서 물리적 세계로서 자연이 구성되며, 두 번째로 이를 토대로 지각적 타자경험 단계에서 인간적 또는 동물적 세계가 구성된다. 세 번째로 "타자들을 통한 나의 사유작용, 가치평가작용, 의지작용의 동기연관 속에서 능동적 발생"(XI, 343), 즉 소통적 타자경험 속에서 공동체적 세계, 본래적 의미의 사회적 세계가 구성된다.[259] 후설은 바로 소통적 타자 경험 속에서 비로소 사회성이 구성될 수 있다고 주장한다.

"**사회성**은 특수한 사회적 작용들, 즉 의사소통적 작용들을 통해 구성된다." (IV, 194) "모든 사회성의 근저에는 전달공동체, 말함과 말함의 받아들임의 한갓 공동체, 혹은 좀 더 분명하게 말함과 들음의 공동체의 현실적 결합(우선은 현실적으로

---

[259] 사회적 의사소통적 타자경험에 대한 논의는 박인철, 「후설의 의사소통이론 - 역사적 제약과 선험적 보편성」, 『철학과 현상학연구』 17권, 한국현상학회, 2001. 반성택, 「후설 현상학에서 공동체 논의의 출발점」, 『철학과 현상학연구』 23권, 한국현상학회, 2004. 이남인, 「비판적 합리성의 구조」, 철학사상 19권」, 서울대학교 철학사상 연구소, 2004. 이남인, 「발생적 현상학과 상호주관성의 문제」, 『철학사상 16권』, 서울대학교 철학사상연구소, 2003. 참조.

산출되는 **사회적 능동성**의 근원성 속에)이 놓여 있다." (XV, 475)

후설이 사회성을 소통적 타자경험과 연결 짓는 것은 무엇보다 타자경험을 통해 형성되는 상호주관적 연대, 공동체의 성격과 긴밀하게 관련되어 있다. 소통적 타자경험의 이전단계에서 타자는 아직 그, 그녀, 그들의 3인칭적 타자일 뿐이다. 따라서 소통적 타자경험 이전 단계의 상호주관적 연대, 공동체는 한갓 **"함께 있음"**(Zusammen-sein)(XV, 472) 혹은 **"곁에 서로"**(Neben -einander)(XV, 336, 338, 477) 있음일 뿐이다. 물론 여기에서도 사람들은 혹은 사람과 동물들은 자아로부터 자아로 **"차례대로"**(aufein-ander)(XIV, 268) 정신적으로 영향을 끼치며, 내가 그렇게 행하며, 타인이 그것에 대해서 알며, 그것이 그를 규정하며, 그 편에서 영향 끼치는 것에 자신을 향하게 한다. 그러나 소통적 타자경험을 통한 공동체 속에서 비로소 **"서로 속으로"**(ineinander)(XIV, 296) 영향을 끼친다.

"내가 전달의 작용을 수행할 뿐만 아니라, 타인에 의해 작용을 수행하는 자로서 이해될 뿐만 아니라, 나의 작용수행이 그에게 '하나의 일정한 공동수행', '전달을 받아들이는 작용들', '전달의 의도에 관여함의 작용들'을 동기 부여한다. 나는 나에 대해 존재할 뿐만 아니라 타인이 나에게 타인으로서 마주하고 있을 뿐만 아니라 타자는 나의 너이다. 그리고 말하며, 들으며, 대응해서 말하면서 우리는 이미 하나의 우리를 형성한다. (XV, 476)

바로 의사소통적 타자경험 속에서 3인칭적 경험대상인 그와 나는 너와 나가 되고, 우리가 됨으로써 **"서로 속으로"**(Ineinander), (XV, 336,338,477), **"함께 서로"**(Miteinander)(XV, 485) 존재한다.[260]

---

260 이런 규정들은 모두 공동존재(Mitsein)의 세분된 규정들이다.

나아가 앞에서 확인할 수 있었지만, 지각적 타자 경험으로부터 소통적 타자경험에로의 발생적 이행에서 비록 후자는 전자의 수행을 전제하는 것은 분명하지만, 특히 전달의 수단으로서 언어가 갖는 고유성에 대한 해명 없이는 전자로부터 후자에로의 발생적 정초는 불완전하다. 분명 언어는 이중적 측면을 갖고 있다. 우선 언어 역시 신체적 동작, 몸짓, 표정과 같은 차원에서 타자의 정신 삶을 이해하는데 있어서 유비적 통각의 매개체이다. 그러나 지각적 타자경험만으로는 사회성이 정초되지 않는 까닭은 바로 지각적 타자경험에는 "상호간의 구체적인 의식적 접촉"[261]이 아직 없기 때문이다. 이러한 상호접촉을 가능하게 하는 근원적 행위가 바로 의사 전달(Mitteilung)이며, 타자에게 구체적으로 무엇인가를 **"알림의 계획(Vorhabe)과 의지"**(XV, 472)가 필요하다. 물론 이런 의사전달이 반드시 언어를 통해서만 이루어지는 것은 아니다. 그러나 알림의 목적과 의지의 결정적 매개체는 언어이다. 언어는 무엇보다 원초적 타자경험을 통해 구성된 최초의 객관적인 세계인 자연 세계를 기반으로 한 지각적 타자경험을 통해서 구성된 인간 공동체로서 세계의 확장에서 결정적이다.

> "주변 세계는, 적어도 가장 낮은 단계에서 공동체적 세계로서, **언어적 전달을 통해 확장되며 부분적으로는 교정되고 혹은 지속해서 규정되며, 더 커진 규정성에로 이행**한다. 그리고 이런 언어적 전달이 항상 우리가 행동하며 살고 있고, 특히 이론적 관심의 행위 속에서, 학문적인 관심의 행위 속에서, 특별한 종류의 앎의 형성물들 산출하는바, 세계의 경험의미 구축에 관여하고 있다." (XV, 220)

특히 후설은 언어적 전달이 갖는 세계의 확장과 관련해서 **"세대성의 연쇄 속에서 언어의 기능"**(XV, 224)에 주목한다. 세대성의 핵심은 바로 역

---

261 박인철, [후설의 의사소통이론 – 역사적 제약과 선험적 보편성], 『철학과 현상학 연구』17권, 한국현상학회, 171.

사와 문화의 공유이며, 이런 역사와 문화가 공유된 혹은 공유될 수 있는 세계, 즉 "인간의 고향 세계-인간에 대해 객관적인 세계의 구조에 대해 근본 부분이며, 인간에 대해 더 높은 발전 속에서 항상 의미 있는 형식 속에서 근본 부분-는 근본 본질적으로 언어로부터 규정된다."(XV, 220~221) 이런 고향 세계는 언어를 통해 네 가지 차원에서 확장된다.

첫째, 언어를 통해 **감각적으로 공통적인 세계뿐만 아니라, 실천적으로도 인간적인 고향 세계로 확장된다.** 즉 "동시대 사람들과의 언어적으로 매개된 경험들이 효과적으로 자신 안에 이런 실천적인 비교할 수 없을 정도의 넓은 경험범위를 포함하고 있다."(XV, 220) 물론 이것은 시간 지평에서 본다면 생생한 공동현재세계로의 확장이다. 언어의 사회성을 현상학적 차원에서 보여주는 대목이다. 둘째, 언어를 통해 **구체적인 현재 세계로부터 과거 세계와 미래세계로의 확장도 언어적 전달을 통해 이루어진다.** 물론 언어 자체도 역사성을 갖지만 여기서는 언어를 통한 역사세계의 구성을 보여준다. 셋째, 일차적으로 감각적이든, 지각적 타자경험을 통해 이차적으로 감각적이든 **직관적으로 이해되는 세계로부터 직관적으로 이해될 수 없는 세계에로의 확장**에서도 당연히 언어가 결정적 역할을 한다. 대표적인 예가 바로 이념적, 학문적 세계이다. 넷째, 여기서 말하는 고향 세계란 단순히 모국어로 결합하는 민족, 국가공동체만을 의미하는 것이 아니다. 바로 외국어도 포함된다는 점에서 **민족적 공동체로부터 국제적 공동체적 세계로의 확장**에서도 언어는 한편으로는 소통을 어렵게 만드는 첫 번째 요인이면서도 다른 한편으로는 불가결한 의사소통의 매개체이다.

4. 타자경험의 발생적 정초에서 세계구성의 다의성

지금까지 타자경험의 발생적 정초를 해명하는 과정에서 세 가지 타자경험의 정초연관 및 이에 상응해서 이루어지는 세 가지 세계개념, 즉 원초적 타자경험 속에서 구성되는 자연적 세계와 지각적 타자경험 속에서 구성되는 인간적이나 동물적 세계 그리고 **소통적 타자경험에서 구성되는 사회적 세계**를 논의했다. 그러나 후설의 현상학과 관련해서 등장하는 세계개념은 훨씬 더 다의적이다. 따라서 타자경험의 발생적 정초에 상응해서 구성되는 세 가지 **기본적 세계개념**을 바탕으로 삼아 세계개념의 다의성을 해명할 필요할 필요가 있다.

먼저 타자경험의 발생적 현상학과 관련해서 기본적 세계들과 파생적 세계들로 구분을 해보자. 먼저 기본적 세계로서 방금 확인한 것처럼 세 가지 세계가 존재한다. 1) 감각 감정적-본능적-신체운동 감각적 반응차원의 근원 연합적 차원의 원초적 타자경험을 통해 드러나는 **최초의 상호주관적 세계로서 자연 세계가** 있다. 2) 이런 최초의 상호주관적 세계로서 자연을 토대로 나의 신체와 타자신체의 유사성이 발견되고, 신체의 방향정위의 자유로운 변경을 통해 유비적 통각을 통해서 밝혀지는, 즉 지각적 타자경험을 통해 구성되는 심리 물리적 통일체로서 인간들 혹은 동물들의 세계, 즉 **인간적-동물적 세계**가 존재한다. 3) 이런 인간적-동물적 세계를 기반으로 능동적 타자경험인 소통적 타자경험을 통해서 구성되는 **사회적 세계**가 존재한다.

이를 기반으로 **파생적 세계**로서 다음 세 가지 세계가 존재할 수 있다. 4) 후설이 정적 현상학에서 상호주관성의 타당성 정초를 위해 획득하고자 원초적 환원을 통해 도달하는 나의 **원초적 자연 세계**는 앞서 첫 번째 의미의 자연으로부터 타자신체를 배제한 추상화된 유아론적 세계이다. 또한, 5) 두 번째 의미의 인간세계는 여러 단계가 존재할 수 있다. 왜냐하면, 지각적 타자경험 자체가 신체적 지각차원에서 타자의 신체적 운동감각에 대한 이해로부터 출발해서 타자의 지각활동, 현전화 활동-기억, 기대, 상상 등- 그리고 추상적 사고활동에 대한 이해에 이르기까지 다양한 단계가 존재하기 때문에 그로부터 구성되는 상호주관적 인간세계는 다층적일 것이다. 분명 타자가 어느 문화권에서 살든 어떤 시대에 살든 사실 모든 타자의 신체적 활동 중에는 그것이 인간이라면 기본적으로 공통으로 발견되는 근본적인 신체표현활동이 있겠지만, 그에 대한 이해나 해석은 이미 해당 사회의 문화적 관습에서 벗어날 수 없다는 점에서 이미 최초의 인간세계는 **문화적 세계**이다.[262] 다시 말해 아이의 행동이나 표정에 대한 근원 연합적 차원의 반응은 어떤 이해나 해석이 개입되지 않는 선천적 본능적 반응이라는 점에서 최초의 상호주관적 세계인 자연에서 문화의 의미를 찾을 수 없지만, 지각적 타자경험에서는 신체적 표현 중에는 보편적 표현이 존재할 수 있을지라도 이를 통한 타자의 정신 삶에 대한 이해와 해석에서는 이미 해당 사회의 문화관습이 개입된다는 점에서 최초의 인간세계도 이미 문화 세계이다. 6) **학문적 세계**란 언어적 의사소통을 전제로 하므로 사회세계 중에서도 **고도로 발달한 사회세계의 단계**이다. 따라서 자연 과학적 의미의 자연 세계는 한편으로는 4)처럼 추상화된 세계이며, 다른 한편으로는 6) 학문적 세계의 일종이다.

이처럼 발생적 현상학의 틀 내에서 세계개념은 다의적인 까닭에 세계의 성격과 관련해서 일의적으로 규정하기는 어려우며, 따라서 각 세계가 타자경험에서 갖는 역할 역시 다를 것이다. 이와 관련해서 이남인 교수는 타인경험의 발생적 토대로서 세계의 성격을 크게 **사회성, 역사성, 언어성**의 세 가지로 나눈다.[263] 그런데 이남인 교수의 규정은 모두 유비적 타인경험, 즉 지각적 타자경험 내에서 세계의 성격을 다루고 있기 때문에 앞서 규정과 구별이 필요하다. 이남인 교수는 **사회성**, 역사성, 언어성을 각각 다음과 같이 정의한다.

첫째, "어떤 자아에 경험되는 그때그때 세계는 그 자아의 세계이긴 하지만, 이러한 세계가 단지 주관적이며 사적인 세계인 것은 아니다. 세계

---

262 이 문화 세계에 대한 좀 더 상세한 이해는 5장에서 문화심리학의 논의를 통해 좀 더 분명해질 것이다.

263 이남인, 「발생적 현상학과 상호주관성의 문제」, 『후설의 현상학과 현대철학』, 풀빛미디어, 2006.

경험의 영역은 나의 지향성과 타자의 지향성이 함께 녹아 있는 영역이며, 따라서 세계는 사회성을 지닌다."[264] 여기서 말하는 사회성은 우리가 소통적 타자경험 속에서 획득하는 나와 너의 사회성과는 구별될 필요가 있다. 이남인 교수가 말하는 사회성은 사적인 세계와 대비되는 상호주관적 세계, 공통의 환경 세계이다. 그러나 상호주관적 세계, 공통의 환경 세계 일반에 대해서 논의한다면 그 출발점으로 원초적 타자경험에서 구성되는 최초의 상호주관적 공통세계로서 자연에서 시작하는 것이 타당하다.

둘째, "초월론적 주체는 초시간적으로 존재하는 논리적인 주체가 아니라, 체험류 속에서 부단히 자기 자신을 전개해 나가는 시간적인 주체요, 초월론적 발생의 주체, 초월론적 역사의 주체이다. …… 이처럼 초월론적 주체가 본질적으로 역사적인 주체이기 때문에 주체의 노에마적 상관자인 그의 생활세계는 **역사성**을 지니게 된다."[265] 역사성이 두드러지게 작동하는 영역이 바로 지각적 타자경험과 소통적 타자경험의 영역일 것이다. 특히나 지각적 타자경험의 경우 역사성을 지닌 하나의 주체가 역사성을 지닌 또 다른 주체를 이해하는 과정이라는 점에서 서로의 역사적 지평이 다를 경우 "그의 역사성 속에서 타자인식의 불충분성"(XV, 631)[266]은 본질적이다. 그러나 엄격히 말해 인식의 불충분성이라고 말하면, 마치 인식에서 역사성은 극복해야 할 장애인 것처럼 보일 수 있다. 오히려 그것은 타자 이해에서 극복해야 할 장애가 아니라 고려해야 할 불가결한 조건이다. 이해되는 자의 역사적 조건을 이해하는 자의 역사적 조건으로 환원한다면 그것은 극단적 현재주의 입장이 될 것이며, 반대로 이해하는 자의 역사적 조건을 이해되는 자의 역사적 조건으로 환원한다면 그것은 극단

---

264 이남인, 같은 글, 68.

265 이남인, 같은 글, 69~70.

266 이남인, 같은 글, 70에서 재인용

적 실증주의가 될 것이기 때문이다.

셋째, "인간의 공동체적 삶은 동물적인 공동체적 삶과는 전혀 다르게 언어공동체의 삶이다. 인간의 고향 세계는 …… 근본적으로 **언어에 의해 규정**되어 있다. 그를 통해 비로소 감각적으로 공동체적 세계일 뿐 아니라 …… 실천적인 인간의 고향 세계가 구성된다."(XV, 224~225)[267] 그러나 언어가 갖는 세계 구성적 기능은 언어가 작동되는 타자경험이 타자 이해 차원인가, 의사소통적 차원인가에 따라서 전혀 다른 의미가 있다. 지각적 타자경험의 경우 사실 타자의 언어적 표현은 타자 이해의 유일한 수단이 아닌 것처럼, 소통적 타자경험의 경우에도 언어적 의사소통이 유일한 의사소통은 아니다. 그러나 유비적 통각으로서 후설의 지각적 타자경험의 단계에서 타자의 주관에 대한 이해에서는 언어적 표현 이전에 타자의 신체적 활동에 대한 이해가 기본 바탕이 된다. 반면, 소통적 타자경험에서 비언어적 의사소통은 아주 제한된 영역에서만 이루어지며, 우리가 동물적인 공동체적 삶과 세계와 구별해서 인간적 공동체의 삶과 세계의 고유성을 부각시키기 위해서는 언어적 의사소통이 부각되어야 할 것이다. 특히나 앞서 소통적 타자경험에서 밝혔듯이 언어는 고향 세계로부터 이방 세계로의 확장, 감각적 경험의 세계로부터 학문적 세계로의 확장, 현재의 세계에서 역사적 과거와 미래세계로의 확장에서 결정적인 역할을 한다.

---

267 이남인, 같은 글, 71에서 재인용.

4장

후설 타자경험의 발생적 현상학의 의의와 한계

우리는 지금까지 먼저 자연주의적 태도의 인과성과 대비해서 인격주의적 태도에서 동기연관의 원리 및 영역별 동기연관의 유형을 밝혔다. 또한, 동기연관의 방식에서 대상구성의 능동성과 수동성을 기준으로 동기연관의 유형을 능동적, 능동-수동적, 수동적 동기연관의 유형으로 재구성하고, 이를 기반으로 초월론적 태도 속에서 발생적 현상학의 정초유형을 밝혔다. 나아가 이와 같은 발생적 동기연관의 유형을 기반으로 타자경험의 동기연관을 원초적 타자경험과 지각적 타자경험 그리고 소통적 타자경험의 유형으로 분류하고, 그 각각의 유형들 속에서 그리고 유형들 사이에서 발생적 정초연관을 밝혀냄으로써 최종적으로 자연 세계, 인간적 (혹은 동물적) 세계 그리고 사회적 세계의 구성을 밝혀내었다.

최종적으로 우리가 밝혀낸 타자경험의 발생적 현상학적 정초연관의 전체 체계는 후설 생애 중 초월론적 현상학의 탐구 기간의 공식 출판물과 강의록 그리고 유고의 연구를 기반으로 한 하나의 가능한 체계일 뿐이며, 후설 자신이 정립한 체계는 아니며, 더욱이 그것이 타자경험의 발생적 현상학의 유일한 체계라고 단언하기는 어렵다.

그러나 우리가 재구성한 체계는 무엇보다 기존의 후설 자신의 연구 그리고 후설에 대해 다른 현상학자들의 비판적 연구에서 주로 검토되었던 좁은 의미의 Einfühlung으로서 지각적 타자경험에 대한 인식론적, 정적 현상학적 연구를 넘어선다. 즉 우리는 인식적 실천을 포함하는 보다 넓은 의미에서 실천적 타자경험이 갖는 초월론적, 구성적 기능을 본능적,

감각감정적, 신체운동 감각적인 원초적 타자본능으로부터 지각적 타자경험 그리고 소통적 타자경험 등 삶의 전체 영역으로 확대했다. 동시에 모나드의 탄생 및 각각의 타자경험의 시원적 발생에 대한 해명 및 발생적 정초연관 그리고 그에 상응하는 세계구성을 논함으로써 삶의 세계성, 역사성 속에서 타자경험의 발생적 정초연관을 해명하고자 했다. 이와 같은 연구는 상호주관성의 발생적 현상학을 완성하기 위한 하나의 기반을 마련할 수 있을 것이다.

그러나 이와 같은 목표에 따라서 수행한 타자경험의 발생적 현상학적 정초에 대한 1부의 논의과정에서 후설이 실제로 수행한 타자경험의 발생적 현상학적 정초의 해명내용은 상당 부분 불충분함과 부정확함을 하고 있음을 알게 되었다. 이제 타자경험의 발생적 정초의 원리와 유형뿐만 아니라, 이와 같은 불충분함과 부정확함이 구체적으로 무엇이었는지를 정확히 정리해야만 2부에서 사회적 정서, 인지능력에 대한 발달심리학의 이론들과 대화가 왜 필요한지가 분명히 이해될 것이다.

1절 태아 탄생의 발생적 정초의 의의와 한계

아이의 모방 행동의 인지발달의 권위자인 앤드류 멜초프는 최근 논문 「사회적 인지 그리고 모방의 기원들, 감정이입 그리고 마음이론」(2011년)에서 태아의 탄생과정에 대한 고전적인 심리학의 이론들, 대표적으로 프로이트, 피아제는 모두 한 가지 공리에 동의한다고 말한다.

> "새로 태어난 아이들은 자아와 타자 간의 유사성에 대해 어떠한 막연한 예감(in-kling)도 갖고 있지 않다." [따라서] "심리학적 발달의 일차적 과제는 아이들이 자신이 우리 중의 하나라는 사실을 깨닫게 하려고, 타자들과의 연관을 건립하는 것이다. 진보(progression)란 신생아의 유아론으로부터 사회적 친숙함(intimate)

으로 나아가는 것이다."[268]

먼저 프로이트와 그의 계승자들은 아이가 태어났을 때, **신체적 탄생**이 있을 뿐 아직 **사회적 마음의 탄생**은 없다고 본다. 즉 신체적 탄생과 심리적 탄생을 구분 짓는 것이다. 그에 따라 아이는 최초에 신체적으로 탄생했을 때 아직 달걀 껍질 속에 있는 부화하지 못한 병아리로서, 하나의 장벽이 태아와 외부세계를 차단하고 있다.

"외부세계의 자극으로부터 차단된 하나의 신체적 체계의 하나의 깔끔한 사례는 …… 자신의 껍질 속에서 자체 식량 공급을 하는 새의 알에 의해 제공된다; 엄마에 의해 태아에게 제공되는 보살핌은 자궁의 제공에 제한되어 있다."[269]

그에 따라 정신분석학자들은 "정상적인 자폐증(normal autism)"[270]의 초기 기간을 요구한다. 그리고 이것은 적절한 양육을 통해 극복된다고 본다. 피아제에게도 신생아는 사정이 비슷하다. 그가 말한 바로는, 아이는 근본적으로 자기중심적이거나 유아론적이다. 신생아는 단지 제한된 반사

---

268 A.N. Meltzoff, Social Cognition and the origins of imitation, empathy, and theory of mind. In U. Goswami (Ed.), *The Wiley-Blackwell handbook of childhood cognitive development* (2nd ed., pp. 49~75). Malden, MA: Wiley-Blackwell. 2011. 50.

269 S. Freud, *Fomulations on the two principles of mental functioning*. In J. Strachery(Ed.), The Standard edition of the complete psychological works of Sigmund Freud.(Vol. 12, pp.215~226) London: Hogarth Press. 1911. 220. A.N. Meltzoff, 같은 글, 50에서 재인용.

270 M.S. Mahler, F. Pine & A. Bergman, *The psychological birth of the human infant*, New York: Basic Books, 1975. 42. 말러(Mahler)와 그 동료들은 38명의 정상유아와 22명의 어머니를 10년간 관찰한 결과를 토대로 유아의 심리적 탄생의 과정을 ⅰ. 자폐 단계(0~2개월), ⅱ. 공생단계(2~6개월), ⅲ. 분리-개별화 단계(6~24개월), ⅳ)대상 항상성의 발달단계(24~36개월)로 나누었다. N. Gregory Hamilton, 김진숙, 김창대, 이지연 공역, 『대상관계 이론과 실제 - 자기와 타자』(학지사, 2007) p.p.59~90 참조.

행위(빨기, 잡기)만을 수행하며, 타인들은 그들이 아이들의 행위 도식에 동화되는 한에서만 인지된다.

> "가장 초기 국면에서 아이는 사물을 유아론자처럼 지각한다. ...... 자아와 비자아 사이에 어떤 구별도 이루어지지 않았기에, 주체와 사물 간의 이런 원초적인 관계 는 비차별화의 관계이다."[271]

아이는 18개월쯤 인지적 발달을 통해서 비로소 유아론에서 벗어난다. 우리는 앞서 2장에서 태아의 탄생 발생적 현상학을 해명하는 과정에 서 태아의 사정에 대한 후설의 인식은 한편으로는 고전적 이론인 프로이 트나 피아제와 유사한 면을 가지면서도 다른 한편으로는 고전적 이론의 한계를 넘어서는 면을 갖고 있음을 확인할 수 있다. 먼저 태아는 최초 매 우 궁핍하고 유아론적인 세계로부터 타자 이해를 통해 상호주관적인 세 계로 나가는 발달, 발전의 과정을 겪는다.(XV, 52) 그러나 후설이 말하는 태아의 궁핍한 유아론적 세계는 프로이트의 껍질 속 병아리의 비유나 피 아제의 자아와 비자아의 구별이 없는 유아론의 은유와는 다르다. 왜냐하 면, 후설은 태아가 이미 **앞선 세대와의 무한한 연쇄를 통해 이전세대의 침전된 경험을 전승**하며, 또한, 생물학적 태어남은 동시에 **양육자에 의한 의식의 깨어남**이라고 보았기 때문이다. 따라서 태아는 앞선 세대의 침전 된 경험의 전승으로서 선천적인 지향적 본능체계를 유전적 형질로서 이 미 갖추고 있으며, 타자와의 접촉을 통해 깨어난다. 따라서 태아는 이미 상호주관적 주체이다.

그러나 앞에서도 의문을 제기했듯이 유전형질로서 선천적 지향적 본

---

271 J. Piaget, *The construction of reality in the child*(M. Cook, trans.), New York: International University Press, 1954, 355. A.N. Meltzoff, 같은 글, 51에서 재인용. 우리는 2부에서 피아제에 대한 메를로-퐁티의 비판적 논의를 통해 이를 상론할 것이다.

능과 세대의 무한한 연쇄를 통한 앞선 세대의 침전된 경험의 전승 연관에 대한 후설의 좀 더 정확하고 상세한 해명은 빠져 있다. 나아가 세계경험, 세계표상을 갖기 이전에 이와 같은 선천적 지향적 본능을 통해서 선구성된 세계를 가진다고 말할 때 선구성된 세계의 소유 의미 역시 불분명하다. 우리의 판단으로는 후설의 현상학이 초월론적 철학으로서 개별과학을 뛰어넘는 학문영역이고, 진화론이 하나의 절대적 진리체계도 완성된 과학이론도 아니지만, 그렇다고 현상학이 진화론이 밝혀낸 경험적 증거를 전적으로 무시할 수는 없다.[272] 물론 후설이 유전형질을 말할 때 단순히 자연주의적 태도 차원에서 진화론적 사실주장을 하고 있다고 보기는 어렵다. 이미 태아의 탄생의 발생적 현상학에서 말했지만, 후설은 인격주의적, 초월론적 태도 속에서 태아의 생물학적 탄생이 아닌 의식의 탄생에 대해 논하고 있기 때문이다. 그러나 후설은 프로이트처럼 태아의 생물학적 탄생, 혹은 신체적 탄생과 의식의 탄생의 시점에 차이를 두지 않는다. 그렇다면 **"태아의 생물학적, 신체적 탄생을 통해 유전되는 유전형질이 태아의 의식의 탄생에서 갖는 현상학적 의미가 무엇인가?"**라는 문제는 해명이 필요하다. 나아가 **"이런 태아의 의식의 탄생에서 선구성되어 갖고 있는 세계란 현상학적으로 어떤 의미인가?"** 이는 후설 현상학, 특히 초월론적 본능의 발생적 현상학 차원에서 핵심적인 질문이라고 본다.

이제 우리는 이에 대한 얼마간의 해명을 진화심리학에 기반을 둔 발달심리학의 사회적 정서, 인지이론과의 대화를 통해서 얻을 수 있으리라고 기대한다. 이에 대한 해명을 Ⅱ부 2장 3절 「발생적 현상학과 진화심리

---

272 물론 20세기 전반기 프로이트, 베르그송이나 하이데거 등이 진화론에 대해 갖는 태도만 보더라도 다윈의 진화론이 정신의학이나 대륙 철학계에서 전반적인 동의를 얻고 있지는 못한 것 같다. G. Freud, 서석연 역, 『정신분석학 입문』(범우사, 1992), p.370 참조. E. Bergson, *L'Évolution Créatrice*(1907), 황수영 옮김, 『창조적 진화』, 아카넷, 제1장 참조. M. Hedegger, *Die Grundbegriffe der Metaphysik* (GA, 29/30)(1929/30) 제2부 3장~5장 참조.

학의 상보성」에서 밝힐 것이다.

2절 원초적 타자경험의 발생적 정초의 의의와 한계

후설의 타자경험에 대한 현상학적 분석은 여러 번 언급했듯이 주로 타자의 주관의 이해, 해석 차원의 타자경험으로서 지각적 타자경험에 집중되어 있다. 그에 따라 후설에 대한 이후 현상학자들의 연구와 비판도 지각적 타자경험의 현상학에 집중되어 있다. 그러나 후설은 분명히 타자의 주관에 대한 인식 이전에 혹은 인식의 배후에 타자의 존재 및 타자의 행위, 표현에 대한 감정적, 본능적, 신체운동감각적 끌림과 반발의 경험을 겪고 있음을 알고 있었으며, 또한, 비록 제한적이고 산발적이지만 이에 대한 현상학적 해명을 수행했다.

하이데거가 말하는 **타자의 존재에 대한 기쁨**, 사르트르가 말하는 **타자의 시선으로부터 느껴지는 자신의 대자존재에 대한 부끄러움**, 레비나스가 말하는 **타자에 대한 사랑**[273] 그리고 메를로-퐁티가 말하는 **타자에 대한 신뢰**[274]는 모두 인식론적 경험이 아닌 존재론적 경험을 의미하며, 따라서 나와 타자의 인식적 유대 이전의 존재의 유대를 낳는다. 그러나 이들의 주장은 특정한 정서나 기분에 제약되어 있으며, 더욱이 이와 같은 정

---

273 "사랑 속에서 우리가 소통의 실패라고 일컫는 것은 분명 [타인과의] 관계의 긍정성을 구성한다."(EE. 163)

274 "한 사람을 실토하게 하려고 고문을 한다고 치자. 고문하는 자가 원하는 이름과 주소를 고문받는 자가 제공하기를 거부할 때, 고문받는 자의 결정은 아무런 버팀대도 없이 단독으로 이루어지는 것이 아니다. 그는 아직 그의 동지들과 함께한다고 느끼고, 공동투쟁에 아직 가담하고 있다고 느낀다. 그래서 말할 수 없었다. …… 이러한 농기들은 자유를 폐기하지 않는다. 직어도 이 동기들은 자유가 존재에 근거한 버팀목도 없이 성립하는 것이 아님을 보여준다. 결국, 고통에 저항하도록 한 것은 발가벗은 의식이 아니라, 그가 살아가는 관점 아래에서 그의 동지들 혹은 그가 사랑하는 사람들과 함께 갇힌 자이다. …… 요컨대 그가 그렇게 고통에 저항하여 버티도록 한 것은 어떤 **공존재(Mit-sein)**의 양식이다." (PP. 517~518)

서나 기분이 어떤 점에서 다른 경험의 발생적 정초가 될 수 있는지에 대한 현상학적 해명이 부족하다. 반면 우리가 후설의 발생적 현상학의 원리 내에서 타자로부터의 실천적 규정이나 결합의 동기연관을 단서로 밝혀낸 원초적 타자경험은 바로 타자의 존재나 부재와 행위 자체에 대한 감정적, 본능적, 신체운동 감각적 끌림 내지 반발의 경험이다. 그리고 이런 원초적 타자경험은 기쁨, 부끄러움, 사랑, 신뢰와 같은 비록 격렬하지만 어떤 특정한 정서적 타자경험의 영역을 넘어서 타자에 대한 감정적이면서도 본능적, 신체운동 감각적 경험 전반을 포괄하며, 나아가 모든 다른 타자경험의 발생적 원천으로서 근원 아이에서부터 이미 섭취본능과 독립적인 타자경험의 선천적인 본능을 통해서 수행된다.

분명히 후설은 "엄마와 아이 사이 하나의 근원적이고 본능적으로 형성되는 결합"(XV, 582)의 통찰을 통해서 60년대 후반 존 볼비의 연구 이후에서야 비로소 본격적으로 논의되기 시작한 원초적인 사회적 정서로서 애착 본능을 이미 선구적으로 통찰했다. 그러나 후설은 이런 애착 본능이 특히 낯선 존재로부터의 반발과 친숙한 존재에로의 끌림이라는 선천적인 본능 지향성으로서 원초적 타자경험의 유형이라는 사실까지는 명시적으로 밝혀내지 못했다.[275] 원초적 타자경험은 결코 단순히 타자의 존재와 행동에 대해 수많은 잡다한 감정적, 본능적, 신체적 반응경험 양상들에 대한 개괄적 명칭이 아니다. 이미 앞서 원초적 타자경험의 동기연관을 통해서 확인할 수 있듯이 다양한 양상들의 원초적 타자경험은 모두 타자의 존재와 부재, 행위에 대한 반발 혹은 끌림이라는 양자택일적인 양상들을 갖고 있다. 그것은 타자의 시선과의 마주침에서도 예외는 아니다. 거기에도 타자의 시선과 마주침 내지 타자의 시선으로부터 외면이라는 두 가지 대립적 양상이 존재한다.

---

275 박인철, 「현상학에서 낯섦의 문제」 참조.

그러나 이와 같은 애착의 본능의 다양한 양상을 통해 드러나는 원초적 타자경험의 특성들에 대한 후설 자신의 발생적 현상학적 분석을 찾기는 쉽지 않다. 나아가 이와 같은 애착 본능이라는 상호주관적 정서가 지각적 타자경험과 소통적 타자경험이라는 상호주관적 인지, 유대의 발달에서 갖는 역할은 무엇인지 그리고 타자의 주관 이해가 수행되기 위한 발생적 토대로서 최초의 상호주관적 세계인 자연은 원초적 타자경험 속에서 어떻게 구성되는지에 대한 발생적 현상학적 분석 역시 후설의 문헌 속에서 찾기는 어렵다.

반면 존 볼비의 애착 이론, 즉 사회적 정서발달 이론은 후설의 원초적 타자경험의 발생적 현상학적 정초를 보완하고 발전시킬 수 있는 사태상 풍부한 증거들과 단서를 제공해줄 수 있다고 기대한다.

3절 지각적 타자경험의 발생적 정초의 의의와 한계

후설이 발생적 현상학적 분석을 통해서 밝혀낸 지각적 타자경험은 결코 단적인 경험이 아니다. 사실 전적으로 처음 보는 사물이나 사건의 경험으로서 외적 지각의 구성작용만 하더라도 거기에는 먼저 선행하는 사물 일반, 사건 일반이라는 유형, 범주의 예기를 기반으로 현재 바로 보이는 면에 대한 지각 그리고 그와 함께 보이지 않는 측면과 뒷면에 대해 함께 지각함의 계기가 복합된 구성작용이다. 그러나 타자의 주관 및 다자의 주관 경험내용에 대한 이해라는 차원에서 지각적 타자경험은 좀 더 복잡한 계기 간의 발생적 정초연관을 이루고 있다. 지각적 타자경험이 수행되기 위해서는 나의 신체가 나의 초월론적 주관의 표현이라는 사실에 대한 경험, 즉 짝으로서 나의 주관과 신체의 결합 경험 및 나의 신체와 다자의 신체 사이의 유사성 경험을 기반으로, 유비적으로 내가 나의 절대적 여기에서 경험하는 저쪽에 있는 신체가 타자의 초월론적 주관의 표현이라는 사실의 경험, 즉 짝짓는 연합작용의 경험이 이루어져야 한다.

나아가 이와 같은 세 가지 본질적 경험 계기들을 갖는 복합적 경험으로서 지각적 타자경험은 그 경험되는 타자의 주관 경험내용, 즉 신체운동감각, 감정, 바람, 의도, 기대, 상상, 앎, 믿음 등에 따라 다양한 단계로 구분될 수 있다. 또한, 경험되는 타자의 주관이 나의 경험의 배경에 머물러 있느냐, 주제적 경험의 대상인가 따라 구분될 수 있다. 나아가 타자 자신이 이처럼 나에 의해 경험되고 있다는 사실을 자각하고 있는지 그리고 그에 따라 자연스러운 표현을 수행하는지 아니면 연출적 신체표현을 수행하는지에 따라 다양한 양상의 지각적 타자경험이 현상학적으로 해명될 수 있다.

그러나 후설의 지각적 타자경험의 발생적 현상학적 정초와 관련해서 제기되는 첫 번째 문제점은 무엇보다 먼저 타자신체 동작이나 표정에 대한 신체적 모방행위가 갖는 의미나 역할에 대한 후설의 태도의 애매함이다. 후설은 한편으로는 자신의 지각적 타자경험이론을 발전시켜나가는 과정에서 립스의 감정 이입론의 모방충동, 표현충동을 비판한다. 왜냐하면, 후설은 지각적 타자경험이 타자의 경험을 이해하고 들여다보는 경험일 뿐 함께 같이 느끼고 체험하는 경험이 아니라고 보았기 때문이다. 그러나 다른 한편으로는 모방은 타자의 행동 의미, 동기에 관심을 끌게 한다는 점에서 타자 이해의 경험 발생적 동기로서 보기도 한다. 더욱이 후설은 표정이나 행동모방이 아닌, 아이와 엄마가 옹알거리는 소리를 상호적으로 모방하는 과정에서 아이가 자신의 목소리의 신체적 운동감각을 깨닫게 되고 그에 따라 유비적으로 엄마의 목소리의 신체적 운동감각을 이해하게 되는 계기를 간파했다. 그러면서도 후설은 모방 행위 자체는 타자에 의해 자신을 규정되도록 하게 한다는 점에서 지각적 타자경험 이전 단계의 타자경험임을 말한다. 그렇다고 모방이 원초적 타자경험이라고 보기는 어렵다. 왜냐하면, 후자는 감정적, 본능적, 신체운동 감각적 반발 내지 끌림으로써 일종의 흥분, 여기(arousal) 상태지만, 모방은 비록 본능적이고 신체운동감각이 필요하지만, 일차적으로는 감정적인 반발 내지 끌림과는 무관한 것처럼 보이기 때문이다.

그런데 70년대 이후 현대발달심리학은 아이의 모방이 사회적 인지발달과 관련해서 아이가 갖는 타자의 마음 읽기 능력, 즉 지각적 타자경험의 가장 근원적 형태임을 수많은 관찰과 실험을 통해 입증해왔다. 이제 우리는 특히 2부의 사회적 인지능력으로서 마음 읽기 능력에 대한 발달심리학의 논의과정에서 모방이 바로 시원적인 지각적 타자경험단계일 수 있음을 현상학적 차원에서 해명해볼 것이다.

이처럼 지각적 타자경험이 타자의 신체모방 단계에서부터 논의할 가능성이 나타난다면 기존 발생적 현상학을 통해 정초 된 지각적 타자경험의 습성적 통각체계의 작동과 형성과정에 여러 가지 새로운 문제가 제기된다. 첫째, 신체적 모방행위는 신생아 때부터 이루어지며, 따라서 지각적 타자경험의 작동의 세 가지 계기, ⅰ) 나의 신체적 표현행위가 나의 초월론적 주관의 표현이라는 사실에 대한 경험, ⅱ) 나의 신체적 표현행위와 타자의 신체적 표현행위의 유사성 경험, ⅲ) 이 두 가지 경험을 기반으로 타자의 신체적 표현으로부터 타자의 초월론적 주관을 유비적으로 통각 하는 경험이 과연 모방단계의 지각적 타자경험의 단계에서도 작동되는지를 검토해 보아야 한다.

둘째, 지각적 타자경험의 근원적 단계로서 모방본능과 원초적 타자경험의 근원적 단계인 애착 본능이 갖는 발생적 현상학적 정초연관의 해명 역시 또 다른 중요한 과제로서 제기된다. 이것은 현대 발달 심리학 내에서도 원초적인 사회적 정서와 사회적 인지발달 간의 관련성의 문제로서 탐구되는 중요한 과제이기도 하다.

셋째, 후설이 타자 이해의 발생적 토대로서 언급한 비주제적 자기지각의 경우 그 발생동기에 대한 해명이 불분명하다. 한편으로 단순히 타자신체와 나의 신체의 유사성 지각만이 그런 타자신체를 지각하는 주체로서 자기에 대한 비주제적 지각의 유일한 동기인 것처럼 보이기도 한다. 그러나 다른 한편으로는 후설은 아이가 자신의 목소리를 흉내 내는 어른의 목소리를 들으면서 자신의 청각적 운동감각 및 영점 방향정위를 느낀다고 지적했다. 전자의 비주제적 자기지각의 경우 타자는 단순히 지각대상의 차원에서 비주제적 자기지각의 발생적 동기로서 작용하지만, 후자에서 타자의 흉내가 자기지각의 능동적 계기로서 작용한다. 이제 비주제적 자기지각의 발생적 계기와 관련해서 타자의 능동적 역할을 우리는 발달심리학의 사회적 정서-인지발달이론과의 대화를 통해 파악할 수 있을 것이다.

넷째, 후설은 지각적 타자경험과 관련해서 타자가 경험하는 대상에 대한 나의 간접적 경험을 주장하면서 한편으로 그 경험대상이 내가 경험하는 바로 그 대상인지 그리고 다른 한편으로 동일대상임에도 불구하고 내가 간접적으로 경험하는 타자의 경험내용이 단순히 나의 경험내용의 복제, 재현이 아니라는 근거를 어떻게 확보할 것인지에 대해 충분한 논거를 제시했다고 보기 어렵다. 왜냐하면, 타자의 이해 단계가 아직 타자의 주관에 대한 이해에 머무를 뿐 타자 주관의 경험 대상 공유 단계에 이르지 않을 수 있기 때문이다. 또한, 단순히 나의 신체의 여기로부터 타자의 신체의 저기로의 방향정위에 의해 마치 내가 저기 있는 것처럼 지각한다는 **후설의 Als-Ob의 상상지각**은 타자의 경험내용이 갖는 고유한 타자성의 해명을 위해서는 너무나 부족한 조건이다.[276] 이제 우리는 사회적 인지, 특

---

276 후설의 Als-Ob의 상상지각과 관련된 헬트의 비판, 즉 지각적 타자경험은 정립적 의식이지만, Als-Ob의 상상적 지각은 유사 정립적 지각일 뿐이며, 따라서 후자에 의해 전자가 입증될 수 없다는 비판은 지각적 타자경험에 대한 유의미한 비판이다. 예를 들어 박쥐가 거꾸로 매달려 있을 때 어떤 느낌일지 이해하고자 할 때, 내가 거꾸로 매달려 있을 때 어떤 느낌일까 상상한다고 하더라도, 이때 지각은 상상한 나의 지각일 뿐 박쥐 자신의 지각이 아니다. 그러나 이 비판은 철저하게 지각적 타자경험의 타당성 정초 차원에서 비판일 뿐이다. 따라서 지각적 타자경험의 발생적 정초와는 무관하다. K. Held, "Das Problem der Intersubjektivität und die Idee einer phänomenologischen Transzendental philosophie", U. Claesges und K. Held, *Perspektiven transzendentalphänomenologischer Forschung*, Martinus Nijhoff / Den Haag, 1972, 34~39참조. T. Nagel, What is it like to be bat?, ed. by Ned Block, Owen Flanagan, and Güven Güzeldere, A Bradford Book, the MIT Press Cambridge Massachusetts London, England, *The Nature of*

히 마음 읽기 능력의 발달에 대한 발달심리학의 논의를 검토하는 과정에서 이처럼 나와 타자의 이해 내용, 대상이 공유되는 단계, 그리고 타자의 경험내용의 고유성, 타자성에 대한 이해의 방식에 대한 중요한 해명을 찾을 수 있을 것이다.

4절 소통적 타자경험의 발생적 정초의 의의와 한계

후설에게 소통적 타자경험이 지각적 타자경험이나 원초적 타자경험과 결정적으로 구별되는 점은 초기부터 후기까지 일관되게 바로 **"전달의 의지"**(XIII. 63), **"알림의 계획과 의지"**(XV.472)의 개입이었다. 이런 전달, 알림의 의지의 개입은 무엇보다 소통적 타자경험이 일차적으로 능동적 타자경험임을 입증해준다. 나아가 의사소통에서 의지의 개입에 의한 의도적 표현행위는 타자를 3인칭적 차원에서 단순히 이해의 대상으로 보는 것이 아니라, 2인칭적 차원에서 소통의 또 다른 주체로서 봄으로써, 본래적인 의미의 '나'와 '너'를 상호 실천적 규정의 관계 속에 놓이게 한다. 즉 소통적 타자경험 속에서 '나'는 '너'와 함께 본래적인 의미에서 '우리'로서 사회적 관계 속에 놓이게 되는 것이다.

그렇다면 소통적 타자경험의 발생적 현상학적 정초에서 가장 중요한 과제는 비의지적, 자연적 표현행위로부터 의지적, 의도적 표현행위로의 이행이 어떻게 동기 부여될 수 있으며, 또한, 상대방의 의지적, 의도적 표현행위가 다름 아닌 바로 나에게 향해 있음을 어떻게 아는가의 문제일 것이다. 후설이 1935년의 거의 마지막 유고에서 고민했던 것처럼, '엄마', '아빠'의 3인칭적 표현으로부터 어떻게 '나', '너'의 1, 2인칭적 표현으로 바뀌게 되는가라는 문제를 제기했을 때 바로 이 문제를 고민하고 있었나.

Consciousness, philosophical Debates, 519~527 참조.

여기에는 물론 타자의 존재나 행위에로의 끌림이나 반발과 같은 원초적 타자경험과 지각적 타자경험이 선행하는 발생적 토대로서 작동하는 것은 분명하다. 그러나 전달, 알림의 의지를 작동시키는 고유한 원초적 타자경험과 고유한 지각적 타자경험의 역할은 각각 무엇인가에 대한 해명을 우리는 후설의 발생적 현상학적 분석 안에서 찾기는 쉽지 않다.

사회적 정서, 인지발달 심리학은 아이가 엄마, 아빠와의 상호관계 속에서 의사소통적 국면으로의 이행을 이루는 결정적 계기가 무엇인지에 대해서 다양한 연구를 수행해왔다. 흥미로운 것은 발달심리학에서 단순히 아이가 최초 언어를 사용하는 시점을 타자 이해나 의사소통의 최초 발생 시점으로 보지 않는다는 사실이다. 언어의 지시적 사용 이전에 이미 아이는 엄마의 마음을 이해할 뿐만 아니라 엄마와 비언어적 차원에서 소통, 이를테면 "눈길 따라가기"(gaze fallowing), "가리키기"(pointing) 등을 하고 있다. 우리는 특히 5부에서 아이의 의사소통 능력발달과 관련된 발달심리학의 연구와의 대화를 통해 소통적 타자경험의 발생적 정초에서 결정적으로 중요한 계기인 자연적 표현행위에서 의지적 표현행위로의 전환의 주요 조건들을 현상학적 차원에서 해명할 것이다.

Ⅲ부

타자의 심리학을 통한 보완

: 발달심리학과 대화

1장

발생적 현상학과 발달 심리학의 대화 범위, 방법

후설은 현상학적 탐구의 시기 전체에 걸쳐 실증 심리학에 대한 이중적 태도를 보이고 있다. 한편으로는 그는 심리학이 현상학적 방법을 기반으로 더욱 발전할 수 있다고 본다.

"실험심리학이 포기되어서는 안 된다. 오히려 **현상학적 기초 다지기(Fundamentierung)**를 통해 비할 바 없는 생산성을 갖게 될 것이며, 또한, 그로 인해 참된 의미의 정밀하고 이성적인 설명적 학문이 되어야 할 것이다." (V, 49)

그러나 다른 한편으로는 심리학적 방법을 정신과학과 철학의 제일원리로 삼는 심리학주의를 경계한다. 심리학주의는 논리학의 기초를 제공할 수 있는 이론적 학문이 곧 심리학이라고 주장한다. 후설은 이에 따라 심리학주의를 "논리학적 심리학주의"(XVII, 162)라고 표현했다. 립스에 의하면 올바른 사유를 위한 규칙이 있다면, 그 규칙은 "사유 자체의 자연법칙"과 동일하다. 그런 한, "논리학은 사유의 물리학"(XVIII, 67)에서 재인용) 이외의 다른 것이 아니며, 심리학의 과제는 바로 사유의 이러한 자연법칙을 탐구하는 데 있다. 이와 같은 심리학주의의 밑바탕에는 물리학의 실험적, 수학적 방법들을 도입하여 실험적으로 검증된 심리적 사실들의 토대 위에서 심리학을 세우려고 시도하는 물리학주의, 자연주의가 존재한다. 따라서 심리학주의에 대한 후설의 비판은 근본적으로는 자연주의에 대한 후설의 거부 연장이다.

주로 현상학과 심리학의 관계와 관련된 기존의 논의는 이와 같은 후설의 이중적 태도를 중심으로 논의를 전개함으로써 현상학과 심리학의 위계에 기반을 두고서 전자에 의한 후자의 정초주장을 펼치고 있다.[277] 그러나 우리는 자하비처럼 한 걸음 더 나아가 개별 실증과학으로서 경험 심리학이 현상학에 기여하는 바에도 관심이 있겠다.[278] 이미 메를로-퐁티는 당대의 경험심리학, 특히 형태심리학과 정신의학의 논의성과를 현상학적으로 재해석함으로써 후설의 후기 유고에서 찾아낸 발생적 현상학의 단서를 심화시켰다. 자하비의 해석에 따르면 메를로-퐁티는 현상학과 실증과학이 각자의 고유성을 상대방에게로 환원해버리지 않으면서 각자의 본질을 유지하면서도 대화를 통한 내실 있는 교류를 추구함으로써 현상학의 변화와 변용을 추구했다.[279] 따라서 우리는 **타자경험의 발생적 현상학과 현대 사회적 정서, 인지발달심리학의 대화**를 모색함으로써, **일차적으로는 현대 발달심리학의 사회적 정서, 인지발달의 발견이 실은 현상학적 관점을 기반으로 하고 있음을 밝혀내고, 그에 따라 심리학이 이루어놓은 발견 역시 현상학적 재해석이 가능함을 입증할 것이며, 근본적으로는 이렇게 현상학적으로 재해석한 발달심리학의 성과를 토대로 앞서 밝혀낸 후설 타자경험의 발생적 현상학의 정초의 불충분성과 부정확성을 극복하고자 한다.**

---

277 이선관, 「현상학과 심리학」, 『강원인문논총』vol. 10, 강원대학인문과학 연구소, 2002. 박승억, 「인지과학과 현상학적 심리학」, 『철학과 현상학 연구』32권, 한국 현상학회, 2007.

278 D.Zahavi, Phenomenology and cognitive science : prospects and perils(이득재 옮김, 「현상학과 인지과학」, 문화/과학 63호, 247~267)

279 D.Zahavi, 같은 글, 266~267. 그러나 메를로-퐁티의 시도가 정작 정신의학자나 심리학계에서 찬동을 얻은 것은 아니다. 1979년 프랑스 정신과 의사였던 다트시안은 메를로-퐁티가 경험적 연구를 사변적인 방식으로 사용하려고 하고 있다고 비판했다. A. Totassian, La phanomenolgie des psychoes, [Paris : L'art du comprendre, 1979/1997] 12. D. Zahavi, 같은 글, 262에서 재인용.

그러나 이와 같은 대화를 통한 심리학의 현상학적 정초와 동시에 현상학의 변용 시도는 대화의 상대방으로서 발달심리학의 분야에 대한 명확한 범위설정을 요구한다. 또한, 발생적 현상학과 발달 심리학이 취하는 주요 방법론의 차이가 초래하는 장애를 극복해야 한다.

첫째, 발생적 현상학과 발달심리학의 대화를 성공적으로 수행하기 위해서는 타자경험의 발생적 현상학과 대화의 상대방으로 끌어들일 수 있는 **발달심리학의 논의 범위설정 및 그 근거**가 제시되어야 한다. 우리는 주로 발달 심리학 중에서도 60년대 이후 원초적인 사회적 정서인 "애착"(attachment) 능력의 발달이론과 사회적 인지인 "마음 읽기"(mindreading) 능력의 발달이론 및 "의사소통"(communication) 능력의 발달이론을 대화의 주요 상대방으로 삼고자 한다. 그에 따라 발달 심리학 내에서 이 보다 앞선 세대인 피아제, 비고츠키의 인지발달 이론을 배제하는 이유도 제시할 것이다.

둘째, 타자경험의 발생, 발달과 관련해서 **현상학적 반성과 해석의 방법과 발달심리학의 실험과 관찰의 방법 간의 차이**의 문제가 논의되어야 한다. 여기서 요구되는 것은 단순히 차이를 해소하는 것이 아니라, 차이를 극복하는 것이다. 발달 심리학은 넓게는 경험심리학의 경계 내에 있으며 근본적으로 자연주의적 태도 위에서 관찰과 실험에 기반을 둔 가설, 법칙, 이론의 체계, 즉 실증적 경험과학, 경험이론이다. 그러나 방금 확인했듯이 후설은 실험심리학을 거부하기보다는 이에 대한 현상학적 기초 다지기를 요구했다. 우리의 판단으로는 현상학적 기초 다지기, 특히 우리의 관심사인 타자경험의 발생적 현상학적 정초와 관련해서 현상학적 기초 다지기란 바로 **자연주의적 태도로부터 인격주의적 태도로의 전환함**으로써 얻은 실험과 관찰결과를 **본질직관과 현상학적 판단중시 및 환원의 방법에 기반을 두고서 해석함을** 의미한다. 이에 따라 자연주의, 인격주의 그리고 초월론적 태도 간의 관계설명이 요구된다. 실제로 아이의 마음 읽기 인지-정서체계를 탐구하는 다수의 발달심리학자가 **물리적 자세**

나 설계적 자세와 같은 자연주의, 물리주의의적 태도—소위 행동주의나 기능주의—를 거부하고, 지향적 자세와 같은 인격주의적 태도—소위 정신 주의—를 취하고 있다는 점에서 현상학과 발달심리학의 대화가 좀 더 수월하게 이루어질 수 있다. 또한, 대표적인 애착 이론가인 존 볼비나 대표적인 마음 읽기 이론가인 사이먼 베런-코헨과 같은 발달심리학자들이 명시적으로 취하고 있는 진화심리학적 관점과 현상학의 관계 역시 논의가 필요하다. 우리의 판단으로는 특히 사회적 정서-인지체계가 모두 선천적 본능과 관련된다는 점에서 선천적 본능적 지향성에 대한 진화심리학과 발생적 현상학적 해석은 한편으로는 상호배타적 입장처럼 보일 수도 있지만, 다른 한편으로는 상호보완적 측면이 있음을 밝히고자 한다.

1절. 대화의 범위 : 사회적 정서, 인지의 발달심리학의 범위설정

1. 피아제와 비고츠키의 인지발달이론의 한계

2002년에 '미국의 '아동 발달 연구 협회'(Society for Research in Child Development)에서 발표한 '아동 심리학을 혁명적으로 바꾼 스무 가지 연구들'(20 Studies That Revolusionized Child Psychology)에서 피아제와 비고츠키의 저서가 각각 1, 2를 차지했다.(A, 592) 특히 인지발달에 대한 접근과 관련해서 피아제와 비고츠키의 이론은 양대산맥을 이룬다. 그러나 현재의 우리의 관심사와 관련해서 이 두 발달심리학자의 이론을 우리의 대화의 주된 상대방으로 삼지 않는 이유는 다음과 같다.

첫째, 피아제와 비고츠키가 각각 인지발달 분야의 핵심쟁점과 문제점을 부각시킨 중요한 개념적 틀——피아제의 대상 영속성(object permanence),[280]

---

[280] **대상 영속성**이란 영아가 이룩하는 가장 중요한 성취 중 하나를 설명하기 위해 피아제가 사용한 용어로서, 이는 물체와 사건이 직접 보이거나 들리거나 만져지지 않아도 계속해서 존재한다는 사실을 아는 것이다. J.W.Santrock, *Child Development*, McGraw Hill, 곽금주 외 옮김, 『아동

보존(conservation),[281] 동화(assimilation),[282] 조절(accommodation),[283] 자기 중심성(egocentrism)[284][285]과 비고츠키의 근접발달영역(zone of proximal development),[286] 발판화(scaffolding),[287] 인지적 견습(cognitive apprenticeship)[288] 등─은 비록 타자경험과 관련된 주체의 상호주관성 형성과 무관한 개념들은 아니지만, 직접 타자경험 자체의 발생이 아닌 일반적인 인지발달과 관련된 개념들이다. 즉 피아제나 비고츠키에게는 사회적 인지발달에 대한 연구가 없다. 멜초프에 따르면,

"피아제의 『아이에게 있어서 실재의 구성』은 대상, 공간, 시간에 대해 훌륭한 장

발달심리학』, 박학사, 2006, 198 참조.

281 **보존**이란 특정 용기에서 다른 용기로 옮겨 담더라도 그 안에 들어 있는 양은 동일하다는 사실을 아는 것. J.W.Santrock, 같은 책, 207 참조.

282 **동화**는 아동이 새로운 정보를 그들의 기존 지식에 통합시킬 때 나타난다. J.W.Santrock, 같은 책, 37 참조.

283 **조절**이란 아동이 새로운 정보에 적응할 때 나타난다. J.W.Santrock, 같은 책, 37 참조.

284 **자기 중심성**이란 전조작기(대략 생후 2~7년) 사고에서 나타나는 중요한 특징으로서, 아동 자신의 조망과 다른 사람의 조망을 구별하지 못하는 것을 뜻한다. J.W.Santrock, 같은 책, 204 참조.

285 피아제 연구의 권위자인 존 플라벨은 대상 영속성, 보존, 동화, 중심화 등을 포함한 피아제의 방대한 개념적 틀이 바로 인간의 인지발달 분야의 핵심쟁점과 문제점을 부각시켰다고 주장한다. J.Flavell, A tribute to Piaget. *Society for Research in Child Development Newsletter*, p.1. J.W.Santrock, 같은 책, 193에서 재인용.

286 **근접발달 영역**이란 아동이 혼자서 익히기에는 너무 어려우나 성인 또는 더욱 능숙한 아동의 지도와 도움을 받으며 학습이 가능한 과제의 범위를 일컫는 비고츠키식의 용어이다. J.W.Santrock, 같은 책, 221 참조.

287 **발판화**란 교육과정에서 능숙한 자(교사 혹은 더욱 똑똑한 또래 아동)가 아동의 현재 성취도에 맞게 지도 수준을 조정함으로써 도움의 수준을 변화시키는 것이다. J.W.Santrock, 같은 책, 222 참조.

288 **인지적 견습**이란 전문가가 풋내기의 이해력을 확장하고 문화적 능력의 사용을 도와주는 과정을 일컫는다. J.W.Santrock, 같은 책, 222 참조.

들[연구들]을 포함하고 있지만, 그러나 사람에 대한 장[연구]은 전혀 없다. 피아제의 『유아기에서 놀이, 꿈 그리고 모방』은 사람들에 대해 논의하고 있지만, 그러나 어떻게 아이들이 타인들의 내적 삶[주관; 마음]을 이해하게 되는지에 대한 논의는 없다. 심지어 비고츠키의 『사회에서 마음』에서도 사회적 상호작용을 집중적으로 연구하지만, 어떻게 아이들이 타인들이 생각하며, 느끼며, 갈망하는 존재라는 것을 알게 되는지에 대한 논의는 빠져 있다."[289]

타자경험의 발생적 현상학적 정초와 관련해서 우리가 관심을 두는 것은 단순히 아이의 일반적인 인지능력의 발달이 아닌, 주요 타자경험의 발생과정에서 개입되는 고유의 선천적 본능들과 습성적 통각능력 그리고 사회성 및 각 타자경험에서 한편으로는 지평으로서 작동되며 다른 한편으로는 새롭게 구성되는 세계성이다. 이런 점에서 다만 **피아제의 자기 중심성의 개념**이나 **비고츠키의 인지적 견습의 핵심도구인 언어체계의 개념**은 타자경험의 발생과 관련해서 제한적으로 관련될 뿐이다.[290]

두 번째로 피아제나 비고츠키 모두 아이의 인지발달에서 교사나 또래의 역할을 고려하지만, 그것은 **타자로서 교사나 또래 자체에 대한 경험의 발생**이 아니라 **인지발달의 조력자나 안내자로서** 고려될 뿐이다. 이 점에서 우리가 피아제나 비고츠키의 인지발달이론이 아닌 볼비의 애착 이론을 주된 대화 상대방 중 하나로 삼는 이유가 분명해진다. 볼비는 최초의 타자로서 엄마에 대한 아이의 경험 발달과정 자체를 탐구한다. 반면 피아제나 비고츠키에게 타자는 아이의 인지발달 단계나 과정을 탐구할 때 고

---

289 A.N.Meltzoff, Social Cognition and the origins of imitation, empathy and theory of mind. In U. Goswami (Ed.), *The Wiley-Blackwell handbook of childhood cognitive development* (2nd ed.), 49.

290 피아제의 자기 중심성 개념은 볼비의 애착 발달의 4단계, 개념적 통찰력의 획득이나 해리스의 시뮬레이션 이론과 관련을 가진다. 비고츠키의 언어체계 개념은 아스팅턴의 문화 내재주의와 일정한 관련을 가진다.

려해야 하는 주요 변수에 불과하다. 더욱이 피아제는 이 점에서 비고츠키보다 타자로서 교사나 또래가 아이의 인지발달에 끼치는 영향에 대한 논의를 거의 하지 않고 있다.

2. 근본적인 사회적 정서 체계론으로서 존 볼비의 애착 이론의 의의

유인원의 활동 연구의 선구적 탐구자들인 할로와 할로는 1965년 「정서체계」라는 논문[291]에서 다섯 가지 정서적 체계를 구분했다. 할로의 구분에 따르면(A.353) 이 다섯 가지 정서본능체계는 다양한 개체들을 어떤 [영장류의] 종 안에서 조절적이고 건설적인 사회적 관계로 결합한다. 각각의 체계는 자체의 성숙단계를 통해 발달하고, 자신의 특정한 반응 유형을 만들어내며 통제하는 기반 변인들이 서로 다르다. 전형적으로 성숙 단계들은 서로 겹친다. 이러한 다섯 개의 정서체계들은 **발달순서**로 살펴보면 다음과 같다. (1) 아이가 엄마와 유대관계를 맺게 하는 아이-엄마 정서체계, (2) 엄마-아이 혹은 모성 정서체계, (3) 아이-아이, 동갑내기, 혹은 또래 정서체계. 이 체계를 통해 아이들과 어린이들은 상호관계를 맺는다. 그리고 서로에 대한 지속적 정서를 발전시킨다. (4) 성과 이성 정서체계. 이 체계는 청소년기 성과 마침내 번식을 유도하는 성인의 행동에서 정점을 이룬다. (5) 부성 정서체계. 이 체계는 아이나 청소년 그리고 자신들이 속한 특정 사회적 집단의 다른 구성원들에 대한 성숙한 수컷들의 긍정적 반응의 측면에서 넓은 의미로 정의된다.

볼비의 해석에 따르면 각각의 정서체계는 특정 종류의 사회적으로 지향된 본능 행동을 매개하는 통합된 행동체계이다.(A.353) 따라서 정서체

---

291 H.F.Harlow and M.K.Harlow. "The Affectional Systems." In *Behavior of Nonhuman Primates*, Vol 2, ed. A.M.Schrier, H.F.Harlow, and F.Stollnitz. New York and London : Academic Press. (J.Bowlby, *Attachment*, Basic Books, 1999. J.Bowlby, 같은 책, 353에서 재인용.

계보다 더 적절한 용어는 다섯 가지 **본능 정서적 행동체계**이다. 특히 그 중 최초의 본능 정서체계인 애착 본능-정서[292]는 마음 읽기본능과 대비된다. 마음 읽기본능이 주로 타인의 마음에 대한 이해능력 속에서 발휘된다는 점에서 **사회 인지적 본능**의 성격을 갖는다면, 볼비의 애착 본능은 지리적, 정서적 근접성을 유지함으로써 타인과의 정서적 교류를 추구하는 **사회 정서적 본능**의 성격이 강하다. 따라서 우리는 앞으로 볼비의 애착 본능을 발달심리학의 마음 읽기 본능과 대비적으로 이해하기 위해서 전자를 **애착 본능 정서체계**로 이해하고, 후자를 **마음 읽기본능 인지체계**로 이해할 것이다.

우리가 볼비의 애착 이론을 타자경험의 발생적 현상학과 관련해서 가장 먼저 주된 대화의 상대방으로 선정한 데에는 크게 두 가지 이유가 있다. 첫째, 물론 아이의 애착 본능-정서체계의 발달단계에서도 타인의 마음에 대한 이해경험과 소통적 타자경험이 필요로 하는 단계가 있지만, 볼비의 애착 본능은 주로 타인에 대한 정서적, 본능적, 신체적 끌림에 초점을 두고 있다는 점에서 현상학적 타자경험의 개념 중에서 특히 원초적 타자경험의 전형적 유형임을 알 수 있다. 둘째로 앞서 확인했듯이 후설은 이미 최초의 지각적 타자경험의 발생 이전에 아이가 엄마의 존재와 부재,

---

292 1969년 최초 출간되었고, 그 이후의 여러 연구를 반영하여 1982년에 재판이 출간되었을 뿐만 아니라 1999년에는 인간 정서 발달과정을 신경생물학적으로 재해석한 알란 쇼어(Allan Schore)의 서문이 포함된 신판이 출간된 존 볼비(John Bowlby)의 『애착』(Attachment)은 바로 아이의 엄마에 대한 애착 본능과 엄마의 아이에 대한 양육본능의 발달관계를 거의 최초로 가장 체계적으로 분석한 발달심리학사의 획기적 연구 성과물이다. 물론 볼비 이전에 프로이트나 학습 이론가들은 애착 행동을 이차적 충동이론으로 설명하려고 했었다. 그러나 이들은 애착을 섭취본능이나 성 본능과 독립적인 본능으로 다루지 못했다. 2002년에 미국의 Society for Research in Child Development에서 발표한 '20 Studies That Revolutonized Child Psychology'에서 볼비의 『애착』과 볼비의 동료이자 애착 이론 경험연구의 선구자라고 할 수 있는 메리 아인스워드의 『애착의 패턴들』(Patterns of Attachment)은 피아제와 비고츠키의 저서에 이어 나란히 3위와 4위를 차지한 바 있다.

가까움과 멀어짐과 관련된 근본적인 욕구충족을 경험한다는 점에서 애착 본능을 갖고 있음을 선구적으로 파악한 바 있다. 원초적 타자경험으로서 엄마에 대한 아이의 애착 본능과 아이에 대한 엄마의 양육본능은 할로와 할로가 구분한 다섯 가지 정서적 본능체계 중에서 그 발달적 과정에서 가장 근본적인 정서적 본능체계로서 다른 사회적 관계[293]의 기반이 된다.

결국, 볼비가 탐구하는 애착 행동은 모든 인간에게 나타나는 원초적 타자경험이고, 생애 전체에서 지속하지만, 특히 아이에게 현저하게 나타나는 행동이다. 볼비에 따르면 애착 행동이란 생물학적 기능을 가진 본능적 사회적 행동으로 "엄마의 떠남을 비롯한 아이를 놀라게 하는 자극 때문에 특히 쉽게 활성화되는데, 활성화된 그 시스템들을 가장 효과적으로 종료시키는 자극은 엄마의 소리, 엄마의 등장, 혹은 엄마와의 접촉이다."(A.276) **아이의 애착 행동은 엄마의 양육 행동과 상호작용을 하며 이를 통해 아이와 엄마의 사회적 유대가 형성된다.** 물론 애착이 최종적으로 사회적 유대로 이어지기 위해서는 원초적 타자경험의 단계를 넘어서 지각적 타자경험과 소통적 타자경험이 필요하며, 그것은 볼비의 구분에 따르면 애착 발달 4단계에서 발생한다. 따라서 순수하게 원초적 타자경험에 해당하는 애착 행동은 주로 2장에서 상론할 것이지만, 지각적 타자경험과 관련된 애착발달 단계는 3장에서 상론할 것이며, 소통적 타자경험과 관련된 애착 발달 단계는 4장에서 상론할 것이다. 이처럼 애착 본능을 타자경험 전반의 발생적 현상학적 정초에서 다룰 수밖에 없는 까닭은 원초적 타자경험이 시원적 타자경험의 단계에서만 발생하는 경험이 아니라 모든 단계의 타자경험에서 지속해서 발생적 동기가 되기 때문이다.

그러나 타자경험의 발생적 현상학과의 대화를 수행하는 데 있어서

---

293 물론 여기서 말하는 사회적 관계는 가장 넓은 의미에서 인간관계를 의미한다. 따라서 앞서 후설의 발생적 현상학에서 살펴보았던 의사소통적 타자경험을 통해서 비로소 구성되는 좁은 의미의 사회적 관계와는 구별할 필요가 있다.

볼비의 애착 이론은 무엇보다 방법론적 측면에서 현상학적 방법과 상충하는 면을 가진다. 즉 볼비의 행동통제체계이론은 다니엘 데넷이 도입한 "자세"(stance)[294]의 구분에 따르면 일종의 "설계적 자세"(Design Stance)[295]의 입장으로서 물리적 자세와 더불어 전형적인 자연주의적 태도 중 하나이다. 이런 물리적, 설계적 자세는 지향적 자세와 대비되는 관점이다.[296] 이처럼 물리적, 설계적 자세와 지향적 자세의 관계의 차이의 문제는 다음 장에서 자연주의, 인격주의 그리고 초월론적 태도의 관계를 논하는 자리에서 해명할 것이다. 또한, 볼비가 탐구하는 애착 본능이 그가 취한 설계적 자세가 아닌 지향적 자세에서 더 적합하게 논의될 수 있음을 우리는 2장에서 밝힐 것이다.

3. 근본적 사회적 인지 체계론으로서 마음 읽기와 의사소통이론의 의의

앞 절에서 언급한 다섯 가지 본능적 정서적 행동체계에서 볼비의 애착 본능 정서는 다섯 가지 사회적 행동체계 중 가장 원초적인 행동체계인 아이-엄마의 본능적 정서적 행동체계의 원동력이다. 애착 정서 본능체계가 최초의 발생부터 시작해서 발달단계별로 주로 원초적 타자경험의 발생과 밀접한 관련을 맺지만, 애착 발달의 최종단계에 이르러 아이는 엄마의 행동 동기, 의도에 대한 **개념적 통찰능력**을 획득함으로써 "목표 수정

---

294 데넷이 말하는 자세는 후설이 말하는 태도(Einstellung)의 의미와 동일하다. D. Dennett, *Kinds of minds, Toward an understanding of consciousness*, 1996, Brockman, 이희재 옮김, 『마음의 진화』, 사이언스북스, 2009, 59이하 참조.

295 D. Dennett, 같은 책, 61. 베런-코헨은 설계적 자세와 구분해서 "유관적 자세"(Contingency Stance)(M, 47)를 추가하고 있는데, 볼비의 애착 이론은 부수적 자세와도 연관성을 가진다.

296 Daniel C. Dennett, Kinds of minds, Toward an understanding of consciousness, 1996, Brockman, 이희재 옮김, 『마음의 진화』, 사이언스북스, 2009, 72.

적인 동반자 관계"를 형성한다. 애착 발달의 최종단계에서 형성되는 개념적 통찰능력은 애착 관계 뿐만 아니라 다섯 가지 사회적 행동체계 모두에 필요한 능력으로서 바로 70년대 이후 주로 **마음 읽기** 능력으로서 탐구된다. 애착이라는 사회 정서적 본능체계와 구분해서 마음 읽기라는 사회 인지적 본능체계란 아이와 아동의 일반적인 인지능력이 아닌 타자와 관계 속에서 사회적 인지능력, 특히 타자의 마음에 대한 인식능력이다.

　마음이론(theory of mind) 능력이라는 것을 좀 더 좁게 타자의 앎, 믿음, 틀린 믿음 등의 인식적 상태에 대한 이해에 기반을 둔 설명적, 예측적 능력에 국한하고, **마음 읽기(mindreading)** 능력을 좀 더 넓게 타자의 신체운동감각, 지각, 감정, 바람, 의도, 앎, 믿음 등의 전반적인 인지 상태 및 정신활동에 대한 이해능력으로 본다면, 7~90년대 발달심리학은 초기 아이의 마음 읽기 능력의 각 발달단계의 성격 및 발달의 가능 조건과 관련해서 이제 크게 네 가지 입장으로 나누어진다. 이 네 가지 입장은 특히 **마음 읽기의 발생기원**의 측면에서 선천주의적 관점과 후천주의의 관점의 대비와 **마음 읽기의 작동방식**에서 시뮬레이션과 마음 이론의 관점 대비로 분류될 수 있다.

　우선 마음 읽기의 발생기원과 관련해서 선천주의적 관점과 후천주의적 관점의 대립이 존재한다. 철저한 **선천주의(Nativism)**의 관점은 각 발달단계가 처음부터 끝까지 이미 생물학적 차원에서 두뇌에 일종의 "신경 인지적 기제"(M. 84)로서 모듈이 갖추어져 있으며, 발달이란 이런 모듈들의 단계별 **성숙화 과정**에서 비롯된다는 입장이다. 현대 심리학에서 마음과 뇌가 모듈로 조직되어 있다는 견해를 가장 강력하게 주장한 사람은 제리 포더이다.[297] 인지능력 전반에 대한 포더의 이론을 마음 읽기능력에 적용

---

297 J.Fordor, *The Modularity of Mind*. MIT Press. 1983

한 사람은 앨런 레슬리[298]와 사이먼 베런-코헨이다. 이 둘은 무엇보다 자폐증 아이들에게 선천적으로 특정한 발달단계의 마음 읽기능력이 없다는 사실을 토대로 마음이론의 모듈을 강력하게 주장하고 있다. 이제 우리는 선천주의의 대표적 입장으로서, 포더와 레슬리의 의견을 종합적으로 받아들여 마음 읽기 능력을 4가지 발달단계로 세분화한 베런-코헨의 입장[299]을 검토할 것이다. 베런-코헨의 논의는 타자경험의 발생적 현상학의 기본 방법론 및 세 가지 타자경험의 정초의 차원에서 모두 관련을 맺지만, 특히 지각적 타자경험과 밀접한 관련을 가진다. 첫째, 베런-코헨은 다른 어떤 입장보다도 진화심리학의 논지를 가장 적극적으로 수용한다. 따라서 베런-코헨이 취하는 진화심리학과 타자경험의 발생적 현상학의 기본 방법의 대화가 요구된다. 타자경험의 발생과 관련해서 존재론적, 초월론적 현상학으로서 발생적 현상학이 경험심리학으로서 발달심리학의 접근법에 비해 갖는 장점은 바로 경험이 형성되고 작동되는 구체적인 상황과 맥락 속에서 지평으로서 세계가 갖는 역할의 해명이다. 그러나 이런 세계는 다의적이다. 한편으로는 문화적, 역사적 지평으로서 세계일 수도 있으며, 다른 한편으로는 생물학적 지평일 수도 있다. 이 점에서 베런-코헨이 취하는 진화심리학은 유전적인 생물학적 지평이 타자경험에서 갖는 역할의 해명과 관련해서 중요한 경험적 증거자료를 제공할 수 있을 것이다. 둘째, 베런-코헨이 "아이가 마음 읽기 게임에 참여하는 데 필요로 하는 첫 번째 기제"(M, 49)라고 여기는 의도성 탐지기와 시선 탐지기 각각의 작

---

298 레슬리의 논문 중에서 특히 초기에 발표된 논문인 A.Lesli, The Theory of mind impairment in autism : Evidence for a modular mechanism of development? in *Natural Theories of Mind*, ed. A. Whiten, Blackwell, 1991, 63~78 참조.

299 우리는 1995년에 베런-코헨이 출간한 *Mindblindness : An Essay On Autism Theory of Mind*, MIT Press, 김혜리, 이현진 옮김, 『마음 맹 : 자폐증과 마음이론에 관한 과학 에세이』, 시스마 프레스, 2005를 주요 논의텍스트로 삼을 것이다.

동의 첫 단계는 원초적 타자경험의 발생적 현상학적 정초와 관련해서 중요한 경험적 증거자료를 제공해준다. 셋째, 배런-코헨이 전개하는 마음 읽기 기제의 네 가지 단계—**의도성 탐지기, 시선 탐지기, 주의 공유 기제 및 마음이론 기제**—는 지각적 타자경험의 다양한 발달단계의 해명과 관련해서 중요한 경험적 증거자료를 제공한다.

반면 대표적인 **후천주의 관점**으로서 **문화 내재주의**의 관점이 있다. 사실 문화 내재주의 입장이라고 해서 마음 읽기능력이 전적으로 후천적으로 형성된다는 주장을 하지는 않는다. 또한, 자폐증과 관련해서 그 원인이 생물학적 차원에서 뇌의 손상과 관련되어 있다는 사실에 대해서도 반대하지 않는다. 그러나 문화 내재주의의 대표적 관점으로서 문화심리학은 마음 읽기능력의 발달단계와 발달의 가능 조건이 아이가 속한 문화공동체의 성격에 따라 그 성격과 발달시기에서 달라질 수 있다고 본다. 이를테면 자폐증이 하나의 정신지체와 구별해서 하나의 뇌 손상 관련 질병으로 발견된 것은 1940년대 일이다. 두 명의 정신의학자 레오 카너와 한스 아스퍼거가 1940년대 초에 각자 증후근에 대한 기술하였다. 90년대 통계를 보면 10,000명당 5~10명은 자폐증으로 고통받는다.[300] 그러나 문화심리학의 입장에서 관심을 끄는 사실은 다음이다. 비록 그 증후군에 대한 진단이 1940년 초에 처음 이루어졌지만, 그 질병의 원인이 생물학적인 유전적 요인 때문이라면 그 시기를 가늠하기 어려울 정도로 오랫동안 인류 역사에서 보편적인 현상이었을 것이다. 그렇다면 왜 자폐증이 1940년대 초에 이르러서 그것도 서구 중산층 자녀에게서 발견되었는가? 그것은 자

---

300 자폐증의 유병율은 60, 70년대의 경우 10,000명당 2~5명 정도였지만, 90년대 이후로는 10,000명당 5~10명으로 증가하였다. 이와 같은 유병률의 변화는 자폐증의 실제적 승가나기보다는 자폐증의 진단기준 변화로 인해 '진단범위가 더 넓어져서' 더 많은 아동이 자폐증으로 진단되었기 때문이다. S. Ozonoff & M. South, (2001). Early social development in young children with autism. In G. Bremner & A. Fogel (Eds.), *Blackwell handbook of Infant Development*. Blackwell Publishing. 565 참조.

폐증을 진단한 서구사회, 특히 중산층 사회의 성격과 연결 지을 수 있다. 다시 말해 개인주의, 다원주의가 진전되면서 개인에 대한 정신주의적 태도, 즉 개인의 행동을 개인의 마음으로부터 이해하려는 태도는 서구사회, 특히 중산층 사회에서 중시되는 경향이었을 것이며, 그에 따라 집단 간 왕래가 적고 또한, 집단성이 강조되는 전통사회에서는 단순히 정신지체나 장애로만 보이는 증상이 교류가 활발해지고 개인의 자율성이 강조되는 서구 중산층 사회에서는 바로 자폐증으로 진단되었다는 점이다. 결국, 문화 내재주의가 마음 읽기능력과 관련해서 밝히고자 하는 것은 바로 이런 마음 읽기 능력의 발견 그리고 발달에 대한 사회문화적 조건이다. 우리는 문화심리학의 대표적인 입장으로서 자넷 와일드 아스팅턴의 문화 내재주의[301] 입장을 검토할 것이다. 문화 내재주의로서 아스팅턴의 문화심리학은 타자경험의 발생적 현상학과 관련해서 무엇보다 문화라는 지평이 특히 지각적 타자경험에서 갖는 역할을 해명하는 데 중요한 경험적 증거자료와 통찰을 제공해줄 수 있을 것이다.

재차 **마음 읽기 능력의 작동방식**과 관련해서 시뮬레이션의 관점과 마음 이론 관점의 대립이 존재한다. 먼저 70년대 역할취득 이론의 연장 선상에서 **시뮬레이션 이론**[302]이 있다. 시뮬레이션 이론의 대표자인 폴 L. 해리스는 다른 무엇보다도 가장놀이(pretense play)에서 발견되는 아이의 상상력에 주목한다. 아이는 기본적으로 자신의 마음 상태에 대한 인지에 기반을 두고서 타인의 마음의 상태에 대한 가상 및 추론능력 및 자신과 타

---

301 리는 주로 J.W.Astington and P.G.Vinden, "Culture and understanding other minds", in *Understanding Other Minds : Perspective From Developmental Cognitive Neuroscience*, Oxford University Press, 2000. 503~520을 주요 연구 텍스트로 삼고자 한다.

302 우리는 주로 P.L.Harries, "The Work of the Imagination", ed. by Andrew Whiten, *Natural Theories of Mind - Evolution, Development and Simulation of Everyday Mindreading*. Basil Blackwell. 1991을 주요 연구텍스트로 삼을 것이다.

인이 속해 있는 현실조건들의 차이에 대한 조정능력을 통해 시뮬레이션을 형성함으로써 타인에게 투사할 수 있다고 본다. 해리스는 아이가 갖는 이런 시뮬레이션 능력은 자신의 과거에 대한 기억에서도 그대로 적용된다고 생각한다. 해리스의 시뮬레이션 이론은 특히 후설의 지각적 타자경험과 많은 유사점을 갖는다. 왜냐하면, 후설의 지각적 타자경험이 자신의 신체적 표현과 주관 간의 짝을 유비적으로 타자에게 연합시키는 통각작용인 것처럼, 시뮬레이션 역시 자신의 마음 상태를 모델로 삼아 타자에게로 투사하는 작용이기 때문이다. 그러나 시뮬레이션 이론은 이와 같은 투사작용이 결코 단순히 나의 마음의 복사나 재현이 아닐 수 있는 조건과 관련된 중요한 경험적 자료와 통찰을 제공해준다.

시뮬레이션적 관점과 대립해서 최근 가장 일반화된 의견으로서 **마음이론의 관점 혹은 이론-이론의 관점**이 있다. 마음이론의 관점은 기본적으로 과학자가 자연현상에 대한 설명과 예측을 하기 위해 이론을 형성하듯이 아이가 타인 행동의 설명과 예측을 위해 마음이론을 형성하고 발달시킬 수 있다고 본다. 이 관점이 이론-이론으로 불리는 까닭도 바로 아이가 갖는 마음이론에 대한 이론이기 때문이다. 특히 멜초프와 앨리슨 고프닉의 마음이론의 관점[303]은 해리스의 시뮬레이션의 이론과 대비해서 아이가 갖는 모방의 능력에 주목한다. **시뮬레이션이 아이 자신의 마음의 상태를 타인에게 투사하는 능력**이라면 **모방은 타인의 행동, 표정의 수용을**

---

303 우리는 주로 앤드류 멜초프와 앨리슨 고프닉의 입장을 중심으로 이론적 관점을 검토할 것이다. A.Gopnin, L.Capps, and A.N.Meltzoff, "Early theories of mind : what the theory theory can tell us about autism ", *Understanding Other Minds, Perspectives From Developmental Cognitive Neuroscience*. second edition, ed. by S.Baron-Cohen, H.Tager-Flusberg, D.J.Cohen, Oxford University Press, 2000. A.N. Meltzoff, Social Cognition and the origins of imitation, empathy, and theory of mind. In U. Goswami (Ed.), *The Wiley-Blackwell handbook of childhood cognitive development* (2nd ed., pp. 49-75). Malden, MA: Wiley-Blackwell. 2011을 주요 연구텍스트로 삼을 것이다.

통한 타인의 마음에 대한 인식능력이다. 고프닉과 멜초프에 따르면 이 모방은 최초에 상대방의 표정이나 행동에 대한 모방에서 시작해서 대상에 대한 행동의 모방으로 발달하고 최종적으로는 타자의 마음에 대한 설명적 예측적 능력으로서 마음이론의 발달로 나아간다.

전체적으로 볼 때 마음 읽기능력의 발생기원 및 작동방식과 관련해서 각각의 대립한 두 가지 입장들은 양자택일적인 관점이라기보다는 지각적 타자경험으로서 마음 읽기가 갖는 다면성을 반영한다고 볼 수 있다. 우리는 3장에서 네 가지 관점을 현상학적 관점에서 비판적으로 비교 검토함으로써 지각적 타자경험의 맥락에서 어떻게 종합될 수 있는지를 보일 것이다.

끝으로 우리는 **아이의 의사소통 능력의 발달**에 주목하는 발달심리학의 이론들에 주목하고자 한다. 물론 발달심리학에서는 의사소통의 발달과정을 독자적 발달과정으로 보기보다는 애착이나 마음 읽기 능력의 발달과정 일부로 본다. 따라서 애착 이론이나 마음 읽기 이론 속에서 우리는 아이의 의사소통능력 발달과 관련된 중요한 전제조건들을 찾을 수 있다. 또한, 아스팅턴의 선구어적, 구어적 의사소통능력과 관련된 논의들은 의사소통적 타자경험의 발생적 현상학적 정초와 관련해서 우리가 제기한 문제, 즉 자연적 표현으로부터 의도적 표현에로의 전환의 중요한 계기들에 대한 해명에 중요한 단서들을 제공해줄 수 있을 것이다.

2절 대화의 방법 : 자연주의적, 인격주의적 그리고 초월론적 태도

19세기 말과 20세기 초 자연주의는 특히 수리물리학의 성과에 힘입어 물리학적 방법이 모든 학문의 참된 유일한 방법이라고 생각하는 철학적 입장이다. 물리학적 방법이란 수리적 변수로 측정 가능한 변수 간의 수학적 함수로 공식화될 수 있는 현상들, 존재자들 간의 자연적 인과법칙에 주목하는 방법이다. 분명 인간도 넓게 보면 자연현상이며, 물리적 존재자들

이라는 점에서 자연적 인과법칙의 지배를 받고 있다. 그러나 중요한 것은 오늘날 정신적 존재자로서 인간과 그런 인간들이 형성해가는 사회와 문화 그리고 역사 세계 역시 자연적 인과법칙에 따라서 설명될 수 있다는 콩트 식의 "사회물리학"[304]을 믿는 사람은 아무도 없을 것이다. 1970년대 등장한 "사회생물학"은 20세기 자연주의의 결정판이다. 차이가 있다면 이제 더는 수리물리학만을 기반으로 삼지 않고 진화생물학의 법칙을 끌어들이고 있다는 점이다. 물리학이나 생물학이 각각 물리현상이나 생물현상에만 천착할 때에는 실증과학으로서 그 의의를 부정할 사람은 아무도 없을 것이다. 그러나 물리학의 인과법칙 혹은 생물학의 진화 법칙을 통해 인간의 사회문화적 현상까지 모두 설명할 수 있다고 할 때에는 그에 대해 과연 얼마나 동의할 수 있을지 의문이다.[305]

그러나 흥미로운 것은 그런 사회, 문화, 역사를 형성하는 인간 정신 현상 자체에 대한 자연주의적 접근, 즉 인간의 두뇌와 그에 기반을 둔 심리적 메커니즘이 진화적응의 산물이라고 해석하는 진화심리학은 최근 지대한 관심을 받고 있다.[306] 우리가 대화의 상대방으로 선정한 사회적 정서

---

304 A.Comte, *cours de philosophie positive*, Vol.4~6, Paris: Bachelier, 1830~1842, 이남인, 같은 책에서 재인용.

305 사회생물학과 현상학의 구별 및 종합의 가능성을 타진하는 연구 논문으로서 박인철 교수의 「사회생물학과 현상학」『철학과 현상학 연구』 21권, 한국현상학회, 2003. 사회생물학에 대한 현상학적 입장에서 비판은 이남인 교수의 「인문학과 자연과학은 어떻게 만날 수 있는가? - 통섭 개념에 대한 비판을 토대로 삼아」, 김세균 편, 서울대학교 사회과학연구원 기획, 『학문 간 경계를 넘어』, 서울대학교출판부, 2011. 참조.

306 진화심리학과 관련해서 N. Cosmides, J. Tooby, & J. Barkow, "Introduction : Evolutionary Psychology and conceptual integration", In *The Adapted Mind*, ed. J.Barkow et al. Oxford University Press. 1992, D. Buss, Evolutionary Psychology : The New Science of the Mind (3rd ed.) Boston: Allyn & Bacon.(김교현 외 역, 『마음의 기원』, 나노미디어, 2009. 참조. A. S. Miller & S. Kanazawa, *Why Beautiful People Have More Daughters*. 박완신 역, 『진화심리학』, 웅진지식하우스, 2011. 류지한, 「마음의 진화 : 진화심리학에서 마음」, 『마음학 : 과학적 설명, 철학적 성찰』, 백산서당, 2010.참조.

발달이론으로서 애착 이론의 개척자인 존 볼비[307]나 사회적 인지발달이론으로서 선천적 모듈주의를 주장하는 사이먼 베런-코헨은 진화심리학과 직접적인 관련을 맺고 있다. 이제 우리는 사회적 정서, 인지발달에 대한 탐구와 관련해서 발달심리학이 중요한 이론적 기반으로 삼고 있는 진화심리학 및 발달 심리학 자체의 실증적 자연 과학적 탐구방법의 기본 태도인 자연주의적 태도와 현상학적 태도로서 인격주의적, 초월론적 태도 간의 차이 및 전자로부터 후자에로의 전환의 필요성에 대해서 논해야 한다.

1. 발달심리학의 지향적 자세

후설은 자신의 현상학적 탐구의 전 생애에 걸쳐 지속해서 심리학적 자연주의로서 심리학주의에 대한 비판적 태도를 보여 왔다. 1925년 여름 학기 강의록인『현상학적 심리학』에서 후설이 근대심리학의 발전에서 결정적인 역할을 한 사람으로 딜타이를 지명한 까닭도 딜타이가 **외적 경험에 기반을 둔 귀납적, 가설적 방법에 입각한 자연 과학적 심리학의 인과적 탐구**를 비판하며, **내적 경험에 기반을 둔 기술적, 분석적 방법에 입각한 심리학에 입각한 동기연관을 탐구**하고자 했기 때문이다. (IX, 3~11) 그러나 정작 후설은 딜타이의 기술적, 분석적 심리학도 정신과학을 위한 보편적 방법론이 될 수 없다고 보았다. 그 결정적 근거는 딜타이가 "직관에 근거한 일반적인 본질기술, **본질직관**"의 방법과 "심리적 삶의 근본적 본질을 구성하는 의식대상성들과의 관련성"(IX, 13), 즉 **지향성의 사태**를 간과했기 때문이다.

그러나 흥미롭게도 이제 20세기 후반 발달심리학의 일부 학자들은 기존의 **자연주의 입장(심신동일론, 행동주의, 기능주의)**이 아닌 **현상학적**

---

307 진화심리학이 90년대 이후 새롭게 논의되기 시작했지만 진화심리학에서 주요 개념 중 하나인 진화적응환경이라는 개념은 바로 존 볼비로부터 가져온 개념이다.(M, 15, 16참조)

태도의 관점(정신주의)을 부분적으로 받아들이며 이를 기반으로 새로운 실험과 관찰을 수행함으로써 바로 인간유아의 사회적 정서, 인지발달의 영역을 새롭게 개척할 수 있게 되었다. 물론 이 발달심리학자들은 실험과 관찰을 수행하며 그 결과를 해석하는 과정에서 여전히 수리통계적 기법을 사용하고 있다. 또한, 그들은 주요 변인 간의 상관성, 인과성의 탐구를 주목표로 하고 있다. 그러나 사회적 정서, 인지발달의 주요 요인을 우리가 일상 속에서 내적으로 경험할 수 있는 감정, 바람, 믿음과 같은 지향적 의식으로 삼으며, 이와 같은 지향적 의식으로부터 대상에 대한 태도와 행동을 설명하고 예측한다는 점에서 물리적 인과성이 아닌 지향적 동기연관을 탐구하고 있는 셈이다. 재차 이와 같은 동기연관 간의 발달관계를 탐구한다는 점에서 발생적 현상학의 기본 관점과 평행한다.

1. 1 물리적, 설계적, 부수적 자세 비판

아이의 마음 읽기능력은 발달심리학자 중에서 대표적으로 사이먼 배런-코헨이나 자넷 와일드 아스팅턴, 헨리 웰만, 폴 해리스 그리고 앨리슨 고프닉과 같은 학자들이 주장하는 아이의 사회적 인지본능이다. 이 마음 읽기 능력에 대한 주요 학자들의 접근방법은 아이의 사회적 정서본능으로서 애착 본능의 구조를 밝혀낸 볼비의 접근법과 극명하게 대비된다. 볼비는 아이 자신의 발달적 과정 자체를 이해할 때 **탐구자의 관점을 중심으로 접근**하는 반면, 마음 읽기 이론가들은 **실제 행위자 중심의 관점에서 접근**한다. 이들은 다니엘 데넷의 지향적 자세(intentional instance)[308]의 관점을 받아들여, 마음 읽기 능력 자체가 일종의 지향적 자세의 관점임

---

308 여기서 말하는 지향적 자세에서 자세(stance)는 표현은 현상학적 태도에서 태도(Einstellung)과 같은 의미를 가진다.

을 주장한다.[309]

"지향적 자세는 어떤 대상(사람일 수도 있고 동물 또는 인공물일 수도 있다)의 행위를 그 대상이 **스스로 '믿음'과 '욕구'를 고려하여 행위를 선택하는 합리적 행위자**라는 전제 아래 이해하는 전략이다. …… 지향적 자세는 우리가 서로를 상대할 때 흔히 취하는 자세나 관점이다."[310]

데닛에 따르면 복잡한 체계의 행동을 이해하기 위해 지향적 자세를 취하는 것 말고 대안이 될 수 있는 자세로는 1)그 체계의 "물리 법칙"과 "사물의 물리적 구성"[311]에 대한 앎을 토대로 복잡한 체계의 행동을 이해하는 **물리적 자세**(Physical stance)와 2)체계의 "특정한 구조와 설계"[312](혹은 기능)에 대한 앎을 토대로 복잡한 체계의 행동을 이해하는 **설계적 자세**(Design stance)가 있다. 3)베런-코헨은 그 외에 일종의 설계적 자세의 하위 자세로서 복잡한 체계의 행동과 그 결과 간의 행동유관성의 학습 내지 선천적 앎을 토대로 복잡한 체계의 행동을 이해하는 **유관성 자세**(Contingency stance)(M.37)를 제시한다. 이 세 가지 입장은 일반적으로 "심성에 대한 과학적 이해를 향상 시키려는 염원을 이루기 위해서 심리학, 언어학, 신경과학, 인공지능 등의 분과학문들이 느슨하게 연합한 학제간 연구"[313]인 인지과학의 폭발적 성장에 힘입어 70년대 이후 현저하게 성장해온 심리철학의 대표적인 입장들인 1)**심신동일론**, 2)**기능주의** 그리고 3)**행동주의**가

---

309 J.W.Astington, 같은 책, 19~21, 23~24, 113~114, 145 참조. H.Wellman, 같은 책, 326~327 참조. S.Baron-Cohen, 같은 책, 30~36 참조.

310 D.Dennette, 같은 책, 59~60.

311 D.Dennett, 같은 책, 61.

312 D.Dennett, 같은 책, 62.

313 Jaegwon Kim, Philosophy of Mind, 하종호, 김선희 옮김, 『심리철학』, 철학과 현실사, 1999, 2.

각각 취하는 관점이다.

각 자세에 대한 평가기준으로서 데닛이 취하는 기본입장은 철저하게 **진화론적 실용성**이다. 다시 말해 복잡한 사회구조 속에서 타자의 행동체계를 이해할 때 생존에 유리하기 위해서는 빠르고 정확해야 한다. 그 점에서 지향적 자세로서 마음 읽기는 다른 어떤 자세보다 사회적 동물로서 영장류, 특히 인간이 갖는 생물학적 능력이라는 것이다. 따라서 물리적 자세, 설계적 자세, 유관적 자세 모두 나름의 유용성이 있지만 사회적 경쟁과 협조라는 사회적 상호작용 과정의 측면이 아닌 다른 측면에서 있을 것이다. 이후 상론하겠지만 진화심리학과 발생적 현상학이 일치하는 지점은 바로 타자의 행동을 이해할 때 생존적인 삶 속에서 우리가 일상적으로 취하는 관점에서 단서를 찾는다는 점이다.

1) 먼저 **물리적 자세**를 취하는 심신동일론의 입장은 다음과 같다.

"심적 상태 및 사건과 두뇌에서 물리적 과정이 동일하다고 주장한다. 번개란 대기상의 전기 방전 이외의 어떠한 것도 아니듯이, 심적 사건도 두뇌에서 일어나는 신경(궁극적으로는 물리화학적인) 과정 이외의 어떤 것도 아니라는 것이다."[314]

물론 심신동일론만이 물리주의 태도를 보이는 것은 아니다. 행동주의나 기능주의 역시 근본적으로는 물리주의의 관점이면서 다만 정신현상에 대한 물리적 정의에 대해서는 심신동일론과 같지 않을 뿐이다. 그에 따라 김재권 교수 역시 물리주의 일반에 대한 주요 반론 중 일부는 심신동일론에 대해서도 유효하다고 주장한다.[315] 그러나 데닛은 심신동일

314 Jaegwon Kim, 같은 책, 95.

315 Jaegwon Kim, 같은 책, 113. 일반적으로 심신동일론에 대해서 제기되는 반론은 (1) 인식론적 반론, (2) 위치문제, (3)심적 사건의 현상적 속성들, (4)고정 지시어로서 '고통'의 문제, (5) 다수 실현논변 등이 있다. Jaegwon Kim, 같은 책, 113~128 참조.

론이 취하는 물리적 자세에 대해 진화론적 실용성의 관점에서 비판한다. 즉 물리적 자세의 경우 우리가 신체의 해부학적 구조를 이미 알고 있는 입장에서는-물론 학문적 차원의 해부학이나 생리학이 아닌 "대중 생물학"(folk biology)(M. 31)의 입장에서-신체 내외부적으로 발생하는 증상에 대해서는 유용할 것이다. 그러나 진화론적 관점에서 본다면 그와 같은 대중 생물학의 능력은 인간의 생존에 불가결한 것도 아니고 따라서 애초에 생물학적 능력이라고 말하기는 어렵다. 더욱이 인간의 신체적, 비신체적 행동, 특히 사회적 행동을 물리적 자세에서 이해하기 위해서는 행동을 일으키는 수백만 가지의 물리적 구성과 물리법칙을 알아야 하는데 그것은 불가능하다. 설령 우리가 물리적 구성과 물리법칙을 다 알고 있다고 하더라도 특정한 행동을 설명하기 위해 그것을 일으킨 뇌의 상태를 알기 위해서는 "뇌 시경"(brain -scope)(M. 32)을 활용해야 하는데, 과학자라고 하더라도 일상에서 타인의 사회적 행동을 이해할 때 이런 방법을 사용하지는 않을 것이다.[316]

2) **설계적 자세**를 취하는 **기능주의**의 핵심적 생각은

"심적 상태가 매개하는 입력과 출력의 관계들에 의해서 심적 상태가 규정될 수 있다는 것이다. 여기서 입력과 출력은 감각자극과 물리적인 행동뿐만 아니라 다른 심적 상태들도 포함할 수 있다. 심적 사건들은 복잡한 인과적 네트워크에 있는 분기점들로 생각될 수 있는데 이 네트워크는 감각입력을 받아들이고 행동출력을 방출함으로써 외부 세계와 인과적으로 교류한다."[317]

---

316 이는 학자로서 연구에서 자연주의적 태도를 보이더라도 일상에서는 생활 세계적 태도로 되돌아온다는 후설의 지적과 동일하다.

317 Jaegwon Kim, 같은 책, 181.

심신동일론이 두뇌 상태와 구별되는 심정상태를 애초에 인정하지 않지만, 기능주의는 심정상태를 받아들이되, 다만 그것을 관찰 가능한 입력과 출력의 인과적 네트워크 내에서 연결기능으로 이해하는 것이다. 그에 따라 기능주의가 취하는 설계적 자세의 경우 "체계를 구성하고 있는 관찰 가능한 부분들의 기능에 기초하여 그 체계를 이해하려고 할 것이다."(M. 33) 예를 들어 컴퓨터가 하는 일을 설명하고 예측하기 위해 컴퓨터의 물리적 구성과 법칙을 알 필요는 없다. 단지 컴퓨터의 구성 부분들의 기능 특징만을 알면 된다. 그러나 설계적 자세 역시 사람이나 다른 동물의 행동을 이해하는 데는 별로 도움이 되지 않는다. 왜냐하면, "사람이나 동물은 특정 기능이나 목적을 수행하는 외적이고 조작적인 부분들을 거의 가지고 있지 않기 때문이다."(M. 34) 그러나 인간의 행동 중에서 반사적 행동 같은 경우, 예를 들어 눈 깜박임은 설계적 자세가 적용될 수 있다. 그러나 매 순간 변하는 인간의 행동을 이해하고 예측하는 데는 거의 도움이 되지 않는다.

원초적인 사회적 정서체계로서 애착 본능을 해명하고 있는 볼비의 통체체계이론적 접근[318]은 기본적으로 진화론적 실용성을 받아들이면서도[319] 동시에 **설계적 자세**를 기반으로 하고 있다는 점에서 이론 내부적으로 비정합성이라는 문제점을 가진다. 물론 애착 본능과 마음 읽기 본능은 동일한 것이 아니다. 그러나 첫째, 양자는 상호 독립적인 본능이라고 보기는 어렵다. 애착 본능이 일차적으로 외부의 석, 포식동물로부터 아이의 생존을 보호하기 위한 기능을 갖는다면, 마음 읽기 본능은 사회 내부의 구성원들 간의 경쟁과 협조를 위한 기능을 가진다. 그러나 아이의 애착 본능이 엄마의 양육본능과의 상호작용 속에서 사회적 유대를 형성할 수 있을 때

318 J. Bowlby, 같은 책, 73~100 참조.

319 J. Bowlby, 같은 책, 101~109 참조. S. Baron-Cohen, 같은 책, 15~16 참조.

만 외부의 적으로부터 생존을 보장받을 수 있다는 점을 고려한다면 양자는 모두 대표적인 사회적 본능의 일종이다. 둘째, 아이의 애착 본능이 발달과정에서 엄마의 양육본능과 목적 수정적인 동반자적 관계를 형성하는 과정에서 바로 마음 읽기능력, 볼비식으로 표현하면 "엄마의 느낌과 동기에 대한 통찰력을 획득"(A. 403)하게 된다. 끝으로 앞으로 보게 되겠지만, 마음 읽기본능과 애착 본능을 발달적 차원에서 접근하는 과정에서 마음 읽기 본능의 발생적 초기 단계들은 개념적 통찰력의 획득단계 이전의 애착 본능 단계들과 상응되는 측면들을 가진다. 이런 점에서 진화심리학적 입장에서 지향적 자세의 진화론적 실용성을 받아들인다면, 애착 본능 역시, 설계적 관점이 아닌 지향적 자세의 관점에서 접근해야 할 것이다.

3) **유관성 자세**는 "다른 사람의 행동과 그 결과 간의 행동 유관성을 학습하거나 선천적으로 아는 것이다." (M. 37) 이 자세는 사람의 행동이나 표정과 뒤따르는 행동 간의 반복적 관찰로부터 학습된 입장으로서 바로 행동주의자의 입장이다. 행동주의는

"행동이 심성을 구성하는 것으로 본다. 이러한 입장에 따르면, 어떤 마음을 갖는다는 것은 **적합한 패턴의 관찰 가능한 행동을 표출하거나 표출하는 성향**이 있는 것의 문제라고 본다."[320]

행동주의가 취하는 유관성의 자세에 따르면, 예를 들어 대화 중에 사람들이 하품하는 것을 보면, 우리는 그 대화가 곧 끝날 것임을 예측할 수 있으며, 상대방이 주먹을 쥐고 팔을 들면 우리를 겁주어서 자신을 방어하려고 한다고 생각한다. (M. 37) 다윈의 연구는 많은 생물 종의 유기체들

---

320 Jaegwon Kim, 같은 책, 52.

이 신체표현을 하며, 다른 유기체의 신체표현을 알아채고 반응한다는 것을 시사하였다. (M. 38) 볼비의 애착 이론에서 그가 "엄마의 행동과 무엇이 엄마의 행동에 영향을 주는지를 관찰함으로써, 아이는 엄마의 설정목표와 이 설정목표를 달성하기 위해 엄마가 세운 계획에 대해 뭔가를 추론하게 된다"(A. 403)고 말할 때, 우리는 아이가 애착 발달의 최종단계에서 개념적 통찰을 획득하는 과정 역시 이런 유관성 자세에서 접근한 것이라는 것을 알 수 있다. 그러나 이와 같은 행동주의적 자세는 행동적 단서가 실제로 있을 때만 가능한 것이다. 물론 엄마의 양육 행동 패턴에 대한 아이의 이해를 위해서 만일 엄마의 행동이 규칙적이라면 이와 같은 자세만으로도 효과적일 것이다. 그러나 엄마의 행동이 규칙에서 어긋난 모습을 보일 때 그리하여 현재의 엄마 행동을 이해할 수 있는 관찰 가능한 행동의 단서가 없을 때에도 아이는 엄마의 행동을 이해할 수 있어야 한다. 그래야만 목표 수정적인 동반자적 관계에 이를 수 있다. 이런 점에서 유관성 자세 역시 진화론적 실용성이 부족하다.[321]

1. 2 지향적 자세의 정당성

이제 지향적 자세는 물리적 자세, 설계적 자세 그리고 유관성 자세와 대비해서 단순히 마음 읽기 능력과 같은 지각적 타자경험 단계에서뿐만

---

321 최근에 아이의 마음 읽기능력의 발달과 관련해서 발표되는 발달심리학의 논문들을 보더라도 지속해서 정신주의적 해석과 비정신주의적 해석 간의 대결을 통한 후자에 대한 전자의 우위를 입증하고자 노력한다. Kuhlmeier, V., Wynn, K., & Bloom, P. (2003). Attribution of dispositional states by 12-months-olds. *Psychological Science*, 14, 406 참조. Onishi, K. H., & Baillargeon, R. (2005). Do 15-month-old infants understand false beliefs? Science, 308, 257 참조. Leslie, A. M. (2005). Developmental parappels in understanding minds and bodies. *Trends in Cognitive Sciences*, 9(10), 459-462 참조. Song, H., & Baillargeon, R. (2008). Infants' reasoning about others' false perceptions. *Developmental Psychology*, 44(6), 1794 참조.

아니라, 애착과 같은 원초적 타자경험과 의사소통과 같은 소통적 타자경험에서도 우위를 가진다. 나아가 개체차원에서뿐만 아니라 공동체적 차원에서도 지향적 자세는 우위를 가진다.

1) 베런-코헨을 포함한 대부분의 마음 읽기능력의 발달심리학의 이론가들이 받아들이고 있는 다니엘 데넷의 지향성 자세에 대한 정의를 다시 한 번 확인해보자.

"지향적 자세는 어떤 대상(사람일 수도 있고, 동물 또는 인공물일 수도 있다)의 행위를 그 대상이 스스로 '믿음'과 '욕구'를 '고려'하여 '행위'를 '선택'하는 합리적 행위자라는 전제 아래 이해하는 전략이다. …… 지향적 자세는 우리가 서로를 상대할 때 흔히 취하는 자세나 관점이다. 다른 존재를 바라볼 때 지향적 자세를 취한다는 것은 그 존재를 의인화하는 일과 비슷하다."[322]

데넷은 한편으로는 "겨냥함(aboutedness)", 즉 "자기 아닌 다른 존재를 어떤 식으로든 겨냥하는 행동"의 특성으로서 지향성을 수용하면서도 "지향성을 드러내는 존재는 다른 존재에 대한 표상을 지닌다"[323]는 철학적 의미의 지향성을 거부한다. 왜냐하면, 표상을 전제할 경우 지향성 개념은 아주 제한적으로밖에 사용할 수 없기 때문이다. 현상학적 입장에서 보더라도, 표상적 지향성은 지향성의 하나일 뿐 지향성 자체는 아니다. 오히려 데넷의 '겨냥함'은 표상적 지향성을 넘어 '무엇에 대해서 존재함', '무엇과 관계함'이라는 의미로 이해된다는 점에서 지향성이 갖는 실천성, 활동성의 의미를 잘 드러낸다.

---

322 D.C.Dennett, 같은 책, 59~61. 당연히 여기서 지향적 자세라는 용어는 의도(intention)라는 특정한 마음 상태만이 아니라 믿음, 바람, 생각, 의도, 희망, 기억, 공포, 약속 등 모든 종류의 지향적 상태를 부여하는 능력을 지칭한다.

323 D.C.Dennett, 같은 책, 72.

데넷은 마음 읽기 능력이 취하는 지향적 자세와 관련해서 아주 중요한 한 가지 특징을 언급한다. 바로 지향적 자세가 갖는 **지시의 불투명성**이다. 먼저 지시의 투명성이란 "술어를 꿰뚫고 들어가 술어가 가리키는 대상을 투시할 수 있다는 뜻이다."[324] 예를 들어 '등변삼각형'이라는 술어와 '등각삼각형'이라는 술어는 정확히 같은 대상 집합을 추려내므로 이 두 술어는 똑같은 외연을 갖지만 동일한 내포를 갖지는 않는다. 즉 언어의 맥락에서 이루어지는 치환의 자유를 지시의 투명성이라고 한다. 이제 지시 불투명성은 명제적 태도로 표현되는 지향적 자세에서 두드러진다. 지향성을 갖는 모든 존재자, 즉 지향계에 마음을 덧붙일 때 기본 꼴은 이른바 **명제적 태도**를 표현하는 문장이다.

x는 p를 믿는다.
y는 q를 바란다.
z는 r을 의심한다.

이 문장들은 먼저 지향적 존재자들인 x, y, z와 둘째, 태도의 구체적 내용이나 뜻을 가리키는 말 p, q, r로 표시된 명제, 셋째, 지향계에 덧붙이는 태도를 가리키는 말 '믿는다', '바란다', '의심한다' 등의 세 부분으로 구성되어 있다. 물론 실제로 마음을 덧붙이는 문장에서 이런 명제는 어디까지나 어느 나라 말이든 문장으로 표현되는데, 이 문장 안에는 외연이 같은 다른 말로 바꿔 넣을 수 없는 부분이 있다. 이것이 바로 지시의 불투명성이다. 예를 들어 "버락 오바마는 미국 44대 대통령이다"라는 문장과 "미국 최초 흑인 대통령은 44대 대통령이다"라는 문장은 동일한 진리치를 갖는다는 점에서 지시적으로 투명하다. 그러나 "나는 버락

---

324 D.C.Dennett, 같은 책. 79.

오바마가 미국 44대 대통령이라고 생각한다"와 "나는 미국 최초 흑인 대통령은 44대 대통령이라고 생각한다"의 경우에는 '버락 오바마'와 '미국 최초 흑인 대통령'이 서로 자유롭게 치환할 수 없다는 점에서 지시적으로 불투명하다.

지향적 자세가 갖는 지시 불투명성은 현상학적 관점에서 본다면 자연주의적 태도와 인격주의적 태도의 차이와도 같다. 자연주의적 태도에서는 동일한 물리적 실재라고 하더라도 인격주의적 태도에서 주체에게는 먼저 **그 객체와 지향적 관련을 맺느냐**의 여부에 따라 단순한 물리적 원인에 머물거나 혹은 관심과 주의와 특정한 경향을 불러일으킬 동기가 될 수도 있으며, 나아가 **그 객체와 어떤 지향적 관련을 맺느냐**에 따라 다른 동기가 될 수도 있다. 나아가 **초월론적, 구성주의적 태도에서는 주체와 맺는 지향적 관련에 따라** 객체는 다양한 의미로 경험되고 구성될 수 있다.

2) 그러나 명제적 태도에 입각한 지향적 자세만이 지향성의 유일한 양상은 아니다. 왜냐하면, 데넷이나 베런-코헨이 말하는 명제적 태도로서 지향적 자세는 선술어적 영역에서 이루어지는 지향적 동기연관과 구성 의미연관을 해명하지 못하기 때문이다. 쉽게 말해 고통과 쾌감 등의 감각적 감정이나 즐거움, 불안과 같은 기분을 동반한 본능, 충동적 영역에서 이루어지는 지향적 자세는 명제적 태도 속으로 진술될 수 있는 영역이 아니지만, 그것 역시 지향적 동기연관, 구성연관이 있기 때문이다. 이것이 함의하는 바는 분명하다. 지향적 자세는 단순히 **마음 읽기와 같은 지각적 타자경험의** 단계에서만 수행되는 것이 아니라 **애착과 같은 감정적, 본능적, 신체운동감각적 반응수준의 원초적 타자경험에서도** 수행된다. 이제 밝혀지겠지만, 베런-코헨이 마음 읽기 능력의 발생적 선행단계로서 파악하는 의도성 탐지나 시선탐지의 능력과 관련해서는 명제적 태도에 입각한 지향적 자세의 관점이 적용될 수 없는 계기가 등장한다.

3) 베런-코헨은 지향적 자세가 행동의 이해에서 다른 자세들에 비해 유용하는지를 해명할 뿐만 아니라 경쟁과 협조의 사회적 상호작용의 과정에서 중요한 단계인 **의사소통**에서 지향적 자세가 왜 유용하는지를 밝히고 있다. 의사소통은 반드시 언어적 의사소통만 있지는 않을 것이다. 비언어적 의사소통도 존재하며 또한, 양자가 병행하기도 한다. 비언어적 의사전달은 주로 손짓, 몸짓, 눈짓, 얼굴 짓 등이 있을 것이다. 베런-코헨에 따르면 비언어적이든 언어적이든 본질적으로 의사소통에서 여러 신체적 표현들이나 언어가 **지시하는 것**(reference)만을 아는 것으로는 소통이 성공하기 어렵다. 의사전달을 하는 행위자의 전달 **관련성**(relevance; 혹은 적절성)을 아는 것이 중요하다. 관련성 찾기는 "말하는 사람이 한 말의 **의미**를 듣는 사람이 말하는 사람의 현재 **의도**와 관련된 것으로 가정한다는 것이다"(M.39) 예를 들어보자. 경찰관이 강도를 향해 '그것을 내려놔!'라고 했을 때 강도는 '그것'이라는 단어가 지시적으로 애매하지만, 무엇을 의미하는지를 의심하지 않는다. 오히려 강도는 재빨리 경찰관이 '그것'이라는 단어를 자신(강도)의 손에 들려 있는 총을 뜻했을 것(즉 경찰관은 강도가 이를 이해할 것임을 의도했을 것)이라고 가정한다. 여기에서 강도는 마음 읽기능력을 갖추고 있어서 경찰관의 의도를 가정함으로써 경찰관의 말을 이해하는 것이다. 이것은 특히 지시체가 불분명한 언어 사용례, 이를테면 빗댄 말, 풍자, 은유, 비유 등의 비유적인 말의 해석에서 지향적 자세가 더욱 필요함을 의미한다.

여기서 말하는 관련성이 시사하는 바는 분명하다. 의사소통이 이루어지기 위해서는 단순히 서로의 말의 의미나 말의 문법적 구조가 아닌 말의 화용론적 쓰임새, 즉 말을 하는 사람의 의도 파악이 필수적이라는 것이다. 이를 후설의 타사성험 동기연관과 관련시켜보면 소통적 타자경험이 이루어지기 위해서는 지각적 타자경험, 즉 타자의 신체적 동작, 표정, 표현을 통해서 타자의 마음을, 특히 타자의 의도를 이해해야 한다는 것이다. 소통적 타자경험이 이루어지기 위해서 후설이 필요하다고 주장한 **"알림의 계획**

과 의지"(XV,427) 역시 그런 의지에 대한 이해를 전제하는 것이다. 이처럼 지향적 자세는 애착과 같은 원초적 타자경험 단계, 마음 읽기와 같은 지각적 타자경험 단계, 비언어적, 언어적 소통적 타자경험의 모든 단계에서 사태적 성격이면서 동시에 그 사태를 이해하는 방법으로서 적절하다.

4) 앞서 사회적 정서, 인지 발달심리학에서 개체차원에서 사회적 정서, 인지발달에 대한 접근에서 자연주의보다는 인격주의적 태도가 적절한 관점임을 보였다면 이제 공동체적 차원에서 사회적 정서, 인지에 대한 규정에서도 바로 인격주의적 태도로서 지향적 자세가 자연주의적 태도로서 물리적, 설계적, 유관적 자세보다 적절함을 보일 수 있다. 바로 아스팅턴의 문화심리학을 통해서 확인할 수 있겠지만, 한편으로는 지향적 자세로서 마음 읽기능력이 선천적으로 생물학적으로 결정된 점을 인정하면서도, 즉 지향적 자세에 대한 자연주의적 해명을 인정하면서도, 다른 한편으로는 인격주의적 차원에서 **마음 읽기능력이 각 사회마다 고유한 상호주관적 문화의 산물**이라는 **문화 내재주의**가 양립할 수 있다. 대표적으로 자폐증과 관련해서 베런-코헨과 같은 선천주의 입장에서는 **자폐증의 원인**은 마음 읽기모듈 중에서 의도성 탐지기나 시선 탐지기에는 결함이 없지만, 주의공유 기제에서 결함 때문이며, 따라서 자폐증은 생물학적 장애일 뿐이다.[325] 그러나 이 사실을 부정하지 않으면서도 문화심리학의 입장에서는 그런 **자폐증 증상의 진단**이 서구에서 그것도 1940년에 이르러 이루어졌다는 사실에 주목할 것이다. 이 사실이 함축하는 바는 바로, 베런-코헨의 말대로 주의공유 기제에 선천적으로 생물학적인 결함이 있다고 하더라도 그 개인이 사회생활을 영위하는 데 큰 어려움이 없는 사회가 존재할 수 있다는 이야기이다. 따라서 이와 같은 사회에서는 자폐라는 증상

---

325 S. Baron-Cohen, 같은 책, 87~122 참조.

자체가 질병이나 장애로 진단되지 않는다. 다시 말해 사회생활 속에서 상대방의 정서, 앎, 믿음, 거짓 믿음에 대한 이해를 바탕으로 상대방의 행동을 설명하고 예측할 수 있어야 하는 사회가 있을 수 있고, 그와 같은 정신주의적 이해가 필요 없는, 그래서 애초에 인식적 정신상태와 관련된 어휘도 발달하지 않은 사회가 있을 수 있다. 그에 따라 마음 읽기능력이 학습되지 않은 아이들과 마음 읽기능력을 선천적으로 갖추지 않은 아이들 간에 별다른 차이가 나타나지 않을 수도 있다.

이처럼 60년대 말 이후 아이의 인지적, 정서적 본능체계의 발달과 관련된 발달 심리학의 연구성과를 통해서 우리는 자연주의가 아닌 **지향적 자세의 관점**, 사회마다 고유한 상호작용의 방식으로서 **문화 내재 주의적 관점**이 대안적인 중요한 관점들임을 확인할 수 있다. 이때 아스팅턴의 문화 내재주의 관점이란 결국 공동체적 관점에서 **상호주관적 지향적 자세**일 뿐이다.

2 자연주의로부터 인격주의 및 초월론적 태도로의 전환

그러나 더욱 중요한 것은 단순히 자연주의적 태도가 인간의 정신현상, 특히 사회적 정서나 인지능력을 해명하는 데 한계가 있으며 개체차원이든 공동체 차원이든 인격주의적 태도로서 지향적 자세가 진화론적 관점에서 더욱 실용적이라는 입론에 머물기보다 더 근본적으로 인격주의적 관점이 자연주의보다 현상학적 관점에서 우위에 있음을 보여야 한다.

이제 우리는 이와 같은 입론을 바로 후설의 『이념들II』에서 우선 찾을 수 있었다.

"더 정확하게 고찰해보면 여기서 두 가지 동등한 권리를 갖는 그리고 동등하게 서열을 갖는 두 가지 태도들[즉 자연주의적 태도와 인격주의적 태도], 내지는 두 가지 전적으로 동등한 권리를 갖는 그리고 동시에 관통하는 통각들이 놓여 있는 것이 아니고, 자연주의적 태도는 인격주의적 태도에 종속되지만, [그러나] 추상을 통해 혹은 오히려 인격적 자아의 자기 망각을 통해 일정한 독자성을 획득하는, 이를 통해 동시에 자신의 세계, 자연을 **부당하게** 절대화하고 있다는 사실이 명백하게 밝혀질 것이다." (IV, 183~184)

정신의 고유 법칙성으로서 동기연관의 지향성을 드러내는 인격주의적 태도를 보인다는 것은 어떤 **인위적인 노력**이 요구되는 태도라기보다는 주체가 자신의 환경 세계와 맺는 무수한 지향적 관련들 속에서 자기 자신, 이웃, 모두에게 공통적인 환경 세계에 대한 **가장 일상적인 자연스러운 태도**로 되돌아가는 것이다. 그리고 이와 같은 태도 속에서 비로소 자연주의적 인과성이 아닌 인격주의적 동기연관으로서 지향성이 드러난다. 반면 자연주의적 태도는 일종의 추상적 태도이며, 인격적 자아의 자기 망각일 뿐이다. 이제 사회적 정서, 인지발달심리학의 실험, 관찰을 현상학적으로 수행하며 해석하기 위해서는 여러 단계의 태도전환이 요구된다.

1) 『이념들II』에서 이런 **인격주의적 태도로의 되돌아감**은 『위기』에서 초월론적 판단중지의 분석론의 제1단계로서 "**객관적 학문에 대한 판단중지**"(VI,138) 혹은 "**생활 세계적 판단중지**"(VI, 140)로 이어진다. 이것은

"객관적 학문의 진리나 허위에 관해 관심을 두고 있는 모든 비판적 태도 취함, 심지어 객관적 세계인식이라는 그들의 지도적 이념에 대한 것까지도 태도 취함을 판단중지하는 것을 의미한다." (VI, 138)

우리가 대화의 상대방으로 삼으려는 사회적 정서, 인지발달심리학에서 두드러진 점은 바로 아이의 타자경험을 아이 자신의 그때마다 일상적인 본래 순수한 자연적 태도에서 이해하고자 한다는 점이다. 피아제의 아동 인지발달심리학이 비판을 받는 이유도 바로 여기에 있다. 아스팅턴에

따르면

> "피아제의 초기와 후기의 작업들은 질문과 과제들이 아이에게 의미 있는 맥락이
> 아니었기 때문에 비판을 받았다. 만일 우리의 관심이 아동의 능력과 이해에 있었
> 다면 아이들이 공감할 수 있는 상황에서 그들이 이해할 수 있는 질문을 하도록
> 조심했어야 했다."[326]

이를테면 피아제는 꿈이 어딘가로부터 오는 물리적 대상이라는 가정
에 따라 '꿈은 어디에서 오는가?'라고 질문하면서 아이가 '하늘로부터'라
고 대답할 때 아이를 실재론자(realist)로 분류한다.[327] 또한, 피아제의 세 가
지 산 실험의 경우에도 아이에게 과도하게 어려운 기하학적 공간탐지 능
력을 활용한다는 점에서 영유아들에게는 부적합한 실험이었다. 이미 인
지능력에 대한 피아제 자신의 특정한 이론적 관점에서 실험과 관찰을 수
행하는 바람에 아이 자신이 타인과 세계에 대해 갖는 아이 자신의 일상적
자연적 태도를 찾지 못한 것이다.

나아가 이런 아스팅턴의 접근 역시 한계가 있다. 왜냐하면, 질문시도
자체가 아직 언어능력이 발달하지 않은 영유아에게는 부적합하기 때문
이다. 따라서 사회적 정서, 인지 발달 심리학 내에서 영유아들에 대한 실
험에서 일종의 '기대-위배 테스트'(expectation-violation test)로서 영유아의
'응시시간'(Looking time)의 변화를 측정하는 방법을 도입한 것은 바로 기
존의 구어적 테스트가 언어능력이 아직 발달하지 않은 영유아에게 적합
하지 않으며, 일상 속에서 영유아의 응시시간 변화가 타인을 경험하면서

---

326 J.W. Astington, *The Child's Discovery of the Mind,* Harvard University Cambridge, Massachu-
setts, 1993, 13.

327 J. Piaget, *The Chilid's Conception of the World,* London, Kegan Paul, 1929. 94. J.W. Astington,
같은 책, 12~13 참조.

보여주는 반응, 이해능력을 해석할 수 있는 가장 일상적인 태도라는 인식 때문이다.

2) 그러나 『위기』에서는 이처럼 생활 세계적 환원의 방식을 재차 두 가지로 나눈다. 즉 "이 세계에 곧바로[비반성적으로] 향하고 있는 소박한 자연적 태도와 생활세계와 생활 세계적 객체들의 주관적인 소여 방식들의 양상(Wie)에 대한 일관된 반성적 태도"(IV, 146)를 구분한다. 전자의 태도는 일종의 "세계의 지평으로 들어가 사는 방식"(Hineinleben)(VI, 146), 즉 "일상적으로 사는 방식"(Dahinleben)(VI, 147)으로서 비반성적 삶이라면, 후자의 태도는 "일상적으로 사는 방식을 단절하는, 세계에 관한 주제적 의식의 변경 속에서의 각성된 삶"(VI, 146)이다. 이것은 이제 메를로-퐁티가 말하는 근본적 반성의 태도이다.

> "반성은 초월들이 용솟음치는 것을 보기 위해 뒤로 물러서는 것이며, 반성은 우리를 세계와 연결하는 지향적 실을 느슨하게 하여 그와 같이 우리에게 보이게 한다." (PP, viii)

여기서 초월이란 신체와 세계로 의식의 부단한 수동적인, 능동적인 초월이며, 뒤로 물러서 우리에게 보이게 한다는 것은 단순히 순수하고 투명한 초월론적 자아로 되돌아가는 것이 아니라 신체와 세계에로의 의식의 부단한 운동으로서 이해된 동기 연관적 지향성을 반성적으로 드러냄을 의미한다. 이것을 지향적 자세로서 사회적 정서, 인지능력의 발달에 대한 탐구에 적용한다면 아이의 사회적 정서, 인지능력 자체는 일종의 비반성적인 생활 세계적 태도로서 소박한 자연적 태도라면, 그와 같은 능력에 대한 발달심리학자의 탐구는 그와 같은 타자경험의 의식의 소여 양상들에 대한 반성적 해명을 의미한다.

발생적 현상학의 출발점-단서, 실마리-으로서 정신의 법칙성인 동기

연관을 충분히 드러내기 위해서 발달심리학자는 "실재적 세계 속의 실재성들로서 인간이 이 세계의 사물들에 실재적으로 관련되어 있음"이 아닌 "인간이 그들에게 지향적으로 타당한 세계의 내부에서 그들에게 의식되고 그들에게 지향적으로 타당한 사물들과 순수하게 내적으로 관련되어 있음"(VI, 241)의 태도 속에 있어야 한다.

그러나 우리의 관심사가 무엇보다 인격 간의 "순수한 지향적, 내적으로 그리고 고유하게 본질적으로 완결된 상관관계, 말하자면 상호주관성의 상관관계"(VI, 241)라면 '실재적 지향적 관련되어 있음'이 아닌, '순수하게 내적으로 관련되어 있음'에 머무르기 위해서는 재차 실재적 지향성들 가운데서 "우선 함께 타당하게 간주하는 것을 억제함(Enthaltung)"(VI, 242), 즉 "현상학적–심리학적 판단중지"(VI, 247)를 수행해야만 "내적인 것"을 기술할 수 있다.[328]

3) 그러나 발생적 현상학은 단순한 현상학적 심리학이 아니다. 즉 현상학적 심리학은 초월론적 현상학, 구성적 현상학이 아니다. 현상학적 심리학적 환원을 통해서 우리에게 인격 간의 "순수한 지향적, 내적으로 그리고 고유하게 본질적으로 완결된 상관관계, 말하자면 상호주관성의 상관관계"(VI, 241)로서 인격적 동기연관에 도달했을 때 우리가 획득한 것은 경험 간의 동기연관의 확인일 뿐 경험 간의 발생적 정초가 드러난 것

---

328 이처럼 **생활 세계적 환원과 현상학적 · 심리학적 환원**의 구분은 바로 『위기』 제3부 〈초월론적 문제의 해명과 이와 관련된 심리학의 기능〉을 왜 A. 「미리 주어진 생활세계로부터 되돌아가 물음으로써 현상학적 초월철학에 이르는 길」과 B. 「심리학으로부터 현상학적 초월철학에 이르는 길」로 나누었는지를 이해하는 하나의 단서가 될 수 있다. A와 B 모두 궁극석으로는 초월론적 환원을 취한다는 점에서는 일치하지만, 그 전 단계로 각각 생활 세계적 환원과 현상학적 · 심리학적 환원을 구분한 까닭은 생활 세계적 환원만으로는 정신의 고유한 법칙성으로서 동기 부여의 유형이 낱낱이 드러날 수 없기 때문이었다. 따라서 A와 B는 택일적인 두 가지 길이 아니라 최종적으로 초월론적 현상학으로 이르기 위한 A에서 B에로의 단계적인 길이라고 볼 수 있다.

은 아니다. 하나의 경험이 선행하는 경험으로부터 동기 부여되었다고 했을 때 우리는 여전히 그런 경험들의 대상들의 총체로서 세계는 이미 주어져 있다는 믿음을 전제한다. "그것은 다름 아닌 세계가 존재하는 모든 것의 총체이며, 따라서 존재하는 모든 것의 총체인 세계의 한계를 벗어나서 존재할 수 있는 것은 아무것도 없다는 믿음이다."[329] 후설은 이런 믿음을 "자연적 태도의 일반정립"(III.1, 60)이라고 부른다. 따라서 발생적 현상학의 의미에서 발생적 정초로서 구성의 구조를 해명하기 위해서는 **자연적 태도의 일반정립에 대한 판단중지**가 요구된다.

물론 이런 자연적 태도의 일반정립에 대한 초월론적 판단중지에 대해서는 수많은 논란이 존재한다. 그것은 현상학 진영 밖뿐만 아니라 내부에서도 논란이 되고 있다. 이와 관련된 논란을 여기서 상세하게 다룰 의향은 없다. 다만 중요한 것은 이런 초월론적 에포케를 탈세계적, 절대적 주관에로의 환원으로 이해하는 생각이 오해라는 사실만을 지적하고 싶다. 초월론적 태도가 보이는 구성주의의 본래 통찰은 세계가 단순히 완성되어 주어진 것이 아니라 앞서 주어진 것들과 아직 주어지지 않은 가능한 것들로 이루어져 있다는 사고이다. 후설은 1925년 여름학기 강의인 『현상학적 심리학』(IX) 결론 부분에 해당하는 43절에서 모나드에 대한 정적 탐구와 발생적 탐구를 구분하면서 다음과 같이 주장한다.

"모나드는 …… 현상학적 환원 속에서 …… 분석의 직접적 직관 속에서 탐구될 수 있는 주관적인 것의 통일체이다. 발생적 탐구란 그 속에서 모나드가 전개되고 발전하며, 모나드 내부에서 모나드적 자아가 자신의 인격적 통일성을 획득하며, **부분적으로는 수동적으로 선소여된, 부분적으로는 자아 자신에 의해 능동적으로 형성되는 하나의 주변 세계의 주체가 되며 그로써 하나의 역사의 주체가 되**

---

329 이남인, 『현상학과 해석학』, 83.

는 그런 수동적이면서 능동적인 발생들의 탐구이다." (IX, 216)

즉 초월론적 현상학적 환원 속에서 분석의 대상이 되는 주관적인 것의 통일체로서 모나드적 자아는 한편으로는 선소여된 세계의 수동적 구성의 주체이며, 다른 한편으로는 새롭게 세계를 능동적으로 구성하는 주체이다. 중요한 것은 이와 같은 세계의 수동적, 능동적 구성의 가능성은 현상학적 판단중지와 환원 속에서만 드러날 수 있다. 그리고 또한, 이와 같은 모나드의 주체는 역사의 주체가 된다. 이 점에서 메를로-퐁티는 후설의 초월론적 태도와 유사하다. 메를로-퐁티는『지각의 현상학』마지막 장에서 바로 자유를 다음과 같이 정의한다.

"그렇다면 자유란 무엇인가? 태어남, 그것은 **세계로부터 태어남**이고 동시에 **세계를 향해 태어남**이다. 세계는 이미 구성되어 있다. 그러나 결코 완전하게 구성된 것은 아니다. 세계가 이미 구성되어 있다는 것과 관련해서 볼 때 우리는 [세계로부터] 요청을 받고, 세계가 완전히 구성된 것이 아니라는 것과 관련해서 볼 때 우리는 **가능한 것들에 무한하게 열려** 있다." (P.P, 517)

바로 발생적 현상학에서 초월론적 태도란 이처럼 세계를 단순히 주어진 사물들의 총체로서 완성된 것으로 보는 것이 아니라 항상 새롭게 구성될 수 있는 그러나 구성되어 침전된 지평 속에서 열린 무한성을 갖는 것으로 보는 태도이다. 이것은 특히 타자경험의 발생적 현상학에서 함의하는 바가 크다. 왜냐하면, 우리는 항상 앞선 세대와의 상호주관적 결합을 통해 한편으로는 생물학적 유전을 통해 그리고 사회문화적 유전을 통해 선구성된 세계를 전승하며, 다른 한편으로는 동시대의 구성원들 및 미래 세대의와 상호주관적 결합을 통해 세계를 항상 새롭게 현실적으로 구성하고 있으며, 가능적으로 구성할 수 있기 때문이다.

우리는 발달심리학과 발생적 현상학의 대화를 통해서 단순히 사회적 인지, 발달심리학을 초월론적 현상학으로 환원시키고자 하는 것이 아니다. 다만 발달심리학의 발견과 통찰을 초월론적 현상학적 차원에서 재해석함으로써 기존의 초월론적 현상학으로서 타자경험의 발생적 현상학의 불완전함을 극복하고자 하는 것이다. 그러나 분명 초월론적 태도 차원에서 재해석할 수 있는 단서로서 경험적 발견과 통찰 그 자체는 발달 심리학 자체에서 얻어야 한다. 특히 세계의 수동적, 능동적 구성과 관련해서 타자경험의 발생적 현상학은 진화심리학에서 진화적 적응환경의 발견과 통찰로부터 원초적 타자경험 단계에서 최초의 상호주관적 자연의 구성논의를 이끌어 낼 수 있다. 또한, 문화심리학에서 사회문화적 공동체의 특성이 마음 읽기나 의사소통에서 미치는 영향과 관련된 발견과 통찰로부터 발생적 현상학은 지각적 타자경험과 의사소통적 타자경험에서 인간적 세계와 사회적 세계의 구성에 대한 풍부한 단서를 얻을 수 있다.

정리해보면 발달심리학과 발생적 현상학의 대화를 통해 본래적인 의미에서 타자경험의 동기연관을 단서로 발생적 정초연관을 드러내기 위해서는 다음과 같이 현상학적으로 세 가지 절차가 필요하다.

1) 객관적 학문에 대한 판단중지와 함께 생활 세계적 일상으로
   되돌아오기,
2) 현상학적–심리학적 판단중지
3) 현상학적–초월론적 판단중지

3 발생적 현상학과 진화심리학의 상보성

우리는 앞서 1부 4장 1절에서 "태아의 생물학적, 신체적 탄생을 통해 유전되는 유전형질이 태아의 의식 탄생에서 갖는 현상학적 의미가 무엇인가?"라는 물음을 제기한 바 있다. 즉 후설이 말하는바, 세대의 무한한

연쇄를 통해 선행 세대로부터 후행 세대로 전달되는 침전된 경험으로서 유전형질은 현상학적 차원에서 어떤 의미가 있는가?

이에 대한 대답을 찾기 위해서는 진화심리학과 발생적 현상학의 관계를 논의해보아야 한다. 왜냐하면, 여기서 말하는 유전형질은 분명 선행 세대의 침전된 경험이며 따라서 단순히 생리적, 형태적 형질이 아닌 **심리적 유전형질**이며, 바로 진화심리학이 "과거로부터 유전되어 내려온 인간 마음의 구조가 진화과정의 산물임을 인정하는 심리학"[330] 혹은 "인간의 마음과 뇌의 메커니즘을 진화론적 관점을 통해 이해하는 학문"[331]으로서 후설과 유사한 주장을 하기 때문이다. 진화심리학을 기본 방법론으로 삼는 베런-코헨에 따르면, "생화학과 유전학에서부터 생태학에 이르기까지 생물학의 모든 분야는 다윈의 진화론의 틀로 통합되었으며"(M. 14), 그는 이제 "심리학의 인접분야들을 생물학의 내에서 서로 관련시킴으로써 심리학도 다윈의 진화론의 틀로 통합될 수 있도록 하는 것"(M. 14)을 시도하려고 한다. 베런-코헨은 특히 **마음 읽기라는 특정 인지체계와 인지 과정이 생물학적이고 선천적이며, 자연선택의 산물**일 가능성이 매우 강하다고 보며, 결국 사회적 협조와 경쟁이라는 적응적 과제를 위해 필요했던 마음 읽기를 생물학적 본능, 즉 **마음 읽기 본능**으로 부르고자 한다. 이보다 먼저 볼비는 인간 아이는 인류의 먼 조상이 되는 생물 종의 아이와 같이 성인양육자에게 애착하려는 강한 동기를 가지며, 이러한 동기는 아이의 신체적 생존과 심리적 안녕감의 두 측면에서 모두 상당히 명백히 적응적인 것임을 발견함으로써 **애착이라는 특정한 정서체계와 정서 과정**을 생물학적이고 선천적이며, 자연선택의 산물일 가능성이 매우 강하다고 보았고, 그에 따라 **애착 본능**이라고 부르게 되었다.

---

330 L.Cosmides, J.Tooby and J.Barkrow, 같은 책, 7.

331 D. Buss, 같은 책, 15.

기본적으로 진화심리학은 이처럼 마음 읽기와 같은 사회적 인지체계, 애착과 같은 사회적 정서체계와 과정의 기능을 **계통 발생적(phylogenesis)** 차원과 **개체 발생적(ontogenesis)** 차원에서 설명하는 것을 목적으로 한다.[332] 배런-코헨이나 볼비 모두 인간과 동일한 계통 속에 있다고 판단되는 유인원—침팬지, 고릴라, 보노보 원숭이, 붉은털원숭이, 개코원숭이 등—에서도 초보적인 마음 읽기본능이나 애착 본능의 증거를 제시함으로써 이런 사회적 본능이 계통 발생적 속성임을 입증하고자 했다. 동시에 양자 모두 인간 종 내에서 개체의 발생과 발달에서 나타나는 마음 읽기본능과 애착 본능의 공통점과 차이-특히 지체와 결핍-를 해명했다.

분명 진화심리학은 이처럼 왜 인간이 애착 본능이나 마음 읽기본능과 같은 **상호주관적 인지-정서체계**를 갖추게 되었는가에 대해 한 가지 설득력 있는 답변을 제공해주고 있다. 더욱이 우리의 관심사인 타자경험의 발생적 현상학과 관련해서 진화심리학은 중요한 두 측면에 대한 단서를 제공한다. 첫째, 진화심리학은 애착 본능이나 마음 읽기본능의 최초 발생에서 왜 신생아나 아이가 특정 자극에 **선천적으로 적응된(preadapted)** 반응을 보이는지에 대한 한 가지 중요한 답을 제시하고 있다. 둘째, 진화심리학은 애착 본능이나 마음 읽기본능이 형성되고 작동되는 과정에서 왜 동기 연관적인 지향적 체험의 구조를 보편적으로 갖추고 있는지에 대한 한

---

332 생물은 오랜 기간에 걸친 변화를 재현할 수는 없으나, 생물의 배(胚) 발생 과정이나 형태 · 화석 등은 생물지리의 연구로 대강 추정할 수 있다. 동물의 발생을 보면, 하나의 세포에서 복잡한 구조로 바뀌는 것을 관찰함으로써 형태변화 과정을 상상할 수도 있다. **계통발생**이란 말은 독일의 생물학자 E.H.헤켈이 "개체발생은 계통발생을 단축하여 재빨리 되돌아온다"는 발생 반복의 법칙에서 사용한 말이다. 헤켈은 다시 "완전한 반복은 적응을 위하여 변한다"고 하였다. 결국, 생물의 개체발생에는 요약 발생과 적응 발생이 있으며, 요약 발생은 계통발생을 그대로 반복하지만, 생활환경에 적응하므로 요약 발생만이 아니라고 했다. 이 설은 현재도 많은 학자에게 지지를 받고 있다 [출처] 계통발생 [系統發生, phylogeny] | 네이버 백과사전

가지 답을 제시하고 있다.[333]

　이제 우리는 여기서 중요한 문제를 짚고 넘어가지 않을 수 없다. 과연 진화론적 심리학이 과연 현상학적-심리학적 에포케와 환원을 통해 도달하는 인격주의적 관점과 상충하는 자연주의의 관점인가? 단순하게 **진화심리학은 자연주의적 태도 속에서의 애착 본능, 마음 읽기본능에 대한 인과적 해명일 뿐이고, 발생적 현상학은 인격주의적 태도(내지는 현상학적 심리학적 태도)에서의 동기연관의 해명을 단서로** 초월론적 현상학적 태도에서 발생적 정초의 해명을 추구하는 점에서 서로 다른 태도, 다른 차원이라고 대답하는 것으로 충분한가? 그러나 태도의 차이라고만 말하기에는 우선 진화심리학은 방금 확인한 것처럼 발생적 현상학의 논의 안에 깊숙이 들어와 있다. 더욱 흥미로운 것은 후설의 발생적 현상학의 논의에서도 진화심리학의 논의와 겹치는 부분이 발견된다는 점이다. 발생적 현상학의 방법과 관련해서 우리가 분석했던 유고 중 최종 유고인 1933년 「정적 그리고 발생적 현상학. 고향 세계와 이방[세계]의 이해. 동물의 이해」에서 후설은 정적 현상학의 방법을 마무리하고 발생적 현상학의 방법을 본격적으로 논의하기 시작하면서 우선 예상대로 발생적 현상학의 출발점이라고 할 수 있는 인격주의적 태도 속에서 동기연관의 법칙

---

333 물론 진화심리학 전체가 지향적 자세를 기본 방법론으로 취하고 있는 것은 아니다. 다만 사회적 인지나 정서와 관련된 심리 메커니즘에 국한해서 지향적 자세를 받아들이고 있다. 데닛이나 베런-코헨의 경우에는 애초에 심리 메커니즘 자체를 지향적 자세에서 바라보지만, 이를테면 대표적인 진화심리학자인 D. 버스의 경우에는 다분히 설계적 자세의 입장을 여전히 취하고 있는 것처럼 보인다. 버스는 진화심리학의 과제로 다음 네 가지를 제시한다. "첫째 마음은 왜 이러한 형식으로 설계되었는가? - 즉, 어떤 인과적 과정이 인간의 마음을 지금의 형태로 창조, 형성 혹은 조형했는가? 둘째, 인간의 마음은 어떻게 설계되었는가? 각각의 메커니즘이나 구성요소들은 무엇이며, 그것들은 어떻게 조직되었는가? 셋째, 그 구성요소들과 그로 조직된 구조물의 기능은 무엇인가? - 즉 마음은 무엇을 하도록 설계되었는가? 넷째, 환경, 특히 사회적 환경으로부터 입력된 것들은 관찰 가능한 행동을 만들어내는 인간 마음의 설계와 어떻게 상호작용하는가?" D. Buss, 같은 책, 15.

에 대해서 언급한다. 모든 인격에는 "'내면적으로 그리고 순수하게 내면적으로 볼 때'(순수 인격적, 순수 심리학적 태도 속에서), **동기 부여의 보편적 법칙**이 작동한다."(XV, 618) 이 동기 부여의 보편적 법칙은 "**세대상 완결된 인과연관**" 내에서 본다면 자신의 "**역사적 시간**"을 가진다. 그런데 여기에서 후설은 탄생과 죽음처럼 또 다른 "경계문제(ein Randproblem)"가 제기될 수 있음을 지적한다.

> "물론 잊어서는 안 될 것은 **자연역사**는 동물 세계 및 경계 추측(또한, 하나의 경계문제)으로서 유기체적인 세계 일반의 **계통 발생적 연관**을 지시한다는 사실이다. 깨어있음과 잠 속에서 모든 인간적인 그리고 유비적으로 동물적인 삶은 항상 새롭게 구성되는 **보편적 깨어있음의 통일체**에 속한다. 모든 깨어남의 사건들, 말하자면 그때그때 깨어남의 모든 촉발과 작용들은 독특한 **내부시간적인 (역사적 시간적인) 동기 부여의 결합** ……의 통일체 속에 있다. 이런 의미에서 모든 인격성은 하나의 보편적 발생 속에 있다."(XV, 618)

후설은 보편적 발생의 법칙으로서 동기 부여의 결합을 인간뿐만 아니라 인간과 유비적으로 동물적인 삶에도 동일하게 적용할 수 있다고 생각한다. 이때 인간과 유비적인 동물의 경계의 기준은 무엇인가? 결국, 그 기준은 인간과 계통 발생적으로 연관된 동물종 일반에서 발견될 수 있는 유사성일 것이다. 우리의 판단으로는 이런 계통 발생적 유사성의 기준의 단서를 진화심리학을 통해서 찾을 수 있다고 본다. 그러나 실질적으로 동기 부여의 연관이 어떻게 발생하고 어떻게 발달하는지에 대한 분석은 당연히 발생적 현상학의 몫이다.

그런데 과연 인간 및 인간과 유사한 동물 종에게서 발견되는 지향적 동기연관의 법칙이 "왜 그렇게 존재하게 되었는가?" 그리고 "어떻게 그 법칙이 발생하고 발달하는가?"라는 식으로 문제들의 차원을 "왜?"와 "어떻게?"로 나누고 "왜?"는 진화심리학의 과제로, "어떻게?"는 발생적 현상학의 과제로 할당하는 방식으로 상호보완이 될 수 있을까? 그러나 후설의 발생적 현상학은 그 이상을 주장하는 것처럼 보인다. 후설은 계통발생과 밀접하게 관련된 경계문제의 사례들로 같은 유고의 이어지는 대목에서 "초기유아기의 심리학"과 "모든 단계의 동물들의 심리학"(XV, 620)을 제시한다. 그리고 이제 이와 같은 경계문제들에 대한 접근의 "근본적이고 본질적합적인 절차"로서 다름 아닌 세계 지평을 제시한다.

> "여기에 바로 하나의 근본적이고 본질적합한 절차가 있다. 현실적인 그리고 가능한 경험의 세계로서 세계는 **자체 소여(Selbstgebung)**, **자체증시(Selbstaus-weisung)**의 본래적인 의미에서 경험이 미치는 데까지 미친다. 혹은 동등한 가치를 갖는 것으로서, 세계통각이, 앞서 지시된 것을 새로운 것이든 기지의 것이든 **자체파악(Selbsterfassung)**에로 가져오는바, 하나의 가능한 **상호주관적으로 수행되는 경험(einer möglichen intersubjektiv zu vollziehenden Erfahrung)** 속에서 가능한 지각에 대한 **앞서 지시함의 지평(Horizont einer Vorzeichnung)** 을 갖는 만큼 미친다." (XV, 620)

이 구절에서 우리는 발생적 현상학과 진화심리학의 관계와 관련해서 세 가지 중요한 시사점들을 얻을 수 있다. 첫째, 진화심리학이 태아의 탄생에서 이미 갖추고 있는 상호주관적인 선천적인 본능 지향성이나 유비적인 동물에게서 발견되는 유사 본능지향성들과 관련된 중요한 경험적 사실들을 제공하는 것은 분명하다. 그러나 그런 사실 정보는 우리의 경험 속에서 현상학적으로 소여되고 제시될 수 있는 한에서만 의미 있다. 즉 '**자체 소여**', '**자체증시**', '**자체파악**'이라는 표현에서 알 수 있듯이 진화론의 사실 정보를 그 자체로 타당한 것으로 받아들이는 것이 아니라 이에 대한 현상학적-심리학적 에포케를 통해서 그것이 우리의 경험 속에서 드러나는바 그대로만을 받아들여야 한다. 이미 배런-코헨의 마음 읽기본능이나 볼비의 애착 본능이 시사하고 있듯이 진화심리학에서는 먼저 인간의 마음을 구성하고 있는 심리적 메커니즘을 확인하고 기술하는 절차가 필요하다. 또한, 확인되고 기술되는 심리적 메커니즘은 항상 그것을 통해서 해결해야 하는 **적응적 문제상황과의 지향적 관계** 속에서 이해된다. 데 넷이나 투비는 이를 열쇠와 자물쇠의 비유로 설명하면서 마음, 즉 심리적 메커니즘은 일종의 열쇠로서 적응적 환경이라는 자물쇠에 맞게 혹은 자물쇠를 겨냥하여 형성된 것이라고 설명한다. 간단히 말해 마음은 그 유형별로 각각의 고유한 적응적 문제상황을 지향하도록 형성되어 있다는 것이다. 이처럼 진화심리학은 마음의 다양한 유형의 지향적 작용들을 확인하고 기술하는 절차를 통해서 그것에 상응하는 뇌의 기능에 대한 연구 및 진화론적 증거조사를 준비한다. 따라서 그 첫 단계에서 **마음에 대한 현상학적 심리학적 에포케에 의거한 기술**이 필요한 것이다.

둘째, **앞서 지시함의 지평**이 의미하는 것처럼 우리에게 전적으로 새로운 경험이란 없다. 모든 실재적인 것은 이미 "존재론적인 세계경험양식, 세계양식"(XV, 620)에 따라 "귀납적으로 기대되는 어떤 것으로서, 이제 예견적으로 이미 인지되고, 때에 따라 수정되고, 인식되고, 취급되는 것으로서"(XV, 621) 경험된다. 이것이 함의하는 바는 크다. 우리들의 새로운 경험은 항상 어떤 특수화일 뿐이며, 동기 부여되어 미리 지시된 것이다. 심지어는 촉발로 인해 선-자아로부터 깨어나는, 즉 탄생하는 태아의 최초의 현실적 경험마저도 거기에는 **공지평, 공방향의 선천적 본능 지향성이** 전제된다. 이것은 진화심리학에서 마음, 즉 "진화된 심리적 메커니즘은 우리가 살아갈 환경과 그 환경에서 규칙적으로 반복되는 특성에 대한 선천적 지식을 내장하고 있다"[334]는 주장과 연결된다. 여기서 말하는 선천적 지식은 볼비나 배런-코헨이 말하는 **진화적응환경에 대한 지식**을 의미한다. 재차 이것은 현상학적 차원에서 본다면 **초월론적 주체로서 태**

---

334 류지한, 「마음의 진화 : 진화심리학에서 마음」, 신현정 외, 『마음학 : 과학적 설명 + 철학적 설명』, (백산서당, 2010), 169.

아가 태어날 때 태아에게 선구성된 세계 지평이다. 바로 이것이 후설이 말하는 **선행하는 세대로부터 무한 연쇄를 통해 후행 세대에게 전달되는 침전된 경험으로서 유전형질**을 의미할 것이다. 이 유전형질은 마치 열쇠의 구조가 자물쇠의 내부구조를 지향적으로 내포하고 있듯이 그런 유전형질의 발현을 통해 해결해야 하고 적응해야 하는 적응적 문제상황을 기투하는 진화적응환경의 구조를 잠재적으로 내포한다.[335]

셋째, 그런데 문제는 이와 같은 유전형질이 어떻게 전달된다는 것인가? **"상호주관적으로 수행되는 경험"**이라는 말이 시사하듯이 후설은 선-자아가 갖는 이런 선천적 본능지향성들을 앞선 "무한히 계속되는 세대연관"(XV, 169) 속에서 선행하는 세대들 경험들의 침전을 통해서 전달되는 유전형질(Erbmasse)로 규정한다. 그러나 여기서 말하는 유전형질, 특히 계통 발생적 본성으로서 이를테면 애착 본능이나 마음 읽기본능과 같은 상호주관적 정서적-인지적 능력은 태아의 앞선 세대인 부모에게서 오는 것이 아니며, 더욱이 앞선 세대가 습득한 것으로서 침전되어 뒤따른 세대에게로 유전된 것이 아니다. 박인철 교수는 이 대목과 관련해서「사회생물학과 현상학」에서 다음과 같은 의문을 제기한다. "후설은 분명 어떤 본능적 소질이나 요소는 선천적으로 유전됨을 인정하고 있다. 그러나 이것이 문화적으로 영향을 받은 후천적 습성의 경우에도 적용될 수 있는지에 대해서는 후설은 분명한 답을 주고 있지 않다."[336] 분명히 앞선 세대, 그러니까 부모나 조부모로부터의 구전을 통해서 이전 세대의 문화 전

---

335 물론 여기서 열쇠가 자물쇠의 구조를 지향적으로 내포한다는 비유는 개체(token) 차원이 아닌 유형(type) 차원에서 이해되어야 한다. 진화심리학은 진화된 선천적인 심리적 메커니즘이 모든 영역에 일반적으로 유용한 목적을 지닌 것이 아니고, 각각의 진화적응환경에 맞게 전문화되어 있다고 본다. 따라서 포더나 베런-코헨 그리고 진화심리학에서는 심리 메커니즘의 유형들은 각각 기능적으로 모듈화되어 있다고 말한다.

336 박인철, 같은 글, 414.

승, 계승[337]은 가능하더라도 선천적 상호주관적 본능의 유전은 가능하지 않다. 따라서 후설이 말하는 "무한히 계속되는 세대연관"이란 **선천적인 본능차원의 지향성 유전과 후천적인 모방, 학습차원을 통한 사회문화적 전통의 계승**의 두 차원에서 각각 이해되어야 할 것이다. 따라서 애착이나 마음 읽기와 같은 근원적인 사회적 정서, 인지체계와 같은 선천적인 본능 지향성은 일차적으로 볼비나 베런-코헨의 주장처럼 인간 종의 계통 발생적 조상들로부터 유전된 것으로서 **탈문화적인 보편적 잠재성**으로 이해되어야 하며, 다만 각 공동체의 고유한 사회문화적 환경 속에서 현실화되면서 **다양화, 특수화**된 것이다.

결론적으로 발생적 현상학과 진화심리학의 상호보완은 충분히 가능한 주장이다. 애초에 자연주의적 태도와 인격주의적 태도 나아가 초월론적 태도는 단순히 **대립적인 삼자 택일적인 태도**가 아니며 얼마든지 **상호 전환이 가능한 상호보완적 태도**이다. 먼저 진화심리학이 인간종 및 유사종의 계통발생적의 공통속성으로서 상호주관적, 사회적 본능을 지향적인 동기연관의 구조 속에서 이해하게 된 것은 선천적 본능에 대한 현상학적 심리학의 해명을 통해서일 것이다. 더욱이 진화심리학이 자신의 이론적 학설의 개진과 관련해서 가장 중요한 경험적 증거로써 활용되는 뇌과학의 수행 자체가 현상학적 심리학의 인격주의적 태도 속에서 반성을 통해 기술된 다양한 의식영역들의 분석을 기반으로 자신의 탐구주제, 영역자체를 한정할 수 있다.[338] 반대로 타자경험의 발생적 현상학이 상호주관적 본능들에 대한 현상학적 해명 속에서 갖는 중요한 단서들, 특히 반성적 태도 속에서 발견될 수 없는 영역은 비록 사후적으로 현상학적-심리학학 에포케를 거쳐야 하지만 진화심리학을 통해서 얻을 수 있다.

---

337 박인철, 같은 글, 415.

338 이남인, 「인문학과 자연과학은 어떻게 만날 수 있는가?」, 91~93 참조.

2장

원초적 타자경험의 발생적 정초의 변용 : 애착

1절 원초적 타자경험의 발생적 정초의 쟁점들

원초적 타자경험의 발생적 정초와 관련해서 후설의 직접적인 분석과 해명은 아주 제한되어 있다. 그러나 후설의 발생적 현상학의 틀 내에서 원초적 타자경험이 갖는 개별적 실천적 동기연관 및 근원연합적 촉발 성격의 해명을 통해 원초적 타자경험이 갖는 주요특징들을 우리는 간접적으로 확인할 수 있었다.

첫째, 원초적 타자경험은 타자의 주관활동 이해 이전에 타자의 존재와 부재 그리고 활동 자체 대한 인격적 반응이다. 여기서 인격적이라는 것은 이 반응이 단순히 사물에 대한 혐오감이나 선호반응이 아닌 의지를 갖춘 생명체, 특히 동일 계통 발생적인 종, 특히 타인에 대한 정서적 반응이라는 의미이다.

둘째, 원초적 타자경험은 경험주체의 자발적 의지의 개입 이선의 전적인 수동적인 감수, 겪음, 즉 촉발적 경험이다. 또한, 원초적 타자경험이 근원연합의 촉발적 경험이라는 파악은 원초적 타자경험이 감정적, 본능적, 신체운동 감각적 차원의 반응경험이라는 것을 드러내 준다.

셋째, 원초적 타자경험은 타자의 존재, 부재, 행농에 대해 늘림 혹은 반발이라는 양상으로 나타난다. 원초적 타자경험을 통해 나는 타자와 인식적 유대가 아닌 존재적 유대를 맺는다. 이것은 특히 아이가 엄마의 존재와 부재 그리고 가까이 있음과 멀어져감에 대해 보이는 본능적 반응 그리고 성적 충동에 대한 후설의 분석에서 어느 정도 찾을 수 있다.

그러나 후설의 발생적 현상학 내에서 성적 충동이나 섭취 본능과 독립적으로 시원적 차원에서 발생하는 원초적 타자경험의 근원적 유형 자체에 대한 발생적 현상학적 분석은 빠져 있다. 그에 따라 타자의 주관 이해가 수행되기 위한 발생적 토대로서 최초의 상호주관적 세계인 자연은 원초적 타자경험 속에서 어떻게 구성되는지에 대한 발생적 현상학적 분석역시 빠져 있다. 나아가 원초적 타자경험으로서 사회적 정서-본능이 타자의 주관에 대한 이해 및 타자와의 의사소통적 경험에서 갖는 역할에 대한 현상학적 분석은 아주 제한적이다.

2절 근원적 사회적 정서론 : 애착 정서-본능론

1 근원적 사회적 정서-본능체계로서 애착의 방법론의 현상학적 재해석

1.1 애착 본능에 대한 기존 접근법 비판 : 이차충동이론, 학습이론의 비판

우리가 후설의 타자경험의 발생적 현상학적 정초의 보완을 목적으로 발달심리학에서 사회적 인지-정서본능에 대한 이론들과의 대화를 수행하는 과정에서 첫 번째로 존 볼비의 애착 이론에 주목하는 가장 중요한 이유는 바로 후설 자신이 이미 지각적 타자경험 이전에 이미 아이는 타자와의 지리적, 정서적 근접성을 유지하려는 고유의 근원적 사회적 본능을 섭취본능이나 성적 본능과 독립적으로 갖고 있음을 선구적으로 주장했기 때문이다. 다만 후설은 아이의 최초 타자경험을 논의하는 최후의 유고에서 그것도 아주 제한적으로 존 볼비의 애착 본능의 개념과 유사한 주장을 했을 뿐이다.

볼비 이전에 프로이트나 학습 이론가들은 애착 행동을 이차적 충동이론으로 설명하려고 했었다. 2차 충동이론에 따르면

"아이는 만족하여야 하는, 특히 음식과 따뜻함에 대한, 여러 가지 생리적 욕구를 가지고 있다. 한 아이가 어떤 사람, 특히 엄마에게 관심을 가지고 애착 관계를 형성하게 되는 것은, 엄마가 이 아이의 **생리적 욕구를 만족하게 해주기** 때문이며, 그래서 이 아이는 오래지 않아 엄마가 욕구만족의 근원이라는 것을 학습하기 때문이다."(A. 274)[339]

그러나 볼비는 애착 행동을 이차 충동이나 학습이론으로 설명하는 것에 반대한다. 무엇보다 먼저 이차충동이론은 로렌츠의 각인에 대한 이론을 통해 처음으로 심각한 의문에 직면하게 되었다. 로렌츠의 발견에서 어떤 의심의 여지도 없이 확실한 것은 오리 새끼와 거위 새끼가 **먹이나 혹은 여타의 전통적 보상을 받지 않고서도** 이 동물들에게 유사 애착 행동인 각인이 발달할 수 있다는 것이다. (A. 323) 인간 이외의 포유류의 경우에도 음식, **따뜻함 혹은 성과 같은 전통적인 보상의 어떤 것도 제공하지 않는 대상에 대해** 애착 행동이 발달할 수 있다는 증거는 모르모트, 개, 양, 붉은털원숭이에 대한 실험에서 제시되었다. (A. 324)

대표적인 실험이 바로 할로와 짐메르만이 수행한 붉은털원숭이의 실험이다. 일련의 실험에서 새끼 원숭이들을 태어나자마자 어미로부터 격리하고 이 새끼들에게 모형 어미를 제공했다. 모형 어미들은 원통형이었는데 하나는 철사로 감겨 있었고 다른 하나는 부드러운 천으로 덮여 있었다. 한 실험에서는 8마리의 새끼 원숭이들을 천 모형과 철사 모형 사이에서 키웠다. 네 마리 새끼는 천 모형에서 젖을 먹었고, 다른 네 마리는 철사 모형에서 젖을 먹었는데, 이 새끼들이 각각의 모형에서 보낸 시간을

---

339 프로이트는 "사랑의 근원은 만족된 영양의 욕구에 대한 애착에 있다."(Freud, 1940, S.E. 23, p.188.)라고 주장한다. 학습이론가에 따르면 "아마도 먹는 경험이 아이가 타인과 함께 있는 것을 좋아하도록 배우는 기회가 될 수 있다"(Dollard & Miller, 1950)라고 주장한다.

측정했다. 결과에 따르면 어떤 모형에서 젖을 먹는가와 상관없이 원숭이 새끼들은 젖을 먹고 나면 재빨리 천 모형으로 와서 대부분 시간을 천 모형과 보냈다.[340] 이 실험에서 전형적인 애착 행동의 대상은 젖을 주지 않는 천 모형이지만, 젖을 주는 철사모형은 그러한 애착 행동의 대상이 전혀 아니었다.

인간의 경우에는 실험적 증거보다는 관찰적 증거를 제시할 수 있다. 실제로 인간의 아이는 사회적 자극에 반응을 보이는 성향이 아주 강해서, 같은 나이 또래의 다른 아이나 혹은 자신보다 약간 나이가 더 많은 아이와 애착 관계를 형성하는 경우가 많다.(A.330) 어떤 아이가 같은 또래의 다른 아이나 자신보다 약간 나이가 더 많은 아이와 애착 관계를 형성시킬 수 있다는 사실로 볼 때, 애착 행동이 이 아이의 생리적 필요를 만족하게 하려면 아무것도 하지 않는 인물에게 지향되어 발전할 수 있다는 것은 명백하다. 쉐퍼와 에머슨은 이런 관찰을 토대로 "애착을 형성한 개인들이 어떤 방법으로도 아이의 신체적 만족과 상관이 없는데도 애착은 발달하

---

340 다른 실험에서 한 집단의 원숭이들은 젖을 주지 않는 천 모형과 함께 시간을 보냈고, 다른 집단의 원숭이들은 젖을 주는 철사 모형과 시간을 보냈다. 두 번의 실험에서 원숭이 새끼가 놀랐을 때, 원숭이 새끼가 낯선 상황에 있을 때, 이 원숭이들의 행동을 관찰했다. 젖을 주지 않는 천 모형과 자란 새끼들은 놀라게 되자 즉각 천 모형을 찾아 매달렸다. 이렇게 매달린 다음 새끼들은 덜 두려워했고 심지어 이제껏 자신들을 놀라게 했던 대상을 탐색하는 경우도 있었다. '젖을 주는' 철사 모형과 자란 새끼들이 비슷한 상황에 놓였을 때 이들의 행동은 아주 달랐다. 이들은 철사 모형을 찾지도 않았고 두려워하는 채로 그대로 있었으며 놀라게 하는 대상을 탐색하지도 않았다.

또 다른 실험에서 새끼 원숭이를 다양한 장난감이 놓여 있는 낯선 실험실에 놔두었다. 천 모형과 실험실에 함께 있는 동안에 이 새끼원숭이는 장난감을 탐색했으며 가끔 되돌아오는 기지(base)로 이 모형을 사용했다. 하지만 천 모양이 없을 때, 이 새끼원숭이들은 실험실을 뛰어다니고 머리와 몸을 움켜쥐고 고통스러운 소리를 지르며 안면을 바닥으로 해서 몸을 내던지곤 했다. 철사 모형 어미가 있긴 했지만, 어미가 전혀 없는 것과 마찬가지로 어떤 확신도 주지 못했다. 태어난 이후로 오직 젖을 주는 철사 모형만을 알았던 원숭이들에 대한 통제실험 결과 이 새끼들은 철사모형에 대해 어떤 애정도 보이지 않았으며, 철사 모형과 함께 있어도 안락함을 느끼지 못한다는 것이 드러났다. (A. 326~328)

는 것처럼 보인다"(A. 331)고 결론을 내렸다. 이 연구자들이 발견한바, 이 아이들이 애착 관계를 형성하는 인물을 가장 분명히 결정하는 요인은 음식을 주거나 신체적으로 돌봐주는 일이 아니라 "어떤 사람이 아이에게 **반응을 보이는 속도**와 이 사람의 아이와의 **상호작용의 강도**였다."(A. 331)

다른 한편 애착 행동을 다른 맥락에서 학습된 행동일 수 있다는 주장이 있을 수 있다. 이를테면 "애착 행동이 아이에게 생존에 필요한 다양한 활동을 엄마에게서 학습할 기회를 제공한다는 것이 애착 행동의 중요한 이점이라는 주장은 얼핏 보기에 전도유망한 것처럼 보인다."(A. 343) 즉 애착 행동을 발달과정에서 어미의 행동에 대한 모방에서 비롯된 학습행동으로 볼 수 있다는 것이다. 이에 대해서 볼비는 세 가지 이유를 들어 반대한다. "왜 애착 행동은, 다수의 포유류 종에서 그렇듯이 학습이 끝난 후의 성인기까지 지속하여야 하는가? 그리고 왜 애착 행동은 특히 암컷에서 지속적이어야 하는가? …… 왜 애착 행동은 어떤 동물이 놀랐을 때 그렇게 높은 강도로 발현되어야 하는가?"(A. 344) 볼비에 따르면 학습의 기회를 강조하는 기능에 대한 이론은 이러한 질문에 대해 답을 주는 것 같지 않다.

1. 2 '본능', '본능적'의 용어사용과 관련된 주의

'본능', '본능적'이라는 용어사용과 관련해서 볼비는 두 가지 선입견을 비판한다. 먼저 '본능적'인 것은 모두 선천적이라는 것에 반대한다. 애초에 볼비는 선천적-후천적이라는 표현을 사용하기를 거부한다. "길이와 넓이의 곱으로 면적을 구하듯이 모든 생물학적 특성은 그것이 형태적이건 생리적이건 혹은 행동적이건 **천부적인 소질과 환경의 상호작용의 결과물**인 것이다."(A. 75) 그에 따라 선천적-후천적이라는 표현 내신 볼비는 발달과정에서 환경의 영향을 거의 받지 않는 생물학적 특징을 '**환경에 안정적**'(environmentally stable)이라고 말하며, 발달과정에서 환경의 변화에 상당한 영향을 받는 행동을 '**환경에 민감한**'(environmentally labile)

(A. 75)이라는 표현을 사용한다. 바로 환경에 안정적인 특징의 예에는 눈의 색깔과 사지의 형태 등과 같은 일반적인 형태특성들, 혈압, 체온 등의 생리특성 그리고 새들의 둥지 만들기와 같은 행동특성 등이 있다. 따라서 본능적 행동이란 "환경에 안정적이거나 혹은 최소한 어떤 종이 일반적으로 살아가는 환경 범위 내에서는 안정적이다. 그러한 환경에서 본능적인 행동은 그 종의 모든 구성원에게서 나타난다. 그래서 **본능적 행동을 '종 특징적인'**이라고 말하기도 한다."(A. 76)

두 번째로 볼비는 본능적 행동이라고 할 때 마치 행동이 본능에서 비롯된 것처럼, 다시 말해 본능이 행동이 원인요인인 것처럼 보는 것을 경계한다. 그와 유사하게 본능 행동에 영향을 미치는 요인들을 총합하여 충동(drive)이라고 표현하는 것 역시 경계한다. 볼비는 본능이나 충동을 특정한 기능, 이를테면 안정, 번식, 성장 등을 통한 생존을 궁극목적으로 하는 미지의 원인으로 보는 것을 반대한다. 볼비는 생물학적 행동체계는 최소한 다섯 종류의 원인들을 고려해야 한다고 주장한다.[341] 행동체계가 중추신경에 조직화하는 방식과 환경 내 특별한 대상의 존재 혹은 부재가 가장 구체적 요인들이며, 호르몬 또한, 행동에 미치는 영향에서 구체적이며, 중추신경계의 현 상태와 해당 시기 작용하는 자극 전체가 가장 덜 구체적인 요인들이다. (A. 142) 따라서 충동이나 본능을 행동을 일으키는 원인으로 이해하는 것은 이와 같은 행동의 구체적 요인들에 대한 무지의 탓이다. 분명히 공학자들은 조준 산정 장치로 통제하는 고사포의 동작을 설명하기 위해 어떤 특별한 '비행기 격추충동'을 가정할 필요가 없으며, 또한, 생리학자들도 심혈관계의 동작을 설명하기 위해 '혈액공급 충동'을 가정할 필요가 없다. (A. 214)

---

341 다섯 가지 요인 군 모두는 대체로 동시에 작용한다. 그리고 각 요인 군은 다른 모든 요인 군들과 상호작용하기 때문에 원인들이 작용하는 조건들의 구조는 무한하게 복잡하게 얽혀 있다. (A. 142)

통제체계이론은 생리체계, 형태체계와 마찬가지로 행동체계도 모두 자동제어시스템과 같은 기능적 기계로 보고 있다. 그에 따라 행동 주체에게 능동성 혹은 자발성을 부여하지 않는다. 따라서 모든 생물체는 아니더라도 일부 생명체의 행동을 세계나 환경과의 수동적, 능동적인 지향적 교섭으로 이해하는 현상학적 입장과 통제체계이론은 명백하게 대립한다. 그러나 이후 볼비의 애착 이론에 대한 논의과정에서 밝혀지겠지만, 볼비의 애착 이론은 형태체계나 생리체계에서는 끌어들일 수 없는 인지-정서적 표상체계를 행동체계에 끌어들임으로써 자율적 행동의 가능성, 더욱이 상호작용, 사회적 유대를 통해 애착 행동을 설명하는 과정에서 통제체계이론의 틀을 벗어날 수밖에 없다. 그에 따라 애착 본능 역시 현상학적으로 재해석될 가능성이 드러날 것이다.

1.3 통제체계이론의 현상학적 재해석

앞서 확인한 것처럼 볼비는 기존의 정신분석적 접근이 애착 본능 정서체계가 맺는 고유한 사회적 관계를 해명하는 데 한계가 있다고 판단을 내린다. 또한, 자극-반응이론으로서 행동주의 역시 애착을 학습 행동으로 이해한다는 점에서 애착의 본능-정서체계의 원초성을 설명하지 못한다. 따라서 볼비는『애착(Attachment)』1권의 전체 19장 중에서 1장부터 10장까지 저작 전체의 반절 이상을 애착 행동에 대한 대안적 방법론으로서 통제체계이론을 논의한다. 애착이 갖는 본능 정서적 행동체계에서 무엇보다 '본능적 행동체계'의 고유성을 해명하기 위해서 볼비는 통제체계이론을 도입한다. 동시에 볼비는 자신의 통제체계이론의 세 가지 계기인 기능, 구조 그리고 환경의 관계를 해명하는 과정에서 철저하게 진화론적 입장을 전제한다.

"생물학적 구조는 특정 환경 내에서 생존의 측면에서 고려하지 않으면 이해할 수 없다. …… 어떤 생물학적 구조의 적용이든지, 그것이 형태적이건 생리적이건 혹은 행동적 구조이건 간에 이러한 적용은 자연선택의 결과로 보인다." (A. 94)

특히 애착 본능을 애착 행동을 동기 부여하는 인간 마음의 정서체계 구조로 이해한다면 볼비의 입장은 엄격하게 말해 진화심리학의 선구적 위치에 서 있다. 왜냐하면, 코스마이더스, 투비 및 발로우는 바로 진화심리학을 "과거로부터 유전되어 내려온 인간 마음의 구조가 진화과정의 산물임을 인정하는 심리학"으로 정의하기 때문이다.

이미 앞에서 본능개념에 대한 논의과정에서 언급되었지만 사실 통제체계이론은 먼저 공학에서 응용되었던 이론체계로서 생물학적으로 생리체계에도 적용되어 진가를 발휘했다. 이제 볼비는 이와 같은 통제체계이론을 본능적 행동체계에 적용하고자 한다. 본능적 행동에 대해 기존의 자극-반응이론이 **원인**과 **결과**의 개념구조를 가지고 설명한 것과는 달리 행동체계이론은 **구조**와 **기능** 그리고 **적응환경**의 개념구조를 가지고 설명한다. 이런 행동통제체계이론은 기존의 목적론과도 구별된다. 목적론은 자극-반응이론의 원인과 결과의 범주를 그대로 활용하면서 인과관계를 전도시킨다.

"목적론에서는 생리체계이건 행동체계이건 어떤 활성화된 행동체계는 어떤 종의 적응환경에서 이 종에게 대개 유용한 예견되는 결과를 달성한다는 것을 인정한다. 또한, 목적론에서는 이 결과 자체가 어떤 면에서는 이 결과를 일으킨 생리체계 혹은 행동체계의 즉각적 원인으로 가정됨으로써 이러한 결과의 달성을 설명한다." (A. 198)

예를 들어보자. '새는 새끼를 키울 장소가 필요해서 둥지를 짓는다'라는 말에서 새끼를 키울 장소로서 예견되는 결과 혹은 그와 같은 필요가 둥지를 짓는 행위의 원인이 된다. 그러나 볼비의 입장에서 보면 이런 해석은 미래의 결과가 현재의 작동의 원인이라는 즉 미래가 현재를 결정한다는 가정이 뒤따르기 때문에 과학의 영역 밖에 놓인다. 그러나 우리의 판단으로는 여기서 볼비가 염두에 두고 있는 과학은 자연주의적 태도 속에서 물리적이나 심리 물리적 인과법칙만을 탐구하는 실증과학을 의미할 뿐이다. 예견된 결과로서 목적이란 현상학적 관점에서 본다면 행동을 수반하는 지향적 의식의 발생적 동기이다. 따라서 인격주의적 태도에서 밝혀지는 동기연관을 토대로 구축되는 심리학, 즉 지향적 심리학이 목적론적 방법 체계를 재차 수용한다. 엄밀하게 말해 볼비의 행동통제체계이론 역시 목적을 기능개념으로 대체해서 재수용한다는 점에서 기존의 단순한 자극과 반응의 인과법칙만을 추구하는 행동주의 심리학과는 다른 차원의 심리학이다. 따라서 인과개념에 제약된 자극-반응이론이나 목적론과 달리 행동체계이론은 **기능과 구조 그리고 환경의 통제** 체계를 가진다. 그러나 이런 행동통제 체계론은 각각 **구성의 목적과 지향적 구성체계 그리고 선소여된 세계라는 현상학적 체계**로 재해석될 수 있다.

첫째, 행동체계이론에서는 무엇보다 먼저 행위의 **기능과 원인을 구별**한다. 예견되며 달성해야 하는 결과는 기능일 뿐 원인이 아니다. 예를 들면 알을 품고 새끼를 기를 수 있는 편리한 장소를 제공하는 것은 둥지 짓기를 주관하는 행동체계의 기능이다. 이런 **체계의 기능**은 체계가 작동되는 원인이 아니라 **체계의 구성방식, 즉 체계의 고유한 구조를 결정**할 뿐이다. 특히 행동체계의 **"생물학적 기능**은 단순히 이 행동의 수행으로 얻을 수 있는 어떤 호의적 결과를 의미하는 것은 아니다."(A. 343) 그 결과가 그 행위를 수행하는 종의 생존과 차별적 번식의 성공을 가져와 그 결과를 낳는 행동체계의 특정한 구조나 능력을 해당 종의 모든 자손이 타고나게 될 때 비로소 기능이 되는 것이다. 행농체계의 기능이란 **현상학적으로 환원해보면** 초월론적 주체, 특히 선천적 본능 지향적 주체가 충족시켜

야 하는 목적이다.[342]

둘째, 유기적 개체가 특별한 **구조**를 갖추고 있다는 것은 (가장 원시적인 생물군을 제외하고) 1) 호르몬과 중추신경계 외에 내부와 외부의 자극을 감지, 감시하고 인식하고 평가하는 **인식, 정서능력**, 2) 이렇게 인식하고 평가한 지식을 지도로서 **구축하는 능력**, 3) (동물에 국한해서) 신경말단에 위치하여 근육이나 장기 등을 활동시키는 기관으로서, 설정목표를 달성하는 **작동기**(Effector)를 갖추고 있다는 뜻이다. 여기서 말하는 구조의 세 가지 계기는 **현상학적으로 환원했을 때** 초월론적 주체의 지향적 구성체계가 갖는 세 가지 계기와 다를 바 없다. 1) 먼저 감지, 감시, 인식, 평가능력으로서 인식, 정서능력은 **주체의 지향적 성격**을 의미하며, 2) 지도구축능력이란 **지향적 주체의 습성적 통각체계**에 다름 아니다. 3) 나아가 작동기란 지향적 주체가 구성작용을 수행하는 과정에서 필요로 하는 신체적 운동감각기관에 다름없다. 그에 따라 구조체계가 구축된 지도하에 새로운 정보를 감지, 감시, 인식, 평가하면서 활동한다는 기술은 재차 초월론적 주체가 형성한 습성적 통각체계가 신체적 운동감각에서 비롯되는 신체적 활동을 통해 다양한 지향적 구성작용을 수행한다는 기술로 재해석할 수 있다.

셋째, 인간이 만든 통제체제의 경우 이 체계가 작동하게 될 환경에 대해 분명히 가정하고 구조를 고안한다. 생물학적 체계의 경우, 그 구조는 이 체계가 진화 시기 동안 작동했던 환경이 어떤 종류냐에 따라 그 형태

---

342 이런 행동체계를 활성화하는 요인은 앞서 3절에서 언급했듯이 특별한 종류의 환경자극, 호르몬 수준, 중추신경계의 조직화 등이다. 행동체계이론은 ⅰ)조직화한 구조, ⅱ)도달해 할 특정 결과, 즉 기능, ⅲ)이 구조가 이 결과에 도달하는 환경의 세 차원을 갖고 있다고 말했는데, 어떻게 보면 원인차원을 간과한 것처럼 보이지만, 사실 원인이라고 하는 것은 **조직화한 구조가 갖는 내부적 상태**로서 호르몬과 중추신경계의 조직화 및 **구조가 기능을 발휘하는 외부적 상태**로서 환경자극의 상호작용, 좀 더 일반화해서 말하면 유기체 구조의 유전적 측면과 환경적 자극의 상호작용을 의미한다.

가 결정된다. 이때 진화시기의 환경은 반드시 그런 것은 아니지만, 미래에 이 체계가 작동할 것으로 예상하는 환경과 아주 유사하다. 그러므로 인간이 만든 체계이건 혹은 생물학적 체계이건 각각의 경우에 그것이 적응하는 특정 종류의 환경, 즉 **적응환경**이 있다. 즉 "생물학적 체계의 경우 적응환경이란 이 체계가 그 안에서 점진적으로 진화한 환경을 말한다."(A. 90) 여기서 구조의 형태를 결정하는 적응환경이란 현상학적으로 환원해보면 초월론적 구성의 주체에 선소여된 세계일 뿐이다.

결국, 이처럼 유기체의 기능을 통해 결정되는 **구조와 적응환경의 기능적 관계**는 현상학적으로는 **주체와 세계의 목적론적 지향적 연관**으로 재해석될 수 있다. 이해를 돕기 위해 이를 표로 만들어 보면 다음과 같다.

행동체계 이론	구조			기능	환경
	인식, 정서능력	지도구축 능력	작동기		
현상학적 관점	지향적 구성체계			구성의 목적	선소여된 세계
	지향성	습성적 통각체계	신체운동 감각		

1.4 인식표상-정서체계의 현상학적 재해석

원초적인 본능적 행동으로서 애착 행동을 설명하기 위해 도입한 통제체계는 자극-반응이론처럼 원인과 결과의 인과적 관계가 아닌 **구조와 적**

응환경의 목적론적인 지향적 관계임을 확인했다. 이처럼 행동체계를 현상학적으로 재해석할 때 행동체계는 인간이 제작한 기계체계, 생물의 생리, 형태체계의 통제체계와는 본질적으로 구별되어야 한다. 볼비 역시 기계체계나 생리, 형태체계에는 어울리지 않는 요소, 즉 인식표상-정서체계를 행동체계를 설명하는 과정에서 끌어들임으로써 암묵적으로 행동체계를 다른 통제체계와 차별화한다. 인식표상-정서 활동체계란 바로 구조가 갖는 세 가지 능력에서 특히 환경자극이나 내부 유기체의 상태에 대한 감각을 통해서 이루어지는 1)**인식과 평가능력** 그리고 이를 바탕으로 형성되는 환경과 유기체 자신에 대한 2)**지도나 표상의 구축능력** 그리고 3)**신체적 작동기**가 그것이다.

물론 기능주의적 관점에서 본다면, 기계나 컴퓨터 역시 입출력의 인과적 네트워크 면에서 인간과 구조적 유사성을 가지며, 따라서 기계나 컴퓨터의 소프트웨어가 입출력과의 인과적 역할에 의해서 정의될 수 있는 것처럼, 인간의 심리적 상태 역시 감각입력과 행동출력을 인과적으로 연계하는 역할에 의해서 정의될 수 있다고 본다. 따라서 인식표상-정서체계가 행동체계 속에서 어떻게 발생하고 어떤 역할을 하는지를 사태에 적합하게 해석하기 위해서는, 다시 말해 설계적 자세가 아닌 지향적 자세에서 볼비의 이론을 재해석하기 위해서는 더 이상 기능주의적 관점에 머물러서는 안 되며, 지향적 자세로의 전환이 요구된다는 점을 입증할 필요가 있다.

먼저 표상-정서체계가 발생하게 되는 출발점은 **구조로서 본능체계와 적응환경이 맺는 일종의 지향적 동기 부여의 관계이다.** 물론 볼비는 구조로서 본능체계는 그 종의 적응환경 내에서 그 구성원들의 생존을 촉진하도록 조직화한다고 본다. 이를 위해서는 본능체계는 적응환경에서 연관을 맺는 부분에 대해 식별을 할 수 있으며, 이런 식별은 패턴의 인식을 수반한다. 볼비는 "개별유기체는 중추신경계에 그러한 패턴들의 복사본을 갖고 있고, 환경에서 그와 맞아떨어지는 패턴들을 인식할 때 특정 방향으로 반응하도록 구조화되어 있으며, 그러한 패턴들을 인식하지 못할 때에는 이와는 다른 방향으로 반응하게 되어 있다고 가정해야 한다"(A. 87)고 주장한다. 이런 패턴이 중추신경계에 입력된 방식은 환경의 변화에 영향을 받지 않는, 즉 환경에 안정적인 방식부터 환경의 변화에 민감하게 변화하는 방식까지 여러 가지가 있다. **패턴의 복사본 혹은 지도, 좀 더 정확하게는 작동모형**(working model)[343]은 또한, "사냥하는 말벌이 구축하는 것으로 유추되는 단순한 지도에서부터 교육받은 서구인의 대단히 복잡한 세계에 대한 표상까지, 그 정밀도가 명백히 모든 수준에 걸쳐 있을 수 있다."(A.131) 재차 이와 같은 작동모형은 환경에 대한 지식뿐만 아니라 자신의 능력에 대한 지식도 갖출 수 있다는 점에서 각각 **환경모형**과 **유기체모형**으로 구분할 수 있다. 그러나 단순히 규칙적으로 변화하는 자연환경이 아닌 타자들과의 관계 및 그들의 행동으로 구성된 사회적 환경은 결코 항상 정확한 예측을 수행할 수 있는 행동패턴, 바로 유관성의 자세에서 전제하는 행동들 간의 일관된 연결규칙을 제공하지 않는다. 그것은 아이가 처해있는 양육환경의 경우에도 마찬가지이다. 따라서 설계적 자세의 하위자세인 유관성의 자세 역시 사회적 환경 속에서 생존해야 하는 유기체, 특히 인간과 같은 영장류에서 더는 유용한 자세가 아니다. 더욱이 자기 자신에 대한 지도 역시 구축해야 한다면 더는 유관성의 자세가 아닌 내성적 능력으로서 고유의 지향적 태도가 요구된다.

그러나 볼비는 영(Young)의 의견을 근거로 이와 같은 작동모형으로서 표상체계가 뇌 속에 갖추어져 있어서 "설정목표라고 하는 것을 어떻게 성취할 수 있는가를 예측하는 데 도움이 되는 정보를 전송, 저장, 조

---

343 볼비에 따르면 "환경에 대한 우리의 지식을 지도라고 부르는 것은, 지도라는 단어가 단순히 위상에 대한 정적인 표상을 떠올리기 때문에 적절하지 않다. 어떤 동물에게 필요한 것은 환경에 대한 작동모형과 비슷한 것이다." (A. 131~132) 반면 여기 인용 구절에서 확인할 수 있듯이 볼비는 '표상'이라는 표현을 중립적으로 사용하고 있다.

작"(A.132)한다고 주장한다. 특히 한 개인이 설정목표를 달성하기 위해 계획을 세우고자 한다면, 그는 환경에 대해 어떤 종류의 작동모형을 갖고 있어야 할 뿐 아니라 자신의 행동기술과 잠재력에 대해 어느 정도 이해하고 있어야 한다. 즉 볼비는 작동모형의 역할이 바로 효과적인 예측 수립을 통한 설정목표의 합리적 달성에 있다고 보는 것이다. 작동모형이 이런 역할을 효과적으로 수행할 수 있으려면 다음 세 가지 조건, 첫째, "데이터와의 일치", 둘째, "이미 경험한 현실뿐만 아니라 잠재적 현실까지 포괄", 셋째, "내적 일관성"(A. 133)의 조건이 충족되어야 한다.[344] 이는 곧 모형의 구축, 수정, 확장, 검증의 과정이 필요함을 의미한다.

그러나 이런 설명에 대해 제기되는 질문이 하나 있다. "이런 작동모형이 발달하는 과정에서 유기체 자신은 어떻게 그런 발달을 수행하는가?" 분명 최초 형성되는 패턴, 지도나 작동모형은 무의식적으로 이루어지는 수동적 과정일 수도 있다. 또한, 모든 새로운 능동적 경험은 항상 이와 같은 습성화된 작동모형을 기반으로 한다는 점에서 동시에 수동적이다. 그러나 새로운 능동적 경험은 기존의 작동모형을 변화시키고 개선할 수 있다. 즉 기존의 작동모형이 달라진 환경에 적응할 수 없을 때 기존의 작동모형 수정 내지 폐기가 불가피하다. 자기 자신과 환경에 대한 작동 모형은 현상학적 관점에서 본다면 바로 습성적 통각체계이다. 그렇다면 작동모형의 형성 및 작동의 문제는 습성적 통각체계의 수동적, 능동적 발생의 문제이다. 문제는 이런 작동모형이 단순히 습성으로서 새로운 경험에 영향을 줄 뿐만 아니라 새로운 경험에 의해 발달할 때 그 발달의 동기는 무

---

344 알란 쇼어는 〈애착〉의 1999년 신판의 서문에서 다음과 같이 말한다. "(볼비의) 그런 공식화는 1)내적 작동모형을 해석적 귀인과정을 통해 대인관계에서 적용과정을 조율하고(Bretherton & Munholland, 1999), 정서조절 전략을 부호화하는(Kobak & Sceery, 1988; Schore, 1994) **표상**, 2)환경적인 어려움에 당면했을 때조차도 기본적인 조절기능과 긍정적인 정서를 유지하는 것에 관여하는 **예상**(Sroufe, 1989)이라는 두 가지 의미로 이해하는 '과정 중심적' 개념으로 발전했다." (A. 572)

엇인가이다.[345] 이런 발달의 동기는 기능주의적 관점을 넘어서 지향적 자세, 즉 현상학적 관점에서 해명될 수 있다.

> "모형이 가끔 **의식화됨**으로써 축적되는 특별한 이익을 누리지 못하게 되면, 특히 모형의 수정, 확장, 검증 등이 제대로 이루어지지 않거나 혹은 전혀 이루어지지 않는 것 같다." (A. 135)

이미 수립된 모형이 자료와 일치하는지, 상상력을 통해 포괄된 잠재적 현실이 이미 경험한 현실과 내적 일관성을 갖추고 있는지 등은 모두 **모형에 대한 의식적 평가**, "그대로의 정신과정에 대해 우리가 가진 **내성적 지식(introspective knowledge)**"(A. 133)이야말로 작동모형의 발달을 수행하는 유기체 자신의 능력이다. 그러나 내성적 지식이야말로 고유한 지향적 자세 중 하나이다. 앞서 우리가 확인한 것처럼 분명 통제체계이론은 생리체계, 형태체계와 마찬가지로 행동체계도 모두 자동제어시스템과 같은 기능적 기계로 본다. 그에 따라 행동 주체에게 능동적 지향성을 부여하지 않는다. 그러나 이런 내성적 지식에 의한 기존의 작동 모형에 대한 능동적 반성을 논의하는 과정에서 볼비는 결국 방법적 일관성을 어기고 있는 셈이다. 다시 말해 **인공적인 자동제어시스템**은 예측된 환경조건에만 적용되도록 프로그램되어 있지만, **인간의 습성체계로서 환경과 자신에 대한 작동모형과 경험**은 수동적으로 혹은 능동적으로 상호 영향을 미친다. 한편으로는 새로운 경험은 기존의 습성체계에 수동적으로 지배

---

345 이 점에서 피아제의 발생적 인식론의 핵심원리인 적응의 두 가지 방식, 즉 동화(assimilation)와 조절(accommodation)의 원리 역시 궁극적으로 발달의 동기에 대한 해명이 필요하다. 물론 피아제는 적응의 두 가지 원리의 작동근거를 균형 혹은 평형(equalibrum)에서 찾지만 항상 새로운 평형에로 이행이 가능해야 구조의 발달이 가능하다는 점에서 동역학적 원리로서 발달동기의 해명이 필요하다.

되지만, 다른 한편으로는 새로운 경험과 기존의 습성체계의 부조화에 대한 능동적 반성을 통해 기존의 습성체계는 수정되거나 부분적으로 폐기되면서 개선된다.

이때 작동모형에 대한 평가를 통해 **작동모형의 수정, 확장, 검증을 이루어내는 발생적 동기가** 바로 **느낌, 정서체계**이다. 따라서 작동모형은 단순한 표상체계가 아니라 **표상-정서체계**인 것이다. 느낌, 정서에 의한 평가과정은 세 가지 역할을 한다. 1) "**변화하는 환경과 변화하는 유기체의 상태를 평가**", 2) "**감시기능**", 3) "**타인에게 의사소통의 기능을 제공**"(A. 168)[346]하는 것이다. 이런 느낌이나 정서는 바로 기능주의 관점에서 해명하지 못하는 감각질(qualia)의 일반적 명칭에 불과하다. 이때 감각질은 수반론자들이 주장하듯이[347] 단순히 물리적 조건에서 수반되지만, 물리적 조건으로는 환원되지 않는, 그러나 고유의 인과력이 결여된 심리적 속성이 아니다. 감각질로서 느낌이나 정서는 자아를 수동적으로 촉발하며, 느낌에 대한 의식적 반성은 자아의 능동적 구성을 가능하게 한다. 더욱이 이런 느낌이나 정서와 같은 감각질은 결코 일인칭적인 사적 영역에 머물지 않는다. 바로 느낌이나 정서의 세 번째 기능을 통해서 우리는 중

---

346 이 점에서 피아제의 발생적 인식론의 핵심원리인 적응의 두 가지 방식, 즉 동화(assimilation)와 조절(accommodation)의 원리 역시 궁극적으로 발달의 동기에 대한 해명이 필요하다. 물론 피아제는 적응의 두 가지 원리의 작동근거를 균형 혹은 평형(equalibrum)에서 찾지만 항상 새로운 평형에로 이행이 가능해야 구조의 발달이 가능하다는 점에서 동역학적 원리로서 발달동기의 해명이 필요하다.

347 기능주의의 난제로서 감각질 문제는 Jaegwon Kim, 같은 책, 198~203 참조. 수반론에 대해서는 Jaekwon Kim, 같은 책, 6장~9장 참조. 단 자하비 역시 감각질을 지향적으로 해석하고 있다. "그것이 무엇과 같은지[what it is like]를 발견하기 위해서 여러분은 지향적으로 표상되고 있는 것을 살펴볼 필요가 있다. …… 소리의 시끄러움, 표면의 부드러움, 맛의 달콤함, 냄새의 얼얼함은 경험의 성질이 아니다. 그것들은 표상된 사물들의 성질들이다. 그것이 무엇과 같은지[어떤 느낌인지]의 차이들은 현실적으로 지향적인 차이들이다." 숀 갤러거, 단 자하비 지음, 박인성 옮김, 『현상학적 마음 - 심리철학과 인지과학 입문』(도서출판b, 2013) p.209 참조.

요한 사실을 확인할 수 있다. 즉 느낌, 정서 자체가 일종의 내성적 지식이거나 아니면 내성적 지식을 촉발하거나 수반하는 방식으로 자신의 환경 모형과 유기체 모형을 평가할 때 그것이 사적으로 이루어지는 것이 아니라 타인과의 상호작용 속에서 이루어진다는 점이다. 즉 **상호주관적 지향적 자세나 태도 속**에서 수행된다는 것이다. 이것은 이제 다음 절에서 확인하겠지만, 아이의 애착 행동이 엄마의 양육 행동과 정서적 유대를 형성할 때 애착 정서-본능체계가 양육정서-본능체계와의 상호작용 속에서 비로소 발생하고 발달할 수 있음을 시사한다. 이는 원초적 타자경험 단계인 근원연합적 타자경험으로서 애착 본능의 경험이 단순히 타자에 대한 일방적인 고립적인 주체의 반응이 아니라 이미 상호주관적 관계 속에서 수행된다는 것을 시사한다. 이후에 상론하겠지만 이와 같은 상호작용 속에서 타자경험의 수행은 타자 이해의 시원적 단계인 모방본능의 경험에서도 확인하게 될 것이다.

2 애착의 본능 행동체계

아이의 애착이 갖는 원초적 사회성 그리고 본능성을 과연 행동체계이론은 어떻게 해명할 수 있는지를 확인해보기 위해서는 통제체계의 이론을 아이의 애착 행동에 적용해보아야 한다. 첫 번째로 애착 행동의 진화적 적응환경 및 적응환경의 필요성이 결정하는 구조적 기능을 살펴볼 것이다. 두 번째로 애착 본능이 단순히 유아기에 본능에 머물지 않고 일생에 걸쳐 나타나는 근본적인 사회적 유대의 원천임을 살펴볼 것이다.

2.1 애착 본능 행동의 적응환경과 구조적 기능

행동체계이론의 출발점은 무엇보다 진화적응환경이다.
"적응환경이 아닌 곳에서는 어떤 체계도 효과적으로 작동할 것으로 기대할 수 없다. …… 이 때문에 인간이 어떤 본능 행동 – 더 적절하게 말해서, 본능 행동을 매개하는 어떠한 행동체계 – 을 부여받았는지 고려할 때 첫 과제는 인간이 적응하여 살아가도록 만들어진 환경의 특성이다."(A. 101)

그런데 주지하다시피 인간은 다른 동식물과 달리 단순히 특정한 환경에 적응해서 진화한 유기체가 아니다. 인간은 "다재다능함과 혁신의 능력"(A.101)을 통해 환경을 광범위하게 그리고 다양하게 변화시켜왔다. 그러나 볼비가 관심을 두는 것은 **본능적 행동으로서 애착 행동**이다. 다시 말해 **환경변화에 안정적인 행동으로서 애착 행동**이다. 따라서 "오늘날 문명화된 혹은 반(反)문명화 된 인간들이 살아가고 있는 환경의 그 어떤 곳도, 환경에 안정적인 인간의 행동체계가 진화하여 내재적으로 적용된 그러한 환경과 합치하지는 않는다."(A. 102)[348] 그래서 볼비는 다음과 같은 결론에 도달한다.

"인간의 본능적 기능의 적용을 고려해야 할 때의 환경은, 지난 수천 년간의 변화로 인해 인간이 오늘날 점유하고 있는 상당히 다양한 거주환경 이전의 인간이 2백만 년 동안 살아왔던 환경이다."(A. 102)

따라서 **애착이라는 본능 행동의 진화적응환경 역시 인간의 원시 환경**이다. 개체의 본능적인 원초적 사회적 행동은 동시에 종의 계통 발생적 사회적 행동과 연결된다는 점이다. 그렇다면 애착의 적용환경은 현재 문명과 동떨어져 원시 환경을 그대로 보유하고 그 속에서 살아가는 수렵과 채집사회에 대한 인류학적 연구 그리고 초기 인류에 대한 고고학적 연구 그리고 인간과 유사한 고등동물에 대한 현장연구 등을 통해 밝혀져야 한다.

---

348 좀 더 정확하게는 인류 최초의 종인 호모 하빌리스의 출현 시기를 홍적세가 막 시작했을 무렵인 약 200만 년 전으로 추정한다. (A. 102)

(A. 105) 특히 고등동물의 어떤 종이 살아가는 서식지가 그 종의 진화적응환경과 거의 동일하거나 유사할 것이다. 볼비는 인류학적 연구나 고고학적 연구의 신뢰할 만한 의견으로서 폭스(Fox, 1967)의 견해를 수용한다.

> **"인간의 기본적 사회적 단위**는 한 사람의 엄마와 그녀의 자녀들 간혹 그녀의 외손자들을 포함하여 구성되며, 이러한 단위에 대한 아버지들의 애착 유무와 그 정도에 따라 사회상들이 달라진다는 것이다. …… 모든 연령대의 남녀 구성원들로 이루어진 사회적 집단으로 살아가는 것은, 인간을 포함한 모든 체구가 큰 육상 고등영장류의 특징이다." (A, 105~106)

이와 같은 진화적응환경 속에서 고등동물에게 있어서 조직화한 사회적 집단은 그 자체로 **최소한 한 가지 기본적 기능**을 수행한다. 바로 **포식동물들로부터 자신들을 보호하는 것**이다. 다른 영장류들의 경우 포식동물로부터 자신을 보호하는 수단으로 나무와 절벽이 있는 지역에 고립되는 것을 선택하지만, 육상 영장류들은 **협동적 보호기술**을 진화시켰다. 그 결과 "미성숙 개체들은 성년의 삶에 필요한 기술들을 학습하는 동안 보호받으며 살 수 있게 되었다."(A.108) 또한, 협동적 사냥기술은 식량 확보의 기능을 가진다. 결국, 포식동물로부터 자신들을 보호하고 식량을 확보하기 위한 조직화한 사회적 협동은 궁극적으로 생존을 위한 것이다. 물론이런 답변도 애착이라는 본능적 행동의 적용환경에 대한 해명이지만 너무 일반적이다. 좀 더 구체적으로 **애착 행동을 수행하는 아이에게 있어서 적응환경은 조직화한 사회적 집단 내부에서도 일차적으로 엄마의 양육 행동이다.** 즉

> **"[애착이라는] 행동체계 자체는 아이 내부에서 이 아이와 진화적응환경[가족이라는 기본적 사회집단]과의 상호작용, 특히 이 환경에서의 주요 인물, 곧 자신의 엄마와 하게 되는 상호작용의 결과로서 발달한다." (A. 277)

이런 적응환경 속에서 아이의 엄마에 대한 유대, 즉 애착 행동의 기능은 앞서 확인했듯이 포식동물로부터 자신을 보호하는 것이다. "포식동물로부터 자신을 보호하는 행동장치는 영양섭취나 재생산을 유도하는 장치 못지않게 중요하다."(A.344) 볼비는 포식동물로부터의 보호가 현재까지 애착 행동의 가장 그럴듯한 기능이라는 것을 세 가지 사실을 통해 지지하고 있다. 첫째, 조류나 포유류에서 관찰한 결과로서 고립된 동물이 다른 동물들과 함께 어울려 있는 동물에 비해 포식동물로부터 공격을 받고 붙잡힐 확률이 훨씬 높다. 둘째, 나이 어린 새끼, 임신한 암컷, 병든 개체와 같이 나이, 크기 혹은 조건의 이유로 포식 동물에게 특히 취약한 동물들에게서 애착 행동은 더 쉽고 강하게 발현된다. 셋째, 놀란 상황에서 애착 행동은 항상 강도 높게 발현되는데, 여기서 놀란 상황이란 보통 포식동물의 존재를 감지하거나 혹은 그 존재가 의심되는 상황이다. (A. 344~345)

2.2 청소년, 성인기 애착 행동 및 사회적 유대의 원천

애착 활동은 활성화와 비활성화를 반복한다. 애착의 비활성화가 애착 본능의 해소를 의미하는 것은 아니다. 일반적으로 본능의 충족은 본능의 해소가 아닌 본능의 잠정적 잠재화일 뿐이다. 본능은 주체의 탄생에서 죽음에 이르기까지 전 생애에 걸쳐서 주기적으로 잠재화와 현실화의 반복을 거친다. 또한, 하나의 유한한 주체와 함께 유한성을 갖는 것이 아니라 세대의 무한한 연쇄를 통해서 무한하게 유전된다. 더욱이 이와 같은 애착 본능 및 그것의 잠재화와 현실화는 평생에 걸쳐 작동하면서 타자경험의 근본적 원동력이 된다. 볼비는 기본적으로 "요람에서 무덤까지 애착 행동이 인간의 삶에서 수행하는 절대 불가결한 역할을"(A. 317) 수행하고 있다고 주장한다.

청소년기와 성인기의 애착 행동은 크게 두 가지 측면에서 논의할 수 있다. 첫째, 엄마나 가족 구성원과의 애착의 지속의 측면이다. 볼비는 청소년기에 이르러 애착의 변화의 중요한 계기로서 또래에 대한 성적 매력, 성적 충동을 지적한다 .(A, 316) 그에 따라 대다수 청소년은 한편으로는 부모에 대한 애착 관계를 지속하면서도 타인과의 결속 또한, 중시하게 된다. 그러나 볼비에 따르면 대부분 사람에게 부모와의 유대는 성인기까지 지속하며 수없이 다양한 방법으로 행동에 영향을 미친다고 본다. 특히 많은 사회에서 엄마에 대한 딸의 애착이 엄마에 대한 아들의 애착보다 더 분명하며, 서구의 도시화한 사회에서조차 성인 딸과 엄마 사이의 유대는 사회생활에서 커다란 역할을 담당한다. 노년기에는 애착 행동의 대상이 더는 자신보다 더 나이 많은 세대 혹은 동등한 세대의 구성원이 될 수 없으므로, 행동의 대상이 그 대신, 자신보다 나이 어린 세대의 구성원이 되기도 한다. (A, 316)

둘째, 볼비에 따르면 청소년기와 성인기에 일정 정도의 애착 행동은 보통 가족 외의 사람들뿐만 아니라 가족 이외의 집단이나 단체에 지향되기도 한다. 흥미로운 것은 애착의 대상이 특정 개인이 아닌 집단이 될 수도 있다는 점이다. 다만 그 집단을 상징하는 특정 인물을 매개로 집단에 애착 행동은 발현될 것이다. "그래서 많은 사람에게 국가에 대한 애착은 이들의 국가원수 혹은 대통령에 대한 애착에서 파생된 것이며 최초에는 이러한 애착에 의존한다."(A, 316~317)

물론 이에 대한 반론이 제기될 수 있다. 과연 청소년기나 성인기 부모가 아닌 가족 구성원 이외의 사람에 대한 애정, 우정 혹은 존경, 숭배를 모두 애착으로 볼 수 있을까? 더욱이 이와 같은 타인과의 유대가 전적으로 원초적인 타자경험으로서 애착 본능을 통해서 형성될 수 있을까? 거기에는 지각적 타자경험과 의사소통적 타자경험의 매개가 필요하지 않을까? 볼비는 성인기의 애착 행동이 아동기의 애착 행동과 직접 연결되어 있다는 사실은 성인의 애착 행동을 보다 즉각적으로 발현시키는 상황들을 살펴보면 분명해진다고 주장한다. 이를테면 "아프거나 큰 불행을 겪을 때,

성인들은 종종 타인에게 요구하게 된다. 갑작스러운 위험이나 재난이 닥칠 때, 사람들은 잘 알 거나 믿을 만한 사람과 가까이 있으려 한다는 것은 거의 명백하다. 모든 사람은 이런 상황들에서 애착 행동이 늘어나는 것을 자연스러운 것으로 인식한다."(A. 317) 즉 애착이 활성화되는 조건들로서 놀라움, 공포, 고통 등을 유발하는 불행한 사건이나 재난상황에서 애정, 우정, 숭배는 특히 특정인이나 특정집단과의 지리적, 정서적 가까움 내지 귀속의 방식으로 실현된다.

우리는 볼비가 단순히 성인기의 애착 행동이 아동기의 애착 행동과 발현되는 조건이 유사하다는 주장에 그치지 않는 점에 주목한다. 그는 애착이 생애 전반에 걸쳐 인간의 삶에서 절대 불가결한 임무를 수행한다고 주장한다. 그것은 애착 인물 혹은 집단과의 지리적, 정서적 근접성이 가져다주는 안정감이며, 또한, 그것은 **개인의 능동적, 자립적 활동의 기반**이 된다. 역설적인 것은 **가장 수동적인 타자경험이지만 애착 경험은 능동성의 기반이 된다는 것**이다. 이것이 발생적 현상학에 대해 갖는 함의는 바로 선행하는 수동적 경험이 후행하는 능동적 경험을 가능하게 하는 발생적 토대가 된다는 의미이다. 볼비 역시 애착을 결코 의존이라는 의미와 동의어로 생각하지 않으면 오히려 정반대라고 생각한다. 볼비에 따르면 생애 초기에는 아이는 엄마의 보살핌에 의존하지만, 아직 애착 관계는 제대로 형성되어 있지 않다. 이와 반대로 낯선 사람의 보살핌을 받고 있는 두세 살난 아이는 비록 당시에는 엄마에게 의존해 있지는 않지만 계속 엄마와 강한 애착 관계를 유지하고 있다.(A. 347) 아인스워드는 간다부족의 아이들을 조사하는 과정에서 생후 8개월이 지난 아이들이 엄마와 함께 있을 때, 엄마와 함께 있지 않을 때에 비해, 아주 다르게 행동한다는 사실을 관찰했다. 즉 엄마와 함께 있을 때에는 엄마를 탐색에 필요한 기지로 삼고 자신있게 능동적인 탐색활동을 수행하지만, 엄마와 함께 있지 않을 때 아이들은 훨씬 더 소심하며 고통스럽게 주저하지 않는 경우도 드물지 않았다.(A. 318~319) 우리의 판단을 따르면 애착의 충족은 단순히 능동적 사물탐색의 발생적 동기에 그치지 않는다. 애착 본능이라는 원초적 타자경험의 수행은 낯선 타인에 대한 능동적 이해와 의사소통의 동기, 용기를 불러일으킴으로써 최종적으로는 사회적 유대의 근원적 힘이 된다.

3 애착 본능 행동의 발달단계

우리는 앞서 진화적응환경을 검토하는 과정에서 현재 아이의 초기 상태는 이미 200만 년 전 원시사회 단계에서 진화를 통해 구축된 인간 종의 상태임을 알게 되었다. 즉 아이의 개체발생의 시원은 종의 계통발생의 시원과 연결된다. 따라서 한 아이가 태어날 때 이 아이는 백지 상태가 전혀 아니다. "그와 반대로 이 아이는 곧 활성화될 수 있는 다수의 행동체계를 갖추고 있을 뿐만 아니라 각각의 체계는 이미 선천적으로 적응되어 있다."(A. 399) 이미 갖추고 있는 행동체계들이란 "신생아의 울기, 빨기, 매달리기, 방향 짓기를 매개하는 원시적 체계들이며, 몇 주가 지나고 나면 이런 것들에 미소 짓기, 옹알이가 더해지고, 또 몇 달이 지나고 나면 기어 다니기, 걷기가 더해진다."(A. 400) 또한, 각 체계가 선천적으로 적응되어 있다는 것은 활성화와 종료와 강화, 약화의 자극이 특정한 범위에 한정되어 있다는 것이다. 이렇게 선천적으로 적응되어 활성화되는 행동체계는 모두 엄마와의 지리적, 정서적 근접성의 유지라는 기능을 충족시킨다. 볼비는 이 과정에서 지향성이라는 용어를 일관되게 사용한다. 볼비가 말하는 **지향성**이란 무엇보다 **"시작부터 인간으로부터 발산되는 여러 종류의 자극에 대해 특정한 방식으로 반응하는 선천적 적응성"**(A.400)을 의미한다. 데넷 역시 이것을 일종의 지향적 태도라고 명명하며, 일차적으로 지향적인 행동체계는 무엇에 관한 행동이라는 점에서 겨냥함(Aboutness)[349]을

---

[349] 아이의 최초의 애착 행동체계는 아직 표상이 형성되기 이전에 이미 서로의 자극에 대한 상호적 반응단계에서 이루어지고 있기에 '대상에 대한 표상'이나 '대상에 대한 의식'이라는 표현보다 '겨냥함'이라는 표현이 더 적절하다. 이 표현은 다니엘 데넷의 표현을 활용한 것이다. 다니

가진다고 말한다. 특히 그 겨냥함이 임의의 사물이나 사람이 아닌, 특정한 사람, 그것도 양육자로부터 발산하는 자극으로 향한다는 점에서 몇몇 발달심리학자들은 **일차적인 상호주관성**[350]이라고 표현한다. 이처럼 애착이란 행동체계가 갖는 구조형태는 적응환경으로서 선구성된 세계에 대한 선천적 적응성으로서 지향적 구조에 다름 아니다. 나아가 이런 지향적 구조는 동시에 상호주관적 지향성의 소인을 이미 갖추고 있다.

3.1 단계1 : 인물을 제한적으로 구별하는 지향성과 신호

엄밀하게 말해 생후 1~2개월 동안 지속되는 단계1에서 아이는 미소, 울음 및 다른 신호들, 즉 근접성-촉진신호들에 반응하는 누군가에 의해 만족을 얻을 수 있지만, 아직 특정인에 대해 어떤 선호도 보이지 않는다. 따라서 인물을 제한적으로 구별한다는 볼비의 표현은 무리가 있다. 따라서 램과 루이스는 단계1을 "**비변별적 사회적 반응성**"[351]이라고 표현한다. 그러나 비변별적이지만 단계1에서 나타나는 유아의 행동들, '**몸을 향하**

엘 데넷은 "다른 존재에 대한 표상"이라는 표현을 대신해 "자기 아닌 다른 존재를 어떤 식으로든 겨냥하는 행동을 할 때" 지향성을 지닌다고 주장한다.(Daniel C. Dennett, 같은 책 , 72)

350 일차적 상호주관성이란 아이와 성인의 자극과 반응이라는 상호작용적 관계를 의미하며, 이차적 상호주관성이란 대상에 대한 표상을 매개로 아이와 성인이 상호작용하는 관계를 의미한다. C.Trevarthen, "The Concept and foundations of infant intersubjectivity", *Intersubjective Communication and Emotion in Early Ontogeny*, ed. by S.Bråten, Cambridge Unversity, 1998, 15~46. A.Gopnik, L.Capps & A.N.Meltzoff, "Early theories of mind: what the theory theory can tell us about autism", S.Baron-Cohen, H.Tager-Flugber & D.J.Cohen, *Understanding Other Minds, perspectives from developmental cognitive neuroscience, second edition,* Oxford Univ Press, 2010, 55; H.M.Wellman & K.H.Lagattuta, "Developing of mind", 같은 책, 32

351 M.E.Lamb & C.Lewis, 「아동발달에서 부모-자녀관계의 역할」, (M.H.Bornstein, M.E.Lamb ed., *Devolopemental Science, An Advanced Textbook*, 5th edition, Lawrence Erlbaum Associates, Inc, 2005, 곽금주 외 옮김, 『발달과학』, 학지사, 2009, 604~605)

기', '눈의 움직임 추적하기', '붙잡기와 손 뻗기', '미소 짓기', '옹알이', '울기' 등은 모두 자신의 행동에 반응해주는 누군가를 향한다는 점에서 최초의 사회적[352] 반응이다. 이런 최초의 사회적 반응은 현상학적 관점에서 본다면 임의의 타인들로부터의 감각적 자극에 감각 감정적, 본능적, 신체 운동 감각적 반응을 보이는 **원초적 타자경험의 일환**일 것이다.

이런 여러 가지 행동체계 중에서도 미소와 옹알이는 가장 유의미한 사회적 반응이다. 왜냐하면, 미소와 옹알이는 다른 어떤 행동체계보다 엄마와 아이 사이의 상호작용을 연장하고 다음에 엄마의 모성 행동이 발현될 가능성을 높이도록 엄마가 아이에게 사랑스럽게 반응하도록 하는 것이기 때문이다. 따라서 볼비는 미소와 옹알이를 **"사회적 촉발인"**(releaser) (A.421, 434)이라고 표현한다. 물론 아직 단계1에서는 미소나 옹알이는 특정한 애착-인물로서 엄마에게만 향하는 것은 아니라는 점에서 비변별적 사회적 촉발인이다.

3.2 단계2 : 한 사람의 (혹은 그 이상의) 구별된 인물(들)에게 향하는 지향성과 신호

생후 2, 3개월 이후 나타나는 단계2에서 가장 핵심적인 것은 **지향적인 변별적 인지와 차별적 선호**이다. 아이가 사람을 변별하는 데 있어서 중요한 계기는 청각적, 시각적, 운동적 단서들이다. 램과 부이스가 말한 바로는 일단 아이들이 친숙한 사람들을 알아볼 수 있으면, 아이는 그들 중 일부에게 선호를 표현하기 시작할 수 있다. 그런데 과연 친숙한 사람들에 대한 **변별적 인지**는 곧바로 **차별적 선호표현**으로 이어지는가? 램과 부이스는 아이들은 특정인을 슬거운 경험(예, 수유, 달래기, 흔들기, 놀

---

352 여기서 사회적이라는 말의 의미는 타자경험의 수행 일반과 관련된 것이다. 좁은 의미에서 사회적이란 의사소통적 타자경험에 국한된 의미가 있다.

기) 및 불쾌함의 감소와 연합시키고 또한, 친숙성은 긍정적인 느낌을 산출하는 경향이 있기 때문에 아이들은 곧 친숙한 사람과 상호작용하는 것을 선호한다고 주장한다.[353] 즉 변별적 인지로부터 차별적 선호표현을 통한 차별적이고 지속적인 상호작용이 이루어지는 과정에서 **특정인에 대한 표상과 긍정적인 느낌의 연합**이 중요한 발생적 동기 역할을 하고 있다는 것이다. 이와 같은 특정인에 대한 차별적 인지 속에서 연합을 통해 발생하는 특정인에 대한 긍정적 느낌은 일종의 **표상-정서의 원초적 체계**라고 말할 수 있을 것이다. 그러나 아직 이런 원초적 표상-정서체계는 신호 행동만을 통제할 뿐 목표 수정적 접근 행동을 통제하지는 못한다. 따라서 우리의 판단으로는 이런 초기의 상호작용 주도권은 엄마에게 있다. 즉 아이가 옹알이 소리를 내고, 미소 지으면 엄마는 유사한 행위로 반응한다. 물론 단계1에서 확인했듯이 이때 아이의 행동은 처음에는 의도적 행동, 즉 차별적 선호표현이라고 보기 어렵다. 그러나 엄마는 그런 행동을 의도적 행동, 차별적 선호표현으로 해석해주고 반응해주는 것이다. 즉 아이의 비의도적 행위가 의도적 행위로 바뀌기 위해서는 아이의 자신 욕구나 바람에 대한 자각, 자신의 신체적 운동감각에 대한 자각을 전제로 하는데 이런 자각이 가능한 것은 바로 양육자인 엄마의 민감한 반응과 의도적 해석 때문이다.

3.3 단계3 : 신호와 이동에 의해 유지는 구별된 인물에 대한 근접성

램과 루이스는 이런 유형의 반복된 경험들로부터 아이는 다음 세 가지를 학습하는 것으로 보인다고 주장한다.[354] 1) **상호성의 규칙**(상호작용

---

353 M.E.Lamb & Lewis, 같은 글, 605~606.

354 M.E.Lamb & C.Lewis, 같은 글, 606. 램과 루이스는 이런 세 가지 학습을 단계2에서 밝히고 있다. 그러나 볼비는 실제로 세계와 자기에 대한 작업모형을 통해서 자신의 행동을 목적수정적으로 통제할 수 있는 것은 단계3에서나 가능하다고 본다. (A. 402)

에서 상대자들은 다른 사람의 행동에 대하여 번갈아 가면서 행동하고 반응한다), 2) **영향력**(자신의 행동이 일관적이고 예측 가능한 경향으로 다른 사람의 행동에 영향을 미칠 수 있다), 3) **신뢰**(신호를 보낼 때 양육자로부터 반응을 얻을 수 있다.) 이것은 사회적 존재가 되는 과정에서 절대적으로 중요하다. 일단 아이가 자신의 행동이 타인으로부터 예측 가능한 반응을 끌어낼 수 있음을 인식하며, 그들은 사회적 세계에 대한 일관된 관점을 가지기 시작하고, 자신을 타인에게 유의미한 영향을 미치는 **개인으로서 자각하기 시작**한다. 즉 미소나 옹알이와 같은 사회적 촉발인을 통해 특정인과의 차별적이고 지속적인 상호작용의 경험은 아이에게 **타인에 대한 예측 가능성, 세계에 대한 일관성에 상응**해서 **자신에 대한 자각**이 이루어진다. 즉 본래적인 의미의 표상-정서체계로서 타인을 포함한 환경 세계에 대한 작업모형과 자기 자신 및 자신의 행동성향에 대한 작업모형을 갖추게 된다.

특히 생후 6~7개월경에 나타나는 단계3에서 두드러진 것은 다소간 원시적인 인지적 지도로서 이런 작업모형들을 활용해서 애착 인물에 대해 근접행동을 함으로써 근접성을 유지하기 시작한다는 점이다. 아이의 신체적 운동능력은 생후 초기에는 비참할 정도로 무력하다. 손의 움직임이나 얼굴의 표정이나 모두 자신의 의지와 무관하게 작동한다. 특히 아이가 손으로 자신의 얼굴에 생채기 내는 것을 막기 위해 양육자가 아이의 양손에 벙어리장갑을 끼워 놓은 모습은 익숙하다. 단계1 후반에서부터 이이들은 사람에게 몸을 향하기, 눈의 움직임 추적하기, 붙잡기와 손뼉치기와 같은 행동을 할 수 있게 되지만 애착 행동의 목표인 근접성의 촉진을 위한 신호 행동에 불과하다. 그러나 그것 역시 의도적 행동이라고 보기는 어렵고 생득적인 편향된 지향적 반응일 뿐이다. 그러나 단계3에 이르리 상호작용의 상호성의 규칙을 습득하게 되면서 7개월 경 아이는 비로소 의도적인 사회적 행동을 할 수 있게 된다. 이와 같은 의도적 사회적 행동은 다음 두 가지 행동적 변화에 의해 나타난다. 첫째, 애착을 형성한 엄마가 떠날 때 저항하는 분리불안을 보이기 시작하며, 둘째, 아이는 도움 없이 한 장소에서 다른 장소로 움직일 수 있다. 특히 장소이동 능력은 아이로 하여금 탐색에 대한 풍부한 기회를 제공하고 애착 대상에 대한 근접성을 획득, 유지하는 데 점차 활동적 역할을 담당하게끔 한다. 바로 이런 근접성을 위한 이동 행동 때문에 단계3을 좁은 의미에서 애착 행동단계라고 부른다.

현상학적 관점에서 애착 발달의 3번째 단계에서 획득되는 **개인으로서 자각 및 환경 세계와 자신의 행동성향에 대한 작업모형** 그리고 **장소이동능력**은 중요한 의미가 있다. 무엇보다 이와 같은 능력들의 획득은 타자의 주관에 대한 이해의 경험을 수행하기 위한 필수적인 전제조건이 되기 때문이다. 지각적 타자경험의 작동을 위한 일차적인 발생적 계기는 바로 비주제적인 자기지각이다. 물론 이때의 자기는 신체적 운동감각의 주체 단계로서 자기일 것이다. 두 번째로 타자의 신체에 대한 지각에서 나의 신체적 위치를 여기로부터 타자의 저기로 바꿀 수 있는 방향정위의 자유변경능력의 획득이 필요하다. 물론 아이의 단순한 장소이동능력과 후설이 말하는 신체적 방향정위의 자유로운 변경능력인지는 의문이다. 그러나 그와 같은 신체적 방향정위의 능력의 실마리는 당연히 장소이동능력에서 찾을 수 있을 것이다. 아이가 과연 타자의 위치에서 물체를 지각하는 것을 자신의 위치에서 현전화시킬 수 있는지에 대해서는 지각적 타자경험의 발생적 정초의 보완에서 상론할 것이다. 끝으로 환경 세계와 자신에 대한 작동모형을 갖추게 되었다는 것은 바로 타자 이해에서 유비적 통각을 위한 습성적 통각체계가 형성되었다는 것을 의미한다. 이와 같은 타자경험의 습성적 통각체계는 타자의 신체적 행동이나 표현에 대한 지각을 계기로 타자가 처해 있는 환경 세계 및 타자주체의 작동모형에 대한 이해로 나아갈 수 있는 결정적 계기가 될 것이다.

3절. 원초적 타자경험의 발생적 정초의 보완

이제 존 볼비의 애착 이론에 대한 현상학적 해명을 통해 앞서 확인했던 후설의 원초적 타자경험의 발생적 정초의 해명 한계를 어느 정도 극복될 수 있는 중요한 발견들을 획득하게 되었다.

무엇보다 먼저 원초적 타자경험의 근본유형으로서 애착 본능의 경험은 비록 전적으로 수동적 타자경험이지만 후행하는 타자경험의 능동성을 위한 발생적 기반이 된다는 점이 해명되었다. 엄마에 대한 애착의 활성화 속에서 바로 외부 사물과 낯선 타인들에 대한 능동적 탐색이 활발하게 이루어진다. 반대로 애착 인물인 엄마가 자신에게서 멀어지거나 혹은 아이가 놀라거나 상처를 입을 때 모든 능동적 탐색활동은 포기된다(A, 318)는 사실 속에서도 우리는 원초적 타자경험으로서 애착 본능이 타자이해나 의사소통적 타자경험의 능동성의 발생적 토대가 된다는 확실한 증거를 확보할 수 있다.

둘째, 보다 구체적으로 애착 경험체계의 안정된 작동과 형성, 즉 안정된 애착은 타자와의 상호성 및 타자에 대한 영향력, 신뢰의 획득을 통해 개인으로서 자각에 이르게 함으로써 무엇보다 지각적 타자경험을 가능하게 하는 첫 번째 동기를 준비한다. 나아가 애착 발달과정에서 자신과 세계에 대한 작동모델의 형성, 즉 일종의 자신과 세계에 대한 습성적 통각체계의 형성 그리고 부르기와 따라가기의 능동적 장소이동능력의 획득은 타자의 관점에서 타자의 경험을 이해할 수 있는 중요한 전제조건들이다.

셋째, 애착의 발달 초기부터 수행되는 미소와 옹알이와 같은 사회적 촉발인을 통한 엄마와의 상호작용은 소통적 타자경험으로 나아갈 수 있는 출발상태를 마련한 셈이다. 또한, 이와 같은 사회적 촉발인은 이미 애착 경험이라는 원초적 타자경험의 단계에서 인간은 일방적 타자경험이 아닌 상호의 타자경험을 수행하고 있다는 점을 보여준다.

끝으로 애착이라는 원초적 타자경험은 특정 지역, 특정 시대의 문화 속 인간에게만 나타나는 경험이 아니라 계통 발생적으로 가족 단위의 사회공동체를 꾸려가는 몇몇 조류와 포유류, 특히 영장류에서 보편적으로 나타나는 선천적 본능의 경험이다. 그에 따라 아주 먼 옛 선조 세대로부터 무한한 연쇄 속에서 이어져 오고 있는 **애착 본능**은 그에 고유한 진화적 적응환경을 내포하고 있다. 현상학적으로 말해 원초적 타자경험으로서 본능적, 감정적, 신체운동 감각적 애착 반응은 최초의 상호주관적 세계로서 고유의 자연을 선구성된 지평으로서 가진다. 이 세계가 각 주체에게 일단은 선구성되어 있다는 사실에 대한 이해는 유전형질로서 주어지는 애착 본능이 선천적으로 적용해야 하는 세계의 선천적 구조가 이미 **잠재적으로** 결정되어 있다는 사실에 대한 현상학적 파악에 불과하다. 나아가 각 주체에게 그때마다 애착이 활성화되면서 선구성된 세계는 **현실화된다.** 애착 경험이 활성화되면서 **현실화된 세계로서** 자연은 주체를 고유한 적응문제 상황 속으로 던진다. 하이데거식으로 표현하면 **각 주체는 고유한 적응의 문제상황으로 피투된다.** 그 문제상황이란 무엇보다 주체의 생존을 위협하는 포식자를 포함한 수많은 적과 나를 최종적으로 보호해줄 애착 인물 그리고 중립적인 낯선 인물과 사물로 이루어진 상황이다. 거기에서 주체는 적들로부터 거리를 멀리하며, 애착 인물과의 지리적, 정서적 인접성을 확보함으로써 중립적 인물과 사물에 대한 탐색기지를 확보해야 한다.

3장

지각적 타자경험의 발생적 정초의 변용 : 마음 읽기

1절 지각적 타자경험의 발생적 정초의 쟁점들

타자경험의 이론과 관련해서 후설의 주된 탐구의 대상이었던 타자의 주관 및 타자의 주관 경험내용, 대상에 대한 이해로서 지각적 타자경험은 원초적 타자경험과 대조적으로 풍부한 현상학적 분석과 해명이 이루어져 있다. 그럼에도 불구하고 우리는 앞서 1부 4장에서 무엇보다 먼저 모방행위가 지각적 타자경험에서 갖는 위치나 역할에 대한 후설의 태도의 모호성의 문제를 제기했다. 후설은 모방충동과 표현충동의 동일성에 입각한 감정 이입론을 주장하는 립스의 타자경험이론을 비판하면서 모방충동도 함께 거부하였다. 다만 후설은 모방을 지각적 타자경험의 발생적 동기로 보면서도 명백히 그것이 지각적 타자경험이 아님을 주장한다. 더욱이 모방행위는 지각적 타자경험과 구조상 반대의 성격을 가진다. 지각적 타자경험이 나의 조월론적 주관과 그것의 신체적 표현의 쩍을 타자에게로 투사하는 경험이라면, 모방의 경험은 타자의 신체적 표현행위에 의해 나의 신체적 표현행위가 규정되도록 하게 하는 경험이다. 그러나 이후 확인하겠지만 멜초프나 고프닉과 같은 발달심리학자들은 모방행위는 아이가 태어난 지 몇 시간도 되지 않아서 시삭뇌며, 타사의 마음 읽기의 시원적 유형임을 주장한다. 이제 우리는 모방행위가 어떤 점에서 지각적 타자경험일 수 있는지 그리고 만일 모방행위가 지각적 타자경험이라면 수행방식에서 양자의 구조적 차이는 어떻게 연관될 수 있는지를 검토해보고자 한다. 나아가 시원적 지각적 타자경험으로서 모방행위가 원초적 타자경험인 애착 본능과 어떻게 관련될 수 있는지 역시 살펴볼 것이다.

또한, 후설이 지각적 타자경험의 첫 번째 발생적 동기로서 간주하는 자기에 대한 비주제적 지각이 과연 단순히 타자의 신체와의 유사성에 의해서만 수행되는 것인지가 불분명하다. 이미 앞서 원초적 타자경험으로서 애착의 발달과정에서 미소나 옹알이와 같은 애착 행동이 수행하는 상호작용이 낳은 결과로서 개인으로서 자신에 대한 자각과 같은 좀 더 다양하고 광범위한 자기지각의 발생적 동기들이 존재할 수 있다고 본다. 이제 사회적 인지능력으로서 마음 읽기 능력을 검토하는 과정에서 어떻게 자기지각이 획득되는지를 좀 더 다각적으로 검토해 볼 수 있을 것이다.

또한, 자기지각과 타자신체와의 유사성을 기반으로 이루어지는 유비적 짝짓는 연합작용을 통해서 타자의 주관 경험에 대한 간접적 경험이 수행될 때 **경험내용의 공통성 및 타자경험의 타자성**이 어떻게 확보되는지가 후설의 타자경험 이론에서는 불분명하다.

2절 원초적 타자경험과 지각적 타자경험의 관계

1 피아제의 자기 중심성의 극복개념 비판

기본적으로 사회적 정서체계의 발달과 인지체계의 발달은 무관하지 않다. 볼비는 애착 발달이 비목표 수정적 발달단계에서 목표 수정적 발달단계로의 전환의 가장 중요한 계기가 바로 아이가 "엄마의 느낌과 동기에 대한 통찰력을 획득"(A, 403)할 때임을 강조한다. 볼비는 이를 **"개념적 통찰력"**(A, 549)이라고 부른다. 이는 엄마의 행동 목표와 계획 간의 관계에 비추어 엄마의 행동을 예측하는 추론능력을 말한다. 볼비는 이와 같은 개념적 통찰능력의 획득에서 관건은 아이가 타인의 시각을 통해 사물을 바라보는 것, 즉 피아제가 말하는 자기 중심성의 극복에 있다고 본다.

피아제는 자신의 초기 저작인 『아이의 언어와 사고』(1926년)에서 아이의 언어와 사고의 특징 중 하나를 **자아 중심성(egocentrism)**으로 표현한다. 초기(대략 4세 이후 아이들)에 아이들은 간혹 누구와 대화하는 데 어떠한 의도도 없이, 단순히 그들 자신에 관해서 이야기한다. 외관상으로는 함께 이야기하는 소규모 그룹 아이들조차도 다른 사람의 의견을 이해하고 반응하려고 시도하지 않고 혼자서 이야기하기도 한다. 피아제는 이 같은 이야기 습성이 이기주의는 아니지만 다만 자기를 위한 것이라는 의미로 '자아 중심성'에서 비롯되었다고 본다. 즉 아이는 "청자의 관점에 자신을 두려고 시도하지 않는다."[355] 피아제는 자신의 이런 초기 자기 중심성의 가설을 1960년 후반에 이르러 인헬더(Barbara Inhelder)와 더불어 '3개의 산 과제'를 개발하여 실험함으로써 최초로 입증하고자 하였다.[356] 이 실험을 통해 피아제는 아이가 만 7세가 되어서야 비로소 타인의 관점에서 사물을 바라볼 수 있는 능력을 갖추게 된다는 결론에 도달한다.

그러나 볼비는 자기 중심성에 대한 피아제의 연구를 라이트의 연구를 끌어들여 비판한다.(A,548~549) 라이트는 피아제의 연구는 크게 세 가지 한계가 있음을 지적한다. 첫째, 피아제의 발견은 단지 시각적 관점에만 관심을 두고 있다. 둘째, 그마저도 비인격적 장면에 국한되어 있다. 셋째, 피아제는 서로 다른 연령대의 아이들에 대한 **횡단연구**에서 발견한 집단 간

---

355 J. Piaget, *The Language and Thought of the Child*(London Kegan Paul, 1926, 9. J.W.Astington, 같은 책, 11에서 재인용.

356 아이는 산 모형 주위를 돌아다니면서 각각 다른 위치에서 그 산들이 어떻게 보이는가를 알게 되고, 3개의 산 위에는 각각 다른 물체가 놓여 있다는 것도 보게 된다. 그런 다음 이 아이를 산 모형이 놓인 탁자의 한쪽에 앉힌다. 이후 실험자는 인형을 탁자의 이쪽저쪽에 놓으면서 그때마다 아이에게 몇 개의 사진을 보여주고, 어떤 사진이 인형이 보고 있는 풍경을 가장 정확하게 반영하고 있는지 물어본다. 전조작기 아동은 대개 인형이 놓인 지점에서 보이는 풍경보다는 자기가 앉은 위치에서 보이는 풍경이 담긴 사진을 고른다. 학령 전 아이의 조망능력은 일관성 있게 발달하지 않기 때문에 이들은 특정 과제에서 조망 능력을 보여 주기도 하고 또 어떤 과제에서는 실패하기도 한다. J.W.Sandtrock, 같은 책, 204 참조.

차이에 의존하고 있다.

라이트는 만 4세 직후의 아이들을 대상으로 한 **종단연구**[357]를 통해서 대체로 만 4세 아이 중에서 일부는 개념적 통찰을 완벽하게 소화해내지만, 일부는 그런 능력이 전혀 없다는 사실을 발견한다. 라이트는 이런 차이가 무엇보다 엄마가 아이를 인식하고 대할 때의 자신을 묘사하는 방식과 강력하고 일관된 상관관계가 있음을 발견했다.(A, 550~551) 개념적 통찰력을 획득한 아이들의 엄마들은 양보와 거래를 하는 경향이 있으며, 아이의 시각과 관심을 고려하는 반면, 개념적 통찰력이 거의 없는 아이들의 엄마는 강압적이고 처벌에 의존하는 경향이 강하다는 것이다. 이러한 연구를 통해서 라이트는 다음과 같은 결론을 내린다.

> "아이들의 점수 차는 아이들 간의 유전적 차이를 반영하기보다는 [엄마와의] 시각의 차이와 이러한 차이에 적응하려는 필요성에 대한 아이의 일반적 자각 수준을 반영할 것이다." (A, 551)

볼비는 이런 라이트의 연구결과를 바탕으로 애착 발달에서 목표 수정적 발달단계, 즉 애착 발달의 4번째 단계에서 사회적 정서로서 애착과 사회적 인지로서 개념적 통찰력의 결합을 발견할 수 있음을 주장한다.

2 개념적 통찰의 발생적 토대로서 애착 행동의 표상-정서 체계

---

357 **횡단적 접근법**은 서로 다른 연령대의 사람들을 동시에 비교하는 연구방법이다. 횡단적 접근법은 시간적 효율성을 지니고 있음에도 불구하고, 각 개인이 어떻게 변화했는지에 대한 정보나 지표의 안정성에 대한 정보를 제공해 주지 못한다. 발달의 증가와 감소(성장과 발달의 언덕과 골짜기)는 횡단적 접근법에서 불분명해질 수 있다. 반면 **종단적 접근법**은 동일한 대상자를 보통 수년 혹은 그 이상의 기간 연구하는 방법이다. 종단적 연구는 시간과 비용의 비효율성에도 불구하고, 후기발달에서 초기 경험의 중요성이나 발달과정의 안정과 변화 같은 중요한 논점에 대한 가치 있는 정보를 제공한다. J.W. Santrock, 같은 책, 53~54 참조.

그러나 볼비는 목표 수정적 체계를 이용하는 것과 타자로서 엄마에 대한 개념적 통찰력을 획득하는 것을 구분한다. 즉 아이들이 목표 수정적 체계를 이용하여 애착 인물에 대한 근접성을 유지하기 시작한다고 해서, 즉

"엄마가 시간과 공간에서 영속적이며, 시공 연속 선상에서 다소간 예측할 수 있게 움직이는 독립적 대상으로 여겨지게 된다고 해서 …… 자신에게 다가오거나 자신에게서 멀어지는 엄마의 행동이 무엇에 의해 영향을 받는지 혹은 엄마의 행동을 바꾸기 위해 자신이 어떻게 할 수 있는지에 등에 대해 아이가 조금이라도 이해하고 있다고 가정할 수 없다." (A, 402)

즉 지각적 타자경험을 수행하지 않더라도 단순하게 조직된 목표 수정적 체계를 이용하는 것이 가능할 수 있다는 것이다. 이 점에서 후설도 동일한 생각을 가진다.

"아이는 공간물체 속에서 공간을 갖게 되며, 자신의 공간장 속에서 물체로서 엄마를 갖게 된다. 동일한 것으로서, 재인식된 것으로서 그리고 욕구의 충족을 위한 전제로서 이런 최초의 엄마; 엄마가 다가와 거기 있다면, 충족이 나타난다. 아직 지각적 타자경험과 같은 것은 전혀 아니다." (XV, 605)

그러나 이런 단순한 목표 수정적 체계를 단순히 이용하는 것을 넘어, 그것을 발달시키기 위해서는 엄마의 행동 동기, 즉 엄마의 마음에 대한 이해가 필요하다. 문제는 이와 같은 이해가 어떤 발생적 동기를 통해서 나타나게 되는가이다. 다시 말해 **원초적 타자경험으로서 애작 발달 과성에서 어떤 방식으로 지각적 타자경험이 동기 부여되는가?**

이에 대한 답을 얻기 위해서 애착 발달과정에서 일종의 유관성의 자세

로부터 지향적 자세로의 이행을 보여주는 **표상-정서체계**의 역할[358]을 주목할 필요가 있다. 물론 이것은 일차적으로 볼비 자신이 방법론상 설계적 자세 혹은 유관성의 자세에서 지향성의 자세로 이행했음을 의미한다. 그러나 이와 같은 이행은 볼비 자신의 의도적 계획이라기보다는 아이의 애착 발달과정에서 더는 기능주의의 설계적 자세나 행동주의의 유관성 자세에서 설명할 수 없는 아이의 목표 수정적 행동을 관찰할 수 있었기 때문이다. 이것은 더 나아가 아이 자신도 스스로 타자로서 엄마를 이해할 때 단순히 엄마의 일정한 행동 간에 나타나는 일관된 규칙 – 일종의 유관성의 자세 –만으로 형성한 작업모델로는 설명할 수도 예측할 수도 없는 행동들을 관찰하게 됨에 따라 지향적 자세 차원에서 엄마의 주관 관점에서 엄마의 행동을 이해하려는 태도로의 발전이 이루어졌기 때문에 일어

---

358 볼비는 표상-정서체계의 발달변화를 피아제의 개념을 활용해서 "감각운동 지능을 통제하는 조직화된 행동으로부터 상징적이고 전개념적(preconceptual) 사고를 토대로 조직화된 행동으로의 변화"(A.241)라고 지칭했다. 그러나 우리의 판단으로는 피아제가 말하는 전조작기 이전의 감각 운동기의 후기 단계에서 이미 아이는 **"원시적 인지적 지도"**(A.402)를 활용하여 목표 수정적 애착 행동을 수행한다. 왜냐하면, 피아제가 감각운동기 단계에 아이가 성취하는 것으로 여기는 대상영속성은 바로 볼비가 아이가 성취하는 것으로 여기는 원시적 지도구축능력과 동일하기 때문이다. 물론 피아제는 대상 일반에 대한 지각, **대상 영속성**(object permanence)에 관심을 갖고 있었지만 우리의 판단에는 오히려 아이는 **대상 영속성의 파악**보다 **타자로서 엄마의 시공간적 영속성의 파악능력**을 갖는다. 먼저 단순히 울기, 미소 짓기, 옹알이 등의 비목표 수정적 행동체계에서는 아직 작동모델이 활용된다고 보기는 어렵다. 왜냐하면, 이런 행동체계들은 환경자극으로서 엄마의 부재와 등장에 의한 반응단계로서 활성화되기 때문이다. 반면 이미 엄마를 "시공적으로 영속적인 존재"로 또한, "다소간 예측가능하게 움직이는 독립적 대상"(A.402)으로서 표상할 수 있다면, 볼비식 표현으로 엄마라는 환경에 대한 작동모델을 갖고 있다면 엄마가 보이지 않을 때 엄마를 불러 목소리를 들음으로써 엄마의 표상과 일치여부를 확인할 수 있거나 추정되는 엄마의 행방 쪽으로 접근함으로써 엄마의 소재여부를 확인할 수 있다. 그리하여 아이는 "원시적 인지적 지도를 갖추고 …… 처음에는 광범위하게 비도식적 자극에 민감했던 단순 반응은 계획위계로 조직화된 행동통제 내에 통합되고 매우 구체적인 지각 대상에 민감해진다."(A.242) 볼비는 점차적으로 체계들이 연속적으로 대체되는 이와 비슷한 과정이 인간의 애착 행동을 매개하는 것으로 믿었다. "인생초기 몇 달 동안 애착 행동은 반사동작과 탐지동작으로 구성되지만, 이 년째와 삼 년째에는 설정목표와 계획으로 조직화된다." (A.242)

났다고 해석할 수도 있다.

이제 우리가 궁금한 것은 **환경과 자신에 대한 작동모델을 통해 애착 활동이 발달하는 과정의 동기**이다. 즉 원시적 작동모델에서 정교한 작동모델로 발달하는 동기는 무엇인가? 앞서 우리는 표상-정서 체계에서 표상으로서 작동모델의 수정, 확장, 검증의 의식적 평가과정에서 느낌과 정서가 중요한 역할을 할 수 있음을 확인했다. 특히 느낌과 정서는 단순히 자신과 환경의 상태에 대한 평가와 감시 역할 뿐만 아니라 타인과의 상호작용적 기능이 있다는 것을 확인했다. 결국, 자신과 환경에 대한 작동모델의 수정, 확장, 검증으로서 발달은 당연히 개체 단독적 자기 성찰로만 이루어지는 것이 아니라 작동모델이 적용되고 있는 타자와의 상호작용 과정에서 정서적 교류를 통해 이루어진다.

여기서 우리는 먼저 감각적 느낌을 포함해서 정서와 다른 일반적인 감각을 비교해볼 필요가 있다. 감각은 의식적으로 수행될 수도 있지만, 무의식적으로 수행될 수도 있다. 반면 감각적 느낌이나 정서는 무의식적으로 수행될 수 없다. 이를테면 무의식적인 고통, 쾌감, 슬픔, 기쁨이란 가능하지 않다. 따라서 느낌이나 정서에는 주의집중이 필수적이다. 즉 **"느낌, 주의,**[359] **의식성은 동시에 진행된다."** (A. 187) 그에 따라 흔히 느낌이나 정서가 현재의 행동의 원인인 것처럼 생각할 수도 있다. 그러나 볼비는 라일의 논리를 끌어들여 성향과 원인을 구별하고, 느낌은 일종의 성향을 나타낸다고 말한다. (A. 188~189)[360] 예를 들어 '돔은 질투가 나서 어린 여동

---

359 주의(attention)가 애쓰는 시도 없이 자동으로 이루어지는 의식작용이라면 집중은 적극적으로 노력하는 의식작용이다. Wechsler 지능검사(WAIS-IV)에서 시행하는 조사 중 작업기억에서 숫자(Digit Span)와 산수(Arithmetics)는 각각 주의력과 집중력을 측정한다. 박영숙 외 공저, 『최신 심리평가』, 하나의학사, 2013, p.p.219~220 참조.

360 볼비가 G.라일의 논리를 끌어들일 때 볼비는 자신의 표상-정서체계의 설명논리가 라일의 의견과 본질적으로 양립하기 어렵다는 사실을 깨닫지 못하고 있다. 라일은 타인의 행동을 설명할 때 동기나 경향성, 기분을 끌어들이는 것은 불가피하지만, 그것은 모두 대화중 상대방이 사용하는 말, 감탄의 소리와 어조, 동작이나 표정을 보고 아는 것이며, 재차 이런 앎은 모두 모방을

생을 깨물었다'는 '유리가 약해서 깨졌다'는 진술과 동일하게 깨물기나 깨짐의 원인을 말하는 것이 아니라 특정 조건에서 그런 행위나 사건이 발생할 가능성이 높다는 뜻이다. **여기서 말하는 성향은 후설이 말하는 발생적 동기로서 '더 많이 하려 함'으로서 습성적 통각체계일 뿐이다.** 물론 동기는 철저하게 지향적 주체에 국한된다. 이를테면 유리의 약함은 일정한 강도차원의 외적 자극이 주어지면 물리적-기계적 법칙에 따라 유리의 깨짐이라는 결과를 낳는다. 그러나 약함이 외적 자극에 지향적 관련[361]을 갖는다거나, 깨짐이라는 결과를 목표로 한다는 말은 무의미하다. 그러나 동기로서 성향은 외적, 내적 자극으로서 원인과 연관되어 있지만, 그것이 질적 차원에서 나의 관심을 일깨우면서 촉발로서 해석되지 않는다면, 행동체계에 영향을 끼칠 수 없다. 지향적 주체는 촉발로서 자극으로 관심이 일깨워지면서 주의가 수반되면서, 어떤 행동체계를 현실화시킴으로써 습성을 강화하거나 약화한다.

이제 느낌 자체가 현재의 행동에서 원인 임무를 수행하는 것이 아니고, 특정한 행동이 발생할 수 있는 성향을 나타낸다는 뜻은 무엇을 의미하는가? 볼비 역시 우리의 의문을 다음과 같은 방식으로 묻고 있다. "자신이 하는 것을 느낌으로 자각하고 있는 어떤 사람이 평가과정 자체에 무언가를 덧붙일 수 있느냐? …… 그리고 만약 덧붙일 수 있다면 그것이 과연 무

통해서 알게 된 것이라고 주장한다. 이런 모방과 관찰에 근거한 귀납적 추론은 내 자신의 동기와 기분을 알 때에도 동일하게 적용된다. 따라서 라일은 동기나 기분에 대한 의식이 갖는 특별한 접근권, 내성을 통한 앎 자체를 부정한다. G. 라일, 이 한우 옮김, 『마음의 개념』, 문예출판사, 1994, 143~146 참조.

361 여기서 지향적 관련이란 발생적 동기 부여연관이다. 물론 이 연관은 기본적으로는 수동적 동기 부여로부터 시작해서 능동적으로 동기 부여된다. "우리는 어떤 것에 대해 반응의 관계를 맺는다. 이 관계를 통해 자극들이 경험되며, 일정한 의미에서 동기 부여된다. …… 여기에서 우리는 항상 **'무엇으로부터 겪는'[즉 촉발되는] 무엇을 통해 수동적으로 규정된 것**과, 이에 대해 **능동적으로 반응하는 어떤 행동**으로 이행하게 된다." (IV, 217)

엇인가?"(A.187) 이에 대해 볼비는 다음과 같은 답변을 제시한다.

> **"강한 느낌은 각성한 주의, 정밀한 인식의 분별, 심사숙고된**(하지만 반드시 잘
> 판단된 것이라고는 볼 수 없는) **행동의 기획, 잘 기록된 결과에 대한 학습** 등을
> 수반할 것이라는 점은 어느 정도 확실해 보인다. 이처럼 평가과정이 느껴지는가
> 는 발현되는 행동에 아마도 상당히 큰 영향을 미치는 것 같다. 특히, 평가기준과
> 환경과 유기체 모형을 재평가하고 수정해야 하는 경우라면, 그리고 미래 행동을
> 변화시켜야 하는 경우라면, 평가과정이 느껴지는 것은 특별히 더 중요한 것처럼
> 보인다." (A. 187)

이것을 구체적으로 애착 행동체계에 적용해 보자. 어떤 형태의 행동
도 애착 행동만큼 강한 감정을 동반하지 않는다. 섭식 행동이나 성행동
과 같은 근본적인 본능적 행동보다 애착 행동에는 훨씬 더 많은 감정이
교차한다. 바로 아이의 애착과 엄마의 양육 상호작용은 아이에게는 수많
은 사회적 감정을 학습할 수 있는 더할 나위 없는 기회가 된다. "인간이건
혹은 인간보다 열등한 동물이건, 한 동물은 다른 개체의 기분과 감정[362]을
비교적 정확하게 평가할 수 있을 때만 사회적 생활에 참여할 수 있게 된
다."(A.194) 즉 **자신의 감정의 정확한 표현과 상대방의 감정에 대한 정확
한 이해**는 생존에 불가결하다. 바로 애착-양육의 상호작용 과정에서 다

---

362 볼비는 감정과 기분을 다음과 같이 구별한다. 우리가 타인의 감정이나 기분을 진술할 때 의미
는 두 가지이다. 첫째, 우리가 그의 행동에 대해 예측을 하는 것일 수도 있다. 두 번째로 그가 어
떤 그리고 무슨 느낌을 자각하고 있는지에 대한 우리의 생각을 기술하고 있는 것일 수 있다. 먼
저 첫 번째 기준과 관련해서 감정과 비교하면 기분은 더 일반적인 행동예측을 한다. 다시 말해
기분은 비교적 장기간에 걸쳐 마주칠 수 있는 상황에서 보일 가능성이 높은 반응의 유형들을
지칭한다. 두 번째로 감정은 평가과정에서 환경 내부에서 자신을 포함해서 사람이나 대상에 대
해 어떤 특성을 부여한다. 반면 기분은 대상에 대해 어떤 외적 속성도 부여하지 않고 다만 유기
체 자체의 상태만을 감지한다. (A. 179, 192~193)

양한 감정을 아이와 엄마는 경험하게 된다.

> "애착 행동의 대상이 되는 사람은 아이의 사랑을 받으며 이 사람이 아이에게 다
> 가오면 아이는 **기쁨**으로 환영한다. 아이가 도전받지 않는 상태에서 주요 애착-인
> 물과 함께 있거나, 혹은 쉽게 접촉할 수 있는 위치에 있으면 아이는 **안정감**을 느
> 낀다. 주요 애착-인물의 상실에 대한 위협은 **불안**을, 실제적인 상실은 **슬픔**을 불
> 러일으킨다. 게다가 이 불안과 슬픔은 **분노**를 일으킬 가능성이 있다." (A. 318)

바로 이와 같은 **표상-정서체계의 작동**을 통해 아이는 엄마와 감정적
소통을 하게 되면서 엄마의 목표, 의도, 특히 감정에 대한 이해가 이루어
지는 것이다. 즉 사회적 정서의 상호작용 과정에서 **의식적 주의**가 활성
화되면서 자기의 지각상태와 타인의 감정상태에 대한 이해에 이르게 되
는 것이다.

3 볼비의 개념적 통찰이론 비판

그러나 애착 행동의 발달 최종단계에서 획득하는 개념적 통찰에 대
한 볼비의 해명에는 방법론적으로나 사태적 증거로나 불완전함이 발견
된다. **첫째, 방법론 차원에서 불완전함이다.** 애초에 볼비가 취하는 체계
통제이론의 관점에서 보면 행동통제체계는 **기능**과 **환경**과 **체계구조**라는
삼원적 구도에서 작동된다. 그러나 행동체계는 구조적으로 자신과 환경
에 대한 내적 작동모델을 가진다. 문제는 이와 같은 내적 작동모델이 외
부의 환경, 특히 양육자의 양육 행동과의 상호작용 과정에서 수정, 확장,
검증되기 위해서는 아이 스스로 환경과 자신의 상태에 대한 정보와 내적
작동모형 간의 일치, 불일치를 의식해야 한다는 점이다. 이런 일치, 불일
치에 대한 의식적 주의는 느낌과 동시에 진행된다. (M. 187) 이를테면 자
신이 예측하고 기대한 엄마의 행동과 현재의 엄마 행동이 불일치할 때 아

이는 불만족을 느낄 것이다. 이때 불만족의 느낌은 볼비에 따르면 행동의 원인이 아니라 "평가과정의 한 단계일 뿐이다."(A.188) 그러나 볼비는 이 대목에서 모형의 수정, 확장, 검증의 재평가 및 그를 통한 행동의 개선에 대한 해명을 중단한다. "느낌 자체가 어느 정도까지 어떤 방식으로 원인의 임무를 수행하는가는 여전히 증명되지 않은 채로 남아 있다."(A. 188) 이는 결국 볼비가 애초에 채택한 통제체계이론 틀 내에서 주체로서 아이의 의식적이고 상호주관적인 지향적 행동을 설명할 수 없다는 의미이다.

우리의 판단으로는 볼비가 아이의 의식적이고 상호주관적인 지향적 행동을 설명할 수 없었던 것은 **애착 행동체계에 대한 볼비 자신의 체계이론적 관점과 애착 행동을 수행하는 아이의 관점**을 구분하지 못하고 있기 때문이다. 과연 볼비가 수행하는 행동 체계론적 관점을 아이 자신도 수행하는가이다. 즉 아이가 환경에 대한 자신의 내적 작동모형이 환경의 정보와 불일치함을 의식적으로 느끼고, 수정하고 확장하고 검증하는 과정에서 단순히 행동 간의 일정한 패턴의 식별과 그에 따른 반응이라는 설계적 자세나 유관성의 자세를 활용하는가이다. 이미 볼비는 엄마의 양육행동에 대한 아이의 개념적 통찰의 획득 과정에 대한 해명에서 아이에게 지향적 자세를 귀속시킨다.

> "엄마의 행동과 무엇이 엄마의 행동에 영향을 주는지를 관찰함으로써, 아이는 엄마의 설정목표와 이 설정목표를 달성하기 위해 엄마가 세운 계획에 대해 뭔가를 추론하게 된다. 이 시점 이후로 아이의 세계에 대한 밑그림은 훨씬 정교해지며 아이의 행동 또한, 잠재적으로 더욱 유연해진다. 이를 달리 표현하자면, 아이는 엄마의 느낌과 동기에 대한 통찰력을 획득하게 된다고 말할 수 있다."(A. 403)

먼저 엄마의 행동과 그 행동을 일으킨 원인에 대해 반복적 관찰을 수행한다는 대목에서 원인 역시 또 다른 관찰 가능한 행동단서일 것이다. 이를테면 엄마의 표정, 시선 혹은 몸짓 등일 것이다.[363] 그런데 과연 단순히 이런 표정, 시선, 몸짓과 행동 간의 연쇄적 과정으로부터 엄마의 목표와 계획이 추론될 수 있는가? 엄마의 행동들에 대한 관찰만으로 엄마의 느낌과 동기에 대한 통찰력을 획득하게 된다고 말할 수 있을까? 그러나 철저하게 행동주의적 관점을 고수한다면 엄마의 행동에 대한 예측에서 굳이 엄마의 행동 심리적 동기와 느낌을 끌어들일 필요 없이 유관성의 자세 속에서 반복적으로 관찰 가능한 유관적 연결규칙을 찾아내고 그것에 근거해서 엄마의 행동을 예측했을 것이고 그에 따라 효과적인 목표 수정적 동반자 관계를 형성하는 데 실패했을 것이다.[364]

우선 현상학적 관점을 끌어들이지 않더라도 데닛이나 배런-코헨은 바로 **진화심리학적 관점**에서 타자의 행동에 대한 정확한 예측을 위해서는 물리적 자세나 설계적 자세가 아닌 지향적 자세의 관점이 생존에 더욱 유리했을 것이며, 그에 따라 지향적 자세가 타자 이해의 적응적 관점이었을 것이라고 주장할 것이다. 나아가 **현상학적 관점에서** 볼 때 애착 발달의

---

363 "우리가 어떤 감정이 다른 감정과 어떻게 다른지에 대해 알게 되는 것은, 우리 자신의 감정에 대해 직관적으로 인식하기 때문이 아니라 타인들이 감정적으로 행동하는 것을 관찰함으로써 가능하다는 것을 헵은 확신을 가지고 주장한다." (A. 193)

364 흥미로운 점은 이와 같은 유관적 자세와 지향적 자세, 다시 말해 행동주의적 관점과 마음 읽기의 관점의 대결은 2005년 오니쉬(K.H.Onishi)와 베이아정(R.Baillargeon)의 연구 「15개월 아이들은 거짓 믿음을 이해하는가?」(Do 15-Month-Old Infants Understand False Beliefs」에서 핵심 쟁점으로 드러난다. 여기서 오니쉬와 베이아정은 2살 가량의 아이들도 타인의 행동을 타인의 잘못된 믿음에 의거해서 이해할 수 있다는 흥미로운 실험결과를 발표하였다. 그러나 퍼너나 루프만은 그 실험은 타인의 거짓 믿음에 대한 이해를 끌어들이지 않고, 유관적인 행동연결 규칙만으로도 해명될 수 있다고 주장한다. 그러나 양자간의 대립은 2세 아이의 마음 이해능력에 대한 논쟁일 뿐, 4세 이상의 아이들의 타인 마음의 이해능력에 대해서는 양자 모두 지향적 자세의 관점에서 접근하고 있다. 즉 유관성 자세는 그것이 가능하다고 하더라도 동물들이나 초기 아이의 타인 행동 예측능력에만 적용될 수 있을 뿐이다. K.H. Onishi, & R. Baillargeon, Do 15-month-old infants understand false beliefs? *Science*, 308, 2005, 255-258 참조. J. Perner & T. Ruffman, Infants' insight Into the mind : How deep? *Science*, 308, 2005, 214~216 참조.

3번째 단계에서 획득되는 개인으로서 자각 및 환경세계와 자신의 행동성향에 대한 작업모형 그리고 장소이동능력은 바로 지각적 타자경험이 설계적 자세나 유관적 자세가 아닌 지향적 자세의 관점에서 수행되고 있음을 밝혀준다. 요컨대 현상학의 방법론적 근본원리, 사태와 방법의 일치의 원리가 여기서도 요구되고 있는 것이다. 사태로서 아이의 애착 행동능력, 본능-정서체계가 수행될 때 취하는 관점에 탐구자의 방법을 일치시킬 때 비로소 볼비가 봉착한 문제를 해결할 수 있을 것이다.

두 번째로 아이의 개념적 통찰획득에 대한 볼비의 경험적 증거는 턱없이 부족하다. 볼비는 주로 1979년의 라이트의 연구[365]에 의존해있다. 그러나 80년대 이후 현재까지 아이의 마음 읽기능력에 대한 집중적인 실험과 관찰 그리고 해석들이 다수 있어왔다는 점을 고려할 때 볼비의 해석, 특히 개념적 통찰능력이론에 대한 평가는 좀 더 논의가 필요하다.[366]

또한, 4세 이후에나 획득된다고 믿었던 개념적 통찰능력은 무엇보다 타인의 목표와 계획, 느낌과 동기에 대한 이해능력이다. 그러나 90년대 이후 연구를 통해서 타인의 의지, 감정, 지각에 대한 아이의 이해력은 훨씬 이전에 수행될 수 있으며, 4세경에는 타인의 인식상태, 특히 타인의 거짓 믿음의 이해에 입각한 타인의 행동에 대한 설명과 예측능력이 획득될 수 있다는 실험결과들이 밝혀지게 되었다. 특히 80년대 후반부터 최근까지 신생아의 모방능력에 대한 지속적인 탐구를 수행해온 멜초프의 모방이론과 2005년 오니쉬와 베이아정의 15개월된 아이의 거짓 믿음이해능력에 대한 실험연구는 지각적 타자경험, 즉 타자의 마음에 대한 읽기, 이

---

365 P.Light, *Development of a Child's Sensitivity to People*. London: Cambridge University Press, 1979년.

366 대표적으로 라이트의 연구 결론과 일맥상통하는 입장은 J.Dunn, J.Brown, & L.Beardsall, "Family Talk about Feeling States and Chilidren's later Understanding of Other's Emotions," *Developmental Psychology 27.*(1991) : 448~455. 참조.

해능력이 애착 발달의 초기부터 진행될 수 있음을 주장한다. 특히 이 두 연구는 모두 비구어적(nonverbal) 단계에서 마음 이해능력을 밝히는 연구와 실험으로서 언어발달능력 이전에 아이의 타인 마음 이해능력이 발생할 수 있음을 보여주고 있다.

3절 마음 읽기의 발생 원천 : 선천주의와 후천 주의

지각적 타자경험의 발생적 정초의 보완과 관련해서 볼비의 애착 발달의 4단계 개념적 통찰의 획득에 대한 해명은 방법적 측면에서 부정확하고, 사태적 측면에서 불충분하다. 무엇보다 볼비의 관심이 아이의 애착 발달이라는 사회적 정서체계의 발달에 있기 때문에 아이의 사회적 인지능력의 발달에 대한 논의가 부차적일 수밖에 없었다. 더욱이 볼비는 방법론적 차원에서 적절한 이론체계를 갖추지 못했고 또한, 주로 관찰의 방법이 갖는 제약 때문에 아이의 사회적 인지능력에 대한 그의 연구가 부정확하고 불충분할 수밖에 없었다.

이제 방법론적 측면에서 지향적 자세의 관점에서 사태상 실제로 아이가 최초로 지각적 타자경험을 수행하는 발생 및 발달과정에 접근하고 있는 대표적인 연구들을 검토해야 한다. 사이먼 베런-코헨의 마음 읽기 메커니즘이론, 아스팅턴의 문화심리학 이론, 해리스의 시뮬레이션 이론, 고프닉과 멜초프의 모방이론은 특히 아이의 사회적 인지능력으로서 마음 읽기 능력에 대한 대표적인 이론들이다. 먼저 **마음 읽기 능력의 발생 원천**과 관련해서 선천주의 입장인 베런-코헨의 생물학적 모듈주의와 대표적인 후천주의 입장인 아스팅턴의 문화 내재주의의 관점이 대비적으로 설명될 수 있다. 반면 해리스의 시뮬레이션의 관점이나 고프닉, 멜초프의 마음이론의 관점은 모두 멜초프의 표현을 빌리면 베런-코헨의 "**최종-상태-선천주의**"(final-state-nativism)와 대비해서 "**초기-성태-선천**

주의"(first-state- nativism)[367]의 입장이다. 그러나 재차 **마음 읽기의 작동방식**과 관련해서 해리스의 시뮬레이션 관점과 멜초프, 고프닉으로 대표되는 마음이론의 관점은 대립한다.

1 선천적 모듈의 마음 읽기

앞서 이미 소개했듯이 베런-코헨은 마음 읽기의 각 발달단계가 초기부터 최종상태까지 생물학적 차원에서 두뇌에 일종의 신경 인지적 기제로서 모듈이 갖추어져 있으며, 발달이란 이런 모듈들의 순차적인 성숙화의 과정에서 비롯되었다고 본다.

1.1 마음 읽기 메커니즘의 단계

베런-코헨은 마음 읽기능력의 기초가 되는 네 가지 생물학적 신경 인지적 모듈이나 메커니즘을 제안한다. 이 네 가지 기제는 마음 읽기의 체계의 네 가지 독립된 구성요소로 간주할 수 있다. 베런-코헨은 레슬리가 상정하는 "세상의 속성들과 이 속성들을 처리하는 전문화된 하위체계 간의 연결고리"(M.47)를 활용하여 세상의 네 가지 속성, 즉 **의지**(volition), **지각**(perception), **공유된 주의**(shared attention), **인식적 상태**(epistemic states)에 상응해서 각각 **의도성**[368] **탐지기**(Intentionality Detector; ID), **시선 탐지기**(Eye-Direction Detector; EDD), **주의공유 기제**(Shared Attention Mechanism; SAM), **마음이론 기제**(Theory of Mind Mechanism; ToMM)를 제

---

367 A.N.Meltzoff, 같은 글, 51.

368 김혜리, 이현진의 번역서에서 Intentionality Detector를 '지향성 탐지기'로 번역하였지만, 지향성의 의미는 단순히 바람, 의지뿐만 아니라 모든 마음의 상태나 활동 자체가 지향성이라는 점에서 마음 읽기 자체가 지향성 탐지라고 보는 것이 옳다. 따라서 ID는 의도성 탐지로 좁게 번역하는 것이 적절할 것이다.

안한다.[369]

1.1.1 의도성 탐지기제

의도성 탐지기란 "움직이는 [촉각, 청각, 시각적] 자극을 원초적인 의지적 마음 상태인 목적과 바람에 기초하여 **해석**하는 지각장치이다." (M. 47) 베런-코헨은 의도성 탐지기를 아이가 마음 읽기 게임에 참여하는 데 필요로 하는 첫 번째 기본적 기제라고 여러 번 강조한다. (M. 47, 49, 51) 의도성 탐지기가 바람과 목표를 탐지한다는 것은 구체적으로 생물과 무생물을 구분한다는 의미와 통한다. 진화적 관점에서 볼 때 무생물의 움직임과 생물의 움직임을 구별하는 것은 생존게임과 관련해서 아주 중요하다. 왜냐하면, 스스로 움직이는 것을 일단은 생물로 보고 목표와 바람을 갖는 행위자로 해석해야만 효과적인 대응책을 마련할 수 있기 때문이다. 베런-코헨은 진화심리학의 입장에서 의도성 탐지기가 생존게임의 좋은 책략의 도구가 되기 위해서는 특정 유입자극의 형태나 감각양상의 속성에 제약되지 않고 광범위해야 함을 강조한다.

그러나 현상학적 관점에서 보면 베런-코헨이 말하는 의도성 탐지기의 활성화 과정은 타자경험의 두 단계가 뒤섞여 있다. 더욱이 시선 탐지기에 대한 논의에서 살펴보겠지만, 시선 탐지기와 의도성 탐지기는 단계적인 선후 기제가 아닌 양자 모두 주의공유기제의 선행 발달단계로서 서로 동등한 단계이다. 따라서 시선 탐지기가 시선 자극의 확인과 시선의 지각 내용 탐지로 구분될 수 있듯이 의도성 탐지기의 기능에도 두 단계의 구분

---

369 베런-코헨은 앞의 두 가지 유형의 마음 읽기능력은 탐지기(detector)라고 표현하고, 나머지 두 가지 유형의 마음 읽기능력은 기제(mechanism)이라고 표현함으로써 암묵적으로 마음 읽기 능력을 탐지기와 기제로 나누고 있지만 실제로 본문에서는 기제라는 표현을 네 가지 유형 모두에게 사용하고 있다는 점에서 본질적 차이를 두고 있는 것 같지는 않다.

이 필요하다. 예를 들어(M. 49) 시각적, 촉각적 정보는 없고 청각자극만 있는 상황을 분석해보자. 어두운 밤에 거실에 앉아서 쉬고 있는 상황을 상상해보자. 갑자기 지속해서 날카로운 비명 같은 소리가 들렸다고 상상해보자. 베런-코헨은 여기서 우리는 '도대체 이게 무슨 소리지?'라고 생각하면서 빨리 일어설 것이며, 아무것도 보지 않았고, 느끼지도 않았음에도 불구하고 이 자극을 동물소리 또는 사람이 슬퍼서 우는 소리 등 행위자가 낸 소리로 해석할 가능성이 높다고 말한다. 그러나 베런-코헨은 여기에 명백히 두 단계의 경험의 계기가 있음을 간과한다. 첫째, 비명을 들었을 때 우선은 그것은 비명이라는 술어적 규정으로 해석되지 않는다. 다만 깜짝 놀라게 할 뿐이다. 술어적 규정 이전에 선술어적 차원에서 비명은 하나의 자극으로서 우리에게 관심을 이끌면서 놀라움, 공포를 불러일으킨다. 물론 이 단계에서 이런 놀라움이나 공포가 단순히 사물 지각적 정서가 아닌 것은 소리를 내는 익명의 타자가 목적적, 의지적 존재, 즉 지향적 존재로서 선이해[370]되면서 동시에 정서적, 본능적, 신체운동 감각적 반응경험이 나타나기 때문이다. 단 타자의 목적, 의지의 내용은 아직 표상되지 않는다. 바로 이 단계의 타자경험은 타자의 마음 읽기로서 지각적 타자경험이 아닌, 그 이전의 원초적 타자경험이다.

그다음 호기심이 생기면서 주의를 향하기 시작한다. 이때 비로소 목적적, 의지적 존재의 마음 상태 즉 먼저 타자의 의지, 감정 자체, 그다음 그것의 대상이 이해된다. 다시 말해 슬픔의 울음인시, 고통의 비명인지, 공포의 외침인지가 이해되고, 나아가 무엇에 대한 슬픔이요, 고통이요, 공포인지가 이해될 것이다. 즉 유비적 통각에 의한 지각적 타자경험이 발생하는 것이다. 첫 번째 기능이 두 번째 기능을 발생적으로 선행하면서 정초한다

---

[370] 타자의 주관에 대한 이해가 아닌 타자의 존재 자체에 대한 이해이다. 특정한 의지적 존재나 시각적 존재자에 한해서 촉발이 이루어진다는 점에서 이미 여기에는 존재자에 대한 선이해가 수행된다.

는 것은 타자의 행동 목적, 의지의 내용에 대한 이해의 경험 없이도 원초적 반응은 발생할 수 있으며, 목적적, 의지적 존재에 대한 경험 없이 그런 목적적, 의지적 존재의 목적, 의지 내용의 이해로 동기 부여될 수 없기 때문이다. 물론 만일 원시적 마음 읽기의 타자경험이 아니라면 그런 경험을 타자경험이라고 말할 수 있겠느냐는 반론을 제기할 수 있다. 그러나 우리는 모든 사물적 자극보다는 생물적, 인격적 자극에 대한 반응에서 주의와 호기심으로부터 어떤 목적이나 바람을 읽어내려는 본능이 발생한다. 이미 인격적 자극에 대한 인간 반응의 선천적 적응성(preadptedness)은 앞서 방법론에서 현상학적 입장과 더불어 진화심리학적 관점에서 해명했다.

끝으로 이 의도성 탐지기의 두 기능의 구분은 데닛의 지향적 자세의 명제적 태도의 논리가 한계가 있음을 보여준다. 왜냐하면, 목표나 바람의 내용이 명백하게 표상될 때에만 비로소 우리는 예를 들어 "이 동물의 목표는 그쪽으로 가는 것이다." 또는 "이 동물은 여기서 도망치기를 원한다"라고 말할 수 있지만, 목표나 바람의 내용이 표상되지 않는 첫 번째 단계의 경험에서는 "이 동물의 목표는 …… 쪽으로 가는 것이다." 또는 "이 동물은 여기서 ……. 하기를 원한다"와 같이 불완전한 일종의 **공지향적 경험** 속에서 드러나기 때문이다.

1.1.2 시선 탐지기제

베런-코헨은 의도성 탐지기가 시각, 촉각, 청각자극을 의지적 마음 상태라는 원초적 마음 상태에 기초하여 해석한다면, 시선 탐지기는 상대방의 시선 자극, 즉 행위자가 무엇을 보고 있는지에 기초하여 상대방의 원초적 마음 상태를 해석한다고 말한다.(M.57) 베런-코헨은 시선 탐지기의 기능을 세 가지 발생적 단계로 세분한다. 첫째, "**눈 또는 눈과 같은 자극이 있는지를 탐지하는 기능**", 둘째, "시선이 어느 곳을 향하고 있는지를 계산하는 기능, 그리고 마지막으로 다른 유기체의 시선이 어떤 것을 향하고

있을 때 그 유기체가 그 물건을 보고 있다고 추론하는 기능이다."(M. 57)

시선 탐지기의 첫 번째 기능은 자극으로서 시선을 탐지하는 것이다. 베런-코헨에 따르면 신생아에게도 시선 탐지기가 존재한다.(M. 58) 생후 2개월 된 아이들이 전체 얼굴을 보는 시간과 거의 맞먹는 시간만큼 눈을 보지만 얼굴의 다른 부분은 거의 보지 않는다는 것이다. 상식적으로 생각해보아도 신생아가 가장 반복적으로 수행하는 경험이 젖을 먹을 때면 아이들은 어머니의 눈을 보기에 좋은 위치에 있게 된다.

시선 탐지기의 두 번째 기능과 세 번째 기능은 본질적으로 동일한 경험이다. 즉 양자 모두 타인의 시선이 바라보고 있는 것, 대상을 확인하는 경험이다. 앞서 의도성 탐지기에서도 바람이라는 의지작용을 통한 목표의 추구라는 관계가 표상되는 것처럼, 시선 탐지기는 탐지한 시선이나 눈길과 그 시선이 향하고 있는 물건 간의 관계를 표상해야만 한다. 베런-코헨도 "행위자가—먹을 것을—원한다"와 "행위자가—나를 혹은 문을—보고 있다" 모두 행위자와 대상 또는 행위자가 행위자 간의 지향적 관계를 나타낸다고 말한다.(M. 64) 베런-코헨에 따르면 "진화적 관점에서 다른 사람이 자신을 (시야 안에서) 보고 있다는 것을 아는 것은 분명히 매우 적응적이다."(M. 59)

시선 탐지기의 두 가지 기능의 구분은 바로 앞서 의도성 탐지기에서 우리가 구분한 두 단계에 상응한다. 이런 점에서 베런-코헨이 시선 탐지기의 기능구분에 상응하는 구분을 의도성 탐지기의 기능에서 하지 않은 것은 착오이다. 일단 시선 탐지기나 의도성 탐지기는 넓게 보면 모두 의도성 탐지기이다. 왜냐하면, 시선은 단순한 눈 깜박임과 같은 조건반사 행위가 아닌 의도가 개입된 행위이기 때문이다. 다만 상대방의 시선으로부터 말 그대로 발산되는 시각적 자극과 시선 이외의 부분에서의 시각적 자극은 명백히 다른 촉발적 기능을 갖기 때문에 의도성 탐지기과 시선 탐지기의 구분은 다만 지각의 양상적 차원에서 구분의 의미만 있을 뿐이다. 따라서 양자가 발생적으로 선후관계로 동기 부여되거나 정초되는 관계가 아니라는 점에서 시선 탐지기의 발생의 두 과정은 의도성 탐지기에서도 두 과정과 상응할 수 있다. 시선 탐지기의 첫 번째 기능은 단순히 상대방의 눈길이 하나의 시선으로서 나에게 촉발된다는 점이다. 물론 이때에는 그 시선이 무엇을 바라보는지에 대해서는 해석되어 있지 않지만, 여하튼 그 시선이 **분명 뭔가를 바라보는 시선**이라는 선이해와 함께 정서적, 본능적, 신체운동 감각적 반응차원에서 타자가 원초적으로 경험된다. 이때 시선 자극은 다른 촉각, 청각적 자극보다 더 **강렬한 정서적 반응**을 불러일으키며, 특히 나의 시각의 운동감각이 활성화된다. 이제 시선 탐지기의 두 번째 기능은 바로 상대방의 시선이 무엇을 바라보고 있는지—그것이 나인지 아니면 다른 것인지—에 대한 구분, 표상을 획득하는 것이다. 바로 이 두 번째 기능에서야 비로소 지각적 타자경험으로서 상대방의 지각내용이 나에게 현출하게 된다.

이 경우에도 명제적 태도는 앞서 의도성 탐지기의 경우와 마찬가지로 시선 탐지기의 두 번째 기능에서만 적용될 수 있고, 첫 번째 기능에서는 적용될 수 없다.

1.1.3 주의공유 기제

베런-코헨은 의도성 탐지기와 시선 탐지기는 모두 의사소통과 관련해서 본질적인 제약점을 갖고 있다고 본다. 왜냐하면, 이 두 탐지기의 작동이 "자신과 다른 사람(다른 행위자)이 모두 동일한 대상이나 사건에 주의하고 있음을 표상하지는 못하기"(M. 64~65) 때문이다. 다시 말해 자신과 다른 사람이 동일한 대상이나 사건에 주의하고 있음을 깨달을 때에만 비로소 함께 공유하고 있는 현실에 대해 의사소통을 할 수 있다는 것이다. 베런-코헨에 따르면 이제 이와 같은 의사소통의 조건으로서 상대방이 지각하는 대상과 내가 지각하는 대상의 일치, 공유가 이루어지기 위해서는 주의공유 기제나 주의결합(joint attention)이 작동되어야 한다고 본다.

여기서 중요한 것은 주의공유 기제가 작동되기 위해서는 다른 행위자의 지각상태에 대한 정보를 이미 갖고 있어야 한다. 즉 타자의 주관에 대한 시원적인 이해의 경험을 수행해야 한다. "다른 행위자의 지각상태에 대한 정보를 받게 되면, 지각상태를 자신의 현재의 지각상태와 비교하여 서로 주의를 공유하고 있는지 계산할 수 있다. 이것은 다른 사람의 지각 상태에 대한 양자 간 표상과 자신의 현재의 지각상태에 대한 **양자간(dyadic)** 표상을 합하여 **삼자간(triadic)** 표상을 형성하는 비교 측정기와 같은 것이다."(M. 67) "엄마―버스를―본다"와 "나―버스를―본다"의 연속은 양자가 동일한 버스를 보고 있음을 나타낼 수 없다. 따라서 "이 사실을 나타내기 위해서는 두 개의 양자 간 표상을 내포시켜야만 할 것으로 생각된다."(M. 67) 즉 "엄마―(나―버스를―본다)를―본다."[371] 혹은 "엄마는 내가 보는 버스를 본다."

베런-코헨에 따르면 시선 탐지기를 통해 상대방의 시선을 뒤쫓는 것이 중요함을 강조한다. 내가 보고 있는 것과 상대방이 보고 있는 것이 일치하는지를 확인하기 위해서는 한두 차례 시선을 돌려보기만 하면 되기 때문이다. 촉각이나 청각 같은 경우는 독자적으로 주의를 공유하기가 쉽지 않지만, 이 경우에도 시각의 도움을 통해서 촉각자극이나 청각자극이 발생하는 곳을 가리키면 주의가 공유될 수 있다.

넓게 보면 지향성 탐지기로서 마음 읽기 능력에서 의도성, 시선 탐지기와 주의공유기제를 구분한 것은 지각적 타자경험에 대한 발생적 현상학적 정초와 관련해서 큰 의미가 있다. 왜냐하면, 후설은 지각적 타자경험을 '타자가 경험한 대상을 내가 공유하지 않는 단계'와 '타자가 경험한 대상을 내가 공유하는 단계'로 구분하지 않았기 때문이다. 즉 후설은 지각적 타자경험 자체가 최초의 상호수관적 세계인 자연을 토대로 이루어시

---

371 [Mommy-sees-(I-see-the bus)](M. 45)

며, 지각적 타자경험을 통한 상호주관적 대상의 구성이 수행된다고 보았다. 물론 후설은 현상학적 환원의 차원에서는 경험작용 자체와 경험내용, 대상에 대한 이중적 환원을 주장함으로써 양자의 계기를 구분한다. (XIII. 178, 188~189)[372] 그러나 여기서 주의공유 기제의 작동 이전의 타자 주관에 대한 이해로서 의도성 탐지나 시선 탐지 모두 단순히 타자의 주관 자체의 이해에 머물지 않는다. 애초에 표상적이든 비표상적이든 지향적 내용이나 대상을 갖지 않는, 비지향적 체험이란 존재하지 않는다. 예컨대 타자의 아픔 자체, 타자의 감각적 느낌 자체를 우리가 이해할 때에도 이미 거기에는 그렇게 아픈 신체, 감각적 느낌을 주는 대상, 사건, 상황에 대한 이해가 병행한다. 다만 주의공유 이전의 타자 이해에서는 그런 타자의 경험내용과 나의 경험내용의 동일성이 아직 확인되지 않았을 뿐이다. 따라서 우리가 지각적 타자경험을 수행한다고 해서 곧바로 후설이 기대하듯이 공통의 인간세계 및 공통의 상호주관적 대상경험이 수행되는 것 아니다. 왜냐하면, 의도성 탐지나 시선 탐지와 같은 주의공유기제 이전의 지각적 타자경험에서는 타자가 경험한 대상이 바로 내가 경험한 대상인지가 확인되어 있지 않기 때문이다. 물론 이에 대해 주의결합이나 주의공유가 이루어지기 이전 경험이 단순히 아이들에게서만 나타나는 불완전한 지각적 타

---

372 후설은 이미 1910/11년 겨울학기 강의록인 『현상학의 근본문제들』에서 이중적 현상학적 환원에 관해서 주장하고 있다. "모든 경험은 **이중적 현상학적 환원**을 허용한다. 한번은 그 경험을 순수하게 내재적인 바라봄 자체로 가져오는 환원과 또 한 번은 그 경험이 갖는 지향적 내용과 대상에 즉해서 수행되는 환원." (XIII, 178) 나아가 후설은 또 다른 지향적 경험으로서 지각적 타자경험 역시 이중적 환원을 적용한다. "지각적 타자경험은 이제 여하튼 우리가 모든 다른 경험처럼 현상학적으로 환원할 수 있는 하나의 경험이다. 그래서 여기에서도 이중적 현상학적 환원이 적용된다. 한편, 우리가 현상학적 지각 속에서 부여한 타자 이해의 경험 자체. …… 다른 한편 이해된 [타자의] 의식의 경험이며, 이 경험 속에서도 또한, 현상학적 환원이 수행될 수 있다." (XIII, 189) 엄격히 말하면 지각적 타자경험은 세 번째 현상학적 환원의 계기가 필요하다. 왜냐하면, 지각적 타자경험 자체, 타자 자신의 경험 그리고 타자가 경험한 내용, 대상의 세 가지 계기가 구분되기 때문이다.

자경험이며, 따라서 본래적 의미의 지각적 타자경험이라고 말할 수 없다는 반론도 가능하다. 그러나 일상 속에서 우리는 타인의 경험대상이 내가 경험한 대상과 같을 것이라는 전제를 했지만 정작 다른 대상이었음을 확인할 수 있는 경우를 흔히 접한다. 비단 지각적 타자경험 단계뿐만 아니라, 소통적 타자경험 단계에서도 우리는 서로가 사용하는 용어의 의미를 완전히 다르게 이해하고 있는 경우가 흔하다. 이는 곧 주의가 공유되는 대상, 내용은 단적으로 한 번에 이루어지는 것이 아니라 지각적 타자경험의 여러 단계와 의사소통적 경험의 여러 단계를 거쳐 점차 완성되어 가는 것으로 이해하는 것이 더 정확할 것이다. 이것은 결국 상호주관성으로서 객관성의 의미가 여러 단계가 있을 수 있음을 의미한다.

1.1.4 마음이론 기제

의도성 탐지기, 시선 탐지기, 주의 공유기제는 각각 행동을 의지적 마음 상태, 즉 바람이나 목적과 관련하여 읽을 수 있도록 하며, 또 시선을 지각적 마음 상태, 예를 들어 '보다'와 관련하여 읽을 수 있도록 한다. 앞서 두 경험은 **일방적 지각적 타자경험**이다. 반면 동일한 물건이나 사건에 대해 다른 사람들도 이러한 마음 상태를 경험할 수 있다는 사실을 알도록 해주는 주의 공유기제는 **상호적 지각적 타자경험**이 된다. 그러나 베런-코헨에 따르면 주의 공유기제를 통한 타자경험에서는 타자도 나와 동일한 사물, 사건에 대해 지각을 한다는 것을 알지만, 동일한 사건이나 사물에 대해 다른 믿음, 생각, 느낌이 들 수도 있다는 사실을 아는 것은 아니라는 점에서 참된 의미에서 타자 마음의 입장에서 타자의 경험을 이해하는 것은 아니다.

베런-코헨은 레슬리의 견해를 수용하여 바로 네 번째 기제인 마음이론 기제가 이와 같은 기능을 수행한다고 본다. 마음이론 기제가 해야 할 "첫 번째 것은 가장하는, 생각하는, 아는, 믿는[또한, 틀리게 믿는], 꿈꾸는, 추측하는, 속이는 등과 같은 일련의 **인식적 마음 상태를 표상하는 것**이다. 두 번째 것은 이러한 마음 상태 개념을 통합하여 마음 상태와 행동이 어떻게 관련되는지에 대해 **정합적인(coherent) 이해를 형성하는 것이다.**"(M. 75)

첫 번째 기능과 관련해서 쉬운 예로서 백설공주동화에서 계모가 백설공주에게 독이 든 사과를 주는 사례를 들어보자. 3세 아이는 이 에피소드를 대부분 이해 못 하지만, 4, 5세 아동은 이와 같은 속임수 이야기를 이해하고, 더욱이 흥미로워한다. (M. 77~78)

(1) 백설공주는 사과 파는 여인이 친절한 사람이라고 생각했다.

위와 같은 이야기를 듣는 아이는 백설공주의 목표나 바람, 백설공주의 시선과 같은 의지적, 지각적 마음 상태를 이해하는 것이 아니라 명제적 사실에 대한 백설공주의 태도, 즉 믿음을 이해한다. 대부분의 3세 아이는 이제 다음과 같은 진술도 동일한 진술이라고 생각한다.

(2) 백설공주는 나쁜 계모가 친절한 사람이라는 생각했다.

그러나 (1)은 참인 진술이지만, (2)는 거짓인 진술이다. 즉 (2)의 진술은 백설공주가 사과 파는 여인이 자신의 나쁜 계모라는 사실을 알지 못하면 거짓이 된다. 즉 계모가 나쁘다는 것을 이미 알고 있는 3세 아이는 백설공주의 거짓 믿음을 이해 못 하지만, 4세 아동은 대부분 백설공주가 거짓 믿음을 갖고 있다는 것을 이해한다.[373]

---

373 물론 이 실험은 철저하게 아이의 말하기능력을 전제한 실험이다. 따라서 언어적 차원에서 타자의 믿음에 대한 이해능력일 뿐 선구어적 차원의 타자 인식상태에 대한 이해능력에 대한 판단 기준이 되기는 어렵다. 바로 앞서 소개한 오니쉬아 베이아정의 실험은 선구어적 차원에서 아이의 거짓 믿음 이해능력을 보여주고자 한다.

이 사례는 우리가 앞서 지향적 자세의 핵심적 특징이라고 말했던 **지시
불투명성**을 그대로 보여준다. 동일한 사물, 사람, 사건은 그것을 누가 보
더라도 동일한 주관적 태도를 가질 것으로 생각한다면, 아직 대상과 주체
가 갖는 지향적인 동기 부여적 연관을 이해하지 못하는 것이며, 참된 의미
에서 지향적 자세를 취하고 있다고 보기에는 어렵다. 참된 의미에서 지향
적 자세를 취한다는 것은 동일한 사물, 사람, 사건은 그것과 지향적 관련
을 맺는 주체의 지향적 태도에 따라 다른 내포적 의미를 가지며, 다른 동
기연관을 만들어낸다는 것을 이해하는 것이다. 타자경험과 관련해서 동
일사물, 사람, 사건에 대해서 나와 타자가 다른 경험을 할 수 있다는 사실
을 이해할 때 비로소 의사소통적 경험에로 확장해야 하는 한 가지 중요한
동기가 발생하는 것이다. 다시 말해 주의공유기제가 작동됨으로써 일방
적인 지각적 타자경험을 극복하고, 나와 타자의 경험대상의 동일성을 확
인한다는 측면에서 상호의 지각적 타자경험에 이르렀다고 해도 아직 의
사소통의 직접적 동기가 형성된 것은 아니다. **나와 타자의 경험대상이 동
일하지만 경험된 내용이 서로 다를 수 있다는 점을 알게 될 때 본래적인
의미에서 의사소통의 동기가 형성되는 것이다.**

두 번째 기능과 관련해서 우리는 다음 사례를 생각해볼 수 있다.[374] 3세
와 4세 아동들에게 다음과 같은 장면을 보여준다. A라는 아이가 거실 서
랍에 초콜릿을 두고 놀러 나간다. 그가 밖에 있는 사이 엄마는 초콜릿을
찬장에 옮겨 놓는나. 이제 아이 A가 거실로 돌아왔나. 그는 배가 고프고
초콜릿을 먹고 싶어 한다. 그는 아직 자신이 초콜릿을 어디에 두었는지 기

---

374 J.Perner, S.Leeksam & H.Wimmer, "Three-year-olds' Difficulty with False Belief. The Case
for a Conceptual Deficit," *Britisch Journal of Developmental Psychology* 5(1987):125~137;
H.Wimmer and J.Perner, "Beliefs about Beliefs: Representation and Constraining Function
of Wrong Beliefs in Young Children's Understanding of Deception," *Cognition* 13(1983):
103~128.

억하고 있다. 질문은 다음과 같다. 과연 그 아이는 어디에서 초콜릿을 찾으려고 할까? 모든 사실을 알고 있는 아이들에게 묻는다. 대부분 3세 아이는 A가 찬장에서 초콜릿을 찾으려고 할 것이라고 답했지만, 4세 아동들은 대부분 서랍에서 초콜릿을 찾으려 할 것이라고 답한다. 즉 3세 아이들은 상대방의 거짓 믿음을 이해하지 못할 뿐만 아니라 상대방이 거짓 믿음에 따라 행동한다는 사실을 예측하지 못한다. 반면 4세 아동들은 상대방의 거짓 믿음을 이해할 뿐만 아니라, 상대방이 거짓 믿음에 따라 행동한다는 사실을 예측할 수 있다.

여기서 우리는 왜 네 번째 기제에서 '마음이론'이라는 명칭을 사용했는지를 짐작할 수 있다. 거짓 믿음을 이해하고, 믿음에 따라 행동을 **설명**하고 **예측**한다는 것은 이론적 지식의 특성과 유사하다. 즉 이론은 겉모습과 실제를 구별할 수 있어야 하며, 행동들로부터 믿음을 추론하고(행동에 대한 설명), 믿음으로부터 행동을 추론하는(행동에 대한 예측) 방식을 취하기 때문이다.

이제 베런-코헨은 이와 같은 **마음이론**을 **마음 읽기**라는 좀 더 일반적인 능력의 비교적 늦은 발달단계에 제한적으로 사용하고 있다. 반면 우리가 뒤에서 확인할 수 있겠지만, 레슬리나 고프닉과 웰만 등은 마음 읽기 능력 자체를 마음이론으로 이해한다. 그러나 현상학적 관점에서 본다면, 마음 읽기 4단계 모두 마음이론으로 판단하는 것은 잘못이다. 왜냐하면, 타자의 주관에 대한 이해로서 지각적 타자경험에 국한해서 보더라도 의지적, 지각적, 인식적 이해의 단계 구분 나아가 일방적 이해와 상호 이해의 단계 구분이 필요하기 때문이다. 이 점에서 베런-코헨의 구분은 나머지 마음 읽기의 이론가들에 비해 상대적인 타당성을 갖는다.

1.2 발생적 분석 : 발달단계별 관계

1.2.1 시선 탐지기의 작동을 통한 자기지각

우선 시선 탐지기의 기능과 관련해서 주목할 만한 점은 앞서 의도성 탐지기와 달리 시선 탐지기에서는 일방적인 탐지가 아닌 제한적이지만 상호 탐지가 이루어질 수 있으며, 이런 상호 탐지는 아이로 하여금 자기 자신에 대한 의식을 가능하게 만든다는 점이다. 물론 의도성 탐지기의 경우에도 운동의 방향이 자신과 무관한 뒤로 혹은 옆으로 가는 것보다 정면을 향하고 있을 때 더 현저하게 작동한다.[375] 여기에도 상대방이 자신에게로 향하고 있음을 감지한다는 점에서 자기 자신에 대한 암묵적 인식이 전제된 것이다. 이것은 진화적 관점에서 보더라도 의도성 탐지기가 상대방의 지향적 행위가 나와 관련되어 있을 때 더 민감하게 작동할 것이라고 가정하는 것이 합리적이다.

그러나 우선 상대방을 목적적, 의지적 존재로 탐지하는 단계 혹은 상대방을 뭔가를 바라보는 존재로 직접 경험하는 단계에서는 상대방을 공지향적 존재자로 경험할 뿐, 지향적 대상에 대한 표상이 나에게 경험되지는 않는다. 이제 지각적 타자경험단계에서 그 목적, 의지, 시선의 대상이 나에게 간접적[376]으로 현전화되며, 더욱이 그 대상이 바로 나일 때, 상호 탐지가 이루어질 가능성이 생긴다. 그러나 의도성 탐지기의 경우에는 자극에 대한 반응이라는 일방적 작용 밖에는 이루어지지 않는다. 예를 들어 무생물로만 알았던 무관심한 사물이 생물처럼 갑자기 움직일 때 아이

---

375 배런-코헨은 정면을 향하고 있는 다른 동물들에 대해서만 선택적으로 반응하는 세포를 원숭이의 뇌의 측두엽에서 발견한 데이빗 패럿과 동료들의 연구결과를 중요한 근거로 제시하고 있다. (M. 56)

376 상대방이 보고 있는 대상을 나 또한, 본나는 것만으로는 본래적 의미의 지각적 타자경험이 아니다. 상대방의 측면에서 보고 있는 대상의 현출을 경험하는 것이 본래적 의미의 지각적 타자경험이다. 그래서 후설은 나의 신체운동감각의 자유로운 방향정위를 통해 마치 여기 있는 내가 저기 있는 타자의 입장에서 사물을 보았을 때 그 사물이 어떻게 현출할 것인가를 현전화할 때 비로소 지각적 타자경험이 이루어진다고 보았다.

는 깜짝 놀랄 것이다. 그러나 애초에 그 생물이 나를 깜짝 놀라게 하려고 움직인 것도 아니며, 나(아이)의 반응이 재차 상대방의 반응을 촉발할 가능성은 낮다. 반면 시선 탐지기의 경우에는 상대방의 시선이 나(아이)를 보는 것인지를 알 경우 명백히 나(아이)의 시선과 타인이 시선의 마주침을 지속시킬 수 있는 요소가 있다. 바로 볼비와 마찬가지로 베런-코헨 역시 정서, 특히 **즐거움에 주목한다.** 베런-코헨에 따르면 "시선 탐지기가 자신의 눈과 마주치고 있는 한 쌍의 눈을 탐지하면 이것이 즐거움을 주는 생리적 활성화를 촉발하는 것으로 보인다"(M. 61)고 주장한다. 그는 실제로 "눈 맞춤을 주고받는 것이 피부전기반응을 증가시키며, 원숭이의 경우에는 눈 자극 때문에 뇌간이 활성화된다"(M. 61~62)는 증거를 제시한다.

그러나 우리는 **생리적 증거**보다는 시선의 마주침이 즐거움을 유발할 때 바로 아이의 미소가 발생한다는 사실에 주목한다. 볼비의 주장처럼 미소는 옹알이와 더불어 상대방의 반응과 지속적인 상호작용을 촉발하는 일종의 **사회적 촉발인(releaser)이다.** 더욱이 **시선의 마주침과 병행하는 얼굴의 미소나 옹알이의 지속적인 교환행위**는 아이로 하여금 특정인에 대한 표상을 형성하게 하고, 즐거움의 느낌을 연합시킨다. 바로 이와 같은 지속적 상호작용 과정에서 상대방의 시선이 아이로 하여금 자기 자신을 자각하게 하는 동기를 부여할 것이다. 즉 **익명적인 타자경험**으로부터 **비주제적 자기지각을 동반하는 타자경험**으로 전환하는 데 있어서 타자의 시선이 나의 시선을 자각시켜주는 것이다. 이처럼 아이가 자기를 지각하는 경우는 1) **가장 적극적으로는** 애착의 발달단계 2와 3에서 엄마의 양육행위가 아이의 비의도적 애착 행동을 의도적 애착 행동으로 해석해주면서 적극적으로 반응해주면서 상호작용을 주도할 때, 아이가 자기 자신의 욕구와 바람을 자각하게 되는 경우부터, 2) 후설의 지적처럼 엄마가 아이의 소리를 흉내 냄으로써 아이가 자신의 신체적 운동감각을 자각하는 경우, 그리고 3) **가장 소극적으로** 엄마의 시선 자체가 지속해서 아이를 향하고 있음을 아이 자신이 느끼는 경우까지 여러 단계가 존재할 수 있을 것이다. 그러나 이 여러 단계에서 공통적인 것, 즉 자기지각에서 본질적 계기는 바로 상호작용의 지속성이다.

그러나 이와 관련해서 배런-코헨은 다른 해석을 제시한다. 시선 탐지기의 기능, 즉 시선, 눈길을 '보는 것'으로 해석하는 것은 이미 아이가 자기 자신의 시선 경험을 통해 알고 있음을 전제한다는 것이다. 이런 앎은 "아이가 자신의 눈을 감았다 떴다 하면서 눈을 감으면 볼 수 없고, 눈을 뜨면 볼 수 있게 되는 경험을 통하여, 눈을 감았을 때와 떴을 때 일어나는 결과들로부터 알게 된다고 가정할 수 있다"(M. 63)는 것이다. 배런-코헨은 여기에 머물지 않는다. 아이는 보는 것과 보이지 않는 것의 차이뿐만 아니라 A를 보는 것과 B를 보는 것의 차이까지 알고 있다는 것이다. "예를 들어 지금은 A가 보이는데 눈을 돌리니 B가 보이고 또 눈을 돌리니 C가 보이는 경험을 한다. 그러므로 보는 것과 보이지 않는 것, A를 보는 것과 B를 보는 것의 차이를 알게 될 것이다."(M. 63) 이를 바탕으로 배런-코헨은 다음과 같은 결론을 내린다. "이 지식이 처음에는 아이 자신의 경험에 기초한 것이나, 다른 행위자가 어떤 경험을 하게 될지를 **자신의 경험에 비추어 유추함으로써** 다른 행위자에게도 일반화할 수 있을 것이다."(M. 63)

그러나 이런 해석이 옳다면 왜 의도성 탐지기의 기능과정에서는 이런 앎이 작동되지 못하는가? 왜냐하면, 의도성 탐지기의 기능이 작동되는 과정에서도 이미 자신의 목표와 바람이 자신의 행동을 움직이게 한다는 사실을 알고 있고, 이와 유추해서 타인의 행동 목표와 바람을 추론할 수 있지 않을까? 그러나 아스팅턴이 잘 지적하는 것처럼 "**믿음과 욕구 그리고 의도를 단지 소유하는 것과 그것들을 자각하고 다른 사람의 상태로 귀속시키는 것은 다르다.**"[377] 더욱이 타자에 대한 습성적 통각체계가 아직 갖추어져 있지 않은 단계의 아이에게 이런 유추적 사고능력을 귀속시키

---

377 J.W.Astington, 같은 책, 42.

는 것은 문제가 있다.

　분명히 베런-코헨의 설명은 후설이 지각적 타자경험의 작동에서 밝힌 세 가지 계기의 발생적 정초연관 중 두 가지 계기와 연결된다. 베런-코헨이 주장하듯이 첫 번째 계기로서 의도성 탐지와 시선 탐지단계에서 자기 시각적 지각, 바람에 대한 일인칭적-경험, 즉 넓은 의미에서 자기지각의 경험. 세 번째 계기로서, 자신의 시지각적, 의지적 상태를 타자의 주관에 유비적으로 귀속시키는 경험. 그러나 두 번째 계기로서 나의 신체적 표현행위와 타자의 신체적 표현행위의 유사성의 지각 계기는 어떻게 발생하는가? 단순히 타자의 신체를 지각하는 것으로 나의 신체와 타자의 신체의 지각 유사성이 확보되는가? 그러기 위해서는 이미 내가 나의 신체적 표현행위를 외적으로 확인하고 있다는 전제가 필요하다. 또한, 나의 신체적 표현행위에 대한 일인칭적 경험은 어떻게 발생하는가?

　바로 나의 신체적 표현행위에 대한 외적 확인뿐만 아니라 내적인 일인칭적 경험 모두 아이의 모방본능을 통해 정초된다. 이 점에서 멜초프와 고프닉의 모방이론은 마음 읽기에 대한 베런-코헨의 통찰보다 더 근본적인 측면을 밝혀주고 있다. 이에 대해서는 6장에서 상론할 것이다. 여기서는 모방본능뿐만 아니라 일인칭적인 내적 경험을 동기 부여하는 좀 더 원초적인 차원의 경험 계기만을 제시해보자. 바로 아이 자신이 어떤 목적과 바람과 같은 의지작용과 타인을 바라봄과 같은 시각작용을 수행한다고 하더라도 그런 수행 사실을 자각하고 발견하는 것은 아이의 의지행위에 대한 타인의 정서적 표현을 동반한 행동반응, 아이의 시각적 지각행위에 대한 타인의 미소 반응 그리고 이와 같은 정서적 행동반응이나 미소반응과 연합되어 일깨워지는 즐거움 혹은 고통의 줄어듦의 느낌, 의식 때문이다. 이것이 의도성 탐지기보다 시선 탐지기의 작동과정에서 더욱 두드러진 것은 사회적 촉발인으로서 미소를 동반하는 지속적 상호작용이 이루어지기 쉽기 때문이다. 바로 이와 같은 상호 경험의 반복과정에서 본래적인 의미 아이의 모방행위도 이루어지며 또한, 비로소 자신의 지각, 바람에 대한 일인칭적 경험, 즉 자기지각을 수행할 수 있으며 나아가 타자에게 유비적으로 이행시킬 수 있는 습성적 통각능력이 형성된다고 말하는 것이 적절하다.

이 대목에서 베런-코헨이 자폐증의 근본원인을 주의공유기제와 같은 사회적 인지능력의 결여나 장애에서 찾는[378] 반면 홉슨이 자폐증의 원인을 사회적 정서의 결여나 장애에서 찾는 것은 우리의 논의와 관련해서 의미가 있다.[379] **자폐증은 단순히 타인의 마음을 읽어낼 줄 모르는 것이 아니라 자신의 마음도 읽어낼 줄 모르는 것이다.** 정서는 믿음이나 바람과 같은 정신적 행위보다 자신이나 타인에게 숨겨지기 어렵다. 정서는 자연스럽게 표현되고 다른 사람에 의해 지각될 수 있다. 홉슨은 그것을 탄생의 권리라고 주장하고 우리는 생물학적으로 다른 사람의 정서를 지각하는 기본적인 능력을 갖추고 있다고 말한다. 이것이 자폐아들에게 부족한 것이고, 그래서 자폐아들의 어려움은 인생 초기부터 시작한다. 영아로서 그들은 다른 사람의 신체적 표현을 통해 드러나는 감정을 읽어낼 수 없고 정서적 의사소통을 경험하지 못하고, 즉 그들의 양육자와 심리적 연결을 갖지 못한다. 여기에서 홉슨은 아이의 마음 발견이 시작한다고 본다. 자폐아들은 바로 이 시작점을 잡지 못한다. 이 초석이 없기에 그들은 다른 사람이나 그 자신의 정신적 삶에 대한 통찰을 갖지 못한다. 즉 자폐아는 비록 원초인 타자경험의 원형으로서 애착에서 부분적으로는 문제가 없으며,[380]

---

378 M, 97 참조. 2001년에 오조노프와 사우스가 자폐증과 관련해서 그동안의 연구성과를 정리하는 논문에서도 주의공유 혹은 결합 주의(Joint Attention)의 결여를 자폐증의 중요한 진단요인으로 본다. S. Ozonoff & M. South, Early social development in young children with autism. In G. Bremner & A. Fogel (Eds.), *Blackwell handbook of Infant Development*. 2001, 569~570.

379 R.P.Hobbson, "Beyond Cognition: A Theory of Autism," in Autism : *New Perspectives on Diagnosis*, Nature and Treatment, ed. G. Dawson(New York: Guilford Press, 1989), 22~48.

380 S. Ozonoff & M. South, 같은 글, 566~569 참조.

의도성 탐지나 시선 탐지의 첫 번째 기능은 수행할 수 있지만(M. 93~97), 타인으로부터 자신에게 표현되는 의지의 내용, 시선 대상 및 시선에 수반되는 정서를 느낄 줄 모르고 그에 따라 자신의 정서 및 의지적 능력을 자각하지 못하고 그에 따라 자신과 타자경험을 위한 습성적 통각을 형성하지 못하는 것이다.[381] 즉 자폐증은 무엇보다 원초적 타자경험 단계에서 상호주관적 정서의 결함을 갖는 까닭에 자기와 타자의 마음에 대한 이해로 동기 부여되지 않는 이상 상태이다. 오조노프와 사우스 역시 궁극적으로 자폐증의 핵심특징은 바로 상호성(reciprocity)의 결여라고 본다.[382] 이 점에서 자폐증(Autism, 自閉症)은 정확한 표현이 아니다. 왜냐하면, 타자의 마음뿐만 아니라 자신의 마음도 읽지 못하기 때문이다. 따라서 베런-코헨의 표현인 **마음맹(Mindblindness)**이 더 적절하다. 반면 시각장애인의 경우에는 시선 탐지기 기능이 작동될 수 없지만, 의도성 탐지기를 통해 상호탐지가 비록 어렵지만 이루어질 수 있고 따라서 상대적으로 마음발견의 능력에서 지체를 보일 뿐이다.

1.2.2 마음이론과 나머지 세 기제의 관계 및 비판

베런-코헨은 마음이론이 주의공유 기제로부터 삼자 간 표상을 받아

---

381 물론 자폐증이란 자기와 타자의 마음에 대한 습성적 통각체계의 결여라는 주장이 자폐증이 선천적인 요인 때문이라는 과학계의 의견을 부정하는 것은 아니다. 왜냐하면, 이와 같은 의견도 습성적 통각체계가 형성되기 위한 발단으로서 타자의 정서표현 읽기능력 자체는 애초에 처음부터 선천적으로 빠져 있다는 것을 인정하기 때문이다. 반대로 이런 기본적인 능력을 갖추고 있다고 하더라도 반복적인 상호 시선 교환이나 다른 지향성의 교환이 이루어지지 않는다면 습성적 통각체계가 제대로 형성되지 않을 것이고 그에 따라 마음 읽기 능력에서 지체되고, 열등한 단계에 머물러 있을 것이다. 반복적 상호작용이 어려운 청각이나 촉각적 자극을 탐지하는 의도성 탐지기만을 지닌 시각장애인의 마음발견 능력의 지체도 이런 까닭에서 이해될 수 있다.

382 S. Ozonoff & M. South, 같은 글, 566 참조.

들이고 그것들을 명제적 표상으로 변환시킴으로써 발달이 촉진된다고 본다. (M. 81) 이를 좀 더 분명하게 하려고 배런-코헨은 발달단계를 3단계로 나눈다.

단계1은 대략 출생부터 9개월까지 발달단계로서, 이 단계에는 의도성 탐지기와 시선 탐지기가 기능한다. 배런-코헨은 이 단계를 트리바센의 용어를 빌려 **"일차적 상호주관성"(primary intersubjectivity)**(M. 81~82)이라고 부른다.

단계2는 대략 9개월부터 18개월 사이의 발달단계로서, 주의공유 기제가 기능하기 시작한다. 주의공유 기제는 시선 탐지기와 의도성 탐지기를 연결해서 시선에서 기본적인 마음 상태를 읽을 수도 있도록 한다. 이 단계를 마찬가지로 트리바센의 용어를 빌려 **"이차적 상호주관성"(secondary intersujectivity)**(M. 82)이라고 표현한다.

마지막으로 단계3은 대략 생후 18개월부터 48개월 사이에 이루어지는데, 이 기간에 마음이론 주의공유 기제에 의해 촉발되어 기능하기 시작한다. 물론 단계3에서도 앞선 기제 세 기제는 여전히 작동된다. 다만 앞선 세 기제는 지향성의 두 가지 특성, 1) "겨냥성"(aboutness), 즉 자신 이외의 다른 어떤 것에 관한 것이라는 의미, 2) "양상성"(aspectuality), 즉 사물의 특정 측면에 대한 것만을 갖지만, 마음이론은 그 외에도 지향성의 세 번째 속성 3) "거짓 표상"(misrepresentation)을 가진다. (M. 83)

결국, 배런-코헨은 각 단계가 이미 **선천적으로 보편적이면서 생물학적으로 모듈로서 획득**되어 있고, 그에 따라 생리학적, 형태학적 체계가 생물학적으로 성숙과정을 거치듯이, 마음 읽기 기제의 각 모듈도 **생물학적인 성숙화의 과정**을 거친다고 주장한다. 이것이 바로 멜초프가 배런-코헨과 같은 입장을 **"최종 상태 선천주의(final-state-natlvlsm)"**라고 부르는 이유이다. 그러나 이미 앞서 시선 탐지기와 자기의식의 관계에서 지적했듯이 배런-코헨 자신도 아이가 자신의 시각경험을 자각하고, 이에 기초해서 다른 행위자가 어떤 경험을 하게 될지를 유비적으로 일반화할 수 있음을 인정한다. 더 나아가 뒤에서 살펴볼 시뮬레이션 이론을 전적으로 받아들이는 것은 아니지만, 자신의 마음 상태에 대한 내성의 산물로 다른 사람의 마음을 추론한다는 주장을 수용한다. (M. 186)

바로 **"주관적 일인칭 경험"**(M. 186)으로서 내성이 마음 읽기 체계의 구성이나 발달에서 갖는 역할을 베런-코헨은 시인한다. 물론 여기서 말하는 자기 의식적 경험이란 굳이 자기반성의 능력으로 해석할 필요는 없다. 이미 후설의 현상학에서 확인할 수 있었던 것처럼 인간은 타인을 경험하는 과정에서 주제적인 자기지각, 즉 반성적 지각까지는 아니더라도 비주제적 자기지각을 수행해야 함을 강조했다. 이런 자기 의식적 경험이야말로 습성적 통각체계를 형성하는 데 있어서 결정적이다. 왜냐하면, 구성적 자아의 자기 의식적 동일성을 전제하지 않고서 습성을 논할 수는 없기 때문이다.

그러나 문제는 베런-코헨이 한편으로는 데넷의 지향적 자세를 스스로 받아들이면서도 다른 한편으로는 생물학적 선천주의 태도를 유지한다는 점이다. 우리의 판단으로는 양자는 각각 인격주의적 태도와 자연주의적 태도로 다른 차원의 태도이다. 따라서 베런-코헨의 의견이 제대로 이해되기 위해서는 두 태도 간 상호전환의 가능성 및 자연주의적 태도에 대한 인격주의적 태도의 우위성이 강조되어야 한다. 베런-코헨 역시 인격주의적 태도의 우위성을 암묵적으로 전제한다. 왜냐하면, 생물학적 선천주의 차원에서 마음 읽기의 네 가지 기제를 뇌의 신경생리학 차원에서 연구할 때 이런 연구의 지침을 바로 지향성의 자세, 즉 인격주의적 태도에서 마음 읽기의 네 가지 메커니즘에 대한 일종의 현상학적 연구에서 얻기 때문이다.[383] 이것은 현상학적 심리학, 기술적 현상학과 뇌과학의 관계를 보

---

383 베런-코헨은 자신의 저서 『마음 맹』에서 마음 읽기의 발달의 네 가지 단계(4장) 및 그 변양태로서 자폐증의 증상(5장)을 일종의 기술적 심리학의 반성적 태도의 차원에서 기술하고, 이와 같은 단서에 따라 네 가지 메커니즘이 어떻게 뇌에서 작동되고 있는지를 뇌과학의 차원에서 탐구한다. (6장)

여주는 좋은 범례가 된다. 이남인 교수의 지적처럼 기술적 심리학의 안내에 따른 의식에 대한 반성적 탐구를 통해 의식의 다양한 영역을 분류하고, 구분함으로써 뇌과학의 영구영역, 주제를 한정할 수 있다.[384]

2 문화 내재주의적 마음 읽기[385]

베런-코헨의 네 가지 마음 읽기 메커니즘 중 최종적 기제인 마음이론의 기제란 가장하는, 생각하는, 아는, 믿는[또한, 잘못 믿는], 꿈꾸는, 추측하는, 속이는 등과 같은 일련의 인식적 마음 상태를 표상하며, 이러한 마음 상태 개념을 통합하여 마음 상태와 행동이 어떻게 관련되는지에 대해 정합적(coherent)으로 이해하는 능력이다. 이제 아스팅턴은 이와 같은 마음이론의 능력이 과연 베런-코헨과 같은 생물학적 모듈주의자들의 주장처럼 보편적인 선천적인 능력인지에 대해서 관심과 의문을 가진다. 분명한 것은 마음이론의 능력에 대한 주장은 주로 서구 중산층의 4~5세가량의 아이들 가운데에서 전형적으로 발견된다는 사실을 토대로 이루어졌다는 점이다. 주로 서유럽과 캐나다 그리고 미국에서 수행된 연구결과로는 마음이론의 발달이 3세에서 5세 사이에 비약적으로 이루어진다는 점에 합의가 이른 것 같다. 3세는 전형적으로 표준적인 마음이론의 테스트에 실패하고, 일부 4세는 노력이 필요하고, 5세는 일반적으로 마음의 이론을 갖추고 있기에 거짓 믿음의 행동적 결과를 쉽게 예측할 수 있다.

그런데 아스팅턴이 다루고자 하는 것은 마음의 이론 자체의 지지 혹

---

384 이남인, 「인문학과 자연과학은 어떻게 만날 수 있는가?」, 92~93 참조.

385 현재 절은 주로 J.W.Astington과 P.G.Vinden이 공동으로 연구한 논문 "Culture and understanding other minds", in *Understanding Other Minds : Perspective From Developmental Cognitive Neuroscience,* Oxford University Press, 2000. 503~520을 중심으로 논의를 전개할 것이다. 이하에서는 저자는 Astington으로 약칭할 것이다.

은 반대의견이 아니다. 그녀의 관심은 주로 **발달에서 후천적 요소로서 문화환경적 요소의 영향력**이다. 마음 이론의 발달과 관련해서 고려될 수 있는 문화 환경적 요소들로는 특히 언어발달, 가장놀이, 가족규모, 양육방식, 사회계층 등이 고려될 수 있다. 이런 연구의 전개는 배런-코헨이 주장하는 것처럼 마음 읽기능력이 모든 아이에게 보편적으로, 특히 생물학적으로 선천적으로 발달되고 있지만 문화환경적 요소들 역시 후천적으로 발달의 과정에서 영향을 미친다는 가정을 전제하고 있다. 이와 같은 입장이 바로 멜초프가 구분하는 "**초기-상태-선천주의(first-state-nativism)**"의 입장이다. 즉 태아나 영아 때 비록 선천적으로 마음 읽기를 수행할 수 있는 기본조건은 갖추고 있지만, 후천적으로 사회문화적 조건에 의해서 영향을 받는다는 입장이다.

그에 따라 제한적이지만 서구 이외의 지역에서 마음이론의 테스트가 수행됐다. 중국과 일본의 산업화한 비문맹국에서 연구, 카메룬의 바카(Baka)와 같은 수렵채집생활을 하는 비도시 지역에서 마음이론의 조사,[386] 중앙 페루의 안데스 지역의 퀘추아(Quechua)어를 사용하는 사람들을 대상으로 한 조사,[387] 아프리카와 파푸아 뉴기니아에서 유사실험[388] 등이 대표적인 연구사례들이다. 그러나 아스팅턴에 따르면 이런 비서구권 지역의 아동들의 마음이론에 대한 연구들은 **비교-문화적 심리학(Cross-cultural psychology)**의 접근법을 강하게 따르고 있다. 반면 아스팅턴의 목표는 마

---

386 J.Avis and P.L.Harris, "Belief-desire reasoning among Baka children : evidence for a universal conception of mind." *Child Development*, 62, 1991, 460~467

387 P.G.Vinden, "Junin Quechua children's understanding of mind." *Child Development*, 67, 1996, 1701~1716.

388 P.G. Vinden, "Children's understanding of mind and emotion : a multi-cultural study." *Cognition and Emotion* 13, 1999, 19~48

음의 이론과 자폐증을 문화심리학적 관점에서 논의하는 것이다.[389] 따라서 먼저 **비교-문화 심리학의 접근법과 문화심리학적 접근법의 차이**가 분명해져야 하고, **후자가 전자에 대해 갖는 우위가 밝혀져야 할 것이다.**

2.1 방법론 : 문화심리학

2.1.1 비교-문화주의의 방법론 비판

아스팅턴에 따르면 현대 서구심리학의 자민족 중심주의(ethnocentricity)의 경향은 다양한 방식에서 나타난다. 이것은 특히 문화에 초점이 맞추어질 때, 문화를 단순히 하나의 독립적인 변수로 취급하고, 따라서 통제될 수 있고, 배제될 수 있고 그렇지 않으면 조작될 수 있다고 여길 때 두드러진다. 이처럼 문화를 하나의 독립적인 통제 가능한 변수로 간주하는 경향은 특히 **정신병리학**과 **비교-문화 심리학**에서 두드러진다.

정신병리학은 현행 질병에 방향을 맞춘 정신병의 패러다임을 갖추고 있다. 이때 이런 정신병의 패러다임은 생물학적 정신의학 그리고 정신 약리학에 근원을 두고 있으며, 서구 심리학의 주요 개념들을 정신 질병에 대한 진단범주로 사용한다. 아스팅턴에 따르면 현행 DSM-V[390]는 문화적

---

389 P.G. Vinden & J.W. Astington, 같은 글, 503

390 정신질환 진단 및 통계 편람(Diagnostic and Statistical Manual of Mental Disorders, DSM)은 미국 정신의학 협회(American Psychiatric Association)가 출판하는 서적으로, 정신질환의 진단에 있어 가장 널리 사용되고 있다. 비슷한 목적으로 많이 사용되는 책으로는 질병 및 관련 건강 문제의 국제적 통계 분류(International Statistical Classification of Diseases and Related Health Problems, ICD)가 있는데, DSM은 정신질환에 집중하는 반면 ICD는 모든 종류의 질병을 다룬다. 양쪽 모두 독자가 기본적인 의학적 개념들을 인지하는 것으로 가정하고, 질병을 체계적으로 진단하기 위한 기준들을 제시한다. DSM은 처음 출판된 뒤 II, III, III-R, IV, IV-TR판 등으로 다섯 차례 개정되었다. 다음 판은 DSM V로서, 2011년 무렵에 출판될 예정이다. DSM은 전통적으로 다축적 진단체계로 구성되어 있다. DSM-V를 구성하는 다섯 개의 축은 각각 축1 임상적 증훈군, 축2 성격장애, 축3 일반적 의학적 상태, 축4 심리사회적 및 환경문제, 축5 현재

변수들을 DSM의 분류 속으로 집어넣으려고 시도하고 있다. 그러나 진단적 범주들과 지역-특정적인 이상행동의 패턴 간의 일대일 상응 관계가 존재하지 않는다는 사실은 이 서적을 출판하는 미국정신의학 협회도 인정하고 있다. 아스팅턴은 문화적 변수들을 억지로 DSM의 분류 속으로 집어넣으려고 하게 되면, 문화 사회적 다양성을 인식하지 못하게 되며, 증상들을 **탈맥락화**(decontextulize)[391]한다고 비판한다. 여기서 **질병의 원인에 대한 판단**과 **증상에 대한 진단**의 구별이 필요하다. 아스팅턴도 이를테면 자폐증의 원인이나 기원이 생물학적 장애에 있음을 인정한다. 반면 뒤에서 자세히 다루겠지만, 자폐증의 진단과 관련해서 진단기준 자체가 지나치게 서구 편향적이라는 점을 문제 삼는다. 비교-문화 심리학은 문화를

"인간 활동으로부터 분리된 것이며, 분리될 수 있는 것으로서, 개인으로부터 독립적으로 바라볼 수 있는 것으로서 간주한다. 문화란 행동을 위한 일련의 태도들, 믿음들 그리고 대본들(scripts)로서 인간행동을 위한 기초, 인간행동의 맥락을 형성한다는 것이다."[392]

또한, 트리안디스는

"문화를 행동에 영향을 끼치는 어떤 것으로서, 세계에 대해 그리고 어떻게 사람들이 세계 속에서 행동해야 하는가에 대해 진술되지 않은 일련의 가정들로서 정의한다. 문화는 같음과 다름의 상호유희이다. 모든 인간은 어떤 일반적인 범주들을 공유하며, 그러나 문화들이 이런 범주들을 특정한 상황 속에서 적용하는 방식

의 적응적 기능수준. 위에서 말한 문화적 변수란 축4를 말한다. 권석만, 같은 책, p.p.117~121 참조.

391 P.G. Vinden & J.W. Astington, 같은 글, 504

392 P.G.Vinden & J.W.Astington 같은 글, 505

에서 수많은 차이가 존재한다." [393]

그에 따라 비교-문화적 심리학을

"다양한 문화적, 인종적 집단들 속에, 나의 개별적 심리학적 기능함 속에서 유사
성과 차이들에 대한, **심리학적 변수들과 사회문화적 변수 간의**, 생태학적 그리
고 생물학적 변수 간의 관계에 대한 연구"[394]

로 정의한다. 이처럼 비교-문화적 심리학은 문화를 독립적인 분리가
능하고 통제 가능한 변수로 보면서 여러 변수 간의 상관성, 인과성을 탐구
하기 때문에 무엇보다 **정량적 분석 방법**을 주로 활용한다. 이와 같은 정량
적 분석의 목표는 인간행동에 대한 과학적으로 도출된 일반화의 수립을
목적으로 갖는다는 점에서 근본적으로 보편성을 요구하고 있다.

즉 우리(일차적으로 서구의 우리)가 발견하는 기본적인 심리학적 과
정들은 어디서든 모든 사람에게 기본적일 것이라는 가정이 깔렸다. 먼 지
역에 대한 연구든 북미나 유럽 내부의 인종집단에 대한 연구든 오로지 어
떻게 문화가 이런 기본적인 보편적 과정에 영향을 미칠 수 있는가를 조명
하고자 할 뿐이다. 그러나 문제는 이런 보편적 과정으로서 간주하는 인간
의 심리적 본성 자체가 서구문화, 특히 **근대 개인주의, 다원주의 그리고
정신주의**[395]의 경향에 의해서 규정되고 구성된 인간의 본성이라는 사실이
다. 또한, 비교-문화심리학의 이와 같은 보편주의 경향은 문화와 심리학

---

393 H.C.Triandis, *Culture and social behavior*, McGraw-Hill, New York, 1994. 5.

394 J.W.Berry, et al. *Cross-cultural psychology: research and applications*. Cambridge University Press. 1992. 2.

395 여기서 말하는 정신주의란 항상 행동의 이유나 원인을 행위주체의 내적인 정신적 본성 - 바람
과 의도와 믿음, 생각 - 에 따라서 설명하려는 입장을 의미한다.

의 불가분의 상호관련성을 충분히 해명하지 못한다.

2.1.2 문화 심리학의 방법론

비교-문화 심리학이 문화를 하나의 독립적 변수로서 인간 본성에 영향을 주는 외부적 요소로 보고 있지만, 문화심리학은 기본적으로 심리현상과 문화를 불가분의 것으로 바라본다. 아스팅턴에 따르면 **심리적 현상**이란 **사회문화적 상호작용의 과정을 구성하는** "**공유된 활동들과 공유된 의미창조의 일부**[396]"로서 간주한다. 이에 따라 슈웨더(Shweder)는 문화심리학을 다음과 같이 정의한다.

> "(문화심리학이란) 인간이 문화적 환경으로부터 **의미와 원천들을 파악(seize)하는 방식**과 독립적인 어떠한 **사회문화적 환경**도 존재하지 않으며 혹은 그런 사회문화적 환경의 정체성이란 없으며, 반면 모든 **인간존재의 주관성과 정신적 삶**은 어떤 **사회문화적 환경**으로부터 **의미와 원천**을 파악하고 그것들을 사용하는 과정을 통해 변한다는 생각(이다)."[397]

이와 같은 정의를 보면 비교문화심리학이 심리학과 문화의 상호관련성을 충분히 해명하지 못한다는 비판을 받는 반면, 문화심리학은 철저하게 인간의 주관적 활동과 사회문화적 환경간의 긴밀한 상호관련성을 기본적으로 탐구하고 있음을 알 수 있다. 즉 한편으로는 **인간은 문화의 생산자, 참여자**이면서 다른 한편으로는 **문화적 의미와 관행의 형성물**이다. 이것은 발생적 현상학에서 **세계의 능동적 구성**과 세계의 수동적 구성의 주

---

396 P.G.Vinden & J.W.Astington 같은 글, 504

397 R.Shweder. "Cultural psychology : What is it?" In Thinking through culture, (ed. R. Shweder) Havard University Press, Cambridge, MA. 1992, 74.

체의 의미에 상응한다. 따라서 심리적인 것과 문화적인 것 사이에는 어떠한 명확한 이분법도 존재하지 않는다. 그에 따라 앞서 비교-문화 심리학이 문화적 변수와 심리적 변수 간의 상관성을 탐구하기 위해 **정량적 분석**에 치중했다면, 문화심리학은 사회적 상호작용의 과정에 좀 더 관심을 가지기 때문에 그와 같은 과정에 대한 **정성적 분석**에 치중한다.[398] 나아가 문화심리학은 문화적인 것과 심리적인 것의 상호작용의 과정에 대한 분석이라는 점에서 또한, 정적 분석이 아닌 **발생적 분석**에 치중한다. 문화 심리학의 대표적 저널인 『문화와 심리학』은 자신의 이념을 다음과 같이 규정한다.

> "문화와 심리학은 사회과학에서 대부분의 담론을 지배하고 있는 사람들, 문화들, 그리고 사회들에 대한 **정적 모델**을 거부한다. 그리고 사람들은 사회적 집단이나 공동체들 그리고 기관들이 그런 것처럼 연속적으로 발전하는 **역동적인 체계들**이라는 생각을 지지한다."[399]

앞서 비교-문화적 심리학이 문화적인 것을 하나의 외부적인 영향력으로 간주함으로써 변수들 간의 상관성을 탐구하기 위해서는 실험집단과 통제집단의 비교를 위해서라도 **두 문화의 비교연구**에 초점을 맞추는 반면, 문화 심리학은 문화적인 것과 심리적인 것의 불가분적인 상호작용의 과정을 탐구하기 때문에 **하나의 집단의 문화-역사적 발달과정**에 초점을 맞춘다.

문화심리학은 문화가 단순한 변수로 환원될 수 없다고 보며, 심지어 일련의 변수들의 결합도 아니라고 본다. 차라리 문화와 자아, 문화와 마

---

398 P.G.Vinden & J.W.Astington 같은 글, 505

399 P.G.Vinden & J.W.Astington 같은 글, 506에서 재인용

음은 불가분하게 결속되어 있고 모든 행동은 문화적이라고 주장한다. 실제로 마음은 자연적인 종이 아니라, 문화적으로 구성된 존재자이다. 따라서 자폐증도 문화적으로 구성된 범주로 봄으로써 어떻게 자폐증을 가진 개인들이 자신들의 세계와의 사회적 상호작용을 이해하는지에 대한 이해에 통찰을 얻을 수 있다.[400]

2.2 발생적 분석 : 문화심리학을 중심으로

문화심리학은 정적 모델보다는 발생적 분석에 치중하며, 또한, 서구의 기준을 그대로 적용하기보다는 **각 지역 문화 속에서 아이들의 고유한 의지적, 정서적, 인지적 발달, 성장 과정**에 주목한다. 따라서 여기서는 기존의 마음이론의 기준이 아닌 새로운 판단 기준이 요구된다. 아스팅턴은 이와 관련해서 두 가지 새로운 차원을 고려한다.

첫째, 언어의 습득과정에 대한 고려이다. 문화심리학적 차원에서 마음연구는 언어습득, 특히 아이들이 언어를 배우는 사회적 맥락, 그들 언어 속에서 어휘화되는 특정한 개념들에 대한 검토로부터 시작해야 한다. 언어가 근본적인 까닭은 다름 아닌 **언어를 통해서 우리는 문화를 수용하고, 창조하기 때문**이다. 언어는 상호작용을 위한 도구이다. 언어사용은 하나의 개별적 과정이 아니라, 가장 넓은 조건에서 공유된 문화적 배경인 공통적 근거 위에 기초한 참여한 사람들 가운데 결합(joint) 행동이다. 따라서 언어습득을 위한 어린이들 자신의 인지적 원천이 핵심이기는 하지만, 서구문화권 아이들은 서구 문화 속에서 성장함으로써 마음의 이론을 습득하는 것이다. 서구문화에서는 우리 자신과 다른 사람들- 가장 어린 사람, 즉 아이까지 포함해서-에 대해 "정신주의적 자세"[401]를 취한다. 우

---

400 P.G.Vinden & J.W.Astington 같은 글, 507

401 P.G.Vinden & J.W.Astington 같은 글, 509.

리는 우리가 그들과 상호작용하는 방식 속에서 그리고 우리가 사용하는 어휘 조건들 속에서 정신상태를 다른 사람들에게 귀속시킨다. 이처럼 우리는 언어를 습득할 때 마음의 이론을 획득하는 것이다. 이런 마음의 이론은 우리의 언어 관행 속에 삽입되어 있다. 다른 문화는 페루의 퀘추아어 사용자들처럼 혹은 파푸아 뉴기니아의 네이네 집단처럼 마음에 대해 전혀 다른 개념을 가질는지 모른다.[402] 혹은 '마음'이라는 개념이 모든 문화에 존재하지 않을지도 모른다. 즉 마음 읽기에 의존함 없이 적절한 사회적 상호작용을 허용하는 행동설명의 다른 방식들이 있을지도 모른다.

둘째, 만일 마음에 대한 개념이 전혀 다르거나 전혀 없다면 그 지역 아이들의 **정서적, 의지적, 인지적 능력에 대해 대안적 관점**이 요구된다. 여하튼 이 지역도 언어를 통해 상호작용이 이루어지고 있다면 서로에 대해 이해하는 능력이 발달하고 필요하기 때문이다. 이와 관련해서 아스팅턴은 홉슨의 대안적 관점을 활용한다. 아스팅턴에 따르면 홉슨은 사회 인지적 발전 속에서 핵심 이슈를 **마음이론의 발전**으로서 보는 것으로부터 시선을 돌려 좀 더 근본적 존재로서 **사람의 개념 발전**에 대한 관점을 도입했다. 홉슨에 따르면[403] 하나의 사람은 특정한 종류의 존재로서 신체와 마음을 함께 갖고 있다. 홉슨은 모든 정신적 상태들이 관찰 불가능한 것은 아니라고 주장한다. 아이와 양육자 사이에 발생하는 상호주관적 공유에 대한 그의 논의에서 아이들은 먼저 신체를 지각하고 그다음 마음을 추론하는 것이 아니라, 차라리 아이들은 **사람과 관련된 '의미'**(person-related

---

402 퀘추아 언어사용자들(페루 안데스 지역)에게는 여러 정신상태를 위한 독립적인 어휘들이 없다. 특히 생각(thought)이나 믿음(belief)에 대한 어휘들이 없었다. 뉴기니의 타이네 아이들은 거짓 믿음 과제의 질문과 관련해서 다른 사람이 어디에서 찾을 것이냐는 질문보다 다른 사람이 어떤 생각을 할 것인가에 대한 직접적 질문에 대답하는 것을 훨씬 더 어려워했다.

403 R.P.Hobson, *Autism and development of mind*. Erlbaum, Hove, UK, 1993, 115

'meaning')[404]에 대한 직접적 지각을 하며, 그 의미에 자연적으로 참여한다. 이런 의미들은 다른 사람의 표현과 행동 속에서 파악된다. 아스팅턴에 따르면 홉슨의 관점은 다른 문화권 사람들이 마음에 대해 어떻게 구상하는가에 대해 하나의 도약점을 제공한다.

사실 마음의 이론은 우선 마음의 이해에 집착하는 경향이 있다. 그러나 먼저 이런 경향이 과연 보편적인 경향인가? 반대로 그 밖에 다른 문화권의 아이들은 행동의 이론, 혹은 신체의 이론 혹은 소유의 이론 혹은 다양하게 문화적으로 정의된 맥락 속에서 적용되는 복합적 이론들을 발전시키는지도 모른다. 두 번째로 아이들의 마음에 대한 이해가 과연 이론적인지도 의문이다. 아스팅턴은 일단 여기서 첫 번째 마음에 대한 서구인들의 집착만을 문제 삼는다. 아스팅턴은 일상의 매일매일 상호작용과정의 수행에서 우리에게 도움을 주는 개념들을 획득하는 과정에서 전혀 다른 발달궤도에 놓인 개념들에 주목한다.

아스팅턴은 **사람과 자아에 대한 서구의 개념**과는 전혀 다른 개념을 갖는 문화권으로서 이팔룩(Ifaluk)인에 대한 루츠의 연구[405]를 활용한다. 이팔룩인은 미크로네시아의 산호섬(atoll; 환초(環礁))[406]에 살고 있다. 이팔룩인은 '내부'를 지칭하는 일반적인 용어를 갖고 있다. 이팔룩인의 '내부'는 **개인의 생리학적, 심리학적 기능들–생각들, 감정들, 바람들, 질병들 그리고 물리적 감각들–**을 지칭한다. 루츠에 따르면 여기에서는 생각과 감정 사이에, 머리와 가슴 사이에, 의식적 마음과 무의식적 마음 사이에 명확한 구분이 존재하지 않는다. 따라서 '나의 내부가 나쁘다'는 말은 물리

---

404 R.P.Hobson, 같은 책, 117

405 C.Lutz, "Ethnopsychology compared to what? Explaining behavior and consciousness among the Ifaluk." *In Person, self and experience,* (ed. G.M.White and J.Kirkpatrick), University of California Press, Berkeley, 1985, CA. 35~79

406 환초란 가운데 해수 호수가 있는 고리 모양의 산호섬을 의미한다.

적으로 나쁜 느낌을 의미할 수도 있고, 나쁜 생각이나 나쁜 정서의 경험을 하고 있다는 의미일 수도 있고, 혹은 둘 다를 의미할 수도 있다.[407] 예를 들어 'nunuwan'이라는 말은 생각과 정서에 대한 하나의 말인데, 이것은 양적으로 많거나 적게 가질 수도 있고, 수적으로 많은 혹은 하나일 수도 있고, 또한, 길 수도 짧을 수도 있고, 좋을 수도 나쁠 수도 있는 어떤 것이다. 이처럼 이팔룩인의 많은 단어는 **생리학적인 것과 물리적인 것의 중복 혹은 상호침투**를 의미한다. 그렇다면 이팔룩인들은 행동을 어떻게 설명하고 평가하는가? 루츠의 보고에 따르면 이팔룩인에게 행동의 원인은 내적인 원천에 있기보다는 환경적인 자극에 자리 잡고 있다. 이 환경적 자극에서 가장 중요한 점은 바로 다른 사람의 행동을 포함한다는 점이다.[408] 실제로 다른 사람들이 종종 어떤 사람의 내부적 상태에 대해 책임을 진다.

아스팅턴에 따르면 거버의 사모아인들의 정서에 대한 연구에서도 행동설명에서 내면에 초점을 맞추기보다는 외면에 초점을 경향을 발견한다[409]. 거버에 따르면 사모아 사람들은 사람의 내면적 상태에 대해 언급하기를 꺼린다. 왜냐하면, 사모아사람들은 다른 사람 마음의 깊이는 결코 알 수 없는 것으로 생각하기 때문이다.[410] 그들 역시 행동을 설명할 때 내적인 상태를 기술하기보다는 감정으로부터 비롯된 행동이나 그런 감정적 반응이 나타나는 동안의 상황들을 기술할 뿐이다. 또한, 파푸아 뉴기니아의 베이닝인들(the Baining)에 대한 파잔스의 연구,[411] 워렌의 칵취켈 마야

---

407 C.Lutz, 같은 글, 46~47.

408 C.Lutz, 같은 글, 57.

409 E.R.Gerber, "Rage and obligation: Samoan emotion in conflict." *In Person, self and experience.* (ed. G.M.White and J.Kirkpatrick), 121~67. University of California Press, Berkeley, CA. 1985

410 E.R.Gerber, 같은 글, 133.

411 J.Fajans, The person in social context: the social character of Baining 'psychology'. *In Person, self and experience.* (ed. G.M.White and J.Kirkpatrick), 367~397. University of California Press, Berkeley, CA. 1985

인들(the Kaqchikel Maya)에 대한 연구[412]는 모두 다른 사람의 생각이나 정서를 알 수 없는 어떤 것으로 여긴다. 즉 이런 극단적 외면적 집중, 이를테면 **극단적 비정신주의의 경향**은 비서구권 많은 지역에서 발견된다.[413] 특히 다른 사람의 주관적 태도에 대해서 생각하지 않는 것이 많은 비서구권 사회에서 흔했지만, 베이닝 인들은 심지어 자기 자신의 견해도 말하는 것을 꺼린다. 베이닝인들은 사람에게 방향정위가 되어있고, 개인주의적으로 방향 잡혀 있지 않다. 그리고 베이닝인들의 인성은 일상적인 의미 이상으로 사회적이며, 따라서 자신이 속한 집단을 둘러싼 사회성에 의존적이며, 자기 자신에 대한 정의에서도 행동에 대한 관습적 패턴에 따른다.[414]

물론 여기서 이런 의문을 제기할 수 있을 것이다. 서로의 내면에 대한 이해가 되어 있지 않은 상태에서 어떻게 서로 의사소통이 이루어질 수 있을까? 다시 말해 지각적 타자경험이 이루어지지 않은 상태에서 어떻게 의사소통적 타자경험이 발생할 수 있을까? 그러나 마음의 이론을 통해서 파악하는 것은 타인의 주관에 대한 전체가 아닌, 타인의 앎, 믿음과 같은 인식적 상태에 국한되어 있다. 따라서 타인의 의지, 바람과 같은 좀 더 원초적인 주관적 상태마저 이해를 못 하고 있는 것은 아니다. 홉슨의 지적처럼 신체적 표현 자체 속에서 곧바로 의미를 찾는다. 즉 지각적 타자경험에 여러 단계가 존재하며, 의사소통적 타자경험은 반드시 가장 상위의 지각적 타자경험에서 비롯되는 것이 아니라 각 단계의 지각적 타자경험으로부터 동기 부여될 수 있다. 더욱이 인식적 마음의 상태의 경우에도 이들은

---

412 K.Warren. "Each mind is a world: dilemmas of feeling and intention in a Kaqchikel Maya community." In *Other intentions*, (ed. L.Ross), 46~67. School of American Research Press, Santa Fe, NM. 1995.

413 그러나 이들의 극단적 행동주의 경향은 마음의 존재를 부정하는 것이 아니라, 마음을 드러내는 것을 피하고, 숨기려는 태도이다.

414 J.Fajans, 같은 글, 384.

그런 마음 상태의 존재를 부정하기보다는 숨기고 은폐하려고 할 뿐이다.

아스팅턴에 따르면 여기서 든 사례들은 여러 다른 집단들이 사람과 상호작용에 대해서 어떻게 개념화하는지에 대한 다양한 조건들의 빙산의 일각에 불과하다고 말한다.[415] 아스팅턴은 이런 연구들로부터 두 가지 중요한 생각들을 도출시킨다.[416] 첫째 **집합적, 집단적 방향정위**로 인해 개인적, 정신적 그리고 정서적 상태는 상대적으로 덜 중요하게 된다. 물론 사모아인들도, 베이닝인도 내면 상태에 대한 개념들이나 이해가 없는 것도 아니요, 개별성이나 내면성을 갖는 사람에 대한 개념을 갖고 있지 않은 것도 아니다. 차라리 그들은 사회적 상호작용을 이해하는데 있어서 우리와 같은 방향을 선택하지 않았을 뿐이다.

둘째, **사회적 상호작용이 제한**되어 있고, **다양성이 제약**받고 있는 곳에서는 행동의 패턴들은 훨씬 더 적을 것이고, 따라서 예측 가능성이 아주 높다. 그리고 이런 행동에 대한 예측 가능성이 높다는 사실은 다른 사람의 정신상태에 대해 알 거나 말해야 할 필요를 감소시키는 것이다. 나아가 사람들을 개인으로서 생각하고, 각자 분리된 사유의 삶을 가졌고, 각자 분리된 정서적 삶을 가졌다고 생각하는 것은 그 집단의 복지에 위험할 수도 있을 것이다.

이런 문화권에서 태어나 성장하고 발달한 아이들은 다른 사람의 마음 상태에 관해서 이야기하지 않을 뿐만 아니라 실제로 그것들에 대해 전혀 생각하지 않거나 적어도 다른 사람의 내면 상태에 대해 앎이 그들의 행동에 적합하지 않은 것으로 여길 것이다.

아스팅턴은 이와 같은 문화심리학의 논의성과를 정리하면서 우리가

---

415 P.G.Vinden & J.W.Astington 같은 글, 512.

416 P.G.Vinden & J.W.Astington 같은 글, 512~513.

그 안에서 사는 하나의 **세계에 대한 "문화적 모델"**[417]이라는 용어를 끌어들인다. 그것은 '특정 유형의 행동들', '특정 유형의 상호작용들', '특정 유형의 사고방식들'이 적합한 것으로 여겨지는 사회문화적 환경이다. 하나의 문화적 모델에서는 적합한 행동, 상호작용, 사고방식들의 유형을 규제하는 사회적 통제가 중요한 역할을 한다. 그에 따라 사회는 크게 두 가지로 구분될 수 있다. 한편으로는 **사회적 통제가 공동체적 삶보다는 개별적 삶에 초점을 맞추는 사회모델**이 있을 것이고 다른 한편으로는 반대로 **개별성보다는 공동체적 삶에 가치를 더 두는 사회모델**이 있을 것이다. 전자의 모델에서는 개인의 사고에 의해서 야기된 행동에 대한 특정한 이론이 발달될 것이고 반대로 후자의 모델에서는 근본적으로 다른 방식, 즉 예상 가능한 환경 속에서 예상 가능한 방식의 행동패턴을 강조할 것이다. 그에 따라 그 속에서 태어나고 성장하고 발달하는 아이들 역시 전자의 환경 속에서는 생각과 행동의 관계에 대한 심리학적 이론을 형성할 것이고 다른 후자의 환경 속에서는 예상 가능한 외부조건들 아래에서 예상 가능한 방식으로 행동하는 법을 배우고 형성하게 될 것이다.

비교-문화적 심리학의 관점에서 문화는 자폐증과 거의 관련이 없다. 물론 앞서 베런-코헨의 생물학적 모듈이론에서 확인할 수 있었던 것처럼 문화는 하나의 모듈을 전개하는 데 있어서 우연히 촉발적 영향력을 발휘할 수 있다. 그러나 양자는 본질적으로 독립적인 것들이다. 그러나 아스팅턴의 문화 심리학적 관점에서 볼 때 자폐증과 문화는 아주 중요한 관련을 맺게 된다. 물론 그것은 문화가 단순히 심리적인 것의 원인으로서 심리적인 것을 규정하는 것이 아닌 것처럼, 문화가 자폐증의 원인이라는 의미는 아니다. 그렇다면 문화가 원인으로서 작동하는 것이 아니라면 문화가 자폐증과 맺고 있는 관계는 무엇인가? 인간존재는 무엇보다 문화의 생산

---

417 P.G.Vinden & J.W.Astington 같은 글, 513.

자(culture-maker)이다. 이런 문화의 생산은 인간 존재들 간의 연결들이 수립되는 가운데 이루어진다. **아스팅턴에 따르면 이제 마음의 이론은 사회적 관계를 위한 기초가 아니다. 오히려 그것은 연결의 문화적 결과이다.**

> "우리는 연결한다. 우리는 문화-생산에 참여한다. 그리고 점차 사람에 대한 – 언제, 어떻게, 그리고 왜 사람들이 서로 관련을 맺는지에 대한– 이해가 나타난다. 우리는 아이로서 관련 맺기의 전문가들[즉 양육자로서 엄마]과 일차적으로 관련을 맺기 때문에, 우리의 사회적 인지는 우리를 특정한 방향에서, 우리를 앞지르는 다양한 역사적, 가족적, 그리고 환경적 힘들에 따라 발달한다. 어떤 집단의 사람들에 대한 사회적 인지가 그 속에서 발달하게 되는 특정한 방향이 [서구문화에서는] 마음의 이론으로서 알려지게 되었다."[418]

특히 정신적으로 방향 정위된 정신주의가 학습되고, 개인의 자율성이 강조되고, 특히 개인의 다양성이 허용되는 현대 서구사회에서는 그만큼 사람들과의 세련된 상호작용의 능력과 기술을 요구하는 사회에서 자폐 아동, 즉 상호주관적 관련 맺기 능력이 결핍된 아동은 다른 상대적으로 집단주의적이고, 단순하고, 관습화된 예측 가능한 행동패턴이 강조되는 사회에 비해 훨씬 일찍 비정상으로 진단되고, 적응하기가 훨씬 더 어려울 것이다. 결국, 아스팅턴은 **자폐증의 생물학적 기원이나 원인을 인정하면서도 그것과 양립될 수 있는 또 다른 차원, 즉 증상의 진단과 적응의 차원에서 문화의 역할을 중시하는 것이다.**

2.3 지각적 타자경험의 발생적 정초에서 문화 심리학의 의의

---

418 P.G.Vinden & J.W.Astington 같은 글, 515.

이런 아스팅턴의 문화적 모델은 지각적 타자경험의 발생적 현상학적 정초의 보완과 관련해서 **중요한 증거자료**를 제공해준다. 특히 앞서 타자경험의 발생적 현상학적 정초에서 해명한 바 있는 세계개념의 다의성을 입증해줄 수 있는 중요한 증거자료를 제공한다. 우리는 세 가지 타자경험에 상응해서 세 가지 세계를 해명했다. 원초적 타자경험에 상응해서 자연세계가 구성되며, 지각적 타자경험에 상응해서 인간세계가 구성되며, 의사소통적 타자경험을 통해서 사회적 세계가 구성된다. 앞서 확인했듯이 원초적 타자경험은 어떤 해석도 개입되기 이전의 선천적 본능적 반응이라는 점에서 이를 통해 구성되는 최초의 상호주관적 세계인 자연은 인간뿐만 아니라 가족단위의 사회를 공동체의 기본단위로 삼는 영장류, 포유류 및 몇몇 조류에서 공통적인 세계이다. 또한, 이와 같은 세계는 세대의 무한한 연쇄를 통해서 선천적 본능 지향성으로서 애착과 같은 근원적 사회적 본능 속에서 함께 선구성되어 유전된다.

그러나 지각적 타자경험에서는 신체적 표현 중에는 보편적이고 선천적인 표현이 존재할 수 있을지라도 이와 같은 표현을 통한 타자의 정신 삶에 대한 이해와 해석에서는 이미 해당 사회의 문화관습이 개입된다. 문화심리학의 논의를 통해서 확인한 것처럼, 인간이 그 속에서 살아가는 세계의 **'문화적 모델'은 바로 지각적 타자경험 속에서 한편으로는 이해와 해석의 원천이며, 이해와 해석의 방식을 규정하며, 다른 한편으로는 새로운 이해와 해석을 통해서 새롭게 구성되는 문화 세계에 불과하다.** 또한, 지각적 타자경험의 여러 단계가 존재할 수 있으며, 그에 따라서 지각적 타자경험의 다양한 단계들 속에서 구성되는 문화적 세계 역시 다양할 것이며, 더욱이 선행하는 지각적 타자경험 속에서 구성되는 문화 세계는 후행하는 지각적 타자경험에서 지평으로서 작동하면서 영향을 줄 수 있음을 우리는 문화심리학의 문화적 모델의 차이에 따른 마음이론의 성격의 차이에서 확인할 수 있다. 나아가 문화적 세계란 특정 세대에서 형성된 것이 아니고, 세대로부터 세대로의 언어적 전승을 통해서 후설식으로 표현하면 세대의 무한한 연쇄를 통해 구성된 세계라는 점에서 역사성을 가질 것이다.

그러나 이와 같은 문화적 세계는 구전을 통한 소통적 타자경험을 통해서 세대로부터 세대로 실질적으로 전승된다는 점에서 소통적 타자경험을 통해서 구성되는 사회, 역사적 세계가 재차 문화적 세계의 기반이 된다. 즉 능동적 경험이 수동적 경험을 정초할 수 있는 것처럼 타자경험의 발생적 현상학적 정초와 관련해서 의사소통적 타자경험을 통해서 구성되는 사회적 세계가 지각적 타자경험을 통해서 구성되는 인간세계의 문화적 성격에 중요한 조건이 될 수 있음을 의미한다. 그러나 앞서 소통적 타자경험에 대한 논의과정에서 가핀켈의 실험에서 확인했듯이 재차 소통적 타자경험이 수행되는 과정에서 소통적 타자경험 중 일상의 대화가 순수하게 능동적으로 진행될 수 없으며, 오히려 순조롭게 진행되는 까닭은 이미 의사소통의 참여자들이 "배경공유의 기대"를 하고 있으며, "진술되지 않은 문화적 가정"[419]들을 공유하고 있기 때문이다. 그리고 이와 같은 배경공유의 기대, 진술되지 않은 문화적 가정들의 공유는 소통적 타자경험 이전에 이미 지각적 타자경험의 단계에서 암묵적으로 이해되고 해석되어 있기 때문이다.

4절 마음 읽기의 작동방식 : 시뮬레이션과 마음이론

앞서 아이나 아동의 마음 읽기 능력, 즉 **지각적 타자경험의 발생 원천**과 관련해서 베런-코헨과 같은 **선천주의(Nativist) 혹은 최종-상태-선천주의 관점**은 아이의 마음 읽기능력을 설명하는 데 있어서 **생물학적 성숙(maturation)**의 역할을 상소한나넌, **문화 내재주의(enculturationism) 혹은**

---

419 A. Giddens, 같은 책, 116, 117.

초기-상태-선천주의 관점은 사회화(socialization)의 역할을 강조한다. 이제 두 견해 사이에는 개념적 발달을 통해 지식을 구성하는 아이의 역할을 고려한 이론들이 놓여 있다. 여기에는 해리스의 시뮬레이션 관점과 고프닉, 멜초프로 대표되는 마음이론의 관점 대비가 두드러진다. 이들은 **마음 읽기의 작동 방식**과 관련해서 상반된 태도를 보인다.

1 시뮬레이션적 마음 읽기

본래 피아제의 아이의 자기 중심성 연구는 1960년대와 1970년대 많은 발달적 연구를 일어나게 했다. 이 연구의 초점은 아이의 **"역할취득 능력"**(role-taking ability), 즉 아이들이 자기 중심성의 극복에서 성공과 다른 사람의 관점을 취득하는 아이들의 능력이었다.

시뮬레이션 이론의 대표자인 폴 L. 해리스는 1991년 자신의 시뮬레이션 이론을 체계적으로 밝힌 대표적인 논문 「상상력의 작업」에서 "자신의 분석이 역할-취득의 개념[420]을 구현하는(incorporates) 것이지만, 그런 [역할취득의] 과정이 초기 아동기에 어떻게 작동하는지를 탐구하는 것"[421]임을 정확하게 밝힌다. 여기서 말하는 역할취득은 대부분 발달심리학자가 공통으로 발견하는 사태, 즉 "어린아이들이 타인의 행동을 일상의 정신

---

420 아스팅턴에 따르면 플라벨은 자신이 동료들과 더불어 1968년에 작성한 "The Developmental of Role-taking and Communication Skills in Children"과 관련해서 그가 사용하는 용어 '역할취득'이 그가 아동의 능력발달을 설명하는데 시뮬레이션 견해를 취한다는 것을 함축하느냐는 퍼너의 질문을 받았을 때, 플라벨은 아니라고 대답했다고 한다. 그는 그 용어를 단순히 그 당시 그것이 사회인지 발달에 대한 일반적인 표시였기 때문에 그 용어를 사용한 것뿐이라고 대답했다. (J.W.Astington, 같은 책, 170 참조)

421 P.L.Harries, "The Work of the Imagination", ed. by Andrew Whiten, *Natural Theories of Mind - Evolution, Development and Simulation of Everyday Mindreading.* Basil Blackwell. 1991, 283.

적 개념들, 특히 믿음과 바람의 조건 속에서 설명하고 예측하는"[422] 모습을 지칭하는 표현이다. 해리스는 이제 역할취득의 과정에 대한 해명을 염두에 두고, **"시뮬레이션"**[423]이라는 용어로 바꿔 표현한다. 해리스는 시뮬레이션 개념을 **마음이론에 대한 대안적 개념**으로서 제시한다.

> "최근 발달심리학의 연구는 어린아이들의 행동을 일상의 정신적 개념들, 특히 믿음과 바람의 조건 속에서 설명하고 예측하는 것을 보여주었다. 이런 증거로부터 일부 학자들(퍼너, 위머, 웰만)은 아이들이 **마음의 이론**을 채택한다고 결론을 내렸다. 그 대신 나는 아이들이 자신들로 하여금 **이론 유사적인 예측**을 하도록 하게 하는 하나의 점차 **정신적 시뮬레이션**의 세련된[정교한] 과정에 참여한다고 주장하고자 한다."[424]

이와 같은 정신적 시뮬레이션은 세 가지 연속적 단계를 포함한다.[425] 첫째, **특정한 바람 혹은 믿음을 갖는 것을 상상하기.** 둘째, **만일 사람들이 그런 바람이나 믿음을 갖는 경우, 결과로서 나타나는 행동, 생각, 정서들을 상상하기.** 셋째, **이런 시뮬레이션의 산물을 다른 사람에게 귀속시키기(attribution) 혹은 투사하기(projecting).** 바로 해리스가 밝히고자 하는 사태는 이런 세 가지 연속적인 시뮬레이션의 과정이다.

---

422 P.L.Harries, 같은 글, 283.

423 이 표현은 imitation과 같은 사전적 의미로서 '흉내(내기)', '모방(하기)'이라는 단어로 번역될 수 있다. 그러나 앞으로 살펴보겠지만, 해리스의 simulation과 앨리슨 고프닉의 imitation은 정반대의 의미가 있다. '모방'이라는 표현은 고프닉의 imitation의 의미와 일치한다. 반면 혼동을 막기 위해 해리스의 'simulation'은 외래어 그대로 시뮬레이션이라고 표현하기로 한다.

424 P.L.Harries, 같은 글, 283.

425 P.L.Harries, 같은 글, 283. 해리스는 2단계로 설명하지만, 엄격히 말해 3단계로 세분하는 것이 더 정확하다.

1.1 마음이론의 관점 비판

앞서 베런-코헨도 활용하는 개념이지만 좀 더 분명하게는 고프닉의 마음이론의 개념에서 명백하게 될 마음이론의 관점이란 아이들이 타인의 마음을 읽어내면서 타인의 행동이나 정서 혹은 생각을 설명하고 예측하는 방식이 과학에서 이론발달과 유사하다는 점에서, 아이들은 마음 읽기능력으로서 마음이론을 갖고 있다는 입장이다. 이처럼 아이들의 마음이론을 연구하는 발달심리학 이론은 아동들의 마음이론을 발전시킨 이론이라는 점에서 이론-이론이라고 불린다.[426] 사실 60, 70년대에 역할 취득이라는 개념 아래에 주로 시뮬레이션 이론이 호응을 얻었다면, 80년대 이후에는 '마음이론'의 개념이 주로 아이의 마음 읽기능력에 대한 연구 영역을 지칭하거나, 아동들의 민속심리학적 지식에 대한 일반적 방식을 지칭하거나 혹은 바로 아이의 마음 읽기능력의 본질적 구조를 지칭했다.

해리스는 **마음이론의 입장**에 맞서 **마음의 모형화(modeling)의 태도**를 보인다.

> "아이들은 마음의 이론이 있어야 하는 것이 아니라, 아이들은 하나의 시뮬레이션을 운영함으로써 다른 사람의 행동, 생각, 정서에 대한 예측을 수행한다. 하나의 시뮬레이션은 다른 사람에 대한 하나의 **작업 모델**을 원하는 것이지 **이론**을 원하는 것이 아니다."[427]

이것을 이제 모형비행기의 사례를 통해 설명해보자. 모형 비행기는 여

---

426 J. Russell, "The Theory - Theory : So Good Theory Named It Twice?" *Cognitive Development* 7. (1992) : 485~519.

427 P.L.Harries, 같은 글, 299.

러 가지 힘들에 종속될 수 있는데, 예를 들어 풍동(wind tunnel)을 일으켜 모형비행기의 공기역학적 속성들을 평가할 수 있다. 이런 평가과정에서의 모형에 대한 관찰을 통해 어떻게 그것이 특정한 상황들에 반응하는지에 대한 일련의 일반화를 획득하게 되고, 이제 유비로 이런 일반화를 실제 비행기가 같은 조건에 직면했을 때 어떻게 반응할 것인지를 예측할 수 있게 된다. 여기서 필요한 것은 이론화가 아니라 모형비행기와 관련된 새로운 조건들을 반영하고, 그것이 어떻게 반응하는지를 관찰함으로써 모형을 재수립하고, 이를 통해 실제 비행기에 대한 지속적인 예측을 하는 것이다. 이런 **해리스의 작업모델 개념**은 앞서 **볼비의 작업모델 개념 - 환경모델과 유기체 모델**-과 관련된다.

그러나 우리의 판단으로는 마음이론의 관점과 시뮬레이션의 관점은 먼저 정적인 차원에서 구조만 비교해보면 **과학의 이론의 성격에 대해서 이해와 해석의 차이**처럼 보인다. 즉 마음이론의 관점 내에서도 **이론에 대한 실재론적 관점**을 취하는 포더와 같은 입장과 이론에 대한 진화론적 태도를 보이는 데넷, 베런-코헨의 입장으로 나뉜다. 특히 후자의 관점은 **이론에 대한 허구주의, 도구주의적 관점**을 취하고 있는 해리스의 시뮬레이션 이론과 차이가 희박해진다. 해리스 역시 아이의 마음 읽기 능력을 과학자의 자연 읽기 능력 사이에는 본질적인 연속성이 있음을 인정한다. 다만 그를 따르면 이론에 선행하는 좀 더 원초적 형태 모델, 유비를 염두에 두고 있을 뿐이다.

"유비에 의한 예측의 강조는 아이와 과학자 사이에 핵심적 차이를 유지하면서도 양자 간의 중요한 연속성을 포착한다. 과학철학자들은 많은 **이론이 모형이나 유비에 의해서 안내받고 있다**는 점을 강조해왔다."[428]

428 P.L.Harries, 같은 글, 301.

해리스에 따르면 마음이론의 입장은 아이의 설명이 갖는 적합성을 지나치게 강조하지만, 그가 보기에는 아이들은 설명적 구성물로서 믿음이나 바람을 끌어들이는 데 때때로는 능숙하지만, 때때로는 서툴다. 예를 들어 아이들이 이야기 속에서 콜라를 지금 마시고 싶은 등장인물이 그 등장인물 몰래 그 내용물이 우유로 바뀐 콜라 캔을 보았을 때 기분이 어떨지 질문받았을 때, 콜라가 우유로 바뀐 사실을 알고 있는 아이들은 등장인물의 가정된 마음에 주목하기보다는 등장인물이 직면한 객관적 상황에 주목하여, '콜라가 없으므로 슬플 것이다'라고 답한다. 비록 그 등장인물이 아마도 내용물이 바뀐 사실을 모르고 있음에도 불구하고 말이다.[429] 해리스에 따르면 이런 부적절한 답변 행동을 마음이론은 설명할 수 없지만, 시뮬레이션 모형은 설명할 수 있다고 본다. 즉 현재 아이들이 의존하는 시뮬레이션 모형이 등장인물이 처해있는 조건, 상황에 대한 충분한 조정이 이루어져 있지 않기 때문에 부적절한 예측을 하는 것이다. 반면 해리스에 따르면 마음이론의 관점의 경우에는 단순히 예측할 수 있다면 마음의 이론을 가진 것이지만, 예측할 수 없다면 마음의 이론이 없다는 양자택일적인 대응밖에 할 수 없을 것이고 그에 따라 아이의 마음 읽기능력의 점진적 발달과정을 해명하지 못하는 한계를 갖고 있다.

1.2 시뮬레이션의 구조적 요소들

우선 정신적 시뮬레이션이 갖추고 있는 구조적 요소들을 검토해보자.

1) 정신적 시뮬레이션이 작동되기 위해서는 **가장, 상상능력**을 갖추고 있어야 한다. 즉 자신이 현재 갖고 있지 않은 믿음이나 바람의 정신 상태

---

429 P.L.Harries, 같은 글, 300~301. 참조

를 갖는 것을 상상할 수 있어야 한다. 아이들의 이런 상상력은 가장놀이에서 쉽게 발견될 수 있다. 우선 18개월 초기 단계에는 인형을 "자신들의 돌봄을 받는 수동적인 수용자"[430]로서 다루다가 이후에는 마치 인형이 "하나의 능동적인 행위자"[431]인 것처럼 조작하기 시작한다. 24개월쯤 되었을 때 인형에게 감각, 지각, 바람 등과 같은 다양한 정신 상태를 부여한다. 그리고 **3세에서 4세 사이에는 인형이 처해있는 상황 자체를 가장하며, 그런 가장된 상태에서 인형에게 상상의 믿음을 부여**한다.

2) 가상의 전제들 및 그 외의 전제들을 결합함으로써 **삼단논법적으로 혹은 인과적으로 추론**할 수 있어야 한다. 여기서 그 외의 전제들이란 참인 것으로 알려진 전제들이거나 현실 속에 어떤 상응하는 것도 갖지 않는 전제들이다. 실제로 4세와 6세를 대상으로 한 실험을 기반으로 해리스는 전건 긍정의 상상추론이든 후건 긍정의 상상추론이든 인과적 추론이든 문화적 조건에 상관없이 상상추론능력은 인간의 보편적 능력임을 주장한다. 그러나 사실 이 두 번째 조건은 지나치게 제한된 조건이다. 왜냐하면, 아이들의 상상을 통한 추론에서 이런 논리적인 사고만을 기대하는 것은 무리가 있기 때문이다. 유비적 추론의 아주 단순한 형태까지 포함해서 추론의 의미를 좀 더 확대해서 설정할 필요가 있다. 더욱이 만일 모방 행동이 시원적 타자 이해의 단계라면, 연역적, 인과적 추론이나 유비적 추론을 넘어 직접적인 지각, 이해능력까지 확대해야 할 것이다.

3) 바람이나 믿음을 상상할 때, 현재의 자아의 지향적 상태와 사아에게 알려진 것으로서 세계의 현재 상태와 **관련된 조건들**(default settings)[432]

---

430 P.L.Harries, 같은 글, 285.

431 P.L.Harries, 같은 글, 285

432 주로 default setting을 말 그대로 결핍무대로 번역할 수 있지만, 의미전달이 불분명하다. default setting이란 나와 타인의 현재 지향적 자세나 나와 타인이 속해 있는 환경조건으로서 시뮬레이션을 수행하는 과정에서 조정이 필요한 조건들이다. 따라서 일반적 의미를 살리기 위해서 '관련 조건'으로 번역한다.

을 조정할 수 있어야 한다. 이런 관련 조건들의 숫자가 많으면 많을수록 조정해야 할 상황이 그만큼 많다는 뜻이고 그만큼 상상은 더 어려워진다. 만일 세계의 현재 상태는 그대로이고, 자아의 지향적 자세의 관련 조건만 바꾸는 것이라면 상상은 쉽다. 그러나 현재 실재와 어긋나는 상황에서 다른 지향적 자세를 상상하기는 더 어렵다.

해리스의 의견을 좀 더 쉽게 이해하기 위해 한 가지 사례를 활용해보자. 아이들이 인형 놀이를 한다고 해보자. 먼저 아이는 목이 마르지 않지만, 인형이 목이 마르고 우유를 마시고 싶다고 상상할 수 있다. 이제 인형의 눈앞에 빈 컵이 있거나 빈 컵이 있지만, 우유가 있다고 상상할 수 있다. 그럴 경우 아이는 각각 다음과 같이 추론할 수 있다. 인형은 목이 마르고 우유를 마시고 싶다. 눈앞에 빈 컵이 있다. 아이는 이런 가정된 전제와 현실 전제를 통해서 '인형은 슬플 것이다'라고 추론할 수 있으며, 또한, 인형이 우유를 마시고 싶고, 지금 빈 컵이지만 우유가 들어있다고 가정된 전제를 결합하며, 아이는 '인형이 기쁠 것이다'라고 추론할 수 있다. 첫 번째 추론에서는 현재 목이 마르지 않는 자아의 지향적 자세와 관련된 조건만을 바꾸어 목마르다고 가정하면 되기 때문에 상대적으로 상상추론이 쉽다. 그러나 두 번째 추론에서는 자아의 지향적 자세와 관련된 조건뿐만 아니라 우유가 없는 빈 컵인 현재 상태와 관련된 조건도 바꾸어 우유가 있다고 가정해야 하므로 상대적으로 상상추론이 더 어려울 것이다.

해리스에 따르면 실제로 지향적 자세의 관련 조건만 바꾸는 상상, 이를테면 지금 보이는데 보이지 않는다고 가정하는 경우, 아는데 모른다고 가정하는 경우, 다른 기대를 가정하는 경우, 좋아하지 않는데 좋아한다고 가정하는 경우 대략 3세 아동들은 다른 사람에게 이런 상상이 된 지향적 자세를 모형으로 만들어서 상대방에게 귀속시킬 수 있다. 흥미로운 것은 해리스에 따르면 이런 시뮬레이션 능력은 타인에게뿐만 아니라 자신의 과거에 대해서도 동일하게 적용될 수 있다. 예를 들어 대부분 세 살짜리 아이들은 예전에는 Y보다 X를 원했었는데, 그런 선호를 기억할 수 있다. 비록 현재는 그들은 X에 싫증이 나서 X보다 Y를 원하고 있지만 말이다.[433] 이 점에서 해리스의 접근은 타인이해의 경험을 일종의 현전화의 경험으로서 기대나 상상의 현전화의 경험과 같은 유로 보는 후설의 접근과 유사하다.

이제 지향적 자세와 관련된 조건뿐만 아니라, 현실 상태에 대한 관련 조건을 바꿔야 하는 경우, 즉 현실과 어긋나는 혹은 착각한 현실에 대한 상상과 그런 어긋난 현실 혹은 착각한 현실에 대해 다른 지향적 자세의 상상을 함께하는 경우는 상대적으로 더 어렵다. 예를 들어 상대방의 잘못된 믿음을 이해하는 경우 혹은 가상과 실재의 구분 경우에 이런 시뮬레이션 능력이 요구된다. 또한, 앞서 경우와 마찬가지로 여기에서도 동일한 시뮬레이션 능력은 아이 자신의 과거로 적용될 수 있다. 즉 해리스에 따르면 과거의 잘못된 믿음에 대한 기억능력도 동일한 시뮬레이션의 방식이다.[434]

분명히 **해리스의 관련 조건의 조정문제**는 후설이 신체적 타자지각에 기반을 둔 지각적 타자경험의 논의에서 강조했던 나의 여기와 타인의 저기의 방향정위의 자유로운 변경능력에 기반을 둔 **"마치 ~인 것처럼"**(**Als Ob**)**의 사고**와 관련된다. 후설의 지각적 타자경험은 신체적 타자지각에 국한된 타자경험인 까닭에 신체적 방향정위의 자유로운 변경만을 강조했지만, 실제적으로는 공간적 위치의 변경뿐만 아니라 타자의 입장에서 타자의 경험을 이해하고자 할 때 고려해야 할 관련 조건은 더 많을 것이다. 이런 점에서 해리스의 시뮬레이션 이론의 세 번째 조건은 지각적 타자경험의 논의를 발전시킬 수 있는 좋은 지표가 될 수 있을 것이다.

---

433 P.L.Harries, 같은 글, 291.

434 P.L.Harries, 같은 글, 293.

1.3 시뮬레이션의 발생적 기원의 해명 한계

더 중요한 것은 이와 같은 시뮬레이션 능력이 아이에게 언제 어떻게 발생하는지 그리고 어떻게 발달해 가는지에 대한 논의이다. 해리스는 시뮬레이션의 발생적 기원을 다음과 같이 설명한다.

"아이는 태어날 때부터 **다른 사람에 대한 작업모델**을 갖춘 채 태어난다. 그들 자신의 마음 구성은 핵심적인 방식에서 타인의 마음 구성과 유사하며, 타인의 마음과 같은 종류의 조건들에 직면한다. 아이들이 **그들 자신의 정신상태와 그들이 직면하는 조건들을 깨닫고 있다고 가정한다면**, 아이들은 **상황들, 정신상태들 그리고 행동 사이에 연결에 관한 일련의 일반화**에 도달한다. 예를 들어 떨어진 후 뒤따르는 고통 혹은 시선의 방향이 바뀜에 따라 시각적 체험이 변하는 방식을 아이들은 알 수 있다(notice). 이런 규칙성들은 아이들로 하여금 다른 사람에 대해 유비에 의해 예측하도록 하게 한다."[435]

해리스의 시뮬레이션 관점은 기본적으로 자신의 모형에 유추해서 타인의 생각, 정서, 행동 등을 예측한다는 논리이다. 이와 같은 유비에 의한 예측이 이루어지기 위해서는 두 가지 전제가 필요하다. 첫째, 다른 사람에게 유비적으로 투사할 수 있는 작업모델, 즉 자신의 정신상태와 정신상태가 직면한 조건, 상황들 그리고 행동 사이의 일반화된 연결의 규칙이 선천적으로 있다. 둘째, 나는 이와 같은 나의 작업모델에 대해 자각하고 있다.

흥미로운 점은 선천성을 강조하는 배런-코헨 역시 아이의 시선 탐지기가 활성화될 때, 아이가 이미 자신의 시선의 시각능력을 자각하고 있다는 가정을 전제한다. 그러나 마치 모형이 이미 완성된 형태로 갖추어져 있

---

435 P.L.Harries, 같은 글, 300

으므로 자각만 하면 타인의 생각, 감정, 행동으로 유비적으로 이행할 수 있다는 판단은 발생적 현상학의 관점에서 보면 문제가 있다. 우선 그런 자각의 동기에 대한 해명이 필요하며, 유비적으로 활용할 수 있는 체계가 되기까지의 형성과정에 대한 현상학적 해명이 필요하다.

다시 말해 분명 모형을 가진다고 해서 곧바로 그 모형을 자각하고 유비 추론을 수행하는 것은 아닐 것이다. 이미 확인할 수 있듯이 2~3세에 비로소 가장놀이를 통해서 상상할 수 있으며, 4~5세에야 비로소 자신의 자아 및 자아가 처한 조건에 대한 상상을 동시에 수행할 수 있다. 그렇다면 분명히 자신의 모형을 자각하면서 동시에 그 모형이 타인에게 유추할 수 있는 모형이라는 사실, 즉 나의 마음의 구성이 타인의 마음 구성과 동일하며, 나의 마음의 조건과 타인의 마음의 조건이 동일하다는 것을 자각하게 된 발생적 동기는 무엇일까? 또한, 그 시뮬레이션에 발생적으로 선행하는 단계에서는 아이는 타아에 대한 경험을 전혀 할 수 없는가? 할 수 있다면 그 경험은 어떤 성격을 가질 수 있으며 그런 경험이 시뮬레이션의 형성과 작동에 어떤 역할을 가질 수 있을까? 아쉽게도 해리스는 이 부분에 대해 해명을 하지 않는다. 다만 해리스는 이미 선천적으로 갖추고 있는 시뮬레이션 능력이 일단 활성화된 이후 어떻게 발달하는지에 대해서만 논하고 있다.

"누군가 무엇을 할 것인지 질문받았을 때 아이가 다른 사람에 의해 구상된(conceived) 것으로서 상황을 고려하는 것이 중요하다. 그런 상황은 아이가, 지금이든 혹은 과거이든, 원하거나 믿는 것과 상응하지 않을 수 있다. 따라서 아이는 새로운 상황에 관하여 효과적으로 예측하도록 요청받는다. 그러나 아이가 다른 사람에 대해 획득한 조건들을 모방(mimics)하는 한 ― 다른 사람들이 그 상황에 기저오는 바람이나 믿음을 상상하는 한 ― 자아와 타자 간의 유비는 재수립될 수 있다. 다른 사람의 뒤따르는 행동 혹은 감정에 대한 시뮬레이션은 그런 관련 조건의 조정이 이루어지는 정도에 의존해서 다소간 정확해질 것이다."[436]

분명 아이는 **시뮬레이션 능력 혹은 생각과 상황과 행동 간의 논리적, 인과적 추론의 모형**을 발달시킨다. 이때 다른 사람들과의 교류에서 경험하게 되는 새로운 상황들을 아이는 모방하고, 자신의 관련 조건을 새롭게 조정함으로써 아이 자신과 타인 간의 유비는 새롭게 형성된다.

이제 이처럼 시뮬레이션 모형의 수정 여부를 통해 타인의 행동에 대한 아이의 설명력과 예측력의 정확성 여부가 설명될 수 있다. 해리스는 모형이 갖는 이런 융통성에 근거해서 자신의 시뮬레이션 이론이 마음의 이론의 관점보다 우위에 있음을 주장한다. 시뮬레이션의 입장의 경우 자신의 모형을 타인에게 유비적으로 이해할 때 조정해야 하는 관련 조건의 수는 여럿일 수 있고, 그에 따라 모형의 발달은 정교하게 이루어질 수 있지만, 마음의 이론의 관점에서 일차적 표상과 이차적 표상의 구분은 이론의 세부적인 교정을 해명할 수 없다.

그러나 더 근본적으로는 해리스의 시뮬레이션 입장은 표상주의 자체를 거부하는 것으로 보인다. 레슬리나 퍼너와 같은 입장에서는 3세 아동이 단순히 자신이 표상한 세계에 대한 타인의 지향적 자세만을 상상할 수 있지만, 4세나 5세 아동은 타인의 거짓 믿음을 이해하는 과정에서 "타인의 마음속에 있는 정신적 모델이나 표상을 상상하는 능력으로서 메타적 표상능력"[437]을 갖고 있다고 본다. 반면, 해리스는 3세 아동보다 4세, 5세 아동은 좀 더 단순한 지향적 자세의 상상능력이 아닌 다양한 지향적 자세의 상상능력을 갖추고 있을 뿐이라고 본다. 즉 3세 아동은 현실 세계에 대한 지향적 자세만을 상상하는 반면, 4, 5세 아동은 현실 세계에 대한 지

---

436 P.L.Harries, 같은 글, 300.

437 P.L.Harries, 같은 글, 303.

향적 자세뿐만 아니라 가상세계에 대한 지향적 자세 또한, 상상할 수 있다. 이 점에서 해리스는 드레츠키의 사례,[438] 이를테면 슬롯머쉰의 사례를 활용한다.

> "슬롯머쉰은 더는 유통되지 않는 동전을 마치 그것이 아직 유효한 것처럼 취급한다. 우리는 그와 같이 주장할 수 있고, 그리고 그것은 우리가 그 기계가 무엇을 할 것인지 예기하는 데 도움이 될 것이다. 이때 기계가 거짓 믿음을 유발하는 표상적 장치(representational device)와 같은 것을 갖고 있다고 전제하지 않는다."[439]

그러나 우리의 판단으로는 미터 표상에 대한 해리스의 비판에는 문제가 있다. 나아가 레슬리나 퍼너의 일차 표상과 상위표상의 구분도 부정확하다. 우선 해리스 자신도 인정하는 것처럼 기억과 타자주관의 이해 경험은 유사한 지각구조, 이해구조로 되어 있다. 외적인 사물지각이나 내적인 자기지각이 직접제시(Präsentation)의 구조로 되어 있다면, 기억이나 지각적 타자경험은 간접제시(Appräsentation)의 구조를 가진다. 예를 들어보자. '관악산이 푸르다', '나는 지금 마음이 아프다'에서 '푸른 관악산', '나의 아픈 마음'이 나에게 직접 제시된다. 반면 '나는 어제 관악산이 푸르다는 것을 보았다'에서 어제의 푸른 관악산은 나에게 직접 제시되지 않는다. 어제 관악산을 보았다는 것을 지금 기억하고, 그렇게 기억된 어제의 지각 속에서 푸른 관악산이 간접적으로 제시된다. 마찬가지로 '그녀는 마음이 아프다.'에서 그녀의 슬픈 표정에 대한 지각 속에서 그녀의 아픈 마음이 간접적으로 제시된다. 마찬가지로 목이 마른 상대방이 콜라를 보았을 때 그 사람은 기쁠 것이라는 판단에서부터 이미 목말라하는 상대방의 표정

---

438 F.Dretske. Explaining Behavior : *Reasons in a World of Causes*. Cambridge, MA: Bradford Books, MIT Press. P.L.Harries, 같은 글, 304 참조

439 P.L.Harries. 같은 글, 304

으로부터 콜라를 마시고 싶어 하는 상대방의 욕구를 우리는 직접 지각하는 것이 아니라, 간접적으로 떠올린다. 즉 해리스의 표현대로 상상한다. 다시 말해 그 사람이 콜라를 발견하는 모습을 보고, 그 사람의 기쁨이 간접적으로 떠올려진다. 이제 콜라 캔이 사실은 상대방이 좋아하지 않는 우유로 바뀌어 있다는 사실을 모른 채 상대방이 그 콜라 캔을 보았을 때, 그 모든 사실을 알고 있는 나의 입장에서는 여전히 상대방이 그 사실을 알기 전에는 기뻐할 것이라는 예측이 가능하다. 왜냐하면, 이 경우에도 우리는 우유로 바뀐 콜라 캔에 대한 지각은 나의 지각일 뿐이고, 여전히 우선은 단순히 콜라 캔을 발견하는 상대방의 모습을 지각하고, 재차 그런 지각에 근거하여 상대방의 기쁨을 간접적으로 지각할 것이다. 다만 실제로 콜라가 들어있는 콜라 캔을 보고 목이 마른 상대방이 기뻐하는 것을 경험하는 경우와 우유가 들어있는 줄 모르고 콜라 캔을 보고 목은 마르지만, 우유는 좋아하지 않는 상대방이 기뻐하는 것을 경험하는 경우의 차이는 전자의 경우보다 후자의 경우 내 사전지식이 함께 수반하기 때문에 안타까움이나 혹은 기대가 동반할 뿐이다. 결국, 본질적으로 타인의 마음에 대한 이해는 상대방의 믿음이 거짓 믿음이나 옳은 믿음이든 메타적 표상이다. 왜냐하면, 표상이라는 표현을 경험 일반을 의미하는 것으로 일관되게 사용한다면, 외부 사물에 대한 타인의 표상을 내가 표상하기 때문이다. 4세나 5세 아동보다 3세 아동이 거짓 믿음에 대한 이해가 부정확한 것은 자신의 사전지식과 타인 자신의 경험 자체를 혼동하기 때문이다. 따라서 애초에 지향적 자세의 관점에서 타인의 마음을 읽는 것 자체가 미터 표상의 능력이다. 그런 점에서 드레츠키의 슬롯머쉰의 사례를 활용하여 일차 표상과 이차 표상의 구분을 반박하려는 해리스의 접근은 먼저 자신도 암묵적으로 전제하는 지향적 자세의 원칙을 간과하는 것이며, 슬롯머쉰에 대한 설계적 자세 혹은 기능주의적 관점과 인간의 마음에 대한 지향적 자세, 인격주의적 태도를 혼동하고 있다.

결국, 해리스의 시뮬레이션 이론은 그 발생적 해명과정에서 한계점이

노출된다. 타인에 대한 작업모델로서 나 자신의 정신상태와 조건 그리고 행동의 연결규칙을 선천적으로 갖고 있으며 타인에게 유비적으로 투사할 때 이미 나의 작업모델을 자각하고 있다는 것은 단순한 가정일 뿐이다. "타자에게로 투사할 수 있는 나의 작업모델 자체가 어떻게 형성될 수 있는가?" 그리고 "그런 작업모델 자체에 대한 자각은 또한, 어떤 계기를 통해서 이루어지는가?"에 대한 해명이 필요하다. 또한, 나의 정신상태, 상황, 행동의 투사를 주장하면서도 표상주의를 거부하는 시뮬레이션 이론은 자체적으로 정합성을 잃고 있다.

2 마음 이론적 마음 읽기

마음 읽기의 작동방식과 관련해서 시뮬레이션적 마음 읽기와 대비적인 입장은 바로 초기 아동의 마음 읽기 능력과 관련해서 80년 이후 가장 보편적인 입장으로서 마음의 이론에 대한 이론, 줄여서 **이론-이론(Theory- Theory)** 혹은 **이론적 관점(Theory-view)**[440]이라고 불리는 입장이다. 이 마음이론의 관점이 시뮬레이션의 관점과 대척점에 놓이는 까닭은 바로 **시뮬레이션의 관점에서 타인의 마음에 대한 이해가 '나 자신의 정신적 모형으로부터 유비에 의한 타인의 정신에로의 투사의 과정'**으로 이해된다면, 마음이론 관점에서는 **'관찰 가능한 타인의 표정으로부터의 원초적 모방으로부터 출발해서 타인과의 교류의 지속과 확대를 통해 최초의 원초적인 모방체계를 수정, 보완하면서 일종의 과학이론으로 정교화시키는 과정'**으로 이해되기 때문이다. 특히 시뮬레이션과 모방의 대비는 후설의 용어를 활용하면, **자신으로부터 타자로 덮어씌우기와 타자로부터 자**

---

440 아스팅턴의 용어로서 아이들의 마음 읽기능력으로서 마음의 이론과 대비해서 그런 이론능력을 탐구하는 이론적 관점이라는 점에서 마음의 이론(theory of mind)과 구별해서 대문자 T를 사용해서 Theory-view라고 표현했다. J.W.Astington, 같은 책, 171 참조.

신에게로 덮어씌우기의 대비이다.

이 마음이론의 관점에 따르면 타인의 정신상태의 개념들 - 바람, 의도, 지각, 믿음 등-은 모두 이론적 존재자들이다. 이것은 그 자체로는 추상적이고 관찰할 수 없는 것들이며, 관찰 가능한 인간행동을 설명하고 예측하기 위해 사용된다. 이런 이론적 개념들은 관찰 가능한 현상들, 즉 그 개념들을 통해 설명해야 하는 행동들, 사건들과는 다른 수준에 놓여 있다. 하나의 이론은 개념 간의 일관성, 상호의존성에 의해 특징지어진다.

2.1 기존관점 비판

고프닉은 자신의 논문 「마음의 초기이론들 : 이론-이론은 자폐증에 대해서 무엇을 이야기해줄 수 있는가?」에서 선천주의와 시뮬레이션 입장을 자신의 입장과 대비해서 상세하게 논박하고 있다. 그러나 문화 내재주의과 이론적 관점은 양립된다.

2.1.1 선천주의(nativist) 비판

고프닉은 선천주의 입장의 대표자격인 베런-코헨의 생물학적 모듈주의 입장을 다음과 같은 논변[441]으로 정리한다.

(1)자폐증은 특정한 유형의 경험 결과, 예를 들어 양육상 결함의 유형이라기보다는 선천적으로 결정된 생물학적 장애의 결과이다.

(2)따라서 만일 마음이론이 특별하게 영향을 받는다면, 틀림없이 마

---

441 A.Gopnin, L.Capps, and A.N.Meltzoff, "Early theories of mind : what the theory theory can tell us about autism ", *Understanding Other Minds, Perspectives From Developmental Cognitive Neuroscience. second edition*, ed. by S.Baron-Cohen, H. Tager-Flusberg, D.J.Cohen, Oxford University Press, 2000, 51.

음이론의 선천적 기초가 있다.

(3)따라서 마음 모듈의 이론, 마음을 이해하는 하나의 유전적으로 결정된 그리고 파기할 수 없는 방식이 있음이 틀림없다.

우선 전제 (1)은 자폐증 장애에 대한 현대 연구의 가장 중요한 경험적 발견들 중 하나이다. 또한, (2)의 자폐증 아이들이 마음의 이론을 갖추고 있지 못하다는 의견도 선천주의와 이론적 관점 모두 공유하고 있다.[442] 고프닉은 앞의 두 가지 전제 (1), (2)에 대해서는 원칙적으로 동의한다. 사실 최근 인지신경과학의 발달로 마음에 특히 적합한 선천적으로 영역-특정적인 지식이 있다는 사실에 대해서 대부분 이론가는 동의한다.

그러나 선천주의자들은 단순히 여기에 머물지 않고 더 나아간다. 이를테면 언어적 능력과 관련해서 촘스키가 선천적인 구문론적 심층 문법 구조가 모든 인간에게 존재한다고 주장하는 것처럼, 이와 유사하게 현대 심리학에서 마음과 뇌가 모듈적으로 조직되어 있다는 견해를 가장 강력하게 주장한 사람은 제리 포더일 것이다. 앞서 확인했듯이 베런-코헨은 제리-포더의 주장 중 순수하게 생물학적 모듈의 의미를 받아들여 "마음 읽기 체계를 포더식의 엄격한 의미로서 모듈로 보다는 **신경인지적 기제** (neurocognitive mechanism)로 간주하였다."(M.84) 포더나 베런-코헨은 이런 유형의 지식들은 수정 불가능하며, 모듈들이 우리의 마음 이해의 최종적 성격을 결정한다고 본다. 즉

"이 관점에서는 발달적 변화란 성숙과정, 혹은 상대적으로 좁은 매개변수 장치 (parameter-setting) 혹은 기폭(triggering) 혹은 수행 제약(performance con-straints)을 통해서 그저 하나의 모듈을 다른 모듈에 의해 대체하는 것이다. 다른

---

442 베런-코헨은 자폐증이 선천적인 주의공유기제와 마음의 이론기제의 결여 내지 장애에서 비롯되었다고 주장한다.

인지적 체계로부터의 정보는 모듈 표상의 구성에 사용되지 않는다."[443]

　바로 고프닉은 위의 논변에서 앞의 두 전제로부터 포더나 베런-코헨과 같은 주장 (3), 즉 유전적인 생물학적 모듈이 처음부터 최종단계까지 발달을 결정한다는 주장에 대해서는 받아들이지 않는다. 앞서 베런-코헨이 마음 읽기능력이 최초에 의도성 탐지기와 시선 탐지기로부터 출발하듯이 그리고 시뮬레이션 관점에서 아이가 태어날 때 이미 특정한 마음 읽기 모형을 갖고 태어난다고 주장하듯이 고프닉도 사실 마음이론의 형성은 우선은 선천적인 이론이 있기 때문에 가능하다고 본다. 즉

　"신생아들과 아이들은 세계에 대한 추상적이고, 일관되게 구조화된 표상들을 비일관된, 구조화되지 않은 원자료 그 자체로부터 이끌어낸다고 생각하지 않는다. 오히려 새로운 자료들은 항상 기존의 이론에 비추어 해석되고 선택된다. **선천적인 이론-형성 메커니즘**은 그 위에서 작동할 수 있는 어떤 동등하게 선천적인 우선적 구조를 가져야 한다. 이론수정을 수행하기 위해서는 수정해야 할 이론이 필요하다."[444]

　그러나 첫째, 최초의 선천적인 이론이 이론의 최종적 상태를 결정하지 않는다. 왜냐하면, 선천적인 이론은 아이들이 성장하면서 인간관계가 확장되고 다양해짐에 따라 새로운 증거들에 의해 수정되고 완전히 새로운 이론으로 재정립될 수 있기 때문이다. 이와 같은 의견, 즉 초기-상태-선천주의 입장은 우선 문화 내재주의의 입장과 양립할 수 있다. 왜냐하면, 인간의 이해능력이 사회문화를 결정하기도 하지만, 다른 한편으로는 인

---

443 A.Gopnik, L.Capps, A.N.Meltzoff, 같은 글, 52.

444 A.Gopnik, L.Capps, A.N.Meltzoff, 같은 글, 52

간의 이해능력은 그렇게 형성된 사회문화의 산물이기도 하기 때문이다. 그런 까닭에 문화 내재주의의 대표자인 아스팅턴은 고프닉의 마음이론의 옹호자이기도 하다.

둘째 고프닉에 따르면 이론들은 특정한 영역에 특수화되어 있지만, 다른 영역의 정보에 의해 영향을 받는다. 이를테면 "하나의 선천적으로 결정된 생물학적 장애는 인지적인 결함이나 차이를 초래할 수 있는 여러 가지 방식이 있다."[445] 이 부분을 뒤에서 이론적 관점에서 마음이론의 발달에 대한 발생적 분석에서 좀 더 자세하게 밝혀보자.

2.1.2 시뮬레이션 이론 비판

고프닉의 이론적 관점과 또 다른 대척점으로 놓는 관점이 해리스의 시뮬레이션 이론이다. 고프닉은 우리가 앞서 살펴보았던 해리스의 1991년 논문을 직접 염두에 두고 시뮬레이션 이론을 다음과 같이 정리한다.

"사람들은 그들 자신의 마음을 모델로 이용하여 다른 사람의 마음을 이해한다. 특히 다른 사람의 마음에 관한 예측을 할 때 자신의 마음을 모델로 이용한다는 생각을 공유한다. 우리는 여러 상황 속에서 우리가 행하고 느끼는 것을 시뮬레이션해서, 다른 사람들에게 그것을 **투사(project)**한다. 이런 투사는 **우리 자신의 마음 상태에 대한 특별한 내성적(introspective) 접근**과 관련되어 있다"[446]

---

445 A.Gopnik, L.Capps, A.N.Meltzoff, 같은 글, 53.

446 A.Gopnik, L.Capps, A.N.Meltzoff, 같은 글, 59. 고프닉에 따르면 고던(Gordon)의 시뮬레이션 이론은 좀 더 다르다는 것을 지적한다. 시뮬레이션 과정이 좀 더 사통석이고, 무의식적 과정이라고 본다 : 우리는 우리 자신의 정신상태에 대한 내성적 경험 없이 '상승 (판에 박힌) 과정'(ascent routine)과 같은 어떤 것을 통해서 하나의 예측을 발생시킨다. R.M.Gordon, Folk psychology as simulation. *Mind and Langauage*, 1, 158~171참조. A.Gopnik, L.Capps, A.N.Meltzoff, 같은 글, 59 참조.

그러나 고프닉에 따르면 이런 시뮬레이션 이론은 초기 아이들의 모방적 행동, 예를 들어 혀 내밀기, 입 오므리기, 입 벌리기 등의 모방행위를 설명할 수 없다.[447] 아이가 자신의 혀의 느낌을 내성적으로 관찰하고, 자신의 혀를 시각적으로 관찰하고 그다음 유사한 행동을 관찰하는 경우 그 느낌을 다른 사람에게 투사하는 방식으로 다른 사람의 마음을 이해한다고 보기는 어렵다. 우선 매우 어린 아이들은 자신의 혀를 관찰할 수 없다. 따라서 타인의 행동이 유사한 행동임을 확인할 수도 없다. 오히려 아이는 "하나의 표상적 체계를 갖고 있으며, 그것은 [아이의] 신체운동감각들과 다른 사람의 얼굴의 시각적 지각을 비차별적으로(indifferently) 표상한다."[448] 그러나 앞서 확인했듯이 시뮬레이션 이론 역시 초기 아이는 근원적으로 상호주관적인 모형체계를 갖춘 채 태어난다고 주장했다. 고프닉 역시 이 점을 인정한다. 매우 초기부터 우리는 우리 자신의 경험과 다른 사람의 행동에 대해 같은 표상을 부여하며, 따라서 우리의 체험을 다른 사람에게 투사할 필요가 없다. 고프닉은 이런 근원적 표상체계를 **"교차-양상적 그리고 교차-인격적 표상"** (cross-modal and cross-person representation)[449] 이라고 표현한다.

> "이런 …… 표상의 한 가지 귀결은 우리가 다른 사람에 관해 우리 자신의 경험에 기초해서 추론할 수 있다는 사실이다. …… 이런 추론은 시뮬레이션 이론에 의해서 그리고 이론-이론에 의해서 모두 예측된다."[450]

---

447 앞서 살펴보았듯이 메를로-퐁티도 이 사례를 후설의 지각적 타자경험이론의 반박에 활용한다.

448 A.Gopnik, L.Capps, A.N.Meltzoff, 같은 글, 59.

449 A.Gopnik, L.Capps, A.N.Meltzoff, 같은 글, 59. 멜초프는 이것을 **초양상적 표상**(supramodal representation)이라고 표현한다. Meltzoff, 같은 글, 52.

450 A.Gopnik, L.Capps, A.N.Meltzoff, 같은 글, 59.

그러나 시뮬레이션 이론과 이론적 관점의 결정적 차이는 우리가 다른 사람의 행동을 설명하기 위해 어떤 정신상태를 요청할 때, 모방을 통해 우리는 동시에 그런 상태를 우리 자신에 귀속시킨다는 점이다. 이런 추론은 시뮬레이션 이론에 의해서는 설명될 수 없다.

이에 대해 좋은 사례가 아이들이 수행하는 **"사회적 참조행위"**(social referencing)[451]이다. 사회적 참조에서 아이들은 자신이 보기에 모호한 사물이나 사건에 향해져 있는 다른 사람의 표정을 관찰하고, 만일 그 표정이 예를 들어 부정적이고, 겁에 질려 있고, 혐오적이면, 아이들은 그 대상이나 사건을 피할 것이다. 아이들은 하나의 사물을 향한 다른 사람의 행동이 그 자체 그들 자신이 그 대상에 대해 같은 정신적 상태를 가져야 하는 이유가 된다. 요컨대 아이들은 다른 사람의 행동 속에서 그들이 관찰한 감정을 취한다.

2.2 마음이론의 개괄

2.2.1 고전적 마음이론[452]

2005년 발표된 「15개월 된 아이들은 거짓 믿음을 이해하는가?」라는 논문에서 오니쉬와 베이아정은 마음이론의 고선적 의견과 새로운 의견을

---

451 A.Gopnik, L.Capps, A.N.Meltzoff, 같은 글, 59.

452 고전적 이론으로는 H. Wimmer, J. Perner, *Cognition* 13. 103(1983), S. Baron-Cohen, A. Lelie, U. Frith, Cognition 21, 37 (1985), H. Wellman, K. Bartsch, *Cognition* 30, 239(1988), L.J. Moses, J. Flavell, Child Dev. 61, 929(1990), D. Zaitchik, *Cognition* 35, 41(1990)등의 연구가 있다.

구분한다. 그들에 따르면 고전적 이론은 다음과 같다.[453]

과학철학의 역사를 통해서 알고 있듯이 하나의 이론이 형성되고 발전할 때 단순히 초기 논리실증주의처럼 중립적인 관찰 자료로부터 귀납적 일반화를 통해 하나의 이론이 형성되거나 반증주의처럼 중립적인 관찰 자료부터 기존이론이 연역적으로 반증 되어 허물어지고 완전히 새로운 가설적 이론이 등장한다는 의견은 더는 설득력이 없다. 오히려 관찰 자료보다 선행해서 하나의 원시적인 이론체계가 존재하지만 정적이지 않고 새로운 증거에 의해 반박 가능성이 열려 있다. 그렇다고 기존 이론이 단박에 허물어지지 않고 일정하게 두 가지 이론, 내지 기존이론과 새로운 가설이 병존하는 시기를 거쳐 좀 더 정교하면서도 포괄적인 이론으로 발전한다.

아이들의 마음의 이론도 과학이론과 유사한 형성과 발전의 양상을 보여준다. 실제로 이런 변화가 극명하게 나타나는 때는 3세경의 아이들이다. 고프닉과 웰만의 기술에 따르면[454] 첫 단계에서는 자신의 과거의 거짓 예측을 부정한다. 그러다가 일정 기간이 지나면 두 개의 이론 혹은 낡은 이론과 일부 새로운 가설들을 함께 이용한다. 예를 들어 3세 아이들은 거짓 믿음을 전제로 한 행동들을 비록 예측할 수는 없지만, 설명할 수 있다. 그러나 결국 새로운 이론을 형성한다. 이제 아이들은 마음이 세계와 직접 연결된 것으로 여겨지지 않고, 차라리 마음과 세계의 관계는 표상에 의해서 매개된다는 것을 이해한다. 즉 아이들은 사람들의 생각들은 마음에 의

---

453 K. Onishi & R. Baillargeon, 같은 글, 255 참조. 바로 오니쉬와 베이아정의 15개월 아이들을 대상으로 한 비언어적 거짓 믿음 과제 실험연구는 고전적 마음이론과 새로운 마음이론을 구분 짓는 결정적 계기가 되었다.

454 A.Gopnik and H.M.Wellman, "The Theory Theory," *Domain Specificity in Cognition and Culture,* ed. L.Hirschfeld and S.Gelman, New York: Cambridge University Press 1992. J.W.Astinton, 같은 책 172~173 참조.

해서 구성된 표상들이며, 지각이나 믿음들은 사람들이 세계가 존재하는 것으로 여기는 방식을 표상하며, 그리고 이런 방식이 반드시 세계가 실제로 존재하는 방식은 아니라는 사실을 이해하게 된다. 이것을 고프닉과 웰만은 **마음의 비표상주의적 이론으로부터 마음의 표상주의적 이론으로의 발전**으로 규정한다.

이에 대한 증거로 앞서 배런-코헨이 마음이론을 설명하면서 끌어들인 거짓 믿음의 과제 수행 여부이다. 애초에 데넷은 아이가 타인의 믿음을 이해하는지를 검증하는 가장 좋은 방법으로서 거짓 믿음 과제를 제안했었다. 데넷은 아이가 거짓 믿음을 이해하는 경우에 사실에 대해 아이 자신이 가지고 있는 옳은 믿음과 다른 사람이 가지고 있는 다른(거짓) 믿음을 분명히 구별할 수 있다는 점에서, 거짓 믿음에 대한 이해를 조사하는 것이 아이가 마음이론을 가졌는지를 검증하는 검사방법이 될 것임을 제안하였다.[455] 즉 타인이 거짓 믿음을 보유하고 있고, 이 거짓 믿음에 따라 행동한다는 사실에 대한 이해를 요구하는 "거짓 믿음-과제"가 활용된다. 표준적 과제는 다음과 같다.

"아이들은 인형과 장난감을 갖고 상연되는 다음과 같은 이야기를 듣는다 : 첫 번째 캐릭터가 한 장소에 장난감을 숨기고 방을 나간다; 그녀가 나가 있는 동안, 두 번째 캐릭터가 그 장난감을 다른 장소에 숨긴다. [방에 다시 들어온] 첫 번째 캐릭터가 어디에서 자신의 장난감을 찾을지 질문받았을 때, 4세 아이들은 전형적으로 그녀가 첫 번째 장소에서 찾을 것이라고 말하고, 자신들의 대답에 대한 적합한 정당화[456]를 제시한다. 반대로 대부분의 3세 아이들은 그녀가 두 번째 (실제) 장소에서 장난감을 찾을 것이라고 답함으로써 첫 번째 캐릭터가 장난감의 위치에 대한

---

455 D. Dennett, Beliefs about belief. *Behavior and Brain Sciences* 4 : 1978, 568~570.

456 앎(knowledge)에 대한 인식론적인 통상적 정의는 "정당화된 참된 믿음"(justified true belief)이다.

거짓 믿음을 보유하리라는 것에 대해 이해를 하지 못한다."

이런 표준적 과제의 결과는 3세 아이들까지는 마음이론을 갖고 있지 않지만 4세부터는 대부분의 정상적인 아이들은 마음이론을 갖게 된다는 것을 함의한다.

2.2.2 새로운 마음이론[457]

그러나 일부 탐구자들은 **마음에 대한 표상주의적 이론**은 훨씬 일찍부터 존재하며, 표준적인 거짓 믿음 과제에 대해 어린아이들이 실패하는 까닭은 일차적으로 기존에 수행된 과제가 언어적 과제이며 또한, 앎의 정당화를 요구하기 때문이라고 본다. 3세, 심지어는 일부 2세 아이들도 변경된 거짓 믿음 과제에 성공한다. 이런 변경된 과제 속에서는 실험자들은 아이들이 이야기를 듣고, 상연되는 것을 지켜본 후에, 첫 번째 캐릭터가 돌아왔을 때, 그녀가 장난감을 찾을 것이라고 예상되는 장소를 주시하는 아이의 시선을 단순히 검사한다. 대부분 아이는 올바른 장소를 주시하며, 이는 타인들이 거짓 믿음을 보유하고 있으며, 그에 따라 행동한다는 사실에 대한 **암묵적 이해**를 소유하고 있음을 시사한다.

이제 오니쉬와 베이아정은 기대-위배 테스트에 근거하여 단순히 아이의 주시 방향을 검사하는 것이 아니라 주시하는 시간을 측정함으로써 평균 15개월 된 아이들을 대상으로 순수한 비언어적 실험을 수행한 결과 15개월 아이들 역시 타인의 거짓 믿음에 입각한 타인 행동의 예측을 정

---

457 **A. Leslie, Psychol. Rev. 94, 412(1987)**, M. Chandler, A.S. Fritz, S. Halar, Child Dev. 60, 1263(1989), J. Fodor, Cognition 44, 283(1992), D. Premack, A. Premack, in **The Cognitive Neurosciences**, M.S. Gazzaniga, Ed. (MIT Press, Cambridge, MA, 1995) 205~218, P. Bloom, T.P. German, Cognition 77, B25(2000) 등의 연구가 대표적이다.

확히 수행하고 있음을 밝혀내었다.[458] 오니쉬와 베이아정의 실험은 다음과 같이 이루어졌다. 먼저 아이들은 배우가 아이들 앞에 있는 두 개의 상자 중 하나 속으로 물건을 집어넣는 것을 숙지하게 된다. 그다음 물건이 스스로 본래의 상자에서 또 다른 상자 속으로 움직이는 동안 배우가 무대를 떠나거나(거짓-믿음 조건) 혹은 그대로 남아 있다(참-믿음 조건). 이것은 표준적인 거짓 믿음 과제를 되풀이하면서도 그러나 전적으로 비언어적으로 수행한다. 그다음 아이의 바라보는 시간이 두 개의 테스트 사건들 - 배우가 본래 상자에 손을 뻗거나 혹은 그 물건이 있는 상자 속으로 손을 뻗는다 - 중 하나에 대해 측정된다. 거짓 믿음 조건에서 아이들은 배우가 물건의 현재 위치 쪽으로 손을 뻗을 때 더 오랫동안 바라보며, 배우가 그 물건이 있을 것이라고 잘못 믿은 곳인 본래 상자 속으로 손을 뻗을 때 더 짧게 바라본다. 참인 믿음조건에서 아이들은 만일 배우가 본래 상자 속으로 손을 뻗는다면 더 오랫동안 바라보는 반대 패턴을 보여주었다. 따라서 바라보는 시간은 대상의 위치보다 배우의 믿음 상태에 기초한 기대-위배를 따르는 것으로 보인다. 이것은 이 연구의 골자일 뿐이며, 그 연구는 그 밖에 여러 대안적 해석을 위한 통제조건들을 포함한다. 그러나 이 실험 결과에 대한에 대한 반론도 만만치 않다. 특히 표준적인 거짓 믿음 과제를 수행했었던 퍼너는 15개월 된 아이는 마음에 대한 표상주의적 이론을 갖고 있지 못하고, 다만 비표상주의적 이론 차원에서 이를테면 "사람은 물건이 사라지는 것을 마지막으로 보았던 곳에서 물건을 찾기 시작한다"는 반복된 경험을 통해서 획득한 연결규칙에 따라, 즉 유관성의 자세에 따라 타인의 행동을 예측한다고 주장한다.[459] 왜냐하면, 오니쉬와 베이아정의 실험결과는 이와 같은 행동주의적 규칙으로도 일관되게 설

458 K. Onishi & R. Baillargeon, 같은 글. 255~258. 참조. A.M. Leslie, Developmental parappels in understanding minds and bodies. *Trends in Cognitive Sciences*, 9(10), 2005, 459-462. 참조.

459 J. Perner & T. Ruffman, Infants' into the mind : How deep? *Science* 308, 2005, 214~216. 참조

명될 수 있기 때문이다.[460]

그러나 우리의 판단으로는 비표상주의적, 행동주의적 설명에는 한계가 있다. 오니쉬와 베이아정이 수행한 실험에서 네 가지 조건 중 세 번째 조건의 실험결과는 행동주의적 규칙으로는 설명될 수 없다고 보기 때문이다. 세 번째 실험조건의 경우 아이는 다른 조건의 아이들과 마찬가지로 배우가 최초에 물건을 상자 속에 숨기고 찾는 행위를 반복해서 관찰했다. 그러나 세 번째 조건에서 배우만 두 번째 과정에서 물건의 위치가 바뀌지 않거나 바뀌는 과정을 관찰하지 못한다. 그 결과 세 번째 과정에서 배우가 물건을 찾는 행위를 할 때 아이의 예측에 어긋난 행동을 했을 때에 예측에 맞는 행동을 했을 때보다 아이는 더 오랫동안 바라보았을 뿐만 아니라, 두 경우 모두 다른 조건에서 바라보는 시간보다 훨씬 길었다.[461] 만일 15개월 된 아이들이 단순히 행동주의적 규칙만을 갖고 있었다면 이 조건에서 유독 바라보는 시간이 더 길어야 할 이유는 없다. 그러나 표상주의적 마음이론 차원에서 본다면 차별적 설명이 가능하다. 나머지 세 조건의

---

460 후속연구를 통해서 송현주(연세대 심리학과 교수)와 베이아정은 14.5개월 된 아이들이 타자의 잘못된 지각을 이해할 수 있음을 실험을 통해 입증하면서, 비정신주의적 해석이 적용될 수 없음을 비판한다. 왜냐하면, 새로운 실험에서는 물건이 마지막으로 사라지는 것을 본 적이 없는 아이도 올바른 예측을 하기 때문이다. Song, H., & Baillargeon, R. Infants' reasoning about others' false perceptions. *Developmental Psychology*, 44(6), 2008. 1789-1795.

461 아이들의 바라보는 시간을 측정한 결과는 다음과 같다. 세 번째 조건, 즉 FB-Green 조건에서 아이들의 평균관찰시간은 기대에 어긋난 행동(Yellow-box)과 기대에 맞는 행동(Green-box)에서 모두 길었다. K. Onishi & R. Baillargeon, 같은 글, 257 참조.

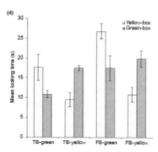

경우 첫 번째 과정에서 배우가 물건을 숨기고, 찾는 행위를 보여주는 과정을 통해 아이는 배우가 그 물건에 대해 바람, 욕구(desire)가 있음을 이해하며, 두 번째 과정에서 배우가 물건의 위치가 그대로 있거나 바뀌는 과정을 지각하는 것을 보았을 때 지각행위를 통해 배우가 특정 인식적 믿음(belief)을 갖게 되리라는 것을 이해한다. 그러나 세 번째 조건의 경우에는 이 두 번째 과정이 빠져있기 때문에 아이는 배우가 그 물건에 대해 바람, 욕구만 갖고 있을 것이라는 판단을 할 수 있을 것이다. 그런데 상대방의 욕구와 믿음을 모두 알고 있을 때와 상대방의 욕구만을 알고 있을 때 중에서 전자가 후자보다 훨씬 예측이 쉽다.[462] 그 결과 상대방의 욕구만 알고 있는 세 번째 조건의 경우 배우의 행동에 대한 예측은 상대적으로 어려울 것이고 따라서 예측에 맞는 행동을 하든지 예측에 어긋나는 행동을 하든지 간에 지켜보는 시간이 더 길었을 것이라는 설명이 가능하다. 물론 이와 같은 설명은 믿음에 대한 이해뿐만 아니라 욕구에 대한 이해수준에서도 어느 정도의 예측이 가능하다는 전제를 하고 있다.

레슬리에 따르면 이와 같은 오니쉬와 베이아정의 실험결과는 통상 타인의 마음에 대한 아이의 이해능력이 **타인의 바람, 감정에 대한 이해에서 타인의 앎에 대한 이해로 그리고 타인의 믿음에 대한 이해로의 단계적 발전이 이루어진다**는 의견에 심각한 의문을 던진다. 오히려 **타인의 바람, 감정, 앎, 믿음에 대한 이해가 동시적일 수 있다는 것이다.**[463] 다만 믿음에 대한 이해에만 국한해 보면 타인의 믿음에 대한 이해에서 아이는 처음에는 **바라보는 시간(Looking-time)**을 통해 그리고 **눈길(gaze)**을 통해 그리고 최종적으로 **말(speech)**을 통해 자신의 이해능력을 보여주는지에 대

---

462 예를 들어 특정 타인이 단순히 어떤 물건을 좋아한다는 사실을 아는 것과 특정 타인이 그 물건을 좋아할 뿐만 아니라 최근에 그 물건이 어디에 있었는지를 알고 있다면 전자보다 후자의 경우 타인의 행동에 대한 예측이 훨씬 쉬울 것이다.

463 A.M. Leslie, 같은 글, 460 참조.

한 해명이 필요하다.

다른 한편 오니쉬와 베이아정의 실험결과는 앞서 시뮬레이션 이론의 논의과정에서 해리스가 마음이론에 대해 제기한 반론, 즉 마음이론의 경우 틀린 믿음 과제를 성공한 4, 5세 아이들과 실패한 3, 4세 아이들의 구분 차이를 해명하는 데 어려움이 있다는 지적에 대한 해명을 가능하게 해준다. 굳이 레슬리처럼 1차 표상과 2차 표상의 구분 없이 이미 2세 조금 넘은 아이들도 비록 암묵적이지만 타인의 마음에 대한 이해를 수행하고 있으며, 그에 따라서 타인의 행동을 예측하고 있음을 보여주기 때문이다. 물론 이에 대해서 재차 그보다 더 어린아이들은 여전히 타인의 마음에 대해 이해를 할 수 없지 않은가라는 반론이 가능할 것이다. 그러나 그 경우는 단정 짓기 어렵다. 왜냐하면, 15개월 이전 아이들의 경우 실험 자체를 수행하기에는 한계가 있기 때문이다. 실제 오니쉬와 베이아정의 실험에서도 56명만 실험이 정상적으로 수행되었고, 14명은 실험에서 배제되었는데, 실험 자체에 대한 관심이나 주의력 부족 혹은 과도한 관심 때문에 시간 측정 자체가 의미가 없거나 불가능했다.[464]

2.3 마음이론의 원초적 발생과 발달

2.3.1 마음의 이론의 원초적 발생으로서 아이의 신체모방 특징

후설의 지각적 타자경험이론에 따르면 타자 이해는 다양한 단계와 양상을 가진다. 따라서 타인의 마음에 대한 이해는 타인의 욕구, 바람, 감정, 앎, 믿음 등의 이해 이전에 더 원초적으로 타인의 신체적 감각, 지각활동에 대한 이해 나아가 신체적 운동감각에 대한 이해에까지 미친다.

---

464 K. Onishi & R. Baillargeon, 같은 글, 257 참조.

이제 고프닉과 멜초프는 이와 같은 마음이론의 발생적 선행단계로서 **"초기 이론들"**(initial theories) 내지 **"이론들과 매우 유사한 어떤 것"**(something very like them)[465]을 초기 아이들의 신체모방행위에서 찾는다. 초기이론 형태를 찾는 것은 두 가지 이유가 있다. 첫째는 이론적인 이유이다. 왜냐하면, 선천적인 초기이론을 요청하는 것은 후기 이론, 이를테면 앞 절에서 보여준 마음의 이론을 설명하는 일을 쉽게 만들기 때문이다. 둘째, 초기이론은 단순한 이론적 요청이 아니라, 경험적 발견 때문이다. 70, 80년대 멜초프[466]를 중심으로 밝혀낸 초기 아이들의 신체모방, 특히 표정 모방은 마음이론의 발생적 초기형태로 규정된다. 갓 태어난 아이들도 '혀 내밀기', '입 오므리기', '입 벌리기' 등의 얼굴 모방 행위를 수행한다. 멜초프는 아이가 수행하는 이와 같은 모방행위가 갖는 함의를 다음과 같이 말하고 있다.

"[초기 단계의 아이의] 모방은 **정보처리**(processing)[467]의 어떤 수준에서 타인들의 지각된 행동을 유사한 행동을 산출할 수 있는 기반으로 이용한다는 것을 보여준다. 모방을 통해서 아이는 **자아와 타인의 근본적 연결관계**를 표명하고 있다."[468]

---

465 A.Gopnik, L.Capps, A.N.Meltzoff, 같은 글, 54. 특히 2011년에 발표한 Social Cognition and the Origins of Imitation, Empathy, and Theory of Mind, In U. Goswami (Ed.), *The Wiley-Blackwell handbook of childhood cognitive development* (2nd ed., pp. 49-75). Malden, MA: Wiley-Blackwell.에서 멜초프는 아이의 신체모방 능력을 이론적으로 체계화하면서 명백하게 마음이론과 연결하고자 한다.

466 A.N. Meltzoff and M.K. Moore, Imitation of facial and manual gestures by human neonates, *Science*, 198(4312), 1977, 75~78 참조.

467 여기서 processing이라는 표현을 통해 아마도 멜초프는 **사회적 인지의 정보처리의 과정**을 염두에 두고 있다.

468 A.N. Meltzoff, 같은 글, 55.

멜초프는 초기 연구에서는 생후 12~21일 된 아이의 신체모방 행위 능력을 실험과 관찰을 통해 경험적으로 밝혀내었다. 멜초프는 후속 연구에서 생후 42분 만에 모방행위를 할 수 있음을 밝혀내었다.[469] 멜초프는 초기 모방행위가 갖는 특징을 세 가지로 정리한다.

첫째, 아이의 초기 모방적 반응은 "전반적으로 흥분된 혹은 각성한 반응"(general arousal reaction)이 아니라 보인 행동의 기능에 따라 변한다는 점에서 "**영역 한정적 맞춤행위**"(specific matching)이다. 둘째, 아이는 즉각적으로 모방하기보다는 **시간적인 융통성**을 보여준다. 즉 이전에 수행되었고 현재는 부재한 타인의 행동을 아이는 **기억에 기초해서 모방**한다. 셋째, 아이는 자신의 **모방적 노력을 수정**한다. "아이들은 목표물[성인의 행동]에 대한 자신의 반응을 안내하기 위한 기반으로서 그들 자신의 행동들로부터 **자기 지각적 피드백**(proprioceptive feedback)을 사용한다. 이것이 참된 모방이다."[470]

2.3.2 모방행위의 인지적 구조 및 발달단계

그러나 문제는 이런 초기 아이의 모방 행위가 어떤 점에서 마음이론의 초기형태일 수 있는가이다. 어떤 이유에서 초기 아이들의 이런 모방 행위 가운데 아이들이 마음을 이해하고 있다는 증거를 찾을 수 있는가? 고프닉과 멜초프 역시 다음과 같이 질문을 제기한다. "어떤 종류의 **인지적 구조**(cognitive structure)가 이런 [모방]행동들을 밑받침(underpin)하는가?"[471] 그들의 해석을 따르면 아이들은 **그들 자신과 다른 사람의 관계에**

---

469 A.N. Meltzoff, 같은 글, 55.

470 A.N. Meltzoff, 같은 글, 55.

471 A.Gopnik, L.Capps, A.N.Meltzoff, 같은 글, 54.

대해 어떤 믿음을 갖고 있다고 본다. 그 믿음이란 타인의 얼굴에서 혀를 내미는 시각적 장면들의 표상과 아이들 자신이 혀를 내미는 모방행위를 할 때 얼굴의 "내부적인 신체운동감각"(internal kinesthetic sensations)[472]이 느끼는 표상이 동일하다는 믿음이다.

이것을 멜초프는 발달적 사회인지로서 일종의 '나처럼'-이론('Like me'-Theory)으로 체계화하고자 한다. 흥미로운 점은 멜초프가 이와 같은 이론화의 기반으로서 후설의 상호주관성의 이론을 끌어들이고 있다는 사실이다. 특히 멜초프는 자신의 가장 최근 논문의 결론에서 후설의 『현상학적 심리학』(Hua IX)의 논의를 끌어들여 자아와 타아가 상호주관적 관계 속에서, 특히 **지각적 타자경험**(empathy) 속에서 통합된다는 주장을 펼친다.[473] 멜초프에 따르면 '나처럼'-이론은 세 가지 발달국면을 가진다.

1) **1단계 행동 표상 단계**에서 아이는 출생 직후부터 모방을 통해 인간행위의 지각과 산출 사이의 본질적 연결을 구현한다. 이를 그는 다음

---

472 A.Gopnik, L.Capps, A.N.Meltzoff, 같은 글, 54. 신체운동감각이란 단순한 아이의 운동지각능력과 다르다. "운동지각이란 망막에서의 상 이동, 망막 이미지의 치환, 관찰자 이동과 같은 몇몇 종류의 정보에 의해서 감지된다."M.H.Bornstein, M.E.Arterberr, C.Mash, 「지각발달」, 곽금주 외 역,『발달과학』(419), 학지사, 2009. 419. 반면 신체운동감각은 신체적 자기의식과 관련된다. 즉 "아이들은 신체를 움직이고 어떤 것을 만지고 본능적으로 감각들을 조합하는 경험을 하기 때문에 어린아이들도 신체의 기능과 관련된 신체적인 자기의식을 갖게 된다." R.A.Thompson, R.Goodvin, 「개인으로서의 아동: 기질, 정서, 자기 및 성격」, 곽금주 외 역, 같은 책, 577. 근본적으로는 신체운동감각은 후설의 원초적 타자경험으로부터 지각적 타자경험으로의 이행과정에시 결정적으로 중요한 역할을 한다.

473 A. N. Meltzoff, 같은 글, 69 참조. 후설은『현상학적 심리학』의 결론부분이라고 볼 수 있는 43절에서 모나드의 정적 탐구와 발생적 탐구를 구분하면서 다음과 같이 주장한다. "현상학적 환원은 solus ipse의 영역을 넘어서 확장됨으로써 나에게, 탐구하는 자에게 외적 경험 속에서 현출되는 (그리고 자연적 태도 속에서 말하자면 '세계-아이들'로서 현출하는) 타자주체들에로 확장되어 들어갈 수 있다." (IX, 216)

과 같이 설명한다.

"신생아가 어른의 행동을 보았을 때, 이런 행동들은 아이의 신체 운동 위에 지도로서 구축된다(mapped onto). 자아와 타인은 **인간행동의 추상적 표상**을 통해 연결된다. 이와 같은 표상을 우리는 **초양상적 표상**이라고 부른다. 왜냐하면, 이 표상은 [나와 타인의] 개별양상들을 교차하기 때문이다. …… 아이, 심지어 신생아도 다른 사람의 움직임을 처리하고, 인지한다 : '저것은 이것[나의 행동]이 느껴지는 것과 같은 것처럼 보인다.' 혹은 '저 행위들은 이런 행위들처럼 보인다.' 타인들이 '나처럼' 보인다는 사실은 아이의 최초의 사회적 조우에 대한 하나의 **해석적 렌즈**를 제공한다. 이것은 학습되는 것이 아니라, 학습, 특히 사람에 대한 학습의 **근본작업모델**을 제공한다."[474]

여기서 멜초프가 말하는 나와 타인의 개별양상들을 초월하는바, "초양상적 표상", "사람들에 대한 학습의 근본작업모델"이란 현상학적으로 표현하면 다름 아닌 각 주체가 이미 출생 직후부터, 더 정확히는 태어날 때부터 가진 **"본능적 상호주관성"**이다.

2) **2단계 일인칭 직접체험의 단계**로서 아이는 자신의 행위와 그런 행위를 기초 짓는 자신의 정신상태 사이의 규칙적 연결을 체험한다. 이를 그는 다음과 같이 설명한다.

"두 번째 발달국면은 개별적 체험에 기초해 있으며, 이 국면은 발달적 변화를 위한 엔진을 제공한다. 매일매일의 체험을 통해 아이는 **자신의 신체적 상태들과 정신적 체험 간의 연결**을 지도로서 구축한다. …… 이런 체험들을 통해 아이는 내

---

474 A.N. Meltzoff, 같은 글, 52.

적 상태와 행위들 사이에 상세한 **이중방향적 지도(bidirectional map)**을 발달시킨다."[475]

여기서 말하는 **이중 방향성(Bidirectionality)**이란 한편으로는 시뮬레이션 이론의 주장처럼 자신 자신에 대한 내성적 고찰을 통해 타자의 행위를 이해하게 되고, 다른 한편으로는 타자에 대한 외적 관찰을 통해 자신의 잠재적 행동의 결과 및 자기 자신을 학습하게 된다는 의미이다. 결국, 이중 방향성은 **시뮬레이션과 모방의 통합적 관점**을 함의한다. 이것은 후설이 말하는 상호주관적 타자 이해가 갖는 상호성, 즉 **"상호적으로 서로에 대해 있음(ein Wechselseitig-für- einander-sein)"**(Hua I, 158)[476]에 다름 아니다.

3) **3단계 타자 마음의 이해단계 혹은 타인에게 마음을 귀속시키는 단계**로서 아이는 나처럼 행동하는 타자 역시 나처럼 내적 상태를 갖는다는 사실을 이해하게 된다.

"아이들은 타인의 행동이 자신들이 과거에 했던 행동방식과 유사하게 행동하는 것을 볼 때, 그들은 [타인에게 마음을] **귀속시킨다(attribute)**. 아이들은 자신들의 행동과 규칙적으로 병행하는 내적인 느낌을 자신들의 자기−체험에 기초해서 [타인에게] 귀속시킨다. 이것은 아이가 언어를 사용할 수 있기 전에 타인의 마음을 파악하는 지렛대를 제공한다. 아이는 만일 그들이 **자신들의 행동과 타인들의 행동 동등성**을 지각하지 못한다면, 자신의 일인칭 체험을 이런 식으로 사용

---

475 A.N. Meltzoff, 같은 글, 53.

476 후설은 이미 『이념들 I』에서도 타자 이해가 갖는 상호성을 정확하게 알고 있었나. "**타자의 자아와 체험류와의 상호이해를 통해 주어지는 도움을 고려해야 한다.**"(Hua III.1 105), "가능적인 상호적인 이해의 관계를 통해서 나의 경험세계는 타자의 경험세계와 동일시될 수 있으며, 동시에 나의 경험세계를 타자의 경험세계에로 확장(Überschüsse)을 통해 풍부하게 할 수 있다."(Hua III.1 96)

할 수 없다."⁴⁷⁷

여기서 말하는 **귀속행위(attributing)**는 현상학적으로 보면 바로 **유비적으로 짝짓는 연합작용**을 말한다. 특히 멜초프의 마지막 인용문장은 사회적 인지의 세 가지 발달국면의 관계, 즉 시원적인 지각적 타자경험의 발생적 정초를 정확하게 밝혀준다. 첫째, 자신의 행동들과 타인들의 행동의 동등성 파악은 바로 최초의 모방행위 속에서 이루어진다. 둘째, 이와 같은 모방행위는 자신의 일인칭적 체험에 대한 자각을 동기 부여한다. 셋째, 이를 바탕으로 타인의 행동에 대한 지각에서 타인의 마음을 이해하게 되는 것이다.

2.3.3 마음이론으로서 모방의 특성

멜초프는 모방행위가 아이가 갖는 타자의 마음 읽기 능력으로서 마음이론의 원초적 형태임을 보여주기 위해 단순히 **모방을 통한 자아와 타자의 동일성의 인지 가능성**을 주장할 뿐만 아니라, **모방을 통한 상대방의 정체, 동일성 확인의 기능과 모방을 통한 의도 파악의 기능**을 해명한다.
  먼저 멜초프는 모방을 통한 자아와 타자의 유사성 확인이 사회적 인지의 시원적인 면이지만, 단순히 유사성의 확인에 그치지 않고 **타인의 정체성의 확인능력**이 모방을 통해 가능함을 주장한다. 이런 정체성의 확인능력은 사회적 유대에서 결정적이다.

  "개체들을 기억해내는 것(Keeping track of individauls)은 사회적 인지에서 근본적이다. 사회적 관계들은 무차별적인 타인들의 무리와의 연결의 광대한 느

---

477 A.N. Meltzoff, 같은 글, 53.

낌(an oceanic feeling of connectedness with an undifferentiated universe of others)이 아니다. 성인의 사회적 인지는 그들의 개별성에서 가치 있게 여겨지는 특정한 타인들과 관련된다."[478]

멜초프는 6주가 된 아이들을 상대로 실험했다. 엄마가 나타나서 하나의 제스처(가령 입 벌리기)를 보여준다. 그다음 그녀가 나간 후에 낯선 사람이 들어와 다른 제스처(가령 입술 내밀기)를 보여준다. 아이들이 시각적으로 이 사람들의 교체를 뒤쫓아갈 때는 교대로 각각의 사람을 모방한다. 그런데 만일 엄마와 낯선 사람이 아이 몰래 자리를 바꿨을 때 아이들은 차별적으로 모방하지 못했다. 대신 아이는 새로운 사람을 잠시 응시하다가 멈칫하다가 그다음 의도적으로 이전 사람의 제스처를 모방했다. 멜초프는 이런 모방 행동을 일종의 사회적 가설의 검증차원에서 수행하고 있다고 해석한다. 즉 아이들이 친숙한 딸랑이 장난감이 같은 소리를 내는지 알아보기 위해 그것을 흔들어대는 것처럼, 아이들은 상대방이 자신이 아는 같은 사람인지를 알아보기 위해 어른의 특징적 행동들을 모방함으로써 실험해보는 것이다.[479] 여기서 멜초프는 아이의 모방행위가 단순히 **타인의 마음을 이해하는 원초적인 방식**을 넘어서 **특정한 타인을 확인하기 위한 일종의 의사소통적 기능**을 담당하고 있다고 해석한다. 그러나 이것은 과도한 해석이다. 이것은 명백한 의사전달이라기 보기 어렵다. 왜냐하면, 아이가 이전의 다른 제스처를 취함으로써 상대방에게 어떤 물음을 던지고 상대방의 응답을 기다리는 행위가 아니기 때문이다. 오히려 이것은 후설이 지각적 타자경험의 양상으로서 해명했던 연출적 행동을 통한 다지 이해의 방식, 즉 일종의 연출해냄(Erwirken)이라고 해석하는 것

---

479 A.N. Meltzoff, 같은 글, 59.

이 타당하다. 왜냐하면, 이 경우 타인의 현재 행동을 모방하는 것이 아니라 이전의 행동을 의도적으로 모방함으로써 상대방으로 하여금 그에 대한 아이의 낯섦, 의문 혹은 무관심을 이해하게 하려는 연출적 시도라고 볼 수 있다.

나아가 멜초프는 **모방행위를 통한 타자의 의도파악 기능**을 주장한다. 가장 대표적인 실험으로는 성인의 의도적인 시도실패상황에 대한 18개월 된 아이의 반응이다. 아이에게 두 가지 상황을 보여주는데 첫 번째 경우에는 어른이 직접 조그만 덤벨의 한쪽 끝을 분리하려고 시도하였으나 성공하지 못한 사례를 보여주고, 두 번째 경우에는 동일한 움직임을 기계장치가 하는 것을 보여준다.[480] 이때 아이는 기계장치의 실패행위를 결코 따라 하는 법은 없지만, 어른의 시도실패상황을 모방하면서 덤벨을 빼려고 시도한다. 이 실험결과는 두 가지를 시사한다. 첫째, 아이는 사람과 비슷한 동작을 수행하는 기계를 모방하지는 않는다는 점에서, 베런-코헨의 의도성 탐지처럼 사람과 움직이는 기계를 구분한다는 점이다. 두 번째로 이 경우 단순히 모방하는 것이 아니라 실패를 극복하고 성공하려는 모습을 보여준다는 점에서 모방하는 타인의 행위 의도를 간파하고 있다는 점을 보여준다.

요컨대 초기 아이들도 모방을 통해 학습하고, 타인의 의도까지 이해할 수 있는 뛰어난 학습능력을 갖추고 태어난다는 것이다. 즉 영아들은 '과학자처럼' 세상을 바라본다.

---

480 두 가지 상황은 아래 그림과 같다. A.N. Meltzoff, 같은 글, 68 참조.

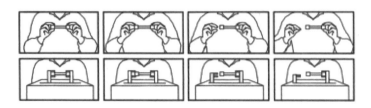

2.4 마음이론의 심화

2.4.1 '행동'의 모방으로부터 '대상을 향한 행동'의 모방으로의 이행

고프닉과 멜초프는 초기이론 형태로서 아이 자신과 타인들의 초기 연결로서 아이의 모방능력은 이후 아이가 타인의 마음에 대한 이해에서 이론적 발전의 기초가 된다고 본다. 그들이 말한 바로는 최초의 모방 행동은 단순히 **상대방의 행동을 모방**하지만, 9개월가량 지난 아이는 **대상을 향한 행동을 모방**한다. 이것은 의미 있는 변화이다. 왜냐하면, 처음에는 단순히 아이 자신의 신체 내부적 느낌과 타인의 행동 연결만 있을 뿐이다. 그러나 점차 아이는 타인의 행동이 대상으로 향해져 있다는 것을 알게 되고 동시에 자신의 느낌도 대상으로 향해져 있음을 알게 된다.

이에 아이들은 대상으로 방향 지워진 좀 더 복잡해진 행동들을 모방을 통해 산출할 수 있는데 그 대표적인 사례가 바로 베런-코헨이 말하는 주의공유기제, 즉 "주의 결합(joint attention) 혹은 사회적 참조행위"[481]이다. 물론 사회적 참조행위 역시 상대방의 마음에 대해 참된 이해라기보다는 "일종의 정서적 전염"(a kind of emotional contagion)[482]으로 해석할 수도 있다. 그러나 고프닉은 레파콜리가 수행한 실험[483]을 소개한다. 이 실험에서 실험자는 아이들에게 두 개의 닫힌 상자를 보여주었다. 실험자는 각 상자를 들여다보고, 혐오스러운 혹은 행복한 표정을 지었다. 그리고 그 닫힌 상자들을 아이들에게 주었다. 아이들은 상자 두 개를 동등하게 다루지만,

---

481 A.Gopnik, L.Capps, A.N.Meltzoff, 같은 글, 55.

482 A.Gopnik, L.Capps, A.N.Meltzoff, 같은 글, 55.

483 B.M.Repacholi, "Infants' use of attentional cues to identify the reference of another person's emotional expression". *Developmental Psychology*, 34(5), 1998, 1017~25.

그 혐오스러운 상자를 열기를 꺼렸다. 아이들은 그 상자 안에 있는 물건들과 연결해서 그 감정을 본 적이 없다. 그저 상자의 바깥과 연결된 감정을 보았다. 그럼에도 불구하고 아이들은 비록 상자 바깥은 피해질 필요가 없지만, 상자 속 사물은 피해야 한다고 추론하는 것처럼 보인다. 여기서 명백하게 무엇보다 먼저 아이는 상대방과 동일한 대상에 주의를 결합할 수 있다. 물론 이런 주의의 결합이 이루어지기 위해서는 상대방의 시선과 상대방의 감정표현이 특정의 사물을 향해서 이루어지고 있음을 알아야 한다. 이 단계에서 이루어지는 마음의 이론 추론구조는 모방의 추론구조와 다른 점은 바로 믿음의 내용의 차이이다. 단순히 **타인의 표정과 내 느낌의 표상의 일치에 대해 믿음**이 아니라, **대상으로 향해진 상대방의 태도와 동일대상에 대한 나의 태도의 동일성에 대해 믿음**이 그것이다. 또한, 주의 결합이나 사회적 참조는 모두 단순한 모방충동뿐만 아니라 자신의 안전에 대한 본능으로부터 비롯된 것이라고 볼 수 있다.

그러나 주의가 결합한다고 해서 혹은 베런-코헨의 표현을 빌리면, 주의공유기제가 작동된다고 해서 의사소통이 이루어진다고 보기는 어렵다. 다만 상대방의 시선과 감정이 향해진 대상에 주목함으로써 상대방의 마음 상태를 이해하는 것에 머물 수 있다. 그러나 만일 동일대상에 대한 상대방의 태도를 이해하는데 머무르지 않고 그것을 수용하여 아이 역시 동일대상에 대해 동일한 태도를 보인다면 거기에는 앞서 최초의 모방행위와 다른 차원의 모방행위가 발생했다고 보아야 한다. 다시 말해 사회적 참조는 단순히 지각적 타자경험을 넘어 의사소통적 타자경험으로 나아가는 중요한 계기가 된다. 왜냐하면, 사회적 참조는 단순히 아이가 예를 들어 엄마가 바라보는 대상을 함께 바라보는 것을 넘어서 엄마가 대상에 대해서 아이가 취해야 할 태도를 기대하며 특정 태도를 보인다는 점에서 엄마가 아이에게 의사표시를 한 것이라고 볼 수도 있기 때문이다. 위의 실험과 달리 사회적 참조가 단순한 주의의 공유, 주의결합의 수준을 넘어 의사소통의 수준으로 나아갈 수 있음을 보여주는 실험사례가 있다. 그것은 앞서 의사소통의 발생과 관련해서 분석한 바 있는 아스팅턴의 "시각벼랑"(visual cliff)[484] 실험이다. 우리는 이제 시원적인 의사소통적 타자경험으로서 사회적 참조행위를 다음 4장에서 상론할 것이다.

2.4.2 바람과 선호의 동일성과 차이의 이해에 입각한 수정적 모방행위

고프닉과 멜초프에 따르면 또 다른 의미 있는 마음이론의 변화는 18개월쯤에 나타난다. 특히 이 시기에 아이들은 바람과 의도에 대한 이해를 높이는데, 무엇보다 바람이나 의도가 결과를 산출하는 데 실패할 수 있다는 것, 다른 사람과 자신이 다른 바람과 의도를 가질 수 있다는 것을 이해하기 시작한다고 본다. 앞서 언급한 실패한 시도들을 아이들이 수정하며 모방하는 실험이 바로 대표적이다.[485]

또 하나의 주목할 만한 실험[486]은 14개월 된 아이들과 18개월 된 아이들 상대방의 기호에 대한 이해의 차이를 보여준다. 즉 14개월 된 아이들은 자신들의 바람과 상대방의 바람이 다를 수 있다는 사실을 알지 못하지만, 18개월 된 아이들은 그 차이를 알 수 있다는 점이다. 만일 아이들은 다른 사람이 자신들이 좋아하는 골드피쉬 크랙커를 아주 싫어하는 표정을 짓는 것을 보면, 그리고 자신들이 좋아하지 않는 생(raw) 브로콜리에 대해 기쁨의 표정을 짓는 것을 보면, 아이들은 상대방에게 골드피쉬 크래커를 주지 않고, 생브로콜리를 줄 것이다.

고프닉은 이 실험으로부터 실제 생활에서 아이들의 두 가지 행동을 설

---

484 J.W.Astington, 같은 책, 40 참조.

485 A.N.Meltzoff, Understanding the intentions of others: re-enactment of intended acts by 18-month - old children. *Developmental Psychology*, 31(5), 838~50.

486 B.M.Repacholi and A.Gopnik, Early understanding of desires : Evidence from 14 and 18-month-olds, *Developmental Psychology*, 33(1), 12~21.

명해낸다.[487] "골칫덩어리 2살들"이라는 표현처럼, 18개월 즈음에 아이들은 의도적으로 자신의 바람을 다른 사람의 바람과 다르게 한다. 다른 한편 "사랑스러운 두 살"이 될 수도 있다. 왜냐하면, 이 시기에 아이들은 공감적 행동을 할 수 있기 때문이다. 물론 이 시기 이전에도 아이들은 공감적 행동을 보일 수가 있다. 그러나 이전시기와 이 시기의 결정적 차이는 공감적 행위가 단순한 정서적 전염 때문인지 아니면, 비록 자신은 슬프지 않음에도 불구하고 상대방이 슬프고 위로를 해야 할 때 공감을 보일 수 있기 때문인지의 차이이다. 이 시기의 마음의 이론 구조는 이제 명백하게 바람, 의도라는 정신적 요소가 믿음과 결합하여 좀 더 명백한 행동의 예측, 설명할 수 있다는 점이다. 이 단계에서 마음의 이론 추론구조가 앞 단계의 추론구조와 갖는 차이점은 무엇보다도 정신상태로서 바람과 의도가 타인의 마음 이해에서 결정적인 요소로 자리 잡았다는 점이다. 그것도 동시에 행동의 설명과 예측의 정확성을 높여 줄 것이다. 왜냐하면, 충동이나 본능으로부터 특정한 행동의 도출은 어렵지만, 바람이나 특히 의도는 직접 특정의 행동 도출과 밀접한 관련을 맺기 때문이다.

2.4.3 시뮬레이션 이론과 마음이론의 합치

아이의 초기 타자경험의 이해와 관련해서 분명 시뮬레이션 이론은 단순히 타인의 마음을 이해할 수 있는 자신의 정신모형을 선천적으로 갖추고 태어난다는 요청만을 할 뿐 이에 대한 구체적 입증이 없다. 반면 마음이론적 관점은 모방의 행위를 통해서 초기 아이부터 자신과 타인의 마음이 상호주관적으로 연결되어 있음을 일관되게 해명한다. 그러나 시뮬레이션 이론은 2~3세 아동에게서 발견되는 **가장 놀이**와 아이들의 **풍부한**

---

487 A.Gopnik, L.Capps, A.N.Meltzoff, 같은 글, 56.

상상력이 타인의 마음 이해에서 아주 중요한 역할을 할 수 있음을 마음의 이론보다 훨씬 정확하게 설명해내는 것처럼 보인다. 물론 상상력이 아이의 타인의 마음 이해의 전부는 아니지만 말이다.

그러나 앞서 **멜초프의 모방의 단계에서 이중 지향성이 함의하는 것처럼 모방적 이해와 시뮬레이션적 이해는 후설의 지각적 타자경험이 갖는 상호성을 통해서 통합된다.** 즉 한편으로는 타인의 행동에 대한 모방을 통해 자신의 마음에 대한 이해에 이르고, 자신의 마음에 형성된 시뮬레이션에 근거해서 타인의 마음을 이해하는 것이다. 고프닉 역시 자신의 모방이론과 시뮬레이션 이론을 대비시키면서 궁극적으로는 양자의 행위가 모두 타인과 자신의 마음 이해에 활용될 수 있음을 인정한다.

> "우리 자신과 다른 사람 사이의 선천적인 교량은 교통의 두 가지 방식이 있다. 우리는 우리 자신의 체험에 기초해서 다른 사람에 관해 추론하거나 혹은 다른 사람의 경험에 기초해서 우리 자신에 관해 추론한다."[488]

이런 합치가 시사하는 바는 결국 모형과 이론의 성격에 대한 양자의 차이가 본질적 차이가 아니라는 점이다. 시뮬레이션의 모형이 정교화될수록 그것은 일반적, 보편적 이론의 형태를 갖추기 때문이며, 또한, 시뮬레이션 모형이 징교화되는 과정에서 나로부터 타자에로의 투사의 실패에 따른 타자로부터 자신에로의 모방이 이루어지기 때문이다.

2.5 모방과 마음이론의 평가

2.5.1 방법론적 문제

---

488 A.Gopnik, L.Capps, A.N.Meltzoff, 같은 글, 60. 이것은 멜초프의 모방을 통한 타자 이해의 2단계에서 이중 방향성에 다름 아니다.

2.5.1.1 아이의 비구어적 행위—응시, 모방 등—에 대한 현상학적 해석의 필요성

방금 검토한 오니쉬와 베이아정의 비구어적 실험에서 아이의 응시시간 측정이나 멜초프의 '나-처럼'이론이 관찰하는 아이의 신체모방 해석은 논란의 여지가 있다. 첫째, 기대-위배실험으로서 아이의 응시시간의 측정 경우 아이의 응시가 **기대적 행위**(expectation)인지 **예측적 행위**(prediction)인지의 구분이 불분명하다. 기대적 행위라면 습관화에서 비롯된 재생적 연합의 행위로서 거의 자동적, 수동적 행위지만, 예측적 행위라면 인지적 정보에 근거한 해석, 추론행위로서 거의 의도적, 능동적 행위이다. 흥미로운 것은 앞서 인용했던 2005년의 오니쉬와 베이아정의 거짓 믿음 이해의 실험이나 2008년 송현주와 베이아정의 거짓지각의 이해 실험은 모두 15개월 전후 아이의 응시행위 시간을 기대-위배실험의 맥락에서 측정했지만, 2003년 쿨마이어와 윈 그리고 블룸이 「12개월 유아들의 성향적 상태의 귀속행위」[489]에서 실행한 12개월 아이들의 응시행위의 시간 측정을 반대로 해석한다. 그에 따라 전자의 연구자들은 타인이 기대에 위반되는 행위를 할 때 아이의 응시시간이 상대적으로 길어진다고 해석했지만, 후자의 연구자들은 타인이 예측에 맞는 행위를 할 때 아이의 응시시간이 상대적으로 길어진다고 해석했다.

또한, 신생아나 영아의 신체모방행위에 대한 멜초프의 해석에도 논란의 여지가 있다. 실제로 멜초프가 최초로 1978년 아이의 모방 능력을 실험을 통해 입증하고자 했을 때 대부분 아이의 모방이 입 벌리기나 입 오므리기, 입술 내밀기 그리고 옹알이나 미소의 모방인 경우가 많았고, 따라서

---

489 V. Kuhlmeier, K. Wynn, & P. Bloom, Attribution of dispositional states by 12-months-olds. *Psychological Science*, 14, 2003. 402-408 참조.

그것을 사회적 인지능력으로 해석하는 데 무리가 있다는 의견도 많았다.

우리의 판단으로는 그것이 비구어적 응시시간의 측정이든 모방행위의 해석이든 그런 실험이나 관찰을 통해 아이의 타자 이해의 가능성, 단계나 양상을 실험자인 성인이 파악할 때, 무엇보다 우리 자신 역시 타자로서 아이에 대한 지각적 타자경험을 수행해야 한다. 물론 아이의 지각적 타자경험은 비주제적, 비반성적 타자 이해의 차원에서 수행되는 반면, 연구자인 우리의 아이 이해는 주제적, 반성적 타자 이해의 차원에서 수행된다. 특히 여기서 말하는 **주제적, 반성적 차원의 지각적 타자경험이란 일종의 타자 이해의 타당성 정초차원에서 수행되어야 한다.** 탐구방법으로서 타자 이해의 타당성 정초와 우리의 탐구대상인 타자 이해의 발생적 정초의 근본차이는 첫 단계에서 타자가 절연된 순수한 나의 원초적 자연에 머물러야 하느냐 아니면 원초적 타자경험의 단계 속에서 구성된 최초의 상호주관적 자연을 토대로 하느냐의 차이에 있을 것이다. 타당성 정초에서 자연과 발생적 정초에서 자연의 차이는 첫째, 타자의 존재나 행동이 항상 나에게 끌림 내지 반발의 감정적, 본능적, 신체운동 감각적 반응을 유발하도록 내버려 두느냐 아니면 그와 같은 타자로부터의 최소한의 감정적, 본능적 반응도 배제하느냐에 달려 있다. 두 번째로 그렇게 획득된 자연의 명증성 여부에 달려 있다. 타자경험의 발생적 정초에서는 무의식적인 것, 충동적인 것의 영역까지 다시 말해 반성적 직관을 통해서 명증적으로 드러날 수 없는 영역, 일종의 정신분석적 해석이 요구되는 무의식의 영역, 진화심리학적 해석이 요구되는 선천적 충동, 본능의 영역까지 모두 열어 놓아야 한다. 반면에 타당성 정초에서 출발점이 되는 자연은 순수하게 나의 지각 속에서 명증적으로 드러나는 나의 고유한 자연이어야 할 것이다.

이렇게 명증적으로 드러나는 나의 원초적 자연 속에서 체험된 것에 비추어서 우리는 타자로서 아이의 비구어적 행위로서 응시행위나 모방행위에 대한 분별이 필요하다. 즉 응시행위나 모방행위 각각이 결코 단일한 행위가 아니라는 점이다. 동일한 응시행위가 **기대적 응시행위, 예측적 응**

시행위 혹은 **감시적 응시행위** 등 다양한 지향적 의식의 표현으로 해석할 수 있다. 또한, 모방의 경우에도 **자연적 모방**과 **의도적 모방**, 재차 **신체운동모방, 대상모방, 음성모방** 등 다양한 양상이 존재한다. 문제는 이와 같은 응시나 모방행위가 어떤 지향적 의식의 표현인지에 대한 식별은 결국 후설이 말하는 타자경험에 대한 타당성 정초의 수행을 통해서 이루어질 수 있다는 것이다.

2.5.1.2 '나처럼'-이론('Like me'-Theory)과 '마음이론'의 과학이론적 접근의 문제

고프닉이나 멜초프 모두 아이의 지각적 타자경험을 마치 과학이론과 같은 이론적 탐구의 수행으로 이해하려는 기본관점을 유지한다. 이런 점에서 앞서 해리스의 시뮬레이션 이론 역시 과학자의 태도와 아이의 이해 태도의 유사성을 강조하며, 더욱이 아이의 연역적, 인과적 추론능력을 전제한다는 점에서 마음이론의 입장과 다르지 않다. 나아가 그들은 과학이론의 발달과정을 아무런 과학이론도 없는 순수한 관찰로부터 귀납적으로 하나의 이론이 형성되는 과정으로 이해하는 소박한 귀납주의나 새로운 경험을 통해 기존이론이 한 번에 무너지는 과정으로 이해하는 소박한 반증주의를 거부하고, 기존이론으로부터 새로운 이론으로의 대립적 병행과 혁명적 대체의 과정으로 이해한다. 그에 따라 아이들 역시 최초의 타자 이해에서도 이미 하나의 마음이론이 선구성되어 있음을 전제한다.

그러나 우리의 판단으로는 타자의 마음 읽기의 모든 유형을 유사 과학이론으로 해석하려는 고프닉이나 멜초프 그리고 해리스의 해석은 과학이론의 비유의 과도한 적용이라고 본다. 오히려 이런 점에서 비록 베런-코헨의 생물학적 모듈주의 입장을 받아들이는 것은 아니지만, 타자의 바람, 지각, 주의의 공유차원과 그를 기반으로 발생하는 타자의 인식적 마음 상태와 그에 따른 행동을 이해하는 마음이론을 구분하는 그의 접근이 상대적으로 더 적절할 것이다. 이와 관련해서 우리는 **과학이론의 발생 맥락과 과학이론의 정당화의 맥락 구분**을 참조할 필요가 있다고 본다. 포퍼의 말을 들어보자.

> "하나의 이론을 생각하거나 만들어내는 행위는 내가 보기에 논리적 분석이 필요하지 않고, 논리적 분석의 영향을 받는 것 같지도 않다. …… 새로운 생각들이 어떻게 생겨났는가에 관한 물음이 …… **경험심리학**에서는 아주 큰 관심사가 될지 모른다. 그러나 그 물음은 **과학적 지식에 관한 논리적 분석**과는 아무런 관련성이 없다."[490]

이론의 발견 맥락과 정당화의 맥락 구분이 함의하는 바는 이렇다. 이론 자체가 성립되고 발전하는 과정에서 논리적 분석이 요구될 수 있지만, 이론의 발생 자체에서는 논리적 분석 이전에 경험심리학적 분석이 요구된다. 이것을 아이의 타자 이해에 적용해보자. 아이가 타자를 이해하는 과정에서 혹시라도 활용할지 모를 자기 나름의 심리학 이론, 소위 민속심리학(folk-psychology)이 있을지라도 그런 민속심리학의 이론 발생 과정 자체는 논리적 추론과는 무관한 철저하게 경험적 과정이라는 것이다. 바로 아이에게 최초의 마음이론이 발생하는 과정에서는 더는 또 다른 마음이론으로부터 이행이 아닌 선이론적 경험의 과정이 존재하는 것이다. 그런 점에서 멜초프가 시원적 지각적 타자경험의 유형으로 해명해온 아이의 신체모방행위는 순수하게 신체운동 감각적 차원에서 수행되는 현전화의 경험일 뿐이다. 따라서 재차 이와 같은 시원적 이해과정을 '나처럼'-이론으로 규정하는 것은 선이론적 차원의 타자 이해가 갖는 순수한 경험유형을 놓치는 부주의한 접근이다. 우리가 기억이나 기대, 상상을 이

---

490 K. Popper, *The Logic of Scientific Discovery*, London: Hutchinson, 1959, 27.

론적 과정이라고 부르지 않는 것처럼, 타자 이해 역시 이론적 과정이 아니다. 좀 더 정확하게 말한다면 타자의 행동에 대한 설명이나 예측은 분명히 일종의 추론적 행위일 수 있다. 그러나 이때 그런 행동에 대한 설명이나 예측의 기초가 되는 타인의 지향적 의식에 대한 이해, 즉 지각적 타자경험은 결코 과학에서 관찰 가능한 현상을 설명하거나 예측하기 위해 관찰 불가능한 이론적 존재자를 가설적으로 전제하는 과정이 아니다. 타인의 지향적 의식은 관찰 불가능한, 따라서 가설적인 이론적 존재자가 아니다. 타인의 목소리를 듣고 타인의 정서를 가정하는 것이 아니라 타인의 정서가 나에게 함께 지각되는 것처럼 타인의 지향적 의식은 간접적으로 경험되는 것이다.

이 점에서 이제 소위 민속심리학으로서 마음이론 역시 문제가 있다. 분명 심리학자, 이를테면 정신분석가가 타자로서 환자의 마음을 이해하고, 그에 따라 타자의 행동을 예측하거나 설명할 때 정신분석이론을 활용할 것이다. 그러나 이 경우에도 정신분석가는 타자의 행동이나 표현 속에서 타자의 마음을 이해할 때 순순한 이론적-추론적 이해만으로 접근할 수는 없을 것이고, 자신의 마음과 자신의 행동, 표현 간의 관계에 비추어 유비적 통각 속에서의 이해를 근본적인 경험적 기반으로 삼을 것이다. 학문적, 이론적 타자 이해가 아닌 일상의 선학문적, 선이론적 타자 이해의 경우에도 자기 나름의 타인이해의 조야한 규칙을 활용할 수 있을 것이다. 그러나 그런 규칙의 활용 내지 성립 이전에 타인을 이해하는 유비적인 습성적 통각체계가 작동될 것이다. 이와 같은 타자 이해의 유비적 습성적 통각체계는 앞서 **1부에서 에르트만의 유비 추론에 대한 후설의 비판**에서 알 수 있듯이 결코 어떤 논리적인 연역이나 추론체계가 아니다. 이와 같은 습성체계는 신체지각을 기반으로 수행되는 일종의 기억, 기대, 상상력과 같은 현전화의 경험일 뿐이다.

2.5.2 원초적 타자경험과 시원적 지각적 타자경험의 관계 : 모방과 애

착의 관계

모방을 사회적 인지의 가장 시원적 유형으로 파악하는 멜초프의 입장과 애착을 사회적 정서체계의 가장 시원적 유형으로 파악하는 볼비의 입장 간의 관계는 타자경험의 발생적 현상학적 정초에서 아주 중요한 문제이다. 먼저 볼비의 애착 이론을 검토하는 과정에서 확인한 것처럼 볼비는 사회적 정서체계로서 애착의 발달과정에서 사회적 인지발달의 계기를 끌어들인다. 다만 그는 애착 발달의 과정에서 타자의 마음에 대한 이해로서 개념적 통찰력의 획득이 생후 3년째 이후 시작되는 애착 발달의 최종단계인 4단계에서 이루어진다고 보았다. 더욱이 그는 개념적 통찰을 통해서 이해하게 되는 타자의 마음은 타자 행동의 느낌과 동기, 바람과 목표라고 보았다. (A. 403) 그러나 앞서 배런-코헨의 시원적 마음 읽기 능력으로서 의도성 탐지 기제나 시각 탐지 기제의 기능은 이미 출생 후 9개월 이전에 수행되고 있음을 주장한다. 그러나 아이의 행동 속에서 타인의 바람, 의도, 목표를 좀 더 명백히 인식하고 있음을 밝힌 것은 18개월 된 아이들을 대상으로 한 멜초프의 실험이었다. 아이가 성인의 실패한 시도행위를 모방하면서 그것에 성공하려고 노력하는 과정에서 그리고 기계의 실패한 시도행위는 모방하지 않지만, 성인의 실패한 시도행위는 모방하는 과정에서 아이가 성인의 행동 배후에 있는 바람, 의도, 목표를 간파하고 있음을 보여주었다. 그렇다면 볼비의 생각과는 달리 실제로 아이는 애착 발달의 초기 단계에서부터 이미 타자의 행동 동기, 느낌을 이해하고 있다는 의미일 것이다. 그렇다면 이와 같은 초기 사회적 인지발달은 초기 사회적 정서로서 애착의 발달에 어떤 영향을 줄 수 있을까? 물론 이런 의문은 일차적으로 볼비의 애착 이론에 대해서 제기되는 질문일 것이다.

그러나 타자경험의 발생적 현상학적 정초를 수행하는 우리의 입장에서 더 중요한 문제는 **시원적 사회적 정서로서 애착이 수행하는 원초적 타자경험이 시원적 사회적 인지행위로서 모방행위가 수행하는 지각적 타**

자경험에 어떤 동기연관이 있느냐는 문제이다. 멜초프의 발견과 해석에 따르면 오히려 애착 정서의 발달 이전에 그리고 그것과 독립적으로 모방은 수행되고 있는 것처럼 보이며, 따라서 우리의 구분에서 원초적 타자경험에 선행해서 그것과 독립적으로 지각적 타자경험이 수행되고 있는 것이 아니냐는 의문을 제기할 수 있을 것이다. 분명히 멜초프의 발견에 따르면 시기적으로 모방행위는 생후 직후부터 발생한다고 보았고, 더욱이 모방행위가 애착처럼 전반적인 정서적 흥분, 여기 상태에서 반응이 아니라, 사용된 신체 일부와 불러일으켜 진 운동의 조건 속에서 성인의 특정 행위기능에 따라 변하는 영역 한정적인 반응이다. 따라서 원초적 타자경험으로서 애착에서 작동되는 놀람, 기쁨, 안정, 불안 등의 정서적 요소와 끌림과 반발의 본능적, 신체운동 감각적 요소가 모방행위에서는 개입되지 않는 것처럼 보인다.

그러나 결론부터 말하면 본래적 의미에서 사회적 인지로서 모방행위가 작동되기 위해서는 사회적 정서로서 애착이 이미 작동되어야 한다. 따라서 멜초프는 모방이 작동되기 위한 발생적 토대로서 애착의 작동 필요성을 명백하게 인식하지 못한 것처럼 보인다. 이를 입증하기 위해서는 우선 단순히 **반사적인 모방**과 **참된 모방**의 구분이 필요하다.

먼저 멜초프에 따르면 **사회적 인지발달의 1단계로 지각된 타인의 행동과 산출되는 자신의 신체적 운동감각 간의 동등성의 표상**이 성립되기 위해서는 먼저 태아기 혹은 출생 후 아이는 입술이나 혀 운동의 산출을 포함하여 신체를 자유롭게 움직이는 경험을 해야 한다. 이런 초기 **자기-발생적 운동경험(self-generated motor experience)**을 **신체적 옹알이(body babbling)**라고 부른다. 이런 신체적 옹알이 경험을 통해서 자신의 신체가 어떻게 작동하는지, 자신의 근육운동 결과가 무엇인지에 대한 풍부한 정보를 갖게 된다.[491] 따라서 타인의 얼굴표정을 지각했을 때, 동등한 얼굴표정

---

491 A.N. Meltzoff, 같은 글, 57 참조.

530 타자의 철학과 심리학

을 지을 수 있는 것은 바로 그런 얼굴표정을 짓기 위해서는 어떤 근육이 작동되어야 하는지를 체험을 통해서 알고 있기 때문이다. 즉 **사회적 인지발달의 2단계에서 자신의 행동과 기초 짓는 정신상태의 규칙적 관계에 대한 일인칭적 경험**과 달리 사회적 인지발달 1단계 이전에 이미 **자신의 행동을 기초짓는 신체적 운동감각에 대한 일인칭적 체험**을 갖는 것이다.

> "그들이[아이들이] 신체적 결합[타인의 신체적 행동]을 볼 때, 그들은 그것을 성취하기 위해서는 어떤 근육이 작동되는지를 인지하고 있다. 왜냐하면, 그들은 [이미] 선행하는 신체적 옹알이를 통해 그런 최종 상태에 어떻게 도달하는지를 **배웠기 때문이다**."[492]

여기서 말하는 배움이란 현상학적으로 말하면, **자신의 신체적 운동감각과 신체적 행위간의 관계에 대한 습성체계의 형성**을 의미할 것이다. 그렇다면 단순히 거의 반사적으로 타인의 표정을 따라 하는 수동적 모방행위가 아니라 사회 인지적 의미에서 "참된 모방", 즉 "목표행위에 대한 자신의 반응을 위한 기초로서 자신의 행위로부터 자기 지각적 피드백이 사용된"[493] 능동적 모방행위가 이루어지기 위해서는 자기 지각적 피드백의 토대로서 자신의 신체운동감각과 신체행위 간의 습성체계가 충분히 형성되어 있어야 할 것이다. 따라서 아직 시각도 발달하여 있지 않은 생후 직후에 발견되는 신생아의 모방행위는 반사적 행위 혹은 아이의 난순하면서 반복적인 패턴의 표정과 동작일 뿐이다.

더욱 중요한 것은 이와 같은 습성체계가 타자행위의 모방 발생적 토대가 되기 위해시는 먼저 타인이 아이와 시선을 맞추고 아이의 특정 행동

---

492 A.N. Meltzoff, 같은 글, 57.

493 A.N. Meltzoff, 같은 글, 55.

을 흉내 내는 계기가 필요하다. 즉 아이는 모든 타인의 모든 행동을 따라 하는 것이 아니라 자신과 시선을 맞추는 특정 타인의 특정한 행동만을 따라 할 수 있으며, 이때 타인은 이미 아이가 맹목적으로 수행하는 행동, 특히 표정을 흉내 내고 바로 그런 타인에 의해서 흉내를 낸 자신의 표정을 다시 아이가 재현하는 것이다. **결국, 맹목적인 반사적인 모방 행동이 아니라 지각된 타인의 신체 행동을 나의 신체적 운동감각과 신체행위 간의 습성체계를 작동시켜 능동적으로 모방하기 위해서는 아이와 타인과의 상호관계가 최소한 형성되어야 한다.** 이런 점에서 앞서 볼비가 말하는 애착을 형성하는 기본적인 사회적 촉발인으로서 행위인 미소와 옹알이의 교환은 바로 이런 모방적 과정의 기반이 되는 것이다. 왜냐하면, 이런 미소와 옹알이와 같은 원초적 타자경험 차원에서 감정적, 본능적, 운동감각적 끌림의 반응이 타자의 재반응을 이끌어내면서 상호작용이 작동되고, 이와 같은 **상호작용에서 연합되는 즐거움의 감정의 기반 속에서** 타인(어른)의 흉내와 나(아이)의 본래적인 의미의 모방이 이루어지는 것이다.

흥미로운 것은 멜초프 역시 비록 애착의 발생과정임을 명시적으로 언급하지 않으면서 다만 14개월 된 아이들을 대상으로 하는 상호모방의 실험에서 상호모방이 적응적 기능을 가지며, 아이는 자신의 행동이 타이밍과 유관성 그리고 형태적 유사성을 갖춘 성인의 흉내로 이어질 때 상대방에게 위안을 느끼며, 좋아하는 마음과 친밀감을 느낀다고 주장한다.[494] 바로 모방을 통한 사회적 인지의 발달은 타인에 의한 타이밍과 유관성을 갖춘 유사한 흉내와 상호교환 속에서 이루어진다는 것을 알 수 있으며, 바로 이와 같은 상호교환의 과정이 특정 타인에 대한 선호, 끌림이라는 애착이 발달하는 과정이기도 하다. 좀 더 넓게 보면 사회적 정서로서 애착이 발달하는 과정에서 모방은 애착을 촉진하는 적응적 기능을 담당하는 것이

---

494 A.N. Meltzoff, 같은 글, 60~62 참조.

다. 이런 점에서 볼비의 애착 이론 역시 수정될 필요가 있다. 왜냐하면, 발달의 최종단계인 생후 3년 이후의 4단계에 이르러 엄마에 대한 개념적 통찰력을 획득하기 이전에도 이미 아이는 애착 발달 초기부터 적어도 2단계 이후부터는 상호모방을 통한 상호 인지발달로 애착을 강화하고 있다.

또한, **애착이 모방보다 더욱 근본적인 타자경험의 단계임을 입증해주는 결정적 근거**는 바로 자폐아의 행동에서 발견된다. 오조노프와 사우스는 이전의 연구결과를 바탕으로 자폐아에게 애착은 정상아들과 마찬가지로 형성되는 반면,[495] 모방능력의 경우 '사물모방'보다 '신체모방'에서 손상이 두드러진다고 주장한다.[496] 그러나 주지하다시피 애착의 발달과정은 여러 단계가 있다. 홉슨이 지적한 것처럼 특히 자폐아는 애착 발달과정에서 타인으로부터 정서적 반응에 감응하는데 서투르다. 그 결과 그런 정서적 반응과 감응에서 이루어지는 상호 교감이 형성되지 않고 따라서 모방도 어려워지는 것이다. 이 결과가 함의하는 바는 명백하다. 첫째, 근본적으로 자폐아의 경우에도 초보적인 애착이 정상적으로 형성된다는 점에서 타인과의 근본적인 존재적 유대는 맺을 수 있다. 둘째, 그러나 홉슨의 지적처럼 상호 정서적 교감이 형성되지 못한다면 성숙한 애착 관계를 맺는데 어렵다. 셋째, 애착의 미성숙은 사회적 인지능력의 성숙 기반이 되는 모방능력의 손상이나 지체를 초래하고 그만큼 자폐아를 타인들과의 인지적, 사회적 관계를 맺게 하는데 어려움을 준다.[497]

---

495 S. Ozonoff & M. South, 같은 글, 566~569 참조.

496 S. Ozonoff & M. South, 같은 글, 571 참조.

497 애착이 사회적 인지를 포함한 인지 일반에 갖는 의미는 아무리 강조해도 지나치지 않는다. 내부분 영유아의 인지능력 실험의 경우 양육자인 엄마의 무릎 위에 앉혀 놓고 실험을 수행한다. 그러나 이것은 단순히 영유아의 산만한 행위를 막으려는 제재차원이 아니다. 이를테면 엄마가 아닌 다른 실험자가 자신의 무릎에 영유아를 앉혀놓고 실험을 수행한다면 대부분 영유아는 제대로 된 인지능력을 애초에 발휘하지 못한다.

5절 지각적 타자경험의 발생적 정초의 보완

1 지각적 타자경험의 이중 방향성이나 상호성

이제 지각적 타자경험의 발생적 현상학적 정초와 관련해서 후설이 최초 밝혀낸 타자·이해의 통각적 습성체계의 형성 및 작동과정은 발달심리학의 사회적 인지발달 이론의 성과를 반영할 때 어떻게 변형되고 보완될 수 있는가? 먼저 후설이 밝혀놓은 타자 이해의 통각적 습성체계의 작동 절차를 다시 확인해보자.

1단계, 비주제적 자기지각 단계로서 나의 신체가 나의 초월론적 주관의 신체적 표현이라는 사실을 경험한다.

2단계, 유사성의 지각 단계로서 나의 신체와 타인의 신체 사이의 유사성이 존재한다는 사실을 경험한다.

3단계, 유비적 연합 단계로서 앞서 두 가지 경험을 토대로 유비적으로 내가 원초성의 영역에서 경험하는 저쪽에 있는 신체가 타인의 초월론적 주관의 표현이라는 사실을 경험한다.

반면 멜초프가 이론화시킨 사회적 인지발달의 단계를 보면 다음과 같다.

1단계, 행동 표상 단계로서 아이는 출생 직후부터 모방을 통해 인간 행위의 지각과 산출 사이의 본질적 연결을 구현한다.

2단계, 일인칭 직접체험 단계로서 아이는 자신의 행위와 그런 행위를 기초 짓는 자신의 정신상태 사이의 규칙적 연결을 체험한다.

3단계, 타자 마음의 이해단계 혹은 **타인에게 마음을 귀속시키는 단계**로서 아이는 나처럼 행동하는 타자 역시 나처럼 내적 상태를 갖는다는 사실을 이해하게 된다.

양자를 단계를 비교해보면 후설의 1, 2단계와 멜초프의 1, 2단계가 순서만 뒤바뀐 것처럼 보인다. 그러나 멜초프의 1단계에서 모방을 통해 외부적으로 지각된 타자의 신체행위와 느껴진 나의 신체적 운동감각의 동등성에 대한 표상은 후설의 2단계에서 나의 신체와 타인의 신체의 외적 유사성의 확인이 아니다. 왜냐하면, 멜초프가 말하는 모방행위를 통해 획득하는 동등성의 표상은 아이가 외적으로 관찰되는 타인의 신체적 행위로부터 내적으로 느껴지는 나의 신체적 운동감각과의 동등성의 표상이기 때문이다.[498] 오히려 멜초프가 말하는 2단계의 자신의 행위와 그런 행위를 기초 짓는 자신의 정신상태의 규칙적 연결에 대한 일인칭적 직접 체험의 단계가 후설의 1단계에서 주관과 그것의 신체적 표현 간의 짝짓기 연합의 체험에 상응한다.

그러나 멜초프는 재차 사회적 인지발달의 1단계에서 외적으로 지각된 타자의 신체적 행위가 나의 특정한 신체적 운동감각과 동등한 것임을 표상할 수 있는 것은 이미 **선인지차원에서, 즉 애착과 같은 원초적 사회적 정서 형성과정에서 자신의 신체적 운동을 낳는 신체적 근육의 운동감각을 체험**했기 때문이라고 본다. 즉 앞서 지적한 것처럼 **자신의 신체적**

---

498 이미 메를로-퐁티 역시 후설이 말하는 지각적 타자경험 이전에 그것의 발생적 토대로서 신체 모방을 통한 동일성의 획득의 가능성을 주장한다. "만일 내가 15개월 된 아이의 손가락 하나를 장난으로 나의 이빨 사이에 넣어 무는 척하면 아이는 자신의 입을 벌린다. 그러나 아이는 좀처럼 자신의 얼굴을 거울로 본 적이 없고, 아이의 이는 어떤 경우에도 나의 것과 같지 않다." 즉 아이는 타자의 몸짓들과 자신의 몸짓을 비교하고 동일시할 능력이 없다. 그러나 "아이의 입과 이빨은, 아이가 **내부로부터 느끼는 대로**, 아이에게 **즉시** 무는 장치이고, 나의 턱은, 아이가 그것을 **외부로부터 보는 대로**, 아이에게는 **즉시** 같은 의도를 능히 실행할 수 있는 것으로 여겨진다는 사실이다. '무는 것'은 아이에게는 즉시 상호주관적 의미가 있다. 아이는 자신의 신체 속에서 자신의 의도를 지각하며, 나의 신체를 아이 자신의 신체로 지각하며, 그로써 나의 의도를 아이 자신의 신체 속에서 지각한다." (PP. 404)

운동과 운동감각 간의 연관에 대한 습성체계의 형성이 모방행위에 발생적으로 선행하는 것이다.

따라서 후설이 최초로 정초한 지각적 타자경험의 작동 발생적 체계에 멜초프의 신체모방의 발달에 대한 통찰을 접목하면 지각적 타자경험의 발생구조는 다음과 같은 체계를 갖추어야 할 것이다.

1단계 : 나의 신체적 운동과 신체적 운동감각의 연관의 경험(일차적 습성적 통각체계)

2단계 : 외적으로 지각된 타자의 신체운동과 나의 신체운동감각의 동일성 경험(일차적 지각적 타자경험)

3단계 : 나의 주관의 정신상태와 신체적 표현의 연결에 대한 경험(이차적 습성적 통각체계)

4단계 : 나의 신체적 표현과 타자의 신체적 표현의 유사성 경험을 매개로 타자의 주관의 정신상태 귀속(이차적 지각적 타자경험)

이처럼 시원적 지각적 타자경험으로서 모방의 발생적 정초 관계와 후설의 지각적 타자경험의 발생적 정초 관계를 통합함으로써 지각적 타자경험과 관련해서 우리는 중요한 결론을 얻을 수 있다. 타자의 주관에 대한 이해의 발달은 나와 타자의 신체에 대한 지각을 매개로 항상 나의 주관에 대한 이해의 발달에 상응한다는 것이다. 이것이 바로 후설이 지각적 타자경험의 "상호적으로 서로에 대해 있음(ein Wechselseitig-für-einander-sein)"(Hua I, 158)을 통해 그리고 멜초프나 고프닉이 마음이론의 이중 방향성(biderectionality)을 통해서 밝히고자 한 지각적 타자경험의 본질이다. 이제 후설은 이와 같은 지각적 타자경험의 본질적 원칙으로서 상호성을 이미 다음과 같이 『이념들II』에서 밝히고 있다.

"가능한 상호 이해의 관계를 통해서 나의 경험세계는 타자의 경험세계와 동일시될 수 있으며, 동시에 나의 경험세계를 타자의 경험세계로 확장(Überschüsse)을 통해 풍부하게 할 수 있다." (Hua III. 196)

2 비주제적 자기지각에서 타자의 개입 및 애착의 역할

지각적 타자경험에서 모방을 통해서 구현되는 지각된 타자의 신체적 행동과 느껴진 나의 신체적 운동감각 간의 동등성이라는 초양상적 표상 못지않게 중요한 역할을 하는 것이 바로 일인칭적인 경험으로서 자기지각의 계기이다. 이런 일인칭적 자기 지각은 앞서 확인한 것처럼 지각적 타자경험의 1단계와 3단계, 즉 자신의 **신체적 운동과 그것을 낳는 신체적 운동 감각간의 관계에 대한 일차적인 일인칭적 경험과 자신의 신체적 동작과 그것을 기초짓는 다양한 양상의 주관적 상태의 규칙적 연결의 이차적인 일인칭적 경험** 간에 구분이 필요하다. 물론 이 중에서 실질적으로 다양한 타자 주관의 단계나 양상에 대한 이해를 위해서는 후자의 경험이 결정적이다.

그런데 이런 일인칭적 경험은 흔히 사적인 경험으로서 유아론적 경험이라는 오해를 받는다. 실제로 후설이 **지각적 타자경험의 타당성 정초에**서 수행하는 원초적 환원은 일종의 방법론적 의미에서 유아론적 환원이다. 그러나 이 원초적 환원은 철저하게 **주제적인 자기지각**으로서 인위적으로 타자경험을 나의 지각내용에서 추상화시킨 것일 뿐이다. 그러나 그때마다 **일상적인 지각적 타자경험의 발생적 정초에서** 자기지각은 비주제적 자기지각으로서 그것은 결코 유아론적 경험이 아니다. 왜냐하면, **비주제적 자기지각**이 이루어지기 위해서는 타자의 개입이 불가피하기 때문이다. 그러나 후설의 지적, 즉 타자신체와의 유사성의 지각이 동시에 그런 유사한 타자를 지각하는 자기를 지각하게 한다는 지적만으로는 비주제적 자기지각이 유아론적이라는 오해를 극복하기에는 부족하다.

발달심리학의 사회적 인지의 발달과정을 논하는 과정에서 우리는 아이가 자기를 지각하는 과정에서 타자가 개입되는 방식을 세 측면에서 확인할 수 있었다. 1) 타자 측면에서 가장 적극적으로는 애착의 발달단계 2와 3에서 엄마의 양육행위가 아이의 비의도적 애착 행동을 의도적 애착 행동으로 해석해주면서 적극적으로 반응해주면서 상호작용을 주도할 때, 아이가 자기 자신의 욕구와 바람을 자각하게 되면서 자신을 개인으로서 자각하는 경우, 그리고 2) 상호 모방에서 자신의 신체적 동작이나 목소리가 타자에 의해 흉내 내어짐으로써 외부로부터 지각된 자신의 신체 동작이나 목소리를 자각하게 되는 경우 그리고 3) 가장 소극적으로 엄마의 시선 자체가 지속해서 아이를 향하고 있음을 아이 자신이 느끼는 경우까지 여러 단계가 존재할 수 있을 것이다. 이런 세 가지 자기지각의 모든 경우 공통으로 타자의 개입이 발생한다. 이것은 흔히 일인칭적 사적 경험이라는 것이 타자를 배제한 유아론적 경험이 아니라 타자의 개입 없이는 발생적으로 불가능한 경험이라는 것을 보여주는 결정적 증거이다.[499]

이와 같은 비주제적 자기지각의 동기로서 세 가지 측면에서 타자의 개입을 검토하는 과정에서 분명해지는 것이 있다. 바로 자기지각의 발생적 동기로서 타자의 개입은 분명히 지각적 타자경험 이전에 발생한다. 그리고 바로 지각적 타자경험 이전, 비주제적 자기지각의 발생적 동기로서 타자의 개입은 모두 원초적 타자경험으로서 애착의 발달과정에서 이루어진다. 양육자로서 엄마가 아이의 비의도적 행위를 의도적 행위로 해석해주는 과정이나 아이의 행동이나 목소리를 흉내 내는 과정이나 미소나 옹

---

499 메를로 퐁티 역시 유아론의 함의를 유사한 논리로 해명한다. 그러나 여기에서는 사태 자체에 대한 해명에서 비롯된 것이라기보다는 다소 **변증법적인 사변적 논리**가 개입되어 있다. "반성은 어떤 방식에서는 비반성적인 것을 제시해야 한다. 그렇지 않으면 우리는 반성이 대립할 수 있는 그 어떤 것도 갖지 못하게 되며, 반성은 우리에게 전혀 문제가 되지 않기 때문이다. 유사하게 나의 체험은 어떤 방식에서 나에게 타인들을 제시해 주어야 한다, 왜냐하면, 그렇지 않으면 나는 고독에 관해서 이야기할 경우가 없어지며, 타인에 대해서 접근 불가능하다고 선언할 수조차 없기 때문이다." (PP. 412~413)

알이를 통해 아이와 지속해서 눈 맞춤을 해나가는 과정은 다름 아닌 애착의 발달과정이다. 그러나 앞서 지적한 것처럼 자폐아의 경우 애착을 형성하는 과정에서 상호 정서적 교감능력이 부족한 까닭에 신체적 모방능력과 주의 결합[500]의 결핍 혹은 장애를 겪게 되는 것이다.

3 다양한 지각적 타자경험의 단계 간의 정초연관

타자 이해의 단계 구분과 관련해서 베런-코헨이 의도성 탐지, 시선 탐지와 마음이론의 단계를 구분하면서 양자를 매개하는 중요한 계기로 파악한 주의 공유 기제는 후설의 지각적 타자경험의 발생적 정초와 관련해서 시사하는 바가 크다. 왜냐하면, 후설은 지각적 타자경험 자체가 이미 상호주관적이므로 내가 경험하는 대상과 타자가 경험하는 대상의 동일성이 획득될 수 있다고 보기 때문이다. 물론 주의공유 이전에 이루어지는 타자 이해 역시 그 원초적 유형이 신체모방에서 이미 상호주관적이다. 일인칭적 자기 경험 역시 타자의 개입이 필요하다. 그러나 주의 공유이전의 타자 이해는 여전히 나의 관점에서 타자 이해일 뿐 타자의 관점에서 타자의 이해가 아직 아니다. 반면 주의공유 이후의 타자 이해에서 비로소 타자의 관점에서 타자의 이해의 경험인 것이다.

대개 경험적 차원에서 주의공유 기제가 작동되는 것은 베런-코헨이나 혹은 고프닉의 지적처럼 생후 9개월 이후에 발생한다.[501] 그리고 베런-코헨이 강조한 것처럼 주의공유 기제가 작동되는 데 있어서 바로 시선 탐

---

500 자폐아는 "**명령적 가리키기**"(imperative pointing) 동작은 수행하지만 "**서술적 가리키기**"(declarative pointing) 동작을 하지 못한다. 그리고 후자인 서술적 가리키기 동작이 주의 결합의 형성에서 결정적인 동작이다. S. Ozonoff & M. South, 같은 글, 569~570 참조.

501 베런-코헨이나 고프닉 모두 9개월 이후 18개월 사이에 주의공유 기제가 작동된다고 본다. M, 82. A.Gopnik, L.Capps, A.N.Meltzoff, 같은 글, 55.

지 기제가 갖는 역할을 주목해야 한다. 나아가 오니쉬와 베이아정이 보여준 비구어적 거짓 믿음 과제 실험에서 바로 15개월 된 아이들이 타자의 거짓 믿음을 이해하고 있음을 보여준다. 바로 참된 의미에서 타자의 관점에서 타자 이해가 이루어질 수 있음을 경험적으로 입증할 수 있는 결정적 기준이 바로 거짓 믿음의 과제의 성공 여부다. 대개 참인 믿음 내지 앎에 대한 이해 여부는 타자의 측면에서 타자를 이해했는지에 대한 결정적 기준이 되기 어렵다. 왜냐하면, 참인 믿음이나 앎의 경우에는 상대방과 내가 이미 공유하고 있는 것이기에 타자의 행동에 대한 예측의 성공이 나의 앎이나 믿음의 관점에서 예측한 것인지 타자의 앎이나 믿음의 차원에서 예측한 것인지 구별할 수 없기 때문이다.

한 가지 더 고려할 사항은 이처럼 나의 관점이 아닌 타자의 관점에서 타자를 이해할 때 어떤 계기가 작동되는가의 문제이다. 이와 관련해서 후설이 해명한 것은 단순히 신체적 방향정위의 변경을 통해 마치 나의 신체의 여기가 아닌 타자의 신체의 저기에 있는 것처럼 대상을 경험하는 것이다. 그러나 이와 같은 "마치 ~인 것처럼"의 지각조건은 다면성을 갖는 외적 사물에 대한 지각에 국한된 조건일 뿐이다. 따라서 이런 조건은 앞서 거짓 믿음과제의 경우 아이 위치에서는 보이지만, 배우 위치에서는 보이지 않는 장난감의 위치에 대한 배우의 찾기 행동에 대한 예측에서 유효할 것이다. 그러나 예를 들어 백설공주의 동화에 대한 아이들의 이해에서 볼 수 있듯이 아이는 마녀가 사과 파는 할머니로 변장하는 모습을 보았고, 백설공주는 변장의 모습을 보지 않았다. 여기서는 단순히 위치의 변경이 아닌 타자(백설공주)가 처해 있는 상황과 나(아이)의 상황에서 차이가 나는 관련 조건들, 예를 들어, 나는 마녀를 이전부터 알고 있었고, 백설공주는 처음 보았고 따라서 나는 마녀와 사과 파는 할머니가 동일인임을 기억할 수 있지만, 백설공주는 동일인으로 파악할 수 있는 기억내용이 없다는 점을 고려해야 한다. 다시 말해 타자의 관점에서 타자를 이해하기 위해서는 단순히 위치의 변경뿐만 아니라 상황, 처지의 변경이 요구된다. 바로 해리스는 시뮬레이션의 성공 여부는 바로 상상력을 통해 이와 같은 상황, 처지로서 관련 조건들(default settings)을 얼마만큼 정확하게 조정할 수 있느냐에 달려 있다고 보았다. 이것은 결국 타자 이해에서 나와 타자가 공유하는 세계와 공유하지 않는 세계의 차이를 파악하는 것을 의미한다. 따라서 이것은 타자 이해의 발생적 정초에서 나와 타자가 처해있는 상황으로서 세계의 이해가 왜 중요한지를 잘 보여준다.

4장

소통적 타자경험의 발생적 정초의 변용 : 의사소통

1절 소통적 타자경험의 발생적 정초의 쟁점들

후설은 한편으로는 소통적 타자경험을 타자의 주관에 대한 이해의 보완차원에서 이해하면서도 다른 한편으로는 발생적으로 선행하는 원초적 타자경험과 지각적 타자경험과 본질적으로 구별되는 계기와 기능을 소통적 타자경험에 부여한다. 먼저 **소통적 타자경험의 구별적 계기**를 살펴보자. 원초적 타자경험이나 지각적 타자경험 역시 상호적으로 이루어질 수 있고, 또한, 언어가 개입될 수 있다. 그러나 본질적으로 원초적 타자경험이나 지각적 타자경험은 단위 상 타자로부터 어떤 자극에 대한 반발과 끌림의 반응이거나 타자로부터 나타나는 신체적, 언어적 표현에 대한 이해라는 점에서 **본질적으로 일방향성**을 갖는다. 그러나 소통적 타자경험은 단위상 타자로부터 자아에게 자신의 의사를 전달하려는 의지가 발동함으로써 나로 하여금 어떤 반응을 유도하고, 그것을 내가 알아채고, 이런 알아챔 및 타자의 의사에 대한 나의 태도를 알릴 때 이루어진다는 점에서 **본질적으로 자아와 타자간의 쌍방향성**을 갖는다. 물론 지각적 타자경험에는 연출해냄이라는 고도의 실천적 타자 이해가 있다. 즉 여기에는 자아에 의한 타자의 이해를 타자가 통제한다는 점에서 소통적 타자경험처럼 나 자신에게 어떤 반응이나 태도를 타자가 유도한다. 그러나 연출해냄은 이런 나의 반응이나 태도의 유도를 타자가 몰래 의도한다는 점에서 아직 소통적 타자경험은 아니다. 요컨대 후설이 밝혀낸 바로는 소통적 타자경험에는 자신의 의사 알림, 전달의 의지 및 이런 알림, 의지에 대한 타자의 알아챔이 반응이 작동되어야 한다는 점에서 **쌍방향적**이다.

그에 따라 소통적 타자경험은 자신의 **고유한 기능**에서 원초적 타자경험이나 지각적 타자경험과 본질적으로 다르다. 양자 모두 **공동존재(Mit-sein)**의 유형들이지만, 후자들이 '**서로 함께 존재함**'(Mit-einander-sein)의 유형이라면, 전자는 '**서로 속으로 존재함**'(In-einander-sein)의 유형이다. 그에 따라 소통적 타자경험은 본래적 의미의 사회성, 즉 나와 너의 공동체, 우리라는 공동체로서 **사회세계의 구성** 기능을 가진다.

이처럼 소통적 타자경험이 **쌍방향성이라는 본질적 계기와 사회성의 구성이라는 기능**을 갖는다는 점에서, 타자경험의 발생적 현상학적 정초를 발판으로 상호주관성의 발생적 현상학으로 확장해나가는 데 있어서 소통적 타자경험은 가장 중요한 탐구의 대상이 될 것이다. 그러나 우리의 판단에서 본다면 소통적 타자경험에 대한 후설의 해명에서 사태적으로 여전히 원초적 타자경험과 지각적 타자경험으로부터 소통적 타자경험에로의 이행에서 결정적 계기인 전달, 알림의 의지의 발생과 관련된 부분이 불분명하다. 즉 전달과 알림의 의지 자체의 의미는 명백하다. 그러나 전달과 알림의 의지가 발생하는 토대로서 고유한 원초적 타자경험과 지각적 타자경험의 역할이 불분명하다.

이제 우리는 먼저 지금까지 검토한 발달심리학의 애착과 마음 읽기 발달과정에서 소통적 타자경험의 발생조건으로서 각각 **사회적 촉발인**으로서 미소 짓기, 옹알이와 주의결합 내지 주의공유기제의 기능에 대해서 살펴볼 것이다. 그리고 이런 주의결합과정에서 시원적 소통적 타자경험으로서 '가리키기'나 '눈짓'을 동반한 사회적 참조행위에 대해서 살펴볼 것이다. 끝으로 소통적 타자경험의 본질적 계기로서 쌍방향성의 결정적 계기인 자연적 표현에서 의도적 표현으로의 전환의 특성에 대해서 살펴볼 것이다.

2절 원초적, 지각적 타자경험에서 소통적 타자경험의 발생조건

1 애착 본능-정서체계에서 소통적 타자경험의 발생조건 : 미소 짓기, 옹알이

볼비가 밝히고 있는 애착은 우선 인간의 생애 전체 시기 중 단순히 유아기에만 수행되는 본능-정서체계가 결코 아니다. 애착은 인간의 생애 전체에서 다양한 단계와 양상으로 나타나면서 인간 유대 형성의 바탕을 이룬다. 나아가 애착은 타자경험 차원에서 결코 단순히 원초적 타자경험의 단계에서 독립적으로 수행되는 본능-정서행위만도 아니다. 왜냐하면, 애착의 발달단계 중 4단계인 "목표 수정적 동반자 관계의 형성"을 위해서 지각적 타자경험이 수행되며, 이를 기반으로 실질적인 의미의 소통적 타자경험이 수행될 수 있기 때문이다.

그에 따라서 볼비의 애착 본능-정서 체계론 속에서 우리는 소통적 타자경험의 발생을 위한 중요한 통찰을 얻을 수 있다. 앞서 확인했듯이 소통적 타자경험의 본질적 계기는 쌍방향성이라는 점이었다. 이제 애착 발달의 초기부터 작동되는 미소 짓기와 옹알이는 아이와 엄마 간의 최초의 상호작용적 관계를 형성하는 요인이다. 그런 점에서 반복적으로 언급했듯이 볼비는 미소 짓기와 옹알이를 "사회적 촉발인"(A. 421, 434)이라고 표현한다.

볼비가 애착 발달에서 중요한 두 가지 사회적 촉발인으로서 분석한 미소와 옹알이는 일종의 소통적 타자경험의 **발생적 선형식**에 해당한다고 볼 수 있다.[502] 볼비 역시 사회적 촉발인의 기능을 "아이는 이 두 가지[

---

502 볼비는 애착 발달의 초기 단계에서 사람들에 대한 아이의 초기반응들로 지향성, 머리 돌리기와 빨기, 붙잡기, 매달리기, 손 뻗기, 울기 등을 분석하지만, 무엇보다 미소 짓기와 옹알이에 대한 상세한 분석을 수행한다.(A.420~434)

미소 짓기와 옹알이]를 소유함으로써 자신의 동반자들과 사회적 의사소통에 참여하게 된다"(A, 432)는 뜻으로 사용하고 있다. 물론 엄밀한 의미에서 소통적 타자경험이 발생하기 위해서는 이와 같은 사회적 촉발인만으로는 불충분하다. 왜냐하면, 미소나 옹알이와 같은 원초적 타자경험 차원의 정서적, 본능적, 신체운동 감각적 반응뿐만 아니라, 타인의 마음 이해경험과 같은 인지체계가 또한, 필요하며, 더욱이 능동적으로 자신의 표현행위가 타인에 의해 이해되도록 하며 동시에 타인의 표현을 이해하려는 능동적 의지가 요구된다. 그러나 미소 짓기나 옹알이에서 쌍방향성이 의사소통의 본질적 계기라는 점을 고려할 때, 미소 짓기나 옹알이와 같은 사회적 촉발인을 통해서 소통적 타자경험이 시작될 수 있다는 사실의 발견은 분명히 볼비의 애착 이론의 중요한 공로 중 하나이다.

먼저 미소 짓기는 애착 본능의 일환으로 이루어지는 가장 기초적인 사회적 본능행위이다. 즉 아이의 미소 짓기는 결코 학습된 것이 아니며, 어떤 사람이 아이에게 음식을 먹여주었기 때문에 발생하는 파생적 충동이 아니다. 진화적응환경에서 미소는 특정한 자극에 편향되어 있으며, 효과적인 자극의 원천은 특히 아이의 엄마와 가족 내의 다른 사람일 가능성이 높다. 그러나 학습 과정을 통해 미소는 낯선 목소리와 얼굴보다 친숙한 목소리와 친숙한 얼굴에 의해 더 즉각적으로 더 강렬하게 반응한다. 미소가 사회적 촉발인인 까닭은

"미소의 예견되는 결과가 엄마와(혹은 아이가 미소를 지은 다른 인물) 아이 사이의 사회적 상호작용을 연장하고, 다음에 엄마의 모성 행동이 발현될 가능성을 높이도록 엄마가 아이에게 사랑스럽게 반응하는 것[이기 때문이다]." (A, 421).

아이의 미소와 관련해서 그것이 상호작용적 성격을 갖는다는 것을 입증해주는 중요한 증거로서 볼비는 블랙빌의 실험, 즉 아이의 미소에 대해 사랑이 넘치는 사교적 방식으로 반응하며, 아이가 그 이후부터 더 강하게

미소 짓는다는 사실을 제시한다. (A, 431)

두 번째로 옹알이는 미소와 여러 가지 면에서 유사한 성격을 가진다. (A, 432) 두 가지 모두 아이가 깨어있는 만족한 상태에서 일어나며, 둘 모두의 예견되는 결과는 아이의 동반자가 사교적인 방식으로 아이에게 반응하고 연쇄적 상호작용에 아이와 함께 참여하는 것이다. 그리고 이 두 가지는 생후 5주라는 거의 동일한 나이에서 나타나며, 모두 동일한 자극에 의해 발현되기 때문에 둘 다 함께 발생하는 경향이 있다.

또한, 앞에서 언급했듯이 블랙빌의 실험에서 아이가 미소를 지을 때마다 이 아이에게 미소를 짓고, 속삭여주고, 이 아이를 들어 올려 줌으로써 아이의 미소를 강화할 수 있었던 것처럼, 라인홀드, 게르비츠, 로스의 실험에서도 유사한 사회적 보상을 사용해서 아이가 옹알이하는 횟수를 늘리는 데 성공했다. (A, 433) 이런 실험들 결과들에 근거해서 볼비는 "미소 짓기와 마찬가지로 옹알이도 사회적 촉발인이며, 옹알이의 기능은 아이와 엄마 사이의 사회적 상호작용을 증진함으로써 엄마-인물을 아이에게 가까이 있게 하는 것"(A, 434)이라는 주장을 한다.

그러나 양자는 시각적 신호와 청각적 신호라는 점에서 그리고 두 신호를 발현시키는 자극에서 차이를 보인다. 특히 볼비는 사회적 촉발인의 하나로서 옹알이가 갖는 고유한 기능, 즉 **아이의 음성적 발달과정에서 옹알이의 역할**을 강조한다. 아이의 옹알이와 엄마의 흉내 행위의 상호작용 과정에서 생후 첫해 후반기에 아이는 자신 동반자의 어조와 억양을 선별해내는 두드러진 경향성을 가진다. 즉 "동반자가 만들어내는 특정 소리를 모방하는 아이의 경향성과 동반자가 내는 소리를 아이가 모방하여 낼 때, 동반자 자신의 소리와 동일한 소리를 선택적으로 강화하는 동반자의 경향성"(A, 434)이 바로 아이의 음성적 발달에서 중요한 역할을 한다. 바로 이런 옹알이의 반복적 상호작용 과정에서 아이의 음성의 어조와 억양의 차별화가 이루어지며, 이런 음성과 억양의 차별화는 아이의 분절화된 언어능력에로의 발달을 동기 부여할 것이다.

2 마음 읽기 본능-인지체계에서 의사소통적 타자경험의 발생조건들 : 주의 결합

베런-코헨이 마음 읽기 메커니즘들 중에서 **주의 공유 기제**라고 칭하고 있는 것은 고프닉이 논하고 있는 **주의결합능력**에 불과하다. 다만 베런-코헨은 주의결합능력을 일종의 생물학적 모듈의 단계적 성숙화 과정에서 독립적인 생득적인 기제, 즉 주의공유 기제로 보고 있지만, 고프닉은 아이의 마음 읽기능력을 그 최초형태부터 이미 마음이론으로 규정하면서, 주의결합능력을 최초 '타인의 행동에 대한 모방능력'에서 발전한 '대상을 향한 타인의 행동 모방능력'으로 규정한다. 베런-코헨이나 고프닉 모두 이와 같은 주의결합 능력이 대체로 생후 9개월 이후부터 18개월 사이에 기능하기 시작한다는 점에 동의한다. 이 주의결합능력이 갖는 의미와 관련해서 베런-코헨은 의도성 탐지기나 시선 탐지기의 작동과 달리 주의공유 기제의 작동에서 비로소 의사소통이 발생할 수 있다고 주장한다. 베런-코헨은 의도성 탐지기와 시선 탐지기는 모두 의사소통과 관련해서 본질적인 제약점을 갖고 있다고 본다. 이 두 탐지기의 작동은 "자신과 다른 사람(다른 행위자)이 모두 동일한 대상이나 사건에 주의하고 있음을 표상하지는 못하기"(M. 64~65) 때문이다. 다시 말해 자신과 다른 사람이 동일한 대상이나 사건에 주의하고 있음을 깨달을 때에만 비로소 함께 공유하고 있는 현실에 대해 의사소통을 할 수 있다는 것이다.

실제로 베이크만과 아담슨의 연구[503]에 따르면 주의결합이 시원적인 의사소통직 다자경험과 밀접한 관련이 있음을 확인할 수 있다. 주의결합

---

503 R. Bakeman & L.B. Adamson, Coordinating attention to people, and objects in mother-infant and peer-infant interactions. *Chlid Development*, 55, 1984. 1278~1289. S. Ozonoff & M. South, 같은 글, 569 참조.

은 '서술적 가리키기 동작'(declarative pointing), '조정된 눈길'(coordinated eye gaze), '눈길 감시'(gaze monitoring), '공유된 정서'(shared effect) 등으로 나타난다. 전형적으로 주의결합이 이루어지는 과정은 다음과 같다. 먼저 9개월에서 18개월 사이의 아이들은 흥미로운 대상이나 사건을 본 경우, 부모를 바라보며, 손가락으로 가리키기 동작을 취한다. 그리고 재차 대상을 바라보며, 흥분을 전달하는 방식으로 소리를 낸다. 분명히 아이는 다음과 같이 말하고 싶은 것이다. "내가 본 걸 엄마도 보았어요? 대단하지 않아요?" 즉 이런 가리키기 동작과 흥분을 전달하는 소리의 의도는 대상이나 사건에 대해 깨달음을 공유하려는 것이다. 따라서 이런 주의결합이 이루어지는 과정에서 **가리키기 동작**은 아이가 보여줄 수 있는 **가장 시원적인 소통적 타자경험의 유형**이다. 그러나 베런-코헨의 지적을 따르면 주의결합의 본질적 기능인 경험대상의 공유는 상대방의 눈길 따라가기만으로 충분하다는 점에서 주의결합 자체가 소통적 타자경험이라기보다는 주의결합이 이루어지는 과정에서 가리키기와 같은 시원적인 소통적 경험이나 행위가 이루어지는 것이다. 반대로 상대방의 눈길을 따라가며 상대방의 지각대상을 공유하면서도 그런 공유사실을 모른 체할 수도 있다는 것은 주의공유 자체가 소통적 타자경험이 아니라 주의공유가 소통적 타자경험의 중요한 발생적 동기라는 것을 의미한다.

그러나 이제 주의결합 과정에서 시선을 마주치며, 이제 상대방에게 특정 대상을 가리키는 동작은 이미 소통적 타자경험임을 우리는 2008년 송현주, 오니쉬, 베이아정 그리고 피서가 공동연구 발표한 「행위자의 거짓 믿음은 적합한 의사 소통에 의해 수정될 수 있는가? 18개월 아이들의 심리학적 추론」에서 확인할 수 있다. 특히 이 연구가 의미 있는 것은 **지각적 타자경험 차원의 마음 읽기가 가리키기 동작과 같은 시원적 의사소통적 행위에 의해 수정될 수 있다**는 점을 입증하고자 했기 때문이다. 배우1이 갖고 놀던 공을 상자 속에 숨겨놓고 나간 사이, 배우2가 공을 옆에 있던 빨간 캔 속에 숨겨 놓는다. 그리고 배우1이 돌아왔을 때 배우2는 배우1과

눈을 마주치며, 손가락으로 캔을 가리킨다. 이제 배우1이 공을 꺼내려는 듯 상자 속에 손을 집어넣는 행위를 하는 경우와 캔 속에 손을 집어넣는 행위를 했을 때 이 모든 과정을 지켜보았던 18개월 아이들은 상자 속에 손을 넣는 배우1의 행위를 캔 속에 손을 집어넣는 배우1의 행위보다 신뢰할 수 있을 정도로 더 오랫동안 지켜본다. 이 실험은 2005년 오니쉬와 베이아정의 연구에서 활용했던 아이의 응시 시간 측정을 활용한 기대-위반 테스트기법을 활용했다. 따라서 18개월 아이들은 배우1이 잘못된 믿음을 갖고 있기 때문에 만일 배우2가 가리키기 동작을 하지 않았다면 배우1이 상자 속에 손을 넣을 것이라고 예상할 것이고, 만일 캔 속에 손을 넣는다면 놀랄 것이고 따라서 상대적으로 더 오랫동안 응시했을 것이다. 그러나 아이들은 배우2가 가리키기 동작을 통해 공이 캔 속에 있음을 알려 주었고, 이런 의사소통을 이해한 배우1은 캔 속에 공이 있을 것이라고 믿음을 바꾸었을 것이고, 따라서 배우1이 상자 속에 손을 넣는다면 놀랄 것이고 따라서 더 오랫동안 지켜보게 되는 셈이다.[504]

3 시원적 소통적 타자경험 : 사회적 참조

가리키기 동작이나 눈짓을 수반하는 시원적 소통적 타자경험의 원형

---

504 H. Song, K.H. Onishi, R. Baillargeon, & C. Fisher, "Can an agent's false belief be corrected by an appropriate communication? Psychological reasoning in 18-month-old infants." *Cognition*, 109, 2008. 304~307 참조. 또한, 브룩스와 멜초프의 연구에 따르면 가리키기 동작이나 눈길 따라가기 동작의 빈도수와 아이의 어휘량 증가와 밀접한 상관관계를 보인다. 비록 가리키기 동작이나 시선 따라잡기 자체가 아이의 어휘량을 직접 증가시켜주는 것은 아니더라도 이와 같은 동작을 통해 주의가 결합할 때마다 어른들은 사물이나 사건과 관련된 낱말을 가르쳐 주기 마련이다. 그에 따라 주의가 집중된 상태에서 어휘학습 효과는 클 수밖에 없을 것이다. R. Brooks & A.N. Meltzoff, "Infant gaze following and pointing predict accelerated vocabulary growth through two years of age: A longitudinal, growth curve modeling study." *Journal of Child Language*, 35, 2008. 207-220.

을 우리는 "사회적 참조"(social referencing)[505]에서 찾을 수 있다. 아스팅턴은 아이의 사회적 참조의 이용행위와 관련해서 시각벼랑"(visual cliff)[506]실험을 소개한다. 시각벼랑의 실험은 본래 아이의 깊이지각을 실험하기 위해서 만든 장치였다. 투명유리 커버는 평평했지만, 유리 아래가 갑자기 깊게 떨어지도록 표면을 형상화했다. 기어 다닐 수 있는 아이는 이 낭떠러지를 지각하고 평평한 유리 표면을 계속 기어가기를 주저한다. 이처럼 판단이 잘 서지 않는 애매한 상황에서 아이의 행동은 엄마의 표정에 의해 영향을 받는다. 만일 엄마가 기분 좋게 웃는다면 유리 위를 기어오도록 격려가 되지만, 엄마가 걱정스럽게 바라보면 건너오지 않을 것이다. 만일 유리 아래가 평평하고 낭떠러지가 없다면 아이는 엄마의 표정을 살피지 않을 것이다. 이런 시각벼랑의 실험에서 보여주는 아이의 사회적 참조행위는 비슷한 시기 일상에서도 쉽게 관찰할 수 있다. 이를테면 잘 모르는 사람을 마주치거나 이상한 장난감을 보면 아이는 엄마의 표정을 살핀다. 즉모호한 상황에 부닥치게 될 때 아이는 엄마에게 그 상황에 대해 올바른 태도를 문의하는 것이다. 만일 엄마가 적대적이거나 근심스러운 표정을 짓는다면 아이는 후퇴를 하겠지만, 만일 엄마가 우호적이거나 괜찮다는 표정을 지으면, 아이는 그 사람이나 장난감에 다가가도록 격려된다. 아스팅턴은 이런 실험과 관찰사례들을 토대로 다음과 같은 결론을 추론한다.

"이처럼 아이들은 엄마의 정서적 반응에 대해 깨달음을 보여준다. 또는 적어도 정서에 대한 엄마의 표정에 의존하여, 세계에서 사물에 대해 다른 방식으로 반응하는 능력을 보여준다."[507]

---

505 J.W.Astionton. 같은 책, 40.

506 J.W.Astington. 같은 책, 40 참조.

507 J.W.Astionton. 같은 책, 40.

즉 브래튼의 표현을 빌리면 이런 변화는 주체-주체의 이원적 교섭단계에서 주체-주체-사물의 삼원적 관계 "에로의 진화"(evolving into)[508]를 의미한다. 또한, 우리의 판단으로는 브래튼이 삼원적 교섭단계에서 의사소통의 특성을 찾아내듯이 사회적 참조에서 단순한 상호작용에서 본질적인 소통적 상호작용에로의 진화를 찾을 수 있다고 본다. 앞서 시각벼랑의 사례에서 단순히 낭떠러지에 대한 주의만 공유되는 것이 아니라 명백히 아이는 엄마의 시선을 살핌으로써 엄마에게 의향을 묻는 것이며, 따라서 엄마의 표정은 단순히 이해의 대상이 아니라 모호한 상황에 대해 올바른 태도를 묻는 아이의 물음에 대한 답변이다. 물론 사회적 참조는 일반적인 의사소통의 경험이 이루어지는 정보의 반복적 교환이 이루어지지 않고 1회적으로 끝나버리는 경우가 많으므로 본래적인 의미의 소통적 타자경험으로 나아가기 위해서는 또 다른 계기가 필요하다. 그러나 명백히 사회적 참조는 단순한 표정의 모방을 넘어, 상대방의 시선, 감정 대상의 이해를 넘어, 상대방에게 답변을 묻고 지시를 따르는 시원적인 의사소통적 상호작용이다.

> "9개월 된 아이는 오로지 사람과만 상호작용하거나 오로지 사물과만 상호작용하도록 제한되지 않는다. 아이들은 세상 안에서 사물에 대해 다른 사람과 의사소통하기 위해 필연적으로 필연적인 능력으로 둘을 조화시킬 수 있다."[509]

3절 의사소통 능력의 발달이론

---

508 S.Bråten, "Intersubjective communion and understanding : development and perturbation", ed. by S. Bråton, *Intersubjective Communication and Emotion Early Ontogeny*, Cambridge University Press, 1998. 372.

509 J.W.Astington, 같은 책, 41

1 자연적 의사표현에서 의도적 의사표현으로 이행

의사소통이 실질적으로 이루어지기 위해서는 양자가 경험하는 대상에 대한 정보의 교환과 관련해서 대상에 대한 서로의 믿음, 바람, 감정의 교환이 이루어져야 한다. 즉 대상에 대한 지향적 체험, 경험의 교환이 이루어져야 한다. 이와 같은 교환이 이루어진다는 것은 이미 상대방의 지향적 체험, 경험에 대한 이해를 전제한다.

물론 여기에서 전적으로 상대방의 지향적 체험으로서 바람, 의도, 정서, 앎, 믿음, 거짓 믿음 등의 모든 정신 상태를 이해한 연후에 소통적 타자경험이 이루어지는 것은 아닐 것이다. 오히려 소통적 타자경험이 이루어지는 과정에서 상대방의 지향적 체험에 대한 더 정확한 이해가 이루지는 것이 더 자연스러우며, 더 근본적으로는 소통적 타자경험을 통해 정말 양자가 같은 대상을 공유하고 있는 것인지도 확인할 수 있게 된다. 이것은 앞서 후설의 현상학의 동기연관 발생적 정초에서 확인할 수 있었듯이 비록 수동적 동기 부여가 능동적 동기 부여의 발생적 토대인 것은 분명하지만, 재차 능동적 동기 부여가 수동적 동기 부여에 소급적 영향을 끼칠 수 있는 발생적 동기 부여, 정초 관계의 복잡성을 반영한다.

의사소통적 상호작용에서 중요한 것은 분명 믿음, 바람, 정서의 교환이기 때문에 분명 전적으로는 아니더라도 자주 언어가 필요하다. 그리고 명백히 언어의 표현은 이미 의도적인 의사소통이 이루어지고 있다는 증거이다. 그러나 발생적 분석 차원에서 중요한 것은 **언어적 의사소통** 이전에 이미 **의도적 의사소통**은 이루어지고 있다는 것이며 이런 의도적 의사소통은 소통적 타자경험의 선형식으로서 **자연적 의사소통**[510]으로부터 비

---

510 엄밀히 말해 자연적 의사소통은 본래적 의미의 의사소통이 아니다. 왜냐하면, 자연적 의사소통에는 알림의 의지가 개입되어 있지 않기 때문이다. Kommunikation과와 달리 意思疏通에는 명백히 의견의 의도적 알림으로서 意思가 표현된다. 따라서 자연적 의사소통이라는 표현 자체는 모순적인 표현이다.

롯되었다는 사실이다. 예를 들어 보자.

"아이의 **팔을 뻗는 제스처**는 처음에는 **옹알거림**과 결합하고, 그다음 뭔가를 원하는 그의 표현인 하나의 소리와 결합하고, 이후에 아이는 그가 원하는 것을 위해 **하나의 단어**를 사용할 것이고, 이 단계에서 아이는 그가 의미하는 것을 정확하게 지시할 수 있다. 비록 대상이 보이지 않더라도 말이다."[511]

최초에 아이의 팔을 뻗는 행동은 단순히 자신의 바람의 자연스러운 표현일 뿐 누군가에게 자신의 바람을 알리는 표현은 아니다. 최초의 옹알거림도 마찬가지이다. 그러나 어느 순간 이런 팔 뻗기가 자신의 바람의 의도적 표현이 되며 그와 병행하는 옹알거림도 일종의 의도적 표현이 된다. 나아가 이런 옹알거림의 소리는 상황과 직결된 하나의 단어로 응축되어 표현되면서 궁극적으로는 복합적인 단어들의 나열로 표현된다.

아스팅턴은 여기서 발생적 분석과 관련해서 아주 중요한 질문을 던진다.

"어떻게 아이들은 의도적으로 의사소통할 수 있는 능력을 획득할 수 있는가? 어떻게 아이들은 비자연적 의미를 이해하고 산출할 수 있게 되는가?"[512]

"어떻게 일련의 소리가 어떤 것을 의미할 수 있게 될까? 어떻게 아이는 일련의 소리가 어떤 것을 의미한다는 개념을 획득하게 될까?"[513]

---

511 J.W.Astington, 같은 책, 45.

512 J.W.Astington, 같은 책, 46.

513 J.W.Astington, 같은 책, 45.

첫 번째 두 질문은 결국 "어떻게 아이는 자신의 자연적 표현을 의도적 표현으로 바꿀 수 있게 될까?"의 문제이다. 두 번째 두 질문은 "어떻게 아이는 비언어적 의도적 표현으로부터 언어적인 의도적 표현으로 전환할 수 있는가?"의 질문이다.

첫 번째 아스팅턴은 자연적 의사소통으로부터 의도적 의사소통으로 전환되는 중요한 계기 중 하나로 **부모의 양육적 상황의 맥락**을 강조한다.

"아이들의 초기 울음은 그들이 기분이 나쁘다는 것을 **자연적으로 의미**하며, 아이들의 초기 팔 뻗기는 그들이 얻으려는 대상을 아이들이 원하고 있다는 것을 **자연적으로 의미**한다. [그런데] 비록 아이는 처음에는 슬픔이나 바람을 의사 전달하려는 의도가 없음에도 불구하고, 부모들은 마치 아이들이 의도적으로 그렇게 한 것처럼 행동한다. 즉 **부모는 비의도적, 자연적 의미를 의도적 의사소통으로 다룬다.** 이런 양육적인(supportive) 상황의 맥락 속에서 아이는 점차 의도적으로 의사소통하는 능력, 비자연적 의미를 전달하는 능력을 획득한다."[514]

즉 자연적 의미들 위에 의도적 의미들이 발생적으로 "구축된다"(build on)[515] 이에 대해서는 좀 더 세밀한 현상학적 분석이 요구된다. 즉 자연적 표현보다 의도적 표현에서 결정적으로 중요한 것은 아이 자신의 바람, 의도, 믿음을 상대방에게 알리려는 의지이다. 따라서 여기에는 당연히 자신의 바람, 의도, 믿음에 대한 자각이 전제되어야 할 것이다. 이때 신체적 차원의 자기에 대한 자각이 아닌, 바람, 의도, 믿음의 주체로서 자신에 대한 자각이 바로 상대방의 반응과 해석의 수용을 통해서 이루어진다. 앞서 멜초프가 상호 모방게임에서 **양육자의 흉내**가 아이에게 일종의 거울로서

514 J.W.Astington, 같은 책, 46.

515 J.W.Astington, 같은 책, 46.

역할을 하면서 아이로 하여금 **자신의 신체적 모습을 자각**하게 한다고 하였다. 나아가 자신의 신체가 아닌 자신의 마음 상태에 대한 양육자의 해석이 아이로 하여금 **그런 해석의 수용을 통해 자신의 마음 상태를 자각**하게 하는 결정적 계기가 된다. 이 수용성은 후설의 구분으로는 가장 낮은 단계의 능동성이다. 여기에는 물론 재차 상대방의 표정이나 행동에 대한 단순한 모방이 아닌 나와 다른 상대방의 바람, 의도, 믿음의 이해가 필요할 것이다.

두 번째로 비언어적 의도적인 표현으로부터 언어적인 의도적 표현으로의 전환과 관련해서 아스팅턴은 의미론, 통사론보다 **화용론적인 측면**에 주목한다.

> "중요한 것은 **특정한 단어들의 의미 획득이나 단어들을 이해될 수 있는 방식에서 함께 결합하는 능력**이 아니다. 오히려 서로 접촉(get in touch)하고 다른 사람에게 전달하기(get it across) 위해서 **언어를 사용하는 능력**이다. …… 여기서 논점이 되는 것은 **의미론** 혹은 **통사론**의 획득이 아닌 **화용론**의 습득, 즉 언어를 사용하는 법을 배우는 것이다."[516]

이때 앞서 답변 그러니까 자연적 표현에서 의도적 표현으로의 전환에서 양육자의 반응과 해석에 대한 아이의 가장 낮은 단계의 능동성인 수용이 결정적인 것처럼 화용론의 습득 대목에서도 양육자로부터 일종의 관습체계로서 언어를 전적으로 수용하는 것으로 설명될 수 있지 않을까? 아스팅턴도 유사한 의문을 가진다. "언어는 하나의 관례적 체계(conventional system)이기 때문에, 아이가 그 체계의 관례를 배운다고 말하기가 더 쉽

---

516 J.W.Astington. 같은 책, 43~44.

지 않을까?"[517] 그러나 아스팅턴은 아이의 의도적 언어표현능력과 관련해서 수용적 학습 혹은 가장 낮은 단계의 능동적 수용 이상의 능력을 찾고자 한다.

예를 들어보자. 2세 아이와 공놀이를 하면서 아빠는 아이에게 "공을 내게 줘"(Give me the ball)이라고 말할 수도 있지만, "공을 내게 줄 수 있겠니?"(Can you give me the ball) 혹은 "왜 내게 공을 주지 않니?"(Why don't you give me the ball)라고 물을 수 있다. 이때 아이에게 "예"라는 답변 혹은 "왜냐하면, ……"의 이유를 기대하지 않는다. 분명 아이는 "예" 혹은 "왜냐하면, ……"이라고 대답하지 않고 그저 공을 넘긴다. 여기서 아이가 알아차린 것은 아빠의 질문의 **의미론적, 통사론적 의미**가 아니라 **아빠의 화용론적 의도**이다. 즉 아이는 아빠의 말의 단어의 문법적 기능이나 단어의 의미가 아니라 아빠의 의사소통적 의도를 능동적으로 이해하는 것이다. 또한, 이런 의도를 이해한다는 것은 말이 전달되고 있는 상황과 맥락을 알고 있다는 것이다. 결국, 아스팅턴이 말하고자 한 것은 바로 언어적 의사소통의 발생에서 결정적으로 중요한 토대로서 상대방에 대한 아이의 마음 읽기능력, 특히 상황, 맥락과 연결된 상대방의 의도의 이해라는 사실이다. 이런 지적은 이제 자폐 아동들이 말하기, 쓰기 능력을 갖추고 있어도 의사소통을 수행하지 못하는 까닭과 연관되어 있다. 분명 분절화된 언어의 문법적 사용은 아이의 마음 이해 나아가 정교한 의사소통을 위해 중요하다. 그것은 지금 이렇게 글을 쓰고 있는 내 경험에서도 명백하다. 글을 쓰기 전에 내용을 구상할 때보다 정작 글을 쓰는 과정에서 그 내용이 더욱 명백해진다. 그러나 이와 같은 언어능력은 의사소통을 명확하게 또한, 서로에 대한 이해를 명확하게 할 뿐 의사소통 자체를 발생시키는 것은 아니다. 결국, 자폐 아동에게 모자란 것은 바로 **상대방의 마음에 대한**

---

517 J.W.Astington, 같은 책, 46.

상황적, 맥락적 능동적 이해라는 점이다. 그리고 그것이 언어적 의사소통의 결정적 가능근거이기도 하다.

2 의사소통에 고유한 메타적 지각적 타자경험

아스팅턴은 의사소통의 발생 선행조건으로서 ⅰ)아이의 비의도적 표현을 의도적 표현으로 지속해서 해석해주고 반응해주는 엄마의 양육적 맥락의 수용 그리고 ⅱ)상대방의 마음에 대한 상황적, 맥락적 이해, 그것도 능동적 이해의 중요성을 지적했다. 분명히 의사소통의 발생 선행조건으로서 엄마의 양육적 맥락의 수용과 그런 양육적 맥락에 대한 아이의 능동적 이해는 언어적 의사소통이 인간의 상호작용 과정에서 발생하는 한 가지 과정이며, 상호작용의 핵심은 "본래 마음의 상호작용이고, 정신적 상태의 상호작용임"[518]을 보여준다. 그러나 그것으로 언어적 의사소통의 핵심이 온전하게 드러난 것은 아니다.

이제 궁극적으로 언어적 의사소통이 가능하기 위해서는 분명 상대방에게 자신의 의사를 표현해야 하며, 또한, 상대방의 그런 의사표시를 알아야 한다. 이 말의 의미는 무엇일까? 결국, 의사소통이 이루어지기 위해서는 지각적 타자경험을 통한 상대방에 대한 이해에는 다음과 같은 고유한 이해가 포함되어야 함을 의미한다. 즉 우리는

"사람은 '다른 사람들[우리 자신들]이 원하는 것에 대한 믿음들'(beliefs about others' wants), '다른 사람들이 어떤 것을 믿도록 하기 위한 바람들'(desires to make others believe something), '다른 사람들이 어떤 것을 하기를 의도한다는 것에 대해 믿음'(beliefs that others intend to do something), '다른 사람이 그들

---

518 J.W.Astington, 같은 책, 70.

이 의도한 것을 믿도록 **하는 바람**'(desires to make others believe they intend to do something) 등을 가진다."[519]

에 대한 이해가 있어야 한다. 이제 우리가 앞서 시원적인 의사소통적 행위로서 해석한 사회적 참조행위에서 아이는 최소한 엄마가 '아이 자신이 어떤 것을 하기를 의도한다는 것에 대해 믿음'(beliefs that others intend to do something)을 갖고 있다는 것을 이해하고 있어야 한다. 즉 단순히 **타자의 지향적 태도에 대해 앎**이 아니라 **나의 지향적 태도에 대한 상대방의 지향적 태도에 대한 나의 앎**이 필요하다. 전자에서 타자의 지향적 태도의 내용이나 대상이 나와 무관한 것이지만, 후자에서 타자의 지향적 태도의 내용, 대상이 바로 나 자신과 관련된 것이다. 공유되는 초점, 교환되는 정보가 바로 나 자신에 관한 것이라는 것에 대해 깨달음이 필요하다.

이제 이런 앎을 분명하게 가진 양육자로서 엄마나 아빠가 먼저 자신의 믿음이나 바람을 아이에게 표현하며, 아이의 비의도적 표현을 이런 바람이나 믿음의 표현으로 해석해주고 반응해줌으로써 아이 자신에게 이런 **메타적 앎**을 갖도록 동기 부여한다. 예를 들어보자. 한 살짜리 아이는 단순히 '과자'라고 단어를 내뱉을 수 있다. 물론 그것은 단순히 과자를 먹고 싶다는 표현일 뿐 상대방에게 나에게 과자를 달라는 의사표시는 아니다. 왜냐하면, 아직 아이는 '상대방[아이 자신]이 과자를 원한다는 것에 대한 엄마의 앎, 믿음'을 아직 이해할 수 없기 때문이다. 그러나 아이의 '과자'라는 말에 엄마는 아이에게 '과자 달라고'라고 대답하며, 과자를 준다. 이런 욕구의 충족 반복에 연합되는 엄마의 해석행위에 대한 수용 및 이해는 이제 과자가 먹고 싶을 때 엄마에게 '과자'라는 말을 하면 엄마가 자신의 욕구를 이해할 것이라는 깨달음을 얻게 하는 습성적 통각을 아이

---

519 J.W.Astington, 같은 책, 70.

에게 형성하게 한다. 이런 과자와 관련된 자신의 욕구와 엄마의 믿음에 대해 앎이라는 습성적 통각이 형성되면 조만간 아이는 엄마에게 '과자'라고 말한다. 그러나 이제는 말의 의도가 다르다. 바로 아이에게 최소한 자신의 바람에 대한 엄마의 믿음을 이해하고 있다. 그에 따라 그것은 분명히 의사전달을 한 것이다. '과자'라는 발화행위는 단순히 '과자'라는 사물을 지칭하는 지시적 의미가 있는 것이 아니라 과자를 줄 것을 요구하는 의사소통적 언어행위(Speech Act)이다. 아스팅턴은 바로 오스틴의 언어행위의 용어를 활용하여 명제적 태도와 언어행위의 힘이 본질에서 동일한 것임을 주장한다.[520]

결국, 언어적 의사소통의 경험은 이제 자신의 **지향적 태도로 향하는 타자의 지향적 태도에 대한 이해**를 전제로 한다는 점에서 **주제적인 자기 지각과 타자의 지향적 태도에 대한 메타적 이해의 구조적 계기**를 하고 있다. 따라서 일반적인 지각적 타자 이해에서 타자는 이해의 대상이라는 점에서 3인칭적 대상이며, 나 역시 비주제적으로 지각된다는 점에서 본래적인 의미의 1인칭적 주체가 아니다. 그러나 메타적 지각적 타자경험에서 타자가 나에 대해 지향적 태도를 보이고 있다는 것을 내가 아는 과정에서 나 자신이 주제적으로 지각되고, 즉 본래적인 의미의 1인칭 주체가 되며, 재차 다름 아닌 상대방에게 나의 의도를 표현한다는 점에서 상대방은 2인칭의 주체가 된다. 요컨대 소통적 타자경험에서 비로소 나와 타자는 본래적인 의미의 공동 주체가 되는 것이다.

4절 소통적 타자경험의 발생적 정초의 보완

1 소통적 타자경험의 고유한 발생적 토대로서 애착과 마음 읽기 능력

---

520 J.W.Astington, 70~71.

후설은 소통적 타자경험을 통해서 비로소 나-너의 공동체, 우리의 공동체, 즉 본래적 의미의 사회적 세계가 구성된다고 보았다. 또한, 후설은 이와 같은 우리의 공동체가 근본적으로는 본능적 차원의 공동체로부터 발생적으로 토대를 두고 있음을 밝혔다. 이를테면 앞서 인용했던 것처럼 1932년 유고[521]에서 후설은 "의지 및 의지 목표들에 앞서 우리가 본능적이라고 부르는바, 자아의 노력, 촉발되어 관련되어 있음(des affiziert Hingezogenwerden), 결정됨(Sich-entscheidens)의 [발생적] 선형식"으로서 "성적 공동체의 근원적인 건립"(ursprüngliche Sich-stiften) (XV, 511)을 제시하고 있다. 이와 같은 성적 결합은 "특정한 목적 및 전체 삶의 시간 지평에 대한 의도를 갖는 의지적 건립을 통한 공동체로서 결혼"(XV, 511)의 발생적 선형식이 된다. 또한, "타인과 결합하고자 하는 특별한 의지의 결단과 사유적 의도가 없는" "공감"(Sympathie)이 바로 "우정"(Freundschaft) (XV, 511)의 결합의 발생적 선형식이 된다. 그러나 성적 공동체로부터 결혼과 부부 그리고 가족이라는 공동체가 발생하게 되는 과정에서, 공감으로부터 우정의 결합이 이루어지는 과정에서 사회성의 구성 결정적 경험인 소통적 타자경험이 어떤 역할을 하는지에 대한 해명을 후설에게서 찾기는 어려웠다.

그러나 볼비의 원초적 사회적 정서로서 애착 본능에 대한 논의를 비판적으로 검토하는 과정에서 애착 본능이 성적본능이나 공감보다 더 근본적이고 시원적 차원에서 공동체적 유대의 기반임을 확인했다. 또한, 우리가 검토한 바로는 애착의 본능에서 애착 발달 2, 3단계에서 사회적 촉발인으로서 미소와 옹알이는 무엇보다 시각적, 청각적 자극의 교환차원에서 지속적인 상호작용을 이끌어낼 수 있음을 밝혔다. 특히 옹알이는 음

---

521 인격적 삶. 의지적 건립으로부터 사회적 결합 – 본능으로부터 – 공감으로부터. 관여(공감)」
　　(1932년)

성적 발달과 함께 분절화된 언어적 발화로 나아갈 수 있는 중요한 기능임이 밝혀졌다. 즉 미소 짓기나 옹알이는 애착의 발달과정에서 소통적 타자경험이 발생할 수 있는 중요한 조건이다.

나아가 사회적 인지능력으로서 마음 읽기의 발달과정에서 주의결합이 이루어지고, 가리키기 동작을 통해 주의결합이 명백해지는 과정에서 시원적 소통적 타자경험이 수행될 수 있음을 밝혔다. 그러나 소통적 타자경험에서 중요한 기능은 사회성의 구성이라는 점을 고려할 때 단순히 주의결합을 통해 대상공유가 명백해진다고 해서 사회적 유대가 이루어졌다고 보기는 어렵다. 다시 말해 대상공유를 넘어 양자 간의 태도 공유가 필요하다. 이제 사회적 참조행위의 과정에서 비로소 모호한 대상이나 상황에 대해 상대방에게 문의하고 그에 대한 반응의 수용을 통해 태도를 공유할 수 있게 된다.

2 알림, 전달의 의지 발생조건들.

미소 짓기나 옹알이와 같은 원초적 타자경험 차원의 사회적 촉발인들과 지각적 타자경험 차원의 주의공유를 기반으로 시원적 소통적 타자경험으로서 사회적 참조행위 과정에서 우리는 소통적 타자경험의 발생과 관련해서 다음 세 가지 조건을 확보하게 되었다. 첫째, 주체-대상의 일방향적 관계에서 주체-주체의 쌍방향적 관계로의 전환, 둘째, 주체-주체의 이원적 관계에서 주체-주체-대상의 삼원적 관계로의 전환, 셋째, 그 과정에서 대상에 대한 초점의 공유 및 대상에 대한 태도의 교환 및 공유.

그러나 의사소통의 본질적 계기로서 전달, 알림의 의지의 작동을 위한 실질적 조건으로서 아스팅턴은 세 가지 조건을 제시했다. **첫째, 아이의 비의도적 표현을 의도적 표현으로 지속해서 해석해주고 반응해주는 부모의 양육적 맥락의 수용. 둘째, 상대방의 마음에 대한 상황적, 맥락적 이해, 특히 능동적 이해. 셋째, 상대방의 마음에 대한 상황적, 맥락적 이**

해가 바로 나의 지향적 태도에 대한 상대방의 지향적 태도에 대한 나의 앎이라는 메타적 이해임을 강조했다.

결론

초월론적 타자의 철학의 가능근거 및 과제

후설은 타자경험과 관련된 1916년 초기 유고인 [1909년 이전의 지각적 타자경험에 대한 나의 가장 오래된 원고들로부터의 발췌]에서 "본래적인 지각과 비본래적인 공동-지각"(XIII, 25)을 구별하면서 타자지각을 공동-지각이라고 표현했다. 이때는 공동-지각은 근원 인상적인 것의 직접제시와 대비해서 **간접적 제시작용**(Kompräsentation, Appräsentation)을 의미했다. 재차 1910년의 한 유고인 [지각적 타자경험의 여러 단계]에서 "타자의 파악들에 대한 이해의 경험, …… 타자의 방향정위의 방식 속에서 현출하는 대상의 이해 경험"(XIII, 62)을 "공동-지각(Mit-Wahrnehmung)"이라고 부른다. 여기에서 공동-지각의 표현은 앞서 표현과 다소 다른 의미가 있다. 단순히 간접제시 작용의 의미와 달리 **타자와 공동으로 지각**한다는 의미가 있다. 즉 주체가 타자에 대해 지각한 것을 타자와 함께 지각한다는 것이다. 물론 이것 역시 간접제시의 작용 의미와 무관하다고 할 수 없지만 우리는 'Mit'의 의미를 좀 더 철저하게 **"나와 타자 공동으로"**라는 의미로 해석하는 것이 더 올바른 의미라고 판단한다. 타자경험을 지각적 타자경험에 국한하지 않고 모든 타자경험으로 확대할 때 "나와 타자 공동으로"라는 의미는 더욱 유의미하다. 왜냐하면, 타자경험은 단순히 인식주체와 인식대상이라는 전통적인 인식론적 이분법으로는 설명할 수 없는 측면, 다시 말해 인식대상이 인식주체의 인식에 참여한다는 의미가 있기 때문이다. 이렇게 이해할 때만이 타자경험의 발생적 정초에 대한 후설의 다음과 같은 정의가 이해될 수 있다. 후설에 따르면 타자경험의 발생적 정초에 대한 물음이란 "어떤 의미에서 하나의 모나드의 발생이 다른 모나드의 발생에 **개입할 수 있는지**(hineingreifen) 그리고 어떤 의미에서 발생의 통일성이 모나드의 다수성을 법칙적으로 **결합할 수 있는지**(verbinden kann)에 대한 물음이다. 한편으로 수동적 발생 …… 다른 한편으로 능동적 발생."(XI, 342~343) 순수 **수동적 타자경험**인 원초적 타자경험에서부터 **수동적이면서 능동적 지각적 타자경험**과 **능동적이면서 수동적인 소통적 타자경험**에 이르기까지 모든 타자경험 속에서 경험대상인 타자는 단순한 경험대상이 아니다. 나의 타자경험 속에서 이루어지는 상호주관적 공동체의 일원으로서, 세계를 공동으로 구성하는 나와 타자는 구성의 공동 주체이다. 물론 **초월론적 구성의 공동주체**라는 의미는 본래적인 의미에서 사회성을 구성하는 소통적 타자경험에서 가장 명백하게 드러나겠지만, 앞서 우리가 지각적 타자경험의 양상들 가운데 살펴보았던 것 중에 '연출해냄'처럼 내가 타자를 간접적으로 경험하고 있을 때 타자가 자신이 나에 의해서 경험되고 있다는 사실을 알면서도 타자가 나로 하여금 그 사실[내가 타자를 경험하고 있다는 것을 타자 자신이 알고 있다는 사실]을 알아채지 못하도록 할 수 있는 경우에서도 분명히 타자에 대한 나의 경험을 타자가 조종할 수 있다. 그러나 우리가 애착 본능-정서나 마음 읽기본능-인지체계에 대한 발달심리학의 논의를 현상학적으로 재해석하는 과정에서 분명해진 것처럼, 태아의 의식 탄생에서부터 애착이라는 원초적 타자경험, 마음 읽기라는 지각적 타자경험 그리고 소통적 타자경험에 이르기까지 각 경험단계의 작동뿐만 아니라, 선행하는 타자경험으로부터 후행하는 타자경험에로의 이행에서도 지속해서 나와 타자가 구성의 공동주체이며, 특히 타자의 역할이 두드러짐을 알 수 있었다.

그에 따라 구성적 현상학으로서 발생적 현상학의 발생적 정초에서 구성의 의미도 새롭게 이해되어야 할 것이다. 일반적으로 후설은 구성을 "모든 의식 속에 들어 있는바, 이처럼 자기 자신을 넘어서면서 사념함"(I, 84) 혹은 "지향적으로 넘어서 사념함"(I, 142)이라고 말한다. 따라서 구성에는 항상 초월의 계기가 본질적으로 들어 있다. 그러나 이때 초월은 무엇보다 먼저 앞서 주어진 것, 혹은 현재 주어진 것을 넘어서 앞으로 주어질 것에로의 초월이라는 점에서 **"더 많이 사념함"**으로 줄여서 표현될 수 있다. 이제 이런 "더 많이 사념함"은 타자경험의 발생적 정초의 구성에서는 **"함께 더 많이 사념함"**이라는 의미로 이해되어야 한다. 이남인 교수의 표현대로 지향성이 갖는 실천성의 의미를 살린다면 **"함께 더 많이 하려 함"**으로 표현한다면 더욱 적절할 것이다. 이때 "함께"는 **"곁에서 서로"**(Nebeneinander)일 뿐만이 아니라 **"서로 속으로"**(Ineinander) (XV, 336, 338, 477)이라는 의미이다. 즉 서로의 경험에 개입한다는 의미이다.

> "나는 타자들을 한갓 단순히 나에게 신체적으로 마주하고 있는 것으로서, 연합적 짝짓기에 의해 나의 심리 물리적 현존재로 돌이켜 관련된 것으로서 획득하지 않는다. …… 오히려 **공동체 일원**이라는 의미 속에는 그리고 이미 개별자로서 공동체의 일원이라는 의미를 수반하는(이 점은 동물의 사회성에도 전이된다) 인간이라는 의미 속에는 **하나의 상호적으로 서로에 대해 있음(ein Wechselseitig- für-einander-sein)**이 놓여 있다. 이런 서로에 대해 상호적으로 놓여있음은 나의 현존재와 모든 타자의 현존재를 동등한 지위에 설정한다." (I, 157~158)[522]

---

522 그러나 엄격히 말해 타당성 정초에서 출발점은 "초월론적 환원을 통해 초월론적 자아인 나 자신을 반성"(Hua I, 132)함으로써 타자경험의 타당성의 토대로서 확보한 **나의 고유한 원초적인 영역**이다. 이런 "나의 원초적 세계의 근본토대 위에서 …… 그 최초의 단계로서 나의 구체적인 고유한 존재로부터(원초적 자아로서 나로부터) **배제된 자아인 타자** 혹은 타자 일반을 구성하는 단계가 두드러져야 한다. 이와 하나가 되어, 더욱이 이를 통해서 동기 부여되어, 나의 원초적인 세계 위에서 하나의 일반적인 의미의 '층의 구축'(Aufstufung)이 수행되고, 이를 통해서 나 자신을 포함해서 모든 사람에게 **하나의 동일한 세계인 하나의 규정된 객관적 세계가** 현출된다."(Hua I, 137) 요컨대 후설의 타당성 정초에서 구성의 순서는 **자기구성**으로부터 **타자구성**에 이르고 이와 같은 타자구성을 토대로 **객관적 세계구성**이 이루어진다. 이것은 단순히 분석의 순서일 뿐만 아니라 타당성의 원천의 위계이며 따라서 타당성 정초의 과정에서 분명 주체에게 최종적 권리와 책임이 주어져 있다.

그런데 우리가 볼비의 애착 본능이론과 발달심리학자들의 마음 읽기, 의사소통능력 이론을 현상학적으로 분석해오는 과정에서 타자경험의 발생적 정초에서 "공동구성"은 주체중심의 구성과 상호적 구성을 넘어 타자중심의 구성 성격을 갖고 있음을 알 수 있었다. 그럴 수밖에 없는 까닭은 발생적 정초의 근원 시원은 전적으로 수동적 타자경험이며, 주체로 하여금 타자에 대한 최초를 경험할 수 있게 하는 전제조건과 요인 모두 타자가 제공한다. 나아가 수동적-능동적 타자경험으로서 지각적 타자경험과 의사소통적 타자경험의 이행에서도 타자의 역할이 결정적이다. 따라서 우리는 타자경험의 발생적 현상학을 최종적으로 재수립하는 과정에서 구성상 타자의 역할을 명확하게 정립할 필요가 있다.

1절 원초적 타자경험의 발생적 정초에서 타자의 역할

태아의 최초의 깨어남으로써 의식의 탄생에서부터 태아는 타자로서 조상세대와 부모세대에게 결정적으로 의존해 있다. 먼저 선-자아의 선천적인 본능 지향성들 및 그와 함께 선구성된 자연은 일종의 유전형질로서 타자로부터 유전된 것이다. 물론 이때 타자는 정확하게 말해 아주 먼 과거의 계통 발생적으로 인간 종의 조상세대이다. 이런 선-자아가 깨어나는 데 있어서 최초의 촉발은 어떻게 이루어지는가? 일단 이미 태아는 고립된 주체가 아니라 최초로 의식을 갖게 되면서 "깨어있는 살아있는 자아 주체들 - 함께 서로 이미 살아있는 연결 속에 있으며, 이들과 더불어 선-자아가 이로써 최초의 탄생적 연결 안으로 들어오게 되는 살아있는 자아 주체들 -의 세계에 최초로 관여하게 된다. 살아있는 자들이 살아있지 않은 자들을 깨운다."(XV, 604) 선-자아로부터 태아를 깨우는 타자는 바로 양육자이다.

이제 갓 태어난 아이는 최초 특정한 촉각적, 청각적 자극에 반응하고,

나중에는 시각적 자극에 촉발되어 애착 발달 1단계에서 볼 수 있듯이, '몸을 향하기', '눈의 움직임 추적하기', '붙잡기와 손 뻗기', '미소 짓기', '옹알이', '울기' 등의 사회적 반응을 보이는 최초의 근원 연합적 타자경험, 즉 원초적 타자경험을 수행한다. 이때 모든 자극에 반응하는 것이 아니고 비록 비변별적이지만[523] 타인의 촉각적, 청각적 그리고 시각적 자극에 촉발되어 반응한다. 특히 아이의 '미소 짓기'와 '옹알이'는 양육자의 양육본능을 사회적으로 촉발한다. 이것은 엄마 편에서 보면 엄마가 양육자로서 자신의 양육본능을 수행해 가는 데 있어서 타자, 즉 아이가 중요한 역할을 한다는 것을 의미한다. 또한, '사회적 촉발인'으로서 미소 짓기나 옹알이를 통해 아이가 엄마와 지속적인 상호교환작용을 할 수 있는 것은 아이에게 그런 상호작용과 연합되는 즐거움, 혹은 고통의 감소 경험 때문이지만 바로 이런 연합이 가능한 것도 **엄마의 일관되고 민감한 반응(Reaction)** 때문이다. 이렇게 엄마의 일관되고 민감한 반응이 아이로 하여금 임의의 사람에게서 오는 청각적, 촉각적, 시각적 자극에 대해 반응으로부터 특정한 사람, 즉 엄마에게서 오는 자극으로 변별적인, 차별적인 선호반응으로 이행하도록 원초적 타자경험을 동기 부여한다.

그런데 사실 애착이라는 원초적 타자경험에서 타자의 결정적 역할은

---

523 그런데 산부인과 전문의들에 따르면 신생아의 청각에 대한 반응에는 이미 어떤 차별성이 있다고 한다. 한양대 의과대학 박문일 교수는 흥미로운 실험사례를 소개한 바 있다. 새끼 양과 신생아는 모두 어미 양과 엄마의 자궁 속에서 반복적으로 들었던 소리에 더 민감하게 반응한다. 이 실험이 시사하는 바는 후설의 의견과 합치한다. 후설에 따르면 "아이[태아]는 이미 높은 단계의 '경험하는 자아'이다. 아이는 이미 태아적 현존으로부터 경험습득물을 갖고 있다. 아이는 이미 지각지평들과 더불어 자신의 지각들을 이미 짖고 있다. 새로운 종류의 자료들, 감각장들 속에서 부각들, 새로운 작용들, 이미 앞서 획득한 것의 토대 위에서 새로운 획득물들과 함께(Daneben), 아이는 이미 더 높은 '습성들의 자아'이다." (XV, 605) 박문일, 『태교는 과학이다』, 프리미엄 북스, 2009. 33~34 참조. 사실 이 책은 학문적인 연구서라기보다는 산모들을 위한 실용서이다. 그러나 박문일 교수는 무엇보다 이 책에서 다양한 실험사례를 소개하면서 태교의 과학성을 입증하고자 노력한다.

무엇보다 애착 형성의 지체, 애착 행동의 장애의 요인을 검토해보면 분명해진다. 먼저 볼비에 따르면 생후 9개월까지는 대부분 아이는 차별적으로 지향된 애착 행동의 분명한 징후를 보이지만, 생후 2년까지도 지체되는 경우가 있는데, 이런 지체된 아이들은 발달이 빠른 아이들에 비해 엄마-인물로부터 사회적 자극을 훨씬 적게 경험했다는 것을 바로 비인간적인 기관에서 자라난 대부분 아이의 애착 지체의 증거들이 입증한다. (A, 476) 또한, 애착 행동의 장애는 다양한데, 공통으로 엄마의 양육을 거의 받지 못했거나 상이한 사람들이 연속해서 양육한 결과이며, 이 보다 덜 흔하지만, 엄마의 사랑과 관심의 부족이 아니라 엄마의 강박적 사랑과 관심이 애착 장애를 초래하는 경우도 있다. (A, 533) 이런 애착 지체와 장애의 뚜렷한 징후는 바로 자폐에 가까운 유아론적 고립성과 태도와 행동에서 수동성이나 소극성이다. 가장 수동적인 타자경험임에도 불구하고, 아니 오히려 그러므로 능동적 탐구와 소통의 가장 근원적인 원동력인 아이의 애착 형성은 바로 타자로서 엄마의 사랑과 관심의 정도와 방식에 달려 있다.

궁극적으로는 이와 같은 원초적 타자경험을 통해서 이루어지는 구성된 세계는 초월론적 주체로서 자아와 타자의 상호 의미연관의 총체를 넘어서는 고유한 타자성의 지평을 본질적으로 내포한다. 왜냐하면, 원초적 타자경험에서 구성되는 최초의 상호주관적 세계인 자연은 자아가 애착의 끌림을 경험하는 타자들-애착 인물들-과 더불어서만 구성하는 세계가 아니고, 바로 자아로 하여금 반발, 회피를 불러일으키는 타자들 - 적대자, 중립자 -과도 함께 구성하는 세계이기 때문이다. 진화 심리학적 차원에서 보더라도 "진화적으로 적응된 환경(environment of evolutionary adaptedness; EEA)"(M, 19) 혹은 "적응환경(environment of adaptedness)(A,86) 은 애착 인물과 중립자, 포식자로 구성된 환경이다. 왜냐하면, 만일 애초에 적응환경이 자아 및 자아에 애착 인물들인 타자들로만 구성되어 있다면 적응의 문제가 부각되지도 않을 것이기 때문이다.

2절 지각적 타자경험의 발생적 정초에서 타자의 역할

원초적 타자경험이 지각적 타자경험으로 이행하는 과정에서 또다시 타자로서 엄마의 역할이 두드러진다. 원초적 타자경험에서 지각적 타자경험에로의 이행에서 중요한 계기는 자기 자신에 대한 자각이다. 비주제적 혹은 주제적인 자기의식은 지각적 타자경험에서 자기신체와 의식의 짝을 타자에게로 유비적으로 이행하기 위한 전제조건이다. 그런데 바로 이런 아이의 자기의식에로의 각성의 중요한 계기를 타자로서 양육자인 엄마가 제공한다. 가장 소극적으로는 **엄마의 지속적인 시선**, 나아가 **아이의 표정, 목소리에 대한 엄마의 흉내** 그리고 가장 적극적으로는 **아이의 자연적 표현의 의도적 표현으로의 해석행위** 등이 주체의 비주제적 혹은 주제적 자기지각의 결정적 계기가 된다.[524] 아이의 비의지적 소리를 엄마가 흉내 냄으로써, 이를 지각하면서 아이는 자신의 소리 및 그 소리의 원천으로서 방향정위의 영점인 자신의 신체운동감각을 자각하게 된다. 아이가 신체적 주체로서 자신을 시각적으로 자각하기 전에 청각 차원에서 자신의 소리를 들을 수 있고, 바로 엄마의 비슷한 소리흉내가 아이로 하

---

524 과거 아동발달심리학에서 영아들은 단지 부모나 문화에 의해 정해진 자기(me-self)가 아닌, 주체적 자기(I-self)를 발견하고 구성한다고 본다. 다만 발달심리학자들은 객관적 관찰증거를 중시하는 까닭에 아이의 신체내부적 운동감각의 자각보다는 영아의 자기인식 증거로 거울에 비친 자신의 모습을 아이가 자각하는지를 실험했다. 1968년 암스테르담(Amsterdam), 1979년 루이스와 브룩스-권(Lewis & Brooks-Gunn)의 거울기법활용이 대표적이다. 한 영아 엄마가 영아의 코에 루주를 묻힌다. 관찰자는 영아가 코를 얼마나 자주 만지는지를 보기 위해 관찰한다. 다음으로 영아를 거울 앞에 앉히고, 관찰자는 코를 만지는 것이 증가하는지를 본다. 그 개념은 영아가 거울을 보고 만지려고 하고 루주를 문지르려고 할 때, 이것은 영아의 자기 도식을 혼동하게 한다는 것이다. 영아들은 거울 속에 자기가 있다고 생각하지만, 한편으로는 자신의 코에 루주 자국이 없다고 생각하기 때문에 자신이 아니라고 인식한다. 이러한 두 가지 다른 조사에서 2세 가까이(21~24개월) 되어 영아들은 거울 속의 자신의 상(image)을 인식했고 자신의 신체를 만지는 행동으로 자신이 보았던 상을 조정하였다. John W. Santrock, 곽금주 외 옮김, 같은 책, 393~394 참조.

여금 자신의 소리 및 그런 소리를 내는 자신의 신체운동감각을 깨닫게 된다. 이때 신체적 운동감각의 주체로서 자기(I-self)의 자각은 단순히 타자에 의해 인식된 대상으로서 자기(me-self)의 인식이 아니다. 발달심리학자들도 6, 70년대까지만 해도 주로 신체 외부적 자기지각에만 주목했다면 90년대 이후에는 초기 아이들이 신체 내적으로 주체적 자기의식을 갖게 될 수 있다는 생각에 동의한다.[525] 그런데 여기에서도 톰프슨이 지적하는 것처럼 6~8개월 경 아이들은 사회적, 비사회적 물체와 활동할 때(특히 일관되게 반응하는 것들) 그와 같은 경험은 의지에 대한 지각에 기여하고 또한, 그것의 결과를 가져온다고 주장하면서 신체적 자기지각의 중요한 계기가 타자의 일관된 반응임을 강조한다. 우리의 판단으로는 **반응의 일관성**뿐만 아니라 후설의 주장처럼 **반응의 유사성**이 또한, 중요하며, 바로 **엄마의 일관된 유사한 흉내**를 통해서 아이는 자신이 신체적 운동감각의 주체임을 자각하게 된다고 본다.

단순히 아이의 시원적인 지각적 타자경험을 넘어서 일반적인 지각적 타자경험의 단계에서도 타자는 나의 타자 이해에 깊숙이 개입할 수 있다.

---

525 발달심리학자들도 과거와 달리 최근에는 초기 아이, 즉 영아가 일상의 경험으로부터 주관적인 자의식을 발달할 수 있도록 하는 견고한 구조를 만들 수 있는 놀라운 능력을 갖추고 있다고 본다. 아이들은 신체를 움직이며, 어떤 것을 만지고 본능적인 감각들을 조합하는 경험을 하므로 영아들도 신체의 기능과 관련된 신체적인 자의식을 갖게 된다. 그들이 사회적, 비사회적 물체와 활동할 때(특히 일관되게 반응하는 것들) 그와 같은 경험은 의지에 대한 지각에 기여하고 또한, 그것의 결과를 가져온다. 영아들은 특히 사회적 상호작용에 대한 반응으로 다양한 정서를 경험하기 때문에 주관적 감정은 더 풍부해지고 공고해진다. 이러한 경험은 6~8개월 동안에 주관적 자아의 기본적 경험의 발달에 기여한다. R.A.Thompson & R.Goodvin, 같은 글, 577 참조. 그 외 D.Ciccetti & M.Beeghly (eds). *The self in transtion : Infancy to childhood.* Chicago: University of Chicago Press. 1990. A.N.Meltzoff, "Foundations for developing a concept of self : The role of imitation in relating self to other and the value of social mirroring, social modeling, and self-practice in infancy." In D.Ciccetti & M.Beeghly (eds). *The self in transtion : Infancy to childhood.* Chicago: University of Chicago Press. 1990. 139~164. D.N.Stern, *The interpersonal world of the infant,* New York: Basic. 1985 참조.

이를테면 앞서 후설의 타자경험 발생적 현상학에서 지각적 타자경험의 동기연관을 해명하는 과정에서 우리는 지각적 타자경험의 양상 중에서 '연출해냄'(Erwirken)을 해명하였다. 연출해냄이란 쉽게 말해 지각적 타자경험 속에서 이해 대상인 상대방의 연기적 행동을 내가 알아채지 못할 때 타자는 타자에 대한 나의 이해를 지배할 수 있다. 이제 이런 지각적 타자경험은 드문 경우가 아니다. 일상 속에서 우리는 항상 타자의 시선을 의식하며 살아가고, 타자에게 내가 어떻게 비칠지에 대해 고심한다. 즉 우리는 항상 내가 타자에게 어떻게 이해되길 바라며 행동한다. 결국, 지각적 타자경험 속에서 이런 연출해냄의 일상성이 함의하는 바는 바로 지각적 타자경험에서 우리가 이해하는 타자의 주관은 타자가 이해되기를 기대하는, 따라서 타자가 연출해낸 타자 자신의 주관과 다르지 않다는 점이다.

3절 소통적 타자경험의 발생적 정초에서 타자의 역할

소통적 타자경험을 통해서 본래적 의미에서 사회적 자기의 구성이 이루어진다. 이것은 소통적 타자경험에서 본래적인 의미의 나-너의 공동체가 형성되기 때문에 참된 의미에서 나, 주제적으로 통찰되는 나는 소통적 타자경험에서 본래적으로 구성된다는 것을 의미한다. 바로 앞 절에서 지적했듯이 이미 지각적 타자경험이 수행되기 위한 결정적 전제조건은 자기지각이지만 이때의 자기는 우선 대개는 비주제적 자기일 뿐이다. 또한, 지각적 타자경험에서 타자는 그, 그녀, 그들의 3인칭적 이해의 대상일 뿐이다.[526]

---

526 이처럼 의사소통적 타자경험에서 '나와 너'(Ich-Du)의 관계와 지각적 타자경험에서 '나-그것'(Ich-Es)의 관계의 대비는 M. Buber의 구분과 대응된다. 부버는 지향성에 대한 현상학적-철학적 모델의 해체 위에서 후설의 '상호주관성의 현상학'의 대안으로서 '대화의 철학'의 수립하고자 하였다. 그는 먼저 '나-그것'과 '나-너'를 구분한다. '그것'의 영역은 부버에 따르면 주체 자신에 의해서 지향성을 통해 지배되는 자신의 구성된 세계와 함께하는 행동하는 주체를 포

후설에 따르면 원초적 타자경험, 지각적 타자경험과 소통적 타자경험을 구분 짓는 결정적인 기준은 의사전달의 의지 표시, 알림이다. 쉽게 말해 상대방에게 내가 어떤 바람이나 목표와 같은 의지적 상태나 호오와 같은 감정적 상태나 앎이나 믿음과 같은 의지적 상태를 알림으로써 그로부터 충족, 수용, 동의의 반응을 기대하는 것이다. 그러나 자아의 의사전달의 의지 표시, 알림이 아무리 능동적이라고 하더라도 그에 대해 타자가 응답하지 않는다면 소통적 타자경험은 발생하지 않는다. 왜냐하면, 소통적 타자경험은 부름과 응답을 통한 의식의 접촉에서 비로소 발생하기 때문이다.

먼저 타자의 응답은 가장 시원적인 소통적 타자경험 단계인 사회적 참조행위에서부터 두드러진다. 그 위험상태를 정확하기 파악하기 어려운 물체나 현상을 마주쳤을 때 아이는 엄마의 반응을 살펴봄으로써, 즉 사회적으로 참조함으로써 물체나 현상의 상태에 대한 인식과 대응을 수행한다. 이때 사회적 참조행위는 단순히 나와 사물, 현상과의 관계와 상관없이 동일대상에 대한 상대방의 태도를 간접적으로 이해하는 것에 불과한 것이 아니다. 왜냐하면, 아이는 엄마에게 시선을 돌려 의도적으로 눈을 마주침으로써 아이에게 모호한 상황에 대한 태도, 행동이 무엇인지에 대한 엄마의 응답을 기대하기 때문이다. 물론 엄마가 아이의 시선을 알아채지

괄하는 주관성의 영역으로서 다름 아닌 지향성을 의미하는 소유의 영역으로서 여기에서는 전반적으로 지배하려는 의지가 작동한다고 본다. 반면 '너'의 영역은 대화의 영역에서 드러나며, 사람과 사람 사이의 직접성, 내적 행동의 상호성, 수용의 상호성, 긍정과 확인(confirmation)의 상호성을 강조한다. M. Buber, Ich und Du, 『나와 너』, 표재명 옮김, 문예출판사, 1995. 참조. Nam-in Lee. Problems of Intersubjectivity in Husserl and Buber, *Husserl Studies* 22 (2006) : 138~141 참조. 그러나 여기서 부버의 입장에 대해 상론하기는 어려우나 기본적으로 부버는 '나-너'의 대화, 즉 소통적 타자경험이 이루어지기 위해서는 무엇보다 먼저 '나-그것'의 지각적 타자경험이 선행되어야 한다는 사실을 간과하고 있다. 다시 말해 부버는 나-너의 관계와 나-그것의 관계는 대조하고 분리해야 할 관계들이 아니라 발생적 정초의 관계라는 사실을 간과하고 있다. 또한, 엄격한 의미에서 '나'는 '그것'이 아닌 '너'의 대응 속에서 비로소 명명될 수 있다.

못했거나 아이에게 엄마가 분명한 태도를 보이지 않았을 때 반복적 행위가 이루어질 수도 있겠지만, 지속적인 반복적 교환행위를 기대하기는 어렵다. 이런 사회적 참조행위의 성공 관건은 바로 **엄마의 명백한 응답행위**이다. 즉 아이가 최초의 원초적인 의사소통적 타자경험을 수행하기 위해서는 엄마의 빠르고 명백한 응답행위가 필수적이다. 또한, 아직은 아이가 자신의 욕구나 바람과 타인의 욕구나 바람, 나아가 생각이 다를 수 있다는 깨달음을 얻기 이전이기 때문에 의도적으로 상대방의 바람이나 생각에 맞춘다든지 혹은 반대로 어긴다든지 하는 행위를 하기는 어렵다. 이는 곧 사회적 참조행위라는 시원적 의사소통 과정에서 엄마의 응답이 주도적이라는 의미일 것이다. 이처럼 시원적인 소통적 타자경험의 단계에서부터 자아의 부름에 대해 타아의 응답이 이루어져야 비로소 소통적 타자경험이 발생하는 것이다.

두 번째 **초점의 공유와 공유된 대상, 주제에 대한 정보의 교환 계기**가 이루어질 때에도 양육자로서 타자의 역할이 주도적이다. 소통적 타자경험이 이루어지기 훨씬 전부터 아이는 엄마와 옹알이나 미소 짓기의 교환이 이루어진다. 베런-코헨은 시선 탐지기의 두 번째 기능, 즉 시선의 대상을 파악하는 과정에서 부모가 눈을 가렸다가 다시 보는 행위를 반복하며 아이와 즐기는 "까궁놀이"(peekaboo)(M.62)는 시선 탐지기의 작동을 위한 중요한 훈련임을 강조한다. 우리의 판단으로는 이것은 또한, 바로 대화에서 중요한 계기인 초점의 공유를 위한 훈련이다. 또한, 9개월 경 이루어지는 아빠와 아이 사이의 공주고 받기 게임에서 아이는 아빠의 초점을 공유하고 교환에 참여하는데 아스팅턴에 따르면 이런 공의 주고받기에서 이루어지는 초점의 공유와 공의 교환이 대화의 주제 공유와 주제의 주고받기 원초적 형태임을 주장한다.[527]

---

527 J.W.Astington, 같은 책, 41~42 참조.

세 번째 **자연적 표현에서 의도적 표현으로의 전환의 계기**에서 가장 두드러지게 타자로서 양육자, 특히 엄마의 역할이 중요하다. 아이(나)의 자연적, 비의도적 표현을 양육자(타자)가 의도적 표현으로 해석해주면서 아이의 욕구를 충족시킨다. 만일 단순히 욕구의 자연적 표현과 욕구충족 간의 연합만이 이루어진다면, 단순한 습성적 통각체계만 형성될 뿐 자연적 표현이 의도적 표현으로 전환되지 않는다. 바로 단순한 욕구의 표현과 욕구의 충족 연합과정에서 욕구의 자연적 표현을 의도적 표현으로 해석해주고 상기시켜줌으로써 자연적 욕구표현은 의도적 욕구표현으로 전환될 수 있다.

2장 상호주관성의 발생적 현상학에로의 발전의 과제

우리는 1부에서 후설의 타자경험의 발생적 현상학을 중심에 놓고 그 이전과 이후의 근현대철학에서 초월론적 타자철학의 새로운 계보를 데카르트 – 헤겔 – 후설 – 하이데거 – [초기]레비나스 – 사르트르 – 메를로-퐁티에서 찾았다. 그러나 이미 우리는 헤겔을 통해서 철학사에 대한 해석이 얼마나 폭력적일 수 있는지를 잘 알고 있다. 따라서 초월론적 타자철학의 계보를 밝히는 데 있어서 좀 더 많은 텍스트 내재적 분석을 통한 전거제시가 요구된다. 사실 후설의 경우에도 논란이 없는 것은 아니지만, 데카르트나 헤겔을 초월론적 타자철학 내지 상호주관성론의 차원에서 재해석하는 데에는 많은 반론이 뒤따를 것이며, 오히려 이를테면 스피노자나 피히테나 마르크스, 니체의 철학 속에서도 우리는 상호주관성 내지 주체의 사유에서 타자의 역할을 찾을 수 있다는 주장도 가능하다. 또한 후설 이후의 현상학자들에 대한 해석 역시 그들의 철학의 독자성에 대한 침해로 여겨질 수도 있을 것이다. 끝으로 부버나 레비나스처럼 타자의 문제에 대해서 독특하면서도 탁월한 분석을 수행한 철학자들 역시 존재한다.

사실 우리가 근현대 철학사에 대한 검토에서 찾고 싶었던 것은 주체의 현존과 본성과 관련해서 우리를 능가하는 방식으로 혹은 대등한 방식으로 혹은 열등한 방식으로 나의 존재와 본성의 형성과 변화의 가능조건으로서 타자, 즉 초월론적 타자이다. 이런 타자는 존재론적 차원에서 나의 충동적-정서적 존재의 형성과 변화의 결정적 가능조건으로서 타자, 인식론적 차원에서 그의 마음을 내가 읽어야하지만 또한 그에 의해 내 마음을 읽히기도 하는 내 마음의 자각의 가능조건으로서 타자, 실천적 차원에서 소통을 통해 나와 너의 관계를 맺고 궁극적으로는 우리 안에서 나의 사회성의 가능조건으로서 타자이다. 이제 그렇다면 이와같은 문제가 제기될 수 있다. 과연 우리가 밝혀놓은 초월론적 타자는 과연 보편타당한 범주라고 볼 수 있는가? 좀더 구체적으로는 현대 철학에 국한해서만 보더라도 라캉이나 레비나스 혹은 부버가 밝히는 타자를 포괄할 수 있는가? 다시말해 라캉의 타자, 즉 우리 각자의 삶에 있어서 우리를 삼켜버릴 것 같은 그의 목소리나 시선 앞에서 정신증적 망상을 통해서 버텨내야 하는 실재적 타자나 우리가 계속해서 그의 시선 속에서 무의식적 환상을 통해 즐거움을 느끼면서도 양심의 가책을 받는 혹은 양심의 가책을 느끼기 때문에 즐거움을 느끼는 상징적 타자 그리고 우리가 그에게 반영된 우리의 이미지를 우리인 줄 오인하며 살고 있는 상상적 타자를 과연 초월론적 타자는 배제하지 않고 포괄하는가? 또한 레비나스의 타자, 즉 윤리적으로는 우리와 비대칭적인 존재이며 따라서 결코 정의로운 계약의 상대방이 아니며 공감이나 동정을 넘어서는 타자, 인식론적으로는 절대 나와 본성상 동일시될 수 없는 절대적 차이를 가진 타자, 존재론적으로는 주체의 전체성을 초월하는 무한자로서 타자와의 관계는 어떠한가? 혹은 부버의 타자 즉 나에게 대상이 되는 3인칭적 타자와 나에게 너가 되는 2인칭적 타자 역시 포괄하는가? 현재의 판단으로는 라캉이나 레비나스나 부버가 밝히는 타자는 우리 삶에서 중요한 영역과 관련을 맺는 타자들이긴 하지만 지나치게 극단적이고 제한적인 범위의 타자들이다. 그러나 발생적 현상학 차원에서 밝히는 타자가 과연 라캉이나 레비나스, 부버가 밝히는 타자를 포괄할 수 있는지에 대한 좀더 체계적인 연구과제가 우리 앞에 제시된다. 이는 타자철학의 계보를 만들어가는 과정에서 우리에게 일차적으로 부과되는 과제이기도 하다.

2부와 3부에서 우리는 후설의 저작을 중심으로 타자경험의 발생적 현상학을 최초 수립하고, 그 한계점을 밝혔고, 이를 기반으로 후설의 타자경험 발생적 현상학과 사회적 정서, 인지발달심리학과의 대화를 통해 우선은 발달심리학의 전제, 실험, 결과의 현상학적 재해석을 통해 사회적 정서, 인지발달의 이론체계 및 연구방향을 설정할 수 있었고, 보다 근본적으로는 이처럼 재해석된 발달 심리학의 논의성과를 바탕으로 타자경험의 발생적 현상학을 재수립할 수 있었다.

이제 최종적 결론을 대신하여 이처럼 재수립한 타자경험의 발생적 현상학이 상호주관성의 현상학으로 확장되기 위한 하나의 입문이 될 수 있음을 강조하고자 한다. 상호주관성이 형성되는 타자경험의 다양한 영역들을 이남인 교수가 제시한 기준[528]에 따라 분류하면, 타자경험 자체가 개인 간의 관계차원에서만 이루어지는 것이 아니라 집단 간의 관계의 차원에서도 이루어지는 것이며, 개인과 집단의 관계차원에서도 이루어질 수 있다. 현재 우리의 논의는 일차적으로는 개인 대 개인의 관계 속에서 발생하는 타자경험을 중심으로 논의하였다. 따라서 개인이 타자로서 집단에 대해 겪거나 수행하는 타자경험 그리고 집단이 또 다른 타자집단에 대해 겪거나 수행하는 타자경험의 논의가 필요하다. 분명히 이런 영역에서는 개인 간의 관계 차원의 타자경험 유형과 원리만으로는 해명될 수 없

---

528 이남인 교수는 타자 이해에 국한해 1) 이해하는 자가 단수인가 복수인가, 2) 이해되는 자 역시 단수인가 복수인가, 3) 이해하는 자와 이해되는 자 사이에 직접적 대면이 있는지 없는지? 4) 이해하는 자와 이해되는 자 사이에 언어를 통한 의사소통이 존재하는가 존재하지 않는가 등에 따라 다양한 유형의 타자 이해의 방식이 존재할 수 있다고 주장한다. 이남인, 「발생적 현상학과 상호주관성의 문제」, 같은 책, 64 참조.

는 고유한 타자경험의 특성들이 드러날 것이다. 전통적으로 가족, 친지, 친구집단이나 마을 공동체로서 타자집단에 대한 개인의 경험으로부터 공공조직체로서 타자집단에 대한 개인의 경험 및 현대 시민사회의 익명 대중으로서 타자에 대한 개인의 경험, 특히나 소위 SNS를 통해서 이루어지는 현대 사회의 익명 다수로서 타자에 대한 개인의 경험 등에는 앞서 타자로서 개인에 대한 개인의 경험과 현저하게 다른 현상학적 특성들을 담고 있을 것이다. 또한, 경험의 주체를 개체차원이 아닌 집단차원에서 바라본다면 한 집단의 일원으로서 특정 타인, 혹은 타 집단에 대해서 갖는 경험 역시 현상학적 해명이 요구된다. 여전히 맹위를 떨치는 민족주의하에서 여러 문명 간, 민족 간, 종교 간 갈등의 경험에서 알 수 있듯이 공동체의 일원으로서 다른 공동체에 대한 타자경험, 예를 들어 이웃, 단체, 민족, 국가에 대한 타자경험 속에는 현상학적으로 해명해야 할 아주 많은 과제가 놓여 있다. 또한, 특정 타인을 '왕따'로 취급하는 집단의 성원이 갖는 타자경험 역시 해명이 필요하다. 나아가 인간으로 내가 타자로서 하나의 동물, 이를테면 반려동물과 맺는 타자경험 혹은 인간의 일원으로서 생태계의 다른 동식물 종들과의 맺는 타자경험 역시 아주 중요한 상호주관성의 발생적 현상학의 탐구영역이다. 심지어는 지구 밖 외계인과의 타자경험은 아직은 비현실감이 있지만, 지적으로는 흥미로운 탐구영역이다.

그러나 그 영역이 어떤 영역이든지 간에 타자경험이 수행되는 방식의 측면에서 본다면, 첫째, 감정적, 본능적, 신체운동 감각적 차원의 원초적 타자경험, 둘째, 타자의 신체적 행동과 기호표현-도상, 지표, 상징 등-을 매개로 수행되는 지각적 타자경험, 셋째, 비상징적, 상징적 의사소통의 타자경험 방식 이외의 방식으로 수행되는 타자경험을 생각하기는 어렵다. 물론 텔레파시나 이심전심의 타자경험을 주장할 수도 있겠지만, 이 경우에 현상학적으로 탐구할 수 있는 사태가 불분명하다는 점에서 현재로써 학문적, 현상학적 탐구의 영역이라고 보기는 어렵다.

그런 점에서 이와 같은 세 가지 방식의 타자경험 발생적 정초의 유형과 원리는 개인 대 집단, 집단 대 집단, 인간 대 동식물, 인간 대 외계의 다양한 영역에서 공통으로 활용될 수 있는 준거 점이라고 본다. 이처럼 다양한 영역들을 대상으로 수행되는 수많은 타자경험에 대한 발생적 현상학적 정초는 재차 그만큼 다양한 상호주관성 및 세계의 구성을 드러낼 것이고 그에 따라 인간 삶의 세계성과 역사성이 온전하게 드러날 것이라고 믿는다.

참고문헌

1. 후설 문헌

Husserl, E. *Cartesianische Meditationen und Pariser Vorträge,* Hrsg. und eingeleitet von Stephan Strasser. Nachdruck der 2. verb. Auflage. 1991. (Hua I,『데카르트적 성찰들』)

Husserl, E. *Die Idee der Phänomenologie. Fünf Vorlesungen,* Hrsg, und eingeleitet von Walter Biemel. Nachdruck der 2. erg. Auflage. 1973.(Hua Ⅱ,『현상학의 근본이념』)

Husserl, E. *Ideen zu einer reinen Phänomenologie und Phänomenologischen Philosophie. Erstes Buch: Allgemeine Einführung in die reine Phänomenologie. In zwei Bänder. 1. Halbband: Text der 1.-3. Auflage; 2. Halbband: Ergänzende Texte (1912 - 1929),* Neu hrsg. von Karl Schuhmann. Nachdruck. 1976.(HuaⅢ/1,『이념들Ⅰ』)

Husserl, E. *Ideen zu einer reinen Phänomenologie und phänomenologischen Philosophie. Zweites Buch: Phänomenologische Untersuchungen zur Konstitution.* Hrsg. von Marly Biemel. Nachdruck. 1991.(HuaⅣ,『이념들Ⅱ』)

Husserl, E. *Ideen zu einer reinen Phänomenologie und phänomenologischen Philosophie. Drittes Buch: Die Phänomenologie und die Fundamente der Wissenschaften.* Hrsg. von Marly Biemel. Nachdruck.1971.(HuaV,『이념들Ⅲ』)

Husserl, E. *Die Krisis der europäischen Wissenschaften und die transzendentale Phänomenologie. Eine Einleitung in die phänomenologische Philosophie,* Hrsg. von Walter Biemel. Nachdruck der 2. verb. Auflage. 1976.(Hua Ⅵ,『위기』)

Husserl, E. *Erste Philosophie (1923/24). Zweiter Teil: Theorie der phänomenologischen Reduktion* Hrsg. von Rudolf Boehm. 1959.(Hua Ⅷ,『제일철학Ⅱ』) Husserl, E. *Phänomenologische Psychologie. Vorlesungen Sommersemester 1925.* Hrsg. von Walter Biemel. 2. verb. Auflage. 1968.(HuaⅨ『현상학적 심리학』)

Husserl, E. *Analysen zur passiven Synthesis. Aus Vorlesungs- und Forschungsmanuskripten (1918-1926).* Hrsg. von Margot Fleischer. 1966. (Hua XI,『수동적 종합의 분석』)

Husserl, E. *Zur Phänomenologie der Intersubjektivität. Texte aus dem Nachlass. Erster*

Teil: 1905-1920, Hrsg. von Iso Kern.1973.(Hua XIII,『상호주관성의 현상학Ⅰ』)

Husserl, E. *Zur Phänomenologie der Intersubjektivität. Texte aus dem Nachlass. Zweiter Teil*: 1921-1928. Hrsg. von Iso Kern. 1973.(Hua XVI,『상호주관성의 현상학Ⅱ』)

Husserl, E. *Zur Phänomenologie der Intersubjektivität. Texte aus dem Nachlass. Dritter Teil*: 1929-1935, Hrsg. von Iso Kern. 1973.(Hua XV,『상호주관성의 현상학Ⅲ』)

Husserl, E. *Formale und transzendentale Logik. Versuch einer Kritik der logischen Vernunft. Mit ergänzenden Texten.* Hrsg. von Paul Janssen. 1974. (Hua XVII,『형식적 논리학과 초월론적 논리학』)

Husserl, E. *Logische Untersuchungen. Zweiter Band: Untersuchungen zur Phänomenologie und Theorie der Erkenntnis.* Hrsg. von Ursula Panzer. 1984.(Hua XIX/1,『논리연구 2권 1부』)

Husserl, E. *Erfahrung und Urteil, Untersuchungen zur Genealogie der Logik*, Redigiert und herausgegeben von Ludwig Landgrebe. Mit Nachwort und Register von Lothar Eley. Felix Meiner Verlag Hamburg. 1972.(『경험과 판단』)

2. 국내 참고 문헌

김태희,「초월론적 자아의 유한성 : 후설의 한계사건 분석을 중심으로」,『철학사상』40권, 서울대 철학사상 연구소, 2011.

김태희,『후설의 현상학적 시간론의 두 차원 : 정적 현상학적 분석과 발생적 현상학적 분석』서울대학교 박사학위 논문, 2011.

류지한,「마음의 진화 : 진화심리학에서 마음」,『마음학 : 과학적 설명, 철학적 성찰』, 백산서당, 2010.

민 경환,『성격심리학』, 법문사, 2011.

박문일,『태교는 과학이다』, 프리미엄 북스, 2009.

박인철,「후설의 의사소통이론 – 역사적 제약과 선험적 보편성」,『철학과 현상학연구』17권, 한국현상학회, 2001.

박인철,「사회생물학과 현상학」,『철학과 현상학 연구』21권, 한국현상학회, 2003.

반성택,「후설 현상학에서 공동체 논의의 출발점」,『철학과 현상학연구』23권, 한국현상학회, 2004

이남인,「발생적 현상학과 지향성 개념의 변화」,『철학과 현상학연구』6권, 한국현상학회, 1992.

이남인,「본능의 현상학과 선험적 현상학」,『철학연구 30권 No1.』, 철학연구회, 1992.

이남인, 「본능적 지향성과 상호 주관적 생활세계의 구성」, 『철학과 현상학 연구』 7권, 한국현상학회, 1993.

이남인, 「발생적 현상학과 상호주관성의 문제」, 『철학사상 16권』, 서울대학교 철학사상 연구소, 2003.

이남인, 「비판적 합리성의 구조」, 『철학사상 19권』, 서울대학교 철학사상 연구소, 2004.

이남인, 『현상학과 해석학』, 서울대학교 출판부, 2004.

이남인, 『후설의 현상학과 현대철학』, 풀빛미디어, 2006.

이남인, 「후설의 초월론적 현상학과 메를로-퐁티의 지각의 현상학」, 『학술대회집 2008』

이남인, 「인문학과 자연과학은 어떻게 만날 수 있는가? - 통섭개념에 대한 비판을 토대로 삼아」, 김세균 편, 서울대학교 사회과학연구원 기획, 『학문간 경계를 넘어』, 서울대학교출판부, 2011.

이종주, 「후설 현상학에서 유아론의 다의성에 따른 상호주관성의 현상학의 다의성과 남는 문제들」, 『철학』제107집, 한국철학회 2011.

이종주, 「후설의 타자이론에 대한 하이데거의 비판, 영향 그리고 대응전략」, 『철학과 현상학연구』제49집, 한국현상학회, 2011.

이종주, 「후설의 타자이론의 근본화로서 메를로-퐁티의 타자이론」, 『인문논총』 제65집, 서울대학교 인문학 연구원, 2011

이종주, 「발달생리학과의 대화를 통한 메를로-퐁티의 타자경험의 현상학의 변용과 발전」, 『철학과 현상학 연구』제52집, 2012.

이은영, 「립스 감정이입론에 대한 에디트 슈타인의 논쟁」『철학과 현상학 연구』36권, 한국현상학회, 2008.

임홍빈 편저, 『우리말 사전』, 아카데미 하우스, 1993.

홍성하, 「후설에서 나타난 무의식의 현상학에 대한 연구」, 『철학과 현상학 연구』, 21권, 한국현상학회, 2003년.

3. 외국 현상학 참고문헌

Buber, M. *Ich und Du*, 『나와 너』, 표재명 옮김, 문예출판사, 1995.

Heidegger, M. *Sein und Zeit* (1927)(GA2), ed. F.-W. von Herrmann, 1977

Heidegger, M. *Wegmarken* (1919~1961)(GA9), ed. F.-W. von Herrmann, 1976.

Heidegger, M. *Grundbegriffe der Metaphysik* (1929~1930)(GA29/30), ed.H.W. von Herrman, 1983.

Heidegger, M, *Prolegomena zur Geschichte des Zeitbegriffs*, Sommersemester 1925. P. Jaeger, 1979, zweite Auflage. 1988, dritte Auflage. 1994

Heidegger, M., *Nietzsche : Der europäische Nihilismus*, GA 48. 1986

Held,K, "Das Problem der Intersubjektivität und die Idee einer phänomenolo-gischen Transzendental philosophie", U. Claesges und K. Held, *Perspektiven transzendental- phänomenologischer Forschung*, Martinus Nijhoff / Den Haag, 1972.

Holenstein, E. *Phänomenologie der Assoziation. Zu Struktur und Funktion eines Grund-prinzips der passive Genesis bei E.Husserl*. Phaenomenologica 44. 1972

Levinas, E. *De l'existence a l'existant* (Fontaine Paris, 1947)

Meleau-Ponty, M. *Phénoménologie de la perception* (Gallimard, 1945)

Nagel, N., "What is it like to be bat?", ed. by Ned Block, Owen Flanagan, and Güven Güzeldere, A Bradford Book, the MIT Press Cambridge Massachusetts Lon-don, England, *The Nature of Consciousness, philosophical Debates*. 519~527.

Nam-In Lee, *Edmund Husserls Phänomenologie der Instinkte,Phaenomenoloica 128*, Kul-wer Academic Publischers, Dortdrecht/Boston/London, 1993.

Nam-In Lee, "Static-Phenomenological and Genetic-Phenomenological Concept of primordiality in Husserl's fifth Cartesian Meditation", *Husserl Studies 18*, Kluwer Academic Publishers, in Netherlands, 2002.

Nam-in Lee. "Problems of Intersubjectivity in Husserl and Buber", *Husserl Studies 22* (2006)

Röpp, G. *Husserls Phänomenologie der Itersubjektivität. Und ihre Bedeutung für eine Theorie intersubjektiver Objektivität und die Konzeption einer phänomenologischen Philosophie*. Phaenomenologica 123

Sartre, J.P. *L'Être et le Néant* (Gallimard, 1943)

Zahavi, D. *Husserl und die transzendentale Intersubjektivität. Eine Antwort auf die sprachpragmatische Kritik*. Phaenomenologica 135. 1996.

4. 심리학 문헌

Astiongton, J. *The Child's Discovery of the Mind*, Harvard University, Cambridge, Massachusetts, 1993

Astington, J. and Vinden, P. "Culture and understanding other minds",in *Under-standing Other Minds : Perspective From Developmental Cognitive Neuroscience*, Oxford University Press, 2000.

Avis, J. and Harris, P. "Belief-desire reasoning among Baka children :evidence for a universal conception of mind." *Child Development, 62,* 1991

Bakeman, R. & Adamson, L.B. , "Coordinating attention to people, and objects in mother-infant and peer-infant interactions." *Chlid Development, 55,* 1984. 1278~1289.

Berry, J. et al. *Cross-cultural psychology: research and applications.* Cambridge University Press. 1992.

Butterworth, G. "The Ontogeny and Phylogeny of Joint Visual Attention," in *Natureal Theories of Mind : Evolution, Development and Simulation of Everybody Mindreading,* ed. A.Whiten, Oxford: Basil Black-well, 1991

Bråten, S. *"Intersubjective communion and understanding : development and Perturbation",* ed. by S. Bråton, Intersubjective Communication and Emotion Early Ontogeny, Cambridge University Press, 1998.

Bowlby, J. *Attachment,* Basic Books, 1999. 김창대 옮김, 『애착』, 나남, 2006.

Baron-Cohen, S. *Mindblindness : An Essay on Autism and Theory of Mind,* A Bradford Book, The MIT Press, Cambridge, Massachusetts, London, England, 1995. 김혜리 외 옮김, 『마음맹 : 자폐증과 마음이론에 관한 과학에세이』, 시그마프레스, 2005.

Buss, D. *Evolutionary Psychology : The New Science of the Mind* (3rd ed.)
Boston: Allyn & Bacon.(김교헌 외 역, 『마음의 기원』, 나노미디어, 2009.

Chandler, D. *Semiotics for beginner,* Routldege, 2002, 강인규 역, 『미디어 기호학』, 소명출판, 2006.

Ciccetti, D & Beeghly, M. (eds). *The self in transtion : Infancy to childhood.* Chicago: University of Chicago Press. 1990.

Cosmides, N, Tooby, J. & Barkow, J. "Introduction : Evolutionary Psychology and conceptual integration", In *The Adapted Mind,* ed. J.Barkow et al. Oxford Unversity Press. 1992

Dennett, D. *Kinds of minds, Toward an understanding of consciousness,* 1996, Brockman, 이희재 옮김, 『마음의 진화』, 사이언스북스, 2009

Dretske, F. *Explaining Behavior : Reasons in a World of Causes.* Cambridge, MA: Bradford Books, MIT Press. 1991.

Dunn, J. Brown, J. & Beardsall, L. "Family Talk about Feeling States and Chilidren's later Understanding of Other's Emotions," *Developmental Psychology* 27.(1991)

Fajans, J. "The person in social context: the social character of Baining 'psychology'." In *Person, self and experience.* (ed.G.M.White and J. Kirkpatrick),

367~397. University of California Press, Berkeley, CA. 1985

Fordor, J. *The Modularity of Mind*. MIT Press. 1983

Gerber, E. "Rage and obligation: Samoan emotion in conflict." *In Person, self and experience*. (ed. G.M.White and J.Kirkpatrick), University of California Press, Berkeley, CA. 1985

Ginsburg, H.P. & Opper, S., *Piaget Theory of intellectual Development*, 김정민 역, 『피아제의 인지발달 이론』, 학지사, 2009

Gopnik, A and Wellman, H. "The Theory Theory," *Domain Specificity in Cognition and Culture*, ed. L.Hirschfeld and S.Gelman, New York: Cambridge University Press 1992.

Gopnik, A. Capps,L. & Meltzoff, A. "Early theories of mind: what the theory theory can tell us about autism", S.Baron-Cohen, H.Tager-Flugber & Cohen,D. *Understanding Other Minds, perspectives from developmental cognitive neuroscience*, second edition, Oxford Univ Press, 2000.

Harries, P. "The Work of the Imagination", ed. by Andrew Whiten, *Natural Theories of Mind - Evolution, Development and Simulation of Everyday Mindreading*. Basil Blackwell. 1991

Harlow, H. and Harlow, M. "The Affectional Systems." In *Behavior of Nonhuman Primates*, Vol 2. ed. A.M.Schrier, H.F.Harlow, and F.Stollnitz. New York and London : Academic Press. 1965

Hobbson, R. "Beyond Cognition: A Theory of Autism," in Autism : *New Perspectives on Diagnosis, Nature and Treatment*, ed. G.Dawson(New York: Guilford Press, 1989)

Hobson, R. *Autism and development of mind*. Erlbaum, Hove, UK, 1993

Humphrey, N. *Consciousness Regained*. Oxford Univ Press. 1984.

Kuhlmeier, V., Wynn, K., & Bloom, P. "Attribution of dispositional states by 2-months-olds." *Psychological Science, 14,* 2003.

Lamb, M. & Lewis, C. 「아동발달에서 부모-자녀관계의 역할」, M.H. Bornstein, M.E. Lamb ed., *Devolopemental Science, An Advanced Textbook*, 5th edition, Lawrence Erlbaum Associates, Inc, 2005,곽금주 외 옮김, 『발달과학』, 학지사, 2009

Lesli, A. "The Theory of mind impairment in autism : Evidence for a Modular mechanism of development?" in *Natural Theories of Mind*, ed. A. Whiten. Blackwell, 991

Leslie, A. M. *"Developmental parappels in understanding minds and bodies.*

"*Trends in Cognitive Sciences*, 9(10), 2005.

Light, P. *Development of a Child's Sensitivity to People*. London:Cambridge University Press, 1979.

Lock, A. "Preverbal Communication", In G. Bremner & A. Fogel (Eds.), *Blackwell Handbook of Infant Development*, Blackwell publishing. 2001.

Lutz, C. "Ethnopsychology compared to what? Explaining behavior and consciousness among the Ifaluk." *In Person, self and experience*, (ed. White, G. and Kirkpatrick, J.) Unviersity of California Press, Berkeley, CA. 1985

Mahler, M.S., F. Pine & A. Bergman, *The psychological birth of the human infant*, New York: Basic Books, 1975.

Meltzoff, A and Moore, M. "Imitation of facial and manual gestures by human neonates", *Science*, 198(4312), 1977.

Meltzoff, A and Moore, M. "Newborn infants imitate adult facial gestures," *Child Development*, 54(3), 1983.

Meltzoff, A. "Understanding the intentions of others: re-enactment of intended acts by 18-month - old children." *Developmental Psychology*, 31(5). 1995.

Meltzoff, A. "Foundations for developing a concept of self : The role of imitation in relating self to other and the value of social mirroring, social modeling, and self-practice in infancy." In D.Ciccetti & M.Beeghly (eds). *The self in transtion : Infancy to childhood*. Chicago: University of Chicago Press. 1990. 139~164.

Meltzoff, A. N. "Social Cognition and the origins of imitation, empathy and theory of mind." In U. Goswami (Ed.), *The Wiley-Blackwell handbook of childhood cognitive development* (2nd ed., pp.49-75). Malden, MA: Wiley-Blackwell. 2011.

Miller, A. S. & Kanazawa, S. *Why Beautiful People Have More Daughters.* 박완신 역, 『진화심리학』, 웅진지식하우스, 2011.

Onishi, K. & Baillargeon, R. "Do 15-month-old infants understand false Beliefs?" *Science*, 308, 2005,

Ozonoff, S., & South, M. "Early social development in young children with autism."In G. Bremner & A. Fogel (Eds.), *Blackwell handbook of Infant Development*. (pp. 565-588). Blackwell Publishing. 2001.

Piaget, J., *La Représentation du Monde chez l'Enfant*, Paris, Presses Universitaires de France, 1948.

Piaget, J., *La Causalité physique chez l'Enfant*, Paris, Alcan, 1927.

Piaget, J., Autobiographie, 91. in *Einführung in die genetische Erkenntnistheorie*, übersetzt von Friedhelm Herborth, Surkamp, 1992

Piaget, J., *Play Dream and Imitation,* trans. C. Gattegno and F.M. Hodgson. New York: W. W. Norton & Co., Inc., 1951. 1

Piaget, J., On the development of memory and identity, trans. E.Duckworth. Barre, Mass. : Clark University Press, 1968

Piaget, J., *The construction of reality in the child.,* M. Cook, trans.. New York: International University Press. 1954.

Repacholi, B and Gopnik, A. "Early understanding of desires : Evidence from 14 and 18-month-olds." *Developmental Psychology, 33(1)* 1997

Repacholi, B. "Infants' use of attentional cues to identify the referent of another person's emotional expression". *Developmental Psychology, 34(5),* 1998.

Russell, J. "The Theory - Theory : So Good Theory Named It Twice?" *Cognitive Development 7.* (1992)

Ryle, G. *The Concept of mind,* New York : Barnes, 1971.

Santrock, J. *Child Development,* 10th edition, McGraw Hill, 곽금주 외 옮김, 『아동발달 심리학』, 박학사, 2006년

Scaife, M. and Bruner, J. "The Capacity for Joint Visual Attention in the Infant," *Nature 253*(1975)

Schaffer, H. *The Child's Entry into a social World,* London: Academic Press, 1984.

Shweder, R. "Cultural psychology : What is it?" In *Thinking through culture,* (ed. R. Shweder) Havard University Press, Cambridge, MA. 1992.

Song, H., & Baillargeon, R. (2008). "Infants' reasoning about others' false perceptions." *Developmental Psychology, 44*(6)

Stern, D. *The interpersonal world of the infant,* New York: Basic. 1985

Trevarthen, C. "The Concept and foundations of infant Intersubjectivity", *Intersubjective Communication and Emotion in Early Ontogeny,* ed. by Bråten, S. Cambridge Unversity, 1998.

Trevarthen, C. "The Foundations of Intersubjectivity : Development of interpersonal and Cooperative Understanding in Infants,"in *The Social Foundations of Language and Thought,* ed. D.R.Olson, New York, Norton, 1980.

Triandis, H. *Culture and social behavior,* McGraw-Hill, Newyork, 1994.

Vinden, P. "Junin Quechua children's understanding of mind." *Child Development, 67,* 1996

Vinden, P. "Children's understanding of mind and emotion : a multi-cultural study." *Cognition and Emotion 13*, 1999

Warren, K. "Each mind is a world: dilemmas of feeling and intention in a Kaqchikel Maya community." In *Other intentions*, (ed.L.Ross), 46~67. School of American Research Press, Santa Fe, NM. 1995.

Wellman, H. *The Child's Theory of Mind*, A Bradford Book, The MIT Press Cambridge, Massachusetts, London, England, 1992, 100, 115.

Wellman, H. & Lagattuta,K. "Developing of mind", S.Baron-Cohen, H.Tager-Flugber & D.J.Cohen, *Understanding Other Minds, perspectives from developmental cognitive neuroscience, second edition*, Oxford Univ Press, 2000

5. 기타 철학 문헌

Austin, J.L. *How to do Things with Words,* Cambridge: Havard University Press, 1975. 김영진 옮김, 『말과 행위』, 서광사, 1992. 22~28.

Aldiss B, Billon *Years Space - The History of Science Fiction*. London, Weidenfeld and Nicholson, 1973

Berkley, G., *A Treatise concerning the Princliples of Human Knowldge*, in : A. C. Fraser(eds.), The Works of George Berkely, vol. 1, Oxford : Clarendon Press, 2005

Copleston, F. *A History of Philosophy V : The British Philosophers : Hobbes to Hume*, Westminster, Maryland: The Newman Press,1959. 코플스톤, F. 이재영 옮김, 『영국경험론』, 서광사, 1991

David Christopher, S., A Hegelian Dialectical Analysis of Mary Shelley's Frankenstein, *Berkeley Undergraduate Journal*, 24(3), 2011

Derrida, J., *L'écriture et la différence*, Seuil, 1967.

Hegel, G.W.F., *Phänomenologie des Geistes, nach dem Texte der Originalausgab*, Herausgegeben von Johannes Hoffmeister, Verlag von Felix Meiner in Hamburg, 1952

Hegel, G. W., *Vorlesung über die Geschichte der Philosophi III*, G.A.20, Frankfurt am Main: Surkamp. 1971.

Homans, M., "Bearing Demons: Frankenstein's Circumvention of the Material", in *Frankenstein*: New Casebooks / Macmillan 1995

Hume, D., *A Treatise of Human Nature*, D.F.Norton and M. J. Norton(eds.) Oxford/ New Yokr:Oxford University Press, 2000.

Lacan, J., *Ecrits*, Paris: Seuil, 1966.

Lacan, J., *The Seminar of Jaques Lacan, Book I : Freud's papers on Techniquem 1953~1954*, ed J-A. Miller, trans. J. Forrester, Cambridge University Press, 1988.

Locke, J., *An Essay concerning Human Understanding*, P.H.Nidditch(eds.), Oxford: Clarendon Press, 1991

Marion, J.-L. "L'ego altére-t-il autrui? La solitude du cogito et l'absence d'alter ego", in *Questions cartésiennes*, PUF, 1991. Jean-Luc Marion, Does the Ego Alter the Other? The Solitude of the Cogito and the Absence of Alter Ego, *Cartesian Questions. Method and Metaphysics,* The University of Chicago Press. 1999, 118~134.

Marion, J.-L., "L'altérité orginaire de l'ego", *Questions cartésiennes II*, PUF, 1996.

Mellor, A. K., *Mary Shelly, Her Life, Her Fiction, Her Monsters*, New York, Routledge, 1989

Michelle. B., "The Cogito: Priviledged Truth or Exemplary Truth?" *Bulletin de la société francaise de philophie,* tome LXXXVI, 1992

Popper, K., *The Logic of Scientific Discovery*, London; Hutchinson. 1959

Rogozinski, J., "Wer bin ich, der ich gewiss bin, dass ich bin?", in : Tod des Subjekt?, Herausgegeben von Herta Nagl-Docekal und Helmuth Vetter.Wien; München : 1987

Siep, L. "Die Bewegung des Anerkennung in der Phänomenologie des Geistes," in D. Köhler & O. Pöggeler (ed.), *G.W.F. Hegel, Phänomenologie des Geistes* (Berlin: Akademie Verlag, 2006

강순전, 『헤겔의 정신현상학』, 명지대출판부, 2007

강영안, 『주체는 죽었는가?』 문예출판사, 2001.

권석만, 『이상심리학』, 학지사, 2008.

김상환, 「헤겔의 불행한 의식과 인문적 주체의 역설」, 서울대철학사상연구소, 『철학사상』 36, 2010, p.p.38~42 참조.

김상환, 「라깡과 데카르트 – 에고 코기토에서 무의식적 주체로」, 『라깡의 재탄생』, 창작과 비평사, 2002

김선영, 「프랑켄슈타인, 그 괴물의 무수한 얼굴」, 메리 셸리 저, 김선영 옮김, 『프랑켄 슈타인』, 문학동네, 2013

김종갑, 「배려의 윤리와 정의의 윤리 : 메리 셸리의 『프랑켄슈타인』」, 『영미문화』 제10권 3호, 한국 영미문화학회, 2010

데카르트, R. 이현복 옮김, 『성찰』문예출판사, 2004.

최명관 옮김,『방법서설, 성찰, 데카르트 연구』, 창, 2011.

김형효 옮김,『방법서설, 성찰 외』, 삼성출판사, 1992.

라캉 J. 저, 자크-알랭 밀레 편, 맹정현, 이수련 옮김,『세미나 11 : 정신분석의 네 가지 근본개념』새물결, 2008.

서양근세철학회,『서양근대철학』, 창비, 2010.

신영복,『감옥으로부터 사색』, 돌베게, 1998.

셰익스피어, 이경식 옮김,「햄릿」,『셰익스피어 4대 비극』, 서울대출판부, 1996

앤서니 기든스 A. 저, 김미숙 외 옮김,『현대사회학』, 을유문화사, 2011.

윤효녕, 최문규, 고갑희 저『19세기 자연과학과 자연관』, 서울대출판부, 1996

임진수,『정신분석의 임상구조 - 1. 신경증』, 프로이트 라캉학교, 2014.

진태원,「불가능한 타자 - 장-뤽 마리옹의 에고의 타자성론에 대한 비판적 고찰」『철학사상』29권, 서울대 철학사상 연구소, 2008.

프리드리히, K.,「대립과 극단의 시대, 바로크」윌리엄 레너드 랭어 엮음, 박상익 옮김,『호메로스로부터 돈키호테까지』푸른역사, 2001.

숀 갤러거, 단 자하비 지음, 박인성 옮김,『현상학적 마음 - 심리철학과 인지과학 입문』(도서출판b, 2013)

숀 호머 지음, 김서영 옮김,『라캉 읽기』, 은행나무, 2013, p.p.56~57, p.p134~136 참조.

호네트, A.,강병호 역『물화. 인정이론적 탐구』나남출판, 2006, p.5.

호네트, A., 문성훈, 이현재 옮김,『인정투쟁』, 사월의 책, 2014

피히테 J.G.,지음, 한자경 옮김,『전체 지식론의 기초』서광사, 1996

칸트, I., 최재희 역,『순수이성비판』, 박영사, 1986

키에자 R. 지음, 이성민 옮김,『주체성과 타자성 - 철학적으로 읽은 자크 라캉』, 난장, 2012.

한 지경,「셸링의 자연철학의 이념 해제」, F. W. J. 셸링 지음, 한자경 옮김,『자연철학의 이념』(서광사, 1999)

최재식,「피아제의 발생적 인식론과 메를로-퐁티의 현상학 - '사회성'과 '합리성의 확장'에 관하여」, 한국현상학회 엮음『철학과 현상학 연구』8, 1996

찾아보기

타자의 철학과 심리학

초판 1쇄 인쇄 2015년 2월 17일
초판 1쇄 발행 2015년 2월 25일

지은이 이종주
발행인 신현부
발행처 부북스

주소 100-835 서울시 중구 동호로17길 256-15 (신당동)
전화 02-2235-6041
팩스 02-2253-6042
이메일 boobooks@naver.com

ISBN 978-89-93785-72-2　　93160

이 도서의 국립중앙도서관 출판예정도서목록(CIP)은 서지정보유통지원시스템
홈페이지(http://seoji.nl.go.kr)와 국가자료공동목록시스템(http://www.nl.go.
kr/kolisnet)에서 이용하실 수 있습니다.(CIP제어번호: CIP2015003923)